Private Cloud und Home Server mit
QNAP NAS

Neuerscheinungen, Praxistipps, Gratiskapitel,
Einblicke in den Verlagsalltag –
gibt es alles bei uns auf Instagram und Facebook

instagram.com/mitp_verlag   facebook.com/mitp.verlag

Andreas Hofmann

Private Cloud und Home Server mit
QNAP NAS

Das umfassende Praxis-Handbuch

Bibliografische Information der Deutschen Nationalbibliothek
Die Deutsche Nationalbibliothek verzeichnet diese Publikation in der Deutschen Nationalbibliografie; detaillierte bibliografische Daten sind im Internet über <http://dnb.d-nb.de> abrufbar.

Bei der Herstellung des Werkes haben wir uns zukunftsbewusst für umweltverträgliche und wiederverwertbare Materialien entschieden.
Der Inhalt ist auf elementar chlorfreiem Papier gedruckt.

ISBN 978-3-7475-0334-8
1. Auflage 2021

www.mitp.de
E-Mail: mitp-verlag@sigloch.de
Telefon: +49 7953 / 7189 - 079
Telefax: +49 7953 / 7189 - 082

© 2021 mitp Verlags GmbH & Co. KG, Frechen

Dieses Werk, einschließlich aller seiner Teile, ist urheberrechtlich geschützt. Jede Verwertung außerhalb der engen Grenzen des Urheberrechtsgesetzes ist ohne Zustimmung des Verlages unzulässig und strafbar. Dies gilt insbesondere für Vervielfältigungen, Übersetzungen, Mikroverfilmungen und die Einspeicherung und Verarbeitung in elektronischen Systemen.

Die Wiedergabe von Gebrauchsnamen, Handelsnamen, Warenbezeichnungen usw. in diesem Werk berechtigt auch ohne besondere Kennzeichnung nicht zu der Annahme, dass solche Namen im Sinne der Warenzeichen- und Markenschutz-Gesetzgebung als frei zu betrachten wären und daher von jedermann benutzt werden dürften.

Lektorat: Janina Bahlmann
Sprachkorrektorat: Christiane Hoffmeister
Covergestaltung: Christian Kalkert
Bildnachweis: © QNAP Marketing Resource 2021
Satz: III-satz, www.drei-satz.de
Druck: Plump Druck & Medien GmbH, Rheinbreitbach

Inhaltsverzeichnis

Einleitung		13
Für wen ist dieses Buch gedacht?		14
Inhalt und Aufbau		14
Hilfe, ich weiß nicht weiter		15

Teil I	**Grundlagen**	17
1	**Die richtige Hardware für Ihre Anforderungen**	**19**
1.1	Das richtige QNAP-Gerät für Sie	19
	1.1.1 Die Modellbezeichnungen verstehen	19
	1.1.2 Viele Modelle, viele Aufgaben	22
1.2	Die Wahl der Festplatten	29
	1.2.1 Spezielle NAS-Festplatten	29
	1.2.2 Die Bauform	30
	1.2.3 Die Geschwindigkeit	30
	1.2.4 Die Hersteller	31
	1.2.5 Die richtige Kapazität	31
1.3	Die Festplattenkonfiguration	33
	1.3.1 Was ist Redundanz?	33
	1.3.2 Was ist ein RAID?	33
	1.3.3 Warum ein RAID kein Backup ist	34
	1.3.4 Die verschiedenen RAID-Level	34
	1.3.5 Der RAID-Rechner	39
2	**Zusammenbauen, aufstellen und installieren**	**41**
2.1	Zusammenbau	41
2.2	Der richtige Aufstellort	45
	2.2.1 Die Netzwerkverbindung – oder das gute alte Kabel	45
	2.2.2 Die Umgebung im Auge behalten	46
2.3	Firmware-Installation: Die erste Inbetriebnahme	48
	2.3.1 Das NAS im Netzwerk finden	48
	2.3.2 Die Firmware-Installation	52
	2.3.3 Die Einrichtung abschließen	58
2.4	Speicherplatz verwalten	60
	2.4.1 Speichermanagement auf dem NAS	60
	2.4.2 Einen Speicherpool anlegen	62
	2.4.3 Ein Volume anlegen	67
	2.4.4 Ein Volume löschen	72
	2.4.5 Einen Speicherpool löschen	73

3	**QTS – Das Betriebssystem im Browser**	75
3.1	Die QTS-Benutzeroberfläche	75
	3.1.1 Die Taskleiste	76
	3.1.2 Das Hauptmenü	78
	3.1.3 Der Desktop	79
	3.1.4 Die Fußzeile	79
	3.1.5 Ereignisbenachrichtigungen	79
	3.1.6 QTS personalisieren	80
3.2	Eine Tour durch QTS	83
	3.2.1 Hilfecenter	84
	3.2.2 Helpdesk	84
	3.2.3 Systemsteuerung	85
	3.2.4 Ressourcenmonitor	91
	3.2.5 App Center	91
3.3	Die Suche und Qsirch	100
	3.3.1 QTS-Suche	100
	3.3.2 Suchfunktion der Anwendungen	101
	3.3.3 Qsirch	101
4	**Die Benutzerverwaltung**	111
4.1	Der QTS-Standard-Benutzer »admin«	111
4.2	Ein gutes Benutzerkonzept finden	112
4.3	Einen neuen Benutzer anlegen	113
4.4	Gruppen als Vorlagen für mehrere Benutzer	119
4.5	Berechtigungen verstehen	123

Teil II	**Daten, Dateien und Speicherplatz**	125
5	**Dateiverwaltung**	127
5.1	Freigabeordner – der Dreh- und Angelpunkt des NAS	127
	5.1.1 Privater Speicher – der Startseite-Ordner	127
	5.1.2 Vorgegebene Ordner	129
	5.1.3 Freigabeordner erstellen	130
	5.1.4 Snapshot-Freigabeordner	135
5.2	Die File Station	138
	5.2.1 Aufbau der File Station	138
	5.2.2 Ordner erstellen	139
	5.2.3 Dateien und Ordner hochladen	140
	5.2.4 Dateien und Ordner herunterladen	141
	5.2.5 Arbeiten mit der File Station	142
	5.2.6 Dateien und Ordner teilen	146
	5.2.7 Erweiterte Zugriffsreche	152
	5.2.8 Der Papierkorb	154

5.3	Mobiler Zugriff per App		157
	5.3.1	Die App Qfile	158
5.4	Snapshots		163
	5.4.1	Snapshots erstellen	164
	5.4.2	Auf Snapshots zugreifen und Dateien wiederherstellen	168
6	**Dateidienste – Vom Computer auf den NAS-Speicher zugreifen**		**171**
6.1	Freigabeordner im Windows-Explorer		171
	6.1.1	Dateidienste für Windows-Netzwerke aktivieren	171
	6.1.2	Netzwerkumgebung	174
	6.1.3	Direkter Zugriff	174
	6.1.4	Freigabeordner als Netzlaufwerk einbinden	175
6.2	Freigabeordner im Finder auf einem Mac		177
	6.2.1	AFP-Dateidienst aktivieren	177
	6.2.2	Netzwerkumgebung	177
	6.2.3	Netzwerkordner in den Finder einbinden	178
6.3	Dateidienste vs. QTS		180
6.4	FTP, FTPS und SFTP		180
	6.4.1	FTPS	180
	6.4.2	SFTP	183
6.5	WebDAV		187
	6.5.1	Das NAS zum WebDAV-Server machen	187
	6.5.2	WebDAV unter Windows	189
	6.5.3	WebDAV unter Mac OS	191
7	**Die Cloud – Daten und Geräte synchronisieren**		**193**
7.1	Das NAS zur Cloud machen		194
	7.1.1	Qsync Central einrichten	194
	7.1.2	Freigabeordner für Qsync aktivieren	195
	7.1.3	Benutzerberechtigung für Qsync verwalten	196
7.2	Geräte synchronisieren		197
	7.2.1	Verwaltungsmodus konfigurieren	197
	7.2.2	Der Desktop-Client	201
	7.2.3	Qsync Pro	216
	7.2.4	Geräte verwalten	220
7.3	Arbeiten mit Team-Ordnern		221
7.4	Versionierung		225
7.5	Qsync oder Netzlaufwerk		227
7.6	Die Alternative zu Qsync		228
8	**Backups – Daten sichern für den Ernstfall**		**229**
8.1	Backup-Strategien		229
8.2	Daten auf dem NAS sichern		232
	8.2.1	Datensicherung mit dem NetBak Replicator	233
	8.2.2	Datensicherung auf das NAS mithilfe der Betriebssystemfunktionen	242

8.3	Das NAS selbst sichern	248
	8.3.1 Konfiguration manuell sichern	248
	8.3.2 HBS3 Hybrid Backup Sync – die ultimative Backup-Lösung	249
8.4	Weitere Funktionen von Hybrid Backup Sync	264
	8.4.1 Synchronisierung mit HBS 3	264
	8.4.2 Dienste	266

Teil III Weiterführende Konfiguration — 269

9	**Das NAS über das Internet erreichen**	**271**
9.1	Zugriff über myQNAPcloud	271
	9.1.1 myQNAPcloud-Konto erstellen	272
	9.1.2 myQNAPcloud Link aktivieren	275
	9.1.3 Zugriff über myqnapcloud.com	276
	9.1.4 Zugriff auf das NAS mit den QNAP-Apps und myQNAPcloud	278
	9.1.5 My DDNS	279
9.2	Externen Zugriff einrichten	280
	9.2.1 Den Router aus dem Internet erreichen – DDNS einrichten	280
	9.2.2 Portfreigabe einrichten	286
	9.2.3 Die eigene Domain verwenden	289
	9.2.4 Namensauflösung im LAN	290
	9.2.5 Sicherheit durch SSL-Verschlüsselung	293
9.3	VPN – sicherer Zugriff auf das NAS über das Internet	297
	9.3.1 QBelt-Server konfigurieren	298
	9.3.2 QVPN Client einrichten	300
	9.3.3 OpenVPN-Server konfigurieren	303
	9.3.4 OpenVPN-Client unter Windows einrichten	304

10	**Sicherheit**	**307**
10.1	Bedrohungen	307
10.2	Physische Sicherheit	310
10.3	Freigabeordner	310
10.4	Benutzerverwaltung	311
10.5	Passwörter	311
10.6	Verschlüsselung	314
	10.6.1 Freigabeordner nachträglich verschlüsseln	315
	10.6.2 Umgang mit verschlüsselten Ordnern	316
	10.6.3 Die Verschlüsselung von Freigabeordnern aufheben	317
10.7	Firewall	317
	10.7.1 Erlauben/Verweigern-Liste – Firewall Light	318
	10.7.2 Firewall-Regeln	320
	10.7.3 Die Firewall aktivieren	321
	10.7.4 Eine Regel anlegen	324
	10.7.5 Regel-Prioritäten	325

10.8	Zwei-Faktor-Authentifizierung		326
10.9	Weitere Sicherheitsmaßnahmen		328
	10.9.1	QTS absichern	328
	10.9.2	https erzwingen	331
	10.9.3	Software aktuell halten	331
	10.9.4	Standardports ändern	335
	10.9.5	Das System sauber halten	336
	10.9.6	Sicherheitssoftware nutzen	336
	10.9.7	Aufgabenteilung	342
11	**Den Betrieb anpassen und überwachen**		**345**
11.1	System und Betrieb optimieren		345
	11.1.1	Automatisches Abmelden aus QTS	345
	11.1.2	Energiemanagement	346
	11.1.3	Hardwarebezogene Einstellungen	347
11.2	System und Betrieb überwachen		350
	11.2.1	Systembenachrichtigungen aktivieren	350
	11.2.2	Systemüberwachung mit dem QuLog Center	359
	11.2.3	Die Systemauslastung auf einem Blick	364
	11.2.4	Qboost	371
	11.2.5	Tipps zur Systementlastung	372

Teil IV Das NAS als Heimserver   373

12	**Zugriff auf Multimediadateien mit dem NAS als DLNA-Server**		**375**
12.1	Aus dem NAS einen DLNA-Server machen		376
12.2	Medienordner hinzufügen		379
12.3	Medien wiedergeben		381
12.4	Transcodierung		384
13	**Bildermanagement mit der Photo Station und QuMagie**		**385**
13.1	Photo Station installieren und einrichten		385
	13.1.1	Zugriff auf die Photo Station	386
	13.1.2	Einstellungen	387
13.2	Bilder zur Photo Station hinzufügen		388
	13.2.1	Bilder direkt über die Photo Station hochladen	389
13.3	Bilder mit der Photo Station verwalten		391
	13.3.1	Alben anlegen und Bilder hinzufügen	391
	13.3.2	Smart-Alben	395
	13.3.3	Deckblatt festlegen	396
	13.3.4	Navigation durch die Photo Station	396
	13.3.5	Freigaben und Teilen	399
	13.3.6	Personenerkennung	400
	13.3.7	Alben sichern und wiederherstellen	401

13.4	Berechtigungen der Photo Station		402
13.5	QuMagie installieren und einrichten		405
	13.5.1	Zugriff auf QuMagie	406
	13.5.2	Einstellungen	406
13.6	Bilder zu QuMagie hochladen		406
	13.6.1	Automatischer Upload mit QuMagie für mobile Geräte	407
13.7	Bilder mit QuMagie verwalten		409
	13.7.1	Alben und Smart-Alben anlegen und Bilder hinzufügen	411
	13.7.2	Deckblatt festlegen	413
	13.7.3	Freigeben und teilen	414
	13.7.4	Erkennungs-KI	414
14	**Musikwiedergabe mit der Music Station**		**417**
14.1	Music Station installieren und einrichten		417
	14.1.1	Zugriff auf die Music Station	418
	14.1.2	Einstellungen	418
	14.1.3	Rechteverwaltung	418
14.2	Musik mit der Music Station verwalten		419
	14.2.1	Musik zur Music Station hinzufügen	420
	14.2.2	Die private Sammlung	421
	14.2.3	Musik anzeigen, filtern und durchsuchen	423
	14.2.4	Musik wiedergeben und steuern	427
	14.2.5	Liedinformationen	429
	14.2.6	Wiedergabelisten	430
	14.2.7	Lieder teilen	432
	14.2.8	Internetradio	434
	14.2.9	Die Spotlight-Ansicht	436
14.3	Qmusic-App		439
15	**Filme mit dem Plex Media Server streamen**		**443**
15.1	Exkurs: Medienverwaltung		444
	15.1.1	Speicherplatz vorbereiten	444
	15.1.2	Dateinamen	444
15.2	Plex Media Server installieren und einrichten		446
	15.2.1	Media Server einrichten	446
	15.2.2	Media Server anpassen	450
15.3	Mediatheken		454
	15.3.1	Aufbau der Mediathek	454
	15.3.2	Film- und Serieninformationen	458
	15.3.3	Sammlungen	466
15.4	Plex aktualisieren		469
15.5	Der Plex Client		471
16	**Produktivität, Organisation und Kollaboration**		**473**
16.1	Produktiv mit QNAP und Microsoft Office Online		473
	16.1.1	Office-Unterstützung aktivieren	473

	16.1.2	Arbeiten mit Office Online...............................	474
16.2	Das NAS als zentraler Kalender		476
	16.2.1	QcalAgent installieren und einrichten..................	476
	16.2.2	Arbeiten mit dem QcalAgent	480
	16.2.3	Alternativen	484
16.3	Das NAS als Kontaktverwaltung.................................		484
	16.3.1	Qcontactz installieren und einrichten...................	485
	16.3.2	Kontakte verwalten	488
16.4	Organisiert mit Notizen		496
	16.4.1	Note Station 3 installieren und einrichten	496
	16.4.2	Arbeiten mit der Note Station 3........................	497
16.5	E-Mail-Verwaltung mit dem QmailAgent........................		506
	16.5.1	QmailAgent installieren und einrichten................	506
	16.5.2	Den QmailAgent nutzen..................................	510

Teil V QNAP NAS für Fortgeschrittene   521

17	**Das NAS als Chat-Server mit Mattermost**.........................		**523**
17.1	Installation und Einrichtung des Chat-Servers		523
	17.1.1	Grundeinstellungen	524
	17.1.2	E-Mail-Benachrichtigungen aktivieren	526
	17.1.3	Erstes Team erstellen	528
	17.1.4	Sprache...	530
17.2	Den Chat-Server verwenden		532
	17.2.1	Benutzer einladen..	532
	17.2.2	Clients nutzen	535
	17.2.3	Benutzerprivilegien......................................	536
	17.2.4	Kanäle und Direktnachrichten...........................	537
18	**Videoüberwachung mit der Surveillance Station**		**539**
18.1	Die richtige Kamera finden.......................................		539
	18.1.1	Anforderungen	539
	18.1.2	Kompatibilität	541
18.2	Lizenzen und Gerätezahl..		542
18.3	Die Surveillance Station installieren und einrichten		543
18.4	Die grafische Oberfläche..		544
	18.4.1	Systemeinstellungen.....................................	545
18.5	Die Kamera einrichten		547
	18.5.1	Kamera hinzufügen	548
	18.5.2	Kamera-Einstellungen...................................	552
	18.5.3	Ereigniserkennung	555
18.6	Monitor – die Live-Ansicht.......................................		560
18.7	Aufnahmen betrachten		567

18.8		Mobile Apps für die Surveillance Station	570
	18.8.1	Mobiler Zugriff auf die Surveillance Station mit Vmobile	570
	18.8.2	Vcam – das Mobilgerät als Überwachungskamera	573

19 Virtualisierung auf dem QNAP NAS ... 577

19.1		Container Station	578
	19.1.1	Einstellungen	579
	19.1.2	Container erstellen	580
	19.1.3	Containerverwaltung	582
	19.1.4	Auf Anwendungen zugreifen	584
19.2		Virtualization Station	585
	19.2.1	VM einrichten	586
	19.2.2	Die Virtualization Station nutzen	588

20 Weitere Themen rund um Ihr QNAP NAS ... 591

20.1		Zentrales Downloadmanagement mit der Download Station	591
	20.1.1	Die Download Station installieren und einrichten	591
	20.1.2	Dateien downloaden	593
20.2		Arbeitsspeicher erweitern	600
	20.2.1	Ist mehr RAM notwendig?	601
	20.2.2	RAM-Riegel einsetzen	601
20.3		Speicherkonfiguration	606
	20.3.1	Speicherpool zu RAID erweitern	606
	20.3.2	RAID reparieren	610

Stichwortverzeichnis ... 613

Einleitung

Die Hauptaufgabe eines NAS ist, wie der Name Network Attached Storage schon verrät, das Speichern von Daten, wobei der Datenspeicher in Ihr lokales Netzwerk eingebunden ist. Das macht es einfacher, das Speichermedium von einer Vielzahl an Geräten – und das simultan – zu erreichen und Daten abzulegen und wieder abzurufen. Daten können schnell und einfach geteilt werden. Durch eine Benutzerverwaltung kann auch gezielt gesteuert werden, wer auf welche Daten zugreifen kann. Das macht solche Lösungen nicht nur für den Heimbereich interessant, sondern auch für Unternehmen, Vereine sowie Bildungs- und Forschungseinrichtungen, die keine IT-Abteilung/IT-Experten an der Hand haben.

Das allein macht ein NAS schon zu viel mehr als einem externen Speichermedium. Einige NAS-Hersteller bieten mit ihren Geräten aber noch viel mehr als nur reine Datenverwaltungslösungen an. So stellt QNAP die Integration einer Vielzahl an Diensten sowie die Kompatibilität mit gängigen Enterprise-Daten- und Speicherverwaltungslösungen zur Verfügung. Mit einem NAS von QNAP können Sie also nicht nur Ihre Dateien speichern, sicher und einfach auf sie zugreifen und sie teilen. Sie können auch von einer Fülle von Netzwerk-gestützten Features profitieren.

Sammeln und verwalten Sie zum Beispiel alle Ihre multimedialen Inhalte – egal, ob es sich um die Schnappschüsse Ihres Smartphones, Fotos Ihrer Profikamera oder um Ihre Musiksammlung oder Videos handelt – und das mit der ganzen Familie.

Erstellen und bearbeiten Sie gemeinsam mit anderen Office-Dokumente, oder verwalten Sie Ihre Kalender- und Kontaktkonten in einer zentralen Anwendung.

Überwachen Sie Ihr Zuhause mithilfe von IP-Kameras und einem QNAP NAS.

Mithilfe von Virtualisierung stellen Sie Anwendungen und Betriebssysteme in einer abgekapselten Umgebung bereit, ohne weitere Hardware anschaffen zu müssen.

Auf der Website von QNAP können Sie eine Liste aller Anwendungen finden. Dazu gibt es noch eine Fülle von Drittanbieter-Apps.

Gründe, sich ein NAS anzulegen, gibt es also viele. Ich bin Softwareentwickler und IT-Enthusiast, beim Thema NAS bin ich aber durch meine Leidenschaft, die Fotografie und Bildbearbeitung, gelandet. Ich hatte schnell den Wunsch, meine Bilder zu organisieren, zu sichern und den Speicher in meinen Bearbeitungsworkflow einzubinden. Wer im Rohdatenformat fotografiert, hat einen schnell wachsenden Speicherbedarf. Dazu kommen noch die Photoshop-Dateien und das exportierte Endresultat. Da sprengt man das Limit von kostenlosen Cloud-Services schnell. Zudem lassen Datenschutz, Sicherheit und Flexibilität dabei zu wünschen übrig. Daher habe ich beschlossen, mit einem NAS meine eigene Cloud einzurichten. Mein IT-Background und meine Neugier haben dazu geführt, dass ich immer weitere Funktionen erforscht habe und mich auch an ungewöhnlichere Umsetzungen gewagt habe. Schnell habe ich gemerkt, dass das Interesse auch bei anderen Anwendern groß ist, und so habe ich begonnen, in meinem Blog darüber zu schreiben. Das hat dann wiederum zur Anfrage für dieses Buch geführt.

Es gibt natürlich auch NAS-Lösungen anderer Hersteller. Ich stehe in keiner Verbindung mit QNAP.

QNAP deckt eine sehr breites Feld an Anwendungsmöglichkeiten ab, die ich natürlich nicht alle in diesem Buch behandeln kann. Auf den kommenden Seiten finden Sie dennoch alles zu den Grundlagen eines NAS wie der Einrichtung, der Dateiverwaltung, der Cloud und den Backups sowie Themen wie Multimediastreaming und Produktivität bis hin zu Überwachung und Virtualisierung, um aus Ihrem NAS einen Home-Server zu machen.

Für wen ist dieses Buch gedacht?

Das Buch richtet sich – vor allem in den späteren Kapiteln – an versierte Privatanwender. Wollen Sie wissen, was alles in Ihrem NAS steckt, wollen Sie ein Produkt Ihren Bedürfnissen anpassen und nicht Ihre Bedürfnisse an das Produkt? Scheuen Sie nicht davor zurück, sich weiteres Wissen anzueignen, Neues zu lernen und auch mal selbst nach einer Lösung zu suchen? Dann sind Sie hier genau richtig.

Aber auch als Einsteiger sind Sie hier richtig. Auch dieses Buch beginnt am Anfang, und Sie erfahren von mir alles, was Sie vor dem Kauf wissen müssen und wie Sie Ihr NAS in Betrieb nehmen. Die wichtigsten Funktionen lassen sich auch ohne tiefer gehendes IT-Wissen einrichten.

Denken Sie daran, das NAS in Ihrem Betrieb einzusetzen, werden Sie vor allem in den fortgeschrittenen Themen fündig. Sie müssen aber wissen, dass QNAP Funktionen und Anwendungen speziell für die gewerbliche Nutzung anbietet. Einige dieser Funktionen sind den größeren und teureren NAS-Lösungen vorbehalten. Diese werden von mir in diesem Buch nicht behandelt.

Ich kann in diesem Buch unmöglich alle Funktionen und Anwendungsgebiete von QNAP-NAS-Geräten beschreiben. Dennoch ist das Buch sehr umfangreich, und Sie finden darin Themen, die an anderen Stellen nur grob oder gar nicht erklärt werden.

Eine rudimentäre Anleitung der einzelnen Funktionen finden Sie auch in der Hilfe von QNAP. Ich gehe in diesem Buch genauer auf die Funktionen ein, weise Sie auf Fehlerquellen und Gefahren hin und beschreibe auch, wie die Funktionen miteinander in Wechselwirkung stehen bzw. wie Sie sie verknüpfen können.

Inhalt und Aufbau

In diesem Buch finden Sie umfassendes Wissen rund um die NAS-Geräte von QNAP. Im Fokus stehen die wichtigsten Anwendungen und Funktionen des NAS, aber auch Grundlagen wie die Hardwareauswahl und die Erstinstallation kommen nicht zu kurz. Im hinteren Teil des Buches finden Sie fortgeschrittenere Themen, bei denen das NAS die Grundlage bildet, die Software und Funktionen, die ich beschreibe, aber nicht mehr explizit für Geräte von QNAP entwickelt wurden.

Grundsätzlich habe ich das Buch so gestaltet, dass Sie es von vorne bis hinten durchlesen können. Sie können natürlich einzelne Kapitel auslassen oder in abweichender Reihenfolge lesen. Ich habe mich bemüht, die Kapitel möglichst geschlossen zu gestalten und Themenbereiche zu gruppieren. Ihnen muss aber bewusst sein, dass in der IT und gerade im Bereich der Netzwerke viele Aufgaben themenübergreifend ausfallen. Selbst wenn Sie das Buch in der von mir angedachten Reihenfolge lesen, wird es gelegentlich erforderlich sein, in anderen Kapiteln nachzuschlagen. Die Art und Weise, wie QNAP gewisse Anwendungen und Funktionen entworfen hat, hat es mir zusätzlich erschwert, die Kapitel unabhängig oder rein aufeinander aufbauend zu gestalten.

Das Buch gliedert sich in 5 Teile:

- **Teil I – Grundlagen:** Hier erfahren Sie, was Sie vor dem Kauf eines NAS beachten müssen, wie Sie Ihr NAS das erste Mal in Betrieb nehmen und wie Sie es für den weiteren Gebrauch konfigurieren. Abschließend lernen Sie die Benutzeroberfläche Ihres NAS kennen.
- **Teil II – Daten, Dateien und Speicherplatz:** Dieser Teil befasst sich mit der Grundaufgabe eines NAS: Dateien speichern, verwalten und einen Zugriff darauf bereitstellen. Hier erfahren Sie auch alles über Snapshots, Datensynchronisierung und Backups.
- **Teil III – Weiterführende Konfiguration:** Lernen Sie, wie Sie auf Ihr NAS zugreifen können, setzen Sie sich mit dem Thema Sicherheit auseinander, und passen Sie die NAS-Konfiguration an Ihre Bedürfnisse an.
- **Teil IV – Das NAS als Heimserver:** Dateien speichern und bereitstellen ist längst nicht mehr alles, was man von einem NAS erwartet. Machen Sie aus Ihrem NAS einen Heimserver, egal, ob Multimediaserver für Musik, Bilder und Filme oder Productivity-Server für Dokumente, Kalender und Kommunikation.
- **Teil V – QNAP NAS für Fortgeschrittene:** Sie können auf Ihrem NAS noch mehr Dienste und Anwendungen betreiben. Machen Sie Ihr NAS doch zum Beispiel zum Chatserver. Mithilfe gängiger Virtualisierungswerkzeuge wird Ihr NAS zum Host für virtuelle Anwendungen und Betriebssysteme. Lernen Sie, die Möglichkeiten Ihres NAS zu nutzen, und entfalten Sie sein ganzes Potenzial. In Ihrem QNAP NAS steckt sogar eine Überwachungs- und Sicherheitszentrale.

Hilfe, ich weiß nicht weiter

Es kommt für jeden NAS-Besitzer einmal der Punkt, da weiß man nicht weiter. Etwas, von dem man weiß, wie es funktioniert, lässt sich auf dem NAS so nicht einrichten, eine Anleitung, die bei vielen anderen Anwendern genauso zum Ziel geführt hat, endet im eigenen Fall in einer Sackgasse, man möchte etwas Neues probieren, hat aber nur wenig Ahnung von der Materie. Leider kann auch ich Ihnen mit diesem Buch keine absolut kugelsicheren Methoden an die Hand geben. Die IT ist ein Bereich, der ständig im Wandel ist und permanenten Änderungen unterliegt. Benutzeroberflächen, die heute so aussehen, können morgen schon ganz anders sein, Funktionen, die jahrelang gleich eingerichtet werden mussten, können nach einem Update ganz andere Schritte erfordern. Aber ich kann Sie beruhigen, Sie werden mit Ihren Problemen nicht allein gelassen. Es gibt Stellen, an denen Sie Hilfe erhalten können:

- Der QNAP-Support – Als Käufer eines QNAP NAS können Sie ein QNAP-Konto erstellen und Ihr Gerät dort registrieren. Sie haben damit Zugang zum Support von QNAP.
- Die QNAP-Community – Oft ist es aber gar nicht erforderlich, gleich den Support zu kontaktieren. Die Anzahl der QNAP-Anwender ist groß, und viele davon versammeln

sich in den Communities, um ihr Wissen zu teilen, anderen zu helfen oder gemeinsam nach Lösungen zu suchen. Sie müssen sich dabei auch gar nicht auf Ihre Englischkenntnisse verlassen, denn die deutsche QNAP-Community ist sehr groß. Unter `https://forum.qnapclub.de` finden Sie bereits Lösungen zu vielen Problemen, und wenn Sie nicht fündig werden, wenden Sie sich mit Ihrem Anliegen einfach an die Community-Mitglieder.

- Schreckt Sie die englische Sprache nicht ab, können Sie auch einen Blick in das offizielle Forum von QNAP selbst werfen: `https://forum.qnap.com`

Teil I

Grundlagen

Im ersten Teil des Buches erfahren Sie alles über die grundlegenden Themen in Bezug auf QNAP-NAS – angefangen bei der Auswahl der richtigen Hardware über die Installation von Hard- und Software bis hin zur ersten Tour durch die Benutzeroberfläche und der wesentlichen Handhabung Ihres NAS. Sie erfahren, worauf Sie bei der Auswahl des richtigen Modells achten müssen, welche Unterschiede die Modelle aufweisen und wie viele Festplatteneinschübe notwendig sind. Ich erkläre Ihnen außerdem, worauf Sie bei der Auswahl der Festplatten achten müssen und nehme Sie anschließend mit auf einen kleinen Exkurs zum Thema »RAID«.

In diesem Teil:

- **Kapitel 1**
  Die richtige Hardware für Ihre Anforderungen 19

- **Kapitel 2**
  Zusammenbauen, aufstellen und installieren 41

- **Kapitel 3**
  QTS – Das Betriebssystem im Browser. 75

- **Kapitel 4**
  Die Benutzerverwaltung. 111

Kapitel 1

Die richtige Hardware für Ihre Anforderungen

Wenn Sie dieses Buch lesen, besitzen Sie mit großer Wahrscheinlichkeit schon ein QNAP NAS. Sie können dieses Kapitel natürlich gerne überspringen, aber eventuell findet sich doch noch die eine oder andere interessante Information. Eventuell wollen Sie Ihr NAS irgendwann einmal gegen ein leistungsfähigeres Modell austauschen oder sich ein weiteres zulegen (QNAP-Geräte lassen sich wunderbar vernetzen, das alte Modell muss nicht zwangsläufig verkauft oder entsorgt werden). Möglicherweise haben Sie sich schon ein Modell angeschafft, aber noch nicht in Betrieb genommen, und Sie stellen fest, dass es nicht ganz zu Ihren Anforderungen passt, und Sie haben noch die Gelegenheit, es umzutauschen. Das Kapitel ist auch eine gute Gelegenheit, die umfangreichen Anwendungsmöglichkeiten der QNAP NAS zu entdecken. Vielleicht war Ihnen gar nicht bewusst, dass diese kleine Wunderkiste noch viel mehr kann als den Anwendungszweck, für den Sie das Gerät angeschafft haben.

1.1 Das richtige QNAP-Gerät für Sie

QNAP bietet eine Vielzahl von Geräten, vom absoluten Einsteigergerät bis hin zur Speicherlösung für große Unternehmen. Es fällt nicht immer leicht, für sich das richtige Gerät zu finden. Selbst wenn das Budget keine Rolle spielt, ist es nicht damit getan, einfach zu einem der leistungsfähigeren Geräte zu greifen. Ein teures Gerät bedeutet nicht automatisch, dass es auch alles kann. Meist spezialisieren sich diese Geräte auf einen Anwendungszweck. Hier macht es oft Sinn, zu zwei mittelpreisigen Geräten zu greifen, um so alle Anwendungsgebiete abzudecken. Bei kleinerem Budget ist es daher noch wichtiger, sich für das richtige Gerät zu entscheiden.

1.1.1 Die Modellbezeichnungen verstehen

Bevor wir uns die Modellbezeichnungen näher ansehen, stellt sich Ihnen vielleicht die Frage, ob QNAP für etwas steht. Ja, tut es, nämlich »**Q**uality **N**etwork **A**ppliance **P**rovider«. Nachdem wir das geklärt haben, entschlüsseln wir gleich die nächsten Abkürzungen. Auf den ersten Blick erscheinen die Bezeichnungen, typisch für technische Geräte, recht nichtssagend. Allerdings steckt dahinter ein System. Aber ein Hinweis vorab: Das System ist sehr grob gefasst und bei der Beurteilung der einzelnen Geräte werden Sie um einen Vergleich der Spezifikationen nicht herumkommen.

Hier sind einige Gerätebezeichnungen als Beispiel: TS-431P3, TS-451+, TS-1232PXU-RP, TVS-472XT.

Die Gerätetypen

Die Buchstaben vor dem Bindestrich weisen auf den Gerätetyp und teilweise auf den potenziellen Einsatzbereich hin. Folgende Typen bietet QNAP derzeit an:

- TS – steht für *TurboStation* und ist die Standard-Bezeichnung für QNAP-Geräte. Diese Bezeichnung ist bei Geräten unterschiedlichster Preis-, Leistungsklassen und Bauformen vertreten und lässt keine Rückschlüsse auf Funktionen, Leistung oder Anwendungsgebiete schließen.

- TVS – die Bezeichnung *TurboVirtualizationStation* gibt es zwar nicht, aber genau darauf weist das V hin. Geräte mit dieser Bezeichnung haben meist schon mehr Arbeitsspeicher verbaut als vergleichbare Geräte und können über freie Steckplätze mit noch mehr RAM ausgestattet werden. Diese Modelle unterstützen auch wichtige Virtualisierungstechnologien wie VMware, Citrix und Hyper-V, die Sie in gleichwertigen Geräten nicht finden.

- HS – unter dieser Bezeichnung entwickelt QNAP schlanke, lautlose und lüfterlose Geräte, die für den Einsatz im Wohnzimmer gedacht sind. Sie verfügen über HDMI- und Audio-Schnittstellen und sind für den Multimedia-Einsatz gedacht. Die leise und schlanke Bauart wird auf Kosten der Hardware-Leistung erzielt, daher eignen sie sich für andere Anwendungsgebiete weniger oder unterstützen diese gar nicht erst. Das letzte Gerät dieser Reihe, das noch vertrieben wird, stammt aus dem Jahr 2018.

- TBS – auch unter dieser Bezeichnung wird aktuell nur ein etwas älteres Gerät geführt. Es ist eine Art Mix aus NAS und externer Festplatte. Es ist noch kleiner als die HS Geräte und für den mobilen Einsatz gedacht. Es richtet sich an Personen, die viel unterwegs sind, aber mehr Speicher benötigen, als die meisten Laptops hergeben. Der Vorteil gegenüber externen Festplatten sind neben den Schnittstellen die Funktionen eines QNAP NAS.

- GM – bezeichnet die Gemini-Serie. Wie der Name »Zwilling« schon andeutet, handelt es sich hier um ein Gehäuse mit zwei NAS-Einheiten. Es ist kleiner als zwei einzelne Rack-Gehäuse.

- ES – diese Bezeichnung tragen die absoluten Spitzenmodelle. Diese richten sich sowohl vom Preis als auch von den Funktionen an große Unternehmen. Auch diese Geräte vereinen zwei NAS-Geräte in einem Gehäuse.

- TL, TR, EJ – Gehäuse mit diesen Bezeichnungen sind keine NAS-Geräte, sondern Erweiterungseinheiten. Sie bieten besonders viele Festplatteneinschübe und werden mit einem QNAP NAS verbunden, um so mehr Speicherplatz bereitzustellen. Dadurch kann der Speicher erweitert werden, ohne das eigentliche NAS austauschen zu müssen. Die Geräte werden mit SAS-, SATA- und USB-Schnittstelle angeboten und stehen als Desktop- und als Rack-Versionen zur Verfügung.

Die Anzahl der Festplatteneinschübe

Die nachfolgenden 1 bis 2 Ziffern (1 Ziffer bei einer dreistelligen Nummer und 2 Ziffern bei einer vierstelligen Nummer) geben die Anzahl der Festplatten an, die das Gehäuse bietet. Die Zahl gibt aber nur die vorhandenen Festplatteneinschübe an. Durch die Erweiterungseinheiten können jedoch noch mehr Festplatten bereitgestellt werden. Achten Sie darauf, dass nicht alle NAS-Modelle mit beliebigen Erweiterungseinheiten kombiniert werden können.

Die Modellreihe

Die letzten beiden Ziffern geben die Modellreihe an. Diese lässt, mit etwas Recherche bzw. wenn man die Produktpalette von QNAP einige Zeit verfolgt, grobe Rückschlüsse auf Alter und Leistung ziehen. So finden Sie bei den – zur Drucklegung des Buchs – aktuellen Modellen 3X und 5X bei den Heim-Modellen, 7X bei Modellen für KMUs und 8X im Enterprise-Bereich. Je höher die Zahl ist, desto leistungsfähiger ist das Modell. Also 88 ist stärker als 86 und stärker als 83. Modelle mit der gleichen Nummer gehören zur selben Modellreihe. So haben die Modelle TS-653, TS-453 und TS-253 dieselbe Hardware verbaut und unterstützen dieselben Funktionen, sie unterscheiden sich lediglich durch die Anzahl der Festplatteneinschübe.

Die Zusatzkennzeichen

Jetzt wird's wild, denn in den Modellbezeichnungen findet sich eine Vielzahl an zusätzlichen Zahlen und Buchstaben. Diese geben manchmal besondere Funktionen oder Eigenschaften an oder helfen, Neuauflagen von Modellen zu identifizieren oder weisen auf kleine Unterschiede bei ansonsten identen Modellen hin. Das Schema, wo sich diese Zusatzkennzeichen befinden und was sie bedeuten, ist aber nicht ganz einheitlich. QNAP ist hier auch nicht immer sonderlich konsequent. Ein Buchstabe kann bei der nächsten Modellreihe schon wieder etwas anderes aussagen, oder eine Eigenschaft kann anders bezeichnet werden. Die folgenden Erklärungen sind also nur als grobe Richtlinie zu verstehen. Ein Blick in die Modellspezifikationen schafft meist Abhilfe.

- A, B, C, D, + – diese Angabe kennzeichnet Neuauflagen gewisser Modelle. Hier werden beliebte Modelle mit leicht veränderter Hardware oder anderen kleinen technischen Verbesserungen neu veröffentlicht.

> **Achtung**
>
> Bei den aktuell erhältlichen Modellen handelt es sich nicht immer um die neueste Generation. So listet QNAP die TS-251+ aus dem Jahr 2015 immer noch als High-End-Modell für zu Hause. Das Gerät wird weiterhin produziert und im Handel angeboten. Die beiden nachfolgenden Auflagen wurden aber bereits eingestellt.

- e – steht für »economy«. Geräte mit dieser Zusatzbezeichnung sind Versionen mit leicht abgespeckter Hardware oder entfernten Funktionen, um so einen günstigeren Verkaufspreis zu erzielen.
- X – kennzeichnet Modelle mit einem oder mehreren 10 Gigabit (GB) Ethernet-Anschlüssen.
- T, T3 – ist ein Hinweis darauf, dass das Gerät über einen Thunderbolt-Anschluss (bzw. Thunderbolt 3) verfügt.
- RP – steht für »redundant power«, also eine ausfallsichere Stromversorgung. Geräte mit dieser Bezeichnung verfügen über eine zweifache Stromversorgung. Ist eine beschädigt, kann diese während des Betriebs der anderen gewechselt werden. Auch die Versorgung über zwei unabhängige Stromkreise wäre möglich.
- U – kennzeichnet Geräte, die im Rack montiert werden können.

- 2G, 4G, 6G etc. – diese Kennzeichnung finden Sie unter gewissen Umständen ganz am Ende der Modellbezeichnung nach einem Bindestrich. Sie ist eigentlich nicht mehr Teil der Modellbezeichnung. Die Kennzeichnung gibt an, wie viel Arbeitsspeicher bereits werksseitig verbaut ist und hilft, unterschiedlich bestückte Einheiten desselben Modells voneinander zu unterschieden, z.B.: TS-451D2-2G und TS-451D2-4G, hierbei handelt es sich um idente Modelle, die eine Version hat lediglich einen 2-GB-RAM-Riegel verbaut, die andere bereits einen 4-GB-Riegel.

1.1.2 Viele Modelle, viele Aufgaben

Jetzt, da Sie QNAPs Modellbezeichnungen deuten können, fällt es Ihnen wohl immer noch nicht leichter, sich für das richtige Gerät zu entscheiden. Ein höheres Budget macht die Sache auch nicht einfacher. Da QNAP ein so breites Spektrum an Anwendungsfällen abdeckt, die alle ganz spezielle Anforderungen an die Hardware stellen, gibt es auch nicht das eine ultimative Modell, das zwar viel kostet, aber alles kann.

Anwendungsgebiete sind auch nicht ausschließlich auf gewisse Preisklassen beschränkt. Während die Virtualisierung das Hauptaugenmerk einiger Spitzenmodelle ist, finden Sie auch im unteren Preissegment Geräte, die die Virtualisierung voll unterstützen, lediglich die Skalierung ist hier eine andere. Das heißt, Sie können weniger virtuelle Maschinen gleichzeitig laufen lassen. Ein wenig anders sieht es mit den Multimedia-Features aus. Auf den Enterprise-Modellen können Sie zwar auch Multimedia-Software installieren, Sie werden dort aber eher keine HDMI-Anschlüsse oder Transcodierungsfunktionen finden.

Auch die Videoüberwachung ist prinzipiell mit jedem Modell möglich, je mehr Kameras ins Spiel kommen, desto mehr Leistung und Speicher ist gefordert. Die Pro-Version von QNAPs Überwachungssoftware läuft auch nur auf Modellen ab 4 GB RAM.

Hier kommen Sie ins Spiel. Es ist an Ihnen, sich Gedanken darüber zu machen, wofür Sie das NAS einsetzen möchten und welche Anforderungen Sie daran stellen. Ich werde Ihnen möglichst viele Werkzeuge mit an die Hand geben, damit Sie die richtige Wahl treffen.

Nachdem Sie jetzt grob wissen, was so ein NAS von QNAP alles kann und welche Produktgruppen es gibt, möchte ich Sie noch einmal im Detail auf Unterschiede und Einschränkungen aufmerksam machen. Es geht also um das Kleingedruckte, das, wenn man es übersieht, schnell zu Frust oder gar Enttäuschung führt.

CPU und Arbeitsspeicher

Es ist allgemein bekannt: Je besser die CPU, desto leistungsfähiger das System. Für unser NAS heißt das, desto schneller werden Aufgaben erledigt bzw. desto mehr Aufgaben können gleichzeitig erledigt werden. Es gab mal eine Zeit, da hat es gereicht, auf die Taktfrequenz der CPU zu achten – aktuell sind das einige Gigahertz (GHz) im unteren einstelligen Bereich. Mittlerweile sind die Architekturen, auf denen die CPUs basieren, so vielfältig, dass ein einfaches Vergleichen der Taktfrequenz nicht ausreicht. Auch die Anzahl der Kerne sagt nicht direkt etwas über die Leistungsfähigkeit aus. Grundsätzlich gilt, je mehr Kerne eine CPU hat, desto mehr Aufgaben kann sie parallel abarbeiten, aber hier spielen noch viele andere Faktoren eine Rolle, wie etwa die Architektur. So kann eine 4-Kern-CPU für Mobilgeräte weitaus schwächer sein als eine Desktop-CPU mit nur 2 Kernen. Und selbst bei CPUs gleicher Kategorie heißt mehr Kerne nicht unbedingt mehr Leistung. So hat die berühmte Desktop-CPU der Firma AMD, der Ryzen Threadripper der dritten Generation (Zen 2), 32 Kerne, das Pendant der Konkurrenzfirma Intel, der i9 (Cascade Lake), weist jedoch nur 18 Kerne auf. Welche der beiden besser bzw. stärker ist, ist ein großes Streitthema in den Foren, Blogs und Communities. Warum das so ist? Wie viel mehr Leistung Kerne bringen, hängt ganz vom Aufgabengebiet und der verwendeten Software ab. Viele Anwendungen nutzen auch heute noch nicht 4 Kerne voll aus, geschweige denn mehr davon.

Derzeit gibt es 2 große Architekturmodelle, die den Markt dominieren. Das ist auf der einen Seite die *x86*-Architektur, wie Sie sie von Ihrem PC oder Notebook kennen; die Platzhirsche sind hier Intel und AMD, gegen die sich kaum jemand behaupten kann. Auf der anderen Seite ist da die *ARM*-Architektur. Die Firma ARM vergibt Lizenzen an andere Hersteller, daher gibt es hier sehr viel mehr Hersteller als auf dem Desktop-Markt. Die CPUs der ARM-Architektur sind für mobile Endgeräte optimiert. Sie sind platzsparend und energieeffizient, aber auch viel schwächer als x86-Vertreter mit gleicher Taktfrequenz und Kernzahl. Zumindest bisher. In letzter Zeit sind auch ARM-Modelle erschienen, die es mit den x86-Modellen (in der entsprechenden Leistungskategorie) durchaus aufnehmen können.

Sie werden von mir hier keine Vergleichstabellen bekommen. Wie schon erwähnt, fällt es schwer, die einzelnen Modelle miteinander zu vergleichen, zumal diese Tabelle höchstwahrscheinlich veraltet ist, bis es das Buch in den Druck und anschließend in Ihre Hand schafft. Mit etwas Glück gibt es auf den diversen Vergleichsportalen eine Gegenüberstellung genau der zwei Prozessoren, die Sie miteinander vergleichen wollen. Aber genießen Sie die Benchmarks mit Vorsicht, denn je nachdem, welche Aufgaben man den CPUs stellt, können die Ergebnisse oft stark abweichen.

QNAP verwendet in seinen NAS-Produkten eine Vielzahl von ARM-Prozessoren, diese finden Sie – zur Drucklegung des Buchs – in allen Modellen der Einsteiger- und Mittelklasse für Heimanwender sowie in der Einsteigerklasse KMU. Darüber hinaus finden Sie ausschließlich x86-Prozessoren.

Unabhängig von der Leistung der einzelnen Modelle kann die Prozessor-Architektur aber Ihre Gerätewahl beeinflussen, denn gewisse Anwendungen erfordern einen x86-Prozessor und laufen auf Modellen mit ARM-Prozessoren nur überaus langsam oder sind erst gar nicht verfügbar. Als Beispiel sei hier die Drittsteller-Anwendung TeamSpeak genannt. Sie ist ausschließlich auf Geräten mit x86-Prozessor installierbar. Kontrollieren Sie die Anforderungen der Anwendungen, die Sie gerne auf Ihrem QNAP NAS einrichten möchten. Für Anwendungen von QNAP bietet die Webseite des Herstellers (`https://www.qnap.com/de-de/app_center/`) eine Auflistung aller Apps. Öffnen Sie die Detailansicht, erhalten Sie entweder eine Liste aller kompatibler Modelle, oder die App ist als reine x86-Version verfügbar. Für Drittsteller-Anwendungen müssen Sie sich bei der jeweiligen Quelle erkundigen.

Festplatteneinschübe

Die Anzahl der Festplatteneinschübe ist eine der wichtigsten Entscheidungen, die Sie treffen müssen, denn sie geben das maximale Datenvolumen Ihrer *TurboStation* vor. Haben Sie die maximale Anzahl an Platten verbaut, können Sie keine weitere mehr einbauen. Sie können nur auf größere Platten umsteigen, das schlägt aber ab einer gewissen Größe deutlich aufs Budget, und irgendwann ist auch damit Schluss. Aktuelle *TurboStation*-Modelle haben kein Limit bezüglich der Festplattengröße. Sind Sie auf der Suche nach gebrauchten Modellen, müssen Sie aber achtgeben. Ältere Modelle haben Beschränkungen, was die Größe einzelner Festplatten, aber auch was die Gesamtkapazität angeht. Haben Sie mehr

Bedarf, können Sie sich eine Erweiterungseinheit zulegen, sofern Ihr Basisgerät diese unterstützt. Danach können Sie nur noch auf ein größeres Gerät umsteigen.

Abb. 1.1: Ein QNAP NAS mit zwei Festplatteneinschüben

Das maximale Speichervolumen allein ist aber nicht das Einzige, woran Sie denken sollten. Ist Ihnen Ausfall- und Datensicherheit wichtig, sollten Sie auf Redundanz setzen. Das erreichen Sie mittels RAID-Konfiguration. Je nach RAID-Typ ist eine gewisse Anzahl an Platten notwendig, außerdem schmälert ein RAID Ihr nutzbares Datenvolumen. Alles über Festplatten und RAIDs erfahren Sie in Abschnitt 1.3 »Die Festplattenkonfiguration«.

Videotranscodierung

Auch 2021 gibt es Videodateiformate wie Sand am Meer, aber noch viel ausschlaggebender als das Dateiformat ist der Videocodec, der verwendet wurde, um die Videodatei zu erstellen.

> **Videocodec**
>
> Ein Videocodec ist ein Algorithmenpaar, das zur Codierung und Decodierung digitaler Videos dient. Der Algorithmus wandelt die Rohdaten dabei in ein Format um, das dann gespeichert oder übertragen werden kann. Hierbei findet meist eine Komprimierung statt, da die Rohdaten viel zu groß wären, um sie z.B. auf einer Disk zu speichern oder sie über das Netz zu streamen. Das Wiedergabegerät muss dann die codierten Daten wieder decodieren, um sie darstellen zu können.

Grundsätzlich dient das NAS nur als Speicherort für die Videos, und je nach eingesetzter Methode werden die Videos an das Wiedergabegerät (Browser, Fernseher, Tablet ...) übertragen. Das Decodieren bleibt dann dem jeweiligen Gerät (Hardware-Transcodierung) bzw.

der von ihm benutzten Software (Software-Transcodierung) überlassen. Alternativ kann die Transcodierung schon auf dem Server erfolgen und somit auch an Geräte gesendet werden, die keine Transcodierung bzw. nicht alle Formate unterstützt werden.

An dieser Stelle würde ich Sie gerne darauf hinweisen, welche Modelle Transcodierung unterstützen und welche nicht. Allerdings sieht es so aus, dass die Unterstützung der meisten Videoformate durch Software-Updates entfernt wurde. An dieser Stelle ist das für Sie insofern von Vorteil, als Sie dieses Thema nicht in den Entscheidungsprozess für ein geeignetes Modell miteinbeziehen müssen. Achten Sie aber darauf, dass QNAP auf einigen Produkten noch mit dem Transcodieren wirbt, obwohl dieses nicht mehr zur Verfügung steht. Auch im Internet sind noch genug Anleitungen und Forenbeiträge zum Thema Transcodierung zu finden, die aber veraltet sind.

Mit Videos und damit, wie Sie Ihr NAS dazu nutzen können, auf diese zuzugreifen, befassen wir uns dann in Teil IV. Dort werde ich auch noch näher auf das Thema Transcodierung eingehen und wie Sie doch noch dazu kommen.

Hardware-Verschlüsselung

Alle aktuellen Modelle bieten die Option, Ihre Daten zu verschlüsseln. Das heißt, Daten, die auf dem NAS liegen, werden verschlüsselt, also unleserlich abgelegt. Gelangt ein Unbefugter an diese Daten, kann er sie ohne den richtigen Algorithmus und den verwendeten Schlüssel nicht entziffern (Sie übrigens auch nicht). Die Verschlüsselung ist ein komplexer und aufwendiger Prozess, der einige Zeit in Anspruch nimmt. Das heißt, das Schreiben und Lesen verschlüsselter Daten ist langsamer als das von unverschlüsselten Daten. Das trifft vor allem dann zu, wenn die Ver- und Entschlüsselung mittels Software erledigt wird. Um diesen Umstand zu verbessern, wurden sogenannte Hardware-Verschlüsselungsmodule entwickelt. Es handelt sich dabei um einen separaten Bereich der CPU, der ausschließlich für Ver- und Entschlüsselung zuständig ist und dafür auch optimiert wurde. Mittlerweile haben alle Modelle ein solches Modul, Modelle mit einem x86-Prozessor verfügen über ein *AES-Ni*-Modul. Es verwendet zwar dieselbe Verschlüsselungsmethode wie die anderen Modelle, ist aber noch mal um einiges performanter. Spielen Sie mit dem Gedanken, ein älteres Modell zu erwerben, sollten Sie bedenken, dass nicht alle Modelle über ein Hardware-Modul verfügen. Wollen Sie Ihre Daten verschlüsseln, müssen Sie mit einer höheren Verarbeitungszeit rechnen und das bei jedem Lese- und Schreibzugriff.

Schnittstellen

Auch die verfügbaren Schnittstellen sind zu beachten. So haben Modelle für den Heimgebrauch meist nur einen Netzwerkanschluss (RJ45). Andere Gehäuse besitzen zwei oder mehr Netzwerkanschlüsse, um eine redundante Netzwerkversorgung zu realisieren, den Netzwerkdurchsatz zu erhöhen oder spezielle Subnetz-Konfigurationen umzusetzen.

Es gibt Modelle, die eine HDMI-Schnittstelle aufweisen, mit der Sie direkt an einen Monitor oder Fernseher angeschlossen werden können, dadurch eignen sich diese als Multimedia-Server. Auch USB- und Thunderbolt-Anschlüsse sind je nach Modell gar nicht oder in unterschiedlicher Anzahl vorhanden. Diese sind besonders dann wichtig, wenn Sie externe Festplatten anschließen wollen. Zu guter Letzt gibt es noch Modelle, die über PCI-Karten erweitert werden können. QNAP bietet Karten mit verschiedenen Funktionen an, wie etwa WLAN-Module, NVMe-Schnittstellen für SSD-Cache, Grafikkarten und andere Module.

Abb. 1.2: Dieses Modell weist eine HDMI-Schnittstelle, zwei RJ45-Anschlüsse, 2 USB- und einen USB-3.0-Anschluss auf.

Sonstige Einschränkungen

Zusätzlich zu den Hardware-Unterschieden und den absoluten Limitierungen aufgrund der Hardware gibt es noch diverse andere Unterschiede zwischen den einzelnen Modellen. Auf vielen Modellen sind zwar die gleichen Features und Anwendungen vorhanden, diese weisen aber oft nicht denselben Funktionsumfang auf oder weichen in anderen Parametern voneinander ab. So können unterschiedliche Modelle mit einer unterschiedlichen Anzahl an maximalen Benutzern, maximalen gleichzeitigen Verbindungen, Aufgaben oder indizierter Dateien umgehen. Auch manche Anwendungen sind auf gewisse Modelle beschränkt. Diese Limitierungen sind von QNAP selbst festgelegt und basieren auf Leistungstests der Hardware. Damit soll sichergestellt werden, dass die Aufgaben und Anwendungen unter den ausgewiesenen Parametern auch ordnungsgemäß laufen. Einige Anwendungen erfordern ein Minimum an Arbeitsspeicher. Diese lassen sich zwar eventuell trotzdem installieren, verweigern aber den Start, wenn nicht genügend RAM vorhanden ist. Einige dieser Limitierungen können umgangen werden. So können einige Anwendungen auf Modellen installiert werden, für die sie offiziell nicht verfügbar sind. Zu empfehlen ist das aber nur, um die Anwendungen auszuprobieren oder um Konfigurationen auf Testgeräten zu überprüfen. Für die tatsächliche Nutzung eignen sich die manuell installierten Anwendungen nicht. Sie laufen viel zu langsam und haben dadurch negative Auswirkungen auf den gesamten Betrieb des NAS.

Lizenzen

Die Mehrzahl der Anwendungen, sowohl von QNAP als auch von Drittherstellern, steht kostenlos zur Verfügung. Nur sehr wenige sind kostenpflichtig. Es handelt sich hierbei um

Anwendungen, die zwar von QNAP bereitgestellt werden, sich aber in irgendeiner Form einer Drittersteller-Technologie bedienen, die nicht kostenlos zur Verfügung steht. So kostet die *exFAT*-Erweiterung 3,99 US-Dollar und muss pro NAS erworben werden. exFAT ist ein neues Dateisystem von Microsoft, dessen Nutzung eine Lizenz benötigt.

Andere Anwendungen sind zwar kostenlos, allerdings sind diverse Funktionen an eine Lizenz gebunden. Beispiele hierfür ist die *Surveillance Station*. Die Surveillance Station erlaubt die Verwaltung von Überwachungskameras. Hierbei wird pro Kamera eine Lizenz benötigt. Beim Kauf eines QNAP-Produkts ist eine gewisse Anzahl an Lizenzen bereits enthalten, sofern die jeweilige Software auf dem Gerät zur Verfügung steht. Die Anzahl der Lizenzen kann aber abweichen. So sind in der Regel Lizenzen für 2 Kameras für die Surveillance Station enthalten. Auch Qsirch, QNAPs Suchmaschine, bietet in der kostenlosen Version nur eine eingeschränkte Funktionalität.

QNAP-Geräte sind mit sehr vielen Diensten und Anwendungen von Drittherstellern kompatibel bzw. bieten diese oft speziellen Versionen für QNAP NAS an. Einige dieser Anwendungen sind kostenlos, der überwiegende Teil (vor allem jene, die sich an Unternehmen richten) ist nicht kostenlos. Einige Lizenzen sind per Einmalzahlung erhältlich, viele aber erfordern monatliche bzw. jährliche Zahlungen. QNAP nutzt diese lizenzpflichtigen Anwendungen und Dienste häufig zur Bewerbung der eigenen Produkte. Bedenken Sie also, dass nach dem Kauf des NAS nicht immer alles drin ist, was auch draufsteht.

Modellvergleich

Jetzt, da Sie wissen, in welchen Punkten sich die einzelnen Geräte unterscheiden, fällt es Ihnen leichter, diese miteinander zu vergleichen. Nutzen Sie dazu am besten die Vergleichsfunktion auf der Produktseite von QNAP. Hier werden alle Spezifikationen aufgelistet und die Geräte gegenübergestellt.

Nun sollten Sie alle notwendigen Informationen an der Hand haben, um das für Sie geeignete Gerät zu wählen. Das fällt nicht immer leicht, zumal es bei einem eher breiteren Anforderungsprofil oft nicht ganz eindeutig ist, welches Gerät das geeignetere ist. Das liegt daran, dass QNAP im mittleren und oberen Preissegment eher spezialisierte Geräte anbietet, statt das eine Gerät, das alles kann, aber auch entsprechend teuer ausfällt.

Sie müssen sich jedoch auch nicht unbedingt auf ein einziges Modell festlegen. Es macht durchaus Sinn, sich mehr als nur ein Gerät zuzulegen. Alle Geräte lassen sich ganz einfach miteinander vernetzen und arbeiten hervorragend zusammen. So können Sie Aufgabengebiete bestens trennen. Ein NAS kann dann z.B. als Multimedia- und Smarthome-Lösung dienen, die nur im LAN verfügbar ist, ein zweites NAS ist über das Internet erreichbar und dient als Web- und Mail-Server. Ein drittes NAS steht außer Haus und wird nur bei Bedarf aktiviert, um als Ziel für Backups der anderen beiden zu dienen.

Die nachfolgende Tabelle soll Ihnen noch einmal eine Übersicht über einzelne Geräte und die verschiedenen Einsatzbereiche geben. Die Auswahl der Geräte richtet sich dabei an den Privatanwender und ist beispielhaft. Die Anzahl der Modelle ist zu groß, und oft können Aussagen wie »Modell A ist besser als Modell B« nicht getroffen werden, weil A zwar bessere Hardware hat, B aber mehr Funktionen unterstützt. Die drei Modelle der Vergleichstabelle liegen aber sehr weit auseinander, sodass die Unterschiede offensichtlich ausfallen.

Kapitel 1
Die richtige Hardware für Ihre Anforderungen

	TS-230	TS-251+	TVS-473e
CPU	Quad Core 1,4 GHz (ARM, 64 bit)	Dual Core 2,0 GHz (x86, 64 bit)	Quad Core 2,1 GHz (x86, 64 bit)
RAM	2 GB DDR4	2 GB SO-DIMM DDR3L (erweiterbar auf 8 GB)	4 GB SO-DIMM DDR4 (erweiterbar auf 64 GB)
Laufwerksfächer	2	2	4
Max. Benutzerkonten	600	4096	4096
Virtualisierung	Container Station	Container Station, Virtualization Station (> 2 GB RAM), Linux Station	Container Station, Virtualization Station, Linux Station, Microsoft Hyper-V
HDMI-Ausgang	nein	1	2
Snapshot-Schutz	max. 64	max. 256	max. 1024
PCIe Steckplatz	nein	nein	2
Anwendungsgebiet	Für Anfänger und Einzelanwender, die ihre Daten sichern und von überall darauf zugreifen wollen und eventuell die ein oder andere QNAP-Anwendung nutzen möchten (alleine und nicht gleichzeitig)	Für mehrere Anwender, die ihre Daten mit der Cloud synchronisieren wollen und wenn mehrere QNAP-Anwendungen gleichzeitig von mehreren Benutzern genutzt werden sollen. Für kleine Virtualisierungsprojekte und für die Videoüberwachung	Für die wirklich ambitionierten Anwender. Für viele Benutzer und große Datenmengen. Wenn das volle Spektrum der QNAP-Anwendungen genutzt werden soll. Wenn mehrere Anwendungen gleichzeitig von mehreren Benutzern genutzt werden. Auch für kleine Unternehmen und Organisationen geeignet. Für ambitioniertere Virtualisierung

Tabelle 1.1: Ein kleiner Vergleich einiger Kernmerkmale. Einen vollständigen Vergleich finden Sie auf der QNAP-Webseite.

Es muss aber nicht immer ein neues Modell sein. Im Handel erhalten Sie problemlos Modelle aus älteren Reihen. Auch gebraucht lassen sich aktuelle und ältere Modelle erstehen. Diese sind meist in gutem Zustand, da gerade Anwender, die sich sehr viel mit ihrem NAS beschäftigen, bald auf ein besseres Modell umsteigen und das Vorgängergerät verkaufen. Hier gestaltet sich der Vergleich aber etwas schwieriger. QNAP listet auf der eigenen Webseite nur die Modelle der aktuellen Reihe auf. Es stehen zwar alle Datenblätter älterer Modelle zum Download bereit, dort finden sich aber nicht immer alle Angaben bzw. sind sie weniger detailliert aufgeführt als in der aktuellen Produktübersicht.

> **Hinweis**
>
> QNAP liefert alle NAS-Produkte mit demselben Betriebssystem aus, dem QTS. Die Software kann zwar je nach Produkt und Funktionsumfang Unterschiede aufweisen, die Basis und die Bedienung ist aber immer dieselbe. Sollten Sie sich also ein Rack-Modell zulegen wollen oder bereits eines haben, können Sie die Anleitungen in diesem Buch genauso durchführen wie auf einer *TurboStation* im Desktop-Gehäuse. Auch die Enterprise-Modelle laufen auf derselben Basis, dort werden Ihnen aber weit mehr Funktionen und Menüs zur Verfügung stehen.

1.2 Die Wahl der Festplatten

Ohne zumindest eine Festplatte ist Ihr NAS nichts weiter als ein abstrakter Dekogegenstand. Damit Sie Ihr NAS betreiben können, brauchen Sie also Festplatten. Modelle gibt es wie Sand am Meer, allerdings sollten Sie vor dem Kauf gut überlegen, zu welchem Modell Sie greifen. Auch hier gibt es wieder mehrere Kriterien, auf die Sie achtgeben müssen.

1.2.1 Spezielle NAS-Festplatten

Grundsätzlich können Sie in jedes NAS herkömmliche Desktop-Festplatten einbauen. Allerdings sind diese nicht für den Dauerbetrieb geeignet. Einige Hersteller haben spezielle NAS-Festplatten im Programm. Deren Garantie umfasst eine längere Betriebsdauer pro Tag und ein höheres Schreibvolumen pro Jahr als normale Desktop-Festplatten. Aber Achtung, Dauerbetrieb heißt nicht gleich NAS-Festplatte. NAS-Platten (meist zu erkennen an dem Wort NAS im Produktnamen) besitzen spezielle Features, die andere Platten nicht haben. Zum einen ist da die schnelle Fehlerrückmeldung. Stößt eine herkömmliche Festplatte auf einen fehlerhaften Sektor, meldet sie nicht sofort einen Fehler, sondern versucht durch mehrmaliges Lesen, den Fehler zu kompensieren. Dadurch dauert der Lesevorgang etwas länger. Das fällt dem Benutzer nicht auf, und er bekommt keinen Fehler zu Gesicht. In einem NAS kann so eine Fehlerkorrektur hinderlich sein, da Festplatten oft in RAID-Verbünden organisiert sind (siehe Abschnitt 1.3.2, »Was ist ein RAID?«). Hier ist es erforderlich, dass Fehler zügiger gemeldet werden. NAS-Platten haben auch eine bessere Vibrationskompensation. Festplatten schwingen im Betrieb – laufen mehrere Platten nebeneinander, übertragen sich die Schwingungen einer Platte auf alle anderen. Dadurch werden die Schwingungen verstärkt. Das erzeugt nicht nur mehr Lärm, sondern kann sich auch negativ auf die Lese- und Schreibvorgänge auswirken.

> **Hinweis**
>
> Einige Hersteller haben neben den herkömmlichen NAS-Festplatten noch eine Serie für den professionellen Einsatz im Programm. Diese werden üblicherweise mit dem Zusatz »Pro« gekennzeichnet. Diese Modelle bieten eine längere Garantie, und im Falle eines Defekts ist meist eine kostenlose Datenrettung inkludiert. Auch die Menge an Lese- und Schreibzugriffen ist höher als bei anderen Festplatten (Desktop-HDD: ~60 TB/Jahr; NAS-HDD: ~180 TB/Jahr; NAS-Pro-HDD: 300 TB/Jahr). Für den Heimanwender sprechen die Mehrkosten aber nicht für die zusätzliche Leistung.

1.2.2 Die Bauform

Es gibt grundsätzlich 2 Bauformen: die am weitesten verbreitete Form von 3,5" und die etwas kleinere Form von 2,5". Die meisten NAS-Modelle von QNAP weisen Festplatteneinschübe in der Größe von 3,5" auf, in diese können aber auch 2,5"-Festplatten verbaut werden. Der Unterschied dieser beiden Bauformen liegt in der Größe. 2,5"-Festplatten sind deutlich kleiner und dünner als 3,5"-Exemplare. Dadurch sind sie etwas leiser und energiesparender. Gleichzeitig bedeutet das aber auch, dass 2,5"-Festplatten nicht annähernd so hohe Kapazitäten erreichen wie die größeren Vertreter. So ist derzeit bei ca. 5 TB Schluss. Auch der Preis pro TB ist hier meist höher als bei gleichwertigen Festplatten mit 3,5". Ich empfehle daher, wenn nicht gerade triftige Gründe 2,5" verlangen, ausschließlich 3,5"-Festplatten zu verwenden. Nicht nur die höhere Kapazität spricht dafür. Von den 2,5"-Platten gibt es auch keine NAS-Varianten. Es liegen zwar durchaus Modelle für den Dauerbetrieb vor, aber ihnen fehlen Features wie die schnelle Fehlerrückmeldung und die Vibrationskompensation.

SSDs

Ja, man kann SSDs in NAS-Geräte einbauen, aufgrund der geringeren Kapazität werden diese aber normalerweise nicht als Hauptspeichermedien verwendet, sondern als Cache bzw. für spezielle Anwendungsgebiete, die besonders hohe Durchsatzraten verlangen. Ist eine SSD als Cache vorhanden, wird diese zuerst mit Daten befüllt und die Daten dann von dort auf die langsameren HDDs verschoben. Einen Vorteil ziehen Sie aber nur daraus, wenn Netzwerk und Einsatzgebiet diesen Geschwindigkeitsvorteil ausnutzen können. Da herkömmliche SSDs einen Festplatteneinschub belegen würden, haben einige QNAP-Geräte einen NVMe-Steckplatz. Der erlaubt den Einsatz von NVMe-SSDs als Cache, ohne einen Festplatteneinschub zu belegen.

1.2.3 Die Geschwindigkeit

Neben der Bauform ist die Geschwindigkeit einer der Grundparameter einer Festplatte. Genauer ausgedrückt geht es hier um die Umdrehungsgeschwindigkeit, mit der sich die Platten drehen. Je höher die Drehzahl, desto schneller die Lese- bzw. Schreibgeschwindigkeit. Üblich sind entweder 5400 U/min oder 7200 U/min. Die Geschwindigkeit alleine gibt aber noch nicht den Datendurchsatz an, es kommt darauf an, wie viele Daten pro Umdrehung gelesen werden können. Langsamere Festplatten, die mehr Daten lesen, können somit genauso schnell lesen wie schnelle Festplatten, die weniger Daten pro Umdrehung verarbeiten. Höhere Drehzahl heißt natürlich auch mehr Stromverbrauch und mehr Wärmeentwicklung. Ein NAS soll zwar so schnell wie möglich arbeiten, gerade bei mehreren Nutzern, allerdings ist hier die Netzwerkverbindung der Flaschenhals. Bei einer Netzwerkgeschwindigkeit von 1 Gbit (entspricht 125 MB/s) müssen auch Festplatten mit 5400 U/min nicht voll ausgelastet sein, da diese bis zu 150 MB/s schaffen.

> **Tipp**
>
> Achten Sie nicht primär auf die Umdrehungsgeschwindigkeit. Achten Sie zuerst auf alle anderen hier vorgestellten Parameter wie NAS-HDD, Bauform und Gesamtkapazität. Die Umdrehungsgeschwindigkeit ergibt sich dann meist von alleine, da gerade NAS-Festplatten ab einer bestimmten Größe nur noch mit 7200 U/min angeboten werden. Befinden sich in Ihrer engeren Auswahl dennoch Festplatten mit unterschiedlichen Drehzahlen,

dann achten Sie auf die tatsächliche maximale Lese- und Schreibrate. Diese ist bei Vergleichsportalen meist nicht angegeben. Hier hilft nur ein Blick in das Datenblatt des Herstellers.

1.2.4 Die Hersteller

Hersteller gibt es wie Sand am Meer, von billigem Schrott bis teuer (aber nicht immer besser) ist alles dabei. Nennenswerte NAS-Festplatten haben aber nur Toshiba, Seagate und Western Digital (WD) im Angebot. Toshiba ist etwas günstiger als die anderen beiden, schneidet in Sachen Qualität und Zuverlässigkeit dafür nicht ganz so gut ab wie die Konkurrenz. Das heißt aber nicht, dass das ein Ausschlussgrund ist. Auch Seagate und Western Digital haben bessere und schlechtere Serien, und Montagsexemplare gibt es in allen Modellreihen. Seagate und Western Digital, das ist wie Intel und AMD, wie Nvidia und AMD, am Ende also eine Glaubensfrage. WD-Festplatten kosten etwas mehr als vergleichbare Seagate-Platten, die Qualität ist aber nicht nennenswert höher. Wer die Nase vorne hat, das ändert sich von Modell zu Modell. Im NAS-Bereich haben sich 2 Serien etabliert, von Western Digital ist das die Serie *WD Red* und von Seagate die *IronWolf*-Serie. Beide sind ausgezeichnet. Von der IronWolf-Serie gibt es auch Modelle mit dem Pro-Zusatz, diese beinhalten eine noch höhere Haltbarkeit und ein Datenrettungsservice von Seagate, sofern die Platte innerhalb der Garantie (5 Jahre) ausfällt. Relativ neu ist auch die *Exos*-Serie. Diese befindet sich von den Leistungsdaten noch eine Stufe über der IronWolf-Pro-Serie. Der UVP der Pro-Platten liegt über dem der Standard-Serie und der der Exos noch einmal darüber. Tatsächlich lohnt sich aber ein Blick auf diverse Vergleichsportale, da Pro und Exos teilweise sogar günstiger zu erhalten sind.

> **Kompatibilität**
>
> Sollten Sie abseits von Seagate IronWolf und WD Red fündig geworden sein, werfen Sie doch einen kurzen Blick auf `https://www.QNAP.com/de-de/compatibility`, ob Ihr Favorit dort zu finden ist.

1.2.5 Die richtige Kapazität

Die Frage nach der richtigen Kapazität kann unter Umständen recht schwierig zu beantworten sein. Gerade dann, wenn das Budget eine Rolle spielt. Natürlich gilt: Je größer, desto besser, und wenn Geld keine Rolle spielt, können Sie wenig falsch machen, wenn Sie auf eine größere Platte zugreifen. NAS-Festplatten mit 18 TB sind vor Kurzen erschienen, kosten aber über 700 €. Je nach Gehäuse brauchen Sie aber zwei, vier oder mehr Festplatten. Überlegen Sie also gut, wie viel Kapazität Sie benötigen. An dieser Stelle müssen Sie sich auch über das Thema Redundanz Gedanken machen. Je nach Konfiguration haben Sie dann nur noch bis zur Hälfte des gesamten Volumens zur Verfügung. Lesen Sie in Abschnitt 1.3 »Die Festplattenkonfiguration« alles zum Thema Redundanz und RAID.

> **Wichtig**
>
> Es empfiehlt sich, bei mehreren Festplatten immer das gleiche Modell zu verwenden. Systeme mit modellgleichen Festplatten tendieren dazu, weniger fehleranfällig und ausfallsicherer zu sein als Systeme mit gemischten Festplatten.

Um herauszufinden, wie viel Kapazität Sie benötigen, müssen Sie sich überlegen, welche Nutzer ihre Daten auf dem NAS ablegen sollen, um welche Daten es sich handelt, welche Dienste Sie nutzen möchten und wie die Datenzuwachsrate aussieht. Gehen Sie beim Schätzen ruhig großzügig vor, meist übersieht man Daten oder möchte dann doch mehr Dienste auf dem NAS anbieten. Beachten Sie auch, dass das Betriebssystem und die Software des NAS ebenfalls Platz benötigen. Diese werden ebenfalls auf den Festplatten installiert.

Grundsätzlich sind Mediendateien die größten Dateien. Dabei sind Bilder meist noch die kleineren Dateien (<4 MB) gefolgt von Musikdateien (im mp3-Format 4 bis 10 MB). Bei den Bildern kommt es aber darauf an, ob Sie nur Ihre Handyfotos archivieren wollen oder ob Sie im RAW-Format (>15 MB) fotografieren und diese Dateien ebenfalls sichern wollen. Auch bei digitaler Bildbearbeitung z.B. in Photoshop können die Arbeitsmappen je nach Layeranzahl und Auflösung sehr schnell zu großen Dateien anwachsen (psd-Dateien >100 MB). Die größten Dateien sind üblicherweise Videos. Hier ist die Schwankungsbreite sehr groß, da die Dateigröße von der Dauer, der Auflösung, der Qualität, dem verwendeten Codec und den enthaltenen Tonspuren abhängt. Videodateien können von einigen Hundert MB für Handyvideos bis hin zu 16 GB und mehr für Full-HD-Videos haben. 4k-Videos sind dann noch mal um einiges größer.

Bedenken Sie auch, dass Dateien, die etwa über eine Cloud-Lösung mit dem NAS synchronisiert werden, auch einer Versionierung unterliegen, das heißt, ältere Versionen von Dateien werden aufgehoben, auch das bedarf Speicherplatz. Am schwersten zu bestimmen und am meisten unterschätzt ist die Datenzuwachsrate. Aus dem Stegreif wissen die wenigsten, wie schnell ihr verbrauchtes Datenvolumen in den letzten Monaten oder Jahren angewachsen ist. Das im Nachhinein zu erheben, erweist sich als eher schwierig, wenn Sie nicht gerade einige Monate mit der Anschaffung des NAS und der Festplatten warten wollen, um das Datenwachstum zu beobachten.

Dazu kommt eine Tatsache, die man leicht vergisst: Wenn Sie nicht gerade ein altes NAS durch ein neues bzw. eine Fülle an externen Festplatten durch ein NAS ersetzen, dann sind Sie üblicherweise schon einen längeren Zeitraum mit limitiertem Speicherplatz konfrontiert. Sie sind ganz unbewusst auf den limitierten Speicherplatz eingestellt. Sie behalten weit weniger Daten und löschen regelmäßig Dateien. Haben Sie mehr Speicher zur Verfügung, ändert sich Ihr Verhalten, und die Datenzuwachsrate liegt deutlich höher. Oft entdeckt man auch erst später, was so ein QNAP NAS alles kann und wozu man es einsetzen könnte.

Haben Sie Ihr benötigtes Datenvolumen geschätzt, verdoppeln Sie es, dann sind Sie auf der sicheren Seite.

Hinweis

QNAP-Geräte haben keinen internen Speicher für die Systemsoftware, diese wird auf den Festplatten gespeichert, die Sie einbauen.

Tipp

Möchten Sie für längere Zeit gerüstet sein und denken über die Anschaffung eines NAS mit 4 oder mehr Festplatteneinschüben nach, möchten Ihr Budget aber nicht überstrapazieren, können Sie Folgendes tun: Legen Sie sich ruhig ein großes NAS zu, Sie müssen es nicht gleich voll bestücken. Fangen Sie mit mindestens 2 Festplatten mit ausreichend großem Volumen an. Wird der Speicherplatz in den nächsten Jahren knapp bzw. ist wieder etwas Budget vorhanden, können Sie weitere Festplatten nachbestücken. Achten Sie nur darauf, Festplatten desselben Modells zu verwenden. Ist das Modell nicht mehr erhältlich, behalten Sie zumindest den Hersteller bei und suchen Sie ein möglichst ähnliches Modell.

1.3 Die Festplattenkonfiguration

Es gibt viele Dinge, die Sie beachten müssen, wenn Sie sich ein NAS zulegen. Fast noch wichtiger als die Hardware-Anforderungen selbst ist die Frage nach der Festplattenkonfiguration: RAID oder kein RAID und wenn, dann welches?

1.3.1 Was ist Redundanz?

Redundanz bedeutet so viel wie das Vorhandensein von eigentlich überflüssigen Informationen. Im IT-Bereich spricht man vom mehrfachen Vorhandensein der gleichen Daten. Während man grundsätzlich versucht, Duplikate zu vermeiden (Duplikate verbrauchen unnötig Speicherplatz, was passiert mit dem Duplikat, wenn das Original geändert wird?), so ist eines der Grundkonzepte zur ausfallsicheren Bereitstellung von Daten, gezielt Redundanzen herzustellen. Damit aber niemand per Hand eine Kopie erzeugen muss, gibt es sogenannte RAIDs.

1.3.2 Was ist ein RAID?

Ein RAID (**R**edundant **A**rray of **I**ndependent **D**isks) ist ein System, in dem einzelne Festplatten in logischen Laufwerken organisiert werden. Das dient dazu, Ausfallsicherheit in Bezug auf defekte Festplatten zu erreichen. Je nach Konfiguration kann auch der Datendurchsatz erhöht werden.

Eigentlich versucht man, in IT-Systemen Redundanz, also das mehrfache Vorkommen der gleichen Daten, zu verhindern. Bei einem RAID-System wird genau das gezielt herbeigeführt.

Grundsätzlich werden die Daten auf eine oder mehrere Festplatten gespiegelt. Fällt dann eine Festplatte aus, gehen die Daten nicht verloren, und die defekte Platte kann ersetzt werden. Die neue Platte wird dann in das bestehende System eingegliedert und die Daten darauf gespiegelt. Diesen Vorgang nennt man »das RAID reparieren«. Je nachdem, wie viele Platten in welcher Konstellation angeordnet werden, spricht man von verschiedenen RAID-Leveln. Diese werden üblicherweise von einem Chip, einem sogenannten RAID-Controller, verwaltet. Ein RAID-System kann auch per Software realisiert werden, diese Variante weist aber eine Reihe von Nachteilen auf. So belasten die Kommunikation und die Festplattenzugriffe den Prozessor und somit den eigentlichen Systembetrieb, außerdem kann bei einem Softwaredefekt das RAID nicht mehr repariert werden. Je nach RAID-Level ist ein defektes RAID, das nicht repariert werden kann, wertlos. Die Daten können dann nicht mehr wiederhergestellt werden. Doch dazu später mehr.

Ein RAID-Controller bietet mehr Sicherheit, da alle Informationen auf dem Chip gespeichert sind und auch bei einem Softwareausfall das RAID wiederhergestellt werden kann.

Da es sich um eine separate Einheit handelt, beeinflussen Zugriffe und Kommunikation den Systembetrieb nicht.

Ein RAID erfordert also mehrere Festplatten; durch die Redundanz wird der maximal verfügbare Speicher verringert. Wie sich das verfügbare Volumen berechnet, können Sie in Abschnitt 1.3.4 »Die verschiedenen RAID-Level« nachlesen.

1.3.3 Warum ein RAID kein Backup ist

Eigentlich sind die gespiegelten Daten doch eine Kopie und somit ein Backup, oder nicht? Ein RAID ist kein richtiges Backup, da ein Backup von der Quelle örtlich getrennt sein muss. Ein Backup auf z.B. einer externen Festplatte ist vom eigentlichen System getrennt. Festplatten im RAID-Verbund sind Teil desselben Systems. Dazu kommt noch, dass die Daten automatisch gespiegelt werden und keine älteren Versionen behalten werden. Eine Änderung auf Platte A wird unverzüglich auf Platte B gespiegelt, und wird die Datei durch die Änderung beschädigt, ist sie auf beiden Platten verloren, die vorherige Version ist nicht mehr herstellbar. Daher sind RAIDs auch anfällig für CryptoLocker.

> **CryptoLocker**
>
> Es handelt sich hierbei um Schadsoftware, die, wenn sie in ein System eindringt, alle Daten verschlüsselt. Anschließend erhält der Benutzer die Aufforderung zur Zahlung eines bestimmten Betrags, meist in Form von Kryptowährung. Erfolgt die Zahlung nicht innerhalb der Frist, wird der Schlüssel, der zur Verschlüsselung genutzt wurde, gelöscht. Ein Entschlüsseln der Daten ist mit einem Aufwand, der sich wirtschaftlich rechnet, nicht mehr möglich.

Ein Backup kann außerdem auch auf jedem anderen System wiederhergestellt werden. Eine einzelne Festplatte kann nicht aus dem RAID-Verbund entfernt und in ein anderes System eingebaut werden (um dort auf die Daten zuzugreifen).

1.3.4 Die verschiedenen RAID-Level

Das RAID-Level gibt an, wie die Daten gespiegelt werden und wie viele Festplatten gleichzeitig ausfallen können, ohne zu einem Datenverlust zu führen. Dabei gibt es echte und unechte RAID-Level sowie Kombinationen einzelner RAID-Level.

JBOD

JBOD steht für »**J**ust a **B**unch **O**f **D**iscs«. HDDs im JBOD-Verbund können dem System als einzelne Platten zur Verfügung gestellt werden oder als ein großes logisches Laufwerk. Werden mehrere Festplatten zu einem logischen Laufwerk zusammengefasst, sieht das Betriebssystem die einzelnen Platten als ein Laufwerk und beschäftigt sich nicht damit, welche Datei auf welcher physischen Platte gespeichert wird. Da es hierbei keinerlei Redundanz gibt, handelt es sich nicht um ein RAID bzw. wird es als unechtes RAID bezeichnet. Es kann nicht festgestellt werden, welche Daten beim Ausfall welcher Platte betroffen wären. Im schlimmsten Fall könnten zusammengehörende Daten auf verschiedenen Platten liegen, beim Ausfall einer Platte sind diese dann wertlos.

Werden HDDs im JBOD-Verbund dagegen als einzelne Platten zur Verfügung gestellt, muss das Betriebssystem bzw. der Benutzer selbst festlegen, wo welche Daten gespeichert werden. Hier ist jederzeit ersichtlich, welche Daten vom Ausfall einer Platte betroffen wären. Der Datenverlust tritt somit auch isolierter auf.

Auf NAS-Geräten von QNAP stehen HDDs im JBOD-Verbund nur als ein großes logisches Laufwerk zur Verfügung. Möchten Sie die Festplatten einzeln nutzen, müssen Sie den Modus *Einzellaufwerk* verwenden. Mehr dazu erfahren Sie in Abschnitt 2.4 »Speicherplatz verwalten«.

RAID 0

Auch hierbei handelt es sich um ein unechtes RAID, da keine Redundanz gegeben ist. Bei einem RAID 0 werden die Daten auf zwei oder mehr Festplatten aufgeteilt (*Stripping*). Dadurch wird der Datendurchsatz gesteigert, da nicht eine Festplatte die ganze Datei lesen bzw. schreiben muss, sondern nur Teile davon. Wird eine Datei geschrieben, wird sie in mehrere Blöcke aufgeteilt, und diese werden dann im Reißverschlussverfahren auf die Platten aufgeteilt (siehe Abbildung 1.3).

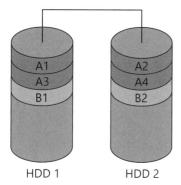

Abb. 1.3: Bei RAID 0 werden die Dateien (A und B) auf die Festplatten aufgeteilt.

Eine solche Konfiguration wird verwendet, wenn sehr viele Daten gelesen und geschrieben werden und die Zugriffszeiten möglichst gering ausfallen sollen (z.B. die Aufnahme und Wiedergabe von Ton- und/oder Bildmaterial). Da es hier keinerlei Redundanz gibt, verkraftet das System keinen Festplattenausfall. Schlimmer noch: Durch das Zerteilen und Verteilen einzelner Dateien sind alle Daten unbrauchbar, sollte eine Festplatte ausfallen.

RAID 1

Das RAID 1 ist eines der verbreitetsten RAID-Level. Hierbei werden die Daten 1:1 auf eine zweite Platte gespiegelt. Das System erfordert somit mindestens zwei Festplatten. Das verfügbare Volumen richtet sich hier nach dem maximalen Volumen der kleinsten beteiligten Festplatte. In der nachfolgenden Tabelle sehen Sie einige Beispiele.

Kapitel 1
Die richtige Hardware für Ihre Anforderungen

Anzahl HDD	Plattenvolumen	Verfügbares Volumen	Anmerkung
2	beide 3 TB	3 TB	Hier werden die Platten optimal genutzt.
2	1 TB und 2 TB	1 TB	1 TB der 2-TB-Platte bleibt ungenutzt.
3	3 x 2 TB	2 TB	Hier werden die Daten zweimal gespiegelt.
3	1 x 1 TB und 2 x 2 TB	1 TB	Die Größe entspricht immer der kleinsten Platte, da die Spiegelung auf allen Platten Platz finden muss.
4	4 x 2 TB	2 TB	Hier werden die Daten dreimal gespiegelt. Möchten Sie ein RAID 1, bei dem zwei Festplatten auf je eine weitere gespiegelt werden, müssen Sie zwei RAID 1 mit je zwei Platten anlegen.

Tabelle 1.2: Hier ist nicht die Anzahl der Platten ausschlaggebend für das verfügbare Volumen, sondern allein das Volumen der kleinsten Platte.

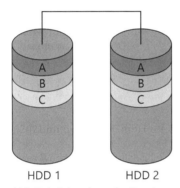

Abb. 1.4: Spiegelung der Dateien auf die zweite Festplatte, alles ist doppelt vorhanden.

Das RAID 1 ist deswegen so beliebt, weil es einfach ist und trotzdem ein gutes Maß an Sicherheit bietet. Beide Platten sind identisch beschrieben. Fällt eine Platte aus, kann die verbliebene Platte weiterhin ihren Dienst verrichten. Ein voller Zugriff auf die Daten ist so weiterhin möglich. Somit werden Leistungseinbußen verhindert, sollte keine Festplatte zum Tausch vorhanden sein. Andere (echte) RAID-Typen weisen nach dem Wegfall einer Festplatte langsamere Zugriffszeiten auf, da die fehlenden Daten rekonstruiert werden müssen (siehe unten).

> **Wichtig**
>
> Wie schon erwähnt, ersetzt die Spiegelplatte kein echtes Backup.

Die Anzahl der Platten, die ohne Datenverlust ausfallen können, beträgt immer eine weniger, als im RAID-Verbund vorhanden sind. Bei zwei Platten kann eine ausfallen, bei drei Platten können zwei gleichzeitig ausfallen und bei vier Platten drei usw.

Ein RAID 1 kann auch wieder aufgelöst werden, das heißt, es sind dann zwei einzelne Platten im System vorhanden. Beide weisen die gleichen Daten auf, aber vom Zeitpunkt des Auflösens an werden die Daten nicht mehr gespiegelt. Die Daten der zweite Platte können gelöscht werden, es steht dann wieder das volle Speichervolumen zur Verfügung.

RAID 5

Bei diesem RAID-Level werden die Daten wie bei einem RAID 0 gestrippt. Zusätzlich wird aber zu jedem Datensatz ein Paritätsblock berechnet. Dieser Block enthält Informationen, durch die man den zugehörigen Datensatz beim Ausfall einer Festplatte wiederherstellen kann. Für ein RAID 5 sind also mindestens drei Festplatten notwendig.

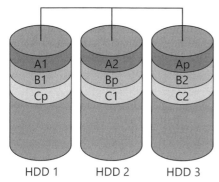

Abb. 1.5: Aufteilung auf zwei Platten und Paritätsblock auf der dritten Platte, RAID 5 kombiniert die Geschwindigkeit von RAID 0 mit der Sicherheit von RAID 1.

Wie in Abbildung 1.5 zu sehen ist, wird jeder Datensatz (A, B, C ...) in zwei Blöcke (A1, A2 ...) aufgespaltet, und zusätzlich wird der Paritätsblock (Ap ...) berechnet. Die Paritätsblöcke werden aber nicht auf einer Platte abgelegt, sondern ebenfalls aufgeteilt.

Das Berechnen des Paritätsblocks erfordert Rechenleistung, allerdings nur beim Schreiben, beim Lesen wird die Parität nicht benötigt. Wie bei einem RAID 0 bietet das RAID 5 einen erhöhten Datendurchsatz. Durch den Paritätsblock besteht eine gewisse Ausfallsicherheit. Da die Daten aber nicht 1:1 gespiegelt werden, ist das verfügbare Volumen höher als bei einem RAID 1 mit gleichen Festplatten (vgl. Tabelle 1.2 und Tabelle 1.3).

Anzahl der HDDs	Plattenvolumen	Verfügbares Volumen
3	1 x 1 TB und 2 x 2 TB	2 TB
3	3 x 3 TB	6 TB
5	2 x 2 TB und 3 x 4 TB	8 TB
5	5 x 3 TB	12 TB

Tabelle 1.3: Das Volumen berechnet sich nach der Formel:
(Anzahl HDD −1) x Volumen der kleinsten Platte.

Üblich ist RAID 5 mit drei oder fünf Festplatten, ausfallen kann aber immer nur genau eine Festplatte. Das ändert sich nicht durch mehr Festplatten im RAID-Verbund. Fällt eine Platte aus, ist entweder der Paritätsblock verloren und muss neu berechnet werden, oder ein Datenblock ist verloren und muss neu berechnet werden. Bei zwei ausgefallenen Platten sind nicht mehr genug Informationen vorhanden, um die fehlenden Blöcke zu berechnen.

Die Anzahl der Festplatten hat auch einen Einfluss auf den Lese- und Schreibdurchsatz. Während der Lesedurchsatz mit jeder weiteren Platte erhöht wird, ist der Schreibdurchsatz sehr schwer zu berechnen. Die Performance hängt nicht nur von der Anzahl der Platten ab, sondern auch vom zu schreibenden Datenvolumen.

RAID 6

Das RAID 6 funktioniert ähnlich wie das RAID 5, verkraftet aber den Ausfall von zwei Festplatten. Hier werden zwei Paritätsblöcke berechnet, um die Daten bei einem Ausfall wiederherzustellen. Da die Berechnung und Verteilung der Blöcke hier sehr komplex ist, kann das Wiederherstellen des Verbundes viele Stunden und sogar bis zu mehreren Tagen dauern.

RAID 10

Das RAID 10 (gesprochen RAID-eins-null, nicht RAID-zehn) ist eine Kombination aus RAID 0 und RAID 1. Hierbei wird ein RAID 0 aus zwei RAID-1-Verbünden erstellt. Daher sind auch mindestens vier Platten notwendig. Daten werden hier vom RAID 0 gestrippt und an die jeweiligen RAID-1-Verbünde weitergegeben, diese spiegeln dann den erhaltenen Datenblock.

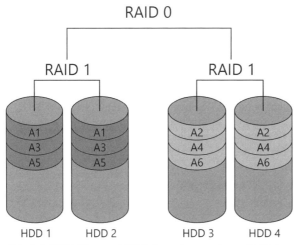

Abb. 1.6: RAID 10 – zwei RAID 1 werden zu einem RAID 0 verbunden.

Hier können bei vier Platten zwei gleichzeitig ausfallen, allerdings nicht im selben RAID-1-Verbund. Im Beispiel in Abbildung 1.6 können HDD 1 oder HDD 2 und HDD 3 oder 4 ausfallen, aber nicht gleichzeitig HDD 1 und 2 bzw. HDD 3 und 4. Ein RAID 10 bietet den Vorteil des besseren Datendurchsatzes wie ein RAID 0 und zusätzlich die Redundanz eines RAID 1.

RAID 01

Der Vollständigkeit halber erkläre ich Ihnen an dieser Stelle kurz das Gegenstück zum RAID 10, das RAID 01, allerdings können Sie dieses auf den NAS von QNAP nicht konfigurieren. Das RAID 01 ist das genaue Gegenteil vom RAID 10. Hier wird ein RAID 1 aus zwei RAID 0 erstellt. Das RAID 1 spiegelt die Daten, und die beiden RAID 0 teilen die Daten in Blöcke auf. Auch hier können zwei Festplatten ausfallen, doch dieses Mal ist es egal, ob im gleichen RAID-Verbund oder in verschiedenen. Es dürfen nur nicht die beiden Platten sein, die dieselben Blöcke enthalten. Verglichen mit dem RAID 10 hat das RAID 01 eine schlechtere Ausfallsicherheit und eine höhere Rekonstruktionszeit.

Es gibt auch noch viele andere RAID-Level und -Kombinationen. Das Prinzip ist meist das gleiche. Durch Abwandlung der Verfahren werden Parameter wie verfügbarer und verschwendeter Speicher, Datendurchsatzrate, Ausfallsicherheit und Wiederherstellungszeit optimiert. Ein perfektes System, das in allem gut ist, gibt es aber nicht. Da diese Systeme nicht auf den NAS von QNAP zur Verfügung stehen, gehe ich an dieser Stelle nicht näher darauf ein.

1.3.5 Der RAID-Rechner

Das verfügbare Volumen der einzelnen RAID-Level zu berechnen, ist nicht schwer, wenn Sie lauter gleich große Festplatten verwenden. Bei unterschiedlichen Platten kann das schon anders aussehen. Es gibt dafür aber eine einfache Lösung. Andere haben sich bereits die Arbeit für Sie gemacht und diverse RAID-Rechner implementiert. QNAP selbst bietet einen an (https://www.qnap.com/de-de/nas-selector). Sie können hier mit einfachen Klicks verschiedene Festplattenkombinationen ausprobieren und die verschiedenen RAID-Level miteinander vergleichen. So sehen Sie sofort, wie viel Speicher Ihnen zur Verfügung steht bzw. wie viele Platten welcher Größe Sie benötigen, um Ihren Speicherbedarf zu decken, und wie viel davon auf die Redundanz entfällt.

> **Hinweis**
>
> Sie müssen nicht alle Festplatten Ihres NAS in einen RAID-Verbund stecken. Sie können durchaus verschiedene RAID-Level nebeneinander konfigurieren (genügend Festplatten vorausgesetzt). Sie können auch gar kein RAID verwenden.

Kapitel 2

Zusammenbauen, aufstellen und installieren

Jetzt ist es so weit. Das NAS und die Festplatten Ihrer Wahl stehen bzw. liegen vor Ihnen. In diesem Kapitel erkläre ich Ihnen, wie Sie Ihr NAS zusammenbauen und in Betrieb nehmen. Dazu erfahren Sie von mir, was Sie bei der Inbetriebnahme eines NAS beachten und wo Sie es optimalerweise aufstellen sollten. Danach geleite ich Sie Schritt für Schritt durch die Erstinstallation. Am Ende dieses Kapitels ist Ihr NAS bereit, um von Ihnen erkundet zu werden. Dazu erfahren Sie in Kapitel 3 alles über die Benutzeroberfläche.

2.1   Zusammenbau

Das Wort Zusammenbau mag vielleicht etwas abschreckend wirken, aber keine Angst, Sie benötigen keine Kenntnisse im Zusammenbau von Rechnern oder andere technische bzw. mechanische Finessen. Wenn Sie schon einmal eine SIM-Karte in ein Handy gesteckt haben oder eine Speicherkarte in eine Kamera eingesetzt haben, sind Sie schon ganz gut gerüstet. Das Bedienen eines Schraubendrehers ist bei einigen Modellen von Vorteil.

Mit Ihrem NAS erhalten Sie ein Netzwerkkabel, ein Netzteil und eine Kurzanleitung für den Zusammenbau. Diese kleinen Zettelchen werden gerade von versierteren Anwendern gerne übersehen. In diesem Fall liefert es aber einen wichtigen Hinweis, und zwar, wie Sie die Festplatten einbauen. Das funktioniert nämlich nicht bei allen Modellen gleich. Das Grundprinzip ist zwar bei allen Modellen identisch, in den Details unterscheiden sich aber einige Modelle. Grundsätzlich gilt es eine Abdeckung zu öffnen bzw. zu entfernen und den/die dahinterliegenden Einschubrahmen herauszunehmen, dort die Festplatte zu montieren und das Ganze wieder zusammenzubauen.

Entfernen der Abdeckung

Bei der Abdeckung gibt es wohl die größten Unterschiede. So haben einige Einsteiger- und Mittelklassemodelle ein geschlossenes Gehäuse. Hier muss ein Verschlussschalter seitlich am Gehäuse umgelegt werden, damit die Abdeckung verschoben und dann abgenommen werden kann.

Bei allen anderen Modellen sind die Einbauschächte direkt ersichtlich. Die Abdeckung ist hier Teil des Einschubrahmens. Die Abdeckung gibt es in drei Ausführungen, unverschlossene Abdeckungen, die am unteren Ende einfach nur eine Vertiefung aufweisen, verschließbare Abdeckungen, die ein Schlüsselloch aufweisen (der Schlüssel ist im Lieferumfang enthalten) und Abdeckungen, die statt einer Vertiefung einen Verschlussmechanismus aufweisen. Letzterer ist in diversen Ausführungen vorhanden.

Kapitel 2
Zusammenbauen, aufstellen und installieren

Um Abdeckungen ohne Verriegelung zu öffnen, fahren Sie mit dem Finger einfach in die Vertiefung und ziehen die Blende zu sich. Verriegelbare Abdeckungen werden auf dieselbe Weise geöffnet, müssen dazu aber entriegelt sein. Bei allen anderen Abdeckungen muss der Verschlussmechanismus gedrückt oder zur Seite/nach unten geschoben werden, um die Blende zu entriegeln.

Einbaurahmen entnehmen

Der Rahmen wird einfach aus dem Gehäuse gezogen. Bei geschlossenen Gehäusen mit Deckel ist der Rahmen zusätzlich arretiert, der Knopf zum Lösen der Arretierung befindet sich am oberen Ende des Griffs. Bei allen anderen Gehäusen dient die Abdeckblende als Griff. Öffnen Sie die Blende weit genug, wird der Rahmen schon ein Stück nach vorne geschoben und die Festplatte vom Anschluss getrennt. Der Rahmen lässt sich dadurch noch leichter herausziehen.

Abb. 2.1: Ein Modell ohne Abdeckung und Verschluss. Der Griff zur Entriegelung befindet sich direkt am Rahmen und dient auch zum Herausziehen des Rahmens.

Abb. 2.2: Ein herausgenommener Einbaurahmen ohne Fixierlamellen

Festplatte montieren

Je nach Modell kann jetzt ein Schraubendreher erforderlich sein. Die Schrauben sind ebenfalls Teil des Lieferumfangs. Manche Rahmen haben seitlich angebrachte Fixierlamellen. Ziehen Sie diese einfach ab. Legen Sie die Festplatte in den Rahmen. Die Beschriftung muss dabei nach oben und die Festplattenanschlüsse nach hinten (gegenüber der Abdeckung) zeigen. Verschieben Sie die Festplatte, sodass die Löcher mit den Gewindebohrungen der Festplatte übereinstimmen.

Abb. 2.3: Manche Rahmen erfordern die Fixierung der Festplatte mit Schrauben. Die zu verwendenden Löcher hängen von der Festplatte ab.

Befestigen Sie jetzt wieder die Fixierlamellen am Rahmen bzw. bei Rahmen ohne Lamellen fixieren Sie die Festplatte mit den Schrauben (je nach Rahmen seitlich oder an der Unterseite).

> **Hinweis**
>
> Bei 2,5"-Festplatten sind die Schrauben an der Unterseite anzubringen, egal, ob Lamellen vorhanden sind oder nicht. Die Löcher dafür sind extra gekennzeichnet (siehe Abbildung 2.3, Pfeile), damit die Festplatte in der richtigen Position liegt.

Festplatten einbauen

Schieben Sie jetzt den Einbaurahmen wieder in das Gehäuse, die Abdeckblende muss dabei weiterhin geöffnet sein. Achten Sie auf die Orientierung der Festplatte bzw. des Rahmens. Schieben Sie den Rahmen ganz hinein. Bei Gehäusen mit Deckel schieben Sie so weit bzw. mit so viel Druck, bis der Rahmen arretiert. Bei den anderen Modellen schieben Sie den Rahmen, bis er ansteht bzw. bis sich die Blende von selbst zu schließen beginnt und schließen danach die Abdeckblende komplett, bis diese arretiert. Die Blende greift in das Gehäuse und schiebt den Rahmen in seine endgültige Position, sollte der Rahmen nicht weit genug in das Gehäuse geschoben worden sein. Schließen Sie die Abdeckblende, bevor diese in das Gehäuse greifen kann, ist die Festplatte nicht mit den Anschlüssen verbunden und der Rahmen steht leicht aus dem Gehäuse heraus.

Abb. 2.4: Der Rahmen samt Platte wird zurück ins Gehäuse geschoben.

Abb. 2.5: Die Sicherung (Pfeil) muss sich im Gehäuse einhaken, ehe der Griff vollständig arretiert werden kann.

Schließen Sie daraufhin die Rahmen-/Abdecksperre, sofern diese nicht von selbst arretiert, und bringen Sie je nach Modell wieder den Gehäusedeckel an.

> **Hinweis**
>
> Wie die Festplatten in Ihrem Modell eingebaut werden müssen, entnehmen Sie der beigelegten Kurzanleitung. Diese ist auch unter https://www.qnap.com/de-de/download spezifisch für jedes Modell herunterladbar.

> **HotSwap**
>
> Einige Modelle unterstützen HotSwap, das heißt, Sie können Festplatten im laufenden Betrieb austauschen. Das ist gerade dann sinnvoll, wenn die Festplatten in einem RAID-Verbund hängen und eine davon ausfällt. Sie können die defekte Platte einfach entfernen, eine neue einsetzen und anschließend das RAID reparieren. Andere Benutzer bekommen davon maximal in Form von höheren Zugriffszeiten bzw. verlangsamten Diensten etwas mit, können aber ohne einen Totalausfall weiterarbeiten.

> **Vorsicht**
>
> Unterstützt Ihr Gerät kein HotSwap, fahren Sie es vorher immer herunter und vergewissern Sie sich, dass es nicht mehr läuft, ehe Sie Festplatten entfernen oder hinzufügen. Auch wenn Sie die Festplatten das allererste Mal einbauen, sollte Ihr Gerät ausgeschaltet sein.

2.2 Der richtige Aufstellort

Im Gegensatz zu den Modellen, die für den Einbau in einen Serverschrank (Rack) vorgesehen sind, sind die herkömmlichen *TurboStation*-Modelle sehr kompakt und können theoretisch überall aufgestellt werden. Die einzige Bedingung ist eine Steckdose in Reichweite. Allerdings gibt es einige weitere Faktoren, die sich positiv bzw. negativ auf den Betrieb Ihres NAS auswirken können. Um Ihr NAS optimal zu betreiben, sollten Sie auch darauf achten, diese negativen Auswirkungen zu vermeiden oder zumindest zu minimieren.

2.2.1 Die Netzwerkverbindung – oder das gute alte Kabel

Keine Angst, ich verschone Sie mit dem Witz vom WLAN-Kabel. Einige QNAP-Modelle lassen sich per Erweiterungskarte mit einem WLAN-Modul ausstatten. Ich rate aber davon ab. Greifen Sie lieber zum guten alten Patchkabel. Das schränkt Sie eventuell etwas ein, was den Aufstellort betrifft, ist aber ganz sicher die bessere Wahl. Patchkabel können auch gerne bis zu 100 Meter lang sein, es ist daher kein Problem, das NAS nicht in unmittelbarer Nähe zum Router aufzustellen und trotzdem noch per Kabel anzubinden. Greifen Sie zu einem der dünneren und flexibleren Patchkabel, geht's auch mit dem Verlegen leichter.

Aber warum die Kabelanbindung? Nun, ein kabelgebundenes Netzwerk ist einfach viel stabiler und sicherer als eine WLAN-Verbindung. Wenn Sie Ihr NAS nicht nur für gelegentliche Backups nutzen wollen, dann möchten Sie sicherlich, dass die Daten so schnell wie möglich zum NAS gelangen und wieder von dort heruntergeladen werden können. Wollen Sie Filme von Ihrem NAS streamen und das womöglich noch in 4K? Eine stabile Verbindung mit niedriger Latenz führt hier definitiv zum besseren Ergebnis.

WLAN erreicht auf dem Papier hervorragende Geschwindigkeiten, gerade mit 5G, das sich im Auf- und Ausbau befindet. In der Praxis sieht es aber so aus, dass WLAN von sehr vielen Faktoren beeinflusst wird. In Zeiten von Smartphones und dem Bestreben, immer online zu sein, und von immer neuen Geräten, die dazu ebenfalls fähig sind, sind wir umgeben von zahllosen elektromagnetischen Feldern und Funkwellen. All das kann Einfluss auf Ihr heimisches Funknetz haben. Auch die Bausubstanz Ihres Zuhauses hat starken Einfluss auf die Qualität Ihres WLAN und nicht zuletzt auch Ihr Router. Oft können wir auch gar nicht sagen, warum ein WLAN schlechter ist als ein anderes. Der eine kann problemlos Filme im WLAN streamen, der andere hat massive Probleme damit. Wie viele Smartphones sind in Ihrem Haushalt mit dem WLAN verbunden, wie viele Tablets oder Notebooks, und was ist mit dem Drucker? Probieren können Sie natürlich, was Sie wollen. Ihr NAS erfordert eine Verbindung per Netzwerkkabel zum Router, der Zugriff kann natürlich per WLAN erfolgen. QNAP bietet auch WLAN-Adapter an, die aus dem NAS einen WLAN-Accesspoint machen. Ist das WLAN für Sie kein Muss, dann rate ich Ihnen zum Kabel, vor allem für die Geräte, die einen hohen Datendurchsatz benötigen. WLAN mag zwar aufgrund der unkomplizierten Verbindung verlockend sein, aber eine Kabelverbindung führt zu den besseren Ergebnissen.

Apropos alt, es muss nicht gerade ein CAT-7-Kabel sein, prinzipiell reicht CAT 5 so wie jenes Kabel, das dem NAS beiliegt. Legen Sie sich aber ein neues zu – weil Sie etwa ein längeres benötigen –, so greifen Sie zumindest zu CAT 6. CAT 6 und CAT 7 unterscheiden sich nur durch die Abschirmung. Damit sind Sie zukunftssicher gerüstet für 10-Gigabit-Ethernet.

Wenn wir schon dabei sind, werfen Sie doch einmal einen Blick auf Ihren Router. Während 10-Gigabit-Geräte für den Heimgebrauch noch selten und teuer sind, so ist 1 Gigabit der aktuelle Standard. Ist Ihr Router eventuell schon etwas älter und unterstützt eine so hohe Geschwindigkeit nicht, sollten Sie überlegen, ihn auszutauschen.

Powerline-Adapter

Das sind diese kleinen Boxen mit den Ethernet-Anschlüssen, die Sie in die Steckdose stecken. Sie nutzen Ihr heimisches Stromnetz zur Erweiterung Ihres lokalen Netzes. Damit erreichen Sie auch entlegene Orte eines Hauses mit kabelgebundenem Netzwerk und das, ohne Kabel verlegen zu müssen.

Der Einsatz ist allerdings mit Vorsicht zu genießen. Die einen schwören darauf, die anderen verteufeln diese Adapter. Wie auch beim WLAN gibt es diverse Faktoren, die Einfluss auf die Funktionsqualität haben. Zahlen auf dem Papier sind leider nicht alles. Ich selbst kann von beidem berichten. In meiner alten Wohnung konnte ich problemlos zwei Stockwerke miteinander verbinden. In meiner neuen Wohnung hatte ich zwei Zimmer weiter schon enorme Geschwindigkeitseinbußen und regelmäßige Netzwerkausfälle von mehreren Minuten. Im Zweifelsfall probieren Sie es einfach aus, für ein NAS sollte es dann aber doch lieber die direkte Kabelverbindung sein.

2.2.2 Die Umgebung im Auge behalten

Bevor Sie jetzt munter drauflos Kabel verlegen, zeige ich Ihnen noch weitere Faktoren, die sich negativ auf den Betrieb Ihres QNAP NAS auswirken können. So sollten Sie Ihr NAS nicht unbedingt im Keller aufstellen, sofern dieser nicht regelmäßig gereinigt wird. Die Geräte von QNAP verfügen alle über mindestens einen Lüfter, allerdings über keine Staubfilter. Schmutzige und staubige Umgebungen sind also eher schlecht für Ihr NAS, da der Lüfter den Staub anzieht. Das gilt übrigens auch, wenn Ihr NAS auf dem Boden stehen sollte. Dort wird Staub schneller angezogen als an höher gelegenen Orten. Der Staub begünstigt die Wärmeentwicklung und behindert den kühlenden Luftstrom.

Wenn Sie jetzt auf die Idee gekommen sind, Ihr NAS in einen Schrank, Kasten, eine Vitrine oder Ähnliches zu stellen (und auf der Rückseite einen Durchlass für die Kabel zu schaffen), so sollten Sie sich das gut überlegen. Gerade im Dauerbetrieb und unter Last können Festplatten eine nicht zu verachtende Temperatur entwickeln. Die warme Abluft würde sich in einem Kasten oder Schrank stauen und kann zur Überhitzung des Geräts führen. Je mehr Festplatten Sie verbaut haben und je größer deren Kapazität ist, desto mehr Wärme produzieren sie. Kleine Modelle können schon im Schrank stehen, aber beachten Sie die Umgebungstemperatur. Wird es im Sommer sehr warm im Raum, ist der Schrank vielleicht doch keine so gute Idee. Ein Regal, das an mindestens einer Seite offen ist, eignet sich schon eher dafür. Bei diversen Möbelhäusern finden sich auch Bücherregale, die sowohl vorne als auch hinten offen sind. Und auch der Schreibtisch bietet sich, gerade bei kleineren NAS-Modellen, als Aufstellort an.

Da wir gerade beim Thema Staub sind. Fahren Sie Ihr NAS regelmäßig herunter, entnehmen Sie die Festplatteneinschübe und entfernen Sie den Staub sowohl von den Einschüben als auch vom Inneren des Geräts. Wie häufig Sie das machen sollten, hängt von der Umgebung ab, in der Sie Ihr NAS betreiben, und davon, wie häufig es in Betrieb ist.

Bedenken Sie bei der Wahl des Aufstellorts aber auch den Geräuschpegel. Sollten Sie nicht gerade extrem leise Festplatten im Einsatz haben, so ist der Geräuschpegel nicht zu vernachlässigen. Gerade bei Zugriffen geben die Platten durchaus Geräusche von sich, die als störend empfunden werden können. In Schlaf- oder Wohnzimmer kann sich so ein NAS also als störend erweisen. Aber auch in Zimmern, in denen konzentriert gearbeitet oder gelernt wird. Auch die Lüfter produzieren Geräusche, hier nimmt man aber (bei hochwertigen Lüftern) nicht das Drehen des Lüfters wahr, sondern den Luftstrom. Je mehr das NAS gekühlt werden muss, desto mehr Luft muss bewegt werden.

Haben Sie endlich den perfekten Platz gefunden, vergessen Sie nicht die Steckdose, denn ohne Strom läuft Ihr NAS nicht. Dabei sollte die Steckdose nicht unbedingt von anderen Geräten in Anspruch genommen werden müssen. Denken Sie daran, niemals den Netzstecker zu ziehen, während Ihr NAS läuft. Fahren Sie es vorher immer herunter. Behalten Sie auch sorglose Mitbewohner, Familienmitglieder und Reinigungskräfte im Kopf, die auf der Suche nach einer Steckdose für den Staubsauger einfach das nächstbeste Kabel ziehen könnten. Schaffen Sie Abhilfe, indem Sie das NAS an eine Steckdosenleiste anschließen.

> **Tipp**
>
> Kaufen Sie sich eine Steckdosenleiste mit Überspannungsschutz. Diese sind nicht besonders teuer, schützen Ihre angeschlossenen Geräte aber vor Spannungsspitzen z.B. bei Blitzeinschlägen. Steckdosenleisten mit Überspannungsschutz haben eine Sicherung verbaut, die bei Überlast durchschmort. Die Steckdosenleiste ist dann zwar hinüber, Ihre Geräte und Ihr Geldbeutel werden es Ihnen aber danken.

So, genug Einwände meinerseits. Sie wissen jetzt, worauf Sie achten müssen. Haben Sie endlich den richtigen Platz für Ihr QNAP NAS gefunden, die Festplatten richtig eingebaut und das Gerät an Strom und Netzwerk angeschlossen, dürfen Sie es endlich zum ersten Mal einschalten. Als Nächstes erkläre ich Ihnen, wie Sie das Betriebssystem auf Ihrem NAS installieren und es richtig in Betrieb nehmen.

2.3 Firmware-Installation: Die erste Inbetriebnahme

Ihr QNAP NAS erhalten Sie nicht betriebsbereit. Sie müssen die Firmware selbst installieren. Diese Software nennt sich QTS (früher QOS, diese Abkürzung steht in der IT aber schon für etwas anderes) und liegt zur Drucklegung dieses Buchs in der Version 4.5.1 vor.

Es gibt mehrere Möglichkeiten, wie Sie die Installation durchführen können. Ich werde Ihnen diese Möglichkeiten Schritt für Schritt erklären und auf Besonderheiten und mögliche Fehler eingehen.

QTS ist eine Webanwendung, die ausschließlich im Browser bedient wird, Sie müssen also keinen extra Client auf Ihren Rechner herunterladen und installieren.

> **Hinweis**
>
> Bei der Installation wird auf jeder verbauten Festplatte eine Partition erstellt. Diese Partitionen werden alle zu einem RAID 1 zusammengefasst. QTS wird auf diesem RAID installiert und ist daher auf allen Platten vorhanden. Somit können Platten getauscht werden, ohne das NAS neu aufsetzen zu müssen.

Starten Sie Ihr NAS, denn nur, wenn es hochgefahren ist, können Sie die weiteren Schritte durchführen. Ein erster Ton zeigt an, dass der Bootvorgang ausgeführt wird. Ist Ihr NAS vollständig hochgefahren, ertönt ein weiterer lauterer Signalton. Das Gerät ist jetzt bereit, und Sie können mit dem Set-up fortfahren. Der erste Startvorgang sollte nicht sehr lange dauern, da noch keine Firmware geladen werden muss.

2.3.1 Das NAS im Netzwerk finden

Bevor Sie die Software installieren können, müssen Sie sich mit Ihrem NAS verbinden, und dazu müssen Sie es im Netzwerk auffinden. Dafür gibt es mehrere Methoden. Sie sollten Ihr Netzwerk so konfiguriert haben, dass Geräte eine IP-Adresse von einem DHCP bekommen. Sie können Ihrem NAS erst während der Installation eine IP-Adresse selbst zu weisen. Dazu müssen Sie sich aber zuerst mit Ihrem NAS verbinden. Einige Methoden zur Auffindung des NAS funktionieren zwar auch ohne zugewiesene IP, mit geht es aber leichter.

Auf einigen QNAP-Modellen ist am Gehäuse ein Aufkleber mit Anweisungen zur schnellen Einrichtung angebracht. Zusätzlich ist noch eine Schnellstartanleitung im Lieferumfang Ihres QNAP NAS enthalten. Die dort angegebenen Wege stellen aber nicht die einzigen Möglichkeiten dar, die Installation durchzuführen.

Insgesamt stehen Ihnen folgende Möglichkeiten zur Verfügung:

- Schnellstart über den Aufruf von http://install.qnap.com
- Scannen des QR-Codes mit dem Smartphone
- Installation über die Software *Qfinder Pro*
- Direkter Aufruf über die IP-Adresse des NAS
- Installation über einen Monitor mit HDMI-Anschluss

Das Quick-Set-up

Die einfachste Methode ist der Aufruf von `http://install.qnap.com`. Sie gelangen auf eine Seite, die Ihr lokales Netzwerk nach NAS-Geräten von QNAP durchsucht. Das sollte in der Regel nur wenige Sekunden dauern. Sie sollten dann eine Anzeige wie in Abbildung 2.6 im Browser sehen. Haben Sie mehrere Geräte im LAN, werden alle aufgeführt. Um zum Installationsassistenten zu gelangen, klicken Sie auf INSTALLATION in der Spalte »Aktion« neben dem gewünschten NAS.

Abb. 2.6: Hat alles geklappt, sehen Sie hier die QNAP-Geräte in Ihrem lokalen Netz.

Wird Ihr NAS nicht gefunden, kann das an der Konfiguration Ihres Netzwerks liegen, beispielsweise wenn Netzwerkgeräte ihre IP-Adressen nicht per DHCP bekommen oder eine Netzwerk-Firewall den Zugriff blockiert. Auch wenn Ihr Rechner mit einem fremden VPN verbunden ist, bleibt die Suche erfolglos. Verwenden Sie in solchen Fällen einfach eine der anderen Methoden.

> **Hinweis**
>
> In einigen Schnellstartanleitungen ist auch die URL `start.qnap.com` angegeben. Diese Seite führt aber nur zu einer Informationsseite, die nicht in Verbindung mit der Einrichtung des NAS steht.

Quick-Set-up auf dem Smartphone

Anstatt das Quick-Set-up auf einem PC auszuführen, können Sie auch Ihr Smartphone verwenden. Scannen Sie dazu den QR-Code auf dem Aufkleber auf dem NAS-Gehäuse. Sie werden auch hier auf `http://install.qnap.com` weitergeleitet. Der Vorgang ist, bis auf das benutzte Endgerät, identisch mit dem oben erwähnten Quick-Set-up.

Das NAS per Qfinder Pro finden

Die nächste Möglichkeit, wie Sie sich mit Ihrem NAS verbinden können, stellt die Software *Qfinder Pro* dar. Öffnen Sie die Seite `https://www.qnap.com/de-de/download` und wählen Sie im Formular Ihr Modell aus. Unter DIENSTPROGRAMME sollten Sie den QFINDER PRO ganz oben in der Liste finden (achten Sie darauf, die neueste Version zu verwenden). Laden Sie die Version für Ihr Betriebssystem herunter und installieren Sie die Software.

Nach dem Start beginnt der Qfinder, Ihr Netzwerk nach Geräten von QNAP zu durchsuchen, ähnlich wie `install.qnap.com`.

Wurde das NAS gefunden, öffnet sich gleich ein Pop-up (siehe Abbildung 2.7), das Sie darauf hinweist, dass ein QNAP NAS gefunden wurde, welches noch nicht initialisiert wurde. Sie können mit einem Klick auf JA gleich zum Installationsassistenten wechseln. Alternativ können Sie den Installationsvorgang auch später starten, indem Sie das NAS markieren und auf ANMELDEN klicken.

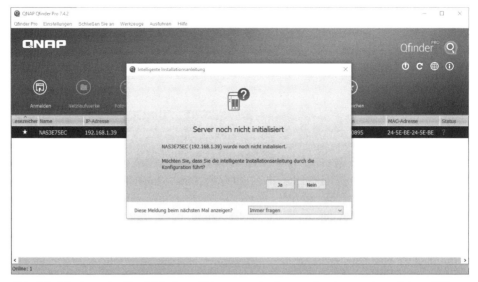

Abb. 2.7: Qfinder weist Sie gleich darauf hin, wenn ein Gerät gefunden wurde, auf dem QTS noch nicht installiert ist.

> **Tipp**
>
> Der *Qfinder* bietet noch einige andere Funktionen, wie etwa die Einbindung von Netzlaufwerken oder die Einrichtung von Wake on LAN. Die Software kann aber nichts, was Sie nicht auf anderen Wegen zustande bringen könnten. Wenn Sie nicht gerade Dutzende oder mehr QNAP-Geräte in Ihrem LAN verwalten müssen und Sie sich auch auf anderen Wegen mit Ihrem NAS verbinden können, können Sie sich die Installation der Software auch sparen. Sie werden sie höchstwahrscheinlich nicht mehr aufrufen.

Das NAS per IP finden

Sie können das NAS auch über die zugeteilte IP aufrufen. Dazu müssen Sie zuerst die IP-Adresse Ihres NAS herausfinden. Verbinden Sie sich dafür mit dem Webinterface Ihres Routers. Öffnen Sie die DHCP-Einstellungen. Dort gibt es meist einen Bereich, der alle Clients auflistet, die vom DHCP eine IP-Adresse zugewiesen bekommen haben. In dieser Liste sollten Sie Ihr NAS mit dem Standardnamen wiederfinden. Haben Sie die IP-Adresse ermittelt, können Sie das NAS über den Browser erreichen. Die Eingabe könnte so aussehen:

http://192.168.0.1:8080

Installation über einen Monitor mit HDMI-Anschluss

Diese Methode eignet sich dann, wenn Sie am Aufstellort Ihres NAS keinen Rechner zur Verfügung haben oder Ihr NAS generell nur als HDMI-Modus betreiben wollen. Diese Methode steht Ihnen nur zur Verfügung, wenn Ihr NAS-Modell einen HDMI-Anschluss aufweist. Sie benötigen dazu nur einen Monitor, der ebenfalls per HDMI angesteuert werden kann, und eine USB-Tastatur, die Sie an Ihr NAS anschließen. Alternativ können Sie auch die QNAP-Fernbedienung verwenden, sofern Ihr QNAP-Gerät deren Verwendung erlaubt. Die Fernbedienung ist im Lieferumfang mancher Modelle enthalten, kann aber auch separat erworben werden.

Um die Firmware zu installieren, gehen Sie wie folgt vor:

1. Schließen Sie Ihr NAS an Strom und Internet an.
2. Schließen Sie das NAS per HDMI-Kabel an einen Monitor an.
3. Schließen Sie eine USB-Tastatur an, oder halten Sie die Fernbedienung bereit.
4. Schalten Sie das NAS ein und warten Sie, bis es hochgefahren ist.
5. Starten Sie über Tastatur oder Fernbedienung den Installationsassistenten.

> **Achtung**
>
> Im HDMI-Modus ist nur eine eingeschränkte Version des Assistenten verfügbar. Sie haben keine Möglichkeit, eigene Angaben zu machen, der Assistent verwendet festgelegte Standard-Angaben. Sie können diese Angaben aber nach der Installation in der Verwaltungsoberfläche Ihres NAS ändern.

Fehler finden

Das Auffinden des NAS im Netzwerk sollte kein Problem darstellen. In herkömmlichen Heimnetzwerken gibt es kaum etwas, was das Auffinden verhindert. Haben Sie Ihr Netzwerk aber gut abgesichert oder stark konfiguriert, kann es vorkommen, dass das NAS nicht gefunden werden kann. In diesem Fall müssen Sie Ihre Netzwerkkonfiguration überprüfen.

Folgende Punkte sind gute Anlaufstellen:

- Nutzen Sie in Ihrem Netzwerk keinen DHCP, sondern vergeben IP-Adressen manuell, bekommt das NAS keine IP. In diesem Fall können Sie PC und NAS direkt miteinander verbinden und den PC so konfigurieren, dass er eine IP per DHCP bezieht, die bekommt er dann vom NAS.
- Bekommen neue Geräte eine IP oder haben Sie das blockiert?
- Ist der LAN-Anschluss blockiert?
- Dürfen Geräte im Netzwerk miteinander kommunizieren?
- Verwenden Sie eine Netzwerk-Firewall?

Kapitel 2
Zusammenbauen, aufstellen und installieren

- Deaktivieren Sie vorübergehend Sicherheitssoftware am Rechner.
- Prüfen Sie die Kabelverbindung.

2.3.2 Die Firmware-Installation

Egal, wie Sie sich mit Ihrem NAS verbunden haben, Sie gelangen immer zum selben Einrichtungsassistenten (*Intelligente Installationsanleitung*). Einzige Ausnahme ist die Verwendung der HDMI-Methode. Der Assistent geleitet Sie Schritt für Schritt durch den Installationsvorgang.

> **Hinweis**
> Es kann sein, dass bei der Installation nicht die aktuellste Firmware-Version installiert wird. Ist die Installation abgeschlossen, erhalten Sie sofort eine Updatemeldung, und Sie können Ihr NAS auf die neueste Version aktualisieren.

myQNAPcloud

Rufen Sie den Assistenten über http://install.qnap.com auf, werden vor der Installation noch einige zusätzliche Schritte angezeigt. Sie haben hier die Möglichkeit, eine QNAP ID zu erstellen und Ihr NAS für *myQNAPcloud* zu registrieren. Dabei handelt es sich um einen Dienst, der es Ihnen ermöglicht, aus dem Internet auf Dateien und Dienste Ihres QNAP NAS zuzugreifen, ohne einen externen Zugriff in Ihrem Netzwerk zu konfigurieren. Sie können diese Schritte aber auch überspringen und zu einem späteren Zeitpunkt durchführen.

Abb. 2.8: Die zusätzlichen Schritte der NAS-Registrierung. Sie können diese unbesorgt überspringen, wenn Sie sich nicht sicher sind, ob Sie myQNAPcloud benötigen.

2.3 Firmware-Installation: Die erste Inbetriebnahme

> **Tipp**
>
> Auf den Dienst *myQNAPcloud* werde ich in Abschnitt 9.1 »Zugriff über myQNAPcloud« noch genauer behandeln. Sollten Sie nicht absolut sicher sein, dass Sie diesen Dienst benötigen, empfehle ich die Einrichtung vorerst zu überspringen und diese bei Bedarf später zu erledigen.

Folgen Sie jetzt dem Assistenten durch die Einrichtung Ihres NAS:

1. Als Erstes sehen Sie eine Willkommensnachricht. Sie können rechts oben die gewünschte Sprache auswählen. Links oben sehen Sie, welche QTS-Version installiert wird. Starten Sie den Installationsassistenten mit Klick auf INTELLIGENTE INSTALLATIONSANLEITUNG STARTEN.

Abb. 2.9: Egal, wie Sie Ihr NAS das erste Mal aufrufen, hier landen Sie früher oder später immer.

2. Im ersten Schritt können Sie Ihrem NAS einen Namen geben. Außerdem legen Sie das Passwort für den Administratoren-Benutzer *admin* fest. Klicken Sie dann auf WEITER.

> **Hinweis**
>
> Nach der Installation können Sie Ihr NAS über den vergebenen Namen erreichen, der Aufruf erfolgt über die URL `http://<Name>:8080`.

> **Wichtig**
>
> Benutzer, allen voran Administratoren, sollten immer möglichst sichere Passwörter verwenden. Lesen Sie in Abschnitt 10.5 »Passwörter«, was wirklich sichere Passwörter sind, die Sie sich dennoch leicht merken können.

Kapitel 2
Zusammenbauen, aufstellen und installieren

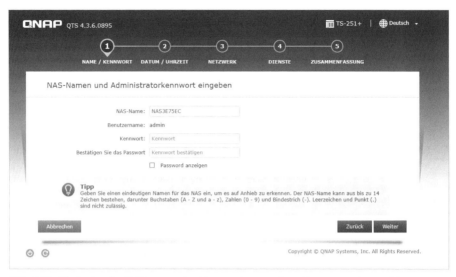

Abb. 2.10: Sie finden Ihr NAS später im Netzwerk unter dem hier angegebenen Namen.

3. Legen Sie jetzt die gewünschte Zeitzone fest. Sie können Datum und Uhrzeit entweder entsprechend Ihres Computers setzen, manuell eingeben oder das NAS automatisch mit einem NTP-Server (Server für genaue Datums- und Zeitsetzung) synchronisieren. Klicken Sie anschließend auf WEITER.

Abb. 2.11: Datum und Uhrzeit können Sie, wie auch alle anderen Einstellungen, später in der Verwaltungsoberfläche ändern.

4. Im nächsten Schritt legen Sie die Netzwerkeinstellungen fest. Sie können die IP-Adresse automatisch über den DHCP beziehen lassen oder die Konfiguration manuell vornehmen. Hat Ihr NAS mehrere Netzwerkschnittstellen, können Sie bei der manuellen Konfiguration über das Drop-down-Menü »Schnittstelle« auswählen, welche Schnittstelle konfiguriert werden soll. Sie können die Einstellungen auch nach der Installation jederzeit ändern. Ihre Eingaben bestätigen Sie auch hier wieder mit einem Klick auf WEITER.

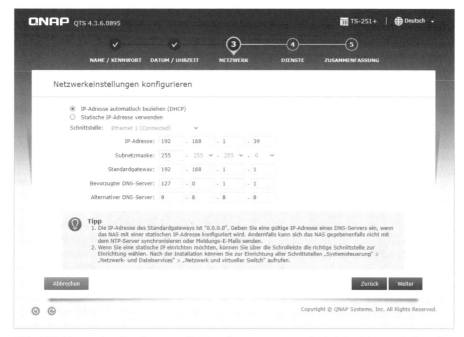

Abb. 2.12: Verwenden Sie die manuelle Zuweisung nur, wenn Ihr lokales Netzwerk darauf ausgerichtet ist.

5. Zu guter Letzt haben Sie die Möglichkeit, einige Dateidienste bereits im Zuge der Installation zu aktivieren (Abbildung 2.13). Diesen wird dann eine Standardkonfiguration zugewiesen, die Sie dann nach der Installation anpassen können. Sie können diesen Schritt auch überspringen und die Dienste nachträglich aktivieren. In Kapitel 6 befassen wir uns genauer mit Dateidiensten und dem Zugriff auf Dateien auf Ihrem NAS.

6. Ein letzter Klick auf WEITER bringt Sie zur Zusammenfassung. Hier sehen Sie alle Einstellungen, die Sie vorgenommen haben. Mit einem Klick auf das Stift-Icon können Sie die Einstellungen noch einmal überarbeiten. Alternativ können Sie über ZURÜCK jederzeit im Assistenten zurückspringen. Mit einem Klick auf ÜBERNEHMEN, starten Sie den eigentlichen Installationsvorgang (Abbildung 2.14).

Der Vorgang kann je nach Anzahl und Geschwindigkeit der Festplatten einige Zeit in Anspruch nehmen. Schalten Sie das NAS während dieses Vorgangs nicht aus.

Kapitel 2
Zusammenbauen, aufstellen und installieren

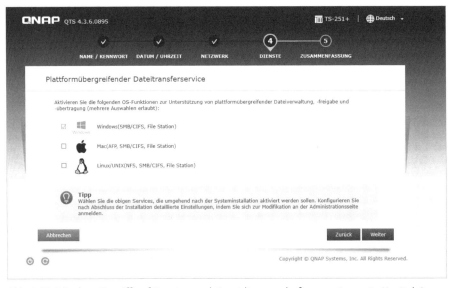

Abb. 2.13: Mit dem Zugriff auf Dateien und Dateidiensten befassen wir uns in Kapitel 6.

Abb. 2.14: Der Assistent installiert jetzt QTS sowie einige Standard-Anwendungen und -dienste.

> **Tipp**
>
> Sollte bei der Installation etwas schiefgehen oder die Stromzufuhr von NAS unterbrochen werden, versuchen Sie, sich erneut mit Ihrem NAS zu verbinden.
>
> Sollten Sie nicht mehr zum Installationsassistenten zurückkehren können, schalten Sie das NAS aus und entnehmen Sie die Festplatten. Schließen Sie die Festplatten an Ihren PC oder an eine SATA-Dockingstation an und löschen Sie alle angelegten Partitionen (un-

ter Windows: Rechtsklick auf DIESER PC|MEHR|VERWALTEN|DATENTRÄGERVERWALTUNG). Stecken Sie die Festplatten anschließend wieder ins NAS und starten Sie dieses. Sie können die Installation jetzt sauber von vorne beginnen.

7. Ist die Installation erfolgreich gewesen, erhalten Sie im Browser eine Erfolgsmeldung. Mit einem Klick auf ZUR NAS-VERWALTUNG werden Sie zur Anmeldeseite von QTS weitergeleitet.

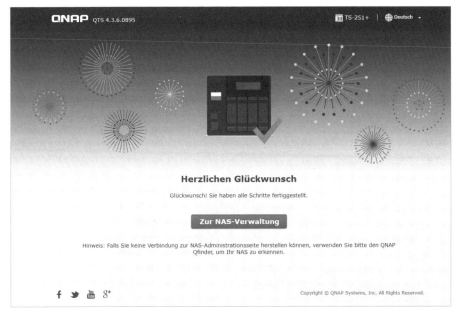

Abb. 2.15: Die Installation ist abgeschlossen, die Einrichtung Ihrer NAS geht aber noch weiter.

Hinweis

Konfigurieren Sie nichts, von dem Sie nicht absolut sicher sind, dass Sie es brauchen, nur weil ein Pop-up es Ihnen vorschlägt. Schließen Sie im Zweifelsfall das Pop-up/Fenster oder beenden Sie den Dialog. Alle Einstellungen, die Sie bei der Installation überspringen, können Sie später auch noch einrichten.

Tipp

In den nächsten beiden Abschnitten bewegen wir uns bereits in *QTS*. Diese Abschnitte sind notwendig, ehe Sie Ihr QNAP NAS überhaupt nutzen können. Möchten Sie sich zuerst mit *QTS* vertraut machen, hören Sie hier auf zu lesen und fahren mit Kapitel 3 »QTS – Das Betriebssystem im Browser« fort. Lesen Sie sich dort das erste Unterkapitel durch und lernen Sie *QTS* und dessen Bedienung kennen. Danach können Sie die letzten beiden Abschnitte dieses Kapitels durchgehen.

2.3.3 Die Einrichtung abschließen

Haben Sie den Installationsassistenten beendet, landen Sie beim Benutzer-Login von *QTS*. Bevor Sie sich anmelden, setzen Sie unbedingt den Haken bei »Sichere Anmeldung«. Sie werden dann auf die https-Version von *QTS* umgeleitet.

> **Wichtig**
>
> Verwenden Sie, wo immer es möglich ist, https anstatt http. http überträgt Passwörter unverschlüsselt, diese können dann einfach abgefangen werden, auch im lokalen Netzwerk.

> **Hinweis**
>
> Höchstwahrscheinlich erhalten Sie einen Warnhinweis im Browser, wenn Sie auf die https-Version weitergeleitet werden. Das liegt daran, dass das Standard-SSL-Zertifikat nicht als gültig angesehen wird. Sie können sich hier weitere Details anzeigen lassen und dann Optionen wie »Trotzdem fortfahren« oder »weiter zur unsicheren Seite« auswählen. Auch wenn das Zertifikat als ungültig angesehen wird, Ihre Verbindung ist trotzdem verschlüsselt. Mit SSL-Zertifikaten beschäftigen wir uns in Kapitel 9 noch genauer.

Abb. 2.16: Der QTS-Login

Melden Sie sich jetzt mit dem Benutzer »admin« und dem zuvor gewählten Passwort an.

Sie können QTS übrigens jetzt jederzeit über `http://<IP-Ihres-NAS>:8080` oder `http://<Name-Ihres-NAS>:8080` aufrufen. Sie können auch weiterhin *Qfinder Pro* verwenden, um sich mit Ihrem NAS zu verbinden.

Haben Sie sich eingeloggt, werden Sie gleich von einigen Pop-ups und aufgehenden Fenstern erschlagen. Welche das genau sind, kann je nach QTS-Version und NAS-Modell ein wenig abweichen. Die wichtigsten bzw. zur Drucklegung des Buchs aktuellsten Pop-ups werde ich Ihnen kurz erläutern bzw. gegebenenfalls auf die entsprechenden Kapitel in diesem Buch verweisen.

Firmware-Aktualisierung

Hat der Installationsassistent nicht die aktuellste QTS-Version installiert, ist der erste Hinweis den Sie erhalten, der Hinweis auf ein Firmware-Update. Sie können das Update natürlich aufschieben, da Sie Ihr NAS aber einrichten wollen, sollten Sie das auf dem neuesten Stand von QTS tun. Details zur Firmware-Aktualisierung finden Sie in Abschnitt 10.9.3 »Software aktuell halten«.

Vereinbarung zur Datenerfassung

Hersteller sind meist bemüht, Ihre Produkte zu verbessern. Dazu bedarf es oft Daten von der Nutzung des Produkts. Einfacher, als das Produkt selbst zu nutzen und die Daten zu sammeln, ist es, den Kunden das Produkt nutzen zu lassen und die Daten zu erheben. Diese Daten sind auch nützlicher, da sie bei der tatsächlichen Verwendung des Produkts entstehen und nicht in Laborumgebungen. Allerdings mag nicht jeder Anwender diese – anonymen – Daten hergeben. Sie können dieses Fenster also getrost mit NEIN beantworten.

Hilfecenter

Das Hilfecenter bietet Zugriff zum QTS-Handbuch, Online-Artikeln und dem Helpdesk. Details zum Hilfecenter erfahren Sie in Kapitel 3. Wollen Sie nicht, dass das Hilfecenter bei jeder Anmeldung in QTS automatisch aufgeht, setzen Sie den Haken im entsprechenden Kästchen und schließen Sie das Hilfecenter. Immerhin lesen Sie gerade dieses Buch, das sollte Ihnen allzu häufige Blicke ins Hilfecenter ersparen.

Neuigkeiten

Dieses Fenster zeigt Neuerungen bei QTS-Softwareupdates und lässt Sie die neueste Version gleich herunterladen und zeigt Ihnen auch, wie Sie die Firmware Ihres NAS aktualisieren. Lassen Sie sich davon nicht verwirren und achten Sie auf die Versionsnummer. Das Fenster kann bei der Erstinstallation auch erst nach dem Firmware-Update auftauchen.

Lizenzen

Ihr QNAP NAS kann mit einer Vielzahl an Softwarepaketen erweitert werden, die wichtigsten Funktionen kommen dabei von QNAP selbst. Aber auch Software anderer Hersteller lässt sich auf Ihrem NAS installieren. Viele Softwarepakete sind kostenlos, für einige fallen aber Lizenzgebühren an. Diese Meldung können Sie bedenkenlos ignorieren. Setzen Sie den Haken bei »Diese Meldung nicht noch einmal anzeigen« und klicken Sie auf

SCHLIESSEN. Mit Softwarepaketen und Lizenzen befassen wir uns dann in Abschnitt 3.2.5 »App Center«.

Storage & Snapshots

Neben dem Firmware-Update – mit dem Sie nicht zwingend konfrontiert werden – ist das Fenster zu Storage & Snapshots das erste wirklich wichtige Pop-up, das Ihre Aufmerksamkeit verlangt. Details dazu lesen Sie im nächsten Abschnitt.

2.4 Speicherplatz verwalten

Ihr NAS mag zwar jetzt über QTS bedienbar sein, und Sie können auch schon einige Einstellungen vornehmen, allerdings war's das auch schon. Zu mehr ist Ihr NAS noch nicht in der Lage. Es fehlt noch ein wichtiger Schritt, ohne den Ihr NAS keine seiner zugedachten Aufgaben erfüllen kann. Sie müssen den Speicherplatz der eingebauten Festplatten in *Speicherpools* organisieren und sogenannte *Volumes* anlegen. Erst dann sind Sie in der Lage, eigene Ordner auf dem NAS anzulegen, Dateien hochzuladen und Pakete zu installieren.

Bevor Sie die nächsten Schritte ausführen, möchten Sie sich eventuell mit QTS und dessen Bedienung vertraut machen. Werfen Sie dazu einen Blick in Kapitel 3 »QTS – Das Betriebssystem im Browser«.

> **Tipp**
>
> Versuchen Sie nicht gleich, ein lauffähiges System zu konfigurieren und mit Echtdaten zu befüllen. Nehmen Sie sich Zeit, und testen Sie verschiedene Konfigurationen und Einstellungen aus. Scheuen Sie nicht davor zurück, Speicherkonfigurationen einfach auszuprobieren und anschließend wieder zu löschen. Das gilt für alles, was Sie hier im Buch finden. Probieren Sie alles aus, und am Ende formatieren Sie die Festplatten und setzen das NAS neu auf. Wie Sie Ihr NAS konfigurieren, kann Einfluss auf Ihre Daten haben, die Sie später darauf ablegen. Erst wenn Sie mit dem System vertraut sind, sollten Sie sich an die Arbeit machen und es für den eigentlichen Betrieb konfigurieren.

2.4.1 Speichermanagement auf dem NAS

Der Speicher auf einem QNAP NAS ist in mehreren Schichten organisiert. Die unterste Schicht stellt die Hardware dar, die oberste Ihre Dateien und Ordner.

Öffnen Sie *Storage & Snapshots*, wenn das Fenster nicht schon automatisch aufgegangen ist. Sie finden die Verknüpfung auf dem QTS-Desktop. Haben Sie noch keinen Speicherpool angelegt, öffnet sich zusätzlich ein Fenster, das Ihnen eine kleine Übersicht über das Speicherkonzept Ihres QNAP NAS bietet.

Sie können sich die Informationen durchlesen oder aber auf ÜBERSPRINGEN klicken, die einzelnen Punkte werden in diesem Abschnitt und in anderen Kapiteln dieses Buchs noch genauer behandelt. Sind Sie mit der Speicherverwaltung Ihres NAS bereits vertraut, können Sie am Ende des Dialogs gleich auf NEUER SPEICHERPOOL klicken.

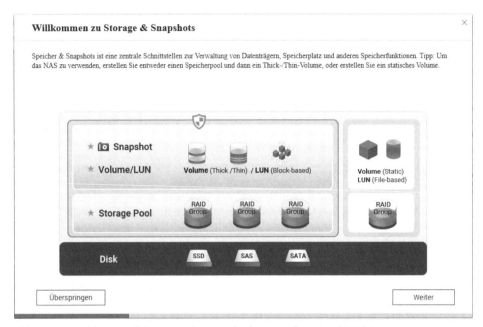

Abb. 2.17: Eine kleine Einführung in das Speicherkonzept Ihres QNAP NAS

Kennen Sie die QTS-Speicherverwaltung noch nicht, klicken Sie auf FERTIGSTELLEN, und machen Sie sich mit dessen Benutzeroberfläche vertraut. Als Einstieg sehen Sie eine Übersichtsseite über den aktuellen Zustand Ihres Speichers. Im Menü auf der linken Seite finden Sie die verschiedenen Teilbereiche, die Sie mit dem Manager verwalten können.

Abb. 2.18: Die Übersicht der Speicherverwaltung auf einem »jungfräulichen« NAS

Fürs Erste gibt es hier noch recht wenig zu sehen. Lediglich im Bereich »System« finden Sie Ihr QNAP-Gehäuse und die darin verbauten Datenträger. Die Datenträger sind durchnummeriert, die Form des Icons gibt an, um welche Art Datenträger es sich handelt, und die Farbe zeigt den Zustand des Datenträgers. Mit einem Klick auf das Icon erhalten Sie detaillierte Informationen zur jeweiligen Festplatte. Dieselben Informationen und weitere Funktionen rund um die Datenträger finden Sie auch unter SPEICHER|DATENTRÄGER/VJBOD. Hier müssen Sie nichts weiter einstellen, es stehen Ihnen aber einige Mittel zum Monitoring Ihrer Festplatten zur Verfügung. Mehr dazu können Sie in Kapitel 11 »Den Betrieb anpassen und überwachen« nachlesen.

> **Hinweis**
>
> Der Speicher Ihres QNAP NAS kann auf sehr umfangreiche Weise konfiguriert werden. Jede Methode hat ihre eigenen Vor- und Nachteile. Ich kann Ihnen an dieser Stelle nicht für alle davon eine detaillierte Konfigurationsanleitung bieten, da dies den Rahmen sprengen würde. Einige Methoden sind nur für spezielle Verwendungszwecke gedacht oder benötigen eine bestimmte Anzahl und Art von Datenträgern oder sogar mehrere QNAP-Geräte, um konfiguriert zu werden. Sie finden hier Anleitungen für die wichtigsten Konfigurationen, aber auch Hinweise auf weitere Methoden. Nutzen Sie diese Hinweise für Ihre weitere Recherche. Sind Sie mit dem Speichermanagement erst einmal vertraut, sollte es für Sie dann ein Leichtes sein, auch die anderen Methoden zu konfigurieren.

Die unterste Schicht der Speicherverwaltung stellen, wie schon erwähnt, die Datenträger dar. Eine Ebene darüber liegen die *Speicherpools*. Mittels Speicherpools können mehrere Festplatten zu einer logischen Einheit zusammengefasst werden. Auf dieser Ebene lässt sich auch die RAID-Konfiguration durchführen. Die Theorie zu den RAIDs finden Sie in Abschnitt 1.3 »Die Festplattenkonfiguration«.

> **Wichtig**
>
> Sie können zwar externe Datenträger an Ihr NAS anschließen, QNAP weist aber darauf hin, diese nur zum Austausch von Daten bzw. als Backup-Medium zu nutzen. Externe Speichermedien sind nicht dazu gedacht, den Speicherplatz Ihres NAS dauerhaft zu erweitern. Das NAS kann zwar auf diese zugreifen, verwaltet sie aber nicht wie die eigenen Festplatten. Externe Festplatten können auch nicht in Speicherpools genutzt werden.

Die letzte Ebene, die Sie an dieser Stelle konfigurieren müssen, sind die sogenannten *Volumes*. Während Partitionen einen physischen Speicher in einzelne Bereiche teilen, fasst ein *Volume* mehrere Speichereinheiten zu einer logischen Einheit zusammen, die vom Betriebssystem als ein Speicherort angesehen wird.

2.4.2 Einen Speicherpool anlegen

Um einen bzw. mehrere Speicherpools anzulegen, gehen Sie wie folgt vor:

1. Wechseln Sie in die Übersicht (ÜBERSICHT|SPEICHER), dort finden Sie den Bereich »Speicherpool«. Klicken Sie auf . Alternativ können Sie auch unter SPEICHER|SPEICHER/SNAPSHOTS auf NEUER SPEICHERPOOL klicken.

2. Im folgenden Dialog bekommen Sie noch einmal eine kurze Erklärung zu Speicherpools, außerdem können Sie hier die Funktion *Qtier* aktivieren. Klicken Sie zum Fortfahren auf WEITER.

Abb. 2.19: Der Assistent gibt Ihnen als Einstieg eine kurze Erklärung.

> **Qtier**
>
> Diese Funktion setzt den Einsatz verschiedener Datenträger (HDD, SSD, SAS, ...) voraus. Ist die Funktion aktiv, legt Ihr NAS häufig verwendete Daten auf schnelleren Datenträgern ab, während weniger häufig benutzte Daten auf ein langsameres Medium verschoben werden. *Qtier* hilft Ihnen, unterschiedliche Datenträgertypen optimal einzusetzen. Sie können die Kosten minimieren, indem Sie nicht ausschließlich SSDs verbauen und das Speichervolumen vergrößern und auch auf langsamere, aber dafür größere HDDs zurückgreifen. Dabei müssen Sie die Aufteilung Ihrer Daten nicht einmal selbst vornehmen. Bedenken Sie aber, dass die Aktivierung von *Qtier* auch einen Einfluss auf die RAID-Konfiguration hat. Wenn Ihr NAS nur zwei Festplatteneinschübe aufweist und Sie eine SSD und eine HDD mit *Qtier* kombinieren, lässt sich kein RAID mehr konfigurieren.

3. Im nächsten Schritt müssen Sie die Datenträger auswählen, die Sie in den Speicherpool aufnehmen wollen, und welchen RAID-Typen sie anwenden möchten. Die Auswahl der RAID-Typen kann, je nach Anzahl der verfügbaren Festplatten, eingeschränkt sein. Zusätzlich können Sie, sofern Sie sich für ein RAID entschieden haben, eine Ersatzfestplatte (Hot Spare) auswählen, vorausgesetzt natürlich, Ihnen steht noch eine ungenutzte Platte zur Verfügung. Die Hot-Spare-Platte wird als Ersatz bereitgehalten, sie ist nicht Teil des RAIDs, und ihr Speicher kann nicht genutzt werden. Ist eine Festplatte des

Kapitel 2
Zusammenbauen, aufstellen und installieren

RAID-Verbunds defekt, wird das RAID mit der Ersatzfestplatte automatisch repariert. Wenn Sie sich entschieden haben, klicken Sie auf WEITER.

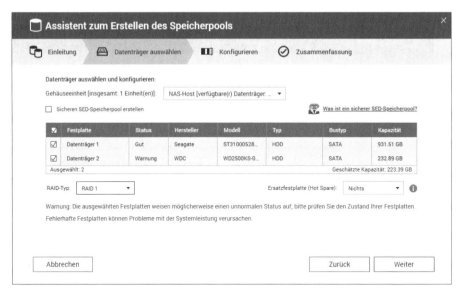

Abb. 2.20: Wählen Sie die gewünschten Datenträger sowie den RAID-Typen für den Speicherpool.

Tipp

Wenn Sie kein RAID konfigurieren möchten, sondern Ihre Festplatten vollständig nutzen wollen, dann empfehle ich Ihnen die Einstellung *Einzellaufwerk*. Wählen Sie diese Option, wird kein RAID konfiguriert. Mit dieser Einstellung können Sie den Pool auf einer einzelnen Festplatte anlegen. Das sollten Sie auch unbedingt machen. Ist eine Festplatte defekt, sind nur der darauf befindliche Pool und die darin enthaltenen Daten verloren. Fassen Sie dagegen mehrere HDDs in einem Pool zusammen oder wählen JBOD, bei dem automatisch alle Platten zusammengefasst werden, gehen Sie ein hohes Risiko ein. Im Falle einer defekten Festplatte kann großer Schaden entstehen, da Sie nicht wissen, auf welche HDDs die Daten aufgeteilt werden. Details zu den einzelnen RAID-Typen können Sie in Abschnitt 1.3.4 »Die verschiedenen RAID-Level« nachlesen.

SED-Speicherpool

SED steht für **S**elf-**E**ncrypting **D**rive, also einen sich selbst verschlüsselnden Datenträger. Die Verschlüsselungshardware ist dabei im Festplattencontroller integriert. Daten werden beim Schreiben automatisch verschlüsselt und beim Lesen entschlüsselt. Der Schlüssel, der zum Ver- und Entschlüsseln genutzt wird, ist auf der Hardware der Festplatte gespeichert und kann weder vom Betriebssystem noch von Unbefugten ausgelesen werden. Ihr QNAP NAS kann mit diesen speziellen Festplatten umgehen. Haben Sie solche Festplatten verbaut und möchten die Verschlüsselung nutzen, müssen Sie diese Option aktivieren.

4. Im nächsten Schritt können Sie einige Einstellungen vornehmen. Die verfügbaren Optionen können je nach zuvor gewählter Grundkonfiguration abweichen. Verwenden Sie SSDs für den Speicherpool, können Sie hier das Over-Provisioning aktivieren. Dabei wird ein kleiner Speicherbereich der SSD reserviert, um die Datenverwaltung zu optimieren und so die Lebensdauer der SSD zu erhöhen. Außerdem können Sie (unabhängig vom gewählten Speichermedium) eine Alarmschwelle in Prozent festlegen. Erreicht die Belegung des Speicherpools den Schwellenwert, erhalten Sie eine Warnmeldung in QTS. Klicken Sie auf WEITER, nachdem Sie die gewünschten Einstellungen festgelegt haben.

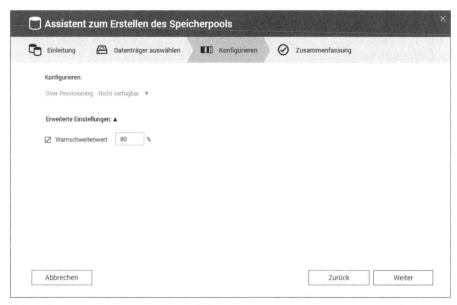

Abb. 2.21: Da dem Speicherpool keine SSDs zugewiesen wurden, steht auch das Over-Provisioning nicht zur Verfügung.

> **Wichtig**
>
> QNAP bietet keine Möglichkeit, ein RAID aufzulösen. Viele Anwender konfigurieren ein RAID 1 zwecks Ausfallsicherheit. Wenn der Speicherplatz aber knapp wird, ist oft der Wunsch da, die Platten einzeln zu verwenden und so auf Kosten der Redundanz den Speicherplatz zu erhöhen. Ist gerade kein Budget für größere Festplatten und auch kein freier Einbauschacht mehr vorhanden, bleibt die Auflösung des RAIDs, neben der Reduktion der Daten, die einzige Möglichkeit. Auf QNAP-Geräten bleibt Ihnen in einem solchen Fall nichts anderes übrig, Ihre Daten zu sichern und Ihr NAS neu aufzusetzen.
>
> Anders herum können Sie einen Speicherpool vom Typ *Einzellaufwerk* zu einem *RAID* erweitern. Dazu dürfen die anderen Festplatten aber keinem Speicherpool zugewiesen sein. Wie Sie RAIDs erweitern und reparieren, lesen Sie in Abschnitt 20.3.

Kapitel 2
Zusammenbauen, aufstellen und installieren

5. Im letzten Schritt sehen Sie eine Zusammenfassung der gewählten Einstellungen sowie eine Schätzung über die Speicherkapazität. Ein kleiner Teil des Speichers ist bereits von *QTS* belegt. Je nach getroffenen Einstellungen kann auch mehr Speicher belegt sein. Solange Sie den Speicherpool nicht mit ERSTELLEN anlegen lassen, können Sie die Einstellungen jederzeit mit ZURÜCK anpassen.

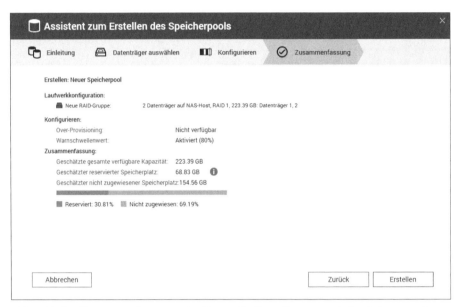

Abb. 2.22: Die Zusammenfassung zeigt Ihnen alle Einstellungen und eine Schätzung des Speicherplatzes.

> **Achtung**
>
> Beim Anlegen des Speicherpools werden alle vorhandenen Daten auf dem Datenträger gelöscht.

Der Speicherpool wird jetzt angelegt. Der Vorgang kann einige Minuten dauern. Ist der Prozess abgeschlossen, erhalten Sie den Hinweis, dass Sie zuerst ein Volume anlegen müssen, ehe Sie den Speicher nutzen können. Das können Sie mit einem Klick auf NEUES VOLUME auch gleich tun, oder Sie sehen sich zuerst an, was sich in der Speicherverwaltung geändert hat. Sie können auch noch weitere Speicherpools anlegen, sofern noch ungenutzte Festplatten verfügbar sind.

Unter ÜBERSICHT|SPEICHER sehen Sie jetzt den neu angelegten Speicherpool sowie dessen Auslastung. Haben Sie mehrere Speicherpools, können Sie mithilfe des Drop-downs zwischen diesen wechseln. Unter SPEICHER|SPEICHER/SNAPSHOTS sehen Sie ebenfalls alle Pools aufgelistet.

Abb. 2.23: In der Übersicht hat sich etwas getan, der Pool wird bereits angezeigt, ist aber bis auf den reservierten Bereich noch leer.

2.4.3 Ein Volume anlegen

1. Öffnen Sie den Bereich ÜBERSICHT|SPEICHER. Klicken Sie im Bereich »Kein Volume« auf . Alternative: Unter SPEICHER|SPEICHER/SNAPSHOTS auf ERSTELLEN|NEUES VOLUME klicken.

2. Im ersten Schritt des Assistenten haben Sie die Wahl zwischen drei Volume-Typen:
   - *Statisches Volume*: Wird direkt auf dem RAID erstellt. Es nimmt den kompletten Speicherplatz ein und bietet die beste Leistung bei zufälligen Dateizugriffen. Allerdings unterstützt das statische Volume keine Snapshots.
   - *Thick Volume*: Nimmt eine selbst festgelegte Größe des Speicherpools ein und kann problemlos erweitert werden, sofern noch Speicherplatz übrig ist.
   - *Thin Volume*: Haben kein fest zugeordnetes Speichervolumen, sie wachsen nach Bedarf und belegen nur so viel Speicher wie notwendig.

> **Snapshots**
>
> Snapshots sind Momentaufnahmen von Dateien. Anders als bei einem Backup werden die Dateien dabei nicht kopiert und separat abgesichert, sondern die Änderungen der Dateien mitprotokolliert, solange eine Datei nicht gelöscht wird, bleibt der Speicherbedarf gering. Mehr zum Thema Snapshots erfahren Sie in den Abschnitten 5.1.4 »Snapshot-Freigabeordner« und 5.4 »Snapshots«.

In einem Speicherpool können mehrere Thick bzw. Thin Volumes erstellt und miteinander kombiniert werden. Ein statisches Volume wird direkt auf dem RAID erstellt und benötigt eine bzw. mehrere Festplatten, die noch keinem Speicherpool zugeordnet wurden. Thick Volumes haben die bessere Performance gegenüber Thin Volumes, da kein neuer Speicher allokiert werden muss, dafür wird der Speicherplatz eventuell nicht optimal ausgenutzt.

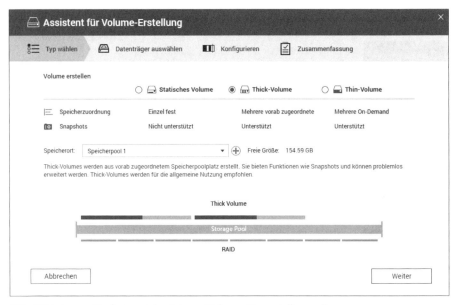

Abb. 2.24: Legen Sie fest, welche Art von Volume Sie erstellen wollen.

> **Tipp**
>
> Thin Volumes helfen Ihnen, wenn Sie mehrere Volumes brauchen, Sie nicht wissen, wie viel Speicherplatz die einzelnen Volumes benötigen, und Sie Ihren Speicherplatz optimal nutzen wollen. Für alle anderen Fälle bzw. im Zweifelsfall verwenden Sie Thick Volumes. Statische Volumes haben zwar die bessere Performance, Sie müssten aber auf Schnappschüsse verzichten.

Wählen Sie den gewünschten Volume-Typen, weisen Sie gegebenenfalls den Speicherpool zu und klicken Sie dann auf WEITER.

3. Der nächste Schritt wird nur angezeigt, wenn Sie sich für ein statisches Volume entschieden haben. Wie schon in Abschnitt 2.4.2 »Einen Speicherpool anlegen« wählen Sie hier die Datenträger- und RAID-Einstellungen. Haben Sie keine freien Festplatten mehr, können Sie kein statisches Volume anlegen. Sie können den bereits angelegten Speicherpool wieder löschen und dann ein statisches Volume erstellen. Klicken Sie dann auf WEITER.

4. Der Schritt »Konfiguration« unterscheidet sich wieder etwas, je nachdem welche Art Volume Sie erstellen. Vergeben Sie hier einen Namen für das Volume. Für Thick Volumes legen Sie die exakte Größe fest. Für Thin Volumes legen Sie eine Obergrenze fest, es können auch mehr Speicher zugewiesen werden, als der Speicherpool umfasst. Durch diesen fiktiven Puffer wird eine optimale Speicherausnutzung bei mehreren Volumes erreicht. Unabhängig von der zugewiesenen Größe belegen Thin Volumes nur so viel tatsächlichen Speicher, wie die darauf gespeicherten Daten benötigen.

Für statische Volumes lässt sich keine Größe zuweisen, da diese das ganze Volume des RAIDs belegen.

Abb. 2.25: Der Schritt »Konfiguration«, wenn ein Thick Volume gewählt wurde

> **Wichtig**
>
> Legen Sie im selben Speicherpool Thick und Thin Volumes an, achten Sie darauf, dem bzw. den Thick Volumes nicht zu viel Speicher zuzuweisen, da die Thin Volumes sonst nicht wachsen können.

Für alle Volume-Typen gleich ist die Dateisystemoption, hier können Sie zwischen maximaler Volumen-Größe und maximaler Anzahl speicherbarer Dateien und Ordner wählen. Die Option ist für spezielles Feintuning gedacht.

Wollen Sie ein Volume mit enormer Größe (die Sie nur mit mehreren Festplatten realisieren können), erreichen Sie das, indem Sie die maximale Anzahl speicherbarer Dateien reduzieren. Erfordert Ihr spezieller Verwendungszweck das Speichern einer extremen Vielzahl von (sehr kleinen) Dateien, erreichen Sie das auf Kosten der maximalen Volumen-Größe. Die Werte an den Enden der Skala sind Extremwerte, die Sie im Normalfall nie erreichen. Aktuelle NAS-Festplatten haben bis zu 18 TB, bei einem Modell mit 4 Einschüben macht das also einen maximalen Speicher von 72 TB (ohne Erweiterungseinheit). Auf einem Volume mit 64 TB können Sie 2 Millionen Dateien/Ordner, mit einer durchschnittlichen Dateigröße von 32 MB, speichern. Fotos und Dokumente sind meist kleiner als 32 MB, Videos deutlich größer. Sie sehen also, mit den mittleren Werten sind Sie bereits gut bedient. Sie können hier somit beruhigt die Standardeinstellung belassen, sofern Sie keine der Extremwerte benötigen.

> **Achtung**
>
> Die Limits gelten für ein einzelnes Volume, nicht für die Poolgröße oder die Gesamtkapazität Ihres NAS. Sie können problemlos mehrere kleine Volumes in Ihrem Pool anlegen.

Kapitel 2
Zusammenbauen, aufstellen und installieren

Unter »Erweiterte Einstellungen« erwarten Sie noch einige Zusatzoptionen, so können Sie auch auf Volumen-Ebene eine Alarmschwelle festlegen, das Volume verschlüsseln (siehe Abschnitt 10.6 »Verschlüsselung«), den SSD-Cache aktivieren sowie Freigabeordner erstellen (siehe Abschnitt 5.1.3 »Freigabeordner erstellen«).

Haben Sie die gewünschten Einstellungen getätigt, klicken Sie auf WEITER.

SSD-Cache

Sie können SSD-Festplatten dazu verwenden, den Zugriff auf Dateien zu beschleunigen. Dabei wird die SSD als Cache benutzt, indem Daten, auf die häufiger zugegriffen wird, zwischengespeichert werden. Auch beim Abspeichern großer Datenmengen dient die SSD als Puffer, der die Daten schnell aufnimmt und dann nach und nach auf die langsameren HDDs speichert. Anders als bei *Qtier* wird die SSD, die für das Caching benutzt wird, nicht als Teil des Speicherpools verwendet. Einige QNAP-Modelle erlauben die Erweiterung mit zusätzlichen NVMe-SSDs per PCIe-Schnittstellen. Dadurch können Sie Caching/*Qtier* nutzen, ohne einen Festplattenschacht zu verlieren.

5. Der letzte Schritt ist wieder eine Zusammenfassung. Sind Sie mit den Einstellungen zufrieden, bestätigen Sie mit einem Klick auf FERTIGSTELLEN.

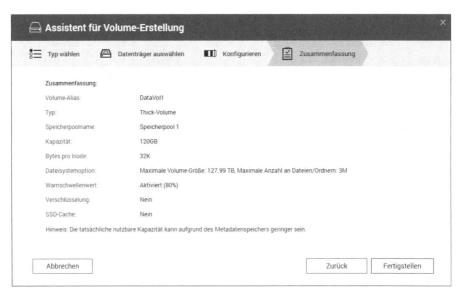

Abb. 2.26: Auch hier erhalten Sie wieder eine Zusammenfassung aller Einstellungen.

Das Erstellen des Volumens kann einige Minuten dauern.

Hinweis

Das erste Volume, das Sie anlegen, gilt als System-Volume. QTS selbst und einige Basisanwendungen sind auf allen Festplatten in einem reservierten Bereich installiert. Alle weiteren Softwarepakete und deren Daten werden auf einem Volume abgelegt. Wurde das erste Volume erstellt, werden bereits einige vorgegebene Freigabeordner erstellt (siehe Abschnitt 5.1.2 »Vorgegebene Ordner«) und weitere Standard-Softwarepakete heruntergeladen.

Das neu angelegte Volume ist jetzt unter ÜBERSICHT|SPEICHER aufgelistet. Beachten Sie auch die geänderte Darstellung des Speicherpools. Auch unter SPEICHER|SPEICHER/SNAPSHOTS wird das neue Volumen unter dem jeweilgen Speicherpool angezeigt.

Abb. 2.27: Die Übersicht zeigt das neue Volume, auch im Speicherpool macht sich das neue Volume bemerkbar.

Abb. 2.28: Die Speicherplatzansicht zeigt das neue Volume im Speicherpool. In der zweiten Spalte »Status« ist zu sehen, dass noch einige Aufgaben abgearbeitet werden, ehe das Volumen tatsächlich verwendbar ist.

Bevor Sie nun selbst Ordner und Dateien auf Ihrem NAS abspeichern können, müssen Sie im Speicherkonzept erneut eine Ebene höher gehen und einen Freigabeordner erstellen. Was Freigabeordner sind und wie Sie diese verwalten, lernen Sie in Abschnitt 5.1 »Freigabeordner – der Dreh- und Angelpunkt des NAS«.

Kapitel 2
Zusammenbauen, aufstellen und installieren

Dateisysteme

QNAP lässt Ihnen keine Wahl, was das Dateisystem angeht. Im NAS- bzw. Server-Bereich sind ext4 und Btrfs der Standard. Beide haben eigene Vor- und Nachteile. Es ist daher nicht immer leicht, die richtige Wahl zu treffen. QNAP hat entschieden, dass die Nachteile von Btrfs dessen Vorteile überwiegen und bietet daher auch keine Btrfs-Unterstützung an. Als Dateisystem wird ext4 verwendet. Damit Anwender nicht auf den wichtigsten Vorteil von Btrfs – Schnappschüsse (siehe Abschnitt 5.4 »Snapshots«) – verzichten müssen, wurde ein eigenes System implementiert.

2.4.4 Ein Volume löschen

Möchten Sie all Ihre Daten auf dem NAS auf einmal löschen oder Ihren Speicher anders organisieren, können Sie Volumes ganz einfach wieder löschen. Denken Sie nur daran, Ihre Daten zu sichern, sollten Sie diese behalten wollen.

1. Öffnen Sie den Bereich SPEICHER|SPEICHER/SNAPSHOTS.
2. Klicken Sie auf das Volume, das Sie löschen möchten.
3. Klicken Sie auf VERWALTEN.

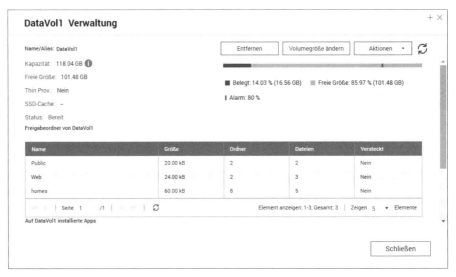

Abb. 2.29: Die Volume-Verwaltung zeigt nicht nur Details zum gewählten Volume, hier finden Sie auch wichtige Aktionen, wie das Löschen des Volumes.

4. Klicken Sie auf ENTFERNEN, wenn Sie das Volume löschen möchten. Möchten Sie nur die Daten löschen, klicken Sie auf AKTIONEN|FORMATIEREN, hier können Sie auch die Dateisystemoption des Volumens ändern.
5. Es öffnet sich ein Fenster, das Sie darauf hinweist, dass alle Dienste auf Ihrem NAS vorübergehend angehalten werden. Klicken Sie auf OK.
6. Eine Zusammenfassung informiert Sie darüber, welche Freigabeordner von der Löschung betroffen sind. Bestätigen Sie mit ÜBERNEHMEN.

2.4 Speicherplatz verwalten

Abb. 2.30: Bedenken Sie, dass nicht nur Ihre Freigabeordner (und die darin enthaltenen Daten) betroffen sein können, sondern auch vom System genutzte Ordner.

7. Der Löschvorgang kann einige Minuten dauern.

Haben Sie mehrere Volumes in einem Speicherpool angelegt und möchten diese löschen, können Sie direkt den ganzen Speicherpool löschen.

2.4.5 Einen Speicherpool löschen

1. Öffnen Sie den Bereich SPEICHER|SPEICHER/SNAPSHOTS.
2. Klicken Sie auf den Speicherpool, den Sie löschen möchten.
3. Klicken Sie auf VERWALTEN.
4. Klicken Sie auf ENTFERNEN|POOL ENTFERNEN.

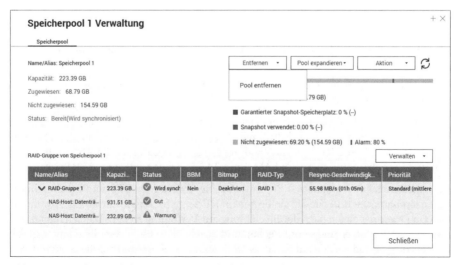

Abb. 2.31: Speicherpools lassen sich ganz ähnlich wie Volumes löschen.

5. Befinden sich im Pool noch Volumes, werden Sie darauf hingewiesen. Durch Aktiveren der Option und Bestätigen mit OK können Sie die Volumes gleich mit entfernen. Im nächsten Schritt müssen Sie dazu Ihr Passwort eingeben.

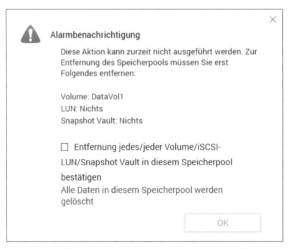

Abb. 2.32: Solange sich im Pool noch Volumes befinden, kann dieser nicht gelöscht werden.

Abb. 2.33: Um die Volumes gleich mit zu löschen, ist Ihr Passwort erforderlich.

6. Zuerst werden die betroffenen Volumes und danach der Speicherpool gelöscht. Der Vorgang kann einige Minuten dauern.

Die Speicherverwaltung bietet Ihnen aber noch mehr Funktionen, als nur Speicher anzulegen und wieder zu löschen. Sie hilft Ihnen weiter, wenn das RAID beschädigt ist, wenn Sie Festplatten tauschen oder ihren Zustand überwachen möchten (siehe Abschnitt 11.2 »System und Betrieb überwachen« und Abschnitt 20.3.1 »Speicherpool zu RAID erweitern«).

Im nächsten Kapitel nehme ich Sie mit auf eine Tour durch QTS und erkläre Ihnen die Benutzeroberfläche und wie Sie sie bedienen. Ich zeige Ihnen die einzelnen Anwendungen und Optionen, die gleich nach der Einrichtung zur Verfügung stehen. Danach folgt das Kapitel rund um Benutzer und deren Rechte, und anschließend erfahren Sie endlich alles über Freigabeordner und wie Sie auf Ihrem NAS Dateien speichern und auf diese zugreifen.

Kapitel 3

QTS – Das Betriebssystem im Browser

QTS ist das Betriebssystem Ihres QNAP NAS. Genauer ausgedrückt ist es ein auf einem Linux-Kernel basierendes Betriebssystem sowie die Weboberfläche des Betriebssystems. Wofür *QTS* steht, ist nicht ganz klar. Der ursprüngliche Name war QOS, also Q für QNAP und OS als Abkürzung für Operating System. Da QOS in der IT aber bereits genutzt wurde (QoS – Quality of Service), erfolgte die Umbenennung in *QTS*, wobei das Q weiterhin für QNAP steht und das TS die Abkürzung für TurboStation sein könnte, dem Namen für die Mehrheit der NAS-Gehäuse von QNAP.

Für das Bedienen eines QNAP NAS benötigen Sie keine Client-Software. Sie können von jedem Gerät aus auf Ihr NAS zugreifen, sofern Sie das nicht sperren (siehe Kapitel 10 »Sicherheit«). Sie könnten sogar weltweit auf Ihr NAS zugreifen, von jedem Computer mit Internetverbindung aus (siehe Kapitel 9 »Das NAS über das Internet erreichen«).

Aber schön der Reihe nach. Mit *QTS* verwalten Sie nicht nur Ihr NAS und dessen Benutzer, Sie haben auch Zugriff auf alle grundlegenden Funktionen. *QTS* ist die ultimative Steuerzentrale. In diesem Kapitel erkläre ich Ihnen, wie Sie die Benutzeroberfläche bedienen und an Ihre Bedürfnisse anpassen und wo welche Einstellungen zu finden sind.

3.1 Die QTS-Benutzeroberfläche

Die Benutzeroberfläche des *QTS* sieht ähnlich aus wie die herkömmlicher Desktop-Betriebssysteme. Sie weist auch dieselben Elemente auf, die Sie von den Oberflächen anderer Betriebssysteme kennen. Es gibt eine Taskleiste, ein Hauptmenü und einen Desktop mit Symbolen.

Abb. 3.1: Die unveränderte QTS-Oberfläche

3.1.1 Die Taskleiste

Die Taskleiste von *QTS* ist der von Windows sehr ähnlich, in der linken Ecke befindet sich eine Schaltfläche, die alle Fenster minimiert und den Desktop anzeigt (❶, Abbildung 3.2), gleich daneben finden Sie das Icon, mit dem Sie das Hauptmenü öffnen. Starten Sie eine Anwendung, wird ihr Symbol und der Name im mittleren Bereich der Taskleiste angezeigt. Sie können mit einem Klick auf das Symbol zwischen den aktiven Fenstern hin und her schalten.

Abb. 3.2: Die Taskleiste von QTS

Auf der rechten Seite sehen Sie eine Reihe von Icons, die Zugriff auf eine Reihe von Grundfunktionen bieten:

❷ Hinter dem Lupen-Icon verbirgt sich, wie nicht anders zu erwarten, die Suchfunktion (siehe Abschnitt 3.3 »Die Suche und Qsirch«).

❸ Das an Stack Overflow (eines der bekanntesten Wissensportale für Softwareentwickler) erinnernde Icon öffnet eine Liste mit allen gerade laufenden und bereits beendeten Hintergrundaufgaben. Dazu zählen Aufgaben der Speicherverwaltung, wie etwa das Anlegen von Speicherpools oder andere Aufgaben, die das NAS betreffen, etwa das Herunterladen und Installieren von Software.

❹ Das nächste Icon zeigt Ihnen alle angeschlossenen externen Geräte an.

❺ Unter dem i-Icon finden Sie die Systembenachrichtigungen Ihres NAS (siehe Abschnitt 3.1.5 »Ereignisbenachrichtigungen«).

❻ und ❼ – Wie der Pfeil neben dem Benutzernamen schon anzeigt, verbirgt sich hier ein Menü mit diversen Optionen und Aktionen, die der aktuell angemeldete Benutzer durchführen kann, wie etwa das NAS in den Ruhezustand zu versetzen, neu zu starten oder herunterzufahren. Auch eine Suchfunktion für Ihr NAS finden Sie hier, diese lässt das NAS für einen angegebenen Zeitraum blinken und/oder einen Audioalarm ausgeben. So ein NAS verlegt man ja auch schnell mal.

Solch eine Suchfunktion macht schon Sinn, wenn man z.B. im betrieblichen Umfeld eine Vielzahl an Geräten betreibt. Ein weiterer Menüpunkt sind die Benutzeroptionen (Abbildung 3.3), diese lassen sich auch mit einem Klick auf das Benutzer-Icon direkt öffnen (mehr dazu in Abschnitt 3.1.6 »QTS personalisieren«).

❽ Im Dreipunktmenü finden Sie allgemeine Informationen über *QTS*, Neuigkeiten, Hilfe und andere diverse nützliche Verknüpfungen.

❾ Das letzte Icon öffnet das Kontrollcenter (Abbildung 3.4), eine Übersicht über Ihr NAS. Sie finden dort Informationen zu Systemzuständen, einen kleinen Ressourcenmonitor sowie eine Übersicht über angemeldete Benutzer, geplante Aufgaben und *QTS*-Updates. Details dazu finden Sie in Kapitel 11 »Den Betrieb anpassen und überwachen«.

3.1
Die QTS-Benutzeroberfläche

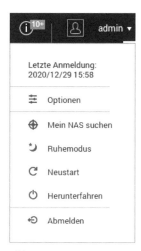

Abb. 3.3: Die Benutzeroptionen für einen Administrator

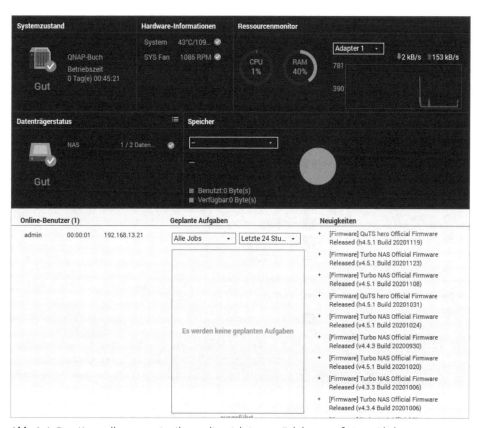

Abb. 3.4: Das Kontrollcenter zeigt Ihnen die wichtigsten Eckdaten auf einen Blick.

Kapitel 3
QTS – Das Betriebssystem im Browser

> **Wichtig: Massenspeicher auswerfen**
>
> Werfen Sie die Geräte immer aus, bevor Sie sie vom NAS trennen. Dieser Hinweis wird wohl ebenso häufig ignoriert wie das Pop-up mit dem Software-Lizenzvertrag. Das Trennen des Massenspeichers, ohne ihn vorher auszuwerfen, kann aber tatsächlich zu Datenverlust führen. Daten, die zum oder vom externen Speicher übertragen werden, werden gecacht. Trennen Sie die Verbindung, ist nicht sichergestellt, dass alle Daten dort sind, wo sie hingehören. Während sich der Cache in Windows deaktivieren lässt und externe Speicher sofort abgezogen werden können, steht Ihnen diese Möglichkeit auf dem NAS nicht zur Verfügung. Gerade bei Modellen mit schwächerer CPU oder bei hoher Auslastung kann es leicht zu beschädigten Daten kommen.

3.1.2 Das Hauptmenü

Im Hauptmenü (siehe Abbildung 3.2, ❶) finden Sie die systemrelevanten Einstellungen sowie alle auf dem NAS installierten Anwendungen, unabhängig davon, ob es sich um vorinstallierte Programme oder von Ihnen selbst installierte Apps handelt. Hier werden immer alle Anwendungen angezeigt, auch dann, wenn Sie sie zusätzlich auf dem Desktop abgelegt haben.

Abb. 3.5: Das Hauptmenü enthält alle installierten Menüs und Anwendungen, je nach Modell können Menüs fehlen oder zusätzlich vorhanden sein. Die Liste der Anwendungen hängt davon ab, welche Sie installieren.

Symbole zum Desktop hinzufügen

Sie können Symbole auf dem Desktop ablegen, indem Sie sie aus dem Hauptmenü herausziehen und am Desktop ablegen oder indem Sie auf das Symbol im Hauptmenü rechtsklicken und VERKNÜPFUNG ERSTELLEN auswählen.

3.1.3 Der Desktop

Der Desktop ist die Hauptarbeitsfläche in *QTS*. Sie können hier Symbole für die einzelnen Apps ablegen und diese von dort aus starten. Aktive Fenster werden auf dem Desktop angezeigt. Sie können diese, wie auch im *Windows-Explorer* oder auf dem Mac im *Finder*, minimieren, maximieren, verschieben, anordnen und deren Größe ändern. Auf dem Desktop finden Sie auch die Systemuhr und das Datum sowie ein Icon für den Papierkorb (siehe Abschnitt 5.2.8 »Der Papierkorb«) und Qboost (siehe Abschnitt 11.2.4 »Qboost«).

Der Desktop bietet Ihnen mehrere Seiten, durch die Sie mit einem Klick auf die Pfeile oder die drei Punkte blättern können.

Die Reihenfolge der Symbole können Sie durch Verschieben beliebig anordnen. Die Ausrichtung erfolgt dabei immer im Raster und in die linke obere Ecke zentriert. Hinzugefügte Verknüpfungen können Sie entfernen, indem Sie sie mit der rechten Maustaste anklicken und ENTFERNEN wählen, alternativ können Sie sie auch auf den Papierkorb ziehen.

3.1.4 Die Fußzeile

In der Fußzeile des QTS-Desktops (Abbildung 3.1) finden Sie noch vier weitere Icons:

❶ Das Wolken-Icon führt Sie zur *myQNAPcloud*-Webseite. Mit der *myQNAPcloud* befassen wir uns in Kapitel 9.

❷ Das Hammer-Icon lässt Sie die Download-Seite für die Dienstprogramme öffnen. Dabei stehen Ihnen diverse Programme für den PC als auch für das Smartphone zur Verfügung. Den *Qfinder Pro* kennen Sie bereits aus dem vorherigen Kapitel. Es gibt aber noch eine Vielzahl weiterer Anwendungen, die Sie die Inhalte Ihres NAS sowie das NAS selbst steuern, überwachen und konsumieren lassen. In den kommenden Kapiteln werden Sie einige der Programme wiederfinden, dort erkläre ich Ihnen dann auch, wie Sie sie nutzen.

❸ Hier finden Sie Links zu externen Hilfestellen, wie dem QNAP-Forum und dem Kundendienst.

❹ Das letzte Icon öffnet direkt den Helpdesk (siehe Abschnitt 3.2.2 »Helpdesk«).

3.1.5 Ereignisbenachrichtigungen

Das i-Icon (siehe Abschnitt 3.1.1 »Die Taskleiste«) zeigt Ihnen nicht nur an, wie viele neue Benachrichtigungen auf Sie warten, ein Klick auf das Icon öffnet auch die Liste aller aktiven Benachrichtigungen. Benachrichtigungen sind in drei Kategorien unterteilt: Hinweise, Warnungen und Fehler. Standardmäßig werden Ihnen alle angezeigt, Sie können durch einen Klick auf die jeweilige Registerkarte die Benachrichtigungen nach Typ filtern.

Der Titel einer Benachrichtigung zeigt Ihnen, wo das Ereignis aufgetreten ist, darunter finden Sie einen kurzen Text, der Ihnen mitteilt, was passiert ist, gefolgt vom Datum des Ereignisses. Am unteren Ende der Liste finden Sie den Button ALLES LEEREN, ein Klick darauf entfernt alle Benachrichtigungen aus der Liste. Ein Klick auf »Mehr« öffnet die Anwendung *QuLog Center*, mit der wir uns in Abschnitt 11.2.2 näher befassen.

Kapitel 3
QTS – Das Betriebssystem im Browser

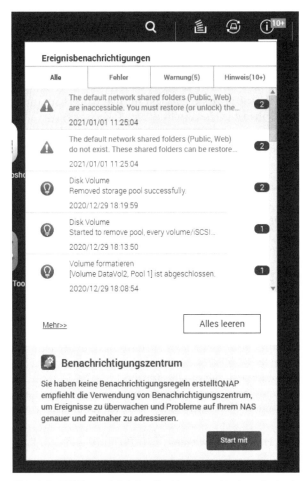

Abb. 3.6: QTS benachrichtigt Sie über verschiedene Ereignisse.

Das ist natürlich nicht alles, was Ihr QNAP NAS zum Thema Benachrichtigungen zu bieten hat. Sie können sich nicht nur direkt in *QTS* über Ereignisse benachrichtigen lassen, Sie haben auch die Möglichkeit, Benachrichtigungen per E-Mail zu erhalten, können festlegen, wann welche Benachrichtigungen verschickt werden sollen und wer sie erhalten soll. Dafür zuständig ist das Benachrichtigungszentrum. Dieses' müssen Sie erst einrichten, *QTS* weist Sie am Ende der Liste für Ereignisbenachrichtigungen darauf hin. Was das Benachrichtigungszentrum kann und wie Sie es konfigurieren, erfahren Sie in Abschnitt 11.2.1 »Systembenachrichtigungen aktivieren«.

3.1.6 QTS personalisieren

Sie können einige Aspekte des *QTS* Ihren Wünschen anpassen. Die betreffenden Einstellungen dazu finden Sie unter BENUTZEREINSTELLUNGEN|OPTIONEN (siehe Abbildung 3.2, ❼ bzw. direkt unter ❻). Einstellungen, die Sie hier vornehmen, gelten nur für das entsprechende Benutzerkonto.

Im ersten Reiter sehen Sie Ihren Benutzernamen und die hinterlegte E-Mail-Adresse. Sie können hier auch einen Avatar hochladen. Bewegen Sie dazu die Maus über die Silhouette. Es erscheint die Aufschrift ÄNDERN. Klicken Sie darauf, öffnet Sich der Dateiauswahl-Dialog Ihres Betriebssystems.

Im Reiter HINTERGRUNDBILD können Sie den Desktophintergrund von *QTS* ändern. Sie haben die Auswahl zwischen einigen Systembildern sowie die Möglichkeit, selbst ein Bild hochzuladen.

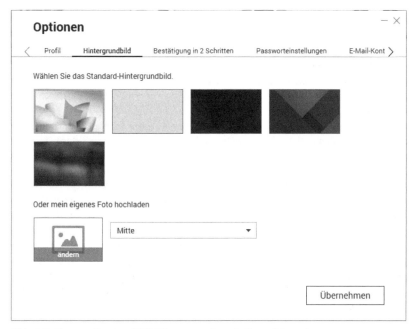

Abb. 3.7: Passen Sie den QTS-Hintergrund nach Ihren Wünschen an.

Im Reiter BESTÄTIGUNG IN 2 SCHRITTEN aktivieren Sie die 2-Stufen-Verifizierung (2-Factor Authentication). Mehr dazu erfahren Sie in Abschnitt 10.8 »Zwei-Faktor-Authentifizierung«.

Der Reiter PASSWORTEINSTELLUNGEN ermöglicht es Ihnen, Ihr Passwort zu ändern. sowie festlegen, ob Sie bei vergessenem Passwort ein neues anfordern können und an welche E-Mail dieses geschickt werden soll.

Im Reiter E-MAIL-KONTO können Sie Mail-Konten verknüpfen. Einige Anbieter stehen bereits zur Auswahl. Hier sind nur Benutzername und Passwort des Mail-Kontos notwendig. Finden Sie Ihren Anbieter nicht in der Liste, können Sie unter BENUTZERDEFINIERT die Konto- und Serverdaten selbst angeben. Diese E-Mail-Konten werden von verschiedenen Anwendungen genutzt, um benutzerspezifische Nachrichten zu versenden. Mehr dazu erfahren Sie in den jeweiligen Kapiteln.

Der letzte Reiter bietet einige Einstellungen, die das Verhalten von *QTS* beeinflussen. Die Optionen sind selbstbeschreibend und können nach Belieben gesetzt werden.

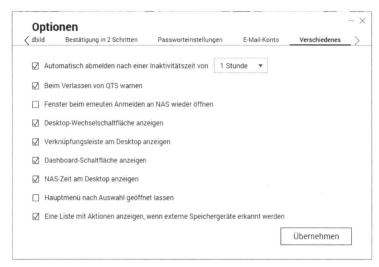

Abb. 3.8: Legen Sie selbst fest, wie sich QTS verhalten soll und welche Elemente Sie am Desktop sehen möchten.

Das war aber noch nicht alles, sondern erst die kontobezogenen Einstellungen. Als Administrator können Sie in den Systemeinstellungen noch weitere Anpassungen vornehmen. Diese Einstellungen finden Sie unter SYSTEMSTEUERUNG|SYSTEM|ALLGEMEINE EINSTELLUNGEN|ANMELDEBILDSCHIRM. Hier können Sie festlegen, wie der QTS-Anmeldebildschirm aussieht. So können Sie das Hintergrundbild und ein eigenes Logo hochladen, wie auch einen Willkommenstext verfassen. Zusätzlich können Sie die Firmware-Version und die Verknüpfungsleiste einblenden. Bei der Verknüpfungsleiste werden Verknüpfungen zu installierten Anwendungen angezeigt, die ein eigenes Webinterface haben. So sparen Sie sich den Umweg über QTS.

Abb. 3.9: Gestalten Sie den Anmeldebildschirm nach Ihren Wünschen.

Mit einem Klick auf VORSCHAU können Sie sich die Änderungen anzeigen lassen.

Haben Sie die *Photo Station* installiert (siehe Kapitel 13), können Sie eine weitere Version des Anmeldebildschirms aktivieren, bei dem eine Auswahl von Fotos als Hintergrundbild angezeigt wird.

Abb. 3.10: Bilder der Photo Station als Anmeldehintergrund

3.2   Eine Tour durch QTS

Wie *QTS* aufgebaut ist und wie Sie darin navigieren, haben Sie schon gelernt. Bevor wir uns der Dateiverwaltung und den vielen Anwendungen widmen, die QNAP bietet, nehme ich Sie mit auf eine Tour durch *QTS*. Sie lernen die Basisanwendungen kennen, auf die Sie, egal was Sie mit Ihrem NAS machen wollen, immer wieder treffen. Wenn ich Ihnen später die verschiedenen Features des NAS erkläre, finden Sie die Menüs und Einstellungen in den Basisanwendungen viel schneller. Außerdem bekommen Sie so einen Blick auf ein unverändertes *QTS*. Durch das Installieren neuer Apps kommen auch neue Elemente und Einstellungen dazu, die hin und wieder auch in Wechselwirkung zueinander stehen. Je mehr Sie mit Ihrem NAS machen, desto schwieriger wird es gelegentlich, nachzuvollziehen, welche Einstellung weswegen gemacht wurde bzw. worauf sie einen Einfluss hat.

> **Tipp**
>
> Machen Sie sich Notizen. Schreiben Sie auf, was Sie warum konfigurieren. Gerade bei sehr speziellen Einstellungen, die nicht offensichtlich sind, ist es nach Monaten meist nicht mehr nachvollziehbar, warum etwas gemacht wurde oder warum etwas so funktioniert, wie es funktioniert.
>
> Ein QTS-Update kann dazu führen, dass Einstellungen verschwinden, woanders zu finden sind oder anders aussehen. Mit Notizen ist es dann einfacher, Fehler zu finden oder Einstellungen zu ändern.

3.2.1 Hilfecenter

Beginnen wir mit dem Nützlichsten zuerst: dem *Hilfecenter*. Die Anwendung finden Sie im Hauptmenü und nach einer Neuinstallation von *QTS* meist auch schon auf dem Desktop. Mit der Anwendung haben Sie Zugang zu den Support- und Hilfeseiten von QNAP, dem *QTS*-Handbuch, Online-Ressourcen und dem Helpdesk. Sie finden hier strukturiert Hilfe zu fast allen Themen rund um Ihr NAS.

Abb. 3.11: Das Hilfecenter ist die erste Anlaufstelle, wenn Sie Fragen zu Ihrem NAS bzw. seinen Funktionen haben.

Die Erklärungen einzelner Features sind zwar sehr kurz gehalten, und Anleitungen komplexer Szenarien werden Sie hier nicht finden, aber das *Hilfecenter* ist eine gute erste Anlaufstelle, um sich mit diversen Themen vertraut zu machen. Es googelt sich viel einfacher, wenn man schon eine Grundahnung hat, wonach man eigentlich sucht. Sollten Sie einmal nicht wissen, wozu ein Menü oder eine Einstellung dient, bieten fast alle Fenster ein Fragezeichen-Icon (⓪), mit dem Sie direkt auf die entsprechende Hilfeseite gelangen.

3.2.2 Helpdesk

Den *Helpdesk* erreichen Sie über das *Hilfecenter* als auch als eigene Anwendung im Hauptmenü. Als Käufer eines QNAP-Geräts haben Sie automatisch Zugang zum Support von QNAP. Sie müssen kein Businesskunde sein oder ein eigenes Supportpaket bestellen. Haben Sie Probleme mit Ihrem NAS, oder es verhält sich nicht so, wie es sollte, kontaktieren Sie ruhig den Support. Natürlich empfiehlt es sich, zuerst in der Community oder im Internet generell nach dem Problem zu suchen – mit großer Wahrscheinlichkeit sind Sie nicht der Einzige mit diesem Problem. Sind Sie es doch, oder konnten Sie online keine Lösung finden, hilft der Support aber gerne weiter.

Der Helpdesk ist der zentrale Zugangspunkt zum Support. Er stellt Ihnen noch mal eine Vielzahl an Informationen bereit, die Ihnen helfen sollen, Ihr Problem zu lösen. Gelingt das nicht, können Sie mit den bereitgestellten Werkzeugen das Problem möglichst genau beschreiben, ehe Sie über den Helpdesk ein Support-Ticket erstellen. Kann Ihr Problem auf herkömmliche Weise nicht gelöst werden, besteht auch die Möglichkeit, dem Support einen verschlüsselten Fernzugriff auf Ihr NAS zu geben.

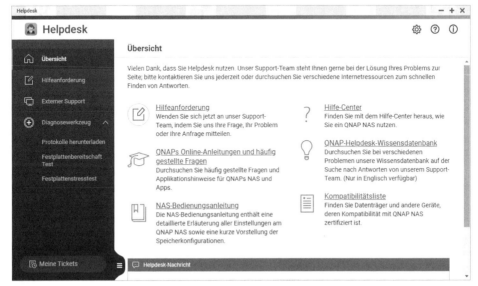

Abb. 3.12: Der Helpdesk hilft Ihnen weiter, wenn Sie nicht mehr weiterwissen oder etwas mit Ihrem NAS nicht stimmt.

Sie können sich übrigens nicht nur bei Problemen an den Support wenden. Wenn Sie der Meinung sind, ein Feature oder eine Funktion fehlt, können Sie das ebenfalls dem Support melden.

Im Support-Center finden Sie auch den Fernzugriff für Support-Mitarbeiter und andere Diagnose-Tools, die helfen, Fehler zu finden.

3.2.3 Systemsteuerung

Die *Systemsteuerung* ist eine der umfangreichsten und wichtigsten Anwendungen in *QTS*. Sie ist das Herzstück des NAS. In der Systemsteuerung finden Sie alle wichtigen Menüs und Einstellungen, die für die Nutzung des NAS erforderlich sind.

Im folgenden Abschnitt gebe ich Ihnen eine Übersicht über die einzelnen Bereiche. Details zu deren Aufgaben und Einstellungen erkläre ich dann in den Kapiteln des Buchs, in denen die jeweiligen Einstellungen erforderlich sind. Sollten die Einstellungen keinen direkten Zusammenhang mit den anderen Themen dieses Buchs haben, werde ich sie direkt in diesem Abschnitt erläutern.

> **Hinweis**
>
> Einzelne Optionen können je nach NAS-Modell unterschiedlich ausfallen. Auch bei QTS-Updates können sich Änderungen und Abweichungen ergeben.

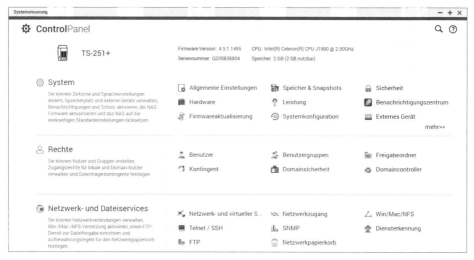

Abb. 3.13: Die Systemsteuerung, Schaltzentrale Ihres NAS

Die Systemsteuerung bietet Ihnen einige Eckdaten zu Ihrem NAS, wie Modell, Seriennummer, *QTS*-Version und einige Hardwaredaten. Darunter finden Sie die einzelnen Menüs, gruppiert nach Themenbereichen:

- SYSTEM – Hier finden Sie die Grundeinstellungen Ihres NAS, egal, ob Speicher, Hardware, Monitoring oder Sicherheit. Die Einstellungen, die Sie hier finden, regeln den generellen Betrieb Ihres QNAP NAS.
- RECHTE – In diesem Bereich dreht sich alles um das Thema Daten und Benutzer. Egal, ob Sie das NAS alleine oder mit anderen nutzen, ob jeder die Daten für sich auf dem NAS ablegt oder mit anderen teilen möchte, hier finden Sie die passenden Einstellungen dazu.
- NETZWERK- UND DATEISERVICES – Diese Einstellungen regeln, wie Ihr NAS mit dem Netzwerk (lokal und Internet) interagiert, aber auch, wie das Netzwerk mit Ihrem NAS interagieren darf.
- ANWENDUNGEN – In der letzten Gruppe finden Sie Menüs, die in keine der anderen Gruppen passen. Mit manchen davon lassen sich gewisse Aspekte einiger der von QNAP bereitgestellten Apps verwalten. Aber auch Anwendungen, die spezielle Einstellungen erfordern, finden sich hier.

Im Hauptfenster der Systemsteuerung sehen Sie nur die wichtigsten Menüs der einzelnen Bereiche. Durch einen Klick auf den Bereichsnamen oder auf MEHR>> schaltet die Ansicht um, und Sie erhalten Zugriff auf alle Menüs.

3.2
Eine Tour durch QTS

Abb. 3.14: Das Hauptfenster bietet nur einen groben Überblick, in der Detailansicht finden Sie noch mehr Menüs.

> **Hinweis**
>
> Einige Menüs betreffen Funktionen, die, von einigen Technik-Enthusiasten abgesehen, nur in großen Netzwerken oder betrieblichen Umgebungen eingesetzt werden. Wie schon in der Einleitung erwähnt, werden viele dieser Dienste im Buch nicht näher behandelt. Die Menüs tauchen daher auch nicht in der nachfolgenden Übersicht auf.

System

Allgemeine Einstellungen

Die Einstellungen, die Sie hier finden, sind gemischter Natur. So sehen Sie hier Reiter für Zeit- und Datumseinstellungen, den Reiter ANMELDEBILDSCHRIM, den wir in Abschnitt 3.1.6 »QTS personalisieren« kennengelernt haben, aber auch den Reiter SYSTEMADMINISTRATION mit einigen Einstellungen zu den Themen Sicherheit und Zugriff. Diesen werde ich in den Kapiteln 9 und 10 noch einmal ansprechen.

Speicher & Snapshots

Hierbei handelt es sich nicht um ein eigenes Menü, sondern um eine Verknüpfung, die die gleichnamige Anwendung öffnet. Speicher & Snapshots kennen Sie bereits aus Abschnitt 2.4 »Speicherplatz verwalten«, aber diese Anwendung bietet noch weitere Funktionen, die wir uns in Abschnitt 5.4 »Snapshots« und Kapitel 11 »Den Betrieb anpassen und überwachen« ansehen werden.

Sicherheit

Wie der Name schon sagt, geht es hier um Einstellungen, die die Sicherheit Ihres NAS gewährleisten sollen. Das Thema Sicherheit ist sehr umfangreich und wird daher in einem eigenen Kapitel (Kapitel 10 »Sicherheit«) behandelt.

Hardware und Leistung

Diese beiden Menüs betreffen die Hardware Ihres NAS wie LED, Audiosignale, Stromzufuhr und Lüfter, aber auch die Erweiterungskarten, mit denen Sie Ihr QNAP NAS erweitern können. Mehr zu diesem Menü erfahren Sie in Kapitel 11.

Benachrichtigungszentrum

Auch hier handelt es sich wieder um eine Verknüpfung der gleichnamigen Anwendung. Über Benachrichtigungen habe ich bereits in Abschnitt 3.1.1 »Die Taskleiste« gesprochen. Das *Benachrichtigungszentrum* im Detail finden Sie ebenfalls in Kapitel 11.

Firmware-Aktualisierung und Systemkonfiguration

Über Firmware-Updates haben wir bereits kurz in Kapitel 2 bei der Installation von *QTS* gesprochen und werden es auch noch mal in Abschnitt 10.9.3 »Software aktuell halten« tun. Wie Sie die Systemkonfiguration sichern, und warum Sie das tun sollten, erfahren Sie in Abschnitt 8.3.1 »Konfiguration manuell sichern«.

Sollte einmal etwas schief gehen und Sie Ihr NAS nicht mehr auf Linie bekommen, können Sie im Menü SYSTEMKONFIGURATION im Reiter AUF WERKSEINSTELLUNGEN ZURÜCKSETZEN Ihr NAS auf verschiedene Weise resetten. Sie haben die Auswahl zwischen drei Optionen. So können Sie alle Einstellungen zurücksetzen und die Volumes formatieren. Dabei gehen alle Daten verloren, die Speicherkonfiguration bleibt aber erhalten. Wollen Sie auch Ihre Daten behalten, können Sie ebenfalls nur die Einstellungen zurücksetzen, oder wenn Sie komplett von vorne beginnen wollen, können Sie mit NAS NEU INITIALISIEREN wieder da beginnen, wo Sie sich nach der Installation von *QTS* das erste Mal eingeloggt haben.

Externes Gerät

Hier sind Sie richtig, wenn Sie einen Drucker über USB anschließen wollen oder Ihr NAS mit einem USV (unterbrechungsfreie Stromversorgung) verbinden möchten.

Systemstatus

Auch hier öffnet sich wieder die gleichnamige Anwendung. Im *Systemstatus* können Sie selbst keine Einstellungen vornehmen. Sie erhalten hier Informationen zu Ihrem NAS. Einige dieser Informationen haben Sie schon an anderer Stelle gesehen, wie dem *Kontrollcenter* (siehe Abschnitt 3.1.1 »Die Taskleiste«). Hier finden Sie alle Eckdaten im Detail, sowie die auf dem NAS installierten Dienste, deren Status sowie dem Port unter dem Sie erreichbar sind. Portnummer werden das ganze Buch über Ihre ständigen Begleiter sein, es ist also gut zu wissen, dass es im *Systemstatus* eine Übersicht dazu gibt.

QuLog Center und Ressourcenmonitor

Diese beiden Anwendungen helfen Ihnen beim Monitoring Ihres NAS und werden in Kapitel 11 genauer behandelt.

License Center

Wie bereits mehrfach erwähnt, können Sie auf Ihrem QNAP NAS Anwendungen aus einem umfangreichen Katalog installieren. Viele Apps sind kostenlos, einige davon erfordern den Kauf von Lizenzen. Das *License Center* bietet Ihnen einen Überblick über alle Ihre Lizenzen sowie die Möglichkeit, weitere Lizenzen zu erwerben, zu aktivieren oder zu deaktivieren.

Rechte

Benutzer, Benutzergruppen und Kontingent

Diese Menüs stellen Ihnen alle Werkzeuge zur Verwaltung lokaler Benutzer bereit, in Kapitel 4 »Die Benutzerverwaltung« werden Sie diese Menüs genau kennenlernen.

Freigabeordner

Im Menü FREIGABEORDNER können Sie die gleichnamigen Ordner erstellen. Sie sind die fehlende Ebene des Speicherkonzepts, ehe Sie Dateien und Ordner auf Ihrem NAS ablegen können. In Abschnitt 5.1 »Freigabeordner – der Dreh- und Angelpunkt des NAS« erfahren Sie endlich, wie Sie diese letzte Schicht einrichten und wie Sie Dateien auf Ihr NAS bekommen und darauf zugreifen.

Netzwerk- und Dateiservices

Netzwerk und virtueller Switch

Dieser Menüpunkt startet wieder die gleichnamige Anwendung. Hier finden Sie alle Informationen rund um das bzw. die Netzwerke, die mit Ihrem NAS verbunden sind inklusive einer schematischen Darstellung dieser. Diesen Bereich benötigen Sie eher für weiterführende, in diesem Buch nicht behandelte Aufgabenbereiche. Lediglich in Kapitel 9 gehe ich kurz auf ein Untermenü dieser Anwendung ein.

Netzwerkzugang

Einige QNAP-Modelle haben mehr als nur einen Netzwerkanschluss bzw. besteht die Möglichkeit, einige Modelle mit WLAN nachzurüsten. Grundsätzlich werden Dienste auf Ihrem NAS auf allen aktiven Schnittstellen angeboten. Mit der SERVICEBINDUNG können Sie Dienste nur auf bestimmten Schnittstellen anbieten. Aktivieren Sie dazu die Servicebindung, daraufhin wird eine Tabelle eingeblendet. Sie können jetzt auswählen, welcher Dienst auf welchem Anschluss zur Verfügung steht.

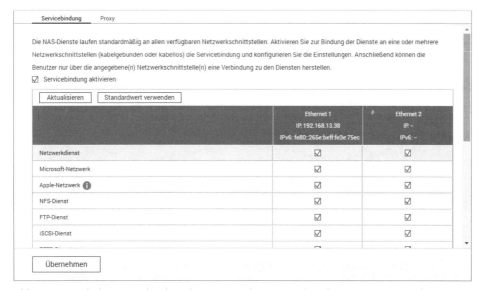

Abb. 3.15: Durch die Servicebindung können Sie die Netzwerkauslastung steuern und Zugriffskonzepte umsetzen

Betreiben Sie in Ihrem lokalen Netzwerk einen Proxy-Server, können Sie diesen im Reiter PROXY eintragen.

Win/Mac/NFS

Wenn Sie sich an die Installation von *QTS* in Kapitel 2 zurückerinnern, hatten Sie dort die Möglichkeit, bereits Dienste zu aktivieren. Diese finden Sie in diesem Menü wieder, wo Sie sie auch wieder deaktivieren können. Diese Dienste beschäftigen uns in Kapitel 6, wenn es darum geht, welche Methoden es gibt, um auf Dateien auf Ihrem NAS zuzugreifen.

Telnet/SSH

In *QTS* lassen sich viele Einstellungen treffen, manche Konfigurationen sind aber zu komplex, um sie in einer grafischen Eingabemaske darzustellen. Hier kann es erforderlich sein, direkt auf der Kommandozeile zu arbeiten. Sie können sich über Telnet und SSH über das Netzwerk mit Ihrem NAS verbinden und anstatt in *QTS* direkt auf der Linux-Ebene arbeiten. Hier haben Sie auch Zugriff auf die komplette Verzeichnisstruktur, während *QTS* nur den Zugriff auf Freigabeordner erlaubt.

> **Wichtig**
>
> Der SSH-Zugriff ist ein mächtiges, aber auch gefährliches Werkzeug. Da Sie Vollzugriff auf das Unix-System ihres NAS erhalten, können Sie großen Schaden anrichten, der zu Datenverlust, Funktionsstörungen bei Diensten und Anwendungen bis hin zum Totalausfall (nur durch Formatieren und Neuinstallation der Festplatten behebbar) Ihres NAS führen kann. Grundsätzlich ist für den Betrieb Ihres NAS kein SSH-Zugriff notwendig. Nur einige Drittanbieter-Programme und spezielle Anwendungsfälle können diesen erfordern. Wie Sie den SSH-Zugriff aktivieren, ist in Abschnitt 6.4.2 »SFTP« erklärt. Außer dem dort beschriebenen Anwendungsfall kommen Sie im kompletten Buch ohne SSH-Zugriff aus.

FTP

FTP ist ein weitverbreitetes und beliebtes Protokoll, um Dateien zwischen Server und Client zu übertragen. Wie Sie aus Ihrem QNAP NAS einen FTP-Server machen, erkläre ich Ihnen in Kapitel 6.

Netzwerkpapierkorb

Den Papierkorb und seine Netzwerkversion stelle ich Ihnen in Kapitel 5 vor.

Anwendungen

Die hier vorhandenen Menüs sind stark davon abhängig, welche Anwendungen installiert sind. Einige Anwendungen werden schon bei der Installation von *QTS* bzw. nach dem Anlegen des ersten Volumes installiert. Weitere Menüs werden hier eingetragen, wenn Sie Ihr NAS selbst mit bestimmten Anwendungen erweitern. Da die Menüs nur in Kombination mit der jeweiligen Anwendung eingetragen wird und auch nur für diese Anwendung relevant ist, erfolgt die Erklärung dazu in den jeweiligen Abschnitten dieses Buchs.

3.2.4 Ressourcenmonitor

Mit dieser Anwendung können Sie die Leistung Ihres NAS überwachen. Kennen Sie bereits den Ressourcenmonitor des Betriebssystems Ihres Rechners, wissen Sie, was Sie hier erwartet: Zahlen und Kurven, die Ihnen alles über den aktuellen Systemzustand Ihres NAS verraten und welche Aufgaben erledigt werden. Eine ausführliche Erklärung folgt in Abschnitt 11.2.3 »Die Systemauslastung auf einem Blick«.

3.2.5 App Center

Das *App Center* ist QNAPs »App Store«. Nach der Installation von *QTS* stehen Ihnen nur die notwendigen Verwaltungsprogramme, die Dateiverwaltung und einige Basisanwendungen zur Verfügung. Sie können die Funktionalität Ihres NAS erweitern, indem Sie weitere Anwendungen, die sogenannten Apps, über das *App Center* installieren. Somit sparen Sie Speicherplatz, indem Sie nur die Apps installieren, die Sie nutzen möchten. Sie können dabei aus einer Vielzahl von Apps wählen, die QNAP für Sie bereitstellt, aber auch aus einer Fülle an Apps, die von Drittanbietern kommen.

Aufbau des App Centers

Das *App Center* finden Sie auf dem *QTS*-Desktop, aber auch im Hauptmenü. Für gewöhnlich startet das *App Center* in der Ansicht QNAP STORE in der Unterkategorie MEINE APPS. Auf der linken Seite können Sie die Ansicht sowie die Unterkategorie wechseln. Im Hauptfenster wird der jeweilige Inhalt angezeigt. In diesem Abschnitt befassen wir uns mit der Ansicht QNAP STORE. MEINE APPS zeigt, wie der Name schon sagt, alle Apps, die derzeit auf dem NAS installiert sind, egal, ob sie ausgeführt werden oder nicht. Die weiteren Unterkategorien sind verschiedene Filter, die Ihnen helfen, bestimmte Apps schneller bzw. Apps für verschiedene Aufgabengebiete zu finden.

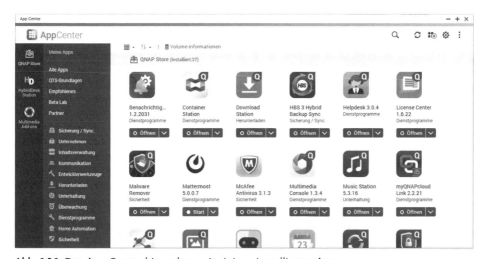

Abb. 3.16: Das App Center, hier schon mit einigen installierten Apps

Suchen Sie eine bestimmte App, können Sie diese auch suchen, die Suchleiste erreichen Sie über das Lupen-Icon.

Klicken Sie auf den Namen oder das Icon einer App, öffnet sich eine Detailansicht. Diese zeigt Ihnen eine Beschreibung der App sowie eventuelle Links zu Handbüchern und Tutorials sowie die Möglichkeit, die Installationsdatei auf Ihren Rechner herunterzuladen.

Abhängig davon, ob Sie die App installiert haben oder nicht, stehen weitere Aktionen zur Verfügung. Ist die App nicht installiert, sehen Sie den INSTALLIEREN-Button. Ist die App bereits installiert, sehen Sie stattdessen einen ÖFFNEN-Button sowie einen Pfeil, der Ihnen weitere Optionen zugänglich macht. Diese Optionen sind nicht für alle Apps gleich, mehr dazu lesen Sie im Folgenden. Der Button ist sowohl in der Detailansicht verfügbar als auch in der App-Übersicht.

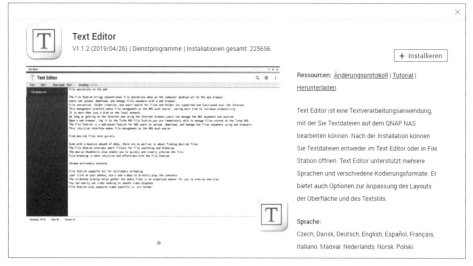

Abb. 3.17: Eine App in der Detailansicht

Eine App installieren

1. Öffnen Sie das *App Center*.
2. Wählen Sie die gewünschte App aus.
3. Klicken Sie auf INSTALLIEREN.
4. Haben Sie mehrere Volumes konfiguriert, können Sie bei einigen Apps auswählen, auf welchem Volume es installiert werden soll. Andere Apps werden automatisch im System-Volume (dem ersten Volume, das Sie angelegt haben) installiert.

> **Hinweis**
>
> Während *QTS* auf einem versteckten RAID 1 installiert und somit auf allen eingebauten Festplatten vorhanden ist, wird eine App nur auf einem konkreten Volume installiert. Bei Festplattenwechsel oder -defekt gehen die Apps also verloren, haben Sie keine Redundanz konfiguriert.

Abb. 3.18: Manche Apps erlauben die Wahl des Installationsvolumes.

5. Je nach App können weitere Schritte folgen, in denen Sie Angaben für die Installation machen müssen.
6. Die App wird jetzt heruntergeladen, installiert und gestartet, der Vorgang kann je nach Größe und Komplexität der Software einige Zeit in Anspruch nehmen.

Abb. 3.19: Eine neue App wird installiert.

Sie können Apps auch manuell installieren, falls sie nicht in einem App-Archiv (siehe »Ein App-Archiv hinzufügen«) vorhanden sind oder Sie selbst eine Anwendung entwickeln.

> **Hinweis**
> Über die manuelle Installation lassen sich eventuell auch Apps installieren, die nicht für Ihr Modell verfügbar bzw. geeignet sind (aufgrund schwächerer Hardware). Sie müssen aber mit Performanceproblemen rechnen.

Um Apps manuell zu installieren, klicken Sie im *App Center* auf 📦, wählen die App von Ihrem Rechner mit einem Klick auf DURCHSUCHEN (Apps liegen als qpkg-Datei oder gepackt als zip-Datei vor) und klicken auf INSTALLIEREN. Die Datei wird hochgeladen und installiert bzw. werden die Schritte zur Konfiguration angezeigt.

Abhängigkeiten

Manche Apps haben Abhängigkeiten, das heißt, sie benötigen ein oder mehrere andere Anwendungen, um installiert und gestartet werden zu können. Bei der Installation einer App mit Abhängigkeit(en) werden Sie darauf hingewiesen und gefragt, ob Sie die notwendigen Anwendungen vorher installieren möchten. Stoppen Sie eine App, von der andere Apps anhängig sind, erhalten Sie einen entsprechenden Hinweis, und diese Apps werden ebenfalls gestoppt.

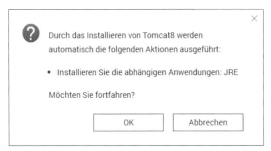

Abb. 3.20: Manche Apps benötigen andere Anwendungen, damit sie funktionieren. Diese werden gleich mitinstalliert.

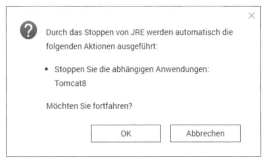

Abb. 3.21: Stoppen Sie eine App, die von einer anderen Anwendung benötigt wird, muss auch diese gestoppt werden.

Apps verwalten

Das *App Center* ist nicht nur Bezugsquelle für neue Apps, es dient auch zur Verwaltung bereits installierter Anwendungen. In der Ansicht QNAP STORE|MEINE APPS sind alle Apps aufgelistet, die sich auf dem NAS befinden. Eine Ausnahme stellen die Verwaltungstools dar, diese sind für den Betrieb des NAS erforderlich. Wie bereits erwähnt, muss eine Anwendung auch gestartet werden, damit sie ihre Aufgabe erfüllen kann. Eine Anwendung, die ausgeführt wird, verbraucht natürlich Ressourcen.

> **Tipp**
>
> Wenn Sie eine App nur gelegentlich benötigen, können Sie sie stoppen und nur dann ausführen, wenn Sie sie brauchen. Das spart vor allem auf schwächeren NAS-Modellen Ressourcen, die für andere Aufgaben verwendet werden können.

In der Übersicht ist sofort ersichtlich, ob eine Anwendung ausgeführt wird – der Button trägt die Beschriftung ÖFFNEN – oder nicht, der Button trägt die Beschriftung START.

Mit einem Klick auf ÖFFNEN wird das App-Fenster angezeigt – das entspricht einem Klick auf das Icon am Desktop oder im Hauptmenü.

> **Hinweis**
>
> Nicht alle Anwendungen haben eine tatsächliche Benutzeroberfläche (*File Station*), bei einigen handelt es sich um Dienste, die im Hintergrund laufen, Erweiterungen für andere Apps, oder es öffnet sich lediglich ein Konfigurationsmenü, um die Einstellungen des Diensts zu bearbeiten. Wieder andere Apps installieren Webanwendungen, die im Webserver des NAS laufen (meist Drittherseller-Software). Öffnen Sie diese Anwendungen, öffnet sich ein neuer Browser-Tab mit der Weboberfläche der Anwendung, ganz, wie Sie es von der Anwendung gewohnt sind (*WordPress*, *phpMyAdmin*).

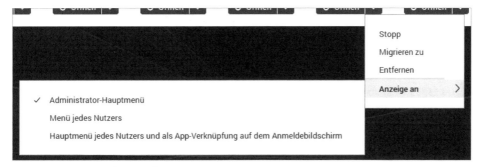

Abb. 3.22: Optionen für installierte Apps

Installierte Anwendungen weisen zusätzlich zum ÖFFNEN/START-Button einen Pfeil auf, der weitere Optionen einblendet. So lässt sich für manche Apps festlegen, ob nur im Administrator-Hauptmenü oder auch im Menü jedes Benutzers. Lässt sich die App auf einem beliebigen Volume installieren, können Sie sie auch migrieren (verschieben). Wird der Speicherplatz auf einem Volume knapp, können Sie Anwendungen auf andere Volumes verschieben.

Über das Optionsmenü lässt sich eine App auch stoppen, das heißt, sie bleibt weiterhin installiert, Daten und Konfiguration bleiben erhalten und belegen ebenso Speicherplatz auf dem Volume. Die App wird aber nicht mehr ausgeführt und belegt keinen Arbeitsspeicher und keine CPU-Cycles mehr. Starten Sie die Anwendung wieder, funktioniert sie wieder wie gehabt und muss nicht erneut eingerichtet werden.

Benötigen Sie eine Anwendung gar nicht mehr, können Sie sie entfernen. Die App wird dann vom Volume gelöscht, dabei gehen die Konfiguration und eventuell Daten verloren. Haben Sie kein Backup der Anwendung, müssen Sie sie nach dem erneuten Installieren auch wieder neu konfigurieren.

> **Hinweis**
>
> Ist eine laufende Anwendung von einer App abhängig, werden Sie in einem Pop-up darauf hingewiesen, dass zuvor die abhängige Anwendung gestoppt bzw. entfernt wird.

Apps aktualisieren

Stehen Updates zur Verfügung, werden Sie mit einer Benachrichtigung darüber informiert. Öffnen Sie das *App Center*. Unter MEINE APPS werden jene Apps aufgelistet, für die eine Aktualisierung vorhanden ist. Dabei können Sie Apps einzeln aktualisieren oder alle vorhandenen Updates installieren.

> **Hinweis**
>
> Anwendungen müssen für ein Update gestoppt werden. Bedenken Sie das, wenn mehrere Benutzer auf Ihr NAS zugreifen.

Abb. 3.23: Eine Benachrichtigung über ein verfügbares App-Update

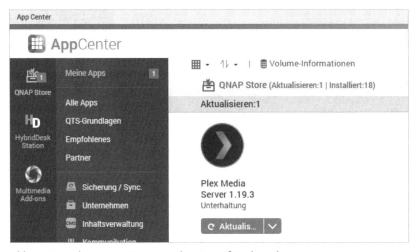

Abb. 3.24: Auch im App Center werden Sie auf Updates hingewiesen.

3.2 Eine Tour durch QTS

Sie können Apps auch automatisch aktualisieren lassen. Wählen Sie dazu im *App Center* die Einstellungen (⚙) und dort den Reiter AKTUALISIEREN. Setzen Sie das Häkchen, und wählen Sie »Alle Aktualisierungen automatisch installieren« für alle Apps oder »Erforderliche Updates automatisch installieren« für wichtige Apps. Sie können hier auch in Verbindung mit dem Benachrichtigungszentrum Regeln für Benachrichtigungen erstellen (siehe Abschnitt 11.2.1 »Systembenachrichtigungen aktivieren«).

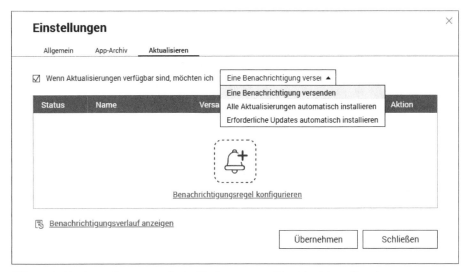

Abb. 3.25: Aktivieren Sie automatische Updates, wenn Sie sich nicht selbst darum kümmern möchten.

> **Wichtig**
>
> Mit automatischen Updates auf produktiv genutzten Geräten sollten Sie vorsichtig sein. Neue App-Versionen werden zwar grundsätzlich getestet, ehe sie veröffentlicht werden, es lässt sich aber nie ausschließen, dass sich Fehler einschleichen, die zu Fehlverhalten, Stillstand oder, noch schlimmer, Datenverlust in Produktivumgebungen führen können.
>
> Es müssen aber nicht nur Fehler sein, auch gewollte Änderungen oder Funktionserweiterungen können dazu führen, dass eine Anwendung nicht mehr läuft wie gewohnt.

Ein App-Archiv hinzufügen

Das *App Center* enthält bereits eine große Auswahl an Anwendungen, diese wurden entweder von QNAP entwickelt oder stammen von QNAP-geprüften Drittherstellern. Das ist aber noch längst nicht alles. Prinzipiell kann jeder (der des Programmierens mächtig ist) eine App für QNAP-Geräte entwickeln und auch ein eigenes App-Archiv (eine Webadresse, die die App zum Download bereitstellt) erstellen. Im Internet finden sich aber auch Archive, die Apps gesammelt anbieten.

Das wichtigste Archiv (neben dem offiziellen) ist der QNAP-Community-QNAPClub. Es enthält nicht nur von der Community entwickelte Anwendungen, sondern auch bekannte

Open-Source-Anwendungen in Form von Apps für QNAP NAS. Für die Verwendung des App-Archivs ist aber ein kostenloses Konto bei QNAPClub erforderlich.

Um ein App-Archiv hinzuzufügen, benötigen Sie zuerst dessen Adresse. Die Adresse für das QNAPClub-Archiv finden Sie auf `https://www.qnapclub.eu/de` unter dem Punkt INSTALL THE REPO. Dort finden Sie auch noch einmal eine kurze Anleitung. Im Internet lassen sich aber noch weitere Archive finden.

1. Öffnen Sie im APP CENTER ⚙.
2. Im Reiter APP-ARCHIV klicken Sie auf HINZUFÜGEN.
3. Vergeben Sie einen Namen, und fügen Sie die Adresse des Archivs ein. Sofern erforderlich, hinterlegen Sie Benutzerdaten für das App-Archiv.

Abb. 3.26: Die Daten für ein neues App-Archiv

4. Bestätigen Sie Ihre Eingaben mit HINZUFÜGEN.
5. Das neue Archiv taucht jetzt in der Liste auf. Sie können Einträge LÖSCHEN oder BEARBEITEN.

Abb. 3.27: Verwalten Sie weitere Archive.

6. Fügen Sie weitere App-Archive hinzu oder schließen Sie die Einstellungen mit SCHLIEẞEN.
7. Im *App Center* ist eine neue Ansicht erschienen, darunter finden Sie das hinzugefügte Archiv.

Abb. 3.28: Das neue Archiv erweitert das Angebot im App Center.

Installieren Sie eine Anwendung aus einem hinzugefügten Archiv, erhalten Sie eine Warnung, dass die App keine gültige Signatur besitzt. Das bedeutet, die App wurde nicht von QNAP offiziell abgesegnet. Das heißt aber nicht automatisch, dass die App schadhaft ist, QNAP kann nur keine Sicherheit garantieren. Erkundigen Sie sich vorher im Internet, ob ein Archiv vertrauenswürdig ist. Wollen Sie die Warnung nicht jedes Mal bestätigen, können Sie in den Einstellungen, im Reiter ALLGEMEIN, die Installation von Apps ohne gültige Signatur generell erlauben.

Abb. 3.29: Vergewissern Sie sich vorher, ob eine App auch wirklich das ist, was sie behauptet zu sein.

Wollen Sie die wichtigsten Anwendungen näher kennenlernen, werfen Sie einen Blick auf Teil IV und Teil V dieses Buchs.

3.3 Die Suche und Qsirch

Bei so vielen Menüs, Einstellungen, Anwendungen und später dann auch Ordner und Dateien kann es mitunter schwierig sein, das gewünschte Element zu finden. Dafür gibt es zum Glück die Suche. Um genau zu sein, gibt es mehr als nur eine Suche.

3.3.1 QTS-Suche

Die Suche in QTS verbirgt sich hinter dem Lupen-Icon in der Taskleiste (siehe Abbildung 3.2, ❷). Ein Klick darauf öffnet ein Eingabefeld. Geben Sie ein Suchwort ein und drücken Sie ⏎. Die Suchergebnisse werden in einem Pop-up angezeigt. Ein Klick auf ein Ergebnis öffnet das Element.

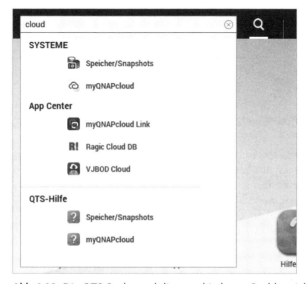

Abb. 3.30: Die QTS-Suche und die verschiedenen Suchbereiche

Die Suche schließt installierte Anwendungen und Menüs, Untermenüs bzw. Menüeinträge, das *App Center* und das Hilfecenter mit ein.

> **Tipp**
>
> Seien Sie mit Ihren Suchworten weniger genau. So liefert das Suchwort »benutzer« unter anderem die Menüeinträge BENUTZER und BENUTZERGRUPPEN. »benutzergruppen« wie auch »benutzerg« liefern kein Ergebnis. Auch andere Namen verhalten sich gleich. Die Vermutung liegt nahe, dass hier keine Volltextsuche bzw. Vergleiche von Suchwörtern mit Benennungen/Namen der Elemente durchgeführt wird, sondern die Elemente mit Suchworten markiert sind und Ergebnisse nur angezeigt werden, wenn die Suchworte übereinstimmen.

3.3.2 Suchfunktion der Anwendungen

Viele der Anwendungen, aber auch einige der Systemkomponenten bieten eine eigene Suche. Diese ist ebenfalls über ein Lupen-Icon erreichbar. Das Icon finden Sie meist in der Menüleiste der Anwendung im rechten oberen Bereich. Was über die Suche gefunden werden kann, hängt von der jeweiligen Anwendung ab. Die Suche beschränkt sich hier nur auf die jeweilige Anwendung. Auch die Suchfunktion selbst unterscheidet sich von App zu App. Bei einigen kann nur ein Suchwort eingegeben werden, bei anderen können verschiedene Filter auf die Suche angewendet werden.

Abb. 3.31: Die Suche in der App »Photo Station«

3.3.3 Qsirch

Haben Sie große Datenmengen, unterschiedliche Datentypen und Apps installiert, können die eingebauten Suchfunktionen nicht mehr ausreichen, umständlich und vor allem viel zu langsam sein. Hier kann sich der Einsatz von *Qsirch* lohnen, es handelt sich dabei um eine eigene App von QNAP.

> **Hinweis**
>
> *Qsirch* ist kostenlos, einige Funktionen sind aber nur nach dem Erwerb einer Premium-Lizenz verfügbar. Dieser Abschnitt befasst sich nur mit Funktionen der kostenlosen Version.

Haben Sie *Qsirch* installiert, beginnt die Anwendung, Ihr NAS nach Dateien zu durchsuchen und zu indizieren. Dieser Vorgang wird in den Hintergrundaufgaben von *Qsirch* angezeigt und dauert je nach Datenmenge, Dateiart und -anzahl einige Zeit. Der Vorgang benötigt auch einiges an Systemressourcen (RAM, CPU). Sie können ihn auch jederzeit über den gleichnamigen Button anhalten und zu einem späteren Zeitpunkt fortsetzen.

Durch das Erstellen der Indizierungsdatenbank werden Suchanfragen viel schneller abgearbeitet, und es kann nicht nur nach Dateinamen, sondern auch nach Dateieigenschaften, Metadaten und Tags gesucht werden. Anstatt bei jeder Suchanfrage erneut alle Ordner und Dateien auf der Festplatte abzugrasen, wird einfach eine Anfrage an die Datenbank geschickt, diese liefert Ergebnisse wesentlich schneller.

Kapitel 3
QTS – Das Betriebssystem im Browser

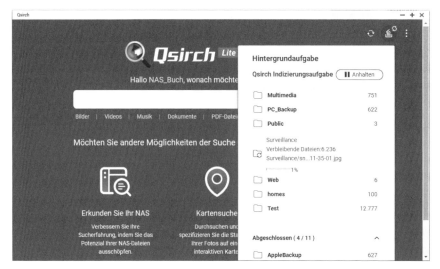

Abb. 3.32: Der Indizierungsprozess durchsucht Ihr NAS nach Dateien und liest deren Metadaten und speichert die Informationen in einer Datenbank.

Einstellungen

Über das Dreipunkte-Menü gelangen Sie in die Einstellungen. Dort warten einige Optionen, mit denen sich Ihre Suchen noch effizienter gestalten lassen. So können Sie in den Administratoreinstellungen Ordner ausschließen. Diese werden nicht indiziert und bei der Suche nicht berücksichtigt.

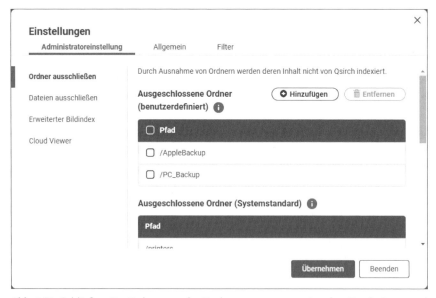

Abb. 3.33: Schließen Sie Ordner aus der Suche aus, um unerwünschte Ergebnisse vorab auszusortieren und Indizierung sowie Suche zu beschleunigen.

Dadurch können Sie den Indizierungsvorgang und vor allem die Suchanfragen beschleunigen. Hierfür eignen sich Ordner, die verschlüsselte Backups und andere verschlüsselte Dateien beinhalten und generell Ordner mit Inhalten, die nicht von Menschen gelesen werden können. Einige Systemordner wurden bereits automatisch ausgeschlossen.

Den Ausschluss können Sie auch unter »Datei ausschließen« auf Dateiebene vornehmen. Hier können Sie Dateifilter erstellen und so bestimmte Dateiendungen oder Dateimuster von der Suche ausnehmen.

Erweiterter Bildindex

Verwalten Sie viele Bilder auf Ihrem NAS, kann der erweiterte Bildindex von Vorteil sein. Unter dem erweiterten Bildindex sind einige weitere Kriterien zusammengefasst, die eine noch detailliertere Bildsuche ermöglichen.

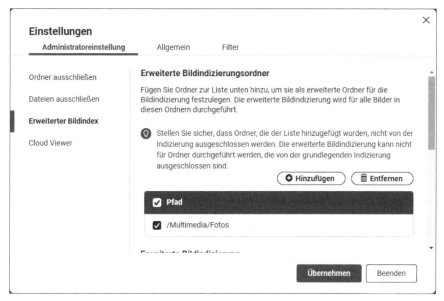

Abb. 3.34: Fügen Sie Ordner hinzu, für die die erweiterte Bildindizierung gilt.

Fügen Sie zuerst Ordner hinzu, die Bilder enthalten und auf die die erweiterte Indizierung angewendet werden soll. Anschließend können Sie die einzelnen Kriterien aktivieren. Zur Auswahl stehen:

- Farbindex – hierbei werden Bilder anhand ihrer Farbe indiziert. Sie können dadurch nach Bildern mit bestimmten Farben bzw. Farbstimmungen suchen.
- Objektindex – Bilder werden KI-gestützt nach Objekten durchsucht. Ist diese Funktion aktiv, können Sie nach Bildern mit bestimmten Objekten suchen. Für die Objektindizierung wird *QuMagie Core* benötigt. Mehr zu *QuMagie Core* und der Objekterkennung erfahren Sie in Kapitel 13, ab Abschnitt 13.5 »QuMagie installieren und einrichten« und besonders in Abschnitt 13.7.4 »Erkennungs-KI«.
- Textindex – *Qsirch* versucht, Text in Bildern zu erkennen. Die Funktion ist noch in der Betaphase und beschränkt sich auf gewisse Bildformate und Dateien kleiner als 10 MB. Die Sprache(n), die erkannt werden soll(en), können Sie selbst festlegen.

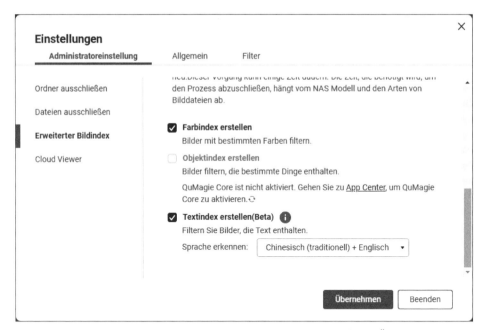

Abb. 3.35: Aktivieren Sie die unterschiedlichen Funktionen nach Bedarf, jede Änderung führt zur Neuindizierung.

Verändern Sie die Einstellungen, wird die Indizierung der entsprechenden Ordner neu gestartet. Die Indizierung mit erweitertem Bildindex dauert länger und benötigt mehr Ressourcen als ohne.

Cloud Viewer

Der Cloud Viewer erlaubt Ihnen die Vorschau gewisser Dateiformate direkt in *Qsirch*. Die Vorschau wird nicht von *Qsirch* oder einer anderen Software auf dem NAS erstellt, sondern von einem Cloud-Dienst, nämliche *Google Docs* oder *Microsoft Office Online*. Damit Sie diese Dienste nutzen können, muss *myQNAPcloud Link* aktiviert sein. Mehr zu *myQNAPcloud Link* erfahren Sie in Abschnitt 9.1 »Zugriff über myQNAPcloud«.

Um die Vorschau zu nutzen, aktivieren Sie den Cloud Viewer und wählen Sie den gewünschten Cloud-Dienst aus.

> **Hinweis**
>
> Die Vorschau ist auf Dateien <10 MB bei Google Docs und <5 MB bei Office Online beschränkt.

Suche auf Papierkorb ausdehnen

Möchten Sie auch den Papierkorb, in Form der Recycle-Ordner, mit in die Suche einschließen, können Sie dies unter EINSTELLUNGEN|ALLGEMEIN|SUCHBEREICH aktivieren.

Filter anpassen

Für die Suche, die wir uns gleich näher ansehen, können Sie nicht nur Suchbegriffe, sondern auch diverse Filter für Dateieigenschaften und Metadaten verwenden (z.B. Änderungsdatum, Dateigröße, Kameramodell, Interpret etc.). Diese Filter können Sie nach Bedarf für die Suche ein- bzw. ausblenden. In den Einstellungen unter »Filter« finden Sie für jeden Dateityp eine Auswahl an Filtern. Über die Schaltfläche unter »In Filter anzeigen« können Sie die einzelnen Filter ein- bzw. ausblenden. Standardmäßig sind die meisten Filter ausgeblendet, dieses Menü ist also einen genaueren Blick wert.

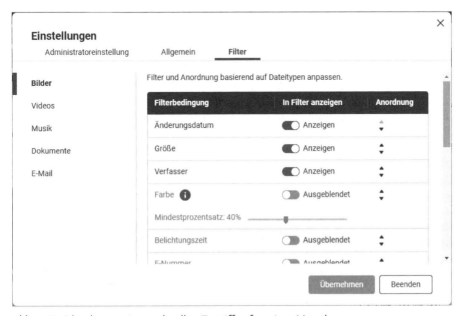

Abb. 3.36: Filter bieten einen schnellen Zugriff auf gewisse Metadaten.

> **Hinweis**
>
> In der kostenlosen Version von *Qsirch* können pro Dateityp nur drei Filter gleichzeitig aktiv sein.

Suchen mit Qsirch

Ist die Indizierung abgeschlossen und haben Sie *Qsirch* an Ihre Bedürfnisse angepasst, können Sie endlich Ihr NAS durchsuchen. Um nach gewünschten Dateien zu suchen, stehen Ihnen verschiedene Methoden zur Verfügung.

Direkt auf der Hauptseite von *Qsirch* finden Sie neben der Suchleiste auch die Punkte ERKUNDEN SIE IHR NAS und KARTENSUCHE. Ersteres zeigt Ihnen eine Statistik zu den einzelnen Dateitypen und den, am häufigsten gefundenen, Tags. Ein Klick auf ein Tag generiert eine Suchanfrage und zeigt alle passenden Dateien an. Unter KARTENSUCHE können Sie Bilder anhand des Aufnahmestandorts auf einer interaktiven Karte suchen. Voraussetzung dafür ist, dass Ihre Bilder mit GPS-Koordinaten versehen sind.

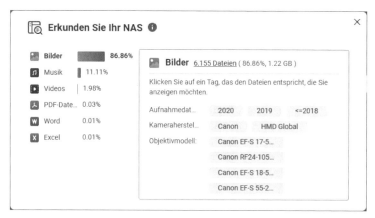

Abb. 3.37: Eine Statistik der Verteilung Ihrer Dateien auf dem NAS sowie der wichtigsten Tags

Möchten Sie Ihr NAS anhand bestimmter Kriterien durchsuchen, können Sie selbst Suchanfragen erstellen. Dazu steht Ihnen die Suchleiste zur Verfügung. Darunter finden Sie die Dateikategorien. Ein Klick auf eine Kategorie beschränkt die Suche auf den jeweiligen Typ und zeigt auch gleich die spezifischen Suchfilter an (Kameramodell nur für Bilder, Musiker nur für Lieder).

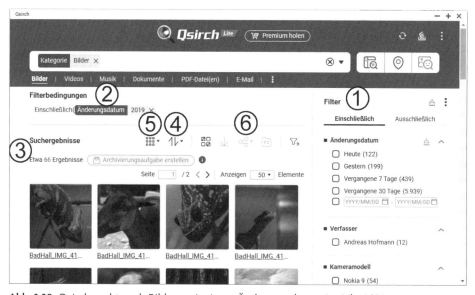

Abb. 3.38: Qsirch sucht nach Bildern mit einem Änderungsdatum im Jahr 2019.

Sie können die Suche jetzt weiter eingrenzen, indem Sie weitere Filter hinzufügen (Abbildung 3.38 ❶). Dabei können Sie festlegen, ob Dateien, die einem Filter entsprechen, in der Suche auftauchen sollen (EINSCHLIESSLICH) oder ob diese Dateien von der Suche ausgeschlossen werden sollen (AUSSCHLIESSLICH). Die von Ihnen eingestellten Filter werden unter »Filterbedingungen« angezeigt (❷). Von dort können Sie einzelne Einträge durch einen Klick auf das X wieder löschen. Darunter werden die Suchergebnisse angezeigt (❸), die Ansicht der Ergebnisse können Sie über die Symbole sortieren (❹) bzw. als Kacheln oder als Liste anzeigen lassen (❺), wobei Sie in der Listenansicht mehr Informationen zu den einzelnen Elementen erhalten (siehe Abbildung 3.39). Durch einen Klick auf ein Element können Sie dieses öffnen, sofern Ihr NAS den Dateityp darstellen kann. Dazu erhalten Sie weitere Informationen und ähnliche Elemente.

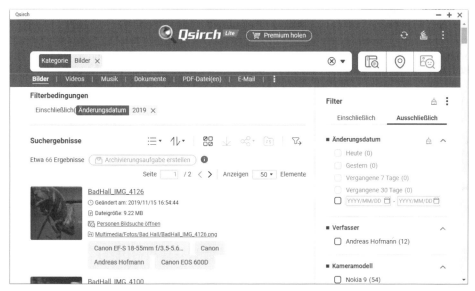

Abb. 3.39: Stellen Sie die Ergebnisse als Liste dar, erhalten Sie mehr Informationen auf einen Blick.

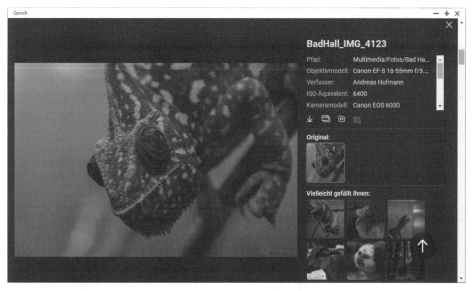

Abb. 3.40: Detailansicht eines gefundenen Elements. Was Sie sehen, hängt vom Dateityp ab und wie das NAS mit diesem Typ umgehen kann.

Über die Checkbox (sichtbar, sobald Sie den Mauszeiger über ein Element bewegen) können Sie die Elemente markieren. Markierte Elemente können heruntergeladen, geteilt oder deren Ordner in der *File Station* geöffnet werden (Abbildung 3.38 ❻). Mehr zum Umgang mit Dateien und Ordnern, der *File Station* und den erwähnten Funktionen erfahren Sie in Kapitel 5 »Dateiverwaltung«.

Verwendung von Suchbegriffen

Für Suchanfragen können Sie jederzeit Suchbegriffe verwenden. Es ist dabei egal, ob Sie auf der Hauptseite von *Qsirch* starten oder bereits über andere Wege eine Suchanfrage erstellt haben. Tippen Sie einfach einen Begriff in das Suchfeld ein. Die Suche wird, noch während Sie tippen, aktualisiert. Zusätzlich erscheint ein Pop-up. Darin sehen Sie Suchvorschläge, basierend auf Ihrer Eingabe. Die Suchvorschläge sind in verschiedene Bereiche gegliedert: Ihr bisheriger Suchverlauf, Dateiname, Kategorie (Musik, Bilder, Excel, ...) und Art (Dateiendung). Ein Klick auf einen Eintrag fügt die Auswahl zur Suchanfrage hinzu.

Abb. 3.41: Suchbegriffe können auf alle vorhandenen Metadaten angewendet werden ...

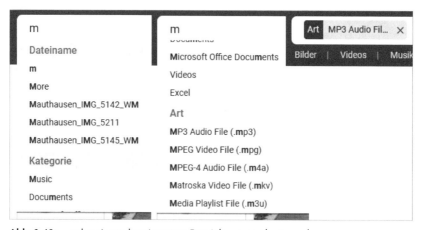

Abb. 3.42: ... oder einem bestimmten Bereich zugeordnet werden.

3.3 Die Suche und Qsirch

Der Suchbegriff selbst, solange er keinem Bereich zugeordnet wird, sucht in allen erfassten Metadaten. Ob der dazugehörige Filter in den Einstellungen von Qsirch ein- bzw. ausgeblendet wurde, spielt dabei keine Rolle. Suchen Sie beispielsweise nach Bildern und geben als Suchbegriff »24mm« ein, werden alle Bilder, die mit einer Brennweite von 24mm aufgenommen wurden, angezeigt, auch dann, wenn der Filter für die Brennweite ausgeblendet ist. Natürlich werden auch andere Bilder angezeigt, bei denen »24mm« im Namen oder den Metadaten vorkommt.

Die Filter dienen zur Schnellauswahl der erfassten Daten. Sie zeigen nur die Daten an, die indiziert wurden. So können Sie nach »24mm« suchen, ohne zu wissen, ob Bilder mit dieser Brennweite vorhanden sind. Der Filter »Brennweite« zeigt 24mm nur dann an, wenn auch Bilder mit dieser Brennweite indiziert wurden.

Ist Ihnen die Suche immer noch nicht genau genug, können Sie mit der erweiterten Suche die Anfragen noch präziser gestalten. Klicken Sie dazu auf den Pfeil am Ende der Suchleiste. Es öffnet sich ein Pop-up mit mehreren Eingabefeldern.

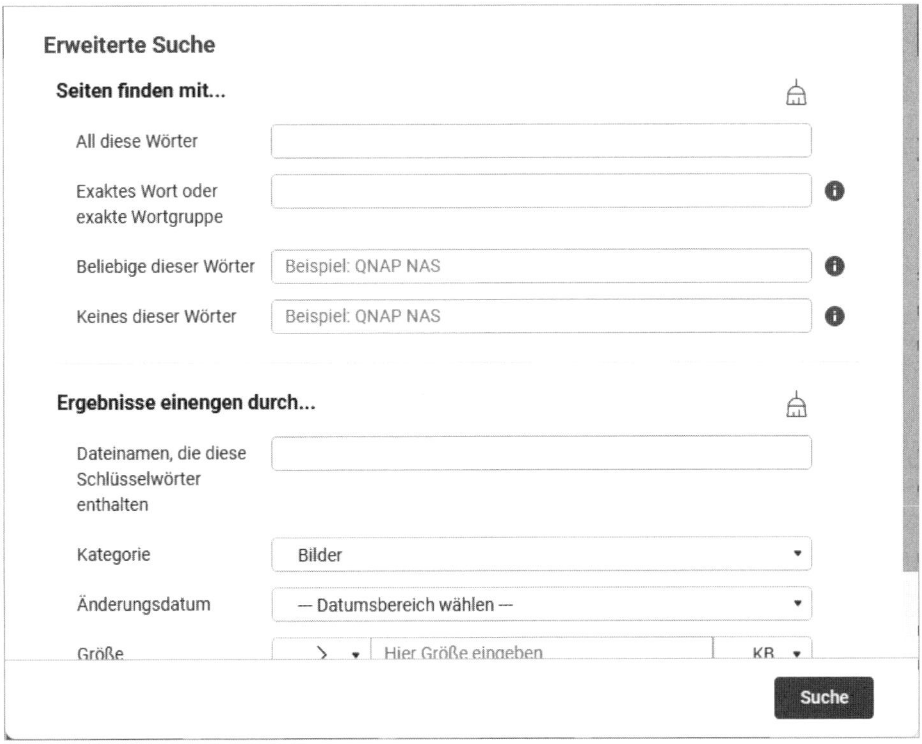

Abb. 3.43: Bei einer Vielzahl an Dateien können sehr genaue Suchanfragen notwendig sein, um eine vernünftige Anzahl an Ergebnissen zu bekommen.

Hier können Sie sehr detaillierte Angaben machen, um Ihre Suche noch weiter einzuschränken. Alle Angaben sind natürlich optional und werden bei der Suchanfrage miteinander verknüpft.

Kapitel 4

Die Benutzerverwaltung

Soll Ihr NAS von mehreren Personen genutzt werden, dann sind Benutzerkonten und Rechteverwaltung unverzichtbar. Aber selbst, wenn Sie Ihr NAS alleine nutzen, sollten Sie sich über das Thema Benutzer und Rechte Gedanken machen. In diesem Kapitel erfahren Sie nicht nur, wie es geht, sondern auch, warum Benutzer und Rechte so wichtig sind. Außerdem bekommen Sie von mir wieder wertvolle Praxistipps.

Abb. 4.1: Die Benutzerverwaltung in der Systemsteuerung

4.1 Der QTS-Standard-Benutzer »admin«

Bei der Installation des NAS wird ein Standard-Benutzer angelegt, der auch nicht gelöscht werden kann.

Der Benutzer hat den Namen *admin*. Das Passwort dafür haben Sie bei der *QTS*-Installation festgelegt und den Benutzer bisher benutzt, um sich in *QTS* anzumelden.

Nachdem Sie in den folgenden Abschnitten gelernt haben, wie Sie neue Benutzer anlegen, sollten Sie sich einen eigenen Benutzer mit Administrator-Rechten anlegen. Den Standard-Administrator (*admin*) sollten Sie nicht mehr weiter nutzen und das Konto *admin* deaktivieren oder zumindest mit einem sehr sicheren Passwort schützen (siehe Abschnitt 10.5 »Passwörter«). Da der Benutzer *admin* auf jedem QNAP-Gerät vorhanden ist, können Angreifer mit seiner Hilfe gezielt versuchen, Zugriff auf das NAS zu erlangen. Nutzen Sie ein selbst erstelltes Administratorenkonto, und ist *admin* deaktiviert, verkleinert sich die Angriffsfläche.

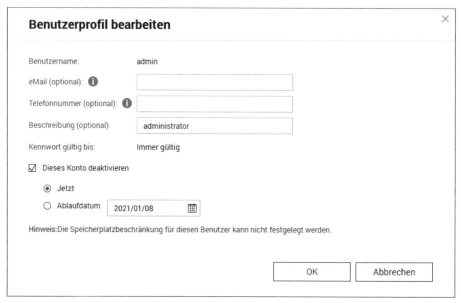

Abb. 4.2: Ist das Konto »admin« deaktiviert, kann es nicht mehr zum Einloggen benutzt werden und bietet keine Angriffsfläche mehr.

4.2 Ein gutes Benutzerkonzept finden

Gerade, wenn man das NAS alleine benutzt, scheint es praktisch, alles mit dem eigenen Administratorkonto zu erledigen. Aus Sicherheitsgründen ist es aber besser, für jede Aufgabe einen eigenen Benutzer anzulegen. Wollen Sie Ihr NAS über das Internet erreichen, gilt das umso mehr.

Bedenken Sie, nicht nur reale Personen, die auf Ihr NAS zugreifen, benötigen einen Benutzer. Einige Dienste und Anwendungen möchten Sie eventuell gemeinsam mit anderen nutzen, oder der Zugriff ist nicht direkt einer realen Person zuzuordnen. Login-Daten sind dafür dennoch nötig. Jeder dieser Zugriffe vergrößert die Angriffsfläche. Problematisch sind beispielsweise gemeinsam genutzte Geräte, die auf Ihr NAS zugreifen und selbst keine Benutzeranmeldung bieten, z.B. ein SmartTV, von dem Sie auf Ihre Filme, Musik oder Bilder zugreifen. Die Apps, die dafür genutzt werden, speichern meist die Anmeldedaten und verbinden sich automatisch, da solche Dienste jederzeit verfügbar sein sollen. Gerade auf SmartTVs, wo meist keine Hardwaretastatur vorhanden ist, wäre es auch extrem mühsam, wenn man sich jedes Mal erneut anmelden müsste.

> **Achtung**
>
> Bei gemeinsam genutzten Anwendungen oder Zugängen, die keiner realen Person zugeordnet werden können, tendieren wir – also diejenigen, die das NAS angeschafft und eingerichtet haben – dazu, das eigene Konto überall anzugeben. Das ist ein großes Sicherheitsrisiko, vor allem, wenn es sich dabei auch noch um ein Konto mit Administrator-Rechten handelt.

Richtig schwierig wird es, wenn man sich von den QNAP-Anwendungen wegbewegt und Dienste von Drittanbietern (z.B. WordPress) einrichtet. Diese laufen meistens auf dem Webserver Ihres NAS und benötigen selbst Zugangsdaten, um ausgeführt werden zu können. Das geschieht meist einmalig beim Einrichten dieser Dienste, und später vergisst man schnell, wo überall Anmeldedaten hinterlegt wurden bzw. dass überhaupt welche hinterlegt wurden. Nutzen Sie überall Ihr Administrator-Konto, kann das aus folgenden Gründen sehr schnell unangenehm werden:

- Gelingt es einem Angreifer, der Anmeldedaten nur eines einzigen Diensts habhaft zu werden, hat er sofort Zugriff auf alle anderen. Handelt es sich dabei auch noch um Ihren Administrator, kann der Angreifer unter Umständen direkt und uneingeschränkt auf Ihr NAS zugreifen.
- Führen Sie Änderungen am Benutzerkonto durch, kann das Einfluss auf Dienste haben, die dieser Benutzer verwendet. Ärgerlich, wenn Sie nur etwas ausprobieren möchten und der Videostream abbricht, der gerade von einem Familienmitglied gestartet wurde.
- Sie können einzelne Dienste gezielt kontrollieren, wenn Sie für jeden einen eigenen Benutzer angelegt haben. Läuft alles über ein einziges Konto, kann es sehr mühsam sein, herauszufinden, wo Sie Anmeldedaten hinterlegt haben.
- Ein Benutzer, der Zugriff auf alle Dienste hat, braucht auch alle entsprechenden Rechte. Das kann dazu führen, dass das Konto in einer Anwendung mehr Rechte hat, als Sie ihm eigentlich zugestehen wollen. Das gilt sowohl für menschliche Nutzer als auch für Angreifer und computergesteuerte Zugriffe.

Keine Sorge, Sie müssen nicht gleich zu Beginn alle notwendigen Benutzer anlegen. In den nachfolgenden Kapiteln werde ich das Thema Benutzer und Rechte immer wieder anschneiden. Fürs Erste genügt es, wenn Sie sich der Bedeutung der Benutzer bewusst werden und den Standard-Administrator ersetzen.

Richten Sie in weiterer Folge einen neuen Dienst auf Ihrem NAS ein, sollten Sie immer auch einen neuen Benutzer anlegen und ihm nur die für den Dienst notwendigen Rechte geben. In 99 % der Fälle sind dafür auch keine Administrator-Rechte notwendig.

4.3 Einen neuen Benutzer anlegen

> **Hinweis**
>
> Die Screenshots, die ich hier verwende, stammen von einer TurboStation, auf der schon diverse Softwarepakete installiert und Dienste eingerichtet wurden. Die Benutzerverwaltung ist sehr umfangreich, und ich möchte sie Ihnen in diesem Kapitel auch möglichst umfassend erklären.
>
> Sie werden in den Bildern Elemente vorfinden, die es so nicht auf einem frisch installierten NAS gibt. Lassen Sie sich davon nicht abschrecken, und haben Sie keine Angst, falsche Angaben zu machen, Einstellungen auszulassen oder bei Ihnen nicht so vorzufinden wie auf den Screenshots. Sie können die Benutzer jederzeit und in vollem Umfang bearbeiten.

Kapitel 4
Die Benutzerverwaltung

1. Öffnen Sie SYSTEMSTEUERUNG|RECHTE|BENUTZER (oder öffnen Sie die Anwendung Benutzer über das *Hauptmenü*) und klicken Sie auf ERSTELLEN|EINEN BENUTZER ERSTELLEN.

> **Hinweis**
>
> Möchten Sie gleich mehrere Benutzer hintereinander anlegen, könnten Sie zwar die Option MEHRERE BENUTZER ERSTELLEN verwenden. Dort können Sie allerdings nur einen Namen und eine Nummerierung festlegen und eine Anzahl angeben. Es werden dann der Anzahl entsprechend Nutzer mit dem Namen <NameNummer> angelegt z.B. usr1, usr2, usr3. Die Benutzer haben alle dasselbe Passwort, und Sie können Rechte für Freigabeordner und Anwendungen erst im Nachhinein einzeln editieren. Die Nützlichkeit dieser Option ist also sehr begrenzt.

2. Vergeben Sie einen Namen für den neuen Benutzer. Das Feld BENUTZERBESCHREIBUNG können Sie zwar leer lassen; bei Benutzern, die Sie nicht für menschliche Mitbenutzer anlegen, können Sie hier angeben, wofür das Konto genutzt wird bzw. wo Sie dieses einsetzen (z.B. Videostreaming SmartTV oder Fotogalerie Familientablet). Vergeben Sie ein sicheres Passwort (ich darf Sie erneut auf Abschnitt 10.5 und die Thematik »sichere Passwörter« hinweisen). Optional können Sie noch Telefonnummer und E-Mail des Benutzers hinterlegen und mit einem Klick auf die Silhouette einen Avatar oder ein Benutzerfoto hochladen. Haben Sie die Mail des Benutzers hinterlegt, können Sie diesem eine Benachrichtigungsmail zukommen lassen. Aktivieren Sie dafür die entsprechende Checkbox (dazu müssen Sie die E-Mail-Benachrichtigung konfiguriert haben). Mit einem Klick auf MITTEILUNG BEARBEITEN können Sie den Text der Benachrichtigung ändern.

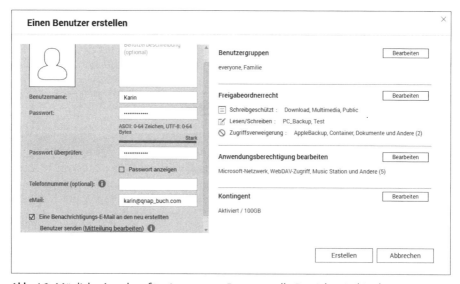

Abb. 4.3: Mögliche Angaben für einen neuen Benutzer, alle Bereiche sind in den nachfolgenden Schritten erklärt.

4.3 Einen neuen Benutzer anlegen

Achtung

Im Standardtext sind Benutzername und Passwort angegeben. Passwörter im Klartext zu notieren, ist immer eine schlechte Idee, und besonders schlecht ist es, diese per E-Mail zu versenden. Wenn möglich, teilen Sie dem Benutzer das Passwort über einen sicheren Kanal mit oder übergeben es ihm persönlich. *QTS* bietet keine Option, den Benutzer nach der ersten Anmeldung dazu zu zwingen, das Passwort zu wechseln. Legen Sie anderen Benutzern daher nahe, das selbst zu tun.

3. In der rechten Spalte des Benutzerfensters finden Sie zuerst die Zuweisung der Benutzergruppe. Benutzergruppen dienen dazu, mehrere Benutzer mit gleichen Rechten auszustatten. Die Gruppe *everyone* ist vorausgewählt und kann auch nicht abgewählt werden. Haben Sie keine eigenen Gruppen angelegt, können Sie die Auswahl so belassen, es sei denn, Sie wollen ein Konto mit Administrator-Rechten anlegen, dann müssen Sie die Gruppe *administrators* zuweisen. Ein Benutzer kann auch mehreren Gruppen zugewiesen werden. Näheres zu den Gruppen erfahren Sie in Abschnitt 4.4 »Gruppen als Vorlagen für mehrere Benutzer«.

Abb. 4.4: Der neue Benutzer ist immer der Gruppe *everyone* zugeordnet, weitere Gruppen können nach Belieben zugeordnet werden.

4. Im folgenden Schritt können Sie die Zugriffsberechtigung auf die Freigabeordner (siehe Abschnitt 5.1 »Freigabeordner – der Dreh- und Angelpunkt des NAS«) festlegen. Sie müssen übrigens kein Häkchen setzen, wenn Sie mit der Voreinstellung in der Spalte VORSCHAU bereits zufrieden sind. Bedenken Sie aber, dass diese Einstellungen irgendwoher kommen (meist von den Gruppen). Ändern sich die Berechtigungen dort, trifft das auch für den Benutzer zu, und der Benutzer erhält dann möglicherweise Rechte, die er gar nicht haben soll.

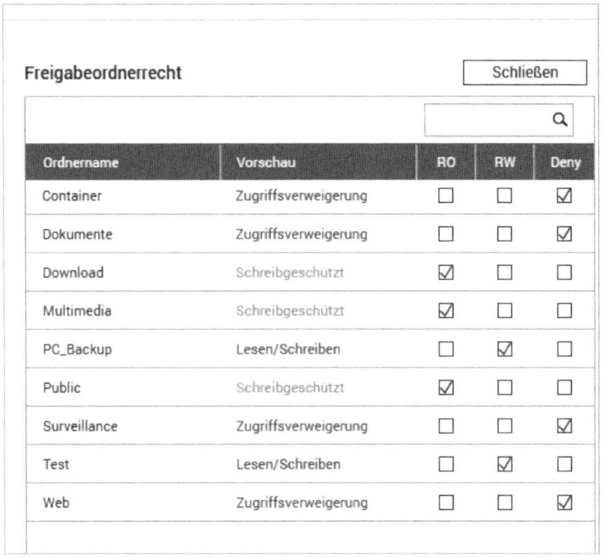

Freigabeordnerrecht					Schließen
Ordnername	Vorschau	RO	RW	Deny	
Container	Zugriffsverweigerung	☐	☐	☑	
Dokumente	Zugriffsverweigerung	☐	☐	☑	
Download	Schreibgeschützt	☑	☐	☐	
Multimedia	Schreibgeschützt	☑	☐	☐	
PC_Backup	Lesen/Schreiben	☐	☑	☐	
Public	Schreibgeschützt	☑	☐	☐	
Surveillance	Zugriffsverweigerung	☐	☐	☑	
Test	Lesen/Schreiben	☐	☑	☐	
Web	Zugriffsverweigerung	☐	☐	☑	

Abb. 4.5: Vergeben Sie hier keine explizite Berechtigung, wird diese aus den zugewiesenen Gruppen abgeleitet.

> **Hinweis**
>
> Bei der Übersetzung der Berechtigungen wurde nicht sehr einheitlich gearbeitet. Sie werden daher in den unterschiedlichen Menüs und Einstellungen teils die englischen und teils die deutschen Bezeichnungen finden. In der folgenden Auslistung finden Sie beide.

Ihnen stehen – wie bei anderen Betriebssystemen üblich – 3 Berechtigungen zur Verfügung:

- *Zugriffsverweigerung (Deny)* – Benutzer haben keinerlei Zugriff auf den Freigabeordner oder die dort gespeicherten Daten (Freigabeordner bzw. deren Inhalt können vor Benutzern ohne Zugriff verborgen werden, siehe Abschnitt 5.1.3 »Freigabeordner erstellen«).
- *Lesen/Schreiben (Read/Write, Write, RW)* – Benutzer können Dateien in den Freigabeordnern speichern, bestehende Daten ansehen, herunterladen, verschieben und ändern/überschreiben.
- *Schreibgeschützt (Read only, RO)* – Benutzer können Dateien betrachten und herunterladen, aber keinerlei Änderungen durchführen oder neue Dateien hochladen.

Benutzer können Rechte auch über Gruppen erhalten, und es ist nicht immer ganz einfach nachzuvollziehen, wie sich Berechtigungen aus verschiedenen Ebenen auswirken. Der Abschnitt 4.5 »Berechtigungen verstehen« geht noch genauer auf das Berechtigungskonzept ein und bietet einige Beispiele.

Setzen Sie die Rechte so streng wie möglich. Verweigern Sie dem Benutzer den Zugriff auf Freigabeordner, auf die er nicht zugreifen soll und muss. Möchten Sie Dateien mit einem Benutzer teilen, erlauben Sie ihm nur den Lesezugriff, und nur dort, wo es notwendig ist, erteilen Sie dem Benutzer auch Schreibrechte.

Haben Sie die Rechte Ihren Wünschen entsprechend gesetzt, klicken Sie auf WEITER.

5. Nach den Rechten für die Freigabeordner können Sie jetzt den Zugang zu einzelnen Anwendungen festlegen. Mit einem Klick auf BEARBEITEN öffnet sich eine Liste mit Diensten und Anwendungen. Der genaue Inhalt der Liste hängt davon ab, welche Dienste und Anwendungen Sie auf Ihrem NAS installiert bzw. aktiviert haben. Entfernen Sie einen Haken, heißt das, der Benutzer darf die entsprechende Funktion nicht nutzen. Manche Anwendungen haben noch weitere Berechtigungen, die dann auch in der Anwendung verwaltet werden.

Mit einem Klick auf SCHLIEßEN können Sie die Liste wieder ausblenden.

Anwendungsberechtigung bearbeiten	Schließen
Benutzer den Zugriff auf folgende Applikationen erlauben	
Anwendungen	**Genehmigen**
Netzwerkdienst	☐
Apple-Netzwerk	☐
FTP-Dienst	☐
Microsoft-Netzwerk	☑
WebDAV-Zugriff	☑
Anwendungen	☐
Music Station	☑
Photo Station	☑
Download Station	☐
File Station	☑

Abb. 4.6: Standardmäßig darf der Benutzer auf alle Anwendungen zugreifen, wird eine neue installiert, erhält er ebenfalls die Berechtigung.

6. Sie können den Speicher, der jedem Benutzer auf dem NAS zur Verfügung steht, einschränken. Die Option ist standardmäßig deaktiviert und im Benutzerfenster nicht ersichtlich. Was das Kontingent ist, wie es sich verhält und wie Sie es aktivieren, lesen Sie im Abschnitt »Benutzerkontingent«, Seite 119 nach. Ist das Kontingent aktiviert, haben Sie drei Optionen zur Auswahl (Abbildung 4.7):

   - *Keine Einschränkung* – Der Benutzer hat keine Speicherplatzbeschränkungen, solange Speicherplatz vorhanden ist, kann der Benutzer Dateien abspeichern.
   - *Speicherplatz beschränken auf* – Hier ist der unter SYSTEMSTEUERUNG|RECHTE|KONTINGENT festgelegte Wert eingetragen. Sie können dem Benutzer einen abweichenden Wert zuweisen.
   - *Gruppenkontingente verwenden* – Verwendet das Kontingent, das der Benutzergruppe zugewiesen wurde. Ist der Benutzer mehreren Gruppen zugeteilt, wird automatisch das Standard-Benutzerkontingent verwendet, das unter SYSTEMSTEUERUNG|RECHTE|KONTINGENT festgelegt wurde.

7. Bestätigen Sie Ihre Angaben mit einem Klick auf ÜBERNEHMEN.

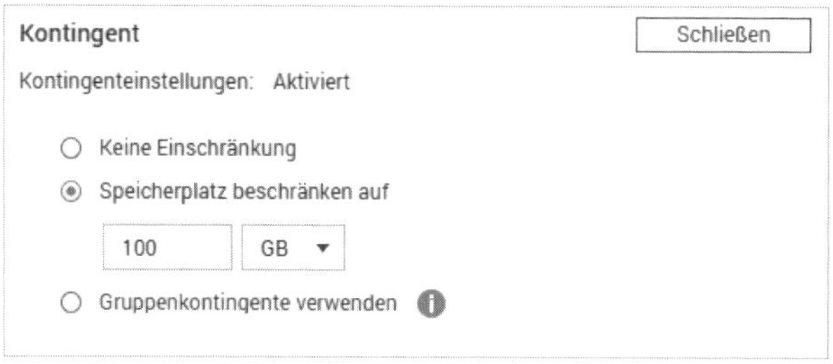

Kapitel 4
Die Benutzerverwaltung

Abb. 4.7: Legen Sie fest, wie viel Speicher der Benutzer auf dem NAS belegen darf.

Benutzer bearbeiten

Wollen Sie die Einstellungen für einen Benutzer nachträglich ändern, wählen Sie ihn unter SYSTEMSTEUERUNG|RECHTE|BENUTZER aus und klicken Sie in der Spalte »Aktion« auf das entsprechende Icon. Bearbeitet werden können das Passwort (), das Benutzerprofil (), die Zugehörigkeit zu Benutzergruppen (), Berechtigungen für Freigabeordner () und Berechtigungen für Anwendungen () (ausgenommen Administratoren, die haben immer auf alle Anwendungen Zugriff).

Durch einen Klick auf das Icon öffnet sich ein Fenster, wo Sie die Einstellungen, wie schon aus dem Benutzerfenster aus dem vorigen Abschnitt gewohnt, bearbeiten können. Lediglich das Fenster für das Benutzerprofil stellt eine kleine Ausnahme dar. Hier können Sie weitere Einstellungen vornehmen, die Ihnen beim Erstellen des Benutzers nicht zur Verfügung standen. So können Sie dem Benutzer untersagen, das Kennwort zu ändern oder das Konto deaktivieren, ohne es zu löschen. Die Deaktivierung ist wahlweise sofort oder zu einem bestimmten Datum möglich.

Tipp – Passwörter vorgeben für mehr Sicherheit

Benutzern zu verbieten, Kennwörter zu ändern, kann sehr hilfreich sein. Handelt es sich um Benutzer, hinter denen keine reale Person steht (Benutzer, die für Dienste oder gemeinsam genutzten Zugang verwendet werden), können Sie durch Aktivieren dieser Option die Sicherheit erhöhen. Personen, die die Login-Daten besitzen, können so andere Personen, die ebenfalls die Login-Daten besitzen, nicht ausschließen (z.B. ein Benutzer, der von den Mitbewohnern auf einem gemeinsamen TV-Gerät zum Streamen genutzt wird). Bei personenbezogenen Benutzern kann die Option verhindern, dass zu schwache Passwörter genutzt werden. Anwender tendieren immer noch dazu, kurze und sehr schwache Passwörter zu verwenden. Je älter die Person bzw. je technikfremder, umso höher das Risiko von schlechten Passwörtern.

Tipp – Standard-Administrator deaktivieren

Jetzt ist der beste Zeitpunkt, sich ein eigenes Administrator-Konto zuzulegen und den Standard-Administrator *admin* zu deaktivieren. Um *admin* zu deaktivieren, müssen Sie sich zuerst als *admin* ausloggen und mit Ihrem eigenen Administratorenkonto anmelden. Gehen Sie dann unter SYSTEMSTEUERUNG|RECHTE|BENUTZER auf BENUTZERPROFIL

BEARBEITEN in der Zeile des Kontos *admin* und setzen Sie dort den Haken bei »Dieses Konto deaktivieren«.

Benutzer löschen

Wählen Sie den Benutzer unter SYSTEMSTEUERUNG|RECHTE|BENUTZER aus und klicken Sie auf den Button LÖSCHEN. Sie werden gefragt, ob Sie auch dessen Startseite-Ordner und die darin enthaltenen Daten mitlöschen wollen (siehe Abschnitt 5.1.1 »Privater Speicher – der Startseite-Ordner«). Den eigenen Benutzer sowie das Konto *admin* können Sie nicht löschen.

Benutzerkontingent

Beim Kontingent handelt es sich um Speicherkapazität auf den Volumes, die ein Benutzer mit seinen Daten belegen darf. Ist das Kontingent eines Benutzers aufgebraucht, kann dieser keine weiteren Daten auf dem entsprechenden Volume mehr ablegen, selbst wenn das Volume noch nicht voll belegt ist.

Wie Sie Benutzern ein Kontingent zuweisen, haben Sie bereits weiter oben gelesen. Bearbeiten Sie einen Benutzer, können Sie auch seine Kontingente bearbeiten. Es gibt aber noch eine weitere Möglichkeit, die Kontingente aller Benutzer einzusehen und zu bearbeiten: Gehen Sie in der *Systemsteuerung* auf RECHTE|KONTINGENT. An dieser Stelle können Sie einsehen, welche Benutzer auf welchen Volumes Kontingente haben, wie groß diese sind, wie viel schon aufgebraucht wurde und wie viele noch zur Verfügung steht. An dieser Stelle können Sie die Kontingente auch bearbeiten.

4.4 Gruppen als Vorlagen für mehrere Benutzer

Gruppen sind dann hilfreich, wenn Sie mehrere Benutzerkonten benötigen, wobei einige dieser Konten dieselben Berechtigungen erhalten sollen. Anstatt die Berechtigungen für jeden Benutzer einzeln einzustellen, erstellen Sie eine Gruppe mit den entsprechenden Berechtigungen. Beim Erstellen der Benutzer können Sie diese dann der entsprechenden Gruppe zuweisen.

> **Achtung**
>
> Über Gruppen können nur Kontingente sowie der Zugriff auf Freigabeordner geregelt werden, Anwendungsberechtigungen können nur auf Benutzerebene geregelt werden.

Standardgruppen

In der Gruppenverwaltung sind drei Standardgruppen eingetragen, die Sie teilweise bearbeiten, aber nicht löschen können.

- *administrators* – Hierbei handelt es sich um die Gruppe der Administratoren. Sie können für diese Gruppe ein Kontingent zuweisen, wobei dieses nur für selbst erstellte Benutzer, nicht aber für den Standard-Administrator *admin* gilt. Benutzer können hinzugefügt und entfernt werden, außer Sie Ihren eigenen Benutzer (Sie können andere

Administratoren entfernen, und andere Administratoren können Sie entfernen) und *admin*. Berechtigungen für Freigabeordner können frei bearbeitet werden, Rechte zu Anwendungen und Diensten hingegen gar nicht. Sie können sich also nicht selbst aus *QTS* aussperren.

- *everyone* – Jeder Benutzer ist dieser Gruppe zugeordnet, hier können Mitglieder nicht entfernt werden.

Benutzergruppe erstellen

1. Öffnen Sie SYSTEMSTEUERUNG|RECHTE|BENUTZERGRUPPEN und klicken Sie auf ERSTELLEN.
2. Vergeben Sie einen Namen für die Gruppe und optional eine Beschreibung.

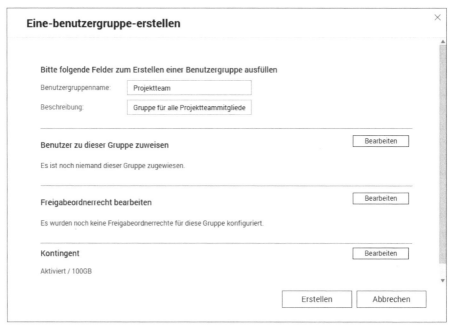

Abb. 4.8: Gruppen haben weniger Einstellungsmöglichkeiten als Benutzer, sind aber eine enorme Hilfe bei einer großen Anzahl an Benutzern mit unterschiedlichen Berechtigungen.

3. Unter »Benutzer dieser Gruppe zuweisen« können Sie bereits bestehende Benutzer dieser Gruppe zuordnen.

4.4 Gruppen als Vorlagen für mehrere Benutzer

Abb. 4.9: Weisen Sie bereits bestehende Benutzer zu, alternativ können Sie das auch nachträglich oder bei der Erstellung neuer Benutzer erledigen.

4. Vergeben Sie Zugriffsrechte auf Freigabeordner (siehe Seite 115, Punkt 4). Sie müssen nicht überall Rechte setzen. Setzen Sie Rechte nur dort, wo die Angaben für alle Benutzer gleich ausfallen.

Abb. 4.10: Dieser Schritt funktioniert genauso wie bei der Erstellung von Benutzern.

5. Stellen Sie ein Kontingent (Datenvolumen, das einem Mitglied der Gruppe maximal zusteht) ein, falls erwünscht. Angaben können erst gemacht werden, wenn Sie die Option unter SYSTEMSTEUERUNG|RECHTE|KONTINGENT aktiviert haben. Haben Sie ein Gruppenkontingent festgelegt, werden Sie beim Erstellen der Gruppe gefragt, ob bestehende individuelle Kontingente bereits zugewiesener Benutzer überschrieben werden sollen.
6. Bestätigen Sie die Angaben mit ERSTELLEN.

Kapitel 4
Die Benutzerverwaltung

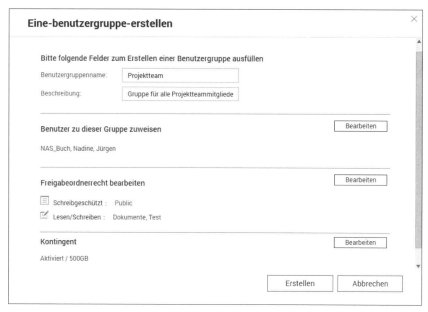

Abb. 4.11: Einen neue Gruppe mit Berechtigungen und Kontingent

Bearbeiten und löschen können Sie Gruppen genauso wie die Benutzer über die entsprechenden Icons bzw. den LÖSCHEN-Button.

Benutzergruppe bearbeiten

Unter SYSTEMSTEUERUNG|RECHTE|BENUTZERGRUPPEN finden Sie, wie auch bei den Benutzern, eine Liste mit den angelegten Gruppen und daneben wieder einige Icons. Mit ▣ bearbeiten Sie die Einstellungen der Gruppe. Darunter fallen eigentlich nur die Beschreibung und das Kontingent. Mit ▣ öffnen Sie das Fenster, mit dem Sie Benutzer zur Gruppe hinzufügen und entfernen können, und über ▣ erreichen Sie die Zugriffsberechtigungen der Gruppe.

Abb. 4.12: Die Gruppenverwaltung in der Systemsteuerung

Um eine Gruppe zu entfernen, müssen Sie sie auswählen und auf LÖSCHEN klicken. Die Standardgruppen können nicht gelöscht werden.

4.5 Berechtigungen verstehen

Wie schon erwähnt, stehen Ihnen drei Berechtigungen zur Verfügung: *Deny* (Zugriff verweigern), *RW* (Lesen/Schreiben) und *RO* (nur lesen). Verwenden Sie in Ihrer Benutzerverwaltung Benutzergruppen, ist nicht gleich ersichtlich, welche Rechte ein Benutzer hat. Grundsätzlich gilt das, was in der Spalte »Vorschau« in der Rechteverwaltung eingetragen ist. Bearbeiten Sie die Rechte für einen Benutzer, zeigt die Spalte auch die Auswirkungen der Gruppen an, denen der Benutzer zugeordnet ist.

Egal, ob ein Benutzer einer oder mehreren Gruppen angehört, wirksam wird immer die »stärkste« Berechtigung. Nachfolgend finden Sie eine kleine Tabelle mit einigen Beispielen zur Verdeutlichung. Die Tabelle zeigt die Berechtigung, die ein Benutzer für einen Freigabeordner hat. Die ersten beiden Spalten zeigen die Berechtigungen der Gruppen, denen der Benutzer angehört, die dritte Spalte zeigt die Berechtigung, die direkt am Benutzerkonto gesetzt ist. In der letzten Spalte sehen Sie die Berechtigung, die der Benutzer tatsächlich für den Freigabeordner hat.

Berechtigung Gruppe 1	Berechtigung Gruppe 2	Berechtigung Benutzer	Tatsächliche Berechtigung
RO		RW	RW
RW		RO	RW
RO	Deny	RW	Deny
RO	RW	Deny	Deny

Tabelle 4.1: Die Tabelle zeigt, welche Berechtigung tatsächlich für einen Benutzer gilt.

Die »stärkste« Berechtigung setzt sich durch, egal, wo sie gesetzt ist. Gruppen sind gleichrangig, Gruppenhierarchien gibt es keine. Ist auf einer Ebene keine Berechtigung gesetzt (kein Häkchen bei einer der drei Berechtigungen), wird diese Ebene bei der Ermittlung der Berechtigung ausgelassen. Ist in keiner Ebene eine Berechtigung gesetzt, wird die Gruppe *everyone* angewendet, da alle Benutzerkonten immer Mitglied dieser Gruppe sind. Ist auch dort keine Berechtigung gesetzt, hat der Benutzer auch keinen Zugriff (*Deny*).

> **Achtung**
>
> Vorsicht bei Berechtigungen der Gruppe *everyone*. Da sowohl herkömmliche Benutzer als auch Benutzer der Gruppe *administrators* der Gruppe *everyone* angehören, wirkt sich eine Einschränkung der Rechte auch auf Administratoren aus. Setzen Sie in der Gruppe *everyone* besser gar keine Berechtigungen, bevor Sie zu strenge Berechtigungen setzen. Erstellen Sie lieber eine eigene Gruppe, in der Sie alle Nicht-Administratoren zusammenfassen.

Teil II

Daten, Dateien und Speicherplatz

Auch wenn NAS-Geräte für den Heimgebrauch immer mehr zu kleinen Heimservern mutieren – die Hauptexistenzberechtigung eines NAS ist es, Speicherplatz zur Verfügung zu stellen. Dateien sollen sicher abgelegt werden können und von überall im Netzwerk aus erreichbar sein, ohne an ein persönliches Arbeitsgerät (Computer, mobiles Gerät) gebunden zu sein.

In den nächsten Kapiteln lernen Sie alle Facetten der Dateiverwaltung eines QNAP NAS kennen, egal, ob Sie auf Ihre Dateien von mehreren Geräten aus zugreifen wollen, ob Sie sie mit anderen teilen oder gemeinsam bearbeiten möchten oder sie schlicht sichern und vor Verlust schützen wollen. In Teil II lernen Sie alle Werkzeuge kennen, die ein NAS zu einem NAS machen.

In diesem Teil:

- **Kapitel 5**
  Dateiverwaltung 127

- **Kapitel 6**
  Dateidienste – Vom Computer auf den NAS-Speicher
  zugreifen 171

- **Kapitel 7**
  Die Cloud – Daten und Geräte synchronisieren....... 193

- **Kapitel 8**
  Backups – Daten sichern für den Ernstfall 229

Kapitel 5

Dateiverwaltung

Nachdem Sie in den vorigen Kapiteln alle Grundlagen über Ihr NAS kennengelernt haben, wissen, wie Sie QTS installieren und sich in der Benutzeroberfläche zurechtfinden, wird es endlich Zeit, dass wir uns mit den eigentlichen Aufgabengebieten des NAS befassen. In diesem Kapitel erfahren Sie alles über die grundlegendste und wichtigste Aufgabe: die Dateiverwaltung. Auch wenn ein NAS immer mehr Features aufweist, ist die Uraufgabe immer noch das Abspeichern und Bereitstellen von Daten. Ich erkläre Ihnen in diesem Kapitel, wie Sie Dateien auf Ihr QNAP NAS hoch- und wieder runterladen. Welche Möglichkeiten es gibt, auf den Speicher zuzugreifen und wie Sie diesen in andere Umgebungen einbinden können, erfahren Sie dann in Kapitel 6.

5.1 Freigabeordner – der Dreh- und Angelpunkt des NAS

Damit Sie Dateien und Ordner auf Ihrem NAS ablegen können, müssen Sie die letzte fehlende Schicht im Speicherkonzept Ihres QNAP NAS konfigurieren, die *Freigabeordner*. Aber was sind Freigabeordner überhaupt?

Aus Sicht des Dateisystems sind Freigabeordner auch nur Ordner wie andere auch (zumindest auf den ersten Blick). Ihr NAS erlaubt Ihnen – zumindest über *QTS* und dessen Anwendungen – keinen Zugriff auf das Dateisystem. Sie können also nicht, wie unter Windows im Explorer, auf all Ihre Laufwerke und deren Inhalt zugreifen. Ihr QNAP NAS basiert auf Linux, in der *File Station* erwarten Sie aber dennoch nicht die eventuell gewohnte Verzeichnisstruktur von Linux (das heißt aber nicht, dass sie nicht existiert). Und hier kommen die Freigabeordner ins Spiel. Erstellen Sie diese in *QTS*, legt Ihr NAS die Ordner im Dateisystem an und stellt Ihnen diese zur Verfügung.

Auf Freigabeordner können alle berechtigten Benutzer in *QTS* und dessen Anwendungen zugreifen. Darauf können dann Dateien abgelegt und weitere Unterordner angelegt werden. Freigabeordner können Sie verschlüsseln, Berechtigungen von Benutzern und diverse andere Einstellungen verwalten. Mit Unterordnern können Sie diese Dinge nicht bzw. nur eingeschränkt tun. Auch Anwendungen agieren auf Ebene der Freigabeordner, teilweise auch mit speziellen Freigabeordnern. Legen Sie nachträglich doch noch weitere Benutzer an, können Sie Berechtigungen ganz einfach zuweisen.

5.1.1 Privater Speicher – der Startseite-Ordner

Bevor Ich Ihnen erkläre, wie Sie Freigabeordner anlegen und nutzen, werfen wir noch einen Blick auf besondere Ordner. Oft besteht Bedarf an Speicherplatz, der zwar von überall erreichbar sein soll, aber nur dem jeweiligen Benutzer selbst zugänglich ist. Natürlich könnten Sie für jeden Nutzer einen Freigabeordner anlegen und nur dem jeweiligen Nutzer Zugriff gewähren. Bei sehr vielen Nutzern wäre das aber sehr umständlich, und der Vorgang müsste bei jedem Nutzer individuell durchgeführt werden.

Glücklicherweise stellt QTS einen Dienst bereit, der Ihnen all die Arbeit abnimmt, den *Startseite-Ordner*. Haben Sie diesen aktiviert, wird für jeden Benutzer ein Verzeichnis angelegt. Nur der Nutzer selbst und Administratoren haben Zugriff auf diesen Ordner. Der Ordner wird jedem Benutzer mit dem gleichen Namen (home) angezeigt. Tatsächlich sind es aber Verzeichnisse mit dem jeweiligen Benutzernamen, die im Freigabeordner homes liegen.

Den Startseite-Ordner können Sie als Administrator ganz einfach für alle Benutzer aktivieren.

1. Öffnen Sie SYSTEMSTEUERUNG|RECHTE|BENUTZER, und klicken Sie auf STARTSEITE-ORDNER.
2. Aktivieren Sie den *Startseite-Ordner* für alle Benutzer, indem Sie das Häkchen bei der entsprechenden Option setzen.
3. Wählen Sie das Volume, auf dem die home-Verzeichnisse angelegt werden sollen.
4. Bestätigen Sie mit ÜBERNEHMEN.

Abb. 5.1: Aktivieren Sie die Startseite-Ordner, und wählen Sie den Speicherort.

Vorerst hat sich noch nichts getan. Sie werden keinen neuen Ordner finden, erst wenn sich der erste Benutzer einloggt, wird dessen home-Verzeichnis erstellt. Das gilt auch für Ihren eigenen Benutzer, melden Sie sich also von QTS ab und wieder an.

Außer dem Standard-Administrator *admin* hat aktuell niemand Zugriff auf den Freigabeordner homes. Als Administrator können Sie sich über die Gruppenberechtigung oder die Benutzerkontenberechtigung Zugriff auf homes gewähren.

> **Achtung**
>
> Sie können jeder Gruppe und jedem Benutzer Rechte für homes zuweisen. Bedenken Sie aber, dass das das Konzept des privaten Ordners für jeden Benutzer untergräbt. Als Administrator sind Sie Herr des Systems, Administratoren haben immer Zugriff auf alle Dateien. Sie können Administratoren zwar die Zugriffsrechte nehmen, da jeder Administrator sich diese Rechte aber wieder zurückholen kann, ist das nur eine Art Lippenbekenntnis.

Wollen Sie homes löschen, müssen Sie vorher den Startseite-Ordner deaktivieren. homes wird daraufhin jedoch nicht automatisch gelöscht, den Löschvorgang müssen Sie selbst durchführen.

Sobald die Funktion deaktiviert ist, verlieren alle Benutzer das Verzeichnis home, Benutzer mit Berechtigung für den Freigabeordner homes haben aber, bis zur Löschung, weiterhin Zugriff auf diesen und die darin enthaltenen Benutzerverzeichnisse.

5.1.2 Vorgegebene Ordner

Grundsätzlich starten Sie nach der *QTS*-Installation mit zwei besonderen Freigabeordnern. Sie können davon mehr oder weniger beliebig viele (die genaue Anzahl hängt vom NAS-Modell ab) davon erstellen. Unter gewissen Umständen erstellt aber auch das System Freigabeordner für Sie. Diese sind fest vorgegeben und erfüllen einen bestimmten Zweck. Einen davon – homes – haben Sie schon kennengelernt. Nachstehend finden Sie eine Übersicht dieser speziellen Ordner.

Name	Funktion
Public	Dieser Ordner wird bei einigen NAS-Modellen beim Anlegen des Systemvolumes automatisch erstellt. Jeder hat darauf Zugriff, möchten Sie das nicht, können Sie die Berechtigungen entziehen. Löschen können Sie den Ordner nicht.
Web	Dieser Ordner ist das Wurzelverzeichnis für den Webserver. Der Webserver wird bei der Installation von *QTS* bereits aktiviert und der Freigabeordner beim Anlegen des Systemvolumes automatisch erstellt.
Multimedia	Dient zur Verwaltung von Bildern, Filmen und Serien und wird verwendet, wenn Sie den DLNA-Medienserver aktivieren (siehe Kapitel 12). Sie sind nicht an die Nutzung des Ordners gebunden und können eigene Freigabeordner dafür erstellen. Auch andere Multimediaanwendungen können diesen Ordner nutzen, müssen aber nicht. Solange der Multimediadienst aktiviert ist, kann der Ordner nicht gelöscht werden.
homes	Enthält die persönlichen home-Ordner der einzelnen Benutzer, er wird erstellt, wenn Sie den *Startseite-Ordner* aktivieren.
<name>	Schließen Sie ein externes Massenspeichergerät an Ihr NAS an, wird ein Freigabeordner mit dem Namen des Speichermediums erstellt. Nachdem das Gerät getrennt wurde, wird der Ordner entfernt.
Download	Der Ordner wird von der *Download Station* als Standardordner genutzt. Auch die *Download Station* kann andere Ordner nutzen. Solange der Multimediadienst aktiviert ist, kann der Ordner nicht gelöscht werden. Mehr zur *Download Station* finden Sie in Kapitel 20.
Container	Wird von der *Container Station* angelegt. Die Container Station ist ein Werkzeug zur Virtualisierung und wird in Abschnitt 19.1 »Container Station« beschrieben. Aber auch einige Anwendungen aus anderen Kapiteln laufen in der *Container Station*.
QmailAgent	Dieser Ordner wird von der gleichnamigen E-Mail-Anwendung angelegt. Mehr dazu erfahren Sie in Kapitel 16.

Tabelle 5.1: Vorgegebene Freigabeordner

> **Tipp**
>
> *QTS* hält Sie nicht davon ab, die oben aufgelisteten Freigabeordner selbst zu erstellen. Wollen Sie sich Probleme ersparen, sehen Sie davon aber ab.

> **Hinweis**
>
> Auf älteren Firmware-Versionen bzw. mit älteren App-Versionen werden eventuell noch weitere bzw. andere Ordner erstellt.

5.1.3 Freigabeordner erstellen

Gerade, wenn man das NAS alleine nutzt, ist die Verlockung groß, alle seine Dateien in das home-Verzeichnis zu stopfen. Eine gute Idee ist das aber nicht, und spätestens, wenn mehrere Benutzer auf Dateien gemeinsam zugreifen sollen oder Sie die weiteren Funktionen Ihres NAS nutzen wollen, kommen Sie um ordentlich strukturierte Freigabeordner nicht mehr herum. Um einen Freigabeordner zu erstellen, gehen Sie folgendermaßen vor:

1. Öffnen Sie SYSTEMSTEUERUNG|RECHTE|FREIGABEORDNER.
2. Klicken Sie auf ERSTELLEN und wählen Sie den Eintrag FREIGABEORDNER.
3. Vergeben Sie einen Namen für den neuen Freigabeordner. Haben Sie mehrere Volumes konfiguriert, müssen Sie auswählen, auf welchem Volume der Freigabeordner erstellt werden soll. Unterstützt das Volume Qtier (siehe Abschnitt 2.4 »Speicherplatz verwalten«), können Sie es für den Ordner bei Bedarf aktivieren.

Die letzte Option in diesem Abschnitt ist die Pfadangabe. Die Vorgabe ist »Pfad automatisch angeben«, dabei wird der Freigabeordner an einem vom System bestimmten Ort angelegt (üblicherweise die oberste Ebene des Volumes) und somit der Pfad definiert. Bei Bedarf können Sie auch selbst einen Ordner festlegen, in dem Sie den neuen Freigabeordner erstellen wollen. Verwenden Sie diese Option aber nur, wenn Sie diese auch tatsächlich benötigen.

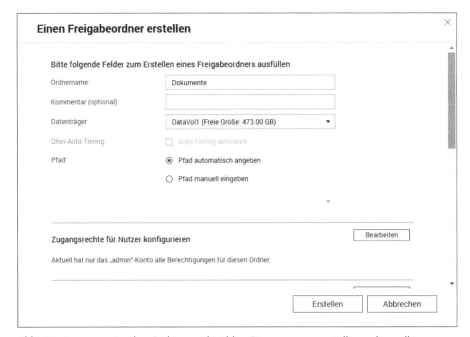

Abb. 5.2: Benennen Sie den Ordner, und wählen Sie aus, wo er erstellt werden soll.

5.1 Freigabeordner – der Dreh- und Angelpunkt des NAS

> **Achtung**
>
> Mit der manuellen Pfadwahl können Sie mehrere Freigabeordner erstellen, die ein und denselben Ordner im Dateisystem repräsentieren. Grundsätzlich sehen Sie in *QTS* bzw. der *File Station* nur Freigabeordner, von System oder Anwendungen angelegte Ordner sehen Sie nicht. Über die manuelle Pfadwahl können Sie diese Ordner aber in QTS einbinden.
>
> Gehen Sie sorgsam mit dieser Funktion um, da dadurch – absichtlich, aber auch unabsichtlich – Schaden verursacht werden kann.

> **Tipp**
>
> Löschen Sie einen Freigabeordner, ohne den Haken bei »Dateien ebenfalls löschen« zu setzen, wird der Ordner in QTS nicht mehr angezeigt, er bleibt aber samt Inhalt auf dem System erhalten. Mit der manuellen Pfadwahl können Sie einen entfernten Freigabeordner wiederherstellen.

4. Im nächsten Abschnitt legen Sie die Zugriffsberechtigung für Benutzer fest. Das System kennen Sie bereits aus Abschnitt 4.3 »Einen neuen Benutzer anlegen«. Lassen Sie diesen Abschnitt unangetastet, lesen Sie dort den Hinweis »Aktuell hat nur das *admin*-Konto alle Berechtigungen für diesen Ordner«. Erstellen Sie den Freigabeordner aber mit einem eigenen Administrator-Konto, hat auch dieses Konto vollen Zugriff.

Klicken Sie auf BEARBEITEN, um in der Tabelle die Rechte für einzelne Benutzer festzulegen. Für Gruppen können an dieser Stelle keine Berechtigungen vergeben werden.

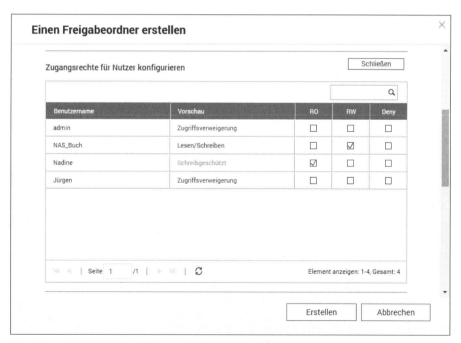

Abb. 5.3: In der Tabelle ist sofort ersichtlich, wer welche Zugriffsrechte besitzt.

5. Im Abschnitt »Ordnerverschlüsselung« haben Sie die Möglichkeit, den Freigabeordner zu verschlüsseln. In Abschnitt 10.6 »Verschlüsselung« erfahren Sie Näheres zur Verschlüsselung von Freigabeordnern.

6. Im letzten Abschnitt können Sie noch diverse Einstellungen für den Freigabeordner festlegen.
   - *Gastzugriffsrecht* – Gehen Sie sicher, dass hier Zugriffsverweigerung aktiviert ist.

> **Wichtig**
>
> Auf einem System Zugriff ohne Benutzerdaten bereit zu stellen, ist absolut fahrlässig und kann schwerwiegende Folgen nach sich ziehen. Anonyme Zugänge sind so riskant, dass einige Protokolle diese bereits entfernt haben. Sie werden in diesem Buch keine Informationen zu Zugriffen ohne Benutzerkonto finden.

   - *Netzwerklaufwerk* verbergen – Mit dieser Option können Sie den Freigabeordner in der Netzwerkumgebung von Windows ausblenden, durch direkte Eingabe der Ordneradresse ist der Freigabeordner immer noch erreichbar. Mehr zu Netzwerklaufwerken finden Sie im nächsten Kapitel im Abschnitt 6.1.4 »Freigabeordner als Netzlaufwerk einbinden«.
   - *Dateisperre* (oplocks) – Dabei handelt es sich um eine Funktion von Windows, Dateien am Server zu sperren, um eine Änderung durch andere Benutzer zu verhindern. Das bedeutet aber nicht, dass eine Datei nicht von mehreren Benutzern geöffnet und bearbeitet werden kann. Die Sperre verhindert nur, dass mehrere Prozesse gleichzeitig darauf schreiben. Die Option ist standardmäßig aktiviert. Sie gilt nur für den Zugriff unter Windows und SMB (siehe Abschnitt 6.1.1 »Dateidienste für Windows-Netzwerke aktivieren«). Deaktivieren Sie die Option nur dann, wenn Sie unter der Verwendung von SMB Probleme mit dem Schreibzugriff auf Dateien feststellen.
   - *SMB Verschlüsselung* – Eine weitere Einstellung, die nur den Zugriff über das SMB-Protokoll betrifft. Diese Option ist nur dann verfügbar, wenn SMB3 aktiviert wurde. Mit aktivierter Option erfolgt die Übertragung ausschließlich über SMB3 und verschlüsselt. Aktivieren Sie diese Option, wenn Sie per Windows und SMB auf Ihr NAS zugreifen wollen, mehr dazu finden Sie im nächsten Kapitel im Abschnitt 6.1.1 »Dateidienste für Windows-Netzwerke aktivieren«.

> **Achtung**
>
> Die deutsche Übersetzung des Hinweises führt Sie in die Irre. Sie lautet »Nur 3 SMB-Clients dürfen ...«. Richtig müsste es heißen »Nur SMB-3-Clients dürfen ...«. Die Zahl 3 bezieht sich nicht auf die Anzahl der Clients, sondern auf die SMB-Version.

   - *Vorherige Windows-Versionen aktivieren* – Diese Option erlaubt die Verwendung des Freigabeordners in der Windows-Funktion *Dateiversionsverlauf* (siehe Abschnitt 8.2.2 »Datensicherung auf das NAS mithilfe der Betriebssystemfunktionen«) – Die Option ist standardmäßig aktiviert, deaktivieren Sie sie, wenn Sie die Verwendung für den *Dateiversionsverlauf* verbieten wollen.

5.1 Freigabeordner – der Dreh- und Angelpunkt des NAS

- *Netzwerkpapierkorb aktivieren* – Bei aktivierter Option landen Dateien, die über das Netzwerk gelöscht werden, im Papierkorb. Die Option ist standardmäßig aktiviert.
- *Beschränken Sie den Zugang zum Papierkorb für den Moment ausschließlich auf Administratoren* – Der Name der Option beschreibt schon deren Funktion.
- *Aktivieren Sie Qsync für diesen Freigabeordner* – Erlaubt die Verwendung des Ordners in Qsync (siehe Kapitel 7 »Die Cloud – Daten und Geräte synchronisieren«).
- *Access-based share enumeration (ABSE) aktivieren* – Ist diese Option aktiv, werden Freigabeordner nur Benutzern angezeigt, die auch berechtigt sind, darauf zuzugreifen.
- *Access-based enumeration (ABE) aktivieren* – Ist diese Option aktiv, werden Dateien und Ordner des Freigabeordners nur Benutzern angezeigt, die auch berechtigt sind, darauf zuzugreifen.
- *Diesen Ordner als Time Machine Backup-Ordner (macOS) festlegen* – Wie der Name schon verrät, muss die Option aktiviert werden, damit der Ordner als Ziel von Apples Time Machine verwendet werden kann.

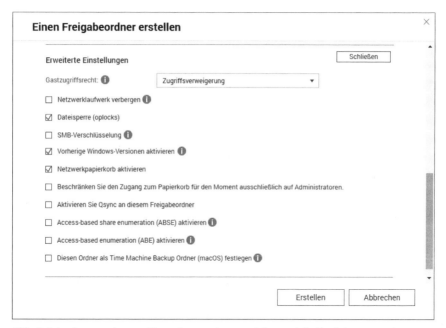

Abb. 5.4: In den erweiterten Einstellungen lassen sich spezielle Funktionen an- bzw. ausschalten.

7. Bestätigen Sie Ihre Einstellungen mit ERSTELLEN.

Sie können die Einstellungen des Freigabeordners jederzeit ändern, indem Sie den Ordner unter SYSTEMSTEUERUNG|RECHTE|FREIGABEORDNER markieren und auf eines der Icons klicken. Hier steht Ihnen auch noch einige weitere Optionen zur Verfügung. Im Menü EIGENSCHAFTEN BEARBEITEN können Sie den Freigabeordner in einen Snapshot-Freigabeordner migrieren (Abbildung 5.6). Im Menü BERECHTIGUNG FÜR FREIGABEORDNER BEARBEITEN können Sie nicht nur die Zugriffsrechte für Benutzer, sondern auch für Gruppen verwalten und weitere Zugriffsarten festlegen.

Kapitel 5
Dateiverwaltung

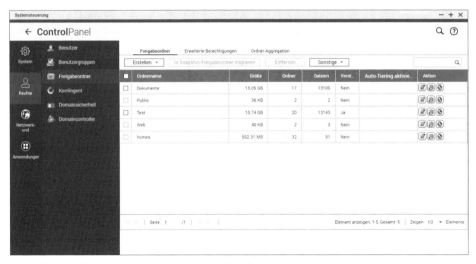

Abb. 5.5: Verwalten Sie Freigabeordner zentral in der Systemsteuerung.

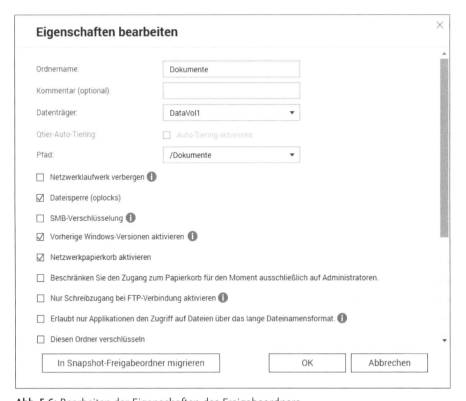

Abb. 5.6: Bearbeiten der Eigenschaften des Freigabeordners

Mit 🖉 bearbeiten Sie die Zugriffsreche der Benutzer, genauso wie Sie es bereits aus der Benutzerverwaltung kennen. Das letzte Icon aktualisiert die Zähler für Dateien, Ordner und Größe des jeweiligen Freigabeordners.

Mit ENTFERNEN können Sie den Ordner löschen, vorausgesetzt, es handelt sich nicht um einen der vorgegebenen Ordner und dessen Anwendung oder Dienst ist noch aktiv. Entfernen Sie einen Ordner, werden Sie gefragt, ob Sie auch die darin enthaltenen Dateien und Ordner löschen wollen. Aktivieren sie diese Option, wird der Freigabeordner komplett vom System entfernt, ist die Option nicht aktiv, wird der Freigabeordner nicht mehr angezeigt, bleibt aber auf dem System erhalten, verbraucht weiterhin Speicherplatz und kann wiederhergestellt werden.

5.1.4 Snapshot-Freigabeordner

Von Snapshots haben Sie schon bei der Erstellung von Volumes gelesen. QNAP ermöglicht aber nicht nur Snapshots auf Volume-Ebene, sondern auch auf Ebene der Freigabeordner. Der Snapshot-Freigabeordner wird auf einem eigenen Volume angelegt. Technisch gesehen ist also kein wirklicher Unterschied zwischen den beiden Varianten, außer dass Sie bei einem Snapshot-Freigabeordner auf einen Freigabeordner pro Volume begrenzt sind.

In diesem Abschnitt erkläre ich Ihnen, wie Sie einen Snapshot-Freigabeordner erstellen bzw. einen normalen Freigabeordner migrieren. Mehr zum Thema Snapshots und wie Sie diese erstellen, finden Sie in Abschnitt 5.4 »Snapshots«.

> **Tipp**
>
> Der Sinn hinter Snapshot-Freigabeordnern ist, dass diese schneller wiederherzustellen sein sollen. Ein Volume mit einem Ordner ist schneller wiederhergestellt als ein Volume mit vielen Ordnern. Das Konzept geht natürlich nur dann auf, wenn Sie sich um eine ordentliche Dateiverwaltung bemühen und nicht alles in einen Freigabeordner stopfen.

Snapshot-Freigabeordner erstellen Sie genauso wie normale Freigabeordner, mit dem Unterschied, dass Sie im ersten Abschnitt nicht das Volume wählen, sondern ein neues Volume erstellen (Abbildung 5.7). Sie wählen also den Speicherpool und ob Sie ein Thick- oder Thin-Volume erstellen möchten. Auch hier können Sie bei Bedarf und Verfügbarkeit der notwendigen Hardware Qtier aktivieren und ein Ordnerkontingent zuweisen (Volumekontingent und Ordnerkontingent sind hier deckungsgleich). Zugriffsberechtigungen und erweiterte Einstellungen konfigurieren Sie dann so, wie im vorherigen Abschnitt erklärt.

> **Tipp**
>
> Kein Platz mehr auf den Speicherpools? Erinnern Sie sich, als ich in Kapitel 2 geschrieben habe, Sie sollen erst einmal mit der Konfiguration Ihres NAS herumspielen und nicht gleich auf eine betriebsbereite Konfiguration hinarbeiten?
>
> Ist auf Ihren Speicherpools kein Platz mehr für weitere Volumes, löschen Sie die bestehenden Volumes einfach wieder und legen Sie neue an, aber lassen Sie diesmal noch etwas Platz für Snapshot-Freigabeordner. Natürlich können Sie auch mit normalen Volumes und Freigabeordnern arbeiten, die Snapshot-Funktion steht Ihnen trotzdem zur Verfügung.

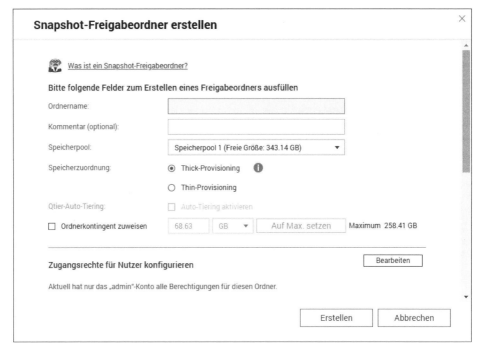

Abb. 5.7: Beim Erstellen eines Snapshot-Freigabeordners müssen Sie zusätzlich ein neues Volume anlegen.

Die Frage, ob ein Snapshot-Freigabeordner notwendig ist oder der Volume-Snapshot mehrerer normaler Freigabeordner ausreicht, kann ich Ihnen nicht pauschal beantworten. Es hängt ganz davon ab, wie Sie Ihr NAS nutzen und welche Daten Sie in den Freigabeordnern ablegen. Greifen mehrere Benutzer regelmäßig auf das NAS zu und werden darauf wichtige Daten abgelegt, kann es sehr ärgerlich sein, wenn für die Wiederherstellung eines Ordners 10 andere Freigaben inklusive NAS-Ressourcen blockiert. Im betrieblichen Umfeld werden dadurch unter Umständen Mitarbeiter von der Arbeit abgehalten.

Glücklicherweise ist nichts in Stein gemeißelt, und gerade Freigabeordner können schnell geändert werden.

Freigabeordner migrieren

Sie können Freigabeordner in Snapshot-Freigabeordner migrieren, genügend Platz in einem Speicherpool vorausgesetzt, eine umgekehrte Migration ist nicht möglich.

Die Migration übernimmt ein Assistent, diese starten Sie, indem Sie SYSTEMSTEUERUNG| RECHTE|FREIGABEORDNER öffnen und beim gewünschten Ordner auf EIGENSCHAFTEN BEARBEITEN und dort auf den Button IN SNAPSHOT-FREIGABEORDNER MIGRIEREN klicken. Der Button ist auch bei Snapshot-Freigabeordnern vorhanden, führt aber zu einer Fehlermeldung.

Im Assistenten müssen Sie folgende Schritte durchgehen:

1. Zuerst wird der Speicherbedarf des Freigabeordners ermittelt, dann geht es weiter mit dem ersten Schritt des Assistenten.
2. Wählen Sie den Speicherpool, auf dem das neue Volume erstellt werden soll. Und klicken Sie auf WEITER.
3. (Optional) Ist nicht genügend Speicherplatz auf dem Pool verfügbar, gelangen Sie zum Schritt »Freier Speicherpool-Speicherplatz« (der korrekt »Speicherpool-Speicherplatz freigeben« heißen sollte. Hier stehen Ihnen, je nach Speicherkonfiguration, verschiedene Methoden zur Verfügung, Speicherplatz frei zu machen. Sie können nicht verwendeten Speicherplatz von Snapshots oder Thin-Volumes freigeben oder Thick-Volumes in Thin-Volumes umwandeln.

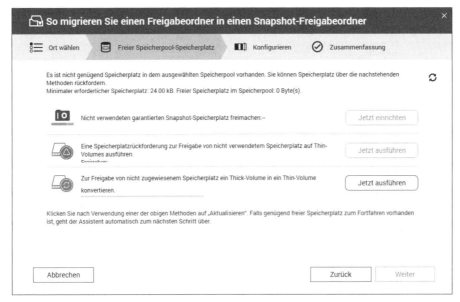

Abb. 5.8: Versuchen Sie Speicherplatz freizugeben, wenn nicht mehr genügend Platz für die Migration vorhanden ist.

4. Im nächsten Schritt legen Sie die Konfiguration fest, also ob es sich um ein Thick-Volume oder ein Thin-Volume handeln soll und wie viel Speicher zugewiesen werden soll. Klicken Sie dann auf WEITER (Abbildung 5.9).
5. Der letzte Schritt ist wieder eine Zusammenfassung, die Sie mit OK bestätigen.
6. Die Migration startet, der Vorgang kann je nach Größe etwas dauern.

Ist der Vorgang abgeschlossen, steht ein neues Volume bereit, das den Freigabeordner enthält. Das Volume steht für das Erstellen neuer Freigabeordner nicht zur Verfügung.

Kapitel 5
Dateiverwaltung

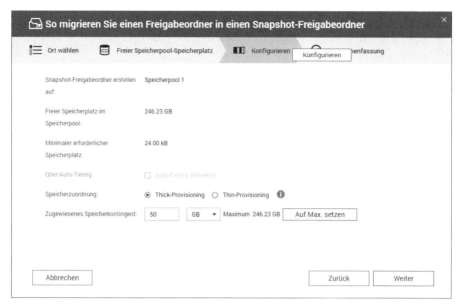

Abb. 5.9: Legen Sie ein neues Volume an.

5.2 Die File Station

Die *File Station* ist Ihr zentrales Tool, wenn es um die Dateiverwaltung geht. Sie ist vergleichbar mit dem Windows-Explorer oder dem Finder auf einem Mac. Die *File Station* ist von Beginn an auf Ihrem QNAP NAS installiert, und Sie finden sie sowohl auf dem *QTS*-Desktop als auch im Hauptmenü von *QTS*. Um die *File Station* nutzen zu können, muss zumindest ein Volume konfiguriert sein (siehe Abschnitt 2.4 »Speicherplatz verwalten«).

5.2.1 Aufbau der File Station

Die *File Station* sollte von der Benutzeroberfläche her keine große Überraschung sein. Wie bei anderen Datei-Explorern finden Sie im oberen Bereich des Fensters Buttons zur Navigation, eine Zeile mit diversen Schaltflächen für die unterschiedlichsten Aufgaben, die man in der *File Station* erledigen kann.

Auf der linken Seite finden Sie die Verzeichnisstruktur Ihres NAS mit den Freigabeordnern als oberste Ebene. Da das Betriebssystem des NAS auf Linux basiert, sind die Freigabeordner natürlich nicht alle Verzeichnisse, die vorhanden sind. Innerhalb von *QTS* können Sie auf die anderen Verzeichnisse aber nicht zugreifen. Zusätzlich ist der Punkt MOMENTAUFNAHME aufgelistet (hier, anders als in anderen Menüs, nicht als »Snapshots« übersetzt). Mit Snapshots befassen wir uns in Abschnitt 5.4 »Snapshots«. Darunter finden Sie Volumes, die noch keinen Freigabeordner enthalten. Auch *Qsync* (siehe Kapitel 7 »Die Cloud – Daten und Geräte synchronisieren«) wird hier aufgelistet.

Den Schluss der Auflistung bilden die FREIGABELINKVERWALTUNG, die Ansicht MIT MIR GETEILT (beide in Abschnitt 5.2.6 »Dateien und Ordner teilen«) und der PAPIERKORB (siehe Abschnitt 5.2.8 »Der Papierkorb«).

Sie können die Verzeichnisstruktur mit einem Klick auf die kleinen Pfeile neben den Ordnern erweitern und so die Unterordner anzeigen. Klicken Sie auf einen Ordner, wird dessen Inhalt im rechten Fenster angezeigt.

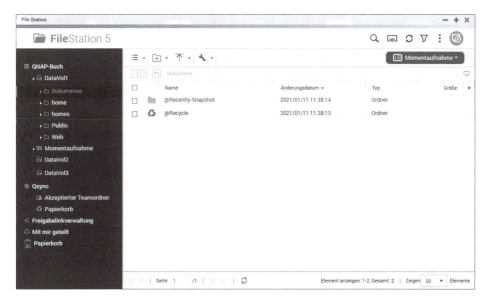

Abb. 5.10: Die File Station, ein typischer Datei-Explorer

Im rechten Teil der *File Station* sehen Sie den Inhalt des aktuell ausgewählten Ordners. Mit einem Doppelklick können Sie aufgelistete Ordner öffnen. Neue Freigabeordner enthalten bereits zwei Elemente: `@Recently-Snapshots` und `@Recycle` (siehe Abschnitt 5.2.8 »Der Papierkorb«). Haben Sie den *Startseite-Ordner* aktiviert, haben Sie als Administrator Zugriff auf den Freigabeordner `homes`, darin befinden sich die Benutzerordner aller bereits angemeldeter Benutzer.

5.2.2 Ordner erstellen

Um nun eigene Ordner zu erstellen, gibt es zwei Möglichkeiten. Die erste erfolgt über die Menüleiste (Abbildung 5.11).

1. Öffnen Sie die *File Station*.
2. Navigieren Sie zum gewünschten Ort, an dem Sie den neuen Ordner erstellen wollen.
3. Wählen Sie ORDNER ERSTELLEN|ORDNER ❶.
4. Geben Sie einen Namen für den neuen Ordner ein.
5. Bestätigen Sie mit OK.

Kapitel 5
Dateiverwaltung

Abb. 5.11: Erstellen Sie einen neuen Ordner.

Alternativ können Sie mit dem Kontextmenü arbeiten. Gehen Sie dazu folgendermaßen vor:

1. Öffnen Sie das Kontextmenü mit einem Rechtsklick auf einer der folgenden Stellen:
   - einen Ordner in der Verzeichnisstruktur auf der linken Seite
   - das Ansichtsfenster auf der rechten Seite (bei einem Rechtsklick auf einen Ordner im Ansichtsfenster wird der neue Ordner auf derselben Ebene erzeugt wie auch der angeklickte Ordner)
2. Wählen Sie im Kontextmenü ORDNER ERSTELLEN bzw. NEU|ORDNER ERSTELLEN (je nachdem, wo Sie das Kontextmenü öffnen).
3. Geben Sie einen Namen für den neuen Ordner ein.
4. Bestätigen Sie mit OK.

Natürlich können Sie auch bestehende Ordner von Ihrer Festplatte hochladen.

5.2.3 Dateien und Ordner hochladen

Auch beim Hochladen von Dateien haben Sie wieder zwei Optionen. Auch hier wird für die erste Option wieder die Menüleiste verwendet.

1. Öffnen Sie die *File Station*.
2. Navigieren Sie in den Ordner, in den Sie die Datei hochladen möchten.
3. Klicken Sie auf HOCHLADEN|DATEI oder ORDNER (siehe Abbildung 5.11, ❷).
4. Es öffnet sich der Datei-Explorer Ihres Betriebssystems. Navigieren Sie zur Datei, die Sie hochladen möchten, und bestätigen Sie die Auswahl.
5. Sie werden gefragt, was passieren soll, wenn eine gleichnamige Datei bereits vorhanden ist. Sie können die neue Datei umbenennen, die Datei überspringen oder die alte Datei überschreiben. Zusätzlich haben Sie die Möglichkeit, die Aktion als Standard festzulegen, dann wird der Dialog zukünftig nicht mehr angezeigt.

   Die Einstellung können Sie in den Einstellungen der *File Station* (DREIPUNKTEMENÜ| EINSTELLUNGEN) im Reiter DATEIÜBERTRAGUNG ändern.
6. Die Datei wird anschließend hochgeladen. Bei kleineren Dateien werden Sie den Vorgang kaum merken. Bei größeren Dateien können Sie den Fortschritt beobachten. Öffnen Sie dazu die Hintergrundaufgaben der *File Station* und wechseln dort in den Reiter HERAUFLADEN, dort sehen Sie aktuelle Uploads, Sie können diese auch pausieren/fort-

setzen oder abbrechen. Mit einem Klick auf Ausblenden schließen Sie die Ansicht, der Upload wird im Hintergrund fortgesetzt.

> **Tipp**
>
> Sie können auch mehrere Dateien gleichzeitig hochladen. Markieren Sie dazu mehrere Dateien mit gedrückter [Strg]/[⌘]-Taste.

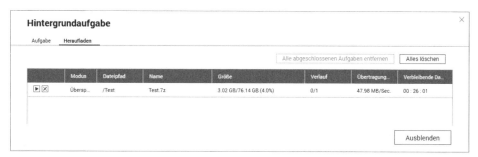

Abb. 5.12: Die Hintergrundaufgaben der File Station sind getrennt von denen des QTS.

Die zweite Variante ist das Hochladen von Dateien und/oder Ordnern per Drag & Drop.

1. Öffnen Sie die *File Station*.
2. Navigieren Sie zum Ordner, in den Sie etwas hochladen möchten.
3. Öffnen Sie den Explorer/Finder und navigieren Sie zu den Dateien/Ordnern, die Sie hochladen wollen.
4. Ziehen Sie die hochzuladenden Elemente in das Ansichtsfenster der *File Station*.
5. Die Dateien werden hochgeladen. Der Upload wird den Hintergrundaufgaben der *File Station* hinzugefügt.

Diese zweiten Möglichkeiten, Dateien hochzuladen, stellen nur die Mittel von QTS und der *File Station* dar. Es gibt noch eine Vielzahl anderer Wege, wie Sie Dateien auf Ihrem NAS speichern und auch auf sie zugreifen können. Die QNAP-Geräte unterstützen die gängigen Dateiübertragungsprotokolle. Mit diesen beschäftigen wir uns in Kapitel 6 »Dateidienste – Vom Computer auf den NAS-Speicher zugreifen«.

5.2.4 Dateien und Ordner herunterladen

Das Herunterladen funktioniert ähnlich wie das Hochladen.

- Markieren Sie die Elemente, die Sie herunterladen möchten, und wählen Sie 🔧 |HERUN-TERLADEN (siehe Abbildung 5.11, ❸). Alternativ öffnen Sie das Kontextmenü auf den ausgewählten Elementen und wählen dort HERUNTERLADEN. Laden Sie mehrere Dateien oder einen Ordner herunter, wird automatisch ein Ziparchiv erstellt und heruntergeladen.
- Sie können einzelne Dateien herunterladen, indem Sie sie im Ansichtsfenster der *File Station* doppelt anklicken. Je nach Browsereinstellung werden Sie aufgefordert, einen Speicherort zu wählen, oder die Datei wird direkt im eingestellten Ordner abgespeichert.

5.2.5 Arbeiten mit der File Station

Wie schon mehrfach erwähnt, ist die *File Station* ein vollwertiger Datei-Explorer. Sie können die Dateien, die Sie auf dem NAS abgelegt haben, ganz einfach in der *File Station* verwalten.

Alternative zum Kontextmenü

Das Kontextmenü ist nicht nur per Klick mit der rechten Maustaste erreichbar, dieselben Aktionen, die Sie im Kontextmenü finden, erreichen Sie auch über die Icons in der Aktionsleiste. So wie der Inhalt des Kontextmenüs davon abhängt, worauf Sie klicken, ist der Inhalt der Aktionsleiste abhängig davon, welches Element (Datei, Ordner, nichts) markiert ist.

Dateien/Ordner umbenennen

Das Umbenennen geht ganz einfach, entweder über das Kontextmenü UMBENENNEN auswählen oder mit der bekannten F2 -Taste.

Dateien/Ordner verschieben oder kopieren

Auch das Verschieben bzw. Kopieren funktioniert ganz wie gewohnt entweder per Drag & Drop oder über das Kontextmenü/. Der einzige Unterschied zu den Datei-Explorern bekannter Desktopbetriebssysteme: Sie müssen schon vor dem Auftreten eines Dateikonflikts entscheiden, ob Sie die Duplikate überschreiben möchten oder ob die betroffene Datei übersprungen werden soll.

- *Drag & Drop* – Markieren Sie die Elemente, die Sie verschieben bzw. kopieren möchten, und ziehen Sie sie in den neuen Ordner (in der Verzeichnisstruktur oder im Ansichtsfenster). Ein Tooltip zeigt Ihnen an, wie viele Elemente von der Aktion betroffen sind. Lassen Sie die Maustaste los, erscheint eine Auswahl. Diese enthält Optionen in Form der Kombination der Aktion (Verschieben oder Kopieren) und der Lösung für bereits vorhandene Dateien (überspringen, überschreiben, umbenennen). Zusätzlich sehen Sie die Option »Ausgewählte Dateiübertragungsaufgaben zusammenführen«, entfernen Sie dort den Haken, können Sie für jedes Element getrennt eine Option festlegen, ansonsten wird für alle Elemente die gleiche Option angewendet. Mit einem Klick auf ABBRECHEN können Sie die Aktion auch abbrechen, das Gleiche geschieht, wenn Sie außerhalb des Auswahlfensters klicken.

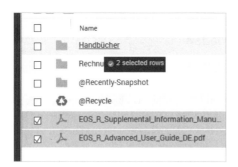

Abb. 5.13: Verschieben/Kopieren Sie markierte Elemente per Drag & Drop.

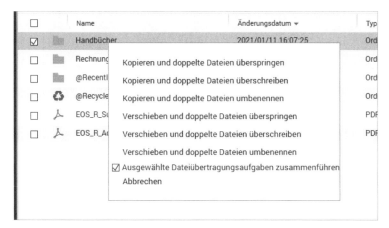

Abb. 5.14: Lassen Sie die Maustaste los, erscheint eine Auswahl mit Aktionen.

- *Kontextmenü* – Markieren Sie die Elemente, die Sie verschieben bzw. kopieren wollen, und öffnen Sie das Kontextmenü (Rechtsklick oder). Bewegen Sie die Maus über KOPIEREN NACH/VERSCHIEBEN NACH und wählen Sie die gewünschte Aktion aus. Im folgenden Dialog navigieren Sie zum gewünschten Ordner, wählen die gewünschte Option für Konflikte und bestätigen mit OK. Im Ordnerauswahldialog können Sie auch einen neuen Ordner erstellen.

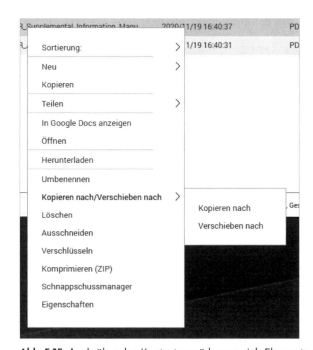

Abb. 5.15: Auch über das Kontextmenü lassen sich Elemente verschieben bzw. kopieren.

Abb. 5.16: Das Ziel wählen Sie über den Ordnerauswahldialog.

> **Tipp**
>
> Ihnen stehen die bekannten Tastenkürzel [Strg]/[⌘]+[A], [Strg]/[⌘]+[C], [Strg]/[⌘]+[V] und [Strg]/[⌘]+[X] zur Verfügung.

Datei-/Ordnereigenschaften

Wie gewohnt, können Sie sich die Eigenschaften einer Datei oder eines Ordners anzeigen lassen. Klicken Sie dazu mit der rechten Maustaste auf das gewünschte Element, und wählen Sie aus dem Kontextmenü den Eintrag EIGENSCHAFTEN. Sie können auch mehrere Elemente markieren. Das kann bei sehr großen Elementen schon mal ein wenig dauern. Je nach Leistungsstärke Ihres NAS-Modells, der Anzahl und Größe von Dateien und Ordnern, kann es einige Zeit dauern, bis Größe und Anzahl berechnet sind. Die *File Station* macht das nicht automatisch, wollen Sie die Informationen einsehen, klicken Sie auf das Taschenrechnersymbol ❶ (siehe Abbildung 5.17).

Abb. 5.17: Die Datei- bzw. Ordnereigenschaften, wie Sie sie aus anderen Betriebssystemen kennen

Verknüpfungen erstellen

Sie können für häufig verwendete Dateien und Ordner Verknüpfungen auf dem *QTS*-Desktop erstellen. Nutzen Sie dazu entweder das Kontextmenü (VERKNÜPFUNG AUF DESKTOP ERSTELLEN) oder ziehen Sie das Element auf den Desktop.

Ansicht anpassen

Auch diese Funktion kennen Sie bereits aus anderen Datei-Explorern. Mit dem ≡-Icon in der Aktionsleiste der *File Station* können Sie die Ansicht nach Ihren Wünschen anpassen. Mit dem ▽-Icon in der Kopfzeile können Sie einen Filter erstellen, um die angezeigten Elemente einzuschränken bzw. den Inhalt der Ordner nach bestimmten Kriterien zu filtern.

Die File Station durchsuchen

Über das Lupen-Icon 🔍 steht Ihnen eine Suche zur Verfügung. Über das Drop-down-Menü können Sie die Art der Dateien für die Suche einschränken, und mit »Erweiterte Suche« können Sie ähnlich zum Dateifilter die Suche genauer spezifizieren.

> **Hinweis**
>
> Die Suche der *File Station* kann nur nach Dateinamen suchen. Möchten Sie auch Metadaten durchsuchen, benötigen Sie die App *Qsirch*. Mehr zu *Qsirch* lesen Sie in Abschnitt 3.3.3 »Qsirch«.

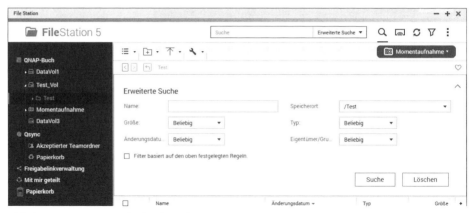

Abb. 5.18: Die erweiterte Suche der File Station

5.2.6 Dateien und Ordner teilen

Sie können Dateien und Ordner ganz einfach mit anderen teilen. Dabei haben Sie die Wahl, ob Sie die Freigabe mit anderen *QTS*-Benutzern teilen oder Personen ohne *QTS*-Benutzerkonto einen Freigabelink zukommen lassen möchten. Zusätzlich haben Sie die Wahl, ob Sie nur den Freigabelink erstellen möchten oder diesen gleich per E-Mail oder soziales Netzwerk verteilen möchten.

> **Wichtig**
>
> Wenn Sie eine Freigabe mit NAS-Nutzern teilen, erhalten diese Zugang zur Freigabe über die *File Station*. Dazu ist die Anmeldung mit dem Benutzerkonto notwendig, und auch nur Benutzer, mit denen die Freigabe geteilt wurde, sehen diese auch. *QTS* erstellt aber gleichzeitig auch einen Freigabelink für diese Freigabe. Den Link sehen vorerst nur Sie, teilen Sie diesen Link aber anderen mit, können diese auf die Freigabe zugreifen und das ganz ohne *QTS*-Benutzer-Anmeldedaten.

Markieren Sie die Datei/den Ordner, die/den Sie freigeben möchten. Öffnen Sie das Kontextmenü und wählen Sie TEILEN und dann die gewünschte Option (PER E-MAIL, ÜBER SOZIALES NETZWERK, NUR DEN FREIGABELINK ERSTELLEN, AN NAS-NUTZER). Der Teilen-Dialog öffnet sich, hier haben Sie über die Reiter auch die Möglichkeit, zwischen den Arten zu teilen hin und her zu schalten.

Teilen per E-Mail

Hier haben Sie die Wahl, ob Sie die Mail über das NAS verschicken wollen oder mit dem lokalen Computer. Für die erste Option muss Ihr Benutzer ein E-Mail-Konto hinterlegt haben (siehe Abschnitt 3.1.6 »QTS personalisieren«).

Geben Sie Empfänger, Betreff und Nachricht an, der Freigabelink wird automatisch in die Nachricht kopiert. Passen Sie den Freigabelink unbedingt über einen Klick auf WEITERE EINSTELLUNGEN an (mehr dazu später).

Abb. 5.19: Fügen Sie die E-Mail-Adressen der Empfänger ein und passen Sie die Nachricht Ihren Wünschen an.

Klicken Sie auf JETZT FREIGEBEN, wird die Nachricht direkt versendet (Versand per NAS), oder Ihr lokales Mail-Programm öffnet sich mit einer neuen E-Mail (Versand per Computer).

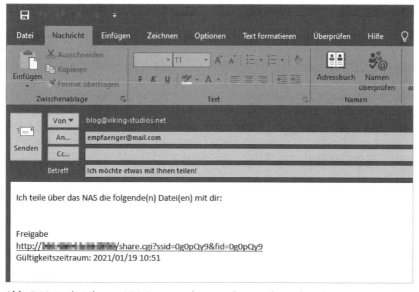

Abb. 5.20: Ist bei Ihrem QTS-Benutzer kein Mail-Konto hinterlegt, können Sie auch den lokalen E-Mail-Client zum Versenden verwenden.

Teilen per soziales Netzwerk

Hier haben Sie die Auswahl verschiedener sozialer Netzwerke. Geben Sie eine Nachricht ein, der Freigabelink wird automatisch angehängt. Passen Sie den Freigabelink unbedingt über einen Klick auf WEITERE EINSTELLUNGEN an (mehr dazu im Folgenden).

Klicken Sie auf JETZT FREIGEBEN, öffnet sich im Browser der Teilen-Dialog des jeweiligen sozialen Netzwerks, wo Sie noch weitere Einstellungen vornehmen können.

Abb. 5.21: Der bekannte Dialog »Auf Facebook teilen«

Teilen mit NAS-Nutzern

Überlegen Sie gut, ob das Teilen mit anderen NAS-Nutzern die richtige Methode ist. Sie können den Zugriff auf Freigabeordner, Ordner und Dateien für NAS-Nutzer direkt steuern, ein Teilen von Dateien und Ordnern mit anderen NAS-Nutzern ist primär nicht erforderlich. Das Teilen mit Benutzern kann in einigen Fällen aber nützlich sein, etwa wenn Sie Dateien nur kurzfristig austauschen wollen oder wenn die Dateien an einem für andere Nutzer nicht zugänglichen Ort liegen und Sie diese nicht in einen gemeinsamen Freigabeordner verschieben wollen. Arbeiten Sie mit Personen – die an sich kein Benutzerkonto auf Ihrem NAS haben – für längere Zeit zusammen, ist es besser, diesen für die Zeit der Zusammenarbeit einen Benutzer zur Verfügung zu stellen.

Wählen Sie im Drop-down-Menü, ob Sie den Ordner oder die Datei mit einem bestehenden Nutzer teilen oder ein neues Konto erstellen möchten. Wählen Sie dann den bzw. die Benutzer aus, mit denen Sie teilen möchten oder legen Sie das neue Konto an. Sie können durch Aktivieren der entsprechenden Option die ausgewählten Benutzer per E-Mail benachrichtigen lassen. Dazu muss aber die E-Mail-Benachrichtigung konfiguriert sein (siehe Abschnitt 11.2.1 »Systembenachrichtigungen aktivieren«). Für das Teilen mit anderen NAS-Nutzern ist kein Freigabelink erforderlich, da diese die Freigabe in der *File Station* angezeigt bekommen. In den Anpassungen des Freigabelinks (WEITERE EINSTELLUNGEN) finden Sie aber andere relevante Optionen (mehr im Folgenden).

Abb. 5.22: Wählen Sie die QTS-Benutzer, mit denen Sie die Freigabe teilen wollen.

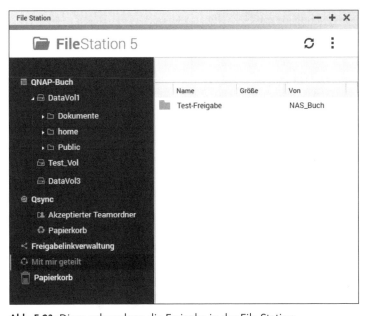

Abb. 5.23: Diese sehen dann die Freigabe in der File Station.

Nur den Freigabelink erstellen – Anpassen des Freigabelinks

In diesem Dialog sehen Sie nur die Einstellungen, die Sie bei allen anderen Dialogen unter WEITERE EINSTELLUNGEN finden. Haben Sie den Link angepasst und klicken Sie auf JETZT TEILEN, öffnet sich ein Pop-up mit dem Freigabelink, den Sie kopieren können. Sie können den Link jetzt über beliebige, nicht von NAS unterstützte Kanäle verschicken.

Abb. 5.24: Kopieren Sie den Link in die Zwischenablagen und teilen Sie ihn mit den Personen, die Zugriff auf die Freigabe erhalten sollen.

Die Freigabe können Sie ungeachtet der gewählten Methode mit folgenden Einstellungen anpassen:

- Sie können den Ordnernamen für die Freigabe umbenennen. Der Ordnername wird dann angezeigt, wenn der Freigabelink geöffnet wird, bzw. lautet so der Eintrag in der *File Station*, wenn Sie die Freigabe mit NAS-Nutzern teilen.
- Wählen Sie die Domain, die für den Freigabelink genutzt werden soll. Für das Teilen mit NAS-Nutzern ist diese Angabe nicht erforderlich.

> **Hinweis**
>
> Derzeit finden sich dort nur die lokale IP Ihres NAS und die externe IP Ihres Internetzugangs. Freigabelinks mit der lokalen IP sind nur innerhalb Ihres LANs erreichbar, Freigabelinks mit der externen IP sind nur über das Internet erreichbar, allerdings ist Ihr NAS ohne Konfiguration nicht aus dem Internet erreichbar. Mehr dazu finden Sie in Kapitel 9.

- Aktivieren Sie die Option »SSL in URL anzeigen«, damit ein sicherer https-Link erstellt wird. Mehr zu https erfahren Sie in Kapitel 9. Für das Teilen mit NAS-Nutzern ist diese Angabe nicht erforderlich.
- Geben Sie einen Ordner frei, können andere Nutzer nur Dateien aus dem Ordner herunterladen, sollen diese auch Dateien hochladen können, müssen Sie die Option »Datei-Upload zu diesem Ordner zulassen« aktivieren.
- Sie können festlegen, ob die Freigabe unbegrenzt gültig ist oder ob sie nach einer bestimmten Frist abläuft.

- Sie können die Freigabe zusätzlich mit einem Kennwort schützen. Die Option »Das Kennwort inkludieren« macht nur wenig Sinn. Das Kennwort ist dann Teil des Freigabelinks, jeder, der den Link hat, hat somit Zugriff auf die Freigabe. Versenden Sie Kennwörter für Freigaben immer getrennt und nur über verschlüsselte/abgesicherte Kanäle. Für das Teilen mit NAS-Nutzern ist diese Angabe nicht erforderlich, Sie können aber so den Freigabelink absichern, der trotzdem generiert wird.

> **Wichtig**
>
> Achten Sie darauf, wem Sie einen Freigabelink zukommen lassen und wie Sie den Link verteilen. Der Link kann in die Hände von unerwünschten Empfängern geraten, die dann auf Ihre Dateien oder die Ihrer Freunde, Familie oder Kunden zugreifen oder selbst schädliche Dateien auf Ihr NAS hochladen können.
>
> Verwenden Sie für Freigabelinks nur die sichere https-Variante, sichern Sie die Freigabe per Passwort ab, und versenden Sie Link und Passwort getrennt. Verschicken Sie das Passwort nicht per Mail, und teilen Sie es nicht über öffentliche/unsichere Kanäle. Löschen Sie die Freigabe, wenn Sie nicht mehr benötigt wird.

Freigaben verwalten

NAS-Nutzer sehen mit Ihnen geteilte Freigaben in der *File Station* unter MIT MIR GETEILT.

Jeder Benutzer kann die Freigaben, die er erstellt hat, in der *File Station* einsehen und verwalten. Diese werden unter dem Punkt FREIGABELINKVERWALTUNG angezeigt. Markieren Sie hier eine Freigabe, erscheinen in der Aktionsleiste weitere Icons, über die Sie erneut den Teilen-Dialog öffnen und die Freigabe bearbeiten, die Freigabe löschen oder den Freigabelink in die Zwischenablage kopieren können.

> **Hinweis**
>
> Hier finden Sie auch Freigaben, die Sie mit anderen NAS-Nutzern geteilt haben, sowie deren Freigabelink, vor dem ich Sie gewarnt habe.

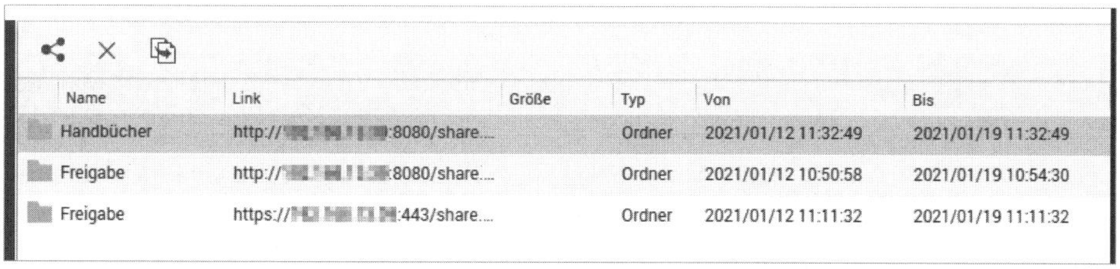

Name	Link	Größe	Typ	Von	Bis
Handbücher	http://:8080/share...		Ordner	2021/01/12 11:32:49	2021/01/19 11:32:49
Freigabe	http://:8080/share...		Ordner	2021/01/12 10:50:58	2021/01/19 10:54:30
Freigabe	https://:443/share...		Ordner	2021/01/12 11:11:32	2021/01/19 11:11:32

Abb. 5.25: Alle von Ihnen erstellen Freigaben auf einem Blick

Löschen Sie eine Freigabe, wird nur der Zugang für andere entfernt (der Link ist nicht mehr gültig, bzw. die Freigabe erscheint nicht mehr in der *File Station*). Für den Benutzer, der die Freigabe erstellt hat, bleibt der Ordner bzw. die Dateien selbstverständlich erhalten.

Möchten Sie nicht, dass andere Nutzer Freigabelinks erzeugen können, deaktivieren Sie
»Allen Nutzern die Erstellung von Freigabelinks erlauben« unter DREIPUNKTEMENÜ|EIN-
STELLUNGEN|ALLGEMEIN. Dort können Sie auch das Teilen mit anderen NAS-Nutzern auf
Administratoren beschränken.

5.2.7 Erweiterte Zugriffsreche

Bisher haben wir Zugriffsrechte auf Freigabeordner für Benutzer und Gruppen festgelegt. Diese können Sie über BERECHTIGUNGEN FÜR FREIGABEORDNER in SYSTEMSTEUERUNG|RECHTE sowohl bei BENUTZER, BENUTZERGRUPPEN als auch FREIGABEORDNER bearbeiten. Die Rechtevergabe ist dabei auf Freigabeordner beschränkt. Möchte man den Zugriff auf Unterordner verwalten, reichen die bisherigen Methoden nicht aus. Jeden Unterordner als Freigabeordner anzulegen, würde schnell unübersichtlich werden (Freigabeordner können nicht hierarchisch angelegt werden) und zu keiner ordentlichen Dateiverwaltung führen.

Um das Problem zu lösen, gibt es die erweiterten Berechtigungen. Diese müssen aber zuerst aktiviert werden. Öffnen Sie dazu SYSTEMSTEUERUNG|RECHTE|FREIGABEORDNER|ERWEITERTE BERECHTIGUNGEN. Setzen Sie dort den Haken bei »Erweiterte Ordnerzugriffsrechte aktivieren« und bestätigen Sie mit einem Klick auf ÜBERNEHMEN. Sie erhalten den Hinweis, dass die Berechtigungen aller Unterordner auf den Stand der Stammordner (Freigabeordner) gebracht werden und der Vorgang je nach Anzahl der Dateien und Ordner etwas dauern kann. Bestätigen Sie die Meldung mit JA, und warten Sie, bis der Vorgang abgeschlossen ist.

Jetzt stehen Ihnen zum einen weitere Einstellungen für Freigabeordner und Unterordner zur Verfügung, zum anderen können Sie die Zugriffsrechte für einzelne Unterordner und Dateien bearbeiten.

Ordnerberechtigungen

Wenn Sie in SYSTEMSTEUERUNG|RECHTE|FREIGABEORDNER die BERECHTIGUNG FÜR FREIGABEORDNER BEARBEITEN, können Sie jetzt nicht nur die Freigabeordner auswählen, durch einen Klick auf die Pfeile können Sie auch auf die jeweiligen Unterordner zugreifen und dort die Rechte (Schreibgeschützt, Lesen/Schreiben, Zugriffsverweigerung) setzen (Abbildung 5.26). Generell wird empfohlen, Berechtigungen nur auf der ersten und zweiten Ebene der Unterordner zu setzen.

> **Wichtig**
>
> Auch hier gilt die Reihenfolge Verweigern > Schreibgeschützt > Lesen/Schreiben, egal wo sie gesetzt wurden. Das bedeutet, Sie können die Rechte in der Hierarchie abwärts nur einschränken, nicht ausweiten. Ein Benutzer, der auf dem Freigabeordner nur Leserechte hat, kann auf einem darin enthaltenen Unterordner keine Schreibrechte bekommen.

Sie können die Rechte für Unterordner auch direkt in der *File Station* bearbeiten. Öffnen Sie dazu das Kontextmenü auf dem gewünschten Unterordner, wählen Sie Eigenschaften und wechseln Sie in den Reiter ERLAUBNIS (Abbildung 5.27).

Abb. 5.26: Der Dialog weist nach dem Aktivieren der erweiterten Ordnerzugriffsrechte mehr Optionen auf.

Abb. 5.27: Weisen Sie Benutzerrechte direkt in den Eigenschaften des Unterordners zu. Sind die erweiterten Ordnerzugriffsrechte nicht aktiviert, sind hier nur die aktuellen Rechte einsehbar, können aber nicht angepasst werden.

Besondere Zugriffsrechte

Diese stehen Ihnen nur für Freigabeordner zur Verfügung. In der Rechtetabelle finden Sie neben den bekannten Rechten eine weitere Spalte. Diese besonderen Rechte sind nur in Kombination mit mindestens Lesezugriff möglich. Die Rechte, die der Benutzer für den Freigabeordner besitzt, dehnen sich auf allen darin enthaltenen Unterordnern und Dateien aus, unabhängig davon, wie dort die Rechte gesetzt werden.

Weitere Einstellungen

Zusätzlich zu den Zugriffsberechtigungen stehen Ihnen jetzt weitere Optionen zur Verfügung. So können Sie den Eigentümer von Freigabeordnern ändern und das Löschen von Inhalten auf diesen beschränken oder nur Administratoren das Erstellen von Dateien und Ordnern erlauben.

Diese Optionen finden Sie unterhalb der Tabelle für Zugriffsrechte, egal, ob Sie die Rechteverwaltung der Freigabeordner aufrufen oder die Rechte für Unterordner direkt in der *File Station* bearbeiten.

5.2.8 Der Papierkorb

> **Hinweis**
>
> In der Systemsteuerung und in anderen Menüs ist vom »Netzwerkpapierkorb« die Rede, in der *File Station* und an anderen Orten heißt es »Papierkorb«. Gemeint wird aber immer derselbe Papierkorb.

Wer hat nicht schon mal unabsichtlich eine Datei gelöscht oder ist nach einiger Zeit draufgekommen, dass die Datei doch noch benötigt wird? Auf dem Computer gibt's den Papierkorb, und auch auf dem QNAP NAS ist das kein Problem. Dateien, die Sie löschen, werden dorthin verschoben, statt sofort gelöscht. Da ein *Papierkorb* aber Speicherplatz benötigt, können Sie für jeden Freigabeordner selbst entscheiden, ob Sie den Papierkorb aktivieren wollen und wie lange er gelöschte Dateien behalten soll.

> **Hinweis**
>
> Im Netzwerkpapierkorb werden nur Dateien abgelegt, die über SMB, AFP, FTP oder die *File Station* gelöscht werden. Für externe Speichermedien oder virtuelle Datenträger steht kein Netzwerkpapierkorb zur Verfügung.

Den Papierkorb aktivieren/deaktivieren

Damit Sie den Netzwerkpapierkorb nutzen können, muss dieser unter SYSTEMSTEUERUNG| NETZWERK- UND DATEISERVICES|NETZWERKPAPIERKORB aktiviert werden. Danach ist der Papierkorb bereits bei der Erstellung eines Freigabeordners aktiv (siehe Abschnitt 5.1.3 »Freigabeordner erstellen«). Möchten Sie für den Freigabeordner keinen Papierkorb, entfernen Sie im Abschnitt »Erweiterte Einstellungen den Haken bei Netzwerkpapierkorb aktivieren« (siehe Abbildung 5.4). Wurde der Freigabeordner erstellt, bevor der Netzwerkpapierkorb in der Systemsteuerung aktiviert wurde, muss er nachträglich in den Eigenschaften des Freigabeordners aktiviert werden:

1. Öffnen Sie SYSTEMSTEUERUNG|RECHTE|FREIGABEORDNER.
2. Klicken Sie beim gewünschten Freigabeordner ■.
3. Setzen Sie den Haken bei »Netzwerkpapierkorb aktivieren«.

> **Tipp**
>
> Sie können den Zugriff auf den Papierkorb auf Administratoren beschränken. Die notwendige Option finden Sie gleich darunter.

4. Übernehmen Sie die Änderungen mit Klick auf ÜBERNHEMEN.

Auf demselben Weg können Sie die Netzwerkpapierkörbe einzelner Freigabeordner auch wieder deaktivieren. Wollen Sie alle Netzwerkpapierkörbe auf einmal deaktivieren, entfernen Sie den Haken bei »Netzwerkpapierkorb aktivieren« unter SYSTEMSTEUERUNG|NETZWERK- UND DATEISERVICES|NETZWERKPAPIERKORB.

Abb. 5.28: Das Netzwerkpapierkorbmenü in der Systemsteuerung

Dateien in den Papierkorb verschieben

Löschen Sie Dateien oder Ordner in der *File Station*, werden Sie gefragt, ob Sie sie in den Netzwerkpapierkorb verschieben wollen oder ob Sie sie dauerhaft löschen wollen.

Abb. 5.29: Auch mit aktiviertem Papierkorb können Sie Dateien direkt dauerhaft löschen.

Papierkorb durchsuchen und Dateien wiederherstellen

Den bzw. die Netzwerkpapierkörbe finden Sie in der *File Station* ganz unter bzw. über das Papierkorb-Icon auf dem *QTS*-Desktop. In der Ansicht PAPIERKORB werden alle aktivierten Netzwerkpapierkörbe mit dem Namen des zugehörigen Freigabeordners angezeigt.

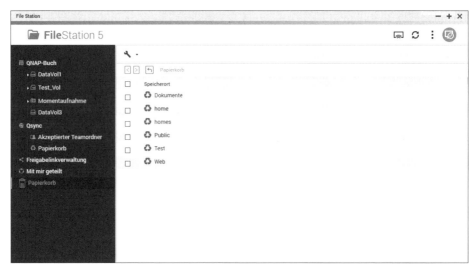

Abb. 5.30: Der Papierkorb in der File Station

Sie können durch die Papierkörbe wie durch die Freigabeordner navigieren, denn anders als z.B. im Windows-Papierkorb können Sie gelöschte Ordner im Papierkorb öffnen. Gelöschte Elemente werden im Papierkorb in derselben Hierarchie abgelegt, wie sie auch im Freigabeordner angeordnet waren.

Löschen Sie beispielsweise im Freigabeordner Dokumente die Datei Archiv.zip im Unterordner Test_Ebene1/Test_Ebene2a, dann wird die Datei im Papierkorb unter demselben Ordnerpfad (Dokumente/Test_Ebene1/Test_Ebene2a/Archiv.zip) abgelegt.

Abb. 5.31: Sie finden die Datei im Papierkorb unter demselben Ordnerpfad.

Wollen Sie die Datei wiederherstellen, navigieren Sie zu der Datei im Papierkorb, und verschieben Sie sie per Drag & Drop oder über das Kontextmenü an den ursprünglichen oder einen beliebigen neuen Ort. Alternativ steht Ihnen im Kontextmenü WIDERHERSTELLEN zur Verfügung. Die Funktion stellt die Datei am ursprünglichen Ort wieder her. Existieren die Unterordner nicht mehr, werden auch diese wiederhergestellt.

Eine weitere Möglichkeit, auf den Papierkorb zuzugreifen, ist der Ordner @Recycle, den Sie in jedem Freigabeordner finden. Anders als in der Ansicht Papierkorb werden @Recycle und die darin enthaltenen Unterordner auch in der Navigationsansicht angezeigt.

Papierkorb leeren

Die Papierkörbe können Sie über das Kontextmenü oder das Icon ![wrench] löschen.

> **Achtung**
>
> Haben Sie in der Ansicht PAPIERKORB einen Netzwerkpapierkorb markiert und klicken auf das Icon, sehen Sie zweimal den Eintrag ALLES LEEREN. Welcher davon den ausgewählten Netzwerkpapierkorb und welcher ALLE Netzwerkpapierkörbe leert, erfahren Sie, indem Sie die darauffolgende Meldung genau lesen.

Abb. 5.32: Markierte bzw. alle Papierkörbe über das Icon löschen

Wollen Sie den Papierkorb nicht manuell leeren, können Sie eine automatische Leerung erstellen. Diese finden Sie unter SYSTEMSTEUERUNG|NETZWERK- UND DATEISERVICES|NETZWERKPAPIERKORB Legen Sie hier die Dauer fest, die Elemente im Papierkorb behalten werden sollen. Deaktivieren Sie die Option, bleiben die Elemente erhalten, bis Sie sie manuell löschen.

Sie können hier auch Dateiendungen angeben, die nicht im Netzwerkpapierkorb abgelegt, sondern direkt gelöscht werden sollen.

5.3 Mobiler Zugriff per App

Natürlich wollen wir in der heutigen Zeit nicht nur von unseren PCs auf das NAS zugreifen, sondern auch von unseren mobilen Geräten, wie Smartphones und Tablets. Mittlerweile kann man auch auf mobilen Geräten gängige Dateidienste wie SMB und WebDAV nutzen, wenn nicht vom Betriebssystem aus, dann zumindest per App. Die Einrichtung erfolgt meist genau wie auch auf dem Computer. Sie können stattdessen aber auch eine der Apps nutzen, die QNAP für die gängigen Mobilgeräte herausgebracht hat.

> **Hinweis**
>
> Auch wenn hier von mobilen Geräten die Rede ist, wir befinden uns weiterhin im lokalen Netzwerk. Die in diesem Kapitel vorgestellten Lösungen funktionieren nur dann, wenn Sie mit dem heimischen WLAN verbunden sind. Wie Sie auch von unterwegs auf Ihre Daten zugreifen, erfahren Sie in Kapitel 9 »Das NAS über das Internet erreichen«.

5.3.1 Die App Qfile

Qfile ist das App-Gegenstück zur *File Station*. Die App ist kostenlos für Apple und Android erhältlich.

Qfile einrichten

1. Laden Sie die kostenlose App *Qfile* aus dem jeweiligen App-Store. Einen QR-Code dazu erhalten Sie, wenn Sie in der Fußzeile von QTS auf DIENSTPROGRAMM (Hammer-Icon) klicken und MOBILE-APP auswählen.
2. Vergewissern Sie sich, dass Sie mit dem WLAN verbunden sind.
3. Beim ersten Start erhalten Sie eine kleine Einführung und müssen die Region wählen. QNAP möchte auch hier wieder Ihre Nutzungsdaten, deren Übertragung Sie hier deaktivieren können.
4. Im nächsten Schritt müssen Sie der App den Zugriff auf die Dateien Ihres Smartphones gewähren.
5. Im WLAN sollte Ihr NAS automatisch gefunden werden, ansonsten müssen Sie die Verbindungsinformationen manuell angeben (siehe Abbildung 5.33). Tippen Sie auf das NAS in der Liste oder wählen Sie NAS MANUELL HINZUFÜGEN und geben folgende Daten an:
    - IP-Adresse Ihres NAS, alternativ funktionieren der *myQNAPcloud*-Name oder eine eigene Domain (siehe Kapitel 9 »Das NAS über das Internet erreichen«). Wurde das NAS bereits aufgelistet, ist diese Information nicht mehr notwendig.
    - Benutzername und Passwort des *QTS*-Benutzers.
    - Sie können die Anmeldedaten speichern, damit Sie sich nicht jedes Mal neu anmelden müssen.
    - Verwenden Sie aus Sicherheitsgründen stets *SSL* (https).
    - In den erweiterten Einstellungen können Sie eine eigene Portnummer angeben, wenn Sie diese geändert haben. Mehr zu benutzerdefinierten Ports erfahren Sie in Abschnitt 10.9.4 »Standardports ändern«.
6. Tippen Sie auf SPEICHERN.
7. Bestätigen Sie die Zertifikatsmeldung (siehe Abbildung 5.34).
8. War der Anmeldevorgang erfolgreich, sehen Sie alle Freigabeordner, für die der verwendete Benutzer Berechtigungen hat.

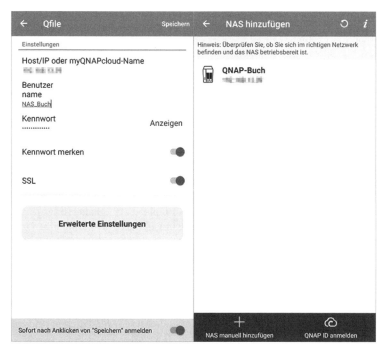

Abb. 5.33: Mit dem NAS verbinden und anmelden

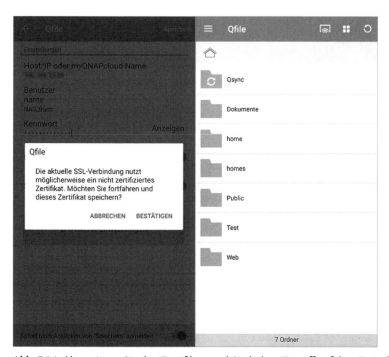

Abb. 5.34: Akzeptieren Sie das Zertifikat, und Sie haben Zugriff auf Ihre Freigabeordner.

Qfile bedienen

- Durch Antippen der Ordner können Sie diese öffnen. Durch Tippen auf den Pfeil links oben kommen Sie wieder eine Ebene höher.
- Tippen Sie auf eine Datei, wird sie auf Ihr Smartphone heruntergeladen. Zum Öffnen muss der Dateityp von Ihrem Smartphone unterstützt werden oder eine geeignete App installiert sein.
- Sie können Dateien auch hochladen. Öffnen Sie dazu den gewünschten Ordner und öffnen Sie das Dreipunktemenü (rechts, ganz oben). Wählen Sie HERAUFLADEN und wählen Sie die gewünschte Quelle. Wählen Sie dann die gewünschten Elemente (ein einmaliges Antippen eines Elements lädt dieses sofort hoch, tippen Sie länger auf ein Element, wechselt der Dialog in den Auswahlmodus und Sie können mehrere Elemente auswählen), bzw. erstellen Sie ein Foto/Video. Bestätigen Sie die Auswahl durch Tippen auf ⬆. Die Elemente werden jetzt hochgeladen. Der Upload erfolgt als Hintergrundaufgabe und ist über den gleichnamigen Menüeintrag einsehbar. Dort können Sie Uploads auch abbrechen bzw. neu starten.
- Über das Dreipunktemenü (neben der Datei oder dem Ordner) können Sie diese auch freigeben. Der erzeugte Link enthält allerdings den Servernamen, mit dem Sie sich angemeldet haben. Solange Sie nur im LAN unterwegs sind, ist das die IP-Adresse, daher können auch nur diejenigen darauf zugreifen, die sich in Ihrem LAN befinden.
- Über das Dreipunktemenü können Sie Dateien auch kopieren, verschieben und umbenennen sowie deren Eigenschaften einsehen.

Abb. 5.35: Das Menü von Qfile

Auto-Upload

Eine wirklich praktische Funktion ist der Auto-Upload. Dieser kann für Fotos/Videos sowie für Ordner auf dem Dateisystem Ihres Smartphones eingerichtet werden. Nehmen Sie mit Ihrem Smartphone ein Foto auf oder speichern Sie eine Datei ab, wird diese automatisch auf Ihr NAS hochgeladen.

Zum Einrichten des Auto-Uploads gehen Sie wie folgt vor:

1. Öffnen Sie das Menü von *Qfile* und wählen Sie Auto-Upload.
2. Wählen Sie JETZT EINRICHTEN für Fotos/Videos bzw. für Dateien.
3. Wählen Sie die gewünschte Quelle. Für Fotos/Videos stehen Ihnen verschiedene Quellen zur Verfügung:
   - *Alle Fotos und Videos* – Was auch immer Ihr Smartphone unter Foto und Video versteht, unabhängig davon, ob die Datei mit der Kamera Ihres Smartphones aufgenommen wurde oder nicht. Was genau darunter fällt, kann von Betriebssystem Ihres Smartphones abhängen und wie Mediendaten indiziert werden.
   - *Nur Kamerarolle (Camera roll)* – Nur Fotos/Videos, die mit der Kamera Ihres Smartphones aufgenommen wurden.
   - *Benutzerdefiniert* – Zeigt Ihnen eine Liste mit Ordnern, in denen Fotos/Videos gefunden wurden. Wählen Sie, aus welchen Ordner(n) Fotos und Videos automatisch hochgeladen werden sollen. Auch hier ist die Liste von der Medienindizierung Ihres Smartphones abhängig.

   Für den Dateiupload können Sie einen Ordner aus dem internen Speicher Ihres Smartphones wählen.
4. Wählen Sie den Ordner auf Ihrem NAS, in dem die Dateien abgelegt werden sollen. Haben Sie den *Startseite-Ordner* aktiviert, finden Sie in der Liste das home-Verzeichnis des Benutzers. Über ANPASSEN können Sie aber auch einen beliebigen Speicherplatz festlegen.
5. Haben Sie den Datei-Upload gewählt, können Sie jetzt weitere Quellordner hinzufügen. Unabhängig davon, was Sie uploaden wollen, können Sie noch weitere Einstellungen festlegen, wie etwa, ob Sie alles im Ordner hochladen wollen oder nur Dateien ab einem bestimmten Datum. Sie können den Auto-Upload auch auf die Nutzung von WLAN beschränken.
6. Haben Sie die gewünschten Einstellungen getroffen, tippen Sie auf FERTIG.

Der Auto-Upload ist jetzt aktiv. Wurden in den angegebenen Quellverzeichnissen Dateien gefunden, die den Vorgaben entsprechen, werden sie sofort hochgeladen. Die Uploads finden Sie wieder in den HINTERGRUNDAUFGABEN. *Qfile* überwacht ab jetzt die Quellverzeichnisse, und wenn eine neue Datei hinzugefügt wird, wird diese automatisch auf Ihr NAS hochgeladen.

Kapitel 5
Dateiverwaltung

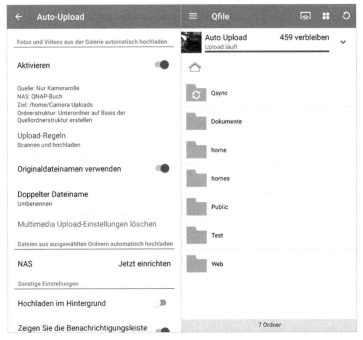

Abb. 5.36: Ist der Auto-Upload aktiviert, werden Dateien, basierend auf den Einstellungen, automatisch hochgeladen.

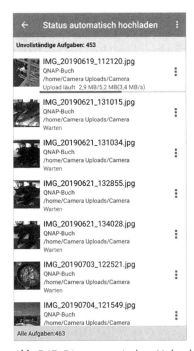

Abb. 5.37: Die automatischen Uploads im Detail in den Hintergrundaufgaben

Je nachdem, welchen Auto-Upload Sie eingerichtet haben (Foto/Video oder Datei), können Sie jetzt auch den jeweils anderen einrichten oder den bestehenden Auto-Upload bearbeiten bzw. deaktivieren.

5.4 Snapshots

Bevor wir uns in Kapitel 7 mit Dateiversionen in der Cloud und in Kapitel 8 mit Daten-Backups besprechen, müssen an dieser Stelle noch die Snapshots erwähnt werden. Snapshots sind – in Bezug auf Dateien bzw. das Dateisystem – Momentaufnahmen des aktuellen Datenbestandes. Sie sind meist auf Ebene des Dateisystems selbst implementiert, was dafür sorgt, dass beim Anlegen einer Sicherung möglichst wenig schiefgehen kann. So können Fehler durch den Anwender oder Probleme durch eine Sicherungsanwendung nicht auftreten. Snapshots sind schnell erstellt, da keine tatsächlichen Kopien der Daten erstellt werden. Grob gesagt, fängt das Dateisystem Schreibprozesse auf eine Datei ab. Im Snapshot wird also gespeichert, was mit der Datei passiert ist und nicht die Datei selbst. Speicherplatz wird also nur dann benötigt, wenn Änderungen auftreten. Fügen Sie viele Dateien hinzu, benötigen die Snapshots keinen extra Speicherplatz. Ändern Sie Dateien, werden nur die Änderungen erfasst. Erst wenn Sie häufig Dateien löschen, können Snapshots mehr Platz benötigen, da die Dateien erhalten bleiben müssen, um sie wiederherstellen zu können.

Snapshots brauchen daher weniger Speicherplatz als Backups und auch das Widerherstellen ist viel schneller. Da diese Information aber auf demselben Datenträger liegt wie die Dateien, sind Snapshots kein Ersatz für Backups.

Snapshots eignen sich eher zur Versionierung, also dem Sichern von verschiedenen Versionen einer Datei. Bearbeiten Sie eine Datei, kann es sein, dass Sie Änderungen rückgängig machen möchten. Solange das Programm offen ist, mit dem Sie die Datei bearbeiten, ist das ja meist kein Problem. Arbeiten Sie an der Datei aber über einen längeren Zeitraum, ist das aber schon schwieriger. Mache Programme haben ein eigenes Änderungsprotokoll, aber nicht alle, und nicht immer bleiben alle Änderungen erhalten. Löschen Sie die Datei oder geht sie verloren, haben Sie aber auch keinen Zugriff auf die Änderungen mehr.

Gegenüber der Versionierung durch die Cloud haben Snapshots den Nachteil, dass nicht alle Änderungen protokolliert werden, sondern nur die Änderungen, die zum Zeitpunkt der Snapshot-Erstellung vorliegen. Änderungen zwischen zwei Snapshots bleiben also nicht erhalten. Ein kleines Beispiel soll das verdeutlichen.

Sie erstellen ein Textdokument und schreiben dort einige Absätze. Anschließend wird der erste Snapshot erstellt. Danach fügen Sie einen weiteren Absatz hinzu. Zu einem späteren Zeitpunkt löschen Sie den neuen Absatz wieder und ersetzen ihn durch einen anderen. Anschließend wird der zweite Snapshot erstellt. Jetzt würden Sie gerne den gelöschten Absatz wiederherstellen, das geht aber nicht, da dieser nicht protokolliert wurde. Im ersten Snapshot ist er noch nicht enthalten, im zweiten Snapshot ist er schon nicht mehr vorhanden.

Snapshots sind dennoch eine hervorragende Ergänzung zur Datensicherung und zur Versionierung Ihrer Dateien.

5.4.1 Snapshots erstellen

Snapshots können Sie manuell oder automatisiert über den Schnappschussmanager erstellen lassen. Sie erreichen ihn ganz bequem über die *File Station*. In der Menüleiste finden Sie auf der rechten Seite den Button MOMENTAUFNAHME.

> **Hinweis**
>
> An einigen wenigen Stellen in *QTS*, wie etwa der *File Station*, wurde »Snapshots« mit »Momentaufnahme« übersetzt. An anderen Stellen taucht auch der Begriff »Schnappschuss« auf. An vielen Stellen wird aber der Begriff »Snapshot« benutzt.

Klicken Sie auf den Button, finden Sie den Eintrag SCHNAPPSCHUSSMANAGER. Ein direkter Klick darauf öffnet den Manager für das Volume, in dem Sie sich befinden. Navigieren Sie eine Menüebene tiefer, können Sie das Volume auch direkt auswählen.

Alternativ können Sie in *Speicher & Snapshots* unter SPEICHER/SNAPSHOTS das Volume auswählen und über den Button SCHNAPPSCHUSS den SCHNAPPSCHUSSMANAGER auswählen (siehe Abbildung 5.42).

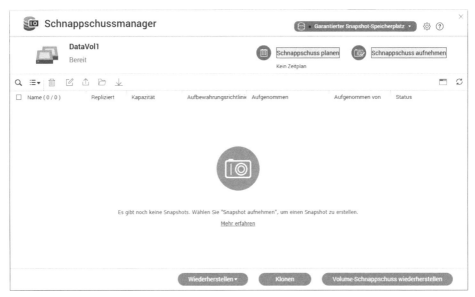

Abb. 5.38: Der Schnappschussmanager ist das Verwaltungswerkzeug für Ihre Snapshots. Die volle Funktionalität zeigt sich erst, wenn der erste Snapshot angelegt wurde.

Manueller Snapshot

Um einen manuellen Snapshot zu erstellen, klicken Sie einfach auf SCHNAPPSCHUSS AUFNEHMEN. Bestätigen Sie die Meldung und folgen Sie anschließend den Schritten im Assistenten.

1. Benennen Sie den Schnappschuss.
2. Aktivieren Sie, nach Wunsch, die Option zur dauerhaften Aufbewahrung des Snapshots. Wird der Speicherplatz knapp, werden Snapshots gelöscht, ist diese Option aktiv, wird der Snapshot nicht mehr automatisch gelöscht, kann aber bei Bedarf manuell gelöscht werden.
3. Sie können den Snapshot mit einer Beschreibung versehen.
4. Klicken Sie auf OK. Anschließend wird der Snapshot erstellt. Der Vorgang dauert nur einen Augenblick.

Abb. 5.39: Ein Snapshot erfordert kaum Konfiguration.

Geplante Snapshots

Anstelle von manuellen Snapshots (die man gerne vergisst) können Sie Snapshots auch nach Zeitplan erstellen lassen. Wählen Sie dazu im Schnappschussmanager SCHNAPPSCHUSS PLANEN und legen Sie folgende Einstellungen fest:

1. Aktivieren Sie den Zeitplan.
2. Wählen Sie aus, wie oft ein Snapshot erstellt werden soll. Sie können zwischen monatlichen Snapshots bis hin zu Snapshots jede Minute relativ frei wählen, wie oft ein Snapshot erstellt werden soll.
3. Lassen Sie die Option »Smart-Snapshot aktivieren« vor allem bei sehr kurzen Zeiträumen aktiv. Dadurch werden nur dann Snapshots erstellt, wenn seit dem letzten Snapshot auf dem Volume eine Änderung stattgefunden hat.

Abb. 5.40: Durch automatisierte Snapshots kann man nicht mehr vergessen, die eigenen Dateien zu versionieren.

4. Wechseln Sie anschließend in den Reiter SNAPSHOT-AUFBEWAHRUNG. Hier können Sie festlegen, wie lange bzw. wie viele Snapshots sie aufbewahren möchten. Wie ich eingangs erwähnt habe, werden Snapshots nur groß, wenn viele Dateien gelöscht werden. Je nachdem, welche Dateien Sie auf dem Volume liegen haben und wie Sie den Datenbestand bearbeiten, können verschiedene Einstellungen Sinn machen.

Sie können Snapshots für eine bestimmte Zeit aufbewahren, oder Sie entschließen sich, eine bestimmte Anzahl an Snapshots aufzubewahren. Die Auswahl sollte unbedingt mit dem Zeitintervall zusammenpassen, mit dem Sie die Snapshots erstellen. 20 Snapshots aufzuheben, macht nur wenig Sinn, wenn Sie diese stündlich anlegen lassen. Auch eine Aufbewahrung für vier Wochen ist nicht sinnvoll, wenn die Snapshots monatlich erstellt werden. Alternativ können Sie auch die intelligente Versionierung auswählen. Bei dieser Option können Sie für jeden Zeitraum eine eigene Anzahl an Snapshots festlegen, die aufbewahrt wird. Beachten Sie, dass die Summe der Snapshots 32 nicht übersteigen darf.

> **Wichtig**
>
> Die hier getroffene Einstellung wirkt sich auch auf alle bestehenden Snapshots aus. Sobald Sie den Vorgang abschließen, werden Snapshots, die nicht mehr den Aufbewahrungsrichtlinien entsprechen, gelöscht.

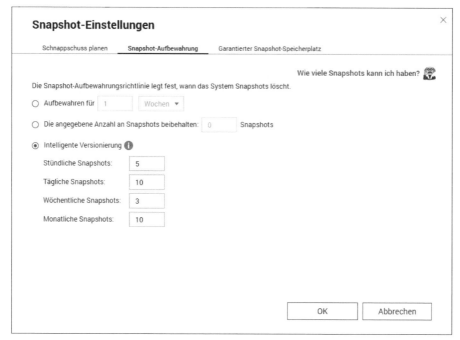

Abb. 5.41: Durch Aufbewahrungsrichtlinien, auch Rotation genannt, nutzt man den vorhandenen Speicherplatz und die maximal mögliche Anzahl an Snapshots optimal aus.

5. Optional können Sie noch in den Reiter GARANTIERTER SNAPSHOT-SPEICHERPLATZ wechseln und die gleichnamige Option aktivieren. Damit können Sie einen gewissen Speicherplatz Ihres Volumes für Snapshots bereithalten. Die Option geht sicher, dass der reservierte Speicherplatz für Snapshots bereitsteht. Dadurch verringert sich das nutzbare Datenvolumen auf dem Volume.
6. Bestätigen Sie die Einstellungen mit OK.

Snapshot-Einstellungen

Für Snapshots gibt es noch weitere globale Einstellungen. Diese finden Sie in *Speicher & Snapshots* in den Einstellungen (⚙). Sofern die Option nicht selbsterklärend ist, finden Sie unten eine kurze Beschreibung.

- *Intelligente Snapshot-Speicherplatz-Verwaltung* – Ist diese Option aktiv, werden über die Aufbewahrungsrichtlinie hinaus Snapshots gelöscht, sofern der verfügbare Speicherplatz (freier Platz auf dem Volume + für Snapshots reservierter Speicher) weniger als 32 GB beträgt. Sie können hier auch festlegen, ob das Löschen auch die neuesten Snapshots bzw. die »dauerhaften« Snapshots betreffen kann. Die Option macht beispielsweise dann Sinn, wenn auf dem Volume automatisiert Daten abgelegt werden und der aktuelle Datenbestand eine höhere Priorität besitzt.

- *Snapshot-Verzeichnis* – Damit können Sie das Verzeichnis, indem die Snapshots gespeichert werden, für Administratoren in der File Station ein- bzw. ausblenden.
- *Wenn die Anzahl der Snapshots das Maximum erreicht* – Das NAS unterstützt nur eine gewisse Anzahl an Snapshots pro Volume und insgesamt. Ist diese Anzahl erreicht, können Sie hier festlegen, was passieren soll, wenn ein weiterer Snapshot aufgenommen wird. Die Einstellung ist unabhängig von der Aufbewahrungsrichtlinie der geplanten Snapshots.
- *Vorherige Windows-Versionen aktivieren* – Ist diese Option aktiviert, können Sie über die Windows-Funktion »vorherige Versionen« auf die Snapshots auf Ihrem NAS zugreifen. Hier konsumiert »vorherige Versionen« nur die Snapshots, wollen Sie über vorherige Versionen selbst Snapshots anlegen, lesen Sie in Abschnitt 8.2.2 »Datensicherung auf das NAS mithilfe der Betriebssystemfunktionen« nach.

> **Hinweis**
>
> Es macht übrigens keinen Unterschied, ob Sie einen Snapshot eines Volumes erstellen oder eines Snapshot-Freigabeordners (siehe Abschnitt 5.1.4 »Snapshot-Freigabeordner«). Für Snapshot-Freigabeordner wird ein eigenes Volume angelegt, erstellen Sie einen Snapshot, passiert das auf Ebene des Volumes.

5.4.2 Auf Snapshots zugreifen und Dateien wiederherstellen

Sobald Sie den ersten Snapshot angelegt haben, wird in Speicher & Snapshots das entsprechende Volume mit einem Icon ergänzt. Die Zahl daneben gibt an, wie viele Snapshots vorhanden sind. Ein Klick auf das Icon führt Sie ebenfalls zum Schnappschussmanager. Der Schnappschussmanager hat sich auch etwas geändert, er zeigt jetzt einen Zeitstrahl mit den erstellten Schnappschüssen. Darunter können Sie einen konkreten Snapshot auswählen, um den Inhalt anzuzeigen. Zusätzlich werden einige Informationen zum Snapshot angezeigt.

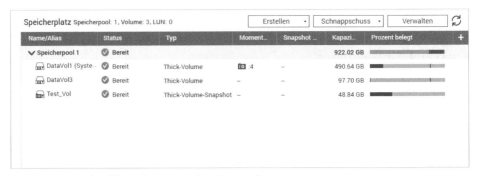

Abb. 5.42: Snapshot-Übersicht in Speicher & Snapshots

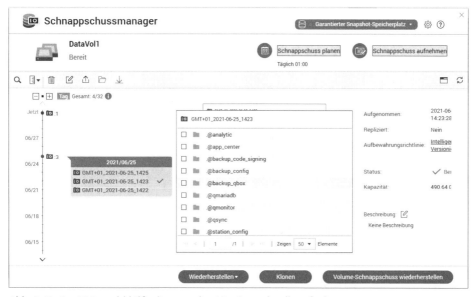

Abb. 5.43: Der Zeitstrahl hilft, die gesuchte Version schnell zu finden.

Alternativ zum Zeitstrahl können Sie Snapshots auch als Liste anzeigen lassen.

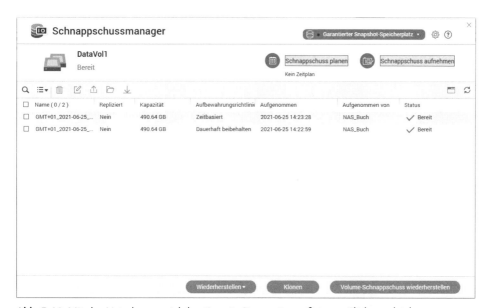

Abb. 5.44: Mit der Liste lassen sich bestimmte Parameter auf einem Blick vergleichen.

Wählen Sie einen Ordner aus der Liste, schaltet das Fenster in eine Ansicht ähnlich der *File Station* um. Sie können Ordner und Dateien markieren und über den Button WIEDERHERSTELLEN die Version aus dem Snapshot wiederherstellen, wahlweise am Originalort, indem die aktuelle Version ersetzt wird oder an einem selbst gewählten Ort. Natürlich können Sie Dateien/Ordner auch über das Kontextmenü auf Ihren Rechner herunterladen. Alternativ gibt es ein Download-Icon in der Werkzeugleiste. Dort finden Sie auch ein Export-Icon, mit dem Sie die Datei(en) auf externe Datenträger übertragen können.

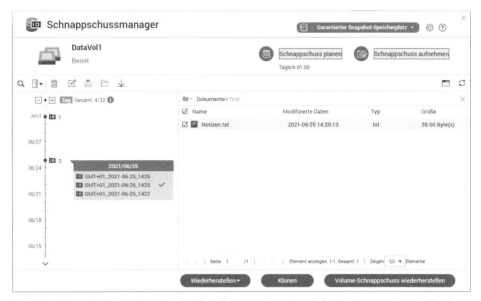

Abb. 5.45: Der Snapshot lässt sich durchsuchen wie das eigentliche Volume in der File Station.

Sie können auch das komplette Volume wiederherstellen über Volume-Schnappschuss wiederherstellen. Dabei haben Sie die Möglichkeit, vor dem Wiederherstellen einen neuen Snapshot zu erstellen.

Dateien aus einem Snapshot können Sie am NAS selbst nicht öffnen. Diese müssen zuerst wiederhergestellt oder heruntergeladen werden. Als Alternative dazu steht Ihnen die Klon-Funktion zur Verfügung. Dabei wird ein neues Volume erstellt (sofern auf dem Speicherpool genügend Platz vorhanden ist), und der Snapshot wird dann auf dieses Volume geklont. Um einen Snapshot zu klonen, klicken Sie auf den gleichnamigen Button.

Kapitel 6

Dateidienste – Vom Computer auf den NAS-Speicher zugreifen

Natürlich können Sie *QTS* und die *File Station* nutzen, um Ihre Dateien auf dem NAS abzulegen und wieder darauf zuzugreifen. Wie das funktioniert, haben Sie bereits in Kapitel 5 gelernt. Besonders praktikabel ist das aber nicht.

Stellen Sie sich vor, Sie erstellen eine Datei und laden sie auf Ihr NAS hoch. Wollen Sie die Datei öffnen, müssten Sie sie zuerst herunterladen. Ändern Sie die Datei, müssen Sie sie anschließend wieder hochladen. Oder Sie wollen die Datei irgendwo dauerhaft auf Ihrem Rechner einbinden, dann müsste jeweils eine Kopie auf dem NAS und eine auf dem Rechner liegen, denn andere Programme können nicht über *QTS* und die *File Station* auf Dateien zugreifen.

Sie sehen, einfach, schnell und praktisch ist das Ganze nicht. Wie gut, dass QNAP NAS die gängigsten Dateidienste unterstützt und Sie so direkt auf *Freigabeordner* zugreifen und diese auch in andere Programme einbinden können.

6.1 Freigabeordner im Windows-Explorer

Der Zugriff in Windows erfolgt über den *SMB-Dienst*. SMB3 ist die, zur Drucklegung des Buchs, aktuellste Version. Ihr NAS unterstützt auch ältere Versionen, aus Sicherheitsgründen sollten Sie diese aber nur dann verwenden, wenn es keine andere Möglichkeit gibt.

6.1.1 Dateidienste für Windows-Netzwerke aktivieren

Haben Sie QNAP über einen Windows-Rechner installiert, ist der Dateidienst für Windows bereits aktiviert. Sollte das nicht der Fall sein oder sollten Sie ihn deaktiviert haben, können Sie ihn wie folgt aktivieren:

1. Öffnen Sie SYSTEMSTEUERUNG|NETZWERK- UND DATEISERVICES|WIN/MAC/NFS.
2. Im Reiter MICROSOFT-NETZWERK setzen Sie das Häkchen bei DATEIDIENST FÜR MICROSOFT-NETZWERKE AKTIVIEREN.
3. Vergeben Sie einen Namen für die Windows-Arbeitsgruppe. Die Standard-Arbeitsgruppe ist WORKGROUP.

> **Hinweis**
>
> Für komplexere Netzwerkkonfigurationen, die meist nur im professionellen Bereich gefunden werden, haben Sie die Möglichkeit, Ihr QNAP NAS in Ihre Active-Directory- bzw. LDAP-Domain zu integrieren oder Ihr NAS selbst als Domain-Controller fungieren zu lassen.

4. Mit einem Klick auf ERWEITERTE OPTIONEN können Sie den Dateidienst für Windows-Netzwerke noch weiter anpassen. Solange Sie keine der Optionen gezielt für Ihren Anwendungsbereich benötigen, sind hier keine Anpassungen erforderlich.

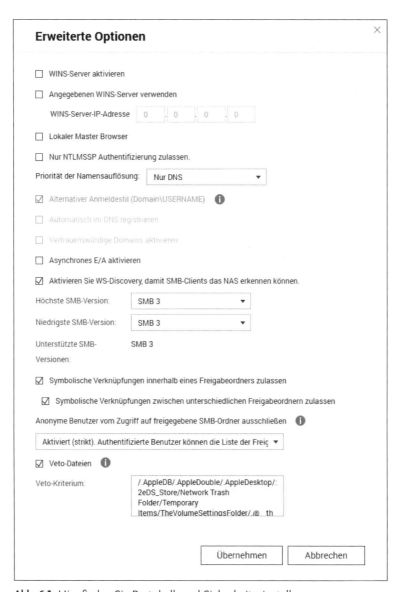

Abb. 6.1: Hier finden Sie Protokoll- und Sicherheitseinstellungen.

> **Wichtig – Niedrigste SMB-Version**
>
> Sie können die Optionen in den erweiterten Einstellungen ganz nach Bedarf wählen, eine Ausnahme stellt dabei jedoch die SMB-Version dar. Als niedrigste SMB-Version ist SMB1 voreingestellt. SMB1 ist die unsicherste Version und wird nur dann benötigt, wenn die Kommunikation mit sehr alten Windows-Geräten erforderlich ist. Z.B. laufen computergesteuerte Maschinen und spezielle Terminals mit alten Windows-Versionen, diese können aus verschiedenen Gründen nicht auf neuere Versionen umgestellt werden. Um die Kommunikation in Ihrem Netzwerk möglichst sicher zu gestalten, sollten Sie möglichst immer SMB3 auch als niedrigste Version festlegen. Somit schließen Sie die Kommunikation über ältere und unsichere Versionen aus.
>
> Kontrollieren Sie auch, ob bei »Anonyme Benutzer vom Zugriff auf freigegebene SMB-Ordner ausschließen« »Aktiviert« ausgewählt ist. Die Auswahl erfolgt automatisch, wenn Sie meiner Empfehlung aus dem vorherigen Kapitel gefolgt sind und ABSE für Ihre Freigabeordner aktiviert haben.

5. Speichern Sie die Änderungen mit Klick auf ÜBERNEHMEN.

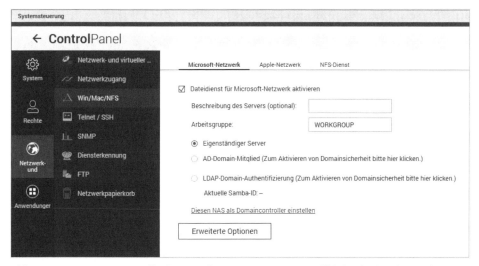

Abb. 6.2: Der SMB-Dienst sollte bereits aktiviert sein, ein Kontrollblick schadet aber nicht.

Jetzt können Sie von Ihrem Windows-Rechner auf verschiedene Weise auf die Freigabeordner auf Ihrem NAS zugreifen.

Berechtigungen

Die Berechtigung für das Benutzen des SMB-Diensts legen Sie unter SYSTEMSTEUERUNG| RECHTE|BENUTZER in den Anwendungsberechtigungen (▦) fest. Im Abschnitt »Netzwerkdienst« finden Sie den Eintrag »Windows-Netzwerk«.

6.1.2 Netzwerkumgebung

Die einfachste Möglichkeit, auf die Freigabeordner Ihres NAS zuzugreifen, ist die *Netzwerkumgebung*. Um Ihr NAS anzuzeigen, öffnen Sie den Windows Explorer und klicken auf Netzwerk. Das Durchsuchen des lokalen Netzes dauert einen Moment, danach wird Ihr NAS aufgelistet. Allerdings ist die Windows-Netzwerkumgebung nicht die sicherste. Die Netzwerkumgebung zeigt alle Geräte, die im selben Netzwerk und derselben Arbeitsgruppe sind (und der überwiegende Teil der Privatanwender verwendet die Standard-Arbeitsgruppe). Auch wenn Anwender nicht automatisch Zugriff haben, so ist allein die Anzeige vorhandener Geräte manchmal unerwünscht. Für Hacker erleichtert es den Angriff, wenn sie wissen, welche Geräte es gibt, die sie angreifen können. Dazu ist die Netzwerkumgebung sehr langsam und oft unzuverlässig. Natürlich können Sie sie dennoch nutzen, wenn Sie sie bevorzugen.

> **Tipp – NAS in der Netzwerkumgebung ausblenden**
>
> Um Ihr NAS in der Netzwerkumgebung zu verbergen, deaktivieren Sie WS-Discovery unter SYSTEMSTEUERUNG|NETZWERK- UND DATEIDIENSTE|WIN/MAC/NFS|MICROSOFT-NETZWERK|ERWEITERTE OPTIONEN. Ihr NAS wird jetzt nicht mehr angezeigt, kann aber durch Eingabe der Adresse dennoch direkt im Explorer aufgerufen werden.

> **Tipp – Freigabeordner in der Netzwerkumgebung ausblenden**
>
> Sie können auch einzelne Freigabeordner in der Netzwerkumgebung ausblenden. Öffnen Sie dazu die Eigenschaften des Freigabeordners unter SYSTEMSTEUERUNG|RECHTE|FREIGABEORDNER und aktivieren Sie die Option »Netzwerklaufwerk verbergen«. Der Freigabeordner wird nicht mehr angezeigt, kann aber weiterhin über die direkte Eingabe der Adresse aufgerufen werden.

Stimmen die Login-Daten des Windows-Benutzers mit einem Benutzer auf Ihrem NAS überein, können Sie direkt auf die Freigabeordner zugreifen, andernfalls müssen Sie sich mit einem NAS-Benutzer anmelden.

6.1.3 Direkter Zugriff

Befinden sich NAS und Computer nicht in derselben Arbeitsgruppe, oder können Sie auf die Netzwerkumgebung verzichten, können Sie vom Explorer direkt auf die gemeinsamen Ordner zugreifen. Das geht mithilfe der Adresszeile. Die Adresse für Freigaben im Windows-Netzwerk hat folgende Struktur: \\<Gerät>\<Freigabe>\<Ordner>.

Anstelle von <Gerät> setzen Sie entweder die lokale IP-Adresse Ihres NAS ein oder dessen Gerätenamen. Für <Freigabe> setzen Sie den gewünschten Freigabeordner ein. Damit können Sie direkt auf einen Freigabeordner zugreifen. Sie können die Adresse noch um einen Ordnerpfad ergänzen, wenn Sie direkt auf einen Unterordner zugreifen wollen.

Geben Sie die Adresse in die Adresszeile des Windows-Explorers ein. Wichtig ist, dass Sie unter Windows Backslashes (\ ) benutzen. Bestätigen Sie die Eingabe mit ⏎, und die Verbindung zum NAS wird hergestellt. Stimmen Windows-Benutzer und *QTS*-Benutzer nicht überein, müssen Sie sich anmelden.

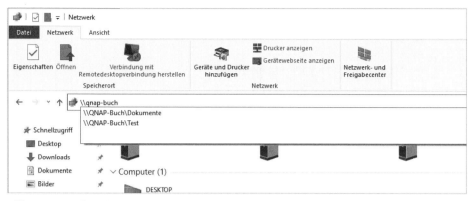

Abb. 6.3: Freigabe-Adresse im Windows-Explorer

Auch Mac unterstützt das SMB-Protokoll, allerdings unterscheidet sich die Adresse etwas:

smb://<NAS-Name>/<Ordnername>.

6.1.4 Freigabeordner als Netzlaufwerk einbinden

Damit Sie nicht jedes Mal die Adresse eingeben müssen, können Sie Freigabeordner auch als *Netzlaufwerk* einbinden. Prinzipiell könnten Sie so viele Netzlaufwerke einrichten, wie Sie wollen. Da Laufwerke unter Windows aber durch einen Buchstaben repräsentiert werden, gibt es dann doch ein Limit.

1. Öffnen Sie den Windows-Explorer.
2. Klicken Sie im Navigationsbereich auf DIESER PC, sollte Ihr Explorer diesen Bereich nicht beim Start öffnen.
3. In der Multifunktionsleiste gehen Sie auf NETZLAUFWERK VERBINDEN.

Abb. 6.4: Die Schaltfläche zum Verbinden von Netzlaufwerken

4. Wählen Sie einen Laufwerksbuchstaben für das neue Netzlaufwerk.
5. Geben Sie die Adresse des Freigabeordners ein, den Sie als Netzlaufwerk einbinden möchten.
6. Lassen Sie den Haken bei VERBINDUNG BEI ANMELDUNG WIEDERHERSTELLEN stehen.
7. Aktivieren Sie VERBINDUNG MIT ANDEREN ANMELDEINFORMATIONEN HERSTELLEN, wenn Ihr Windows-Benutzer vom *QTS*-Benutzer abweicht. Windows fragt dann gleich nach den Anmeldedaten und versucht nicht jedes Mal eine Anmeldung mit dem Windows-Konto. Das spart Zeit.

Kapitel 6
Dateidienste – Vom Computer auf den NAS-Speicher zugreifen

Abb. 6.5: Angaben für das Netzlaufwerk

8. Bestätigen Sie mit FERTIG STELLEN.

Der Freigabeordner ist jetzt im Explorer im Bereich DIESER PC unter NETZWERKADRESSEN aufgelistet. Sie können darauf zugreifen wie auf eine im Computer verbaute Festplatte. Jetzt können Sie den Speicher Ihres NAS auch bequem in andere Software einbinden.

Abb. 6.6: Der Freigabeordner als Laufwerk im Windows-Explorer ...

6.2 Freigabeordner im Finder auf einem Mac

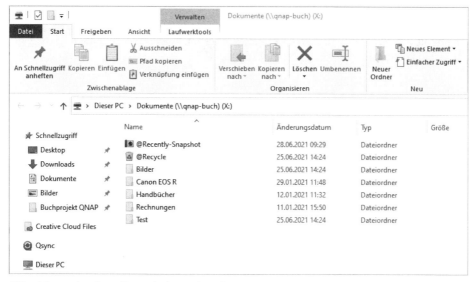

Abb. 6.7: ... zeigt denselben Inhalt wie die File Station.

6.2 Freigabeordner im Finder auf einem Mac

Apple unterstützt zwar ebenfalls das SMB-Protokoll, hat aber auch ein eigenes Protokoll (AFP) für die Nutzung von Netzwerkfreigaben.

6.2.1 AFP-Dateidienst aktivieren

1. Öffnen Sie SYSTEMSTEUERUNG|NETZWERK- UND DATEISERVICES|WIN/MAC/NFS| APPLE-NETZWERK.
2. Setzen Sie das Häkchen bei »APPLETALK-DATEIDIENST FÜR APPLE-NETZWERK AKTIVIEREN«.
3. Bestätigen Sie die Änderung mit einem Klick auf ÜBERNEHMEN.

Berechtigungen

Die Berechtigung für das Benutzern des AFP-Diensts legen Sie unter SYSTEMSTEUERUNG| RECHTE|BENUTZER in den Anwendungsberechtigungen (▣)

fest. Im Abschnitt »Netzwerkdienst« finden Sie den Eintrag »Apple-Netzwerk«.

6.2.2 Netzwerkumgebung

Wie auch im Windows-Explorer können Sie im Finder Ihres Mac das Netzwerk nach Ressourcen durchsuchen und so auf Ihr NAS zugreifen.

1. Öffnen Sie den Finder.
2. Wechseln Sie in die Ansicht Netzwerk und warten Sie, bis Ihr NAS angezeigt wird.

> **Hinweis**
>
> Während sich Ihr NAS in der Netzwerkumgebung von Windows ausblenden lässt, zeigt diese Einstellung auf den Finder keine Wirkung.

3. Doppelklicken Sie das Icon Ihres NAS.
4. Stimmt der Benutzer Ihres Mac nicht mit einem NAS-Benutzer überein, erhalten Sie die Meldung »Verbindung fehlgeschlagen«. Klicken Sie auf VERBINDEN ALS ... und geben Sie die Benutzerdaten Ihres NAS-Benutzers ein.
5. Klicken Sie auf VERBINDEN.

Sie haben jetzt Zugriff auf die Freigabeordner, für die der verwendete Benutzer Berechtigungen hat.

6.2.3 Netzwerkordner in den Finder einbinden

Um eine Netzwerkressource in den Finder einzubinden, gehen Sie wie folgt vor:

1. Öffnen Sie den Finder.
2. Öffnen Sie GEHE ZU|MIT SERVER VERBINDEN ... .

Abb. 6.8: Merken Sie sich diesen Menüpunkt, er wird Ihnen später noch einmal begegnen.

3. Fügen Sie die AFP-Adresse ein. Verwenden Sie dabei folgendes Format: `afp://<Gerät>`
   Anstelle von `<Gerät>` können Sie die lokale IP-Adresse einsetzen oder den Namen Ihres NAS, gefolgt von `.local`.

6.2 Freigabeordner im Finder auf einem Mac

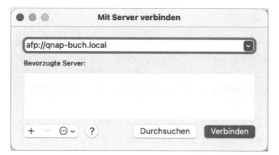

Abb. 6.9: Geben Sie hier die AFP-Adresse ein, entweder mit oder ohne weiteren Ordnerpfad.

4. Klicken Sie auf VERBINDEN.
5. Geben Sie den Freigabeordner nicht als Pfad mit der Server-Adresse an, müssen Sie diesen im Anschluss auswählen.

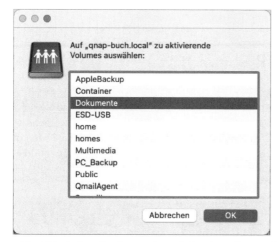

Abb. 6.10: Geben Sie den Ordnerpfad nicht selbst an, können Sie einen Freigabeordner aus der Liste wählen.

6. Der Ordner wird jetzt im Finder unter ORTE angezeigt.

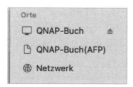

Abb. 6.11: Der Netzwerkordner im Finder

6.3 Dateidienste vs. QTS

Sie können jetzt Dateien und Ordner viel bequemer und schneller auf Ihr NAS hochladen. Der Upload über den Browser dauert üblicherweise länger, gerade bei einzelnen Dateien wird der Unterschied deutlich. Das liegt daran, dass jede neue Datei einen gewissen Overhead erzeugt, da sie vom Dateisystem erstellt und verarbeitet werden muss.

In Tabelle 6.1 sehen Sie die Upload-Dauer eines Ordners mit 15.567 Dateien und einer Gesamtgröße von 2,36 GB. Der Ordner wurde einmal direkt (mit allen einzelnen Dateien) hochgeladen und einmal in ein Archiv gepackt (unkomprimiert).

Upload-Aufgabe	Upload via	Dauer
Einzelne Dateien	QTS/*File Station*	2 h 28 m 21 s
Archiv	QTS/*File Station*	28 s
Einzelne Dateien	SMB/Netzlaufwerk	2 m 55 s
Archiv	SMB/Netzlaufwerk	21 s

Tabelle 6.1: Ergebnisse des Upload-Versuchs

6.4 FTP, FTPS und SFTP

> **Vorsicht**
>
> FTP ist absolut unsicher! Benutzername, Passwort und Dateien werden unverschlüsselt im Klartext übertragen. Das sollten Sie niemals tun, schon gar nicht, wenn Sie Daten über das Internet übertragen. Wenn Sie eine derartige Übertragung benötigen, verwenden Sie unbedingt eine der sichereren Varianten: FTPS bzw. SFTP.

> **Hinweis**
>
> Sowohl FTPS als auch SFTP erfordern Mechanismen, die erst später im Buch erläutert werden. Lesen Sie am besten die Kapitel 9 »Das NAS über das Internet erreichen« und Kapitel 10 »Sicherheit«, ehe Sie sich mit FTPS und SFTP beschäftigen.

6.4.1 FTPS

FTPS nutzt ein SSL-Zertifikat, um die Verbindung abzusichern. Um FTPS nutzen zu können, benötigen Sie eine Domain, die auf Ihr NAS verweist, und ein SSL-Zertifikat, das auf diese Domain ausgestellt ist. Wie Sie dazu kommen, lesen Sie in Kapitel 9 »Das NAS über das Internet erreichen«.

FTPS einrichten

1. Öffnen Sie SYSTEMSTEUERUNG|NETZWERK- UND DATEISERVICES|FTP.
2. Setzen Sie einen Haken bei »FTP-Dienst aktivieren«

3. Entfernen Sie den Haken bei »FTP (Standard)«, da sonst die ungesicherte FTP-Variante genutzt werden kann.
4. Setzen Sie den Haken bei »FTP mit SSL/TLS (explizit)«.
5. Passen Sie den Port an (am besten ab 50000 und bis 65000).
6. Erlauben Sie NIEMALS den anonymen Zugriff.
7. Im Abschnitt »Verbindung« können Sie noch einige Beschränkungen festlegen, wie etwa ein Limit für gleichzeitige Verbindungen und ein Geschwindigkeitslimit.

Abb. 6.12: Verwenden Sie ausschließlich die sichere Variante FTPS.

8. Im Reiter ERWEITERT finden Sie noch zusätzliche Einstellungen. Dort können Sie das Stammverzeichnis für den FTP-Server festlegen. Das Verzeichnis ist das oberste Verzeichnis, auf das per FTPS zugegriffen werden kann. Selbst als Administrator können Sie nicht auf die Ebenen darüber zugreifen. Sie können damit auch einschränken, wo Benutzer Daten ablegen dürfen bzw. von wo sie Daten über FTPS herunterladen dürfen. Zugriffsberechtigungen aus *QTS* haben weiterhin ihre Gültigkeit. Ein Benutzer, der nicht zumindest Leserechte auf Ordner besitzt, sieht diese Ordner auch nicht im FTP-Client. Hat er keine Leserechte für das Stammverzeichnis, kann er FTPS gar nicht nutzen.

> **Wichtig**
>
> Der FTP-Server ist systemseitig auf die Freigabeordner limitiert. Selbst wenn Sie kein Stammverzeichnis festlegen, erhalten Sie selbst mit einem Administrator-Konto immer nur Zugriff auf die Freigabeordner, niemals auf das komplette Unix-Dateisystem.
>
> Diese Beschränkung bedeutet aber nicht, dass nicht Sicherheitslücken ausgenutzt werden können, um so Zugriff auf das Dateisystem zu erlangen.

9. Haben Sie alle Einstellungen vorgenommen, bestätigen Sie mit ÜBERNEHMEN.

Berechtigungen

Die Berechtigung für das Benutzern des FTP(S)-Diensts legen Sie unter SYSTEMSTEUERUNG| RECHTE|BENUTZER in den Anwendungsberechtigungen (▦) fest. Im Abschnitt »Netzwerkdienst« finden Sie den Eintrag »FTP-Dienst«.

Mit dem NAS per FTPS verbinden

1. Nutzen Sie einen FTP-Client Ihrer Wahl.
2. Geben Sie als Server-Adresse `ftpes://<Domain>` (z.B. `ftpes://myds.QNAP.me`) ein. Geben Sie die Benutzerdaten für einen QTS-Benutzer mit Berechtigung für FTP an, und bei PORT geben Sie die Portnummer an, die Sie zuvor bei Schritt 5 vergeben haben. Klicken Sie auf VERBINDEN. Der Client zeigt Ihnen jetzt das SSL-Zertifikat an, bestätigen Sie das Zertifikat.

Abb. 6.13: Kontrollieren Sie, ob das Zertifikat korrekt ist.

3. Der Client loggt sich jetzt beim Server mit dem hinterlegten Benutzer ein. Bei Erfolg sehen Sie die Ordnerstruktur beginnend beim Stammverzeichnis. Das ist entweder das von Ihnen festgelegte Verzeichnis oder das Systemvolume.

> **Hinweis**
>
> Ich möchte noch einmal auf das Sicherheitsrisiko von FTP hinweisen. Nutzen Sie immer eine abgesicherte Verbindung zu Ihrem NAS. Sollten Sie FTP aber dennoch benötigen, sollte es für Sie anhand der Anleitung oben ein Leichtes sein, dieses einzurichten.

6.4 FTP, FTPS und SFTP

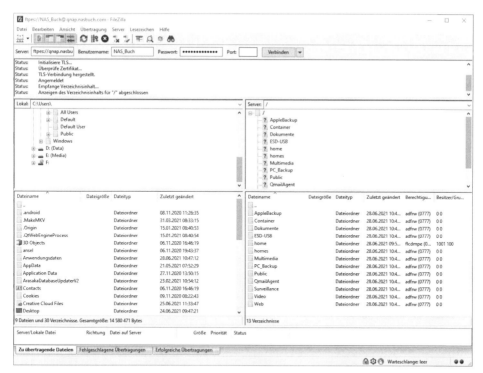

Abb. 6.14: Verbindung zum NAS per FTPS in FileZilla

6.4.2 SFTP

Während FTPS die mit einem SSL-Zertifikat abgesicherte Variante von FTP darstellt, ist SFTP eine für SSH entworfene Alternative zu FTP. Es handelt sich daher also eigentlich nicht um eine weitere Variante von FTP, sondern erweitert SSH um die Funktionalität, die auch FTP bietet.

Um SFTP nutzen zu können, müssen Sie eine SSH-Verbindung zu Ihrem NAS aufbauen. Das geschieht über eine SSH-fähige Konsole (Shell, Commandline) oder ein SSH-Programm. Für Windows ist die freie Software PuTTY eine der beliebtesten und weitverbreitetsten.

Für das tatsächliche Übertragen von Daten empfiehlt sich aber ein Client mit grafischer Benutzeroberfläche. Diese nutzen im Hintergrund meist ebenfalls PuTTY für die SSH-Verbindung. Bekannte Beispiele sind FileZilla und WinSCP.

> **Wichtig**
>
> Auf QNAP-Geräten ist SFTP sowie SSH auf Administrator-Konten limitiert. Das liegt daran, dass Sie per SSH Vollzugriff auf das Unix-System Ihres NAS erhalten. Sie arbeiten nicht mehr auf Ebene der Freigabeordner, sondern direkt auf dem Dateisystem Ihres NAS. Kleinste Änderungen können enormen Schaden anrichten, von Datenverlust, Sicherheitslücken, Fehler/Funktionsstörungen von Anwendungen und Diensten bis hin zu Funktionsstörungen oder sogar dem Totalausfall des ganze NAS.

SSH und SFTP aktivieren

1. Gehen Sie zu SYSTEMSTEUERUNG|NETZWERK- UND DATEISERVICES|TELNET/SSH.
2. Setzen Sie den Haken bei »SSH-Verbindung zulassen« und ändern die Portnummer auf eine beliebige Nummer zwischen 50000 und 65000.
3. Stellen Sie sicher, dass der Haken bei »SFTP aktivieren« gesetzt ist.

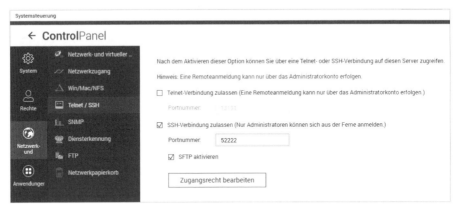

Abb. 6.15: SFTP erfordert den SSH-Dienst.

4. Klicken Sie auf ZUGANGSRECHT BEARBEITEN. Hier legen Sie fest, welcher Benutzer SSH verwenden darf. Es stehen ausschließlich Benutzer der Gruppe *administrators* zur Verfügung. Standardmäßig ist nur das Konto *admin* berechtigt, Sie müssen Ihr eigenes Konto erst zulassen. Klicken Sie dann auf ÜBERNEHMEN.

Abb. 6.16: Erlauben Sie Ihrem eigenen Administrator-Konto den Zugriff.

5. Klicken Sie auf ÜBERNEHMEN.

> **Wichtig**
>
> SSH ist ein sehr mächtiges und auch gefährliches Werkzeug. Aktivieren Sie SSH nur dann, wenn Sie es auch benötigen, und deaktivieren Sie es anschließend wieder. Sie sollten den SSH-Port niemals über Ihren Router weiterleiten und aus dem Internet erreichbar machen. Auch eine Absicherung per Firewall ist hier sinnvoll (Details dazu in Abschnitt 10.7 »Firewall«).

Mit dem NAS per SFTP verbinden

1. Öffnen Sie den FTP/SSH-Client Ihrer Wahl und erstellen Sie eine neue Verbindung.
2. Wählen Sie als Protokoll SFTP.
3. Geben Sie die Server-Adresse und die von Ihnen gewählte Portnummer ein.

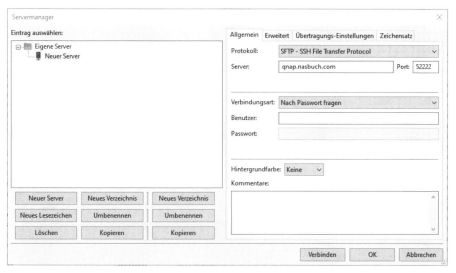

Abb. 6.17: Sie können Domain oder IP Ihres NAS verwenden.

4. Klicken Sie auf VERBINDEN.
5. Geben Sie die Login-Daten für Ihr *QTS*-Administrator-Konto ein.
6. Der Client zeigt Ihnen einen Schlüssel an, dieser Schlüssel wurde von *QTS* automatisch angelegt und mit Ihrem Konto verknüpft. Die Anzeige dient dazu, die Sicherheit und Authentizität der Verbindung zu überprüfen, da die Schlüssel bei Einrichtung eines SFTP-Servers bzw. dessen Benutzer normalerweise selbst angelegt werden müssen. *QTS* übernimmt diese Aufgabe für Sie. Achten Sie daher unbedingt darauf, ob Sie sich tatsächlich mit Ihrem NAS verbunden haben, ehe Sie Daten übertragen.

Abb. 6.18: Den Schlüssel können Sie selbst nicht kontrollieren.

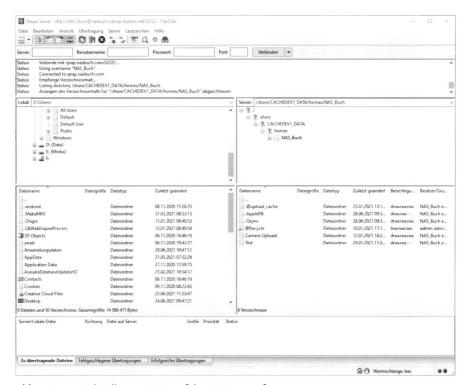

Abb. 6.19: Mit FileZilla per SFTP auf Ihr NAS zugreifen

7. Haben Sie den Benutzer-Startseite-Ordner aktiviert, landen Sie in Ihrem Home-Verzeichnis. Sie können sich aber in der Ordnerhierarchie weiter nach oben arbeiten. Durch einen Klick auf CHACHEDEVX_DATA erhalten Sie Zugriff auf alle Freigabeordner des Volumes, unter share finden Sie alle Volumes und unter / landen Sie im System-Root und haben Zugriff auf das komplette Unix-Dateisystem.

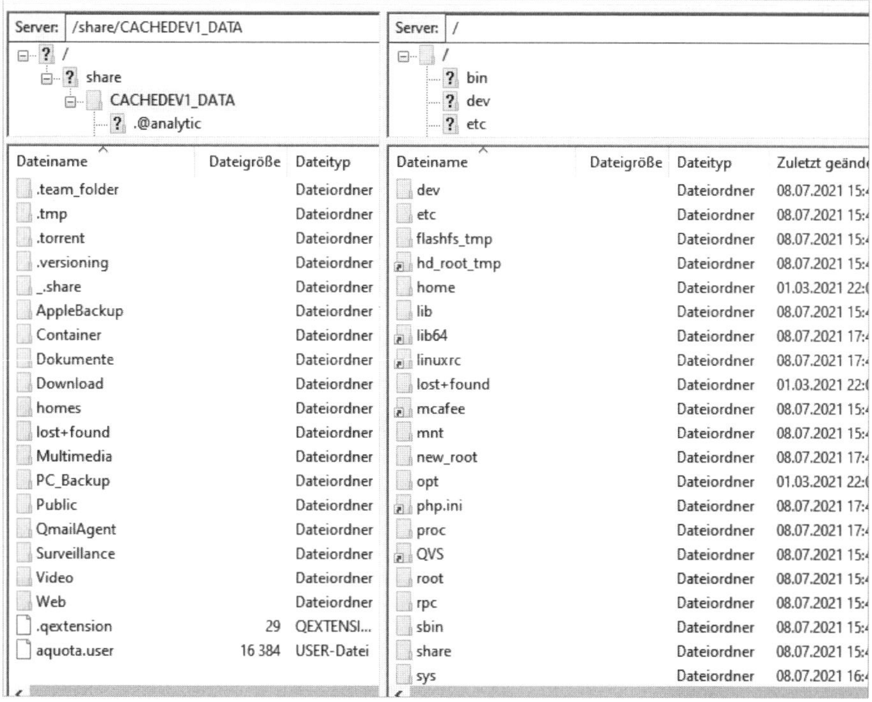

Abb. 6.20: Links: Die in QTS konfigurierten Volumes finden Sie im Dateisystem als Ordner mit dem Namen CACHEDEVX_DATA, wobei X durch die Volume-Nummer ersetzt wird. Rechts: Linux-Kenner wird die Ordnerstruktur bekannt vorkommen. Hier finden Sie, was QTS vor Ihnen verbirgt.

Ich weise Sie nochmals darauf hin, dass der SSH-Zugriff sehr mächtig ist und großer Schaden entstehen kann. Sie bzw. eventuelle weitere Administratoren sollten SFTP nur in Sonderfällen nutzen. SFTP ist auf Ihrem QNAP NAS nicht dazu geeignet, mehreren Benutzern einen Datenaustausch zu ermöglichen. Zum einen ist SSH auf Administratoren beschränkt, und Benutzer nur zu Administratoren zu machen, um SFTP zu ermöglichen, untergräbt die Systemsicherheit massiv. Zum anderen ist für SFTP keine Zugriffsbeschränkung auf Ordner möglich.

6.5 WebDAV

WebDAV ist ein weiteres Protokoll zur Übertragung von Daten über ein Netzwerk. Das Besondere an WebDAV: Es basiert auf *http*. Weiterhin unterstützt WebDAV Benutzerrechte und ist somit eine gute und weitaus sicherere Alternative zu SMB (besonders beim Fernzugriff).

6.5.1 Das NAS zum WebDAV-Server machen

1. Öffnen Sie Systemsteuerung|Anwendungen|Webserver.
2. Aktivieren Sie den Webserver.
3. Wechseln Sie in den Reiter WebDAV.

4. Aktivieren Sie WebDAV.
5. Sie haben die Wahl, ob Sie für WebDAV die Berechtigungen der Freigabeordner übernehmen wollen (Option »Freigabeordnerrecht«) oder ob Sie für WebDAV eigene Berechtigungen verwenden möchten (Option »WebDAV-Berechtigung«).
6. WebDAV basiert auf dem http-Protokoll und nutzt daher auch den Port 80 bzw. 443 für die sichere Variante. Es gibt aber Situationen, in denen man die Ports selbst festlegen möchte. Etwa weil schon ein anderer WebDAV-Server im LAN genutzt wird oder aus Sicherheitsgründen (mehr dazu lesen Sie in Abschnitt 10.9.4 »Standardports ändern«). Um eigene Ports festzulegen, setzen Sie den Haken bei »Speziellen Port für WebDAV-Dienst nutzen« und tragen die gewünschten Portnummern ein.
7. Bestätigen Sie die Einstellungen mit einem Klick auf ÜBERNEHMEN.

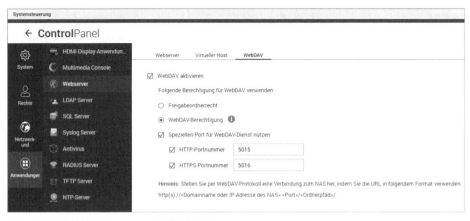

Abb. 6.21: WebDAV Server am QNAP NAS

Ihr NAS ist jetzt ein WebDAV-Server. Jetzt können Sie Freigabeordner in den Datei-Explorer Ihres Betriebssystems einbinden.

WebDAV-Berechtigungen

Haben Sie sich entschieden, für WebDAV eigene Berechtigungen zu vergeben und die Option »WebDAV-Berechtigung« gewählt, müssen Sie im Anschluss die Berechtigungen festlegen.

Wechseln Sie dazu nach SYSTEMSTEUERUNG|RECHTE|FREIGABEORDNER und gehen dort auf . Im Drop-down »Berechtigungstyp« wählen Sie »WebDAV-Zugriff« aus. Sie können jetzt für jeden Freigabeordner und jeden Benutzer Zugriffsrechte festlegen. Leider fällt die Rechteverwaltung hier etwas eingeschränkt aus.

Über das Drop-down »Zugriffsrecht« können Sie die Berechtigung auswählen und dann einen Haken in der Spalte »Genehmigen« setzen, um den jeweiligen Benutzer mit dem jeweiligen Recht auszustatten. Was Sie aber können, ist, auf einem Freigabeordner Benutzer mit unterschiedlichen Berechtigungen auszustatten. Ändern Sie die Berechtigung im Drop-down-Menü, wirkt sich das für alle Benutzer aus, die bereits eine Genehmigung haben.

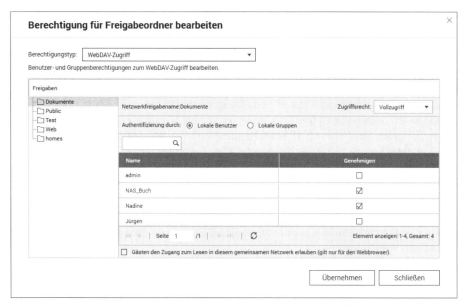

Abb. 6.22: Legen Sie fest, wer über WebDAV auf welche Ordner zugreifen darf.

Für die einzelnen Benutzer selbst können Sie ebenfalls festlegen, ob diese WebDAV überhaupt nutzen dürfen oder nicht. Diese legen Sie unter SYSTEMSTEUERUNG|RECHTE|BENUTZER in den Anwendungsberechtigungen (🔲) fest. Im Abschnitt »Netzwerkdienst« finden Sie den Eintrag »FTP-Dienst«.

6.5.2 WebDAV unter Windows

> **Wichtig**
>
> Damit Sie WebDAV im Windows-Explorer einbinden können, benötigen Sie für Ihr NAS eine Domain und ein SSL-Zertifikat, das auf diese Domain ausgestellt ist. Wie das geht, erkläre ich Ihnen in Kapitel 9 »Das NAS über das Internet erreichen«.

Windows unterstützt zwar nativ WebDAV, die Einbindung funktioniert aber nicht so reibungslos wie bei Apple. Die Einbindung über SMB als Netzlaufwerk erweist sich meist als die bessere Wahl. Kleine Dateien stellen kein Problem dar, bei größeren Dateien hängt der Kopiervorgang im letzten Moment für längere Zeit. Das hängt damit zusammen, wie Windows das WebDAV-Protokoll umgesetzt hat.

> **Hinweis**
>
> Möchten Sie aus dem Internet auf Ihre Daten zugreifen, ist SMB aus Sicherheitsgründen nicht geeignet. Sie könnten SMB in Kombination mit einem VPN (siehe Abschnitt 9.3 »VPN – sicherer Zugriff auf das NAS über das Internet«) nutzen, müssen aber Geschwindigkeitseinbußen in Kauf nehmen. WebDAV ist hier dann doch die praktischere und schnellere Variante.

WebDAV mag zwar höhere Transfergeschwindigkeiten erreichen als SMB, verliert aber – zumindest im Windows-Explorer – wieder durch die lange Wartezeit am Schluss. Um dem entgegenzuwirken, können Sie auch eine WebDAV-Client-Software auf Ihrem Rechner installieren, wobei die kostenlosen Varianten meist an Funktionalität vermissen lassen.

> **Tipp**
>
> Kostenlose Produkte (z.B. WinSCP) können zwar eine Verbindung zu WebDAV-Zielen aufbauen, binden diese aber oft nicht als Netzlaufwerk ein. WebDAV-Clients, die das können, sind meist kommerzielle Produkte, und alleine die Tatsache, einen zusätzlichen Client zu verwenden, macht das zu einer eher unangenehmen Lösung. Benötigen Sie nur im LAN Zugriff auf Ihre gemeinsamen Ordner, empfehle ich SMB und Netzlaufwerke zu verwenden (siehe Abschnitt 6.1 »Freigabeordner im Windows-Explorer«).

Möchten Sie WebDAV im Windows-Explorer dennoch nutzen, richten Sie die Verbindung mit folgender Anleitung ein:

1. Starten Sie den Windows-Explorer.
2. Klicken Sie im Navigationsbereich auf DIESER PC.
3. Im Register COMPUTER klicken Sie auf NETZWERKADRESSE HINZUFÜGEN.
4. Gehen Sie im Assistenten auf WEITER, bis Sie zur Eingabe der INTERNET- ODER NETZWERKADRESSE gelangen. Geben Sie dort die Domain ein, die auf Ihr NAS verweist, gefolgt von einem Doppelpunkt und der Portnummer des WebDAV-Servers und anschließend einem Slash (/) und dem Namen des gemeinsamen Ordners. Der Zugriff muss über *https* erfolgen: `https://<Domain>:<WebDAV-HTTPS-Port>/<Ordnername>`, beispielsweise `https://myTS.myqnapcloud.com:5006/Dokumente`.

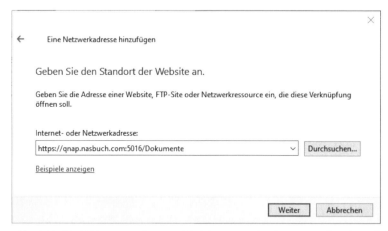

Abb. 6.23: Die URL setzt sich aus NAS-Adresse, WebDAV-Port und Ordnerpfad zusammen.

5. Klicken Sie auf WEITER, und geben Sie die Benutzerdaten für Ihr NAS ein.
6. Vergeben Sie einen Namen für die Freigabe, und klicken Sie auf WEITER und FERTIG STELLEN.

7. Der verbundene Ordner wird im Windows-Explorer unter NETZWERKADRESSEN angezeigt.

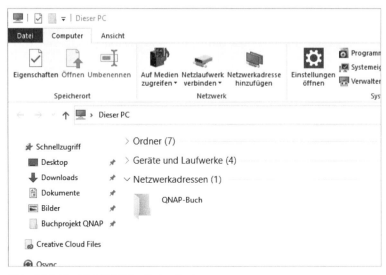

Abb. 6.24: Die WebDAV-Quelle im Explorer

6.5.3 WebDAV unter Mac OS

1. Öffnen Sie den Finder.
2. Klicken Sie auf GEHE ZU|MIT SERVER VERBINDEN ... (siehe Abbildung 6.8).
3. Geben Sie die WebDAV-Adresse ein und klicken Sie auf VERBINDEN. Die Adresse beginnt auch unter Mac OS mit https, anders als unter Windows benötigen Sie aber keine Domain mit gültigem Zertifikat, sondern können stattdessen wieder die IP-Adresse oder den Namen Ihres NAS, gefolgt von .local, verwenden. Teil der Adresse ist wieder die Portnummer, gefolgt vom Freigabeordner, den Sie einbinden möchten. Ein Beispiel sehen Sie in Abbildung 6.25.
4. Auch hier werden Sie wieder nach Login-Daten gefragt.
5. Der Ordner wird jetzt im Finder unter ORTE angezeigt (siehe Abbildung 6.11).

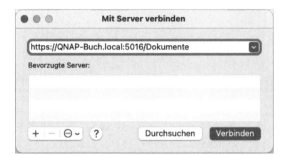

Abb. 6.25: Die URL ist die gleiche wie unter Windows

Natürlich können Sie die hier vorgestellten Protokolle nicht nur nativ in den Betriebssystemen nutzen. Sie können Ihr NAS über SMB, WebDAV und Co. in jede beliebige Software einbinden, die diese Protokolle unterstützt.

Die hier vorgestellten Protokolle sind auch nicht alle, die Ihr NAS unterstützt, allerdings würde es den Rahmen des Buchs sprengen, sie alle hier zu beschreiben. Einige davon benötigen spezielle Infrastruktur oder Lizenzen, um sie nutzen zu können.

Kapitel 7

Die Cloud – Daten und Geräte synchronisieren

Im letzten Kapitel haben Sie erfahren, wie Sie Ihre Dateien auf dem NAS ablegen und wie Sie wieder auf die Dateien zugreifen. Dateien manuell zu kopieren ist aber im täglichen Gebrauch nicht sonderlich praktikabel. Es ist zwar bequem, den Speicher des NAS direkt am eigenen Computer nutzen zu können, aber etwas Wichtiges fehlt.

Was ist, wenn Sie eine Datei unbeabsichtigt ändern, sie überspeichern oder mit Änderungen nicht zufrieden sind und gerne die Datei in den Zustand vor der Änderung zurückversetzen würden? Die File Station oder die Einbindung von Netzlaufwerken bietet keine Versionierung. Sie haben immer nur den aktuellen Zustand Ihrer Datei zur Hand. Mehr noch: Was ist, wenn Sie mit mehreren Computern an einem größeren Projekt arbeiten und nicht immer Zugriff auf Ihr NAS haben?

Sicherlich ist Ihnen das Konzept der Cloud nicht unbekannt. Ihr lokaler Datenbestand wird mit der Cloud – einem Speicher, der über ein Netzwerk erreichbar ist – synchronisiert. Dadurch können Sie nicht nur den Datenstand auf mehreren Geräten synchron halten, die Cloud protokolliert auch alle Änderungen, und Sie können frühere Versionen wiederherstellen.

Vielleicht nutzen Sie ja schon eine Cloud (Dropbox, OneDrive, iCloud ...). Diese Dienste bieten tolle Funktionen, allerdings haben sie auch ihre Schwächen. Der Speicherplatz ist bei den kostenlosen Varianten meist gering und reicht gerade mal aus, um Dokumente und einige Schnappschüsse zu sichern. Fotografieren Sie sehr viel oder gar in RAW, wird der Speicher schnell knapp. Eine mittlere Musiksammlung dürfte auch schwer zu sichern sein, und von Filmen wollen wir gar nicht erst reden. Zusätzlicher Speicher ist meist teuer, dazu kommt noch die oftmals langsame Upload-Geschwindigkeit.

Ein weiteres Problem, das viele unterschätzen, ist das Thema Datenschutz. Zum einen sind Sie darauf angewiesen, dass Ihr Anbieter Ihre Daten absichert, zum anderen können Sie nicht sicher sein, was der Anbieter mit Ihren Daten macht. Für die meisten Cloud-Dienste gelten die US-Datenschutzgesetze. Ein häufiges Argument, das immer wieder fällt: Ich habe keine wichtigen/geheimen Daten. Aber viele wissen gar nicht, was Daten über einen Menschen preisgeben können. Sie sollten immer darauf achten, wem Sie Ihre Daten anvertrauen. Das gilt besonders dann, wenn es sich nicht nur um Ihre privaten Daten handelt, sondern um geschäftliche. Haben Sie ein eigenes Unternehmen oder entstehen die Daten im Zuge eines kreativen Prozesses (Fotografie, Musik-Komposition, Schriftstellerei ...), dann sollte der Schutz Ihres geistigen Eigentums ein dringendes Anliegen sein.

Fühlen Sie sich unwohl, Ihre Daten dem Internet und einem Cloud-Anbieter anzuvertrauen? Wieso betreiben Sie dann nicht Ihre eigene Cloud?

Nicht ganz zufällig können Sie aus Ihrem NAS eine Cloud machen. In diesem Kapitel erkläre ich Ihnen, wie Sie das mithilfe der QNAP-Apps umsetzen. Ihre Cloud muss dabei nicht aus dem Internet erreichbar sein. Wenn Sie das aber möchten, dann erfahren Sie in Kapitel 9 »Das NAS über das Internet erreichen«, wie das geht.

7.1 Das NAS zur Cloud machen

Um aus Ihrem QNAP NAS eine Cloud zu machen, benötigen Sie das Paket *Qsync Central*, eine offizielle App von QNAP, das Sie über das *App Center* beziehen können. Die Einrichtung selbst ist sehr einfach, da bereits eine Grundkonfiguration vorhanden ist. Sie können die Cloud aber durch diverse Einstellungen an Ihre Bedürfnisse anpassen.

7.1.1 Qsync Central einrichten

Die App sollte vorinstalliert sein. Ist das nicht der Fall, öffnen Sie das App Center und installieren Sie das Paket *Qsync Central* (siehe Abschnitt 3.2.5 »App Center«, »Eine App installieren«).

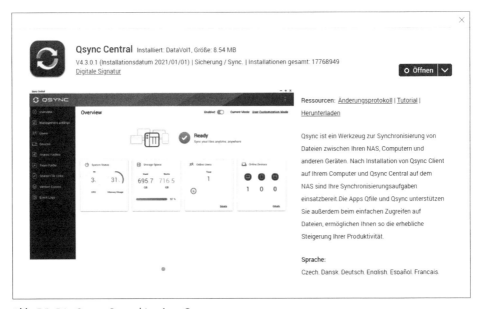

Abb. 7.1: Die Qsync Central im App Center

Öffnen Sie *Qsync Central*, Sie erhalten eine kleine Einführung in *Qsync*. Klicken Sie sich mit WEITER durch die Einführung, oder schließen Sie sie mit einem Klick auf das X. Möchten Sie die Einführung nicht mehr sehen, verneinen Sie den folgenden Dialog.

Sie befinden sich in der Übersicht der *Qsync Central*. Hier können Sie *Qsync* deaktivieren bzw. wieder aktivieren, ohne Einstellungen oder Daten zu verlieren. Dahinter steckt das Starten und Stoppen von Apps, welches Sie in Abschnitt 3.2.5 »App Center« kennengelernt haben. Haben Sie die *Qsync Central* deaktiviert, müssen Sie sie über das *App Center* wieder starten.

7.1
Das NAS zur Cloud machen

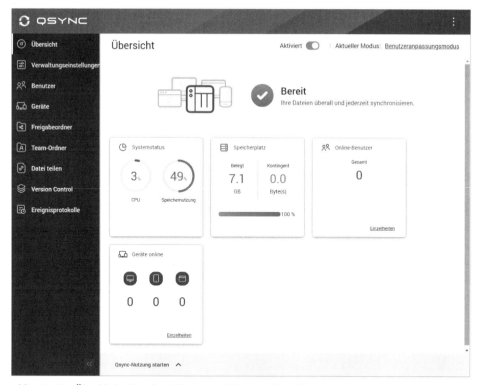

Abb. 7.2: Ein Überblick über die wichtigsten Eckdaten Ihrer Cloud

Solange Sie noch keine Geräte mit der Cloud synchronisieren, ist die Übersicht etwas leer. Werfen Sie zu einem späteren Zeitpunkt einen Blick auf die ÜBERSICHT, können Sie hier ablesen, wie viel CPU-Leistung und Arbeitsspeicher die Cloud benötigt, auch die Speicherplatzauslastung, BENUTZER und verbundene GERÄTE lassen sich mit der *Qsync Central* überwachen. In Bereich EREIGNISPROTOKOLL werden alle Ereignisse der Cloud protokolliert, wie etwa neue Anmeldungen und Geräte, fehlgeschlagene Anmeldeversuche, geteilte Dateien, Synchronisierungsvorgänge und viele mehr.

7.1.2 Freigabeordner für Qsync aktivieren

Haben Sie den *Startseite-Ordner* aktiviert, ist *Qsync* bereits einsatzbereit. Jeder Benutzer kann eine Synchronisierung für seinen home-Ordner einrichten. Wobei nicht der gesamte Benutzerordner synchronisiert wird, *Qsync* legt innerhalb von home ein Verzeichnis mit dem Namen Qsync an. Möchten Sie auch andere Freigabeordner mit Ihren Geräten synchronisieren, müssen Sie diese zuerst für *Qsync* aktivieren.

1. Öffnen Sie die *Qsync Central*, und wechseln Sie in die Ansicht FREIGABEORDNER.
2. Aktivieren Sie einzelne Freigabeordner durch einen Klick auf den Schalter in der Spalte »Genehmigen«. Ein grüner Schalter bedeutet, der Freigabeordner ist in *Qsync* verfügbar, grau bedeutet, er ist es nicht. Der Umschaltvorgang dauert einen Moment. Möchten Sie mehrere Ordner gleichzeitig umschalten, markieren Sie sie mit einem Häkchen und wählen ZULASSEN oder ABLEHNEN.

Kapitel 7
Die Cloud – Daten und Geräte synchronisieren

3. Der Freigabeordner ist jetzt in *Qsync* verfügbar und kann mit dem *Qsync-Client* synchronisiert werden.

> **Hinweis**
>
> Behalten Sie stets die Berechtigungen im Auge. Damit ein Benutzer einen Freigabeordner synchronisieren kann, muss der Benutzer Zugang zu *Qsync* haben (Ansicht BENUTZER), der gewünschte Freigabeordner muss für *Qsync* aktiviert sein (Ansicht FREIGABEORDNER), und der Benutzer muss zumindest eine Leseberechtigung für den Freigabeordner haben (Berechtigungen für Freigabeordner, siehe auch Abschnitt 5.1.3 »Freigabeordner erstellen«).

7.1.3   Benutzerberechtigung für Qsync verwalten

Grundsätzlich haben alle Benutzer die Berechtigung *Qsync* zu nutzen. Das können Sie natürlich ändern. In der Ansicht BENUTZER können Sie Benutzerkonten von der Verwendung von *Qsync* ausschließen bzw. wieder zulassen. Im Reiter ONLINE-BENUTZER werden alle Benutzer aufgelistet, die mit *Qsync* verbunden sind. Derzeit sollten Sie hier noch keine Einträge finden. Anders im Reiter LISTE ALLER BENUTZER. Hier werden alle NAS-Benutzerkonten aufgelistet. Durch einen Klick auf den Schalter in der Spalte »Genehmigen« können Sie Benutzern die Verwendung von *Qsnyc* erlauben (grüner Schalter) oder sie davon ausschließen (grauer Schalter). Der Umschaltvorgang dauert einige Sekunden, möchten Sie mehrere Benutzer gleichzeitig umschalten, können Sie diese mit einem Häkchen markieren und über AKTION dann den gewünschten Zustand zuweisen.

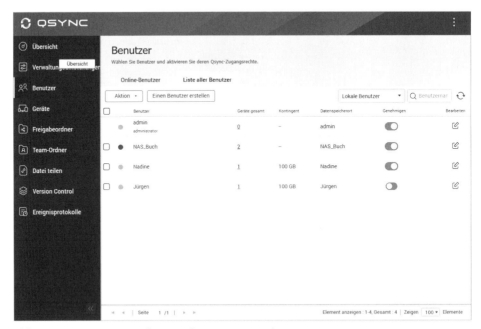

Abb. 7.3: Die Benutzerverwaltung in der Qsync Central

> **Hinweis**
>
> Benutzer mit Zugriff auf *Qsync* haben in QTS ebenfalls Zugriff auf die *Qsync Central*, allerdings in einer stark eingeschränkten Form. Es stehen nur Bereiche zur Verfügung, die der Information dienen, und es können keine Einstellungen vorgenommen werden.

In der Liste sehen Sie auch die Anzahl an Geräten, mit denen ein Benutzer mit *Qsync* verbunden war. Mit einem Klick auf die Zahl gelangen Sie in die Ansicht GERÄTE. Hier finden sich schon Einträge, auch wenn Sie *Qsync* bisher nicht genutzt haben, da die *File Station* als Gerät gezählt wird. Auch die App *Qfile*, die Sie aus Kapitel 5 »Dateiverwaltung« kennen, wird von *Qsync* als Gerät gezählt. Zusätzlich finden Sie in der Tabelle für jeden Benutzer ein Bearbeiten-Icon, das Sie zur Berechtigungsverwaltung für Freigabeordner führt.

> **Hinweis**
>
> Freigabeordner und die Rechte dafür sind nur dann notwendig, wenn Sie mit anderen Benutzern einen gemeinsamen Datenbestand synchronisieren wollen. Soll jeder Benutzer einen Ordner für sich haben, können Sie dafür das home-Verzeichnis nutzen.

7.2 Geräte synchronisieren

Die *Qsync Central* ist installiert und konfiguriert. Ihr NAS ist jetzt eine Cloud. Jetzt ist es an der Zeit, Ihre Geräte mit der Cloud zu synchronisieren. Ob Sie bereits Dateien in den für *Qync* aktivierten Ordnern haben oder diese erst von Ihren Geräten aus befüllen wollen, spielt dabei keine Rolle.

7.2.1 Verwaltungsmodus konfigurieren

Bevor Sie oder andere Benutzer Clients konfigurieren, müssen Sie als Administrator noch eine Entscheidung treffen. Für Client-Benutzereinstellungen stehen Ihnen zwei Verwaltungsmodi zur Verfügung:

- *Benutzeranpassungsmodus* – Jeder Benutzer kann selbst Einstellungen in seinem Client vornehmen. Sie können als Administrator Präferenzeinstellungen festlegen, diese werden als Standardwerte für neue Clients herangezogen. Bereits eingerichtete Clients sind vor Änderungen der Präferenzeinstellungen nicht betroffen.
- *Zentraler Konfigurationsmodus* – Nur Administratoren können die Einstellungen für Clients vornehmen. Die Einstellungen werden zentral in der *Qsync Central* vorgenommen und können für jeden Client anders ausfallen. Sie können zusätzlich ein Verwaltungskennwort festlegen, damit können Benutzer auch ohne Administratorrechte Einstellungen in ihrem Client ändern.

Der Benutzeranpassungsmodus ist voreingestellt. Um den Modus zu wechseln, klicken Sie in der ÜBERSICHT der *Qsync Central* auf den aktuellen Modus (rechts oben) oder wechseln in die Ansicht VERWALTUNGSEINSTELLUNGEN. Dort können Sie den Modus festlegen. Natürlich können Sie den Modus jederzeit wechseln.

Präferenzeinstellungen festlegen

Unabhängig davon, welchen Modus Sie verwenden, können Sie Präferenzeinstellungen festlegen. Im Benutzeranpassungsmodus werden diese Einstellungen nur für neue Clients herangezogen und können vom Benutzer selbst geändert werden. Im zentralen Konfigurationsmodus können diese Einstellungen nicht vom Benutzer geändert werden, dafür können Änderungen der Einstellungen an alle Geräte übertragen werden.

Um die Einstellungen zu ändern, klicken Sie in der Ansicht VERWALTUNGSEINSTELLUNGEN auf PRÄFERENZEINSTELLUNGEN BEARBEITEN. Im Reiter SYNCHRONISIEREN können Sie festlegen, ob die Synchronisierung Daten auf dem NAS entfernen darf oder nicht. Ist das Häkchen gesetzt, bleiben Dateien, die lokal im synchronisierten Ordner gelöscht werden, auf dem NAS erhalten. Ist die Option nicht aktiviert, werden lokal gelöschte Daten auch auf dem NAS gelöscht.

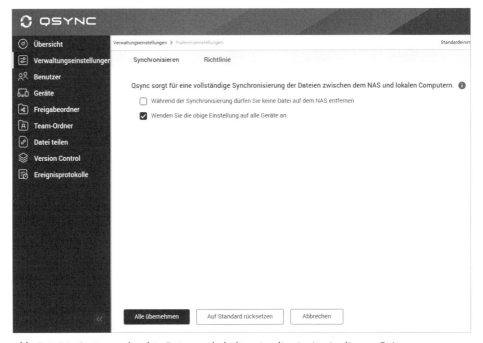

Abb. 7.4: Die Option, gelöschte Daten zu behalten, ist die einzige in diesem Reiter.

Im Reiter RICHTLINIE können Sie mehrere Einstellungen festlegen:

- *Konfliktrichtlinien* – Legen Sie fest, was passiert, wenn ein Dateikonflikt auftritt. Sie können bei jedem Konflikt eine individuelle Entscheidung treffen lassen, oder Sie geben vor, dass die Datei umbenannt wird (entweder am NAS oder lokal) oder dass die Datei überschrieben wird (am NAS oder lokal). Details zu Konflikten finden Sie in Abschnitt 7.2.2 unter »Konflikte beheben«.
- *Filtereinstellungen* – Hier können Sie Filter festlegen, auf deren Basis Dateien während der Synchronisierung ausgeschlossen werden. Der Filter hilft, Dateien auszulassen, die etwa von Betriebssystem (z.B. Thumbs.db) oder von Anwendungen angelegt werden.

Software, die nicht mit einzelnen Dateien arbeitet, sondern Projekte anlegt, die aus mehreren Unterordnern und Dateien bestehen, speichern Benutzereinstellungen meist ebenfalls in Dateien im Projektordner ab. Diese Dateien will man meist nicht synchronisieren, wenn man mit anderen Benutzern am selben Projekt arbeitet. Würde die Datei mitsynchronisiert werden, würden die einzelnen Benutzer bei jedem Sync-Vorgang die Einstellungen der anderen überschreiben.

Hinweis

Bei der Erstellung von Filtern können Sie * als Wildcard verwenden. * steht für eine beliebige Zeichenkombination an der entsprechenden Stelle. *.txt würde alle txt-Dateien betreffen, A*.txt nur die txt-Dateien, deren Name mit einem großen A beginnen.

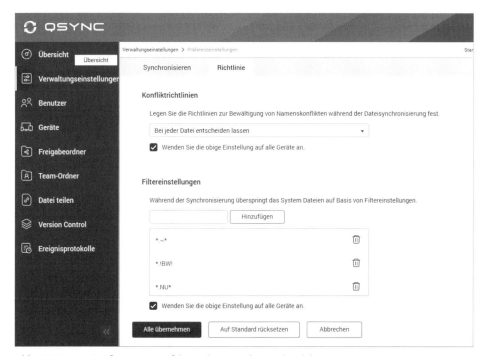

Abb. 7.5: Legen Sie fest, wie Konflikte gelöst werden und welche Dateien nicht synchronisiert werden sollen.

Um die Voreinstellungen zu speichern, klicken Sie auf ALLE ÜBERNEHMEN. Befinden Sie sich im zentralen Konfigurationsmodus, haben Sie bei jeder Einstellung die Option »Wenden Sie die obige Einstellung auf alle Geräte an«. Ist die Option nicht aktiviert, werden die neuen Einstellungen auch nur bei neuen Geräten angewendet, die Einstellungen bestehender Geräte bleiben erhalten. Ist die Option aktiv, öffnet sich ein Dialog, wenn Sie auf ALLE ÜBERNEHMEN klicken. Sie können angeben, ob Sie die Einstellungen aller Geräte überschreiben wollen oder ob jene Geräte, bei denen Sie bereits individuelle Einstellungen getroffen haben, ausgelassen werden sollen.

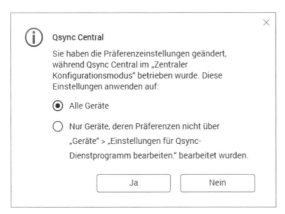

Abb. 7.6: Die Einstellungen aller Clients können überschrieben werden.

Individuelle Einstellungen im zentralen Konfigurationsmodus

Um im zentralen Konfigurationsmodus die Einstellungen einzelner Geräte individuell festzulegen, müssen sich diese zuerst einmal mit der Cloud verbinden. Dabei bekommen Sie die Präferenzeinstellungen als Vorgaben. Wechseln Sie in der *Qsync Central* in den Bereich GERÄTE, finden Sie dort alle Geräte aufgelistet, die je mit der Cloud verbunden waren.

Abb. 7.7: Bearbeiten Sie im zentralen Konfigurationsmodus die Einstellungen für jeden Client individuell.

In der Spalte »Aktion« finden Sie neben dem Gerät ein Bearbeiten-Icon. Klicken Sie darauf, öffnet sich das Menü aus dem vorherigen Abschnitt »Präferenzeinstellungen festlegen«. Die Einstellungen werden an das entsprechende Gerät übertragen. Mithilfe der Option »Diese Einstellungen auf jedes Gerät anwenden« können Sie auch an dieser Stelle alle Geräte konfigurieren.

> **Achtung**
>
> In der zur Drucklegung des Buches aktuellen Version hat der zentrale Konfigurationsmodus nur für Desktop-Clients funktioniert. In *Qsync Pro* konnten die entsprechenden Einstellungen trotzdem verändert werden, weiterhin war im Bereich Geräte auch kein Bearbeiten-Icon bei Mobilgeräten verfügbar.

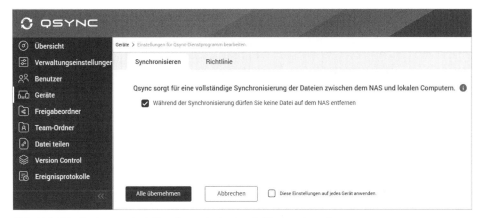

Abb. 7.8: Die Optionen sind dieselben wie in den Präferenzeinstellungen.

7.2.2 Der Desktop-Client
Den Client installieren und einrichten

Für Windows, Mac und Linux existieren eigene Clients. Diese finden Sie im Downloadbereich von QNAP unter https://www.qnap.com/de-de/utilities/essentials bzw. wenn Sie in der Fußzeile von QTS auf DIENSTPROGRAMM klicken und erneut DIENSTPROGRAMM auswählen.

1. Laden Sie den *Qsync-Client* herunter, und installieren Sie ihn auf Ihrem Rechner.
2. Starten Sie *Qsync*. Sie erhalten wieder eine kleine Einführung, die Sie durchgehen oder überspringen können. Anschließend landen Sie im Anmeldefenster. Zuerst müssen Sie nach Ihrem NAS suchen. Sie können das LAN durchsuchen lassen oder über *QID*, sofern Sie diese schon eingerichtet haben (siehe Abschnitt 9.1.1 »myQNAPcloud-Konto erstellen«). Alternativ können Sie auch die lokale IP-Adresse Ihres NAS oder eine eingerichtete Domain verwenden.

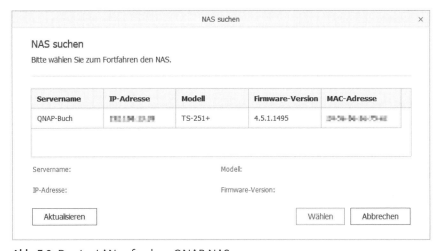

Abb. 7.9: Das im LAN gefundene QNAP NAS

Kapitel 7
Die Cloud – Daten und Geräte synchronisieren

3. Geben Sie die Login-Daten für den gewünschten Benutzer ein, und aktivieren Sie die Option »Sichere Anmeldung«.

> **Wichtig**
>
> Übertragen Sie niemals Daten oder Passwörter über eine ungesicherte Verbindung, vor allem dann nicht, wenn die Verbindung über das Internet aufgebaut wird.

4. Handelt es sich bei Ihrem Gerät um einen Laptop, den Sie auch unterwegs verwenden, ist die Option »Automatisch die beste Verbindungsmethode wählen« sinnvoll. So wird unterwegs *myQNAPcloud* oder der direkte Zugriff per externer IP verwendet und sobald Sie sich im LAN befinden, die lokale IP. Wie Sie den externen Zugriff und *myQNAPcloud* einrichten, erfahren Sie in Abschnitt 9.1 »Zugriff über myQNAPcloud«.
5. Bestätigen Sie die Eingaben mit ÜBERNEHMEN.
6. Im nächsten Schritt legen Sie fest, welche Ordner Sie miteinander synchronisieren wollen. Ist der *Startseite-Ordner* aktiviert, finden Sie bereits einen Eintrag in der Liste. Auf der linken Seite sehen Sie den Ordner auf dem NAS – in dem Fall der bereits erwähnte neue Ordner Qsync im Benutzerordner – und rechts der lokale Ordner. Sie können den Eintrag mit einem Klick auf das X auch entfernen. Sie sind nicht gezwungen, den Benutzerordner zu synchronisieren.

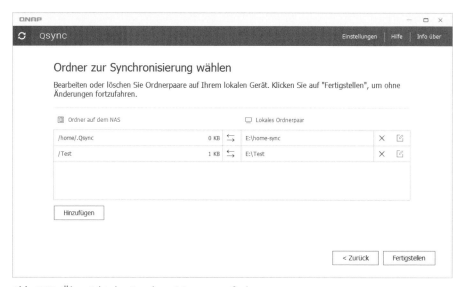

Abb. 7.10: Übersicht der Synchronisierungsaufgaben

Sie können den Eintrag auch bearbeiten und so etwa den lokalen Ordner wechseln. Sie können auch weitere Synchronisierungen hinzufügen, klicken Sie dazu auf HINZUFÜGEN. Wählen Sie hierfür einen Ordner auf dem NAS. Ihnen stehen der Qsync-Ordner im Benutzerverzeichnis sowie alle Freigabeordner, die Sie für *Qsync* aktiviert haben, zur Verfügung. Bereits synchronisierte Ordner können nicht erneut gewählt werden. Bei der Ordnerwahl sind Sie aber nicht auf die Ebene der Freigabeordner gebunden, Sie können auch einen Unterordner auswählen. Wird ein Unterordner synchronisiert, kann der übergeordnete Ordner nicht mehr ausgewählt werden.

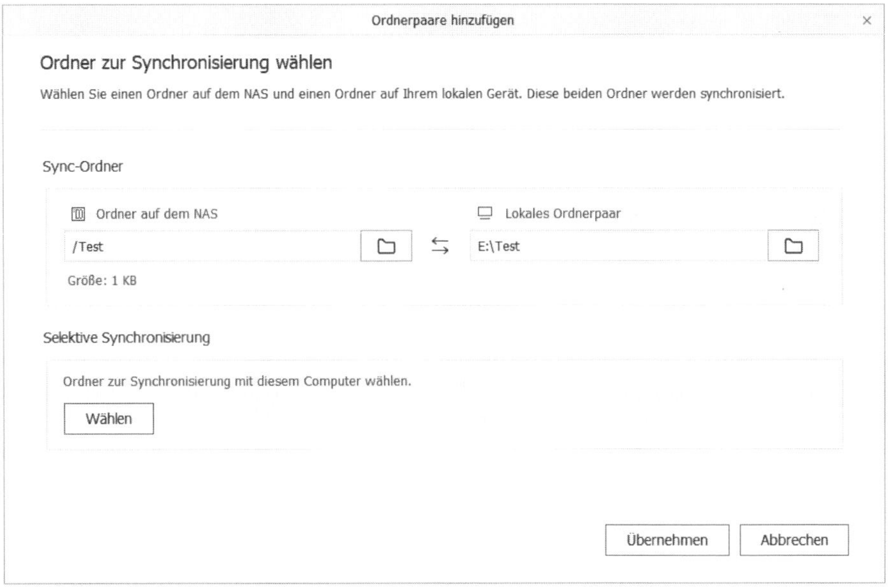

Abb. 7.11: Einrichten der Ordnersynchronisierung

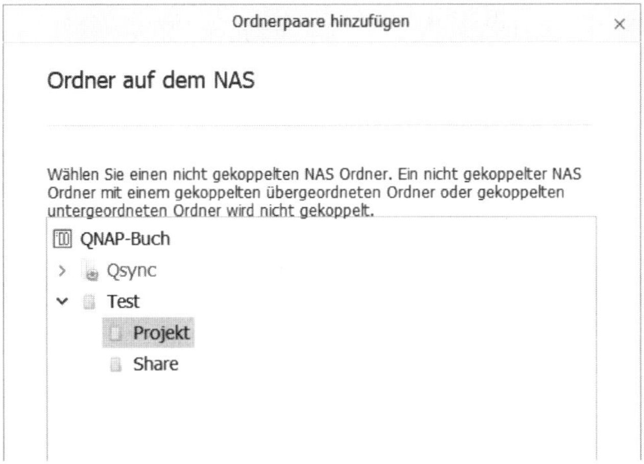

Abb. 7.12: Wahl des Ordners auf dem NAS

Möchten Sie innerhalb eines Ordners nur gewisse Ordner synchronisieren, müssen Sie nicht jeden Ordner einzeln hinzufügen. Wählen Sie zuerst den übergeordneten Ordner aus, klicken Sie dann bei »Selektive Synchronisierung« auf WÄHLEN und entfernen Sie die Häkchen bei den Ordnern, die Sie nicht synchronisieren möchten.

Kapitel 7
Die Cloud – Daten und Geräte synchronisieren

Abb. 7.13: Auswahl, welche Unterordner synchronisiert werden sollen und welche nicht

7. Bestätigen Sie die Auswahl der Ordner mit FERTIGSTELLEN.

Qsync beginnt jetzt mit dem Abgleich der Ordner. Verändern Sie Dateien lokal oder fügen Sie welche hinzu, werden diese Änderungen vom *Qsync-Client* an das NAS übermittelt, genauso werden Änderungen von NAS heruntergeladen. Beachten Sie, dass der *Qsync-Client* ausgeführt werden muss, damit er seine Aufgabe erfüllen kann. Der Client wird normalerweise beim Start des Rechners automatisch ausgeführt und läuft im Hintergrund. Haben Sie keine Verbindung zu Ihrem NAS, können Sie trotzdem Dateien bearbeiten und hinzufügen, der Abgleich wird durchgeführt, sobald wieder eine Verbindung zum NAS besteht. So können Sie auch ohne Internetverbindung von unterwegs arbeiten bzw. müssen Ihr NAS nicht über das Internet erreichbar machen.

Vorsicht
Bei sehr großen Datenmengen kann der erste Synchronisierungsvorgang etwas länger dauern. Schwächere NAS-Modelle verlängern die Dauer zusätzlich. Lassen Sie Ihren Rechner am besten laufen, bis die initiale Synchronisierung abgeschlossen ist.

Tipp
Wollen Sie sehr große Datenmengen synchronisieren, splitten Sie diese am besten auf. Anstatt eine Synchronisierungsaufgabe für Ihren gesamten Datenbestand anzulegen, erstellen Sie mehrere (beispielsweise nach Kategorie: Dokumente, Musik, Fotos, Videos oder nach Unterordnern). Sie können dazu auf dem NAS mehrere Freigabeordner bereitstellen, oder Sie wählen Unterordner für die Synchronisierungsaufgabe.

Ein weiterer Vorteil: Tritt bei der Synchronisierung ein Fehler auf, ist nur die Teilaufgabe betroffen, und Probleme lassen sich schneller beheben.

Den Qsync-Client nutzen

Ist das Hauptfenster von *Qsync* einmal geschlossen, finden Sie das Icon im Info-Bereich der Taskleiste. Ein Doppelklick darauf öffnet die Anwendung. Ein einfacher Klick öffnet ein kleines Fenster, das Ihnen einen schnellen Zugriff auf die wichtigsten Informationen und Funktionen bietet. Aber auch im Explorer hat *Qsync* Spuren hinterlassen. So bekommen

Ordner, die synchronisiert werden, ein eigenes Icon. Das Icon spiegelt auch den Status wider (siehe folgenden Abschnitt).

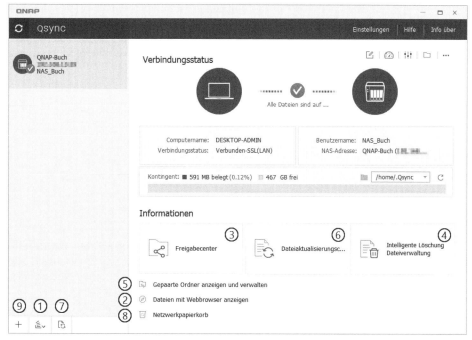

Abb. 7.14: Das Hauptfenster des Qsync-Client für Windows

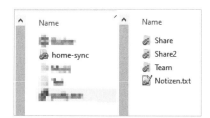

Abb. 7.15: Das geänderte Ordner-Icon im Windows-Explorer

Abb. 7.16: Das Icon versteckt sich im Info-Bereich, die Icons können über den Pfeil in der Nähe der Uhr in der Taskleiste eingeblendet werden.

Synchronisierungsstatus

Den Synchronisierungsstatus können Sie sowohl im Hauptfenster betrachten als auch in der Schnellansicht, auch die Ordner und Dateien erhalten ein Symbol, welches den Status anzeigt. Mögliche Zustände sind: »alle Dateien sind auf dem neuesten Stand«, »gerade wird synchronisiert«, »die Synchronisierung wurde pausiert«, »die Verbindung wurde getrennt« oder »es liegt ein Fehler vor«.

Abb. 7.17: Statusanzeigen im Hauptfenster

Zusätzlich zeigt das Hauptfenster das Kontingent der einzelnen Synchronisierungsordner auf dem NAS an. Über das Drop-down-Menü können Sie zwischen den Ordnern umschalten.

Abb. 7.18: Der Speicherbedarf der Synchronisierungsaufgabe auf dem NAS

In der Schnellansicht sehen Sie während des Synchronisierungsvorgangs unter »Daten werden synchronisiert« den Up- bzw. Downloadfortschritt einzelner Dateien. Leider zeigt Ihnen *Qsync* keine Prognose über die Gesamtdauer des Vorgangs oder über das Gesamtdatenvolumen, das übertragen werden muss.

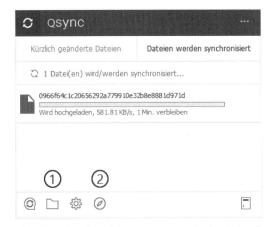

Abb. 7.19: Synchronisierungsvorgang in der Schnellansicht

Aufgaben anhalten/fortsetzen

Synchronisierungsaufgaben können jederzeit pausiert werden, sei es, um Datenvolumen bei getakteten Verbindungen zu sparen oder Bandbreite, wenn die Internetverbindung unterwegs zu schlecht ist. Manche Programme halten Dateien permanent geöffnet bzw. schreiben laufend in Dateien, das kann zu Synchronisierungsproblemen führen. In diesen Fällen ist es besser, die Synchronisierung zu pausieren, solange mit der betroffenen Software gearbeitet wird, und erst nach Beenden des Programmes die Synchronisierung fortzusetzen.

Die Aufgaben können Sie an mehreren Stellen pausieren bzw. wieder fortsetzen, entweder über das Aufgaben-Icon links, unten im Hauptfenster (siehe Abbildung 7.14, ❶) oder durch den Eintrag SYNCHRONISIERUNG UNTERBRECHEN im Dreipunkte-Menü rechts oben im Hauptfenster. In der Schnellansicht können Sie ebenfalls alle Aufgaben pausieren/fortsetzen, entweder unter DATEN WERDEN SYNCHRONISIERT, indem Sie auf die Statusmeldung klicken, oder über das Dreipunkte-Menü.

Sie können auch nur einzelne Synchronisierungsaufgaben pausieren. Gehen Sie dazu im Hauptfenster auf GEPAARTE ORDNER ANZEIGEN UND VERWALTEN, dort können Sie jede Aufgabe einzeln pausieren (siehe Abbildung 7.25, ❶).

Synchronisierung erzwingen

Haben Sie Dateikonflikte oder Verbindungsfehler behoben, startet die Synchronisierung unter gewissen Umständen nicht sofort. Um sie manuell zu starten, können Sie im Dreipunkte-Menü des Hauptfensters JETZT MIT DEM NAS SYNCHRONISIEREN wählen.

Lokale Ordner anzeigen

Um die lokalen Ordner – die von *Qsync* synchronisiert werden – anzeigen zu lassen, müssen Sie nicht den Umweg über den Explorer nehmen. Im Hauptfenster finden Sie das Ordner-Icon, ein Klick darauf öffnet eine Auswahlliste der lokalen Ordner. Die Auswahl öffnet den Ordner direkt im Explorer. Das gleiche Icon findet sich auch in der Schnellansicht (siehe Abbildung 7.19, ❶).

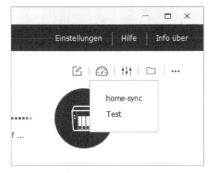

Abb. 7.20: Öffnen Sie direkt synchronisierte, lokale Ordner.

Dateien im Browser anzeigen

Auch die serverseitigen Dateien können Sie sich anzeigen lassen, allerdings nicht im Explorer, sondern über den Browser. Im Hauptfenster wählen Sie dazu DATEIEN MIT WEBBROWSER ANZEIGEN (siehe Abbildung 7.14, ❷), das daneben abgebildete Kompass-Icon finden Sie auch in der Schnellansicht (siehe Abbildung 7.19, ❷). Im Standard-Browser öffnet sich dann die File Station, bei der Sie sich mit Ihrem NAS-Benutzer anmelden müssen. Eine Anleitung der *File Station* finden Sie in Abschnitt 5.2 »Die File Station«.

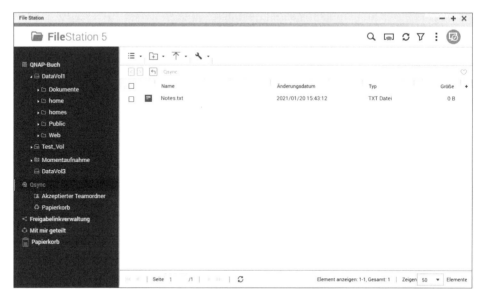

Abb. 7.21: Qsync und die File Station arbeiten gut zusammen.

Eventuell erinnern Sie sich noch an die Ansicht Qsync in der *File Station*. Der Ordner Qsync, der angelegt wird, wenn Sie den *Startseite-Ordner* aktiviert haben, liegt zwar im home-Verzeichnis des Benutzers, wird aber von der *File Station* nicht in diesem angezeigt. Der Inhalt von Qsync wird stattdessen in der Ansicht Qsync angezeigt.

> **Hinweis**
>
> Unterwegs funktioniert das nur, wenn die *File Station* auch aus dem Internet erreichbar ist. Wie das geht, erfahren Sie in Kapitel 9.

Dateien teilen

Mit *Qsync* können Sie Dateien und Ordner auch ganz einfach teilen, ohne den Umweg über QTS oder die *File Station* zu machen. Navigieren Sie lokal auf Ihrem PC zu der gewünschten Datei oder dem Ordner und klicken Sie mit der rechten Maustaste darauf. Im Kontextmenü finden Sie neue Einträge von *Qsync*. Wählen Sie Qsync|Link freigeben (siehe Abbildung 7.34), es öffnet sich der Teilen-Dialog, eine abgespeckte Variante des Teilen-Dialogs, den Sie aus der *File Station* kennen. Legen Sie die Einstellungen für den Link fest, und vergessen Sie dabei nicht, die sichere https-Variante zu aktivieren. Sie können den Link dann per Mail versenden oder in die Zwischenablage kopieren.

Über das Hauptfenster gelangen Sie in das Freigabecenter (über die gleichnamige Schaltfläche, siehe Abbildung 7.14, ❸). Dort finden Sie im Reiter Freigabelink alle Links, die Sie dort bearbeiten und löschen können.

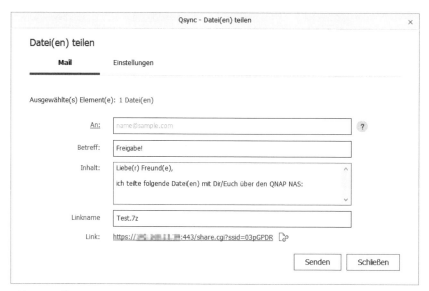

Abb. 7.22: Über Qsync ist nur das Teilen mit einem Freigabelink möglich.

Abb. 7.23: Verwalten Sie Freigabelinks wie schon in der File Station.

Dateien löschen

Das Löschen von Dateien verhält sich unterschiedlich, je nachdem, ob Sie eingestellt haben, dass während der Synchronisierung Daten am NAS gelöscht werden dürfen oder nicht. Dürfen Daten gelöscht werden, werden Dateien, die lokal entfern wurde, auch am NAS entfern.

Dürfen Daten am NAS aber nicht gelöscht werden, gibt es eine zusätzliche Funktion, die intelligente Löschung. Entfernen Sie lokal eine Datei, ist diese lokal auch nicht mehr vorhanden, der Speicher wird also freigegeben. Am NAS bleibt die Datei weiter bestehen. Über die Schaltfläche INTELLIGENTE LÖSCHUNG DATEIVERWALTUNG im Hauptfenster (siehe Abbildung 7.14, ❹) des *Qsync-Client* erhalten Sie eine Liste aller gelöschter Dateien. Sie haben zwei Möglichkeiten, mit AUF GERÄT WIEDERHERSTELLEN können Sie die Datei wieder auf Ihr lokales Gerät herunterladen. Benötigen Sie die Datei tatsächlich nicht mehr, können

Sie sie mit VOM NAS LÖSCHEN auch in der Cloud entfernen. Dateien, die auf diese Weise gelöscht werden, sind endgültig gelöscht, Sie finden sie nicht im Papierkorb.

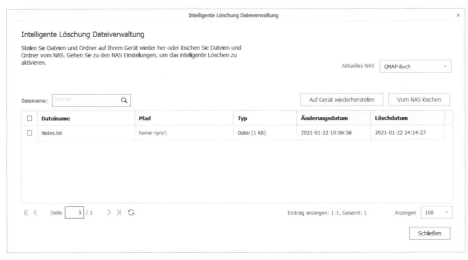

Abb. 7.24: Verwalten Sie mit der intelligenten Löschung Ihre gelöschten Dateien.

Synchronisierungen bearbeiten

Natürlich können Sie jederzeit neue Ordner-Synchronisierungen hinzufügen und auch wieder entfernen. Öffnen Sie dazu im Hauptfenster GEPAARTE ORDNER ANZEIGEN UND VERWALTEN (Abbildung 7.14, ❺). Es öffnet sich das Verwaltungsfenster, das Sie schon von der Einrichtung des *Qsync-Client* kennen. Fügen Sie neue Aufgaben hinzu, bestehende Aufgaben lassen sich pausieren ❶, löschen ❷ oder bearbeiten ❸ (Abbildung 7.25).

Abb. 7.25: Pausieren, entfernen oder bearbeiten Sie bestehende Synchronisierungsaufgaben oder fügen Sie neue hinzu.

Änderungsprotokoll

Gerade, wenn man gemeinsam mit anderen an denselben Dokumenten arbeitet, ist es oft hilfreich, nachvollziehen zu können, wann welche Änderungen gemacht wurden. *Qsync* ist daher mit einem Ereignisprotokoll ausgestattet. Sie erreichen das Protokoll über das Hauptfenster und die Schaltfläche DATEIAKTUALISIERUNGSCENTER (siehe Abbildung 7.14, ❻). Auch das Icon links unten (siehe Abbildung 7.14, ❼) öffnet das Protokoll. Es zeigt Ihnen genau, was wann mit welcher Datei passiert ist und ob die Änderung von NAS oder lokal erfolgt ist. Lediglich eine Angabe zum Benutzer, der die Änderung durchgeführt hat, fehlt.

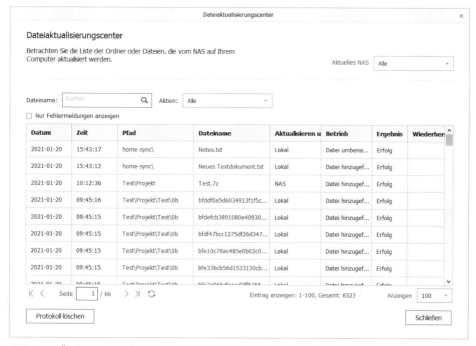

Abb. 7.26: Änderungen, die der Client aufgezeichnet hat

Den Benutzer finden Sie zwar im Ereignisprotokoll im *Qsync Center*, allerdings werden Dateinamen nur beim ersten Hoch- bzw. Herunterladen angegeben, danach wird nur noch die Anzahl der synchronisierten Dateien protokolliert. Verbindet man die beiden Protokolle und gleicht die Änderungszeit ab, lässt sich aber dennoch herausfinden, welche Benutzer welche Änderung durchgeführt hat.

Eine abgespeckte Version finden Sie auch in der Schnellansicht unter KÜRZLICH GEÄNDERTE DATEIEN.

Der Papierkorb

Im Hauptfenster sehen Sie auch einen Button, der Sie zum Netzwerkpapierkorb (siehe Abbildung 7.14, ❽) bringt. Genauer gesagt, öffnet er wieder die *File Station* im Browser.

Kapitel 7
Die Cloud – Daten und Geräte synchronisieren

Weiteres NAS hinzufügen

Sie können mit dem *Qsync-Client* problemlos Ordner mit mehreren QNAP-Geräten synchronisieren. Klicken Sie einfach auf das Plus-Icon links unten im Hauptfenster (siehe Abbildung 7.14, ❾), und tragen Sie die Zugangsdaten zu einem weiteren Gerät ein.

NAS entfernen

Über das Dreipunkte-Menü und den Eintrag NAS entfernen können Sie das aktuelle NAS auch wieder aus dem *Qsync-Client* entfernen. Sie haben dabei die Wahl, ob Sie die Daten lokal behalten wollen oder ob diese gelöscht werden sollen.

Verbindung bearbeiten

Sollte sich die Verbindungsinformation Ihres NAS ändern oder Sie sich mit einem anderen Benutzer anmelden wollen, geht das ganz einfach über das Bearbeiten-Icon im Hauptfenster.

Verbindung testen

Das Icon daneben lässt Sie die Verbindung testen, Sie können sowohl die Verbindung zum Internet als auch zum NAS prüfen sowie einen Geschwindigkeitstest starten. Die Funktion hilft Ihnen, Verbindungsprobleme bzw. Bandbreiteneinbußen zu erkennen.

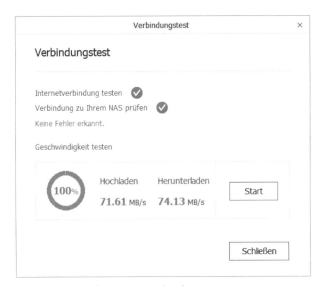

Abb. 7.27: Ein erfolgreicher Verbindungstest

NAS-Einstellungen

Im Hauptfenster gelangen Sie über das Regler-Icon zu den NAS-Einstellungen. Je nachdem, welchen Verwaltungsmodus Sie in *Qsync Central* festgelegt haben, können Sie hier einige Einstellungen eventuell nicht ändern, auch dann nicht, wenn Sie sich im Client als Administrator angemeldet haben. Zusätzlich zu den in Abschnitt 7.2.1 »Verwaltungsmodus konfigurieren« erklärten Einstellungen finden Sie im Reiter RICHTLINIE noch folgende Einstellungen:

- *Freigaberichtlinien für Team-Ordner* – Legen Sie fest, ob Sie neue Team-Ordner-Freigaben automatisch annehmen oder ablehnen oder einfach nur benachrichtigt und individuell entscheiden wollen.

- *Miniaturbilder erstellen* – Werden Bilder auf Ihr NAS hochgeladen (egal, auf welchem Weg, generiert das NAS Thumbnails, die zur Vorschau in verschiedenen Anwendungen benutzt werden. Das Generieren dieser Vorschaubilder benötigt einiges an Ressourcen und kann vor allem schwächere QNAP-Modelle schnell lahmlegen. Aktivieren Sie diese Option, werden die Thumbnails vom *Qsync-Client* lokal generiert und mit hochgeladen. Dadurch wird zwar die Upload-Dauer erhöht, allerdings entlasten Sie so das NAS. Die Entlastung findet natürlich nur dann statt, wenn die Bilder über *Qsync* auf das NAS gelangen. Laden Sie die Bilder mit anderen Methoden auf Ihr NAS, werden die Thumbnails erst nach dem Hochladen von NAS generiert.

Konflikte beheben

Konflikte entstehen dann, wenn eine Datei an mehreren Stellen gleichzeitig bearbeitet wird. Genauer ausgedrückt, entscheidet der Zeitpunkt des Synchronisierens, ob und bei wem der Konflikt entsteht. Bearbeitet Benutzer A die Datei zur selben Zeit wie Benutzer B, ist entscheidend, wer die Datei zuerst abspeichert und mit dem Server synchronisiert. Für den schnelleren der beiden kann die Datei problemlos mit dem Server synchronisiert werden, der Langsamere hat dann einen Dateikonflikt.

Einen Konflikt kann auch ein Benutzer alleine durch mehrere Änderungen nacheinander auslösen. Wird z.B. eine Änderung auf Gerät A vorgenommen, die gespeichert, aber nicht synchronisiert wird (weil der Server nicht verfügbar ist), und zu einem späteren Zeitpunkt wird eine Änderung über Gerät B synchronisiert, entsteht ein Konflikt, sobald Gerät A wieder eine Verbindung zum Server hat.

> **Hinweis**
>
> Synchronisierungssoftware prüft die Sync-Ordner auf hinzugefügte und gelöscht Dateien und vergleicht das Änderungsdatum bestehender Dateien. Dabei werden ältere Dateien mit den neueren Dateien überschrieben. Anders als bei Version-Control-Systemen (SVN, GIT, ...) werden Änderungen einer Datei am Server mit Änderungen derselben Datei am Client nicht synchronisiert. Daher entstehen Konflikte.

Der Konflikt kann auf verschiedene Weisen gelöst werden. Die Einstellung dafür kann entweder als Präferenz in der *Qsync Central* festgelegt oder im entsprechenden Modus auch im lokalen Client eingestellt werden. Standard-Auswahl ist »Bei jeder Datei entscheiden lassen«, tritt ein Konflikt auf, öffnet der Client einen Auswahl-Dialog, bei dem eine Lösungsmöglichkeit gewählt werden kann. Die Auswahl kann auch gespeichert werden.

Zur Auswahl stehen vier Lösungsmöglichkeiten. Zwei davon sind etwas rigoroser, erfordern aber kein weiteres Eingreifen eines Benutzers. So kann, bei Auftreten eines Konflikts, die Datei am NAS mit der lokalen Datei ersetzt werden oder andersherum, die lokale Datei wird durch die Datei am NAS ersetzt. Server und Client weisen dann denselben Stand auf, und es sind keine weiteren Schritte notwendig. Bedenken Sie aber, dass dadurch Änderungen an der Datei verloren gehen.

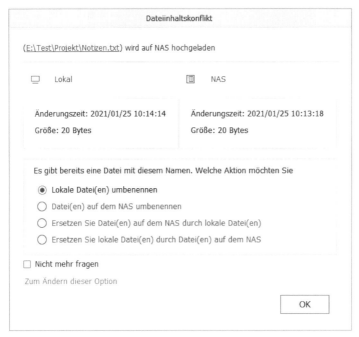

Abb. 7.28: Der Client zeigt den Konflikt und die möglichen Lösungen an, sofern keine Lösung als Standard-Aktion gewählt wurde.

Sollen keine Änderungen abhandenkommen, empfehlen sich die übrigen zwei Lösungen, dabei wird entweder die Datei vom Server oder die lokale Datei umbenannt. Egal, welche dieser Optionen Sie wählen, beide Dateien werden synchronisiert. Sowohl am Server als auch lokal sind dann zwei Dateien vorhanden, eine mit dem Originalnamen und eine mit einem Namenszusatz, der angibt, wann der Konflikt aufgetreten ist und welches Gerät den Konflikt ausgelöst hat. Sie können dann beide Dateien vergleichen und die Änderungen zusammenführen. Dafür können Sie Merge-Tools verwenden oder die Änderungen per Hand abgleichen.

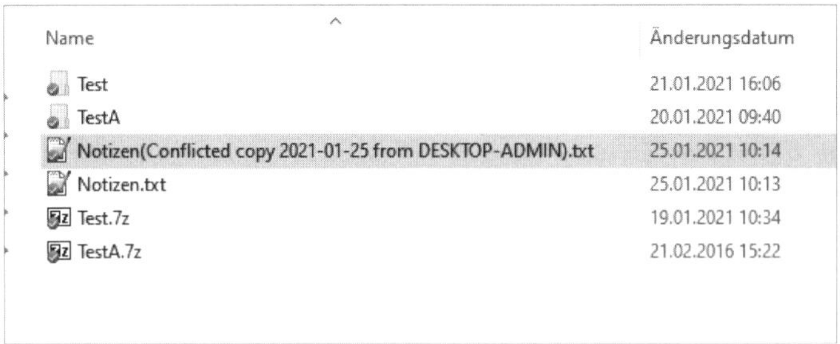

Abb. 7.29: Mit »Lokale Datei(en) umbenennen« enthält die Originaldatei die Änderungen vom Server und die umbenannte Datei die lokalen Änderungen.

Merge-Tools

Reine Textdateien können meist automatisch mit sogenannten Merge-Tools (z.B. P4merge, Kdiff3 ...) zusammengeführt werden. Bei Officedokumenten (Texte, Tabellen ...) geht das nicht automatisch, da deren Aufbau zu komplex ist, per Hand lässt sich das Problem aber oft noch lösen. Bei Bildern wird die Sache schon schwieriger. Hierfür gibt es spezialisierte Tools, das Resultat hängt aber stark von den Änderungen ab. Schwierig bis unmöglich ist die Zusammenführung von komplexen Binärdateien, etwa von großen Projektdateien (Projekte aus Grafik-, Sound- und Videoprogrammen), hier ist oft auch die manuelle Zusammenführung nicht mehr möglich.

Softwareentwickler verwenden für Projekte Version-Control-Systeme wie SVN oder GIT. Diese vereinen geräteübergreifende Synchronisierung, Versionierung (siehe Abschnitt 7.4 »Versionierung«) und automatische Konfliktlösung/Merging zusammen mit anderen Funktionen speziell für die Softwareentwicklung.

Synchronisierungsprobleme beheben

Sollte der Synchronisierungsalgorithmus versagen und Dateien nicht mehr synchronisiert werden können, müssen Sie das Problem selbst lösen. Hier kann es schnell zu Datenverlust, genauer ausgedrückt dem Verlust von Änderungen kommen.

Folgende Vorgehensweise hat sich in der Praxis bewährt:

1. Pausieren Sie umgehend die Synchronisierung im *Qsync-Client*.
2. Haben mehrere Benutzer Zugriff auf die Datei, und können Sie nicht feststellen, ob diese gerade darauf zugreifen oder während der Behebung des Problems darauf zugreifen werden (z.B. bei einer unüberschaubaren Nutzeranzahl bzw. Nutzern außerhalb des Hauses), müssen Sie ihnen den Zugriff verwehren. Das erreichen Sie, indem Sie den Benutzern bzw. der Gruppe die Schreibrechte für den Freigabeordner oder die Rechte für *Qsync* vorübergehend entziehen.

Hinweis

Eine einfachere Methode, um Benutzern vorübergehend den Zugriff zu verwehren, ist die Einrichtung von Firewall-Regeln. Die Firewall erkläre ich Ihnen in Abschnitt 10.7 »Firewall«.

3. Sichern Sie, falls vorhanden, lokal geänderte Dateien an einem Ort, der nicht mit der Cloud synchronisiert wird.
4. Entfernen Sie im *Qsync-Client* die fehlerhafte Synchronisierungsaufgabe.
5. Aktivieren Sie (zumindest für das eine Gerät) die Option, dass lokal gelöschte Dateien nicht vom NAS gelöscht werden. Sie verhindern dadurch, dass im Fehlerfall die, lokal nicht vorhandenen, Dateien vom NAS gelöscht werden.
6. Löschen Sie lokal jene Dateien, die das Problem ausgelöst haben. Im Zweifelsfall löschen Sie alle Dateien im Ordner.
7. Erstellen Sie die Synchronisierungsaufgabe neu. Der Client lädt anschließend die Dateien erneut vom Server herunter.

8. Ersetzen Sie die heruntergeladenen Dateien durch die Kopien, die Sie in Punkt 3 angelegt haben. Jetzt können die Änderungen zum Server hochgeladen werden und von der Versionierung erfasst werden.

9. Anschließend können Sie die unter Punkt 2 entfernten Berechtigungen wieder erteilen.

Lässt sich auch dadurch das Problem nicht beheben, könnte der Fehler in der Versionsdatenbank liegen. Wiederholen Sie dazu die Punkte 1 bis 4 von oben. Sichern Sie aber alle Dateien, nicht nur die, die geändert wurden. Löschen Sie auf Ihrem NAS anschließend die Dateien bzw. den ganzen Ordner und legen den Ordner neu an. Dasselbe machen Sie auch lokal auf Ihrem Rechner. Richten Sie die Synchronisierungsaufgabe wieder ein. Sobald diese anzeigt, dass alle Dateien auf dem neuesten Stand sind, kopieren Sie die gesicherten Dateien wieder in den Ordner und lassen diese synchronisieren.

Konnten Sie das Problem immer noch nicht beheben, müssen Sie die Versionsdatenbank komplett löschen. Wiederholen Sie dazu wieder die Schritte 1 bis 4, und sichern Sie alle Dateien lokal. Deaktivieren Sie danach auf Ihrem NAS in der *Qsync Central* die Versionierung. Dabei wird die Versionsdatenbank gelöscht. Alle älteren Versionen der enthaltenen Dateien gehen dadurch verloren. Löschen Sie den Ordner, den Sie synchronisiert haben. Richten Sie danach die Synchronisierung wieder ein (mit leeren Ordnern), und fügen Sie anschließend die Dateien neu hinzu.

7.2.3 Qsync Pro

> **Hinweis**
>
> Solange Ihr NAS nicht über das Internet erreichbar ist, gilt auch hier, dass die Apps nur funktionieren, wenn sich Ihr mobiles Gerät im WLAN befindet.

Auch für mobile Geräte gibt es wieder eine App, mit der Sie Zugriff auf die Cloud erhalten. Natürlich erhalten Sie auch mit *Qfile* (siehe Abschnitt 5.3 »Mobiler Zugriff per App«) den gewohnten Zugriff auf den Freigabeordner, auch wenn er in der Cloud aktiviert wurde. Um Ihr mobiles Gerät mit Ihrem NAS zu synchronisieren, benötigen Sie aber die App *Qsync Pro*. Sie finden sie im App-Store Ihres Vertrauens oder über die bereits erwähnte Übersichtsseite zu den Dienstprogrammen. Öffnen Sie die App, und geben Sie die Anmeldedaten ein. Die Anmeldung funktioniert identisch zu *Qfile*.

> **Wichtig**
>
> Achten Sie darauf, dass der Haken bei SSL gesetzt ist. Ansonsten werden Ihre Daten unverschlüsselt übertragen. Mehr dazu erfahren Sie in Kapitel 10 »Sicherheit«.

Während *Qfile* Ihnen Zugang zu den Freigabeordnern des NAS bietet und Sie Dateien hoch- bzw. herunterladen können, erlaubt *Qsync Pro* die Synchronisierung von Ordnern.

Nach der ersten Anmeldung werden Sie gleich aufgefordert, eine Synchronisierung einzurichten. Sie können den Schritt natürlich überspringen, ansonsten tippen Sie auf das + und legen die neue Sync-Aufgabe an. Auch hier haben Sie wieder die Möglichkeit, Unterordner von der Synchronisierung auszuschließen. Anders als bei der Desktop-Variante haben Sie hier die Gelegenheit, einen One-Way-Sync einzustellen, also festzulegen, dass Daten nur auf das NAS hochgeladen, aber nicht heruntergeladen werden sollen, oder umgekehrt.

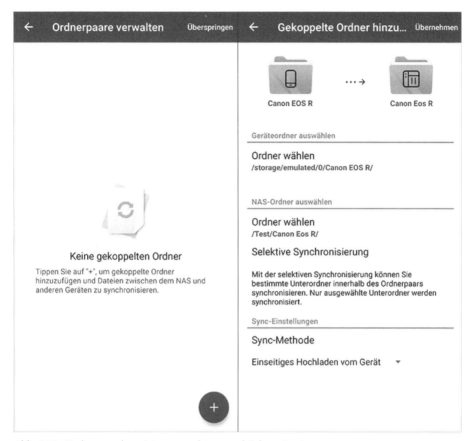

Abb. 7.30: Ordnersynchronisierungen können gleich zu Beginn, aber auch später über das Menü eingerichtet werden.

Haben Sie die gewünschten Sync-Aufgaben angelegt, tippen Sie auf WEITER. Sie haben jetzt die Möglichkeit, weitere Einstellungen vorzunehmen. Diese sollen *Qsync* an Ihr Smartphone anpassen. So können Sie beispielsweise bei langsamer Datenverbindung oder geringem Datenvolumen den Sync ausschließlich auf W-LAN beschränken. Um Akku zu sparen, lässt sich auch die Häufigkeit der Synchronisierungsvorgänge verringern. Natürlich können Sie die Synchronisierung jederzeit manuell anstoßen.

Der Aufbau der App ist der von *Qfile* recht ähnlich. Für die grundsätzliche Bedienung der App lesen Sie Anschnitt 5.3 »Mobiler Zugriff per App«.

Von den Funktionen her finden Sie in der App alles, was Sie aus dem *Qsync-Client* für Desktop kennen.

Kapitel 7
Die Cloud – Daten und Geräte synchronisieren

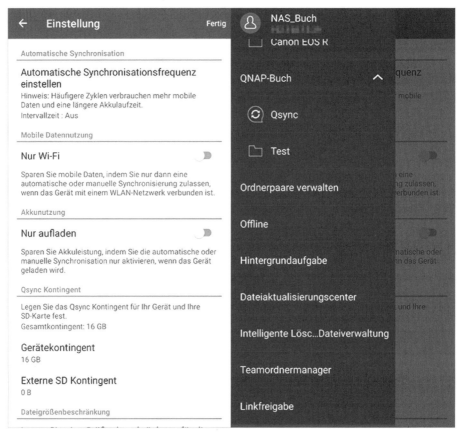

Abb. 7.31: Links: App-Einstellungen. Rechts: das App-Menü

Einziger Unterschied in der App ist die Offline-Funktion. Diese kennen Sie bereits aus *Qfile*. Mit *Qsync Pro* können Sie auf alle in *Qsync* verfügbaren Ordner zugreifen, auch wenn Sie keine Sync-Aufgabe dafür eingerichtet haben. Über das Dreipunkte-Menü jeder Datei können Sie diese für die Offline-Betrachtung markieren. Die Datei wird dann auf Ihr Smartphone heruntergeladen und ist im Bereich OFFLINE auch dann verfügbar, wenn Sie keine Verbindung zu Ihrem NAS haben. Sie können zwar auch Dateien in synchronisierten Ordnern offline verfügbar machen, der Nutzen ist aber begrenzt, da die Dateien sowieso lokal auf dem Smartphone abgelegt sind.

Offline-Dateien sind schreibgeschützt, das heißt, sie können nur betrachtet, aber nicht geändert werden.

Dateien importieren

Ordnersynchronisierungen können auf Smartphones etwas umständlich einzurichten sein. Während Sie auf dem Desktop Ihre Ordner relativ frei anlegen und strukturieren können, sind Sie auf mobilen Geräten je nach Betriebssystem und Hersteller an eine gewisse Ordnerstruktur gebunden. Dateien werden je nach Typ und Quelle in vordefinierte Ordner abgelegt. Mit einer File-Explorer-App sind Sie zwar etwas flexibler bei der Verwaltung Ihrer Dateien, aber nicht alles Apps können mit abweichenden Speicherorten gut umgehen.

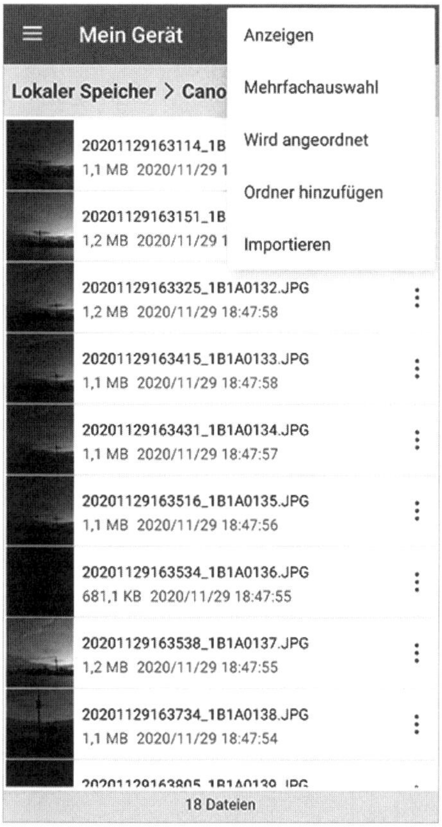

Abb. 7.32: Über das Dreipunkte-Menü können Sie Dateien importieren.

Anstatt mit *Qsync Pro* für jeden Ordner eine eigene Synchronisierungsaufgabe anzulegen können Sie die Import-Funktion nutzen. Navigieren Sie in *Qsync Pro* zum lokalen Sync-Ordner, öffnen Sie dort das Dreipunkte-Menü und wählen Sie IMPORTIERN. Sie können jetzt Ihr Smartphone nach Dateien suchen, diese werden in den Sync-Ordner kopiert. So können Sie auch Dateien aus anderen Ordnern auf Ihr NAS hochladen. Bedenken Sie aber, dass diese Dateien kopiert werden und somit auch doppelt auf Ihrem Smartphone vorhanden sind. Bearbeiten Sie die Datei im Originalordner, wird diese auch nicht auf Ihr NAS übertragen, solange Sie sie nicht erneut importieren.

Qsync Pro oder Qfile?

Qfile und *Qsync Pro* haben grundsätzlich ihr jeweils eigenes Aufgabengebiet. *Qfile* bietet Zugriff auf Ihr NAS, und Sie können Dateien hoch- und herunterladen. *Qsync Pro* bietet die Synchronisierung eines lokalen Ordners mit einem Ordner auf dem NAS. Sie können so auch mehrere Geräte miteinander synchronisieren. Desktop- mit mobilen Geräten zu synchronisieren, kann aufgrund der eigenen Ordnerstruktur der Mobilgeräte etwas schwer fallen.

Beide Apps arbeiten hervorragend zusammen, möchten Sie aber nur eine davon nutzen, hängt die bessere Wahl davon ab, welche Aufgaben die App übernehmen soll.

Aufgabe	geeignete App
Gelegentlich Dateien öffnen, die auf dem NAS liegen	Qfile
Gelegentlich Dateien vom mobilen Gerät auf das NAS hochladen (ohne Versionierung)	Qfile (hier haben Sie auf alle Freigabeordner Zugriff)
Gelegentlich Dateien vom mobilen Gerät auf das NAS hochladen (mit Versionierung)	Qsync Pro (Beschränkung auf aktivierte Ordner) – mit der Import-Funktion
Dateien zwischen mehreren Geräten synchronisieren	Qsync Pro
Dateien regelmäßig und automatisch vom mobilen Gerät auf das NAS sichern	Qsync

Tabelle 7.1: Wofür eignet sich welche App?

> **Tipp**
>
> Sind Sie mit den Apps nicht zufrieden, gibt es zur Cloud-Lösung von QNAP auch eine Alternative. Lesen Sie dazu Abschnitt 7.6 »Die Alternative zu Qsync«.

7.2.4 Geräte verwalten

Gerade die Cloud wird auf vielen Geräten verwendet, je mehr Benutzer auf die Cloud zugreifen, desto mehr Geräte sind mit der Cloud verbunden. Im Bereich GERÄTE in der *Qsync Central* haben Sie stets den Überblick über alle Geräte, die bisher eine Verbindung zur Cloud hatten, welche Benutzer eingeloggt waren und welche momentan mit der Cloud verbunden sind.

Was aber, wenn ein Benutzer vom NAS entfernt wird, ein Gerät verloren geht oder ausgetauscht wird? Auch hier bietet die *Qsync Central* einige Lösungen. Öffnen Sie dazu das Dreipunkte-Menü in der Zeile des Geräts, je nach Gerätetyp stehen Ihnen folgende Optionen zur Verfügung:

- *Das Gerät entfernen* – Das Gerät wird aus der Liste gelöscht, ebenso das Ereignisprotokoll des Geräts. Die Option steht nicht für gerade verbundene Geräte zur Verfügung. Auf das Gerät selbst hat das Entfernen keine Auswirkung, Verbindungen und Ordnersynchronisierungen bleiben erhalten. Geräte, die entfernt wurden, können sich jederzeit wieder mit *Qsync* verbinden. Die Option dient dem Aufräumen der Geräteliste, entfernen Sie damit Geräte, die nicht mehr existieren und deren Verbindung mit der Cloud ordentlich beendet wurde, z.B. Geräte, die ausgetauscht und zerstört bzw. deren lokaler Speicher gelöscht wurde.

- *Gerät extern löschen* – Diese Option entfernt das Gerät nicht nur, es sorgt dafür, dass alle lokalen Daten, die mit dem NAS synchronisiert wurden, beim nächsten Verbindungsaufbau gelöscht werden. Auch die Verbindung zum NAS wird getrennt, die Verbindungsdaten werden entfernt und das Gerät wird blockiert. Um das Löschen durchzuführen, müssen Sie Ihr Passwort und den eingeblendeten Sicherheitscode eingeben.

Läuft der Timer ab, wird die Aktion abgebrochen. Die Option ist ein Sicherheitsmechanismus, wenn das Gerät verloren oder gestohlen wurde, um so wichtige Daten vor dem Zugriff Fremder zu schützen. Die Funktion ist aber auch dann nützlich, wenn ein Benutzer vom NAS entfernt wird und dieser auch nicht mehr auf die lokalen Daten zugreifen soll. Das Löschen funktioniert natürlich nur dann, wenn das Gerät mit dem NAS in Verbindung steht.

Abb. 7.33: Bestätigen Sie die externe Löschung.

- *Dieses Gerät blockieren* – Das Gerät wird entfernt und zusätzlich wird verhindert, dass das Gerät wieder eine Verbindung zu *Qsync* aufbaut. Eine Löschung der Daten wird nicht durchgeführt. Die Blockierung kann aufgehoben werden.

> **Hinweis**
>
> Blockierte Geräte bleiben in der Liste. Entfernen Sie das Gerät aus der Liste, wird es nicht mehr blockiert und kann erneut mit *Qsync* verbunden werden, allerdings müssen die Verbindungsdaten erneut eingegeben werden.

> **Achtung**
>
> In der zur Drucklegung des Buches aktuellen Version von *Qsync Pro* hat das externe Löschen nicht funktioniert.

7.3 Arbeiten mit Team-Ordnern

In der *Qsync Central* ist Ihnen vielleicht schon der Bereich TEAM-ORDNER aufgefallen, und Sie haben vielleicht auch bemerkt, dass man Dateien und Ordner, die mit *Qsync* synchronisiert werden, zwar teilen kann, aber nur per Freigabelink und nicht mit anderen NAS-

Benutzern. Hier kommen die *Team-Ordner* ins Spiel. Im Gegensatz zu den Berechtigungen auf Ordnern dienen die Team-Ordner als schnelle Möglichkeit, bestimmten Personen einen gemeinsamen Speicher zur Verfügung zu stellen.

Ähnlich wie das Teilen von Ordnern in der *File Station* haben Team-Ordner den Vorteil, dass ein Unterordner schnell freigegeben werden kann, ohne den Umweg über die erweiterten Benutzerberechtigungen gehen zu müssen.

Team-Ordner können Sie auf zwei Arten erstellen. Entweder lokal, direkt über den Explorer oder über die *Qsync Central*.

Hinweis

Team-Ordner können nur innerhalb des persönlichen Qsync-Ordners erstellt werden.

Um einen Team-Ordner lokal zu erstellen, muss der Qsync-Ordner mit Ihrem Rechner synchronisiert werden. Öffnen Sie den Ordner im Explorer und erstellen Sie gegebenenfalls einen Unterordner. Klicken Sie dann mit der rechten Maustaste auf den Unterordner und wählen im Kontextmenü QSYNC|DIESEN ORDNER ALS TEAM-ORDNER FREIGEBEN.

Abb. 7.34: Team-Ordner über den Explorer freigeben

Es öffnet sich ein Fenster, in dem Sie angeben können, mit welchen Benutzern Sie den Ordner teilen möchten. Sie können nur Benutzer wählen, die Zugriff auf *Qsync* haben. Berechtigungen können keine gesetzt werden, alle Mitglieder haben Vollzugriff.

Sie können Team-Ordner auch in der *Qsync Central* erstellen. Wechseln Sie dazu in die Ansicht TEAM-ORDNER und klicken auf EINEN TEAMORDNER FREIGEBEN. Wählen Sie anschließend den gewünschten Ordner und klicken auf WEITER. Im nächsten Schritt wählen Sie die Benutzer aus und bestätigen mit OK.

7.3 Arbeiten mit Team-Ordnern

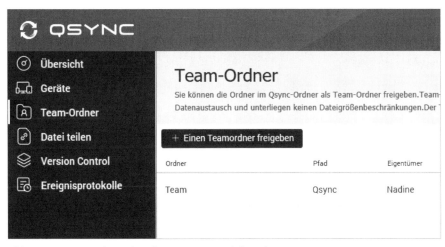

Abb. 7.35: Team-Ordner über die Qsync Central freigeben

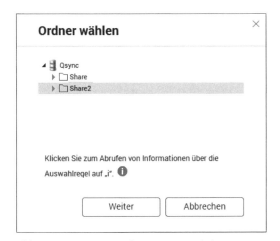

Abb. 7.36: Nur Unterordner im persönlichen Qsync-Verzeichnis können freigegeben werden.

Team-Ordner können über das Freigabecenter (erreichbar über das Hauptfenster) eingesehen, bearbeitet und gelöscht werden.

Eingeladene Benutzer müssen den Team-Ordner akzeptieren, bevor sie ihn nutzen können. Anders, als man vermuten mag, geht das diesmal nur über den Client, nicht über die *Qsync Central*. Im Desktop-Client können Team-Ordner unter FREIGABECENTER|TEAMORDNER|FÜR MICH FREIGEGEBEN angenommen bzw. abgelehnt werden. Am Smartphone öffnen Sie dafür den TEAMORDNERMANAGER über das Menü.

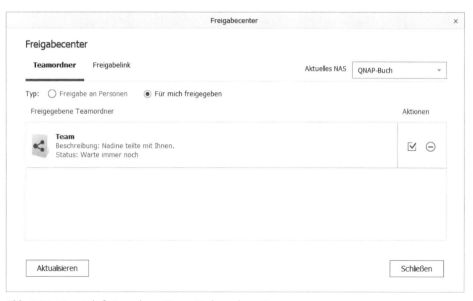

Abb. 7.37: Für mich freigegebene Team-Ordner akzeptieren

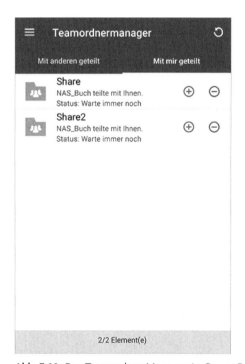

Abb. 7.38: Der Teamordner-Manager in Qsync Pro

Der Besitzer kann Benutzer jeder Zeit entfernen, und Mitglieder können den Team-Ordner jederzeit verlassen.

> **Tipp**
>
> Team-Ordner sind – wie das Teilen von Unterordnern mit Benutzern in der *File Station* – eher für kurzfristiges Zusammenarbeiten gedacht oder wenn Dateien ausgetauscht werden müssen. Wobei der Team-Ordner nur als Abholort für die Dateien dienen und diese dann dauerhaft an einem anderen Ort gespeichert werden sollten.
>
> Für längeres Zusammenarbeiten bzw. die dauerhafte gemeinsame Nutzung von Daten sollten Sie Freigabeordner und entsprechende Berechtigungen bzw. erweiterte Benutzerrechte auf Unterordnern verwenden.

7.4 Versionierung

Keine Cloud ist komplett ohne ein Versionierungssystem. Dabei werden geänderte Dateien beim Synchronisieren nicht einfach überschrieben, sondern die Änderungen in einer Datenbank festgehalten. Während der Papierkorb nur gelöschte Dateien wiederherstellen kann, kann ein Versionierungssystem auch ältere Versionen von Dateien wiederherstellen.

Um die Versionierung nutzen zu können, muss diese von einem Administrator in der *Qsync Central* aktiviert werden. Gehen Sie dazu in den Bereich VERSION CONTROL, und setzen Sie den Haken bei »Versionssteuerung aktivieren«. Ist die Versionierung aktiviert, können Sie sie gleich für Ihren Qsync-Ordner aktivieren. Dabei haben Sie die Wahl, ob die Versionierung für alle Dateien und Unterordner gilt oder ob Sie die Versionierung auf bis zu 5 Unterordner beschränken wollen.

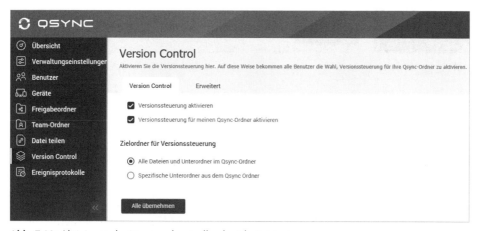

Abb. 7.39: Aktivieren der Versionskontrolle als Administrator

> **Wichtig**
>
> Die Versionierung ist auf den persönlichen Qsync-Ordner beschränkt. Eine Versionierung von Dateien und Ordnern in Freigabeordnern ist **nicht** möglich, auch dann nicht, wenn sie in *Qsync* aktiviert wurden.
>
> Mit dem Windows-Dateiversionsverlauf erhalten Sie zwar eine Versionierung, hier werden Freigabeordner allerdings nur als Speicherort für den Versionsverlauf genutzt. Die

Kapitel 7
Die Cloud – Daten und Geräte synchronisieren

> eigentlichen Daten liegen lokal, und jedes Gerät hat seinen eigenen Versionsverlauf. Möchten Sie eine Versionierung Ihrer Freigabeordner, nutzen Sie die systemeigenen Snapshots (siehe Abschnitt 5.4 »Snapshots«).

Natürlich belegen ältere Datei-Versionen auch Speicherplatz. Im Reiter ERWEITERT können Sie überprüfen, wie viel Speicher die Versionierung belegt, und Sie können die Anzahl and Versionen, die aufgehoben werden, festlegen. Übernehmen Sie die Änderungen, um die Versionierung zu aktivieren. Benutzer, die keine Administratoren sind, können ab sofort über die *Qsync Central* selbst entscheiden, ob sie die Versionierung für ihren `Qsync`-Ordner aktivieren wollen und ob sie eine Beschränkung einstellen wollen.

Abb. 7.40: Verwaltung der Versionsdatenbank

Ab jetzt werden Änderungen protokolliert, und vorherige Versionen können wiederhergestellt werden. Um an frühere Versionen einer Datei zu gelangen, öffnen Sie die *File Station*, entweder direkt über *QTS* oder über DATEIEN IM WEBBROWSER ANZEIGEN im *Qsync-Client*. Öffnen Sie das Kontextmenü der entsprechenden Datei, und wählen Sie EIGENSCHAFTEN. Dort wechseln Sie in den Reiter VERSION. Sie erhalten eine Liste mit allen Versionen. Wählen Sie eine Version aus, können Sie diese wiederherstellen, also die aktuelle Datei mit dieser Version ersetzen (natürlich wird auch diese Änderung in der Versionierung aufgenommen), oder Sie laden die Datei herunter. Letzteres hilft, wenn Sie zwei Versionen vergleichen möchten oder nur einen bestimmten Teil aus einer früheren Version wiederherstellen wollen.

> **Achtung**
>
> Nur der jeweilige Benutzer kann frühere Versionen seiner Dateien einsehen. Selbst als Administrator haben Sie keinen Zugriff auf die älteren Versionen anderer Benutzer, obwohl Sie zwar Zugriff auf deren Benutzerverzeichnis haben, der `Qsync`-Ordner dort aber nicht angezeigt wird.

Abb. 7.41: Wiederherstellen oder Herunterladen früherer Versionen

7.5 Qsync oder Netzlaufwerk

Ob Sie *Qsync* benutzen oder den Freigabeordner als Netzlaufwerk einbinden, hängt davon ab, wie Sie mit Ihren Daten arbeiten, welcher Art die Daten sind und wie Sie darauf zugreifen.

Bearbeiten Sie die Dateien regelmäßig, sollten Sie sie mit *Qsync* in der Cloud verwalten. Durch die Versionierung können Sie jederzeit zu älteren Versionen zurückkehren oder gelöschte Elemente wiederherstellen – das gilt auch für Daten, die beschädigt wurden oder wenn sie durch einen *CryptoLocker* verschlüsselt wurden. Da die Daten lokal und auf dem NAS liegen, haben Sie bereits ein Backup der Daten. Dafür verlieren Sie etwas an Übertragungsgeschwindigkeit (siehe Tabelle 7.2). Die Dateien müssen verglichen und bei Änderungen in der Versionsdatenbank erfasst werden. Wenn Sie an Orten arbeiten, an denen Sie keinen Zugriff auf Ihr NAS haben, bringt die Cloud den Vorteil, dass Sie Ihre Daten auch lokal abgelegt haben. Die Synchronisierung kann auch zu einem späteren Zeitpunkt erfolgen. Bedenken Sie aber, dass die Versionsdatenbank Speicher benötigt. Fällt dieser auf Ihrem NAS knapper aus, kann es erforderlich sein, auf die Versionierung zu verzichten oder sich auf die wichtigsten und kritischsten Dateien zu beschränken.

Handelt es sich um Dateien, die selten bis gar nicht geändert werden bzw. um Dateien, die Sie nur konsumieren (Filme, Musik), dann ist eine Versionierung nicht notwendig. Hier macht ein Netzlaufwerk oft mehr Sinn, da die Übertragungsrate höher ist. Auch wenn Sie auf den Datenbestand alleine zugreifen und auf eine Versionierung verzichten möchten, kann das Netzlaufwerk komfortabler sein. Da Sie hier mit nur einem einzigen Datenbestand arbeiten, fehlt Ihnen aber das Backup. Ist Ihr NAS nicht erreichbar, haben Sie auch keinen Zugriff auf Ihre Dateien.

Unterm Strich ist die Entscheidung eine Geschmackssache. Keine der Methoden weist in den üblichen Anwendungsfällen gravierende Vor- oder Nachteile auf. Natürlich können Sie einige Freigabeordner als Netzlaufwerk einbinden und andere in der Cloud nutzen.

> **Hinweis**
>
> Die *Qsync Central* erfasst alle Änderungen in aktivierten Ordnern, auch wenn sie nicht über den *Qsync-Client* übertragen werden. Eine Änderung, die über ein Netzlaufwerk erfolgt, wird in der Versionierung erfasst und mit allen Clients synchronisiert.

Upload-Vergleich

Die folgende Tabelle kennen Sie bereits aus Kapitel 6. Ich habe sie um die Upload-Dauer via *Qsync-Client* (Desktop) ergänzt. Die Versionierung war für diesen Ordner aktiviert. Da die Dateien verglichen und in der Versionsdatenbank erfasst werden müssen, dauert der Upload etwas länger. Besonders gravierend ist dieser Overhead bei den einzelnen Dateien festzustellen. Schlusslicht bleibt die *File Station* über QTS.

Zur Erinnerung: Es handelt sich um einen Ordner mit 6.537 Dateien mit einer Gesamtgröße von 3,25 GB. Natürlich dauert der Vorgang nur so lange, wenn das komplette Datenvolumen auf einmal in den Ordner kopiert wird und auch nur bei der ersten Synchronisation. Ab dann werden nur noch Änderungen übertragen. Hier sind dann kleine Einzeldateien im Vorteil. Ändern Sie eine kleine Datei, wird nur diese hochgeladen, ändern Sie dieselbe Datei im Archiv, muss das ganze Archiv hochgeladen werden.

Upload-Aufgabe	Upload via	Dauer
Einzelne Dateien	QTS/File Station	1 h 30 m
Archiv	QTS/File Station	34 s
Einzelne Dateien	SMB/Netzlaufwerk	3 m 05 s
Archiv	SMB/Netzlaufwerk	34 s
Einzelne Dateien	Qsync-Client (Desktop)	7 m 52 s
Archiv	Qsync-Client (Desktop)	58 s

Tabelle 7.2: Vergleich der Upload-Möglichkeiten

7.6 Die Alternative zu Qsync

Sagt Ihnen *Qsync* nicht zu, Sie wollen aber dennoch Ihr NAS zur Cloud machen, gibt es Alternativen. Sucht man nach Lösungen für die eigene Cloud, stößt man früher oder später unweigerlich auf *Nextcloud* bzw. *ownCloud*. Dabei handelt es sich um Cloud-Software, die auf einem Webserver läuft. Da auch das QNAP NAS als Webserver betrieben werden kann, haben Sie die Möglichkeit, Nextcloud/ownCloud darauf zu installieren. Sie können Cloud-Software aber auch auf einem anderen Rechner oder beispielsweise einem Raspberry Pi installieren und den Speicher Ihres NAS dort einbinden.

Kapitel 8

Backups – Daten sichern für den Ernstfall

Backups – oder auch Sicherungskopien – der Daten sollte jeder machen, und das regelmäßig. Und viele von uns tun es trotzdem nicht oder haben es einmal getan, aber dann nie wieder.

Wichtige (Papier-)Dokumente bewahren wir an sicheren Orten auf, aber kein Ort ist absolut sicher. Also fertigen wir Kopien an (digitale Sicherungskopien lassen wir für unser Gedankenspiel außen vor). Bei Gegenständen geht das leider nicht. Bei digitalen Dokumenten und Objekten sieht die Sache schon besser aus. Immerhin können wir die kopieren, so oft wir wollen. Daten lassen sich also denkbar einfach sichern.

Mit der Anschaffung eines NAS haben Sie schon die besten Voraussetzungen für ordentliche Backups. Ich unterstelle Ihnen an dieser Stelle, das NAS sogar aus diesem Grund gekauft zu haben. Und selbst wenn nicht – nach dem Lesen der bisherigen Kapitel ist Ihnen sicherlich schon der Gedanke gekommen, wie gut sich doch so ein QNAP NAS für Backups eignet.

Sehr gut, haben Sie aber auch daran gedacht, die Daten und die Konfiguration Ihres NAS selbst zu sichern? Hab' ich Sie jetzt erwischt? Keine Angst. In diesem Kapitel erfahren Sie nicht nur, wie Ihnen das NAS das Sichern Ihrer Daten vereinfacht, ich zeige Ihnen auch, wie Sie Backups Ihres NAS anlegen.

8.1 Backup-Strategien

Daten zu sichern, ist wichtig, auch wenn digitale Daten jederzeit vervielfältigt werden können. Datenverlust kann sowohl physisch als auch digital verursacht werden.

Physische Ursachen
- Zerstörung des Datenträgers (durch mechanische Zerstörung, Feuer, Wasser etc.)
- Verlust der Daten durch Überspannung/Kurzschlüsse
- Diebstahl
- Verschleiß des Mediums

Digitale Ursachen
- Unbeabsichtigtes Löschen/Überschreiben/Ändern
- Datenträgerformatierung
- Bitrot (Informationsverlust auf Bit-Ebene, wenn eine Datei über lange Zeit am selben physischen Ort gespeichert wird)

- Viren
- Verschlüsselung (CryptoLocker)
- Fehler auf Bit-Ebene bei Datenübertragung/Kopieren

Je nach Art des Verlusts besteht die Chance auf Datenrettung. Die kann teilweise selbst durchgeführt werden, teilweise nur von Fachleuten. So eine Datenrettung kann einiges kosten, und im Privatbereich ist der Nutzen meist zu gering, als dass die Kosten gerechtfertigt sind. Natürlich sind nicht alle Daten gleich wichtig. Steuerunterlagen sind viel kritischer als Familienfotos, der Verlust Letzterer schmerzt aber mitunter sehr. Daher ist es ratsam, stets auf Backups zu achten.

3-2-1, abgesichert

Experten empfehlen die Datensicherung (im Privatbereich) nach der 3-2-1-Regel, und zwar das Sichern der Daten in **3**-facher Ausführung, mit **2** verschiedenen Methoden, dabei wird **1** der Backups an einem anderen Ort gelagert.

Bei den drei Kopien handelt es sich um die »Original«-Daten am System und um zwei Backups. Warum zwei? Ein Backup ist nicht immer fehlerfrei. Das Backup kann verloren gehen (aus denselben Gründen wie oben aufgezählt), die Backup-Methode kann fehlerhaft sein und das Backup unbrauchbar machen, oder beim Erstellen des Backups schleicht sich ein Fehler ein.

Sie sollten die beiden Backups mit je einer anderen Methode anfertigen. Wie schon erwähnt, kann eine Backup-Methode auch mal versagen, die Software kann fehlerhaft sein, das Backup ist kompromittiert, oder sein Wiederherstellen funktioniert nicht. Würde man beide Backups mit derselben Methode anfertigen, wären in diesem Fall beide Backups unbrauchbar. Auch der Zeitpunkt, wann das Backup erstellt wird, sollte unterschiedlich sein. Hat sich ein Virus eingeschlichen oder wurden die Daten verschlüsselt, ist nur das letzte Backup davon betroffen.

Ein Backup sollten Sie außer Haus aufbewahren. Das verhindert, dass bei Diebstahl, Brand, Überschwemmung oder anderem Unglück, das Ihr Zuhause bzw. die darin enthaltenen Gegenstände zerstört, beide Sicherungskopien betroffen sind. Dieser Punkt ist der am schwierigsten umzusetzende, da Sie dazu einen weiteren sicheren Ort benötigen. Das kann z.B. ein vertrauenswürdiger Freund, ein Familienmitglied oder das Büro sein. Natürlich kann es vorkommen, dass keine vertrauenswürdige Person zur Verfügung steht und die Lagerung im Büro nicht möglich ist. Als Alternative bietet sich ein Bankschließfach an. Das ist aber meist nicht ganz billig.

Bedenken Sie auch die Wahl des Backup-Mediums. Am einfachsten sind Datenträger, die können an den jeweiligen Ort gebracht und für das nächste Backup bzw. zum Wiederherstellen von dort geholt werden. Wohnt die Familie aber am anderen Ende der Welt, wird daraus eher nichts. Ein Problem der Datenträger ist die Größe. Das Sicherungsmedium muss mindestens so groß sein wie der zu sichernde Datenbestand. Sie benötigen also doppelt so viel Speicherplatz. Das kann ordentlich ins Geld gehen. Die Festplatten sind dann auch nicht mehr so einfach zu transportieren wie ein USB-Stick. Hier kann auch das Bankschließfach Probleme bereiten, das ist in der Größe meistens begrenzt. Die günstigsten Schließfächer sind für Dokumente gedacht und meist nicht sehr hoch. Größere Schließfächer kosten mehr. Platz könnte man mit SSDs einsparen, die sind aber wieder teurer als normale Festplatten.

Eine Möglichkeit, Daten außerhalb der eigenen vier Wände zu sichern, ohne einen konkreten Ort nutzen zu müssen, ist die Sicherung in der Cloud. Und zwar nicht in der eigenen, wie Sie in Kapitel 7 kennengelernt haben, sondern bei Anbietern. Dazu zählen die großen wie iCloud, Dropbox und Co., aber es gibt auch Hosting-Anbieter, die Cloud-Software für die eigene Cloud-Lösung (Nextcloud, ownCloud ...) nutzen. Das Problem hier sind aber unter anderem auch die Kosten. In den kostenlosen Versionen sind nur wenige GB (1 bis 5 GB) Speicher enthalten. Den größten kostenlosen Speicher mit 50 GB stellte bis vor Kurzem noch Mega zur Verfügung. Dieses Angebot wurde aber mittlerweile entfernt. 1 bis 5 GB reichen zwar, um die wichtigsten Daten hochzuladen, für Sammlungen größerer Dateien aber nicht. Kreative im digitalen Bereich stoßen da schnell an die Grenzen. Natürlich kann der Speicher kostenpflichtig erweitert werden, die Preise dafür sind aber nicht ohne. Dazu ist das Thema Datenschutz immer wieder ein Problem. Die meisten Anbieter haben ihre Server in den USA, und es gelten die dortigen Datenschutzbestimmungen. Auch was die Abwehr von unberechtigten Zugriffen angeht, sind Ihre Daten stärker gefährdet, da die Dienste ja über das Internet erreichbar sind. Auch hier sind Sie wieder vom entsprechenden Anbieter abhängig.

Ein Backup außer Haus zu lagern, ist also nicht immer problemlos möglich und bei physischen Datenträgern auch nicht sonderlich bequem. Ich stelle Ihnen in diesem Kapitel aber trotzdem zwei Lösungen vor, die sich mit einem NAS umsetzen lassen.

Backups verschlüsseln

Backups sollten verschlüsselt werden, gerade wenn Sie sie außer Haus oder im Cloud-Speicher von Drittanbietern lagern. Ist ein Backup unverschlüsselt, hat derjenige, dem das Backup in die Hände fällt, freien Zugriff auf Ihre Dateien.

Für Cloud-Lösungen gibt es Verschlüsselungscontainer, also eine Software, die Ihre Daten in den Synchronisierungsordnern verschlüsselt. Nutzen Sie Backup-Software, bietet diese oft die Option, die Daten beim Sichern zu verschlüsseln. Außerdem haben Sie die Möglichkeit, Festplatten verschlüsseln zu lassen.

Die Sicherheit Ihrer Daten kostet aber einen gewissen Preis. So können für Verschlüsselungssoftware bzw. Backup-Software mit Verschlüsselung Kosten anfallen. Verschlüsselung und Entschlüsselung kostet zudem Zeit und beansprucht Ressourcen (CPU). Verschlüsseln Sie die Daten in Ihrer Cloud, können Sie ohne die Verschlüsselungssoftware nicht darauf zugreifen. Das schließt die Nutzung von Webinterfaces oft aus.

> **Achtung**
>
> Verlieren Sie den Schlüssel, der für die Verschlüsselung genutzt wurde, ist das Backup verloren. Sie können dann nicht mehr auf die Dateien zugreifen.

Auch auf Ihrem NAS stehen Ihnen verschiedene Formen der Verschlüsselung zur Verfügung. Mehr dazu lesen Sie in Abschnitt 5.1.3 »Freigabeordner erstellen« und im Abschnitt »Einen Sicherungsauftrag erstellen«, Seite 253.

Backups prüfen

Ein Backup zu haben, ist unverzichtbar. Einfach nur ein Backup anzufertigen, reicht aber noch nicht. Nachdem Sie eine neue Backup-Strategie angewandt haben, sollten Sie auch prüfen, ob das Backup korrekt angelegt wurde und ob es sich wiederherstellen lässt. Das ist gerade dann notwendig, wenn es sich nicht nur um eine einfache Kopie handelt, sondern das Backup mit einer Software erstellt wurde, die auch eine Wiederherstellungsfunktionalität besitzt.

Stellen Sie ein angefertigtes Backup wieder her, und prüfen Sie, ob der Vorgang korrekt durchgeführt werden kann.

> **Achtung**
>
> Führen Sie den Test mit Probedaten durch oder gehen Sie sicher, dass Sie über ein weiteres, funktionierendes Backup verfügen.

Natürlich müssen Sie nicht jedes Backup überprüfen. Es geht nur darum, festzustellen, dass die angewandte Backup-Methode funktioniert, und zwar sowohl das Sichern als auch das Wiederherstellen. Eine neuerliche Prüfung von Zeit zu Zeit kann aber nicht schaden. Es wäre äußerst ärgerlich, wenn Sie im Notfall auf ein Backup zurückgreifen wollen und dann feststellen müssen, dass die Wiederherstellung nicht funktioniert.

8.2 Daten auf dem NAS sichern

Ihre Daten auf dem NAS zu sichern, sollte mit dem Wissen aus Kapitel 5 bis 7 kein Problem sein. Sie haben mehrere Möglichkeiten, ein Backup anzulegen. Sie können die Daten manuell auf ein Netzlaufwerk kopieren oder auch eine Sicherungssoftware dafür benutzen. In der Software können Sie oft Zeitpläne anlegen, nach denen die Datensicherung durchgeführt wird.

Oder Sie sichern Ihre Daten lieber kontinuierlich, indem Sie sie mit *Qsync* synchronisieren. Arbeiten Sie nur gelegentlich an Ihren Dateien, kann das Sicherungsintervall größer ausfallen. Arbeiten Sie beinahe täglich daran, kann der Datenverlust schmerzlich sein, wenn das letzte Backup bereits einen Monat alt ist.

Die Intervallsicherung hat den Vorteil, dass Sie das NAS nur bei Bedarf einschalten müssen, sofern Sie es sonst nicht nutzen. Nutzen Sie die Cloud, muss das NAS laufen, damit der Datenabgleich durchgeführt werden kann. Natürlich können Sie *Qsync* nutzen, auch wenn Sie Ihr NAS nicht rund um die Uhr in Betrieb haben wollen. Sie können die Betriebszeiten festlegen, und Ihr NAS fährt automatisch hoch und wieder runter (siehe Abschnitt 11.1.2 »Energiemanagement«). Es ist also durchaus möglich, die Cloud zu nutzen und die Synchronisierung nur einmal in der Woche durchführen zu lassen.

Es gibt aber noch andere Wege, wie Sie Ihre Daten sichern können. So können Sie beispielsweise eine Backup-Software nutzen oder Sie nutzen bereits eine. Mit dieser können Sie als Netzlaufwerk eingebundene Freigabeordner als Backup-Ziel wählen, viele Programme erlauben auch die Sicherung per WebDAV. Vielleicht haben Sie Glück, und das Programm unterstützt sogar die Sicherung auf ein QNAP NAS.

> **Wichtig**
>
> Eine Sicherung ist dazu da, Daten im Notfall wiederherzustellen, arbeiten Sie daher niemals mit den Dateien der Sicherung. Legen Sie Sicherungen auch niemals an Orten ab, auf die Sie im Rahmen anderer Aufgaben zugreifen. Kommt es durch diese Zugriffe zu Beschädigungen der Daten oder zu Virenbefall, ist Ihr Backup verloren. Legen Sie für Sicherungen einen eigenen Freigabeordner an.

8.2.1 Datensicherung mit dem NetBak Replicator

> **Hinweis**
>
> Der *NetBak Replicator* ist nur für Windows verfügbar.

Der *NetBak Replicator* ist eine Software von QNAP zur Sicherung von Dateien und Ordnern von Ihrem PC auf Ihr QNAP NAS. Sie finden Ihn, wie die anderen Desktop-Programme, im Download-Bereich der QNAP-Webseite, zu erreichen über die QTS-Fußzeile.

Laden Sie das Programm herunter und installieren Sie es. Starten Sie das Programm, werden Sie durch den Einrichtungsassistenten geführt. Sie können den Assistenten auch überspringen und später Ihr NAS als Sicherungsziel einrichten.

QNAP NAS als Sicherungsziel einrichten

Klicken Sie auf das grüne Ordner-Icon, um die Einrichtung zu starten.

Abb. 8.1: Der Einrichtungsassistent wird beim ersten Start ausgeführt.

1. Wählen Sie zuerst Ihr NAS aus, auf das Sie die Sicherung durchführen wollen und klicken Sie auf WEITER. Wird Ihr NAS nicht angezeigt, überspringen Sie die Einrichtung,

und lesen Sie im Abschnitt »Weitere Sicherungsziele hinzufügen«, Seite 239, wie Sie Ihr NAS sonst noch hinzufügen können.

Abb. 8.2: Ihr NAS sollte automatisch aufgelistet sein.

> **Hinweis**
>
> Wird Ihr NAS nicht angezeigt, versuchen Sie es mit einer der im Abschnitt »Weitere Sicherungsziele hinzufügen«, Seite 239 vorgestellten Optionen.

2. Im nächsten Schritt müssen Sie einen Freigabeordner auswählen, auf den Sie die Sicherung durchführen wollen. Wird der gewünschte Ordner nicht angezeigt, aktivieren Sie »Alle Ordner anzeigen«. Wählen Sie den Ordner aus und klicken Sie auf WEITER. Sie werden aufgefordert, Login-Daten einzugeben. Das Konto muss Lese- und Schreibrechte auf dem Freigabeordner haben.

Abb. 8.3: Wählen Sie einen Freigabeordner oder legen Sie einen neuen an.

Sie können auch einen neuen Freigabeordner anlegen, klicken Sie dazu auf 🗁. Sie müssen sich mit einem Administrator-Konto anmelden. Sie werden dann dazu aufgefordert, einen Namen für den neuen Freigabeordner einzugeben. Bestätigen Sie mit OK, und der Ordner wird angelegt. Der Vorgang dauert einen Moment. Der Ordner wird mit Standardeinstellungen angelegt, und nur das verwendete Konto sowie die Gruppe *administrators* hat Vollzugriff auf den Freigabeordner. Überprüfen Sie die Einstellungen und bearbeiten Sie die Rechte gegebenenfalls über QTS.

Abb. 8.4: Für alle, die des Spanischen nicht mächtig sind, hier steht »Ordnername«.

3. Die Einrichtung ist soweit abgeschlossen. Nach Bestätigen mit FERTIGSTELLEN können Sie beginnen, die Sicherung einzurichten.

Sicherung einrichten

Der *NetBak Replicator* bietet einen einfachen und einen erweiterten Modus. Der einfache Modus erlaubt nur eine manuelle Sofortsicherung, keine manuelle Widerherstellung. Der erweiterte Modus bietet mehr Kontrolle darüber, was Sie wie sichern und wiederherstellen möchten. Die folgenden Abschnitte beziehen sich auf den erweiterten Modus.

> **Tipp**
>
> Wenn etwas einfach geht, dann meistens auf Kosten von Sicherheit und Kontrolle. In einfachen Modi wird meist mit Standardeinstellungen gearbeitet, und Sie wissen oft nicht, was genau im Hintergrund passiert. Selbst wenn ein einfacher Modus für Ihre Bedürfnisse auszureichen scheint, lohnt es sich, sich mit dem erweiterten Modus vertraut zu machen (unabhängig davon, um welche Software es sich handelt). Einerseits können Sie dort weitere Optionen und Funktionen finden, die Sie interessieren könnten, andererseits haben Sie die volle Kontrolle darüber, was passiert.

Sie können Ihre Daten auf 3 Arten sichern, automatisch, nach einem Zeitplan oder manuell.

Automatische Sicherung

Damit die automatische Sicherung richtig funktioniert, wechseln Sie zuerst in den Reiter OPTIONEN und öffnen dort ERWEITERTE EINSTELLUNGEN|BACKUP-EINSTELLUNGEN FÜR GEÖFFNETE DATEIEN. Setzen Sie das Häkchen bei »Aktiviere VSS-Writer« und bestätigen Sie mit OK.

Kapitel 8
Backups – Daten sichern für den Ernstfall

Abb. 8.5: Aktivieren Sie »VSS Write«, ansonsten funktioniert die Auto-Sicherung nicht richtig.

Öffnen Sie den gleichnamigen Reiter. In der linken Spalte wählen Sie Ordner oder Laufwerke Ihres PCs aus, die gesichert werden sollen. In der rechten Spalte wählen Sie über das Drop-down-Menü das Sicherungsziel aus oder fügen ein weiteres Sicherungsziel hinzu (siehe »Weitere Sicherungsziele hinzufügen« später in diesem Abschnitt).

Klicken Sie auf AUTOSICHERUNG STARTEN. Die Sicherung wird durchgeführt, zusätzlich wird ein Dienst gestartet, der die Ordner/Laufwerke auf Änderungen überwacht und automatisch sichert. Im Protokoll werden alle Änderungen angezeigt. Sie können die automatische Sicherung mit einem Klick auf BEENDEN auch wieder stoppen.

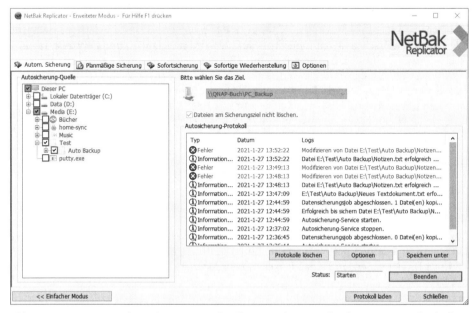

Abb. 8.6: Die automatische Sicherung ist schnell eingerichtet, ist aber keine gute Methode für Backups.

Die automatische Sicherung wird, ähnlich wie die Synchronisierung, mit *Qsync* kontinuierlich durchgeführt, einziger Unterschied ist hier, dass die automatische Sicherung nur in eine Richtung funktioniert. Haben Sie die Option »Dateien am Sicherungsziel nicht löschen« aktiviert, werden Dateien, die Sie lokal löschen, in der Sicherung beibehalten.

> **Tipp**
>
> Ich kann die automatische Sicherung nicht empfehlen. Wollen Sie Ihren lokalen Datenbestand kontinuierlich auf das NAS hochladen, verwenden Sie lieber *Qsync*, das funktioniert zuverlässiger und besser. Als Backup eignet sich die automatische Sicherung nicht. Zum einen haben Sie immer nur eine Sicherung des aktuellen Stands und nicht die Möglichkeit, ältere Sicherungen aufzuheben. Zum anderen ist die automatische Sicherung extrem fehleranfällig. Sollten Sie Dateien lokal beschädigen, wird der Schaden sofort auf die Sicherung übertragen.

Planmäßige Sicherung

Bei der geplanten Sicherung werden ausgewählte Ordner bzw. Laufwerke automatisch gesichert. Im Gegensatz zur automatischen Sicherung passiert das allerdings nicht kontinuierlich, sondern zu festgelegten Zeitpunkten, man spricht auch von einer *Intervallsicherung*.

Öffnen Sie den gleichnamigen Reiter und wählen Sie in der linken Spalte die Ordner/Laufwerke, die Sie sichern möchten. In der rechten Spalte wählen Sie zunächst das Sicherungsziel aus oder fügen ein neues hinzu.

Danach legen Sie den Sicherungszeitplan fest. Dazu wählen Sie zuerst einen Startpunkt über die Datums- und Zeitauswahl. Klicken Sie dann auf HÄUFIGKEITSEINSTELLUNGEN, um festzulegen, in welchen Abständen die Sicherung durchgeführt werden soll. Bestätigen Sie mit OK. Wenn Sie es wünschen, können Sie den Rechner nach durchgeführter Sicherung automatisch herunterfahren lassen. Aktivieren Sie dazu die entsprechende Option. Klicken Sie dann auf HINZUFÜGEN, Sie werden gefragt, ob Sie den Zeitplan gleich aktivieren möchten, nur wenn er aktiv ist, wird die Sicherung durchgeführt. Zusätzlich können Sie das Passwort für Ihren Windows-Benutzer hinterlegen, dann muss der PC zwar laufen, damit die Sicherung durchgeführt werden kann, der Benutzer muss aber nicht angemeldet sein.

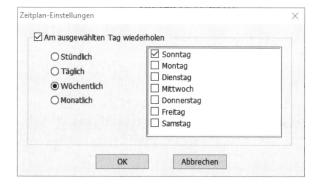

Abb. 8.7: Legen Sie fest, wie häufig die Sicherung wiederholt werden soll.

Sie können mehrere Zeitpläne kombinieren, indem Sie die Zeiteinstellungen ändern und erneut auf HINZUFÜGEN klicken. Kombinieren Sie so verschiedene Zeitpläne, diese können Sie auch getrennt voneinander aktivieren/deaktivieren, markieren Sie dazu den Plan in der Tabelle, und klicken Sie auf PLAN STARTEN bzw. BEENDEN. Was Sie allerdings nicht können, ist das Anlegen mehrerer Sicherungsaufträge mit unterschiedlichen Quellen, z.B. soll das Laufwerk D soll monatlich gesichert werden, der Ordner Arbeit aber stündlich. Die Sicherungszeitpläne gelten immer für alle ausgewählten Quellen. Die Option zum automatischen Herunterfahren des Rechners kann übriges für jeden Zeitplan individuell festgelegt werden.

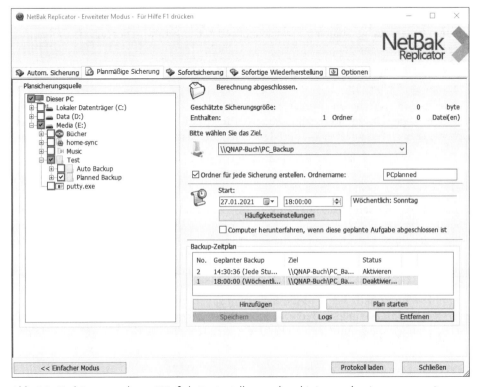

Abb. 8.8: Sie können mehrere Häufigkeitseinstellungen kombinieren, aber immer nur mit derselben Quellen-Auswahl.

Sofortsicherung

Die Sofortsicherung ist eine manuell ausgelöste Sicherung. Im gleichnamigen Reiter wählen Sie Quelle und Ziel wie auch bei den anderen Sicherungen aus und führen die Sicherung mit SICHERUNG STARTEN aus.

8.2 Daten auf dem NAS sichern

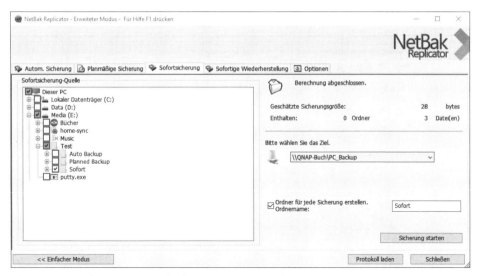

Abb. 8.9: Die Sofortsicherung erfordert nur wenige Angaben.

Weitere Sicherungsziele hinzufügen

Sie können, unabhängig davon, ob Sie beim ersten Start den Einrichtungsassistenten verwendet haben oder nicht, weitere Sicherungsziele hinzufügen. Wählen Sie dafür bei einer beliebigen Sicherungsart im Drop-down-Menü für das Sicherungsziel eine der Optionen in spitzen Klammern (< >).

Abb. 8.10: Fügen Sie weitere Ziele hinzu, indem Sie die entsprechende Option im Drop-down-Menü wählen.

- *Netzwerkstandortassistent* – Dabei handelt es sich um den Einrichtungsassistenten aus dem Abschnitt »QNAP NAS als Sicherungsziel einrichten«, Seite 233.
- *Netzwerkstandort* – Hiermit können Sie das NAS neben der automatischen Suche im LAN auch direkt über die IP oder eine Domain aufrufen. Zusätzlich haben Sie die Möglichkeit, ein Sicherungsziel via WebDAV oder FTP anzusteuern. Diese Option hilft, wenn Ihr NAS nicht automatisch im LAN gefunden wird.

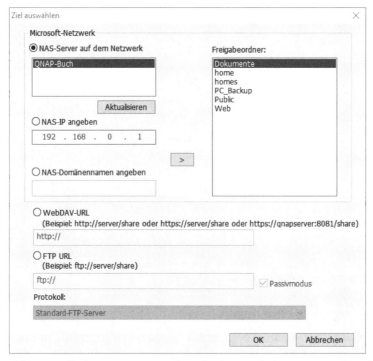

Abb. 8.11: Falls Ihr NAS im LAN nicht gefunden wurde, können Sie es hier direkt adressieren.

- *Weiterer Standort* – Hier können Sie andere Laufwerke des PCs oder Netzfreigaben als Ziel angeben.

Mehrere Sicherungen aufheben

Alle Aufgaben speichern die ausgewählten Quellen unter dem Pfad <Sicherungsziel>/ NetBakData/<Windows-Benutzer>@<Rechner-Name>/ ab. Nutzen Sie für verschiedene Sicherungsarten dasselbe Sicherungsziel, verwenden diese auch denselben Ordner. Ob Sie für unterschiedliche Sicherungsarten andere Quellen oder dieselben verwenden, spielt keine Rolle. Die Ordner/Dateien werden entsprechend Ihren Pfaden im Ordner abgelegt und bei jeder Sicherung überschrieben.

Wie schon zu Beginn des Kapitels besprochen, kann ein einzelnes Backup nicht sicher genug sein. Ein Fehler oder beschädigte Daten können nicht sofort auffallen und in das Backup gelangen. Dadurch wird die Sicherung unbrauchbar. Hebt man aber mehrere Versionen der Backups auf, erhöht man die Sicherheit. Man spricht von einer Backup-Rotation.

Rotation

Von einer Rotation bzw. einem Rotationsschema spricht man dann, wenn Speicherplatz, der durch wiederholte Backups belegt wurde, nach bestimmten Regeln wieder freigegeben wird. Der Begriff stammt noch aus einer Zeit, in der Sicherungen auf separaten

Datenträgern (Bandlaufwerken) erfolgten. Um die Kosten für Datenträger und deren Lagerung niedrig zu halten, wurde das Laufwerk mit der ältesten Sicherung nach einer gewissen Zeit überschrieben.

Sie können bei der geplanten Sicherung sowie der Sofortsicherung die Option »Ordner für jede Sicherung erstellen« aktivieren. Vergeben Sie dann einen Ordnernamen, dieser Ordner wird dann direkt im `NetBakData`-Verzeichnis erstellt, und darin werden Unterordner mit Datum und Uhrzeit für jede Sicherung angelegt.

> **Hinweis**
>
> Der *NetBak Replicator* ist sehr einfach gehalten, es werden keine inkrementellen Sicherungen angeboten, und es fehlen Rotationsmechanismen, die ältere Sicherungen automatisch löschen. Behalten Sie daher immer den Speicherplatz im Auge, und löschen Sie von Zeit zu Zeit ältere Sicherungen.

Sicherungen wiederherstellen

Auch das Wiederherstellen von Sicherungen können Sie mit dem *NetBak Replicator* erledigen. Allerdings ist auch hier die Software nicht sehr ausgereift. Wechseln Sie in den Reiter SOFORTIGE WIEDERHERSTELLUNG. Zuerst wählen Sie die Quelle, diesmal bezieht sich die Quelle auf den Ort, wo das Backup liegt. Im Drop-down-Menü darunter müssen Sie einen Benutzer und einen Computer wählen. Danach wird im Fenster darunter die Ordnerhierarchie der Sicherung angezeigt. Positiv anzumerken ist, dass Sie nicht die komplette Sicherung wiederherstellen müssen, sondern selektiv einzelne Ordner bzw. Dateien wiederherstellen können. Sie haben auch die Wahl, ob Sie die Daten im Originalpfad wiederherstellen wollen oder unter einem neuen Pfad.

Der große Nachteil ist aber, dass in der Ordnerhierarchie nur der Ordner `NetBakData/<Windows-Benutzer>@<Computer-Name>` angezeigt wird. Jener Ordner, in dem Sicherungen nur dann gespeichert werden, wenn Sie keine Unterordner pro Sicherung verwenden (siehe vorigen Abschnitt »Mehrere Sicherungen aufheben«). Verwenden Sie Unterordner, werden diese außerhalb des `<Windows-Benutzer>@<Computer-Name>`-Verzeichnisses gespeichert. Ob es sich dabei um einen Fehler der Software oder schlechtes Software-Design handelt, spielt keine Rolle. Abhilfe können Sie sich nur schaffen, indem Sie die gewünschte Sicherung in der *File Station* vorher in das Verzeichnis verschieben.

> **Tipp**
>
> Wie ich Ihnen weiter oben erklärt habe, können Sie die automatische Sicherung getrost vergessen. Erstellen Sie regelmäßige Backups über die geplante Sicherung, und verwenden Sie dabei für jede Sicherung einen eigenen Ordner. Sollte einmal etwas schiefgehen, haben Sie noch weitere Sicherungen bei der Hand.
>
> Oder noch besser, verwenden Sie statt dem *NetBak Replicator* eine andere Sicherungssoftware. Selbst kostenlose Programme sind oft flexibler, was inkrementelle Backups, Rotationen und unterschiedliche Sicherungsaufgaben angeht. Auch das Speichern der Backup-Unterordner außerhalb des Benutzerverzeichnisses und die dadurch entstehenden

Umstände beim Wiederherstellen sprechen nicht gerade für den *NetBak Replicator*. Dieser hat übrigens zur Drucklegung des Buchs schon sehr lange kein Update mehr erhalten.

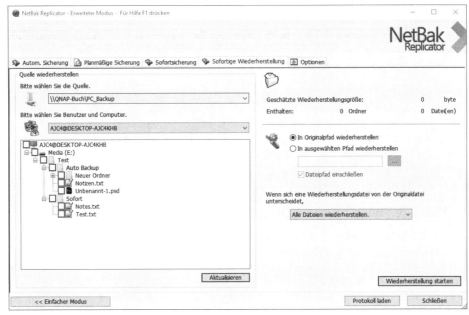

Abb. 8.12: Sie können selektiv Dateien und Ordner wiederherstellen oder an einem anderen Ort herunterladen.

8.2.2 Datensicherung auf das NAS mithilfe der Betriebssystemfunktionen

Betriebssysteme besitzen bereits selbst Werkzeuge, um Daten zu sichern. Unter Windows ist das der *Dateiversionsverlauf*, unter iOS die *Time Machine*. Beides können Sie so konfigurieren, dass Ihr NAS als Sicherungsziel genutzt wird.

Auch hier sollten Sie einen eigenen Freigabeordner für die Sicherung verwenden (siehe oben). Sowohl Windows als auch Apple sichern die Daten jeweils in einem Unterordner mit dem Benutzer-Computernamen. Sie können also einen Freigabeordner für mehrere Geräte nutzen. Nutzen Sie den Freigabeordner aber nicht für andere Aufgaben.

Windows-Dateiversionsverlauf

Der Windows-Dateiversionsverlauf (in einigen QNAP-Menüs auch »vorherige Windows-Versionen« genannt) ist Windows eigenes Versionierungssystem mittels Snapshots.

> **Wichtig**
>
> In Abschnitt 5.4 »Snapshots« habe ich QNAPs Snapshots erklärt und dort auch den Windows-Dateiversionsverlauf erwähnt. Der dort beschriebene Vorgang unterscheidet sich

etwas von dem hier vorgestellten. Aktivieren Sie die Option aus Kapitel 5, werden die Snapshots von Ihrem NAS erstellt und verwaltet. Der Windows-Dateiversionsverlauf kann diese lediglich konsumieren. Bei dem in diesem Abschnitt beschriebenen Vorgang erzeugt und verwaltet Windows die Snapshots und nutzt den Freigabeort lediglich als Speicher. Ihr NAS und dessen Snapshot-Funktion hat mit dem Vorgang an sich nichts zu tun.

Damit Sie einen Freigabeordner für den Dateiversionsverlauf nutzen können, müssen Sie die entsprechende Option in den Eigenschaften des Freigabeordner aktivieren. Öffnen Sie dazu in *QTS* SYSTEMSTEUERUNG|RECHTE|FREIGABEORDNER|EIGENSCHAFTEN BEARBEITEN 💾.

Dem Dateiversionsverlauf müssen Sie nur die Netzwerkadresse (siehe Abschnitt 6.1 »Freigabeordner im Windows-Explorer«) des Freigabeordners angeben (\\<NAS-Name>\<Freigabeordner>\<Unterordner>).

1. Öffnen Sie SYSTEMSTEUERUNG|SYSTEM UND SICHERHEIT|SICHERUNGSKOPIEN VON DATEIEN MIT DEM DATEIVERSIONSVERLAUF SPEICHERN.

Abb. 8.13: Der Dateiversionsverlauf in der Systemsteuerung

2. Klicken Sie auf NETZWERKADRESSE AUSWÄHLEN. Lassen Sie das NAS in der Netzwerkumgebung anzeigen, können Sie über den Explorer zum richtigen Ordner navigieren. Haben Sie die Anzeige in der Netzwerkumgebung deaktiviert, müssen Sie die Netzwerkadresse per Hand eingeben. Melden Sie sich mit dem Backup-Benutzer an und speichern Sie die Anmeldedaten.

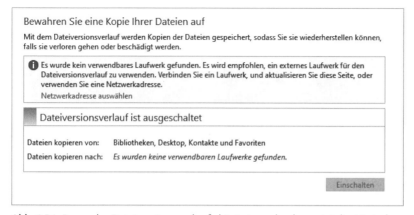

Abb. 8.14: Bevor der Dateiversionsverlauf aktiviert werden kann, ist die Hinterlegung einer Netzwerkadresse erforderlich.

Kapitel 8
Backups – Daten sichern für den Ernstfall

> **Achtung**
>
> Windows erlaubt nicht, mit verschiedenen Anmeldedaten zur gleichen Zeit auf dieselbe Netzwerkressource zuzugreifen. Haben Sie also Ihr NAS bereits als Netzlaufwerk eingebunden und die Anmeldedaten gespeichert, werden diese für jeden weiteren Zugriff auf diese Ressource verwendet.
>
> Sie können diese Limitierung aber mit einem kleinen Trick aufweichen. Geben Sie bei der Netzwerkadresse statt des Namens des NAS die IP-Adresse an. Windows akzeptiert dies als neue Netzwerkressource, und Sie können sich mit einem anderen Benutzer anmelden.

3. Der Ordner kann jetzt als Ziellaufwerk ausgewählt werden.

Abb. 8.15: Sie können mehrere Adressen hinterlegen; aktiv sein kann aber nur eine.

4. War der Dateiversionsverlauf bisher nicht aktiviert, können Sie das jetzt mit einem Klick auf EINSCHALTEN nachholen. Der Vorgang dauert einen Moment und danach beginnt Windows, die persönlichen Benutzerdaten auf das NAS abzulegen. Hatten Sie den Dateiversionsverlauf bereits im Einsatz, werden Sie gefragt, ob Sie die Daten vom bisherigen Ziel auf das neue übertragen wollen.

Abb. 8.16: Vergessen Sie nicht, den Dateiversionsverlauf einzuschalten.

Wurde der Dateiversionsverlauf erstmalig aktiviert, beginnt Windows, damit eine Sicherung zu erstellen, erkennbar an der Meldung aus Abbildung 8.17. Dieser Vorgang dauert je nach Datenvolumen einige Zeit.

Abb. 8.17: Der erste Kopiervorgang kann einige Zeit dauern, je größer das Datenvolumen, umso länger.

In den erweiterten Einstellungen können Sie festlegen, wie oft eine Sicherung durchgeführt werden soll und wie lange die Versionen aufgehoben werden sollen. Unter ORDNER AUSSCHLIEßEN können Sie einzelne Ordner aus der Sicherung ausschließen.

> **Hinweis**
>
> Der Dateiversionsverlauf ist eher als Backup-Mechanismus zu sehen, denn als eine Synchronisierung mit Versionierung. Eine Sicherung findet nur in der angegebenen Frequenz statt. Wird eine Datei in der Zwischenzeit zehnmal geändert und gespeichert, erhalten Sie nur eine Sicherung des letzten Stands. Anders ist es bei einer Synchronisierung mit Versionierung, dabei wird jede einzelne Änderung festgehalten.

Um eine ältere Version einer Datei wiederherzustellen, klicken Sie mit der rechten Maustaste auf die gewünschte Datei und wählen VORGÄNGERVERSION WIEDERHERSTELLEN. Sie können jetzt aus der Liste eine Version wählen und diese wahlweise öffnen, wiederherstellen oder in einen bestimmten Ordner herunterladen.

Abb. 8.18: In den Dateieigenschaften sehen Sie eine Liste aller Versionen.

> **Hinweis**
>
> Wird die Datei umbenannt, geht der Versionsverlauf verloren. Windows behandelt die umbenannte Datei als neues Element.

Apple Time Machine

Ihr NAS lässt sich auch als Ziel für Sicherungen mit Apple Time Machine festlegen. Auch hier sollten Sie einen eigenen Backup-Benutzer verwenden und nicht Ihr eigenes Benutzerkonto. Die Einrichtung von Apple Time Machine erfolgt wie auch für andere Speicherziele:

1. Legen Sie einen Freigabeordner für die Sicherung an. Anders als unter Windows ist es nicht möglich, Unterordner für einzelne Geräte zu verwenden. Ich empfehle, den Papierkorb für diesen Ordner nicht zu aktivieren, um ungewolltes Anwachsen des Speicherbedarfs zu verhindern.
2. Weisen Sie dem Benutzer, den Sie für die Sicherung verwenden, Lese- und Schreibrechte für diesen Ordner zu.
3. Aktivieren Sie die Option »Diesen Ordner als Time Machine Backup Ordner (macOS) festlegen«.
4. Öffnen Sie SYSTEMSTEUERUNG|NETZWERK- UND DATEISERVICES|WIN/MAC/NFS|MICROSOFT-NETZWERK|ERWEITERTE OPTIONEN. Kontrollieren Sie, ob als höchste SMB-Version SMB 3 ausgewählt wurde.
5. Klicken Sie auf ÜBERNEHMEN.
6. Öffnen Sie auf Ihrem Mac den Finder und wählen Sie GEHE ZU|MIT SERVER VERBINDEN... Geben Sie dort die SMB-Adresse Ihres NAS ein (smb://<NAS-IP>). Klicken Sie auf VERBINDEN, und geben Sie die Benutzerdaten ein. Wählen Sie dann in der Ordnerauswahl den Freigabeordner, den Sie für Time Machine vorgesehen haben.
7. Öffnen Sie anschließend SYSTEMEINSTELLUNGEN|TIME MACHINE|BACKUP-VOLUME AUSWÄHLEN.

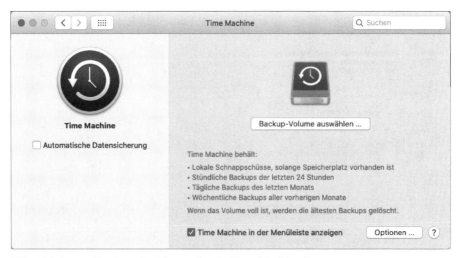

Abb. 8.19: Legen Sie einen Speicherort für die Time Machine fest.

8. Wählen Sie aus der Liste den Freigabeordner aus und bestätigen Sie mit einem Klick auf VOLUME VERWENDEN. Wenn Sie es wünschen, können Sie die Backups verschlüsseln, aktivieren Sie dazu die gleichnamige Option (siehe Abbildung 8.20).

Abb. 8.20: Wenn Sie sich zuvor mit dem Ordner verbunden haben, taucht er in der Auswahl auf.

9. Geben Sie die Login-Daten für den DSM-Benutzer an, den Sie für das Backup vorgesehen haben, und klicken Sie auf VERBINDEN.

Abb. 8.21: Nachdem Sie die Benutzerdaten hinterlegt haben startet die Sicherung.

Time Machine ist jetzt fertig konfiguriert. Sie haben die Wahl zwischen einer automatischen und einer manuellen Sicherung. Der erste Sicherungsvorgang dauert je nach zu sicherndem Volumen einige Zeit.

> **Hinweis**
>
> Der Mac begrenzt die Ressourcen, die für Time Machine zur Verfügung stehen. Initiale Backups können sehr lange dauern. Im Internet finden sich diverse Tricks, um das Backup zu beschleunigen.

Backup-Images

Es gibt Software, die von Ihrem Gerät ein komplettes Abbild, sogenannte Images, erstellt. Die Popularität dieser Backup-Methode ist aber in den letzten Jahrzehnten immer mehr gesunken. Betriebssystem, Daten und Softwareinstallationen sind derart groß und komplex geworden, dass Images riesige Ausmaße annehmen und der Sicherungsvorgang viel Zeit benötigt. Ein Fehler kann viel Arbeit zunichtemachen. Dazu kommt, dass Software viel öfter Updates erfährt, und statt mit einem Softwareschlüssel wird die Software oft nur noch über das Internet freigeschaltet. Ein Image, das mehrere Monate alt ist, wiederherzustellen, benötigt oft mehr Nachsorge als eine komplette Neuinstallation des Systems. Trotzdem gibt es immer noch Situationen, in denen Images durchaus Sinn machen. In diesem Fall können Sie Ihr NAS als Ziel der Sicherung angeben. Voraussetzung ist natürlich eine Software, die diese Art der Sicherung anbietet.

8.3 Das NAS selbst sichern

Jetzt haben Sie Ihre Dateien fleißig auf Ihrem NAS gesichert, aber nach der 3-2-1-Regel fehlt noch ein weiteres Backup. Außerdem ist auch Ihr NAS nicht vor Datenverlust gefeit.

Nicht nur das, eventuell haben Sie Daten exklusiv auf dem NAS liegen. Auch diese Daten wollen Sie eventuell gesichert wissen. Und Dateien sind noch nicht alles. Bisher haben wir das QNAP NAS als Datenspeicher betrachtet, aber ab Teil III des Buchs zeige ich Ihnen, was die Geräte von QNAP noch alles können. Das erfordert mitunter einiges an Konfigurationsarbeit. Bei einem Festplattendefekt oder Verlust des NAS wäre diese Arbeit verloren. Also wollen wir auch hiervon ein Backup erstellen.

Wie auch bei der Sicherung Ihrer lokalen Daten stehen Ihnen wieder mehrere Methoden offen.

> **Hinweis**
>
> An dieser Stelle darf ich Sie erneut daran erinnern, dass ein RAID kein Backup ersetzt. Ein RAID schützt Sie lediglich davor, Daten durch den Defekt einer oder mehrerer HDDs zu verlieren. Sind aber alle Platten betroffen (Diebstahl, Feuer …), hilft Ihnen das freilich nicht sehr viel. Im RAID werden die Daten noch dazu in Echtzeit gespiegelt, und das ohne Versionierung. Werden Ihre Dateien durch Schadsoftware verschlüsselt oder beschädigt, hilft Ihnen auch ein RAID-System nicht weiter.

8.3.1 Konfiguration manuell sichern

Um die Konfiguration manuell zu sichern, sind nur wenige Schritte notwendig.

1. Melden Sie sich in QTS an.
2. Öffnen Sie SYSTEMSTEUERUNG|SYSTEM|SYSTEMKONFIGURATION.
3. Klicken Sie auf SICHERUNG.
4. Die Datei mit der Endung .bin wird über den Browser heruntergeladen.

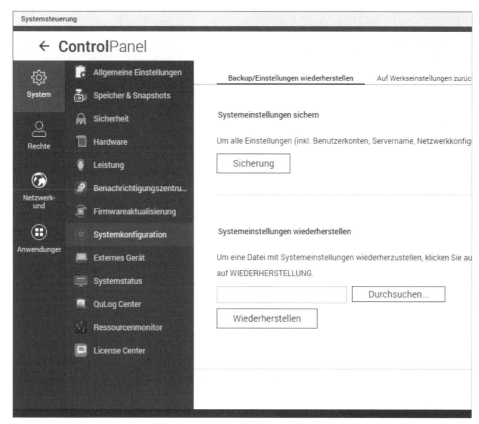

Abb. 8.22: Sichern Sie die Konfiguration immer dann, wenn Sie Änderungen vorgenommen haben.

Zum Wiederherstellen der Konfiguration müssen Sie nur auf DURCHSUCHEN ... klicken und die .dss-Datei auswählen. Klicken Sie dann auf WIEDERHERSTELLEN, und bestätigen Sie die Meldung. Ihr NAS stellt die Konfiguration wieder her, der Vorgang dauert einige Zeit.

Es gibt aber eine weit komfortablere Lösung, die Konfiguration und auch Daten zu sichern.

8.3.2 HBS3 Hybrid Backup Sync – die ultimative Backup-Lösung

Hybrid Backup Sync ist eine weitere App von QNAP. Es ermöglicht Ihnen, Dateien, Apps und die Konfiguration umfassend zu sichern. Installieren Sie die App *HBS3 Hybrid Backup Sync* über das App Center (siehe Abschnitt 3.2.5 »App Center«). Bei der Installation muss keine Konfiguration vorgenommen werden.

Kapitel 8
Backups – Daten sichern für den Ernstfall

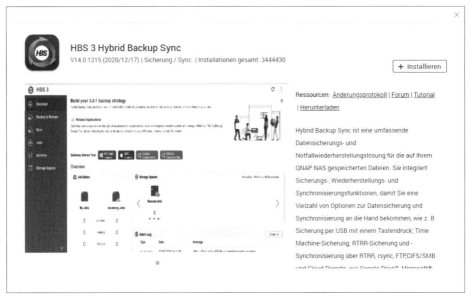

Abb. 8.23: Installieren Sie Hybrid Backup Sync über das App Center.

Starten Sie *Hybrid Backup Sync*. Sie erhalten wieder eine kurze Erklärung der App. Die Übersicht ist derzeit noch leer, aber das wird sich bald ändern. Hybrid Backup Sync bietet Ihnen verschiedene Möglichkeiten bzw. Ziele, um Backups anzulegen. Dazu gehören das NAS selbst inklusive externer USB- und SATA-Festplatten, andere QNAP-Geräte, verschiedene Cloud-Dienste (unter anderem von Amazon, Dropbox, Google und Microsoft) sowie beliebige Server, die über FTP, SMB, WebDAV oder Rsync erreichbar sind.

Speicherziel hinzufügen

Die Liste an möglichen Speicherzielen ist lang, ich werde Ihnen stellvertretend zwei Beispiele hier vorstellen. Grundsätzlich ist das Vorgehen aber immer ähnlich, wenn nicht sogar gleich. Für die Cloud-Services benötigen Sie nur die jeweiligen Zugangsdaten, für andere Server benötigen Sie die Adresse des Servers und Zugangsdaten für den jeweiligen Dateidienst.

Externen Datenträger als Sicherungsziel hinzufügen

Den externen Datenträger müssen Sie nur an Ihr NAS anschließen. Verwenden Sie den Datenträger zum ersten Mal, müssen Sie Ihrem Benutzer noch den Zugriff darauf gewähren.

Cloud-Dienst (Dropbox) als Sicherungsziel hinzufügen

1. Öffnen Sie *Hybrid Backup Sync* und wechseln Sie in die Ansicht SPEICHERPLÄTZE.
2. Klicken Sie auf ERSTELLEN.
3. Wählen Sie den gewünschten Cloud-Service aus (im Beispiel hier: Dropbox). Es öffnet sich ein Fenster im Browser, in das Sie die Zugangsdaten Ihres Kontos beim jeweiligen Service eingeben müssen.

Abb. 8.24: Melden Sie sich beim Cloud-Dienst an.

4. Erlauben Sie *Hybrid Backup Sync* den Zugriff auf den jeweiligen Dienst.

Abb. 8.25: Erlauben Sie Hybrid Backup Sync den Zugriff auf den Dienst.

5. Speichern Sie die Konfiguration unter einem beliebigen Namen ab. Sie können denselben Service (mit unterschiedlichen Konten) auch mehrmals hinzufügen.

Kapitel 8
Backups – Daten sichern für den Ernstfall

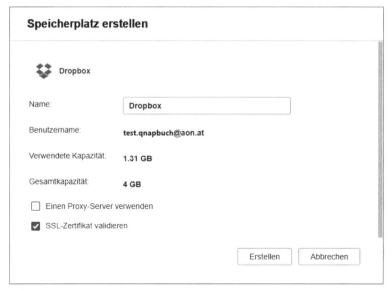

Abb. 8.26: Sie können mehrere Konten desselben Anbieters verknüpfen, ein sprechender Name hilft Ihnen bei der Identifizierung.

> **Wichtig**
> Achten Sie darauf, immer eine sichere Verbindung (https/SSL) zum jeweiligen Service aufzubauen.

Abb. 8.27: Verwalten Sie Ihre Speicherziele, und behalten Sie deren Speicherlimits stets im Auge.

Server (WebDAV) als Sicherungsziel hinzufügen

1. Öffnen Sie *Hybrid Backup Sync* und wechseln Sie in die Ansicht SPEICHERPLÄTZE.
2. Klicken Sie auf ERSTELLEN.
3. Wählen Sie WEBDAV aus.
4. Im folgenden Fenster müssen Sie die Daten des WebDAV-Servers angeben. Dazu benötigen Sie die URL und den Port, unter dem WebDAV erreichbar ist, sowie einen Benutzer-Login. Achten Sie darauf, die sichere https-Variante zu verwenden.
5. Bestätigen Sie die Eingaben mit einem Klick auf ERSTELLEN. HBS 3 versucht, die Verbindung aufzubauen. Schlägt dies fehl, kontrollieren Sie, ob der Server erreichbar ist, die Benutzerdaten stimmen und der Benutzer auch die Rechte hat, WebDAV zu benutzen, und ob der Server den Zugriff auch nicht blockiert.

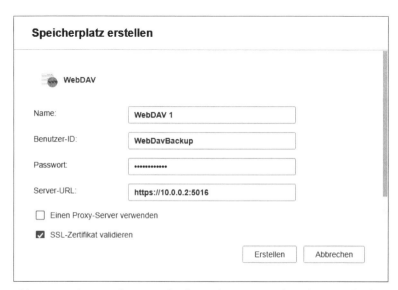

Abb. 8.28: Geben Sie die Daten für den WebDAV-Server korrekt ein und achten Sie darauf, dass der verwendete Benutzer die richtigen Rechte hat und der Zugriff vom Server nicht blockiert wird.

Einen Sicherungsauftrag erstellen

1. Öffnen Sie *Hybrid Backup Sync*, und wechseln Sie in die Ansicht SICHERN & WIEDERHERSTELLEN.
2. Die Ansicht unterscheidet sich etwas, wenn Sie noch keinen Auftrag erstellt haben. Klicken Sie in diesem Fall auf JETZT SICHERN, ansonsten auf ERSTELLEN|NEUER SICHERUNGSAUFTRAG.

Kapitel 8
Backups – Daten sichern für den Ernstfall

Abb. 8.29: Die Ansicht ohne angelegten Auftrag

3. Im ersten Schritt legen Sie fest, welche Ordner Sie sichern wollen. Sie können auch Ordner externer Datenträger sichern.

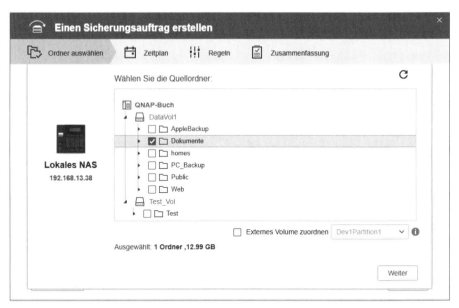

Abb. 8.30: Die Wahl von Freigabeordnern aber auch von Unterordnern ist möglich.

4. Im nächsten Schritt wählen Sie das Sicherungsziel. Sie können neue Ziele hinzufügen oder bereits angelegte Ziele nutzen. Möchten Sie ein bereits angelegtes Ziel nutzen, klicken Sie auf den jeweiligen Dienst, es öffnet sich eine Auswahl Ihrer bereits verknüpften Konten. Wollen Sie die Sicherung auf einen externen Datenträger durchführen, müssen

Sie »lokales NAS« wählen. Bestätigen Sie das Sicherungsziel mit AUSWÄHLEN. Je nachdem, ob das Sicherungsziel lokal oder ein entfernter Server ist, dauert es ein wenig, bis die Ordnerstruktur des Ziels angezeigt wird. Legen Sie fest, in welchen Ordner Sie das Backup speichern wollen. Erstellen Sie gegebenenfalls einen neuen Unterordner.

Abb. 8.31: Wählen Sie ein Gerät, einen Cloud-Dienst oder ein Protokoll als Sicherungsziel.

Abb. 8.32: Wählen Sie aus den vorhandenen Ordnern des Ziels, oder erstellen Sie einen neuen.

5. Sie sehen eine Übersicht, wie viele Dateien gesichert werden müssen, und können dem Auftrag einen Namen und eine Beschreibung geben.
6. Im nächsten Schritt können Sie einen Zeitplan und die Versionierung/Rotation einstellen.

   - Sie können einfach nur den Sicherungsauftrag anlegen, ohne Zeitplan, und diese dann manuell ausführen. Sie können die Sicherung auch nach der Ausführung eines bestimmten Auftrags ausführen lassen, oder Sie lassen sie automatisch durchführen, wenn Sie den externen Speicher mit Ihrem NAS verbinden. Sie können aber auch einen Zeitplan festlegen bzw. mehrere Zeitpläne miteinander kombinieren.
     - *Einmalig* – Führt das Backup zur angegebenen Zeit einmal durch.
     - *Periodisch* – Legen Sie einen Startpunkt fest und einen Zeitabstand zwischen den Wiederholungen.
     - *Täglich* – Lassen Sie den Auftrag täglich zu einer bestimmten Zeit ablaufen.
     - *Wöchentlich* – Legen Sie einen Wochentag und eine Uhrzeit für die Sicherung fest.
     - *Monatlich* – Legen Sie einen Kalendertag und eine Uhrzeit für die Sicherung fest.

   Verwenden Sie keinen Zeitplan, können Sie mit der Option »Jetzt sichern« das Backup gleich im Anschluss erstellen lassen. Zusätzlich gibt es die Option, externe Datenträger nach dem Abschluss auszuwerfen. Diese Option ist vor allem mit der automatischen Sicherung sehr hilfreich.

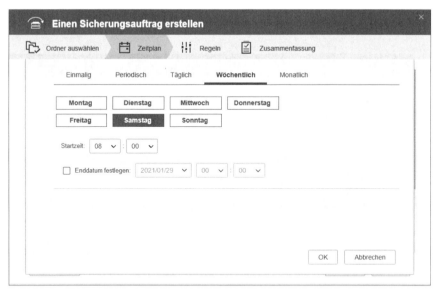

Abb. 8.33: Wichtige Daten sollten öfter, weniger wichtige Daten können seltener gesichert werden.

8.3
Das NAS selbst sichern

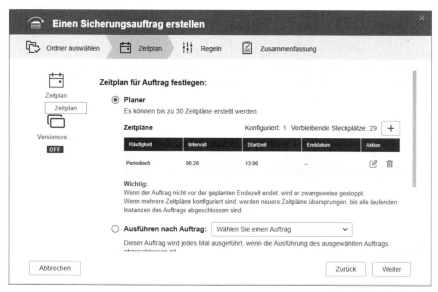

Abb. 8.34: Kombinieren Sie verschiedene Zeitpläne für eine noch feinere Sicherungsstrategie.

- Mit der Versionsverwaltung können Sie mehrere Backups aufheben, und mit den Rotationseinstellungen können Sie festlegen, wie lange bestimmte Versionen behalten wollen (Abbildung 8.35). Dadurch verhindern Sie, dass Ihnen der Speicher ausgeht. Folgende Rotationsmöglichkeiten stehen Ihnen zur Verfügung:
  - Beibehalten einer bestimmten Anzahl an Backups. Das älteste wird zuerst gelöscht, unabhängig davon, wie alt es ist. Benötigen Sie einmal eine Sicherung, die sehr lange Zeit zurückliegt, kann es sein, dass Sie keine mehr zur Verfügung haben.
  - Löschen der Backups ab einem gewissen Alter, unabhängig davon, wie viele vorhanden sind. Werden Backups nicht regelmäßig gemacht, kann es passieren, dass das letzte Backup gelöscht wird und keines mehr vorhanden ist.
  - Intelligente Versionierung. Hiermit lassen sich komplexere Rotationen umsetzen. Legen Sie fest, wie viele Backups eines gewissen Alters Sie behalten wollen. Stellen Sie dadurch sicher, dass genügend Backups mit kleineren Änderungen, aber auch Backups mit großen Änderungen vorhanden sind.

Tipp

Planen Sie Backups dann ein, wenn Sie das NAS nicht nutzen. Die Sicherung benötigt Ressourcen, die sie sich mit anderen Diensten teilen muss.

7. Im nächsten Schritt können Sie noch weitere Einstellungen für das Backup festlegen. So können Sie beispielsweise Filterregeln erstellen, um Daten vom Backup auszuschließen und *QuDedup* aktivieren bzw. deaktivieren (Abbildung 8.36).

Kapitel 8
Backups – Daten sichern für den Ernstfall

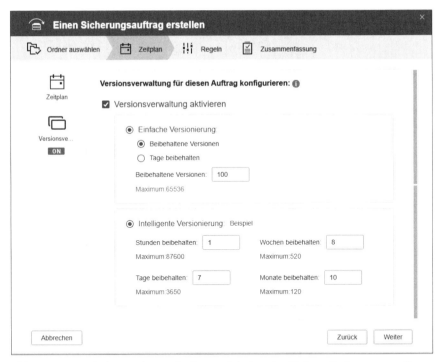

Abb. 8.35: Das Behalten mehrerer Backups minimiert das Risiko, alle Daten zu verlieren, weil ein Backup defekt ist.

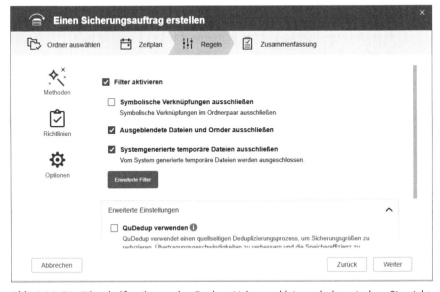

Abb. 8.36: Die Filter helfen Ihnen, das Backup-Volumen klein zu halten, indem Sie nicht benötigte Dateien und Ordner ausschließen. Dadurch sparen Sie Speicherplatz und Backup-Zeit.

QuDedup

Unter dem seltsamen Namen verbirgt sich ein Mechanismus, der die Größe von Backups reduziert und so Speicherplatz spart und die Backup-Zeit verkürzt. *QuDedup* prüft bei der Übertragung, ob identische Blöcke bereits übertragen wurden und verwirft Duplikate.

Achtung

Mit aktiviertem *QuDedup* erfolgt die Sicherung nicht mehr dateiweise, sondern blockweise. Die Sicherung erfolgt in einem eigenen Format und ist keine einfache Kopie der Dateien. Sie können sie nicht lesen und auch nicht mehr per Hand wiederherstellen. Nur mit *Hybrid Backup Sync* können Sie Ihr Backup auslesen und wiederherstellen.

Unter dem Punkt RICHTLINIEN können Sie das Backup verschlüsseln und weitere Optionen aktivieren, wie z.B. dass in der Quelle gelöschte Elemente auch am Ziel gelöscht werden können. Unter dem Punkt OPTIONEN können Sie die Protokollierung konfigurieren und festlegen, was im Fehlerfall passieren soll, also ob der Auftrag wiederholt werden soll, wie lange das Backup dauern darf, wie lange versucht wird, eine Verbindung zum Ziel aufzubauen etc.

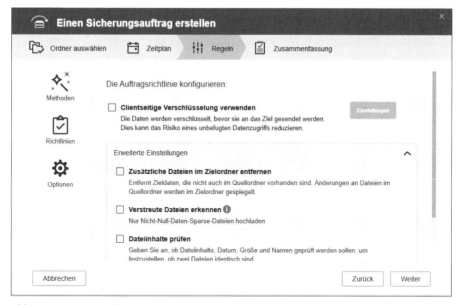

Abb. 8.37: Die Verschlüsselung von Backups sichert Ihre Daten, vor allem, wenn sie außerhalb des LANs bzw. außerhalb der eigenen 4 Wände gelagert werden.

Hinweis

Bei der Verschlüsselung werden die Dateiinhalte verschlüsselt. Wenn Sie *QuDedub* nicht verwenden, bleiben Ordnerstruktur und Dateinamen erhalten, geöffnet werden können die Dateien aber nicht. Beachten Sie, dass Ordnerstruktur und Dateinamen bereits wertvolle Informationen für Datendiebe sein können.

> **Wichtig**
>
> Verschlüsseln Sie Backups, wenn Sie über das Internet zum Ziel übertragen werden oder wenn Sie den Cloud-Dienst eines Anbieters nutzen. Sie können zwar verschlüsselte Backups nicht betrachten, durchsuchen oder Dateien per Hand entnehmen (was Sie sowieso nicht tun sollten), Ihr Backup ist aber auch vor dem Zugriff Dritter geschützt. Achten Sie aber auf das Verschlüsselungspasswort (siehe Abschnitt 10.5 »Passwörter«), ohne dieses ist Ihr Backup verloren.

8. Haben Sie den Sicherungsauftrag nach Ihren Wünschen konfiguriert, erhalten Sie im letzten Schritt eine Zusammenfassung. Bestätigen Sie mit einem Klick auf ERSTELLEN.

Sicherung ausführen

Die Sicherung wird zu den eingestellten Zeiten automatisch durchgeführt. Haben Sie den Sicherungsplan nicht aktiviert, müssen Sie die Sicherung manuell ausführen. Wählen Sie dazu den Auftrag in *Hybrid Backup Sync* aus und klicken Sie auf JETZT SICHERN. Die Dauer hängt vom Datenvolumen, den eingesetzten Festplatten (Lese- und Schreibgeschwindigkeit) und dem Übertragungsmedium (USB, eSATA, LAN, Internet) ab. Haben Sie die Verschlüsselung aktiviert, dauert der Vorgang länger als ohne.

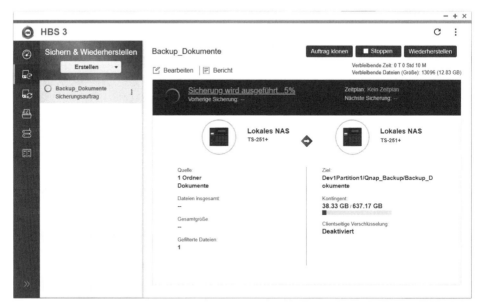

Abb. 8.38: Der erste Sicherungsvorgang dauert immer am längsten, danach werden nur noch Änderungen verarbeitet.

> **Tipp**
>
> Ist das Speicherziel nicht erreichbar, kann die Ausgabe nicht ausgeführt werden. Sichern Sie auf ein externes Speichermedium, gehen Sie sicher, dass es vor der Durchführung geplanter Backups angeschlossen ist.

Sicherungsaufträge verwalten

In *Hybrid Backup Sync* können Sie (fast) beliebig viele Sicherungsaufträge hinzufügen. Sie können dieselben Elemente auch in unterschiedlichen Sicherungszielen auswählen. So können Sie besonders wichtige Dateien täglich sichern und dieselben Dateien auch mit den anderen Dateien z.B. in einem monatlichen Backup einschließen.

Für die Verwaltung Ihrer Aufträge stehen Ihnen zwei Bereiche zur Verfügung, einmal SICHERN & WIEDERHERSTELLEN. Dort können Sie neue Aufträge erstellen, sie bearbeiten und löschen, aber auch Zugriff auf Informationen und Berichte der einzelnen Sicherungen erhalten.

> **Hinweis**
>
> Löschen Sie einen Auftrag, bleiben die damit erstellen Backups unberührt.

Dann gibt es noch den Bereich AUFTRÄGE. Hier haben Sie dieselben Möglichkeiten wie in der zuvor erwähnten Ansicht. Allerdings sind die Aufträge hier in einer Liste organisiert. Verwalten Sie viele Aufträge, ist die Liste etwas übersichtlicher, außerdem sehen Sie hier im Reiter EINGEHENDE AUFTRÄGE Sicherungsaufträge anderer QNAP-Geräte, die dieses NAS als Ziel angegeben haben.

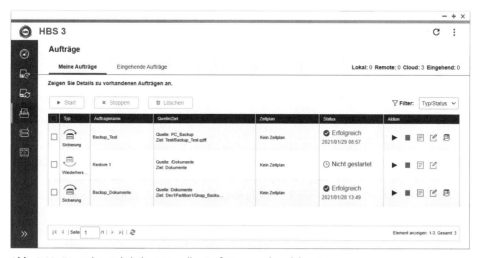

Abb. 8.39: Eine übersichtliche Liste aller Aufträge, egal, welcher Art

Sicherung wiederherstellen

Das Wiederherstellen eines Backups erfolgt ebenfalls über einen Auftrag. Gehen Sie sicher, dass das Sicherungsziel mit Ihrem NAS verbunden bzw. erreichbar ist und führen Sie folgende Schritte aus:

1. Öffnen Sie *Hybrid Backup Sync* und wechseln Sie zu SICHERN & WIEDERHERSTELLEN.
2. Wählen Sie ERSTELLEN|WIEDERHERSTELLUNGSAUFTRAG.
3. Im ersten Schritt müssen Sie das Ziel auswählen, auf dem das Backup liegt. Danach müssen Sie die Art der Quelle auswählen:

   - *Sicherungsauftrag* – Hier wählen Sie in weiterer Folge einen Sicherungsauftrag, der in *Hybrid Backup Sync* angelegt wurde. Für die Wiederherstellung werden alle notwendigen Parameter aus dem Sicherungsauftrag übernommen. Ist für den Auftrag die Versionierung aktiviert, erhalten Sie über QUELLE WÄHLEN Zugang zur Auswahl der Version.

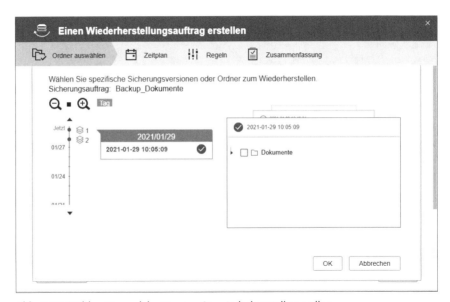

Abb. 8.40: Wählen Sie, welche Version Sie wiederherstellen wollen.

   - *Ziel* – Wählen Sie diese Option, wenn Sie Daten aus einem Backup wiederherstellen wollen, zu dem es auf dem NAS keinen Sicherungsauftrag gibt. Hier wählen Sie über eine Ordnerauswahl den Speicherort des Backups aus (Abbildung 8.41).

   Für beide Methoden haben Sie die Möglichkeit, das Backup am Originalspeicherort wiederherzustellen oder den Speicherort selbst zu wählen. Scrollen Sie nach unten, können Sie wählen, was bei Dateikonflikten passieren soll.

4. Im nächsten Schritt können Sie festlegen, wann die Wiederherstellung erfolgen soll.
5. Im letzten Schritt können Sie unter Optionen wieder die Protokollierung und die Fehlerfallbehandlung konfigurieren.

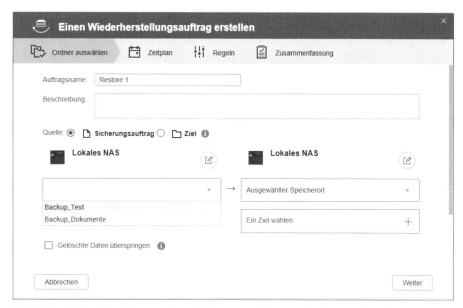

Abb. 8.41: Stellen Sie die Daten eines Sicherungsauftrags wieder her, werden die Einstellungen aus diesem übernommen.

6. Sie sehen wieder eine Zusammenfassung, die Sie mit WIEDERHERSTELLEN bestätigen. Wobei »Wiederherstellen« hier etwas missverständlich ist. Haben Sie einen Zeitplan erstellt, wird der Auftrag nur nach diesem ausgeführt. Haben Sie keinen Zeitplan eingestellt, wird der Auftrag nur manuell ausgelöst (über JETZT WIEDERHERSTELLEN). So oder so, »Wiederherstellen« legt nur den Auftrag an, führt aber die Wiederherstellung selbst noch nicht durch.

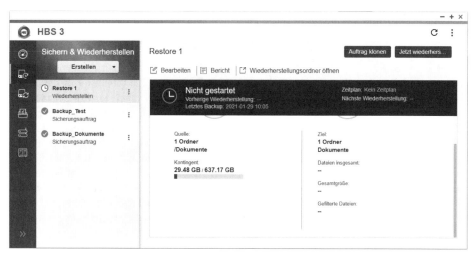

Abb. 8.42: Die Wiederherstellung funktioniert wie Sicherungsaufträge, selbst wenn Sie sie nur einmal benötigen.

Sicherungsaufträgen neu verknüpfen

Ziehen Sie auf ein neues NAS-Gerät um, oder wollen Sie Ihr bestehendes neu aufsetzen, können Sie vorhandene Sicherungen auf das neue Gerät übernehmen. Sie können nicht nur Backups ohne Sicherungsauftrag wiederherstellen, Sie können die Sicherungsaufträge selbst wiederherstellen. Gehen Sie dazu in *Hybrid Backup Sync* zu SICHERN & WIEDERHERSTELLEN und wählen ERSTELLEN|SICHERUNGSAUFTRAG NEU VERKNÜPFEN. Auch hier müssen Sie wieder das Ziel wählen, dort reicht es aber nicht, den Ordner auszuwählen, sondern die `.qdff`-Datei innerhalb des Ordners. Bestätigen Sie die Meldung, und Sie landen im bekannten Erstellungsassistenten. Die Einstellungen wurden aus der Datei übernommen, wobei Sie einige Parameter ändern können, andere nicht (z.B. können Sie ein vorher unverschlüsseltes Backup nicht nachträglich verschlüsseln, auch die *QuDedup*-Einstellung können Sie nicht ändern).

8.4 Weitere Funktionen von Hybrid Backup Sync

Hybrid Backup Sync bietet noch weitere Funktionen und Optionen für etwas speziellere Anwendungsfälle. Diese orientieren sich eher an Anforderungen im betrieblichen Umfeld, können aber unter Umständen im heimischen Netzwerk Verwendung finden. Diese stelle ich kurz in den folgenden Abschnitten vor.

8.4.1 Synchronisierung mit HBS 3

Mit Backups hat dieser Abschnitt weniger zu tun. Thematisch überschneiden sich hier Dateiverwaltung, die Cloud und das Zusammenarbeiten mit anderen. Da es sich hierbei aber um eine Funktion von *Hybrid Backup Sync* handelt, ist sie hier erklärt.

Bei der Synchronisierung können Sie Ordner Ihres NAS mit anderen Geräten oder Cloud-Diensten synchronisieren. Was die Einsatzgebiete angeht, sind Sie hier sehr flexibel. So können Sie Ihre Daten auf ein anderes NAS spiegeln oder Ordner mit Geräten anderer synchronisieren, um so einfacher zusammenzuarbeiten, oder Sie synchronisieren die Daten mit einem Cloud-Service, um so die Möglichkeiten von Zusammenarbeiten und Teilen zu erweitern.

Natürlich finden Sie in der Synchronisierung keine Funktionen, die Sie nicht schon kennen. Für die Sicherung Ihrer Daten haben Sie die Sicherungsaufträge, die Synchronisierung bietet Ihnen hier keine neuen Ziele oder Einstellungen. Im Gegenteil, für Backups sind die Sicherungsaufträge die bessere Wahl. Auch was die Synchronisierung angeht, können Sie *Qsync* einsetzen. Allerdings bietet die Synchronisierung über *HBS3* eine Erweiterung für *Qsync* und zusätzliche Möglichkeiten für den professionellen Einsatz. Gerade wenn Teams auf verschiedene Standorte oder sogar verschiedene Firmen aufgeteilt sind, stellt der Zugriff auf eine gemeinsame Infrastruktur eine ganz eigene Herausforderung dar. Anstatt also allen Beteiligten Zugang zu Ihrem Netzwerk zu gewähren und Konten auf Ihrem NAS bereitzustellen, können Sie die Synchronisierung einsetzen. Beispielsweise könnte das Team vor Ort *Qsync* nutzen, die Daten werden über die *HBS 3*-Synchronisierung mit einem QNAP NAS an einem weiteren Firmenstandort synchronisiert und vom dortigen Team ebenfalls per *Qsync* genutzt. Über die Synchronisierung mit einem Cloud-Dienst können die Daten dann noch mit einem externen Team geteilt werden.

Synchronisierung einrichten

Die Einrichtung erfolgt über den gleichen Assistenten, wie Sie ihn von den Sicherungsaufträgen kennen, nur einige Schritte weichen etwas ab.

1. Öffnen Sie *Hybrid Backup Sync*, und gehen Sie zu SYNCHRONISIERUNG.
2. Wie auch bei SICHERN & WIEDERHERSTELLEN sieht die Ansicht etwas anders aus, solange Sie noch keine Synchronisierung erstellt haben. Wählen Sie in diesem Fall JETZT SYNCHRONISIEREN, ansonsten ERSTELLEN und wählen dann die gewünschte Art der Synchronisierung.

Abb. 8.43: Die Ansicht ohne angelegten Synchronisierungsauftrag

3. Wie zuvor müssen Sie das Ziel auswählen, haben Sie das getan, können Sie wieder Name und Beschreibung vergeben. Über GEKOPPELTE ORDNER HINZUFÜGEN wählen Sie auf beiden Seiten die Ordner aus, die Sie synchronisieren möchten. Sie können zwar nur einen Ordner auswählen, aber mehrere Koppelungen hinzufügen (Abbildung 8.44).
4. Im nächsten Schritt können Sie wieder festlegen, wann die Synchronisierung stattfinden soll. Eine Versionierung steht nicht zur Verfügung (je nach Cloud-Dienst kann ein Versionsverlauf aber über diesen verfügbar sein).

> **Hinweis**
>
> Durch den Planer verschwimmen hier Synchronisierung und Backup miteinander, ich empfehle für die Erstellung von Backups dennoch einen Sicherungsauftrag, da Sie hier Versionierung, Rotation und andere Einstellungen speziell für Backups finden.

> **Tipp**
>
> Beachten Sie bei kurzen Synchronisierungsintervallen und besonders bei der Echtzeitsynchronisierung Datenvolumen und Bandbreite, die Ihnen bei den Cloud-Services zur Verfügung stehen. Je nach Anbieter und Abo können diese limitiert sein, oder es können Kosten pro Transaktion anfallen.

Kapitel 8
Backups – Daten sichern für den Ernstfall

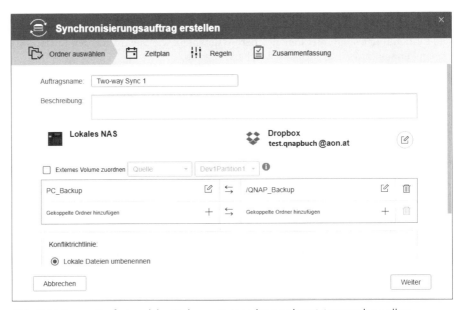

Abb. 8.44: Legen Sie fest, welche Ordner miteinander synchronisiert werden sollen.

5. Die Einstellungen, die Sie im folgenden Schritt vornehmen können, sind denen des Sicherungsauftrags sehr ähnlich bzw. finden Sie hier auch bereits bekannte Optionen. Nutzen Sie als Ziel einen Cloud-Dienst, steht Ihnen unter »Methoden« zusätzlich die Datenkomprimierung zur Verfügung. Diese Option wäre eher für Backups über Sicherungsaufträge geeignet.

> **Hinweis**
>
> Wenn Sie die Komprimierung aktivieren, werden die Daten mit *bzip* komprimiert und müssen am Ziel erst entpackt werden, um genutzt werden zu können. Dateien, die Sie am Ziel hinzufügen, werden nicht komprimiert. Wie auch bei der Verschlüsselung bleiben Ordnerstruktur und Dateinamen erhalten.

6. Nach Bestätigen der gewohnten Zusammenfassung ist die Synchronisierung eingerichtet und kann ähnlich zu den Sicherungsaufträgen verwaltet werden. Synchronisierungen werden gemeinsam mit Sicherungen und Wiederherstellungen im Bereich AUFTRÄGE aufgelistet.

8.4.2 Dienste

Im Bereich DIENSTE finden Sie zusätzliche Dienste und Funktionen, die sich großteils an Umgebungen mit komplexeren Anforderungen und einer höheren Anzahl and Geräten richtet.

Apple Time Machine

Soll Ihr NAS als Speicherort für Time Machine mehrerer Mac-Geräte dienen, können Sie hier ein zentrales Konto für Time Machine konfigurieren und auch die Sicherungen zentral überwachen. Dieser Dienst eignet sich besonders für Firmen/Organisationen, wo Geräte nicht von jedem Benutzer selbst, sondern von der Systemadministrator konfiguriert und verwaltet werden.

Rsync-Server

Rsync ist ein weitverbreitetes Protokoll zur Synchronisierung von Daten. Machen Sie Ihr NAS zum Rsync-Server, um unterschiedliche Geräte mit Ihrem NAS zu synchronisieren. Rsync hilft Ihnen, Geräte zu synchronisieren, für die es keine QNAP-Dienstprogramme gibt, oder wenn Sie QNAP-Lösungen nicht verwenden wollen, beispielsweise wenn Sie das NAS in eine bestehende Infrastruktur integrieren wollen.

RTRR-Server

RTRR ist ein Protokoll von QNAP, das es erlaubt, mehrere QNAP-Geräte untereinander zu synchronisieren. Das können Sie zwar auch mit allen anderen bisher vorgestellten Mitteln, RTRR ist aber auf QNAP-Geräte beschränkt und dafür optimiert. Sie erhalten dadurch höhere Übertragungsgeschwindigkeiten als mit anderen Protokollen. Zusätzlich können Sie mit RTRR Daten von anderen QNAP-Geräten sichern, ohne sich in der Verwaltungsoberfläche des jeweiligen Geräts anmelden und dort die Datensicherung einrichten zu müssen.

USB-One-Touch-Kopie

Einige QNAP-Modelle weisen auf der Vorderseite eine eigene Taste auf. Die Taste löst die USB-One-Touch-Funktion aus, sofern ein USB-Datenträger an der Vorderseite angeschlossen ist. Dieser Funktion lässt sich einer von drei Betriebsmodi zuweisen:

- *Intelligente Übertragung* – Importieren Sie Mediendateien, die sich auf dem Datenträger befinden, auf Ihr NAS. Mediendateien werden in einen Zielordner kopiert, sind diese bereits dort vorhanden, werden sie nicht kopiert.
- *Erweiterte Übertragung* – Erlaubt das Kopieren aller Dateien (nicht nur Mediendateien) mit zusätzlichen Einstellungen.
- *Externes Speicherlaufwerk* – Dies ist die Standard-Einstellung. Datenträger werden als normales externes Speicherlaufwerk behandelt, und das Drücken der Taste löst keine Aktion aus.

Teil III

Weiterführende Konfiguration

Mit den Grundlagen sind Sie jetzt vertraut, und bevor wir uns mit dem beschäftigen, was aus Ihrem QNAP NAS einen Heimserver macht, befassen wir uns noch einmal genauer mit dem Betriebssystem des NAS.

Nachdem Sie Ihre Dateien jetzt mit Ihrem NAS organisieren, ist es an der Zeit, sich über die Erreichbarkeit im Internet Gedanken zu machen. Aber auch das Thema Sicherheit ist von großer Wichtigkeit und darf nicht zu kurz kommen. Außerdem lernen Sie, das NAS an Ihre Bedürfnisse anzupassen, es zu überwachen, aber auch, wie Sie es so konfigurieren, dass es sich selbst überwacht und Sie benachrichtigt.

In diesem Teil:

- **Kapitel 9**
  Das NAS über das Internet erreichen 271

- **Kapitel 10**
  Sicherheit. 307

- **Kapitel 11**
  Den Betrieb anpassen und überwachen 345

Kapitel 9

Das NAS über das Internet erreichen

Bisher hat der Zugriff auf Ihr NAS ausschließlich im eigenen Netzwerk stattgefunden, auch wenn viele der Zugriffsmethoden ebenfalls über das Internet funktionieren und die mobilen Apps genau dafür gemacht sind. Dienste, Anwendungen und Dateien im Internet freizugeben, bedeutet aber immer ein Sicherheitsrisiko. Ein Risiko, das Sie bereit sein müssen einzugehen, wenn Sie von den Möglichkeiten eines externen Zugangs profitieren wollen.

In diesem Kapitel erkläre ich Ihnen, wie Sie Ihr NAS bzw. Bereiche davon im Internet verfügbar machen. In diesem Zusammenhang ist auch das nachfolgende Kapitel 10 »Sicherheit« sehr wichtig.

> **Achtung**
>
> Wenn Sie Ihr NAS über das Internet erreichbar machen, ist es potenziellen Angriffen ausgesetzt. Anders als vollwertige Server können Geräte von QNAP nicht im selben Maß konfiguriert und abgesichert werden. Zusätzlich sind Sie beim Schutz Ihres Geräts und Ihrer Daten immer von QNAP abhängig. QNAP-Geräte waren in den vergangenen Jahren immer wieder gezielten Angriffen ausgesetzt. Sicherheitslücken in der Software und Firmware von QNAP können genutzt werden, um Ihre Sicherheitsvorkehrungen wie Logins, Firewall und eingeschränkte Zugriffsberechtigungen zu umgehen.
>
> Erst vor einiger Zeit wurde eine Sicherheitslücke in der Multimedia-Software entdeckt und QNAP darauf hingewiesen. Es hat mehrere Monate gedauert, bis QNAP darauf reagiert und die Lücke geschlossen hat. In der Zwischenzeit wurden QNAP-Geräte von einem eigens dafür geschriebenen Crypto-Locker befallen.
>
> Geben Sie Ihr NAS im Internet frei, müssen Sie sich der Risiken bewusst sein.

9.1 Zugriff über myQNAPcloud

myQNAPcloud ermöglicht unerfahrenen Nutzern, Dienste des QNAP NAS über das Internet zu erreichen, ohne im Router eine Portfreigabe konfigurieren zu müssen.

myQNAPcloud funktioniert über einen Server-Dienst von QNAP. Das NAS baut eine ständige, sehr langsame Verbindung zu diesem Server auf. Anfragen aus dem Internet werden ebenfalls an diesen Server übermittelt. Das NAS holt die Anfragen dann von dort ab und verarbeitet sie. *MyQNAPcloud* funktioniert aber auch im lokalen Netz ohne den Umweg über den QNAP-Server.

myQNAPcloud lässt sich zwar schnell einrichten, bringt aber eine Menge Nachteile mit sich:

- *myQNAPcloud* funktioniert nur mit den QNAP-Apps. Drittherseller-Anwendungen oder den Webserver können Sie über *myQNAPcloud* nicht erreichen.
- *myQNAPcloud* erfordert eine ständige Verbindung Ihres NAS zum QNAP-Server.

Kapitel 9
Das NAS über das Internet erreichen

- Die Verbindung zum QNAP-Server ist äußerst langsam. *myQNAPcloud* steht kostenlos zur Verfügung, dementsprechend knapp sind die Ressourcen, die QNAP bereitstellt.
- All Ihre Daten werden über einen fremden Server geleitet. Dieser Server hat Zugriff auf Ihre Daten. *myQNAPcloud* ist aus Sicht des Datenschutzes daher bedenklich.
- Doppelter Login erforderlich: QNAP ID und NAS-Benutzer

> **Wichtig**
>
> Alternativ zur Kommunikation über den QNAP-Server bietet *myQNAPcloud* auch eine automatische Router-Konfiguration an. Ich empfehle Ihnen, den Router immer per Hand zu konfigurieren. Der Router muss diese Art der Konfiguration unterstützen, und selbst, wenn er das tut, kann es vorkommen, dass *myQNAPcloud* und der Router nicht richtig zusammenarbeiten und der Router falsch konfiguriert wird. Viel wichtiger ist aber, dass Sie bei einer automatischen Konfiguration nicht wissen, was genau konfiguriert wird. In Ihrem Netzwerk sollten Sie aber stets den Überblick behalten und wissen, welche Zugriffe von außen möglich sind.

9.1.1 myQNAPcloud-Konto erstellen

Bevor Sie *myQNAPcloud* nutzen können, müssen Sie sich und Ihr NAS registrieren. Das können Sie entweder über www.myqnapcloud.com oder direkt in *QTS* erledigen.

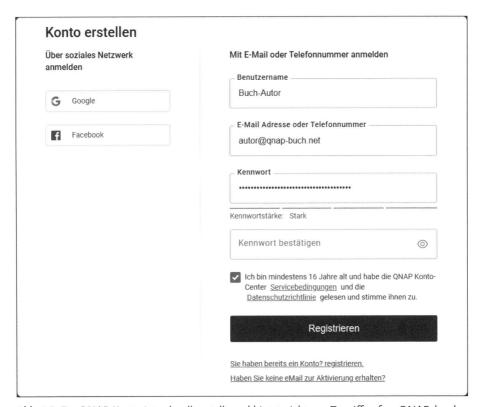

Abb. 9.1: Ein QNAP-Konto ist schnell erstellt und bietet nicht nur Zugriff auf myQNAPcloud.

Hinweis

Das Konto benötigen Sie nicht nur für *myQNAPcloud*, sondern auch für andere Dienste, wie das Verwalten von Lizenzen, das Kaufen von Apps und Kontakt mit dem Support über das Service-Portal.

1. Öffnen Sie die Anwendung MYQNAPCLOUD in *QTS*.
2. Klicken Sie auf BEGINNEN SIE.
3. Der Assistent startet, er geleitet Sie durch die Einrichtung eines Kontos und von *myQNAPcloud* selbst. Klicken Sie auf STARTEN.
   - Haben Sie bereits eine QNAP ID, können Sie die Anmeldedaten direkt eingeben, andernfalls klicken Sie auf QNAP ID ERSTELLEN.
   - Es öffnet sich eine Seite im Browser, hier landen Sie auch, wenn Sie die Registrierung über die Webseite vornehmen. Geben Sie die erforderlichen Daten ein.
   - Bestätigen Sie anschließend die Registrierung in der erhaltenen E-Mail.

Wichtig

Achten Sie auf ein sicheres Passwort (Abschnitt 10.5 »Passwörter«).

4. Wechseln Sie wieder zurück zu *QTS* und geben dort die Anmeldedaten für Ihre QNAP ID ein.

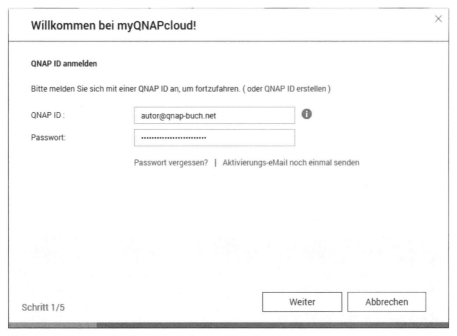

Abb. 9.2: Verknüpfen Sie Ihr NAS mit Ihrer QNAP ID.

Kapitel 9
Das NAS über das Internet erreichen

5. Legen Sie im nächsten Schritt einen Namen für Ihr QNAP NAS fest. Der Name wird zur Verwaltung des NAS über *myQNAPcloud* verwendet und bildet die URL, mit der Sie auf Ihr NAS zugreifen können.

Abb. 9.3: Der Gerätename hilft nicht nur, das NAS zu identifizieren, er wird auch dazu verwendet, URLs für den Fernzugriff zu erstellen.

6. Im nächsten Schritt können Sie bereits Dienste aktivieren. Ich werde Ihnen die Aktivierung und Einrichtung der Dienste separat erklären. Weiterhin legen Sie hier die Zugriffskontrolle fest, wählen Sie nur »Privat« oder »Angepasst«, aber niemals »öffentlich«.

> **Wichtig**
>
> Soll ein Dienst Ihres NAS – als Teil Ihrer Geschäftstätigkeit oder aus anderen Gründen – öffentlich erreichbar sein, konfigurieren Sie den Zugriff immer manuell, und treffen Sie alle nötigen Sicherheitsvorkehrungen. Öffentlich erreichbare Dienste werden sehr schnell zum Ziel von Angreifern.

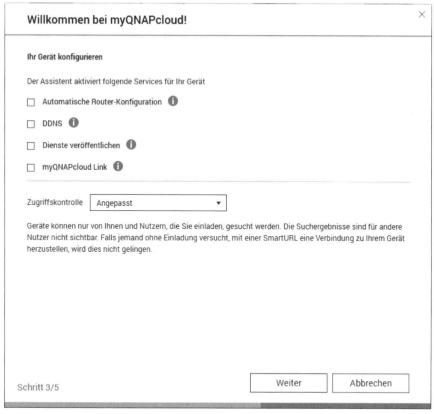

Abb. 9.4: Wenn Sie wissen, welche Dienste Sie benötigen, können Sie deren Einrichtung gleich im Zuge des Set-ups erledigen.

7. Ihr Gerät wird jetzt registriert, und eventuelle aktivierte Dienste werden eingerichtet.
8. Im letzten Schritt erhalten Sie eine Zusammenfassung und Informationen zu weiteren Schritten.

Sie besitzen jetzt eine QNAP ID, und Ihr NAS ist registriert, jetzt können Sie die Dienste einrichten.

9.1.2 myQNAPcloud Link aktivieren

Mit *myQNAPcloud Link* können Sie Ihr NAS aus dem Internet erreichen, ohne dass Ihr Router konfiguriert werden muss. Wenn Sie nicht den externen Zugriff per Hand einrichten wollen (siehe Abschnitt 9.2 »Externen Zugriff einrichten«), verwenden Sie am besten *myQNAPcloud Link* anstelle der automatischen Router-Konfiguration.

1. Öffnen Sie MYQNAPCLOUD in QTS.
2. Wechseln Sie in den Bereich MYQNAPCLOUD LINK.
3. Klicken Sie auf INSTALLIEREN, und warten Sie, bis die Installation abgeschlossen ist.

Kapitel 9
Das NAS über das Internet erreichen

Sie können jetzt über www.myqnapcloud.com und Ihre QNAP ID auf Freigabeordner und Freigabelinks Ihres NAS zugreifen. Benötigen dazu aber zusätzlich die Login-Daten eines Kontos auf Ihrem NAS. Zusätzlich können Sie über die QNAP-Smartphone-Apps auf Ihr NAS zugreifen.

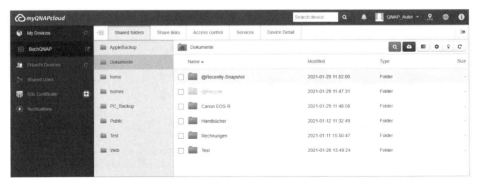

Abb. 9.5: Greifen Sie auf Freigabeordner Ihres NAS über das Internet zu.

> **Hinweis**
>
> Für den Zugriff ist sowohl eine QNAP ID als auch ein NAS-Konto erforderlich.

> **Wichtig**
>
> Teilen Sie niemals Ihre QNAP ID mit anderen. Sollen andere Personen Zugriff über *myQNAPcloud* erhalten, sollten diese Personen ihr eigenes Konto registrieren. Sie können diese Personen dann einladen.

9.1.3 Zugriff über myqnapcloud.com

Sie können Nutzern mit einer QNAP ID Zugriff auf Ihr NAS gestatten, um so Freigabeordner oder Dienste gemeinsam zu nutzen.

Benutzer einladen

Um einen Benutzer mit QNAP ID einzuladen, gehen Sie wie folgt vor:

1. Öffnen Sie MYQNAPCLOUD in *QTS*, und wechseln Sie in den Bereich ZUGRIFFSKONTROLLE.
2. Stellen Sie die Gerätezugriffskontrolle auf »Angepasst«.

Klicken Sie auf HINZUFÜGEN, und geben Sie die E-Mail-Adresse der QNAP ID ein, die Sie hinzufügen wollen. Klicken Sie auf . Alternativ können Sie über MYQNAPCLOUD auf das Adressbuch Ihrer QNAP ID zugreifen. Das Adressbuch verwalten Sie online in Ihrem QNAP-Account unter USER PROFILE|CONTACT LIST.

Abb. 9.6: Fügen Sie andere QNAP IDs hinzu, um ihnen Zugriff auf Ihr NAS zu erlauben.

Der hinzugefügte Account kann jetzt unter www.myqnapcloud.com unter »Geräte des Freundes« auf Ihr NAS zugreifen. Mit einem Klick auf den Namen des NAS gelangen Sie zu den Freigabeordnern und Freigabelinks. Um diese Bereiche zu nutzen, muss ein weiterer Login – diesmal mit einem NAS-Konto – erfolgen. Ebenso sehen Sie in der Übersicht die freigegebenen Dienste. Wie Sie Dienste freigeben, lesen Sie im folgenden Abschnitt.

Abb. 9.7: Lassen Sie andere über das Internet auf Ihr NAS zugreifen.

Dienste verfügbar machen

Über die *myQNAPcloud*-Webseite können Sie und jeder eingeladene Benutzer auf Freigabeordner zugreifen. Sie können aber auch einige Dienste Ihres QNAP NAS freigeben.

1. Öffnen Sie in *QTS* MYQNAPCLOUD, und wechseln Sie in den Bereich DIENSTE VERÖFFENTLICHEN.
2. In der Tabelle finden Sie alle verfügbaren Dienste Ihres NAS. Durch Setzen der Häkchen schalten Sie die Dienste für *myQNAPcloud* frei. Um einen Dienst nur für eingeladene Benutzer verfügbar zu machen, muss das Häkchen bei »Privat« gesetzt werden. Damit Sie dies tun können, müssen Sie zuerst das Häkchen bei »Öffentlich« (in der zur Drucklegung des Buchs aktuellen Version hat sich hier ein Übersetzungsfehler eingeschli-

Kapitel 9
Das NAS über das Internet erreichen

chen) setzen. Die öffentliche Nutzung des Diensts ist nur in Kombination mit der Gerätezugriffskontrolle »Öffentlich« möglich.

> **Wichtig**
>
> Geben Sie nur die sichere Variante des Diensts frei, und machen Sie ihn nur dann öffentlich verfügbar, wenn es nicht anders möglich ist.

3. Die aktivierten Dienste sind unter www.myqnapcloud.com für Sie und eingeladene Benutzer verfügbar. Ein zusätzlicher Login mit einem NAS-Konto ist erforderlich.

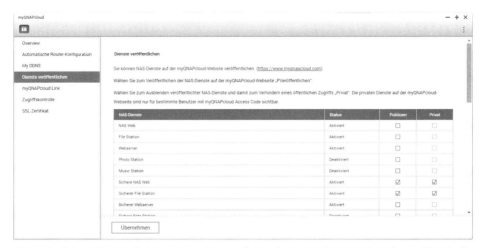

Abb. 9.8: Geben Sie nur die benötigten Dienste frei und steuern Sie, wer darauf zugreifen darf.

9.1.4 Zugriff auf das NAS mit den QNAP-Apps und myQNAPcloud

Sie können *myQNAPcloud* jetzt nutzen, um eine Verbindung zu Ihrem NAS aufzubauen. Sie können *myQNAPcloud* und Ihre *QNAP ID* in allen mobilen Apps von QNAP (*Qfile, Qsync, Qphoto* etc.) in QNAP-Desktop-Clients wie dem *Qsync-Client*, aber auch in *QTS*-Apps wie *Hybrid Backup Sync* verwenden, um auf Ihr NAS zuzugreifen, sowohl lokal als auch über das Internet.

Um über eine der Apps eine Verbindung aufzubauen, gehen Sie wie folgt vor:

1. Gehen Sie sicher, dass Sie mit dem Mobilgerät nicht mit dem lokalen WLAN, sondern der Datenverbindung verbunden sind.
2. Öffnen Sie die App.
3. Melden Sie sich vom NAS ab, und löschen Sie das NAS aus der Verbindungsliste, sofern Sie die App im LAN schon genutzt haben.
4. Tippen Sie auf NAS HINZUFÜGEN.
5. Tippen Sie auf QNAP ID ANMELDEN, und geben Sie Ihre QNAP ID ein.
6. Alle mit der QNAP ID verfügbaren Geräte werden aufgelistet. Tippen Sie auf das Bearbeiten-Icon.

7. Hinterlegen Sie Benutzername und Passwort des NAS-Kontos, mit dem Sie auf das NAS zugreifen.
8. Aktivieren Sie SSL, und tippen Sie SPEICHERN.
9. Tippen Sie das NAS an, um eine Verbindung aufzubauen.

9.1.5 My DDNS

Der Zugriff über die QNAP ID ist sperrig und umständlich. Um Dienste zu nutzen oder auf Daten zuzugreifen, sind sowohl eine QNAP ID als auch ein NAS-Konto erforderlich. Die Einrichtung ist mühsam und alles andere als intuitiv. Sie können zwar andere Benutzer einladen und deren Rechte verwalten, aber jemand, der kein eigenes QNAP NAS hat, hat auch keine ID. Sie müssen andere dazu anleiten, eine QNAP ID zu erstellen und zusätzlich ein NAS-Konto bereitstellen. Einfach, schnell und bequem zusammenarbeiten funktioniert anders. Wenn andere Personen zwei Konten benötigen, um zusammenzuarbeiten, werden Ihnen diese schnell die Vorzüge eines Google-Kontos anpreisen.

Um Ihr NAS einfacher zu erreichen, können Sie eine DDNS-Domain einrichten. Was DDNS ist und wozu man das braucht, soll uns momentan nicht kümmern. Wichtig ist nur, dass Sie nach der Aktivierung von *My DDNS myQNAPcloud* über eine eigene URL erreichen können. Details zum Thema DDNS lesen Sie dann in Abschnitt 9.2.1 »Den Router aus dem Internet erreichen – DDNS einrichten«.

Öffnen Sie MYQNAPCLOUD in *QTS*, und wechseln Sie in den Bereich MY DDNS, dort aktivieren Sie *My DDNS* über den Schalter.

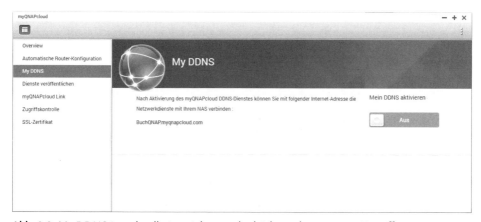

Abb. 9.9: My DDNS ist schnell eingerichtet und erleichtert den externen Zugriff.

Jetzt können Sie sich mit den QNAP-Apps mit Ihrem NAS verbinden, ohne zusätzlich eine QNAP ID verwenden zu müssen. In der entsprechenden App müssen Sie dazu das NAS manuell hinzufügen, anstatt über die QNAP ID. Geben Sie dann als Hostname den DDNS-Namen Ihres NAS ein. Für die Desktop-Anwendungen verwenden Sie anstatt der lokalen IP die DDNS-URL des NAS.

Der Zugriff auf Ihr NAS ist jetzt etwas vereinfacht, unterliegt aber immer noch den Einschränkungen von *myQNAPcloud*, wie etwa die Kommunikation mit dem QNAP-Server als

Mittelsmann, die Beschränkung auf QNAP-Apps und Dienste sowie die geringe Kontrolle über den Netzwerkzugriff.

9.2 Externen Zugriff einrichten

Spätestens, wenn Sie Dienste und Client-Anwendungen von Drittherstellern verwenden wollen oder auch andere Geräte (NAS anderer Hersteller, Linux- oder Windows-Server) extern erreichbar machen möchten, können Sie *myQNAPcloud* nicht mehr nutzen. Damit Sie Anwendungen und Dienste Ihres QNAP NAS auch ohne *myQNAPcloud* aus dem Internet aufrufen können, sind einige Schritte notwendig.

- DDNS einrichten, damit Ihr Router von außen erreichbar ist
- Anwendungsports auf Ihrem Router freigeben, damit Anfragen auch weitergeleitet werden
- Die eigene Domain verwenden (optional)
- Sicherheit durch SSL-Verschlüsselung

Je nachdem, welche Anwendung Sie über das Internet erreichen möchten, sind noch weitere Schritte notwendig, um diese zu konfigurieren bzw. richtig abzusichern.

In diesem Kapitel werde ich den Internetzugriff anhand der Anwendungen demonstrieren, die ich in den vorangegangenen Kapiteln bereits vorgestellt habe. Für die Anwendungen, die ich bisher noch nicht beschrieben habe, werde ich in den jeweiligen Kapiteln näher auf das Thema Internet eingehen.

> **Tipp**
>
> Das Thema externer Zugriff überlappt sich sehr stark mit anderen Themen, wie etwa der Sicherheit (Kapitel 10). Da es sehr schwierig ist, einzelne Bereiche einem Thema eindeutig zuzuordnen bzw. diese in linearer Form zu erläutern, werde ich Sie häufig auf die anderen Kapitel verweisen. Gerade das Thema Sicherheit sollten Sie im Zusammenhang mit dem Internet nicht unterschätzen. Ich empfehle Ihnen daher, zusätzlich zu diesem Kapitel auch das Kapitel über Sicherheit sowie die anderen Querverweise zu lesen, ehe Sie einzelne Schritte in die Tat umsetzen.

9.2.1 Den Router aus dem Internet erreichen – DDNS einrichten

Ihr Router bekommt von Ihrem ISP (Internet Service Provider) eine globale IP-Adresse zugewiesen. Diese IP ist die Quell-Adresse bei Anfragen in das Internet und die Ziel-Adresse für Antworten bzw. Anfragen von außen. Die meisten privaten Nutzer bekommen von ihrem ISP eine dynamische IP-Adresse, das heißt, die IP ist nur eine gewisse Zeit lang ihrem Router zugeordnet (meist 24 Stunden, danach erfolgt bei vielen Providern eine kurze Zwangstrennung). Nach Ablauf der Zeit bzw. bei erneutem Verbindungsaufbau erhält der Router eine andere IP.

Um Ihr NAS über das Internet zu erreichen, müssen Sie die externe IP-Adresse Ihres Routers ansprechen. Das wird schwierig, wenn diese sich ständig ändert. Abhilfe schafft hier *DDNS* (dynamic DNS).

> **Hinweis**
>
> Hat Ihnen Ihr Provider eine statische IP-Adresse zugewiesen, benötigen Sie kein DDNS. Haben Sie keine eigene Domain, können Sie DDNS aber dennoch nutzen, um einen Domainnamen zu erhalten, mit dem Sie auf Ihr NAS zugreifen können.

> **Wie DNS und DDNS funktioniert**
>
> Der DNS ist ein Dienst, der auf einem Server läuft. Dieser Dienst verknüpft IP-Adressen mit Domainnamen. Rufen Sie eine Domain auf, wird zuerst eine Anfrage an einen DNS gesendet. Der DNS liefert die zugehörige IP-Adresse zum übermittelten Domainnamen. Mit dieser IP-Adresse wird dann die eigentliche Kommunikation durchgeführt. DNS-Einträge werden vom Inhaber der Domain erstellt. Ändert sich jetzt die dynamisch zugewiesene IP-Adresse, liefert der DNS eine falsche Antwort, sofern der DNS-Eintrag nicht angepasst wird. Diese Anpassung per Hand vorzunehmen, ist nicht praktikabel.
>
> Die Lösung für dieses Problem heißt *dynamic DNS*. DDNS-Anbieter verwalten eigene Domains und weisen den Kunden Subdomains zu. Zusätzlich bieten sie einen Dienst an, über den automatisch geänderte IP-Adressen übermittelt und die DNS-Einträge aktuell gehalten werden.
>
> Damit die neue IP-Adresse übermittelt werden kann, ist ein DDNS-Client erforderlich. Dieser muss innerhalb des lokalen Netzwerks laufen, dessen externe IP er melden soll. Der Client kann eine Desktop-Software, das NAS oder der Router selbst sein (sofern dieser DDNS unterstützt). Haben Sie eine eigene Domain, können Sie diese auf die DDNS-Domain verweisen lassen, aber dazu später mehr.

Es gibt DDNS-Anbieter in Hülle und Fülle, kostenlos sind aber nur wenige, und diese weisen meist Einschränkungen auf. QNAP bietet aber selbst einen DDNS-Service an, der beim Kauf eines QNAP NAS kostenlos ist. Um den DDNS-Service nutzen zu können, müssen Sie sich ein QNAP-Konto anlegen und dort ihr NAS registrieren (siehe Abschnitt 9.1.1 »myQNAPcloud-Konto erstellen« und Abschnitt 9.1.5 »My DDNS«).

> **Hinweis**
>
> Bevor Sie fortfahren, deaktivieren Sie alle Einstellungen, die Sie eventuell bereits mit *myQNAPcloud* vorgenommen haben, wie z.B. *myQNAPcloud*-Link.

Den DDNS-Client auf dem NAS konfigurieren

1. Gehen Sie zu SYSTEMSTEUERUNG|NETZWERK- UND DATEISERVICES|NETZWERK- UND VIRTUELLER SWITCH.
2. Wechseln Sie in den Bereich DDNS unter »Zugriffsdienste«.
3. Ein Eintrag für *myQNAPcloud* ist bereits vorhanden und kann auch nicht entfernt werden. Möchten Sie den DDNS von QNAP verwenden, klicken Sie beim Eintrag auf 📝. Wollen Sie einen eigenen DDNS-Dienst verwenden, klicken Sie auf HINZUFÜGEN.

> **Hinweis**
>
> Die nachfolgenden Schritte beziehen Sich auf den DDNS-Dienst von QNAP. Die Verwendung anderer Anbieter wird dann im Anschluss beschrieben.

Abb. 9.10: QNAPs eigener DDNS-Service ist bereits vorhanden, er muss aber nicht verwendet werden.

4. Der Klick auf das Bearbeiten-Icon öffnet die Anwendung *myQNAPcloud*. Sie müssen über eine QNAP ID verfügen und Ihr Gerät registriert haben (siehe Abschnitt 9.1.1 »myQNAPcloud-Konto erstellen«). Der QNAP-DDNS ist nur in Verbindung mit *myQNAPcloud* verfügbar. Achten Sie darauf, bei der Anmeldung nur DDNS zu aktivieren und die Zugriffskontrolle auf »Privat« zu stellen.

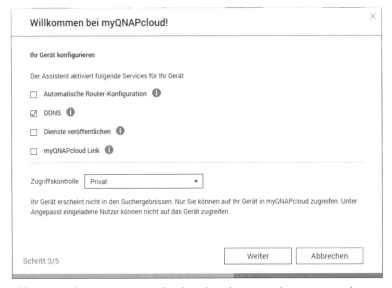

Abb. 9.11: Haben Sie myQNAPcloud noch nicht eingerichtet, müssen das jetzt nachholen.

> **Tipp**
>
> Da durch die Verwendung von QNAPs DDNS Ihr NAS automatisch über Ihre QNAP ID und `https://myqnapcloud.com` von außen erreichbar ist, sollten Sie einen anderen DDNS-Dienst bevorzugen. Verwenden Sie QNAPs DDNS nur, wenn Sie keinen geeigneten freien Anbieter finden bzw. Sie kein kostenpflichtiges Angebot nutzen wollen. Achten Sie in diesem Fall unbedingt auf ein sicheres Passwort für Ihre QNAP ID. Außerdem sollte die Zugriffskontrolle auf »Privat« gestellt und kein Dienst freigegeben werden, um die Sicherheit weiter zu erhöhen.

5. Haben Sie bei der Anmeldung mit Ihrer QNAP ID DDNS gleich aktiviert, müssen Sie nichts weiter tun, ansonsten müssen Sie unter MY DDNS den Schalter anklicken, um DDNS zu aktivieren.
6. Unter »Ergebnis der neuesten DDNS-Aktualisierung« sollten Sie jetzt Ihre externe IP-Adresse eingetragen sehen. Sie können den Eintrag überprüfen, indem Sie www.wieistmeineip.de aufrufen.

Ändert sich die externe IP-Adresse, meldet der DDNS-Client auf Ihrem NAS die neue IP-Adresse automatisch an den DDNS-Service von QNAP. Mit Ihrem DDNS-Hostnamen erreichen Sie so jederzeit Ihren Router.

Abb. 9.12: Der DDNS-Service ist aktiviert.

Haben Sie eine statische externe IP und möchten nur die DDNS-Domain von QNAP nutzen, muss Ihr NAS keine regelmäßigen Updates der IP-Adresse durchführen. Klicken Sie dazu auf »Klicken Sie zur manuellen Konfiguration Ihrer DDNS-IP-Adresse hier«. Es öffnet sich ein Fenster. Wählen Sie dort EINE STATISCHE IP-ADRESSE ZUWEISEN und tragen Sie dort Ihre externe IP ein. Die IP wird dann beim DDNS-Dienst einmal hinterlegt und nicht ständig aktualisiert.

Für jedes NAS, das Sie in Ihrem Konto registrieren, können Sie eine eigene DDNS-Domain einrichten. Pro Gerät können Sie aber nur einen DDNS-Hostnamen von QNAP beziehen. Ein einzelner DDNS-Hostname reicht jedoch aus, auch wenn Sie mehrere NAS-Geräte in Ihrem lokalen Netz erreichen wollen. Auch NAS-Geräte anderer Hersteller oder eigene Server können dadurch prinzipiell erreicht werden, da der Hostname auf Ihre externe IP (Ihren Router) verweist und nicht auf das Gerät direkt. Einzige Prämisse: Der DDNS-Client muss ausgeführt werden. Ist das NAS mit dem Client ausgeschaltet, können auch die anderen Geräte nicht mehr erreicht werden, wenn sich die externe IP ändert.

> **Tipp**
>
> Unterstützt Ihr Router DDNS, ist es ratsam, dies zu nutzen. Der Router bekommt die neue IP-Adresse direkt zugewiesen, kann also ohne Zeitverlust die Änderung melden. In diesem Fall müssen Sie aber auf QNAPs DDNS verzichten und einen anderen Anbieter wählen.

Möchten Sie unterschiedliche Dienste über verschiedene Hostnamen bzw. Subdomains erreichen, müssen Sie sich eine eigene Domain zulegen oder einen DDNS-Anbieter suchen, der Subdomains anbietet. Kostenlose Anbieter bieten oft gar keine oder nur wenige Subdomains an. Eine eigene Domain ist da meist günstiger und vor allem individuell gestaltbar. Es gibt auch Domain- und DDNS-Kombiangebote.

Andere DDNS-Anbieter verwenden

Sie können problemlos mehrere DDNS-Anbieter parallel nutzen. Es reicht zwar einer aus, um alle Geräte und Dienste in Ihrem LAN zu erreichen (außer Sie verfügen über mehrere Internetanschlüsse), mehrere Dienste zu nutzen, bietet aber eine Sicherheit, sollte ein Dienst ausfallen, außerdem erhalten Sie so mehrere Domains, die Sie für verschiedene Geräte/Dienste nutzen können.

1. Öffnen Sie SYSTEMSTEUERUNG|NETZWERK- UND DATEISERVICES|NETZWERK- UND VIRTUELLER SWITCH.
2. Wechseln Sie zu DDNS.
3. Klicken Sie auf HINZUFÜGEN.
4. Wählen Sie aus der Liste Ihren DDNS-Anbieter aus. Sollten Sie einen anderen Anbieter nutzen wollen und diesen in der Liste des DDNS-Clients Ihres NAS nicht finden, wählen Sie »Customized«, um einen Anbieter hinzuzufügen.
5. Geben Sie Benutzername, Kennwort und Hostname an. Diese Angaben erhalten Sie von Ihrem DDNS-Anbieter. Wollen Sie einen Anbieter nutzen, der nicht in der Liste ist, benötigen Sie die Update-URL, auch diese erhalten Sie vom Anbieter. Gibt dieser die Update-URL nicht bekannt, können Sie ihn auch nicht nutzen.
6. Klicken Sie auf ÜBERNEHMEN.

Abb. 9.13: Sofern Sie die notwendigen Angaben erhalten, können Sie auch andere Anbieter konfigurieren.

Auf diese Weise können Sie auch denselben Anbieter mehrfach hinzufügen und somit z.B. mehrere Konten gleichzeitig aktualisieren.

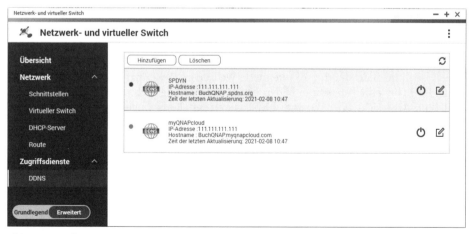

Abb. 9.14: Mehrere DDNS-Services sind zwar nicht erforderlich, können aber problemlos genutzt werden.

9.2.2 Portfreigabe einrichten

Ihr Router ist jetzt über das Internet erreichbar – er weiß aber nicht, was er mit Anfragen von außen tun soll. Erreichen wollen Sie ja nicht den Router, sondern Ihr NAS. Sie müssen den Router also dazu bringen, die Anfragen an das richtige Ziel weiterzuleiten. Das geschieht durch die Portweiterleitung. Dabei werden Anfragen, die an einem bestimmten Port eingehen, an ein anderes Gerät weitergeleitet. Mit diesem Prinzip werden Anfragen in jedem Netzwerk weitergeleitet. Damit Sie Geräte aus dem lokalen Netz aus dem Internet erreichen können, ändert der Router per *NAT* (Network Address Translation) Netzwerkadressen so ab, dass es so aussieht, als wäre er das eigentliche Ziel. Anfragen, die der Router über einen bestimmten Port erhält, werden dann an eine lokale Ressource (Ihr NAS) weitergeleitet. Antworten auf diese Anfrage werden von der Ressource an den Router zurückgesendet, dieser ändert die lokale Adresse wieder auf seine externe Adresse und sendet die Antwort an den Aufrufer. Dieser hat den Eindruck, der Router wäre sein Ziel, von den internen Abläufen bekommt er nichts mit.

Den richtigen Port ermitteln

Damit Sie eine Anwendung erreichbar machen können, müssen Sie den Port, den diese nutzt, auf Ihrem Router »freigeben« bzw. eine Weiterleitung einrichten. Für einige Protokolle sind die Ports relativ bekannt, wie etwa Port 80 für *http* und Port 443 für *https*. Andere Ports sind weniger bekannt, bzw. Anwendungen nutzen oft auch eigene Ports. QNAPs Firmware ist hier etwas eingeschränkt.

QTS und alle QNAP-Apps nutzen dieselben zwei Ports (einen ungesicherten und ein gesicherten). Das macht Ihnen zwar momentan die Arbeit einfacher, aber wie Sie in Kapitel 10 erfahren werden, bedeutet das enorme Einschränkungen in der Zugriffskontrolle und schmälert die Sicherheit beträchtlich. Möchten Sie nämlich einen Dienst über das Internet freigeben, bedeutet das automatisch, dass auch alle anderen Dienste erreichbar sind. Wollen Sie eine QNAP-App, wie etwa die *Photo Station*, im Internet nutzen, ist auch immer *QTS*, also die Verwaltungsoberfläche, erreichbar. Ein ausreichend sicheres Passwort ist hier also absolutes Minimum.

Die Ports für Ihr NAS finden Sie unter SYSTEMSTEUERUNG|SYSTEM|SYSTEMADMINISTRATION. Unter »Systemport« kann der ungesicherte Port abgelesen bzw. angepasst werden. Aktivieren Sie unbedingt »Sicheren Anschluss (HTTPS) aktivieren« und verwenden dort den Port der unter »Portnummer« angegeben ist, bzw. legen Sie selbst einen Port fest.

Eine Ausnahme bildet der in *QTS* integrierte Webserver. Dieser hat eigene http- bzw. https-Ports. Ebenfalls eine Ausnahme bilden einige Dienste, die nicht an eine App gebunden sind. Eine Übersicht über die von QNAP genutzten Ports finden Sie unter: `https://www.qnap.com/en/how-to/faq/article/what-is-the-port-number-used-by-the-turbo-nas`

> **Hinweis**
>
> Ohne Weiteres können verschiedene Dienste/Geräte im LAN nicht unter derselben Portnummer nach außen weitergeleitet werden. Egal, wie viele Domains Sie konfigurieren, sie zeigen alle auf Ihre externe IP. Anhand der Portnummer entscheidet der Router, an welches Gerät die Anfrage weitergeleitet wird. Betreiben Sie mehrere Geräte/Dienste, müssen Sie jedem davon eine eigene Portnummer zuweisen. Um Dienste über eine

Domain zu identifizieren und nicht anhand des Ports, ist ein Reverse Proxy notwendig. Dieser wird im Rahmen des Buchs aber nicht behandelt.

Auch Dritthersteller-Apps, wie das in Kapitel 17 vorgestellte *Mattermost*, laufen auf eigenen Ports. Diese können Sie getrennt konfigurieren und somit auch selektiv in der Weiterleitung des Routers freigeben.

NAT-Tabelle erstellen

Um eine Portweiterleitung einzurichten, müssen Sie sich im Verwaltungsprogramm Ihres Routers anmelden. Da sich der Vorgang je nach Gerät und Hersteller unterscheiden kann, ist die folgende Anleitung nur als grobe Richtlinie zu verstehen.

Wichtig

Geben Sie stets die verschlüsselte Variante (https) eines Diensts im Internet frei, niemals die unverschlüsselte (http).

1. Gehen Sie in das entsprechende Menü in der Verwaltungsoberfläche des Routers. *NAT*, *Portweiterleitung*, *Weiterleitung* oder *Virtueller Server* (z.B. auf TP-Link-Geräten) sind einige Beispiele, wie der Menüpunkt heißen kann. Auf der *dd-wrt*-Firmware finden Sie den Punkt unter APPLICATIONS & GAMING|PORT RANG FORWARDING, *OpenWrt* führt ihn unter NETWORK|FIREWALL|PORT FORWARDS, und im *Fritz!OS* finden Sie ihn unter INTERNET|FREIGABEN|PORTFREIGABEN.
2. Fügen Sie einen neuen Eintrag hinzu.
3. Beim NAT wird der Zugriff auf die externe IP und einen spezifischen Port auf eine interne IP und denselben Port umgeleitet (98.13.97.23:443 wird zu 192.168.0.10:443). Wird auch auf einen anderen Port umgeleitet (98.13.97.23:87 wird zu 192.168.0.10:443), spricht man vom *Portforwarding*. Normalerweise reicht einfaches NAT.

Hinweis

Portforwarding kann dann notwendig sein, wenn mehrere Instanzen desselben Diensts betrieben werden.

- Geben Sie als externen Port (manchmal Service-Port genannt) den Port der Anwendung an, die Sie verfügbar machen wollen. Als Beispiel dient hier der Port 443.
- Als internen Port verwenden Sie dieselbe Portnummer und als IP die lokale Adresse Ihres NAS.

Achtung

Standardmäßig nutzen *QTS* und einige weitere Anwendungen, wie die *File Station*, den Port 8080 als Standard-http-Port und 443 als Standard-https-Port. Der Webserver verwendet standardmäßig Port 80 für http (so wie es sein sollte) und Port 8081 für https. Das kann verwirrend sein und auch zu Problemen führen, wenn Sie beispielsweise den Webserver über normale https-URLs (https://meinedomain.com) erreichen wollen. Sie haben zwei Möglichkeiten, entweder ändern Sie die voreingestellten Portnummern, oder Sie stellen statt einer einfachen Portweiterleitung (externer und interner Port identisch) eine Portübersetzung ein (externer und interner Port nicht identisch). Im Fall des Webservers müssten Sie den externen Port 443 auf den internen Port 8081 umleiten.

Abb. 9.15: Portfreigabe auf einer FRITZ!Box

Hinweis

Es ist wichtig, dass Sie Ihrem NAS eine statische, lokale IP-Adresse zugewiesen haben. Die NAT-Tabelle ändert sich nicht automatisch, wenn einem Gerät eine andere Adresse als bisher zugewiesen wird. Details hängen von der Router-Software ab.

Wiederholen Sie den Vorgang für jeden Dienst, den Sie über das Internet erreichen wollen.

Wichtig

QTS und die *File Station* oder andere QNAP-Apps benutzen denselben Port, es ist nicht möglich, beiden separate Ports zuzuweisen. Geben Sie die *File Station* im Internet frei, ist auch *QTS* über das Internet erreichbar. Ich rate davon ab. Nutzen Sie stattdessen *Qsync* oder WebDAV, um auf Ihre Dateien zuzugreifen. Möchten Sie dennoch die *File Station* von unterwegs nutzen, verwenden Sie einen VPN-Zugriff (siehe Abschnitt 9.3 »VPN – sicherer Zugriff auf das NAS über das Internet«), bzw. geben Sie nur die https-Variante frei, in Verbindung mit sicheren Passwörtern und 2-Faktor-Authentifizierung.

Achtung

Geben Sie nur jene Ports frei, die Sie auch tatsächlich benötigen. Jeder offene Port ist eine zusätzliche Angriffsfläche für Angriffe aus dem Internet.

Die wichtigsten Schritte haben Sie hinter sich. Sie sollten jetzt in der Lage sein, den bzw. die Dienste über den DDNS-Hostnamen zu erreichen. Um die Verbindung zu testen, verwenden Sie am besten die mobile Datenverbindung Ihres Smartphones. Installieren Sie die gewünschte QNAP-App, und geben Sie bei den Verbindungsdaten den DDNS-Hostnamen ein. Haben Sie die Portnummer geändert, müssen Sie diese in den erweiterten Einstellungen anpassen.

Sie können jetzt alle Anwendungen und Dienste, die Sie in den vergangenen Kapiteln kennengelernt haben, im Internet freigeben.

> **Wichtig**
>
> Nutzen Sie QNAP-Apps am Smartphone, ist die Chance hoch, dass Sie sowohl eine mobile Datenverbindung als auch WLAN nutzen. Im lokalen Netz wird der DDSN-Hostname nicht funktionieren. Im nächsten Abschnitt erfahren Sie, warum und wie Sie das Problem lösen.

Auch wenn Sie Ihr NAS bereits aus dem Internet erreichen können, gibt es weitere Schritte, die Sie umsetzen möchten bzw. umsetzen sollten.

9.2.3 Die eigene Domain verwenden

Haben Sie bereits eine eigene Domain registriert, oder wollen Sie sich eine für Ihr NAS zulegen, können Sie diese ganz einfach für den Zugriff auf Ihr NAS einrichten. Sie erreichen Ihr NAS dann sowohl über den DDNS-Hostnamen als auch Ihre eigene Domain.

Die folgenden Schritte setzen voraus, dass Sie bereits eine Domain registriert haben.

1. Loggen Sie sich in die Verwaltungsoberfläche Ihres Domain-Anbieters ein.
2. Erstellen Sie einen neuen DNS-Eintrag.
3. Wählen Sie als Typ CNAME.
4. Erstellen Sie bei Bedarf eine neue Subdomain, und als Ziel geben Sie den DDNS-Hostnamen ein.
5. Speichern Sie den Eintrag. Es kann einige Zeit dauern, bis die Änderung wirksam ist.

Abb. 9.16: Neuer CNAME-Eintrag in den DNS-Einstellungen der Domain-Verwaltung

Mehr ist nicht notwendig. Sie können beliebig viele Subdomains auf Ihren DDNS-Hostnamen verweisen lassen. Subdomains funktionieren übrigens auch dann, wenn Sie ein Kombi-Angebot aus Webspace und Domain nutzen.

> **Hinweis**
>
> Verfügen Sie über eine statische IP-Adresse, wählen Sie statt CNAME A, und geben als Ziel Ihre statische IP ein.

9.2.4 Namensauflösung im LAN

Versuchen Sie, das NAS im lokalen Netz über die eingerichtete Domain aufzurufen, wird Ihnen Ihr Browser höchstwahrscheinlich eine Fehlermeldung präsentieren. Bisher funktioniert der Aufruf über die Domain nur aus dem Internet. Das ist gerade bei mobilen Geräten, die unterwegs und zu Hause im WLAN genutzt werden, problematisch. Das liegt daran, dass Consumer-Router die Namensauflösung für Ziele im lokalen Netz unterbinden. Für eine korrekte Auflösung müsste Ihr Router NAT-Loopback beherrschen, aus Sicherheitsgründen wird dieses aber von vielen Router-Herstellern deaktiviert oder gar nicht erst implementiert. Eine Alternative dazu wäre dnsmasq, das ebenfalls keine Standardfunktion darstellt. Ich erkläre Ihnen in diesem Abschnitt, wie Ihnen die lokale Namensauflösung gelingt.

> **Hinweis**
>
> Auch wenn Ihre Domain im lokalen Netzwerk noch nicht aufgelöst werden kann, Ihr NAS ist weiterhin über die lokale IP und den NAS-Namen erreichbar.

Eventuell funktioniert die Namensauflösung bei Ihnen bereits. Das tatsächliche Verhalten kann von der verwendeten Router-Hardware und -software und der Konfiguration Ihres Heimnetzes abweichen. In diesem Fall können Sie den Abschnitt überspringen. Die hier vorgestellten Lösungen sollten davon aber unabhängig funktionieren. Um die richtige Namensauflösung zu testen, öffnen Sie die Eingabeaufforderung von Windows und geben Sie die folgenden Befehle ein:

```
nslookup <Domain>
tracert -d <Domain>
```

```
C:\>nslookup nasbuch.viking-studios.net
Server:  nasbuch.viking-studios.net
Address: 192.168.0.20

Name:    nasbuch.viking-studios.net
Address: 192.168.0.20

C:\>tracert -d nasbuch.viking-studios.net

Routenverfolgung zu nasbuch.viking-studios.net [192.168.0.20]
über maximal 30 Hops:

  1    <1 ms    <1 ms    <1 ms  192.168.0.20

Ablaufverfolgung beendet.
C:\>
```

Abb. 9.17: Hier wird die Domain richtig auf die lokale IP aufgelöst.

Liefert die Ausgabe die lokale IP-Adresse Ihres NAS, ist alles in Ordnung. Wird aber Ihre externe IP-Adresse angezeigt oder erfolgt gar keine Auflösung, müssen Sie für eine korrekte Auflösung sorgen.

> **Hinweis**
>
> Es gibt Netzwerkkonfigurationen, in denen die Namensauflösung funktioniert, *nslookup* und *tracert* aber dennoch Fehler anzeigen, da diese Befehle von Sicherheitsmechanismen blockiert werden können. In diesem Fall können Sie diese Mechanismen nur deaktivieren bzw. für diese Befehle die Sperre aufheben. Falls Sie nicht wissen, wo diese eingestellt ist bzw. Ihre Netzwerk-Hard-/Software das Aufheben dieser Blockierung nicht zulässt, können Sie nur versuchen, Ihre Domain über den Browser aufzurufen. Bedenken Sie aber hierbei den Browser-Cache.

> **Wichtig**
>
> Die hier vorgestellten Methoden sind nur mögliche Lösungen. Jede von ihnen hat gewisse Vor- und Nachteile, und es gibt leider keine Garantie, dass Sie funktioniert. Die Methoden an sich sind alle erprobt, aber können derart stark von der jeweiligen Netzwerkkonfiguration und Netzwerk-Hard-/Software beeinflusst werden, dass sie bei sehr vielen Anwendern funktioniert, bei einem kleinen Teil aber nicht. Um eventuelle Fehler bzw. Blockaden zu finden, ist ein gewisses Wissen über den eigenen Router und das lokale Netz erforderlich. Am erfolgversprechendsten ist die Methode mit der Hosts-Datei, diese ist aber auch die unflexibelste Lösung.

Lokale Namensauflösung am Router erlauben

Die einfachste und wirksamste Lösung ist, am Router die lokale Namensauflösung zu erlauben. Wie schon erwähnt, ist das bei vielen Consumer-Geräten nicht möglich. Ist Ihr Router eine *FRITZ!Box*, haben Sie Glück. Es reicht, die Domain(s) unter HEIMNETZ|NETZWERK|NETZWERKEINSTELLUNGEN|WEITERE EINSTELLUNGEN im Feld »DNS-Rebind-Schutz« einzutragen. Damit sollten 99 % aller Anwendungen Ihre Domain lokal auflösen können.

Haben Sie ein Consumer-Gerät, können Sie dort eventuell *OpenWrt* oder *dd-wrt* installieren. Beides sind spezielle Linux-Distributionen, die Consumer-Geräte mit enorm vielen Funktionen erweitern. Allerdings sind die Installation und Einrichtung zeitaufwendig und erfordern einiges an Einarbeitung. Beide Distributionen bieten dnsmasq.

> **Achtung**
>
> Die Installation von *OpenWrt* bzw. *dd-wrt* kann Ihren Router dauerhaft unbrauchbar machen (bricken).

Hosts-Datei

Die zuverlässigste Methode ist das Eintragen der Hosts in die Hosts-Datei.. Diese Lösung ist in der Umsetzung simpler und schneller, allerdings nur dann praktikabel, wenn die Anzahl der Computer überschaubar bleibt, da Sie die Einträge für jedes Gerät getrennt vornehmen müssen. Für mobile Geräte ist die Lösung etwas problematisch, da die Einträge in der Hosts-Datei immer gelten. Während die Namensauflösung im LAN funktionieren würde, würde sie im mobilen Netz/über das Internet fehlschlagen.

Öffnen Sie unter Windows die Datei `C:\Windows\System32\drivers\etc\hosts` und tragen Sie am Ende der Datei folgende Zeile ein `<lokale IP> <Domain>` z.B. `192.168.0.10 myTs.myqnapcloud.com`.

Sie können mehrere Domains auf dieselbe lokale IP verweisen lassen. Verwenden Sie für jeden Eintrag eine neue Zeile. Speichern Sie anschließend die Datei. Dazu sind Administrator-Rechte nötig. Sollte Ihr Editor das Speichern nicht erlauben, speichern Sie die Datei an einem anderen Ort, und kopieren Sie sie danach wieder nach `C:\Windows\System32\drivers\etc\`, und ersetzen Sie die ursprüngliche Datei. Starten Sie danach die Eingabeaufforderung, und geben Sie den Befehl `ipconfig /flushdns` ein. Sollten die Einträge danach nicht funktionieren, hilft oft ein Neustart.

> **Hinweis**
>
> Ich habe die Erfahrung gemacht, dass – je nach verwendeter Hard- und Software – Änderungen, die in kurzen Zeitabständen erfolgen, oft nicht wirksam werden (trotz *flushdns* und Neustart). Hier hilft dann nur Abwarten und Teetrinken oder ein Neustart aller beteiligen Geräte.

Lokaler DNS

Eine ebenfalls sehr vielversprechende Lösung ist das Betreiben eines lokalen DNS. Dieser übernimmt die Namensauflösung für lokale Anfragen, alle anderen Anfragen werden an den Router bzw. einen externen DNS weitergeleitet. Auf den meisten Routern können Sie DNS-Adressen manuell hinterlegen, daher funktioniert die Lösung auf allen Endgeräten, ohne jedes davon manuell zu konfigurieren. Auch für mobile Geräte ist die Lösung ideal.

Leider bietet QNAP keine DNS-Server-App an, daher kann ich Ihnen an dieser Stelle auch keine Anleitung bieten. Sie können Ihr QNAP-Gerät dennoch verwenden, um einen DNS-Server einzurichten. Über die Virtualisierungsfunktionen Ihres NAS können Sie beispielsweise eine virtuelle Linux-Maschine aufsetzen und dort den DNS-Server konfigurieren. Alternativ können Sie jedes andere Gerät im LAN dafür verwenden, vorausgesetzt, für das Gerät existiert eine DNS-Server-Software.

Problemfall VPN

Verwenden Sie einen VPN-Provider und sind mit dessen VPN verbunden, funktioniert die Namensauflösung auch ohne DNS und Änderungen der Hosts-Datei. Das liegt daran, dass alle Netzwerkanfragen über den VPN-Server laufen, dieser die Namensauflösung übernimmt und die Anfrage an Ihre externe IP/Ihren Router weiterleitet. Das ist zwar ein netter Nebeneffekt, er hat aber auch einen großen Nachteil. Sämtliche Kommunikation und Datenübertragung mit Ihrem NAS läuft dann über das Internet und den VPN-Server, obwohl NAS und Endgerät im selben Netzwerk sind. Die Übertragung ist zwar gesichert, allerdings werden die Daten über das Internet wesentlich langsamer übertragen als im lokalen Netz. Sie werden also von der Down- und Upload-Geschwindigkeit Ihres Internetanschlusses ausgebremst. Der VPN-Server bremst die Übertragung auch noch zusätzlich.

Sie haben zwei Möglichkeiten, dieses Problem zu beheben: Wenn Ihr VPN-Anbieter *Split-Tunneling* unterstützt, dann können Sie Ihre Domain dort eintragen. Anfragen an diese Domain werden dann nicht mehr durch das VPN geleitet.

> **Achtung**
>
> Nutzen Sie Split-Tunneling auf Ihrem Mobilgerät, werden Anfragen an die Domain nicht nur im eigenen lokalen Netzwerk von VPN ausgenommen, sondern auch in allen anderen Netzwerken. Die Auflösung wird zwar immer funktionieren, allerdings ohne den Schutz des VPNs.

Steht Ihnen Split-Tunneling nicht zur Verfügung, können Sie die oben erwähnte Lösung mit der Hosts-Datei umsetzen, das hat denselben Effekt.

9.2.5 Sicherheit durch SSL-Verschlüsselung

Eigentlich widmet sich erst das nächste Kapitel dem Thema Sicherheit, da wir uns aber gerade damit befassen, das NAS mit dem Internet zu verbinden, greife ich hier schon ein wenig vor.

In den vergangenen Kapiteln habe ich immer wieder versucht, Sie von der Wichtigkeit einer verschlüsselten Verbindung zu überzeugen. Ich hoffe, Sie haben die Option stets aktiviert bzw. aktiv gelassen. Damit eine Verbindung verschlüsselt werden kann, ist ein SSL-Zertifikat notwendig. Ein Exkurs zum Thema SSL, Verschlüsselung und Zertifikaten würde den Rahmen dieses Buchs sprengen – noch dazu kenne ich Ihren Wissensstand diesbezüglich nicht, daher verschone ich Sie an dieser Stelle damit. Zu Beginn des Buchs habe ich aber angekündigt, dass es auch die ein oder andere Hausübung geben wird. Da Sie einen Server im Internet betreiben wollen, sollten Sie zumindest die grundlegende Funktion von Zertifikaten kennen.

Ihr NAS ist bereits mit einem Standardzertifikat ausgerüstet, daher konnten Sie auch schon verschlüsselte Verbindungen benutzen. Der ein oder andere Dienst wird das Zertifikat aber ablehnen oder Sie mit einer Sicherheitswarnung konfrontieren, da das Zertifikat für »QNAP NAS« ausgestellt ist und es sich um ein selbst signiertes Zertifikat handelt. Ein Zertifikat muss aber auf die Domain ausgestellt sein, mit der Sie die Seite/den Dienst aufrufen, um auch offiziell als gültiges Zertifikat zu gelten. Sie können sich aber ein neues, offizielles Zertifikat erstellen. Sie haben zwei Möglichkeiten, an ein Zertifikat zu gelangen. Sie können ein Zertifikat von QNAP beziehen, dafür verlangt QNAP aber Geld. Alternativ können Sie sich auch ein Zertifikat von *Let's Encrypt* holen. Dieses Zertifikat ist kostenlos, gilt aber nur neunzig Tage und kann ab zehn Tagen vor Ablauf erneuert werden.

Ich empfehle Ihnen, ein *Let's Encrypt*-Zertifikat zu verwenden. Das Zertifikat ist gültig und besteht alle Prüfungen, Sie werden daher keine Fehlermeldung im Browser erhalten, und alle Apps und Anwendungen (auch von Drittherstellern) akzeptieren es.

> **Hinweis**
>
> Für DDNS-Hostnamen anderer Anbieter können Sie mit sehr hoher Wahrscheinlichkeit kein *Let's Encrypt*-Zertifikat erstellen. Pro Domain kann nur eine gewisse Anzahl an Zertifikaten ausgestellt werden. Da alle Nutzer eines DDNS-Service dieselbe Domain haben,

ist die Anzahl maximaler Zertifikate eigentlich immer erreicht. Sie können zwar Glück haben und einen neuen Anbieter finden, oder ein Anbieter stellt zusätzliche Domains zur Verfügung, die erst wenige benutzen. Das kann sich aber schnell ändern.

Let's-Encrypt-Zertifikat erstellen

Vorbereitung

Damit der nachfolgende Vorgang durchgeführt werden kann, muss Ihr NAS über Port 80 und Port 443 aus dem Internet erreichbar sein. Erstellen Sie daher für die Ports 80 und 443 eine Freigabe auf Ihrem Router.

Anfrage erstellen

1. Öffnen Sie SYSTEMSTEUERUNG|SYSTEM|SICHERHEIT|ZERTIFIKAT & PRIVATER SCHLÜSSEL.

Abb. 9.18: Die Zertifikatsverwaltung in QTS

2. Jetzt ist es an der Zeit, ein neues Zertifikat zu erstellen. Klicken Sie auf ZERTIFIKAT ERSETZEN.

> **Hinweis**
>
> Das Standardzertifikat können Sie später jederzeit wiederherstellen.

3. Wählen Sie im Drop-down-Menü »Von Let's Encrypt beziehen«. Besitzen Sie ein Zertifikat eines anderen Anbieters, können Sie dieses mit »Zertifikat importieren« hochladen. Alternativ können Sie auch ein »Selbstsigniertes Zertifikat erstellen«. Dieses sichert die Verbindung zu Ihrem NAS ebenfalls ab, wird aber von Browsern als ungültig angezeigt. Einige Programme/Clients lehnen selbstsignierte Zertifikate ab. Klicken Sie anschließend auf WEITER.

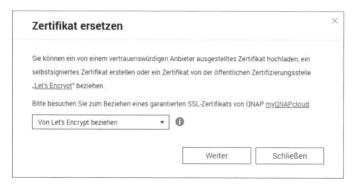

Abb. 9.19: Wählen Sie, welches Zertifikat Sie verwenden möchten.

4. Im nächsten Schritt müssen Sie alle notwendigen Angaben für das Zertifikat hinterlegen. Dazu gehört der Domainname, für den das Zertifikat ausgestellt werden soll. Hier können Sie die DDNS-Domain von *myQNAPcloud* auswählen (siehe Abschnitt 9.1.5 »My DDNS«) oder Ihre eigene Domain eingeben. Weiterhin müssen Sie eine gültige E-Mail-Adresse hinterlegen. An diese Adresse bekommen Sie von *Let's Encrypt* Erinnerungen vor Ablauf des Zertifikats und andere wichtige Benachrichtigungen.

Da Ihr NAS nur ein einziges Zertifikat verwalten kann, muss dieses Zertifikat für alle (Sub-)Domains ausgestellt werden, die Sie für den Zugriff auf Ihr NAS nutzen möchten. Tragen Sie, abgesehen von der Hauptdomain, alle weiteren Domains unter »Alternativer Name (optional)« ein. Mehrere Einträge werden dabei durch ein Komma (,) getrennt.

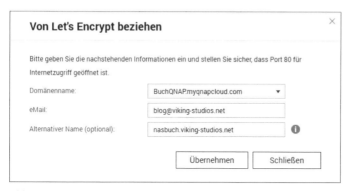

Abb. 9.20: Sie können ein Zertifikat auch für mehrere Domains gleichzeitig ausstellen. Alle eingetragenen Domains müssen auf Ihre externe IP verweisen.

> **Wichtig**
>
> *Let's Encrypt* erlaubt nur eine bestimmte Anzahl Zertifikate pro Domain. Beachten Sie dies vor allem bei der Nutzung von DDNS-Subdomains.

5. Klicken Sie auf ÜBERNEHMEN. Das Zertifikat wird jetzt von *Let's Encrypt* angefragt.

Haben Sie das Zertifikat erhalten, wird *QTS* neu geladen. Ein Klick auf das Schloss-Icon in der Adressleiste des Browsers lässt Sie das Zertifikat anzeigen. Dort sollte jetzt das richtige Zertifikat mit Ihrer Domain ausgeliefert werden.

Abb. 9.21: Rufen Sie QTS mit einer der eingetragenen Domains auf, erhalten Sie keine Fehlermeldung mehr, und das Schloss in der Adressleiste ist geschlossen/grün.

Abb. 9.22: Sie können sich durch einen Klick auf das Schloss-Icon auch das Zertifikat anzeigen lassen.

Details zum Zertifikat, wie etwa das Gültigkeitsdatum, können Sie in der SYSTEMSTEUERUNG einsehen. Rufen Sie *QTS* jetzt über `https://<IhreDomain>:<QTShttpsPort>` auf, erhalten Sie keine Sicherheitswarnung mehr im Browser, und das Schloss-Icon wird grün (oder eine andere Farbe oder einfach nur geschlossen, je nach Browser, nur nicht rot und/oder offen). *QTS* nutzt als Standardport 443 für https. Sie können den Port unter SYSTEMSTEUERUNG|SYSTEM|ALLGEMEINE EINSTELLUNGEN|SYSTEMADMINISTRATION anpassen.

Hat alles geklappt, entfernen Sie aus Sicherheitsgründen die Freigabe für Port 80 wieder aus Ihrem Router. Sofern Sie Port 443 nicht nutzen, entfernen Sie auch dafür die Freigabe.

Zertifikat erneuern

Sie erhalten von *Let's Encrypt* E-Mail-Benachrichtigungen, wenn das Zertifikat sich dem Ende der Gültigkeit nähert. Sie können Zertifikate frühestens zehn Tage vor Ablauf erneuern. Dazu müssen wieder die Ports 80 und 443 offen sein. Öffnen Sie die Systemsteuerung und gehen zu SYSTEM|SICHERHEIT|ZERTIFIKAT & PRIVATER SCHLÜSSEL, ab zehn Tagen vor Ablauf können Sie auf Zertifikaterneuerung klicken, um die Gültigkeit um weitere neunzig Tage zu verlängern.

Schließen Sie die Ports nach der Erneuerung wieder.

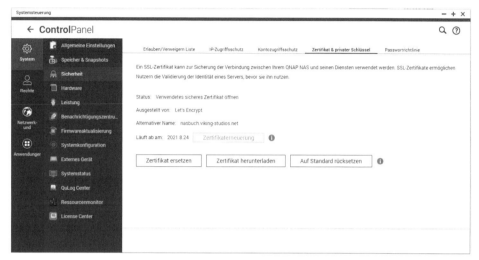

Abb. 9.23: Erneuern Sie das Zertifikat vor Ablauf, oder ersetzen Sie es durch ein anderes.

> **Wichtig**
>
> Vergessen Sie nicht, dass ein offener Port 80 ein Sicherheitsrisiko darstellt, wenn Sie die Weiterleitung auf https nicht erzwingen. Öffnen Sie den Port nur dann, wenn Sie ihn auch brauchen, und schließen Sie ihn danach auch wieder.

9.3 VPN – sicherer Zugriff auf das NAS über das Internet

Möchten Sie nur einzelne Dienste für ausgewählte Benutzer über das Internet freigeben, können Sie die Sicherheit erhöhen, indem Sie einen VPN-Zugang nutzen. Dadurch können Sie alle Dienste auf das lokale Netz beschränken und müssen auf Ihrem Router nur eine Freigabe für den VPN-Port erstellen. Damit Sie per VPN auf Ihr lokales Netz zugreifen können, benötigen Sie einen VPN-Server im LAN. Sofern Ihr Router das unterstützt, können Sie den VPN-Zugriff auf diesem konfigurieren, Sie können aber auch Ihr NAS dazu nutzen.

> **Wichtig**
>
> Beachten Sie bitte, dass ein eigenes VPN zwar schnell eingerichtet ist, je nach Netzwerkkonfiguration und Aufgabengebiet sowie zur Erhöhung der Sicherheit jedoch weitere Konfigurationsarbeit notwendig ist. Wie auch bei anderen Themen kann ich Ihnen an dieser Stelle keine umfassende Einführung in das Thema bieten. Hier sind Sie wieder selbst gefragt.

Um Ihr QNAP NAS zu einem VPN-Server zu machen, benötigen Sie die App *QVPN Service* aus dem *App Center*. Die Installation erfordert keine speziellen Schritte, die Konfiguration wird erst danach durchgeführt.

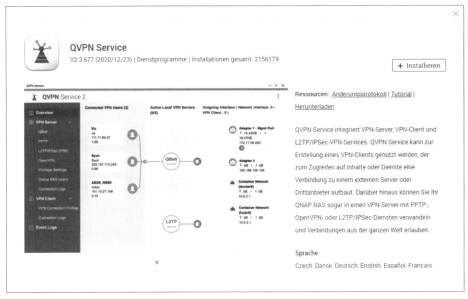

Abb. 9.24: QVPN Service vereint mehrere VPN-Server in einer App.

> **Hinweis**
>
> Ihr NAS unterstützt die VPN-Protokolle QBelt (von QNAP), PPTP, L2TP/IPsec und OpenVPN. In diesem Kapitel erläutere ich die Einrichtung von Qbelt und OpenVPN. Die Einrichtung für die anderen Protokolle läuft aus Sicht des NAS ähnlich ab. Details zu den anderen Protokollen können Sie der QNAP-Hilfe, der Dokumentation des jeweiligen Protokolls oder dem Internet entnehmen. Sie können auch mehrere Protokolle gleichzeitig betreiben.

> **Wichtig**
>
> PPTP wird aufgrund von Sicherheitslücken nicht mehr empfohlen.

9.3.1 QBelt-Server konfigurieren

Zuerst sehen wir uns QNAPs eigenes VPN-Protokoll *QBelt* an.

1. Installieren Sie *QVPN Service*, und öffnen Sie die App.
2. Wechseln Sie in den Bereich QBELT.
3. Setzen Sie den Haken bei »QBelt-Server aktivieren«.
4. Unter »IP-Adressbereich für VPN-Clients« können Sie das vorgegebene IP-Netz (10.6.0.0) ändern.

> **Achtung**
>
> Auch wenn es das Ziel von VPN ist, dass Clients sich so verhalten, als wären Sie im lokalen Netz, so werden verbundenen Clients IP-Adressen aus einem eigenen lokalen Adressbereich zugewiesen. Dieses Netz darf sich nicht mit Ihrem eigentlichen lokalen Netz überschneiden.
>
> Berücksichtigen Sie das VPN-Netz auch bei Firewall-Regeln und anderen Netzwerkeinstellungen.

5. Die nachfolgenden Optionen sind weitestgehend selbsterklärend.

   - Unter Server-Port ist der Port für *QBelt* angegeben, den Sie im Router freigeben müssen, um eine Verbindung mit dem VPN aufbauen zu können. Standardmäßig ist 443, also der https-Port eingetragen. Da auch *QTS* standardmäßig den https-Port für sichere Verbindungen verwendet, sollten Sie hier unbedingt einen anderen Port wählen. Lassen Sie Port 443 eingestellt, müssen Sie diesen im Router weiterleiten, und somit wäre nicht nur das VPN von außen erreichbar, sondern auch *QTS*. Und genau das soll durch den Einsatz des VPN verhindert werden.

   - Unter »Pre-Shared Key« legen Sie ein Passwort für die VPN-Verbindung fest. Denken Sie daran, ein möglichst sicheres Passwort zu verwenden (siehe Abschnitt 10.5 »Passwörter«). Die Eingabe ist auf 16 Zeichen begrenzt.

   - Unter »Netzwerkschnittstelle« können Sie festlegen, über welche Schnittstelle (sofern Ihr NAS mehrere besitzt) das Aufbauen einer VPN-Verbindung erlaubt ist.

   - Etwas mehr Beachtung sollten Sie dem DNS-Server schenken. Bauen Sie mit einem Client eine Verbindung zum VPN-Server auf, erhalten Sie von diesem die Netzwerkeinstellungen, die Sie normalerweise vom lokalen DHCP-Server/Router erhalten, also IP-Adresse, Standardgateway und DNS-Server. Wozu der DNS gut ist, haben wir bereits in Abschnitt 9.2.4 »Namensauflösung im LAN« besprochen. Sie müssen angeben, welchen DNS-Server der VPN-Server den Clients übermitteln soll. In das Feld können Sie per Hand die IP-Adresse des DNS-Servers eintragen, oder Sie verwenden den DNS-Schnellassistent. Dieser lässt Sie aus drei Einstellungen wählen:
     - *Öffentliches DNS* – Diese Option bietet Ihnen eine Auswahl öffentlicher DNS-Server. Achten Sie auf die Einträge, die mit einer chinesischen Flagge gekennzeichnet sind. Diese DNS-Server können eventuell nicht alle gewünschten Adressen auflösen.
     - *NAS-Standard* – Bei dieser Option wird derselbe DNS-Server genutzt, den auch das NAS nutzt. Dieser wurde in den Netzwerkeinstellungen bei der Installation von *QTS* festgelegt und ist normalerweise Ihr Router. Möchten Sie den DNS-Server ändern, können Sie das unter SYSTEMSTEUERUNG|NETZWERK- UND DATEISERVICES|NETZWERK- UND VIRTUELLER SWITCH|SCHNITTSTELLEN. Klicken Sie bei der verwendeten Schnittstelle auf die drei Punkte und wählen KONFIGURIEREN.
     - *Manuell zuweisen* – Hier können Sie die IP des DNS-Servers selbst eintragen. Es kann sich um die lokale IP-Adresse Ihres eigenen DNS-Servers handeln oder um die WAN-IP eines beliebigen DNS-Server. Im Internet finden sich die Adressen zu diversen frei nutzbaren Servern.

     Sofern Sie keinen eigenen DNS-Server betreiben (um beispielsweise Ihre Domains lokal aufzulösen), können Sie einfach die Voreinstellung (NAS-Standard) belassen.

Bedenken Sie aber, dass Sie, sobald Sie mit dem VPN verbunden sind, nicht mehr über Ihre Domain(s) auf lokale Ressourcen zugreifen können, sofern Sie die lokale Auflösung nicht eingestellt haben.

6. Haben Sie die Einstellungen fertig angepasst, klicken Sie auf ÜBERNEHMEN. Der Server wird jetzt gestartet, das sollte nur einige Augenblicke dauern.

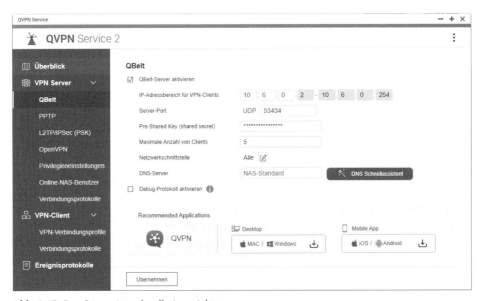

Abb. 9.25: Der Server ist schnell eingerichtet.

Privilegien festlegen

Der VPN-Server läuft, doch bevor Sie sich an die Einrichtung der Clients machen, müssen Sie noch festlegen, welches QTS-Konto VPN nutzen darf (bzw. welches VPN-Protokoll). Wechseln Sie dazu in *QVPN Service* in den Bereich PRIVILEGIENEINSTELLUNGEN. Sie sehen eine Tabelle, in der der Benutzer *admin* bereits eingetragen ist. Sie können jetzt die gewünschten QTS-Konten hinzufügen, indem Sie auf VPN-BENUTZER HINZUFÜGEN klicken. Legen Sie fest, welcher Benutzer welches VPN-Protokoll nutzen darf. Natürlich kann ein Protokoll nur genutzt werden, wenn der zugehörige Server konfiguriert und aktiviert wurde. Hinzugefügte Benutzer können ihr QTS-Konto nutzen, um sich mit dem VPN zu verbinden.

Port freigeben

Sie müssen jetzt noch den von Ihnen gewählten Port in Ihrem Router freigeben. Die Portfreigaben haben Sie bereits in Abschnitt 9.2.2 »Portfreigabe einrichten« kennengelernt.

9.3.2 QVPN Client einrichten

Jetzt können Sie sich mit Ihren Endgeräten mit dem VPN verbinden. Dazu benötigen Sie ein Endgerät, das nicht mit dem lokalen Netz verbunden ist, und den *QVPN Client*. Zur Einrichtung eignet sich die mobile Datenverbindung von Mobilgeräten (egal, ob am Gerät

9.3 VPN – sicherer Zugriff auf das NAS über das Internet

direkt oder als Hotspot für Ihren Laptop). Den *QVPN Client* gibt es für verschiedene Plattformen und ist über die Download-Seite von QNAP erhältlich.

1. Laden Sie sich den *QVPN Client* für Ihren Rechner herunter), und installieren Sie ihn.
2. Stellen Sie sicher, dass das Gerät mit dem Internet verbunden ist, es sich aber nicht im lokalen Netz befindet. Starten Sie den Client.
3. Wechseln Sie in den Bereich QNAP DEVICE CLIENT und wählen Sie ADD NEW NETWORK DEVICE|ADD MANUALLY.

Abb. 9.26: Mit dem Client können Sie Profile für Verbindungen zu mehreren Servern/NAS-Geräten gleichzeitig verwalten.

4. Vergeben Sie einen Namen für das Verbindungsprofil, anschließend geben Sie die externe IP (sofern sie statisch ist), eine DDNS-Domain oder Ihre eigene Domain an. Sie können auch *myQNAPcloud* nutzen, um eine Verbindung mit dem VPN aufzubauen. Anschließend geben Sie die Login-Daten für ein *QTS*-Konto ein, das die Berechtigung für *QBelt* hat. Vergessen Sie nicht, »Secure Login(SSL)« zu aktivieren.

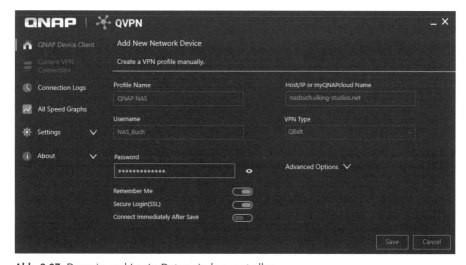

Abb. 9.27: Domain und Login-Daten sind vorerst alles ...

5. Klicken Sie auf SAVE. Sind die Angaben alle korrekt, erhalten Sie eine Fehlermeldung und zwei neue Eingabefelder (siehe Abbildung 9.28). Unter »Pre-Shared Key« geben Sie das Passwort ein, das Sie in Abschnitt 9.3.1, Seite 299, festgelegt haben. Unter »VPN Port« geben Sie die selbstgewählte Portnummer ein. Klicken Sie anschließend erneut auf SAVE.

Abb. 9.28: ... nach dem ersten Verbindungsversuch müssen Sie aber noch Portnummer und Passwort angeben.

6. Das Profil wird jetzt hinzugefügt. Um eine Verbindung aufzubauen, klicken Sie auf das Profil und anschließend auf CONNECT. Die Verbindung wird jetzt mit dem VPN hergestellt. Schlägt die Verbindung fehl, prüfen Sie die Einstellungen im Profil, die Portfreigabe und die Netzwerkverbindung. Auch die fehlenden Rechte für *QBelt* für den verwendeten *QTS*-Benutzer können ein Fehlergrund sein.

Abb. 9.29: Das Profil wurde angelegt, jetzt können Sie endlich die Verbindung aufbauen.

9.3
VPN – sicherer Zugriff auf das NAS über das Internet

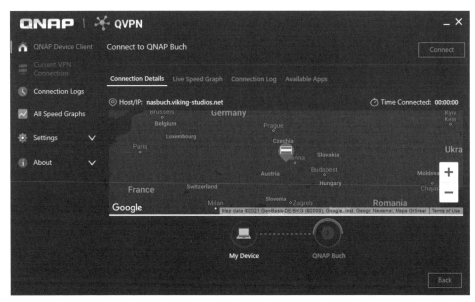

Abb. 9.30: Öffnen Sie das Profil, und verbinden Sie sich mit dem VPN-Server.

Sie können jetzt auf Ihr NAS und andere Netzwerkressourcen Ihres LAN zugreifen. Verwenden Sie dazu die lokale IP-Adresse Ihres NAS (oder anderer Netzwerkgeräte) oder, sofern Sie die lokale Namensauflösung über die Hosts-Datei oder einen lokalen DNS eingerichtet haben (siehe Abschnitt 9.2.4 »Namensauflösung im LAN«), können Sie auch Ihre Domain verwenden.

9.3.3 OpenVPN-Server konfigurieren

OpenVPN ist ein weitverbreitetes und kostenlos nutzbares VPN-Protokoll. Es existieren für alle gängigen Plattformen OpenVPN-Clients, und auch andere Programme unterstützen oftmals OpenVPN. Sie können übrigens auch mehrere unterschiedliche VPN-Server parallel auf Ihrem NAS laufen haben und unterschiedliche Clients über unterschiedliche Protokolle verbinden.

1. Installieren Sie *QVPN Service*, und öffnen Sie die App.
2. Wechseln Sie in den Bereich OPENVPN.
3. Setzen Sie den Haken bei »OpenVPN-Server aktivieren«.
4. Unter »IP-Adressbereich für VPN-Clients« können Sie das vorgegebene IP-Netz (10.8.0.0) ändern.
5. Die nachfolgenden Optionen kennen Sie fast alle bereits aus Abschnitt 9.3.1 »QBelt-Server konfigurieren«. Im Anschluss finden Sie nur noch die abweichenden/zusätzlichen Optionen beschrieben.
   - Unter »Server-Port« ist der Standardport für OpenVPN 1194 bereits eingetragen, Sie können den Port ändern.
   - Die Verschlüsselung können Sie auf »Hoch(AES 256-bit)« ändern.

Kapitel 9
Das NAS über das Internet erreichen

Zu guter Letzt finden Sie noch zwei aktivierte Optionen. Ist Erstere aktiviert, werden alle Anfragen vom externen Gerät an den VPN-Server geleitet, und dieser leitet sie dann an sein Gateway (Router) weiter. Sie nutzen also Ihren Internetanschluss von zu Hause, um auf das Internet zuzugreifen, obwohl sich Ihr Gerät in einem anderen Netzwerk mit eigenem Internetzugang befindet. Ist die Option deaktiviert, werden nur Anfragen an Ihr eigenes Netz an den VPN-Server weitergeleitet, alle anderen Anfragen werden über den Internetanschluss des Fremdnetzes weitergeleitet.

Die letzte Option ist ebenfalls standardmäßig aktiviert, dabei werden die Daten, die über die VPN-Verbindung übertragen werden, komprimiert. Das führt zu einer höheren Übertragungsgeschwindigkeit, erfordert aber zusätzliche CPU-Ressourcen.

6. Haben Sie die Einstellungen fertig angepasst, klicken Sie zuerst auf ÜBERNEHMEN. Der Server wird jetzt gestartet, das sollte nur einige Augenblicke dauern. Jetzt können Sie die OpenVPN-Konfigurationsdatei herunterladen. Diese benötigen Sie auf den Geräten, die sich mit dem VPN verbinden sollen. Klicken Sie auf KONFIGURATIONSDATEI HERUNTERLADEN. Ändern Sie die Servereinstellungen, müssen Sie die Konfigurationsdatei erneut herunterladen und auf den Clients hinterlegen, oder Sie passen die Konfigurationsdatei auf den Clients manuell an.

Die heruntergeladene Zip-Datei müssen Sie auf die Geräte übertragen, die eine Verbindung mit dem VPN aufbauen sollen.

Abb. 9.31: Die Angaben für den OpenVPN-Server unterscheiden sich nur wenig von Qbelt.

9.3.4 OpenVPN-Client unter Windows einrichten

Möchten Sie OpenVPN auf einer anderen Plattform einrichten, finden Sie dazu im Internet unzählige Anleitungen. Der Vorgang ist unabhängig von QNAP-Software oder Ihrem NAS.

1. Laden Sie sich den OpenVPN-Client für Ihren Rechner herunter (`https://openvpn.net/community-downloads/`), und installieren Sie ihn.

2. Laden Sie die Konfigurationsdateien unter QVPN SERVICE|OPENVPN herunter.
3. Übertragen Sie die Konfigurationsdatei auf das Client-Gerät, und speichern Sie sie unter C:\Program Files\OpenVPN\config.
4. Öffnen Sie die OpenVPN-GUI.
5. Klicken Sie mit der rechten Maustaste auf das OpenVPN-Icon im Info-Bereich der Taskleiste, und wählen Sie VERBINDEN.

Abb. 9.32: OpenVPN wird im Hintergrund ausgeführt. Zugang zur GUI erhalten Sie über das Icon im Info-Bereich.

6. Sie werden aufgefordert, Benutzername und Passwort einzugeben. Geben Sie die Benutzerdaten eines *QTS*-Benutzers an, der Zugriff auf den OpenVPN-Server hat. Nachdem die Verbindung aufgebaut wurde, minimiert sich das Fenster, und Sie bekommen eine neue IP aus dem festgelegten VPN zugewiesen.

Abb. 9.33: Der Client hat sich erfolgreich mit dem VPN verbunden.

Sie können jetzt über eine verschlüsselte Verbindung auf Ihr NAS zugreifen, ohne Dienste des NAS direkt im Internet freizugeben. Da der VPN-Server auf dem NAS läuft und dieser aus dem Internet erreichbar ist, bleibt aber weiterhin ein gewisses Sicherheitsrisiko. Um die Sicherheit noch weiter zu erhöhen, müssten Sie den VPN-Server auf einem separaten Server laufen lassen. Dieser Server kann ein beliebiger Rechner, ein Raspberry Pi oder ein anderes NAS sein. Auch ein virtueller Server, der auf Ihrem QNAP NAS läuft, könnte diese Aufgabe übernehmen. Wichtig ist, dass das Gerät nur die Aufgabe des VPN-Servers übernimmt und sich keine Benutzerdaten darauf befinden. Natürlich sind Sie auch dann nicht zu 100 % geschützt. Mehr zum Thema Sicherheit erfahren Sie im nächsten Kapitel.

Kapitel 10

Sicherheit

In den vergangenen Kapiteln habe ich immer wieder auf dieses Thema verwiesen. Endlich ist es so weit, es geht um Sicherheit. Das ist ein besonders wichtiges Thema, gerade wenn Sie Ihr NAS nicht alleine nutzen, und vor allem dann, wenn Sie Ihr NAS aus dem Internet erreichen können.

Das Thema Sicherheit zieht sich durch alle Ebenen, und obwohl es so wichtig ist, ist es im Buch doch etwas weiter hinten angesiedelt, da Sie sich zuerst mit der grundlegenden Bedienung und dem zentralen Feature Ihres NAS, der Datenverwaltung, vertraut machen sollten. Es kann durchaus sein, dass Sie noch nicht mit allen Methoden und Konzepten, die ich Ihnen hier vorstelle, etwas anfangen können und während oder nach dem Lesen anderer Kapitel noch einmal einen Blick auf diese Seiten werfen werden. Ich werde in den nachfolgenden Kapiteln immer wieder auf das Thema Sicherheit zurückkommen und spezifische Einstellungen direkt dort erklären.

(IT-)Sicherheit ist ein sehr umfangreiches Thema und füllt selbst Bücher, sogar ganze Branchen befassen sich ausschließlich mit dem Thema Sicherheit im IT-Bereich. Dieses Kapitel kann daher nicht vollständig sein oder eine Anleitung zur absoluten Absicherung Ihres NAS bieten. Ich kann Ihnen nur die möglichen Gefahren bewusst machen und einige der nötigen Werkzeuge an die Hand geben, um den Betrieb Ihres NAS sicherer zu gestalten.

Absolute Sicherheit gibt es übrigens ohnehin nicht. Sie können ein System nur so sicher wie möglich gestalten. Wobei es ab einem gewissen Punkt eine Kosten-Nutzen-Frage ist, also ob das bisschen Mehr an Sicherheit den enormen Aufwand und/oder Verlust an Bequemlichkeit wert sind. Wenn Sie durch das Lesen dieses Kapitels ein Bewusstsein für Gefahren und Sicherheitsvorkehrungen entwickeln, dann sind Sie in der Lage, sich tiefer in die Materie einzulesen und selbst zu entscheiden, wie weit Sie gehen wollen und können.

10.1 Bedrohungen

Bevor ich Ihnen Sicherheitsmaßnahmen erläutere, sollten Sie wissen, wovor Sie sich schützen müssen.

- Personen im direkten Umfeld – Hier geht es um Mitbewohner/Familienmitglieder, die sowohl physischen als auch digitalen Zugriff auf das NAS haben, aber auch andere Benutzer, die auf Ihr NAS zugreifen. Hier besteht das Problem, dass Personen Zugriff auf Daten erlangen, die nicht für sie bestimmt sind. Dabei muss der Zugriff nicht böswillig bzw. durch *Hacking* erfolgen. Durch falsche/ungenügende Zugriffsrechte können Nutzern Ordner zugänglich sein, die nicht zugänglich sein sollten. Auch das absichtliche oder unabsichtliche Kopieren, Löschen oder Verändern stellt ein Problem dar. Bei physischem Zugriff steht das Ausschalten oder das Umwerfen des Geräts und das Umstecken oder Herausreißen von Kabeln im Raum.

Gegen nicht berechtigten Zugriff können Sie sich durch ein ordentliches Benutzer- und Zugriffsmanagement schützen (siehe Kapitel 4 »Die Benutzerverwaltung« und Abschnitt 10.7 »Firewall«). Physischer Manipulation können Sie dadurch vorbeugen, dass Sie Ihr NAS an einem Ort aufbewahren, wo kein unbeabsichtigter Kontakt stattfinden kann. Sie können das NAS in Ihrem Arbeitszimmer oder im Wohnzimmer in einem Kasten oder Regal aufstellen (behalten Sie stets die Wärmeentwicklung im Auge) oder an schwer erreichbaren Stellen wie Abstellräumen oder dem Keller. Versperrte Räume bieten einen zusätzlichen Schutz, stehen aber oft nicht zur Verfügung. Alternativ können Sie einen absperrbaren Server- bzw. Wandschrank (in 10" und 19" in verschiedenen Dimensionen erhältlich) anschaffen, in dem Sie Ihre Netzwerkinfrastruktur zusammenfassen.

- Script Kiddies – Diese Gruppe findet sich am untersten Ende des Spektrums der Hacker. Es handelt sich hierbei um Personen, die nur wenig bis kein Wissen über IT- und Netzwerksysteme haben. Sie nutzen Software und Tools, die automatisierte Angriffe ausführen bzw. die einfachsten und bekanntesten Lücken ausnutzen. Trotz der abwertenden Bezeichnung und der Einfachheit der Angriffe sollte diese Bedrohung nicht unterschätzt werden. Ziel solcher Angriffe kann ein jeder werden, da hier selten individuelle Ziele angegriffen werden, sondern die breite Masse. Das Durchhaltevermögen bei solchen Angriffen ist relativ gering – schlägt der Angriff fehl, erfolgen meist keine weiteren Bemühungen.

Sie können sich relativ einfach gegen diese Bedrohung schützen, da hier meist die grundlegenden Sicherheitsmaßnamen ausreichen, wie etwa verschlüsselte Datenübertragung (https, SSL), sichere Passwörter und nur benötigte Ports nach außen zu öffnen (siehe Abschnitt 9.2 »Externen Zugriff einrichten«).

- Cyberkriminelle – Hier reichen Wissen und Fähigkeiten vom semiprofessionellen bis hin zum professionellen Hacker. Die Attacken werden gezielter und auch motivierter durchgeführt als bei den Hackern der vorhergenannten Kategorie. Das Spektrum an Bedrohungen ist hier recht breit. Es kann sich um Schadsoftware handeln, die einfach nur, wie der Name schon sagt, Schaden anrichten soll, Spyware, die an Benutzerdaten gelangen soll, oder Trojaner, die den Zugriff auf das System ermöglichen sollen. Auch *CryptoLocker* sind hier anzutreffen – dabei geht es in erster Linie darum, das Opfer zu erpressen. Ein weiteres Ziel eines Angriffs kann das unbemerkte Eindringen in ein System sein. Es geht darum, die Systemressourcen für eigene, meist kriminelle Zwecke zu nutzen. Oft ist das Ziel, den Computer in ein Botnetz einzugliedern und ihn für das Versenden von Spam oder das Verteilen von Schadprogrammen zu nutzen. Je nach krimineller Energie können Angriffe heftiger ausfallen, es ist daher schon schwieriger, sie abzuwehren. Ungeschützte Systeme gibt es genug – findet sich auf Ihrem System aber etwas, was einen aufwendigen Angriff lohnt, kann es mitunter nur noch für Sicherheitsexperten möglich sein, den Eindringling abzuwehren.

- Cyberkriminelle im großen Maßstab – Hier fallen Sie als Privatanwender eher raus. Das Ziel dieser Art von Hackern sind Unternehmen, da ein Eindringen besonders lukrativ ist. Hier agieren oft nicht nur einzelne Personen, sondern ganze Gruppen. Es gibt sogar Hackerunternehmen. Die Hacker sind dabei Angestellte, die für einen Lohn Angriffe auf Unternehmen und Organisationen durchführen, um an wichtige Daten zu kommen und daraus Geld zu machen. Das Ziel kann aber auch sein, dem Unternehmen zu schaden, indem Dienste funktionsunfähig gemacht werden. Hier kommen die berüchtigten *(D)DoS-Attacken* zum Einsatz. Die Angriffe erfolgen hier nicht wahllos, sondern gezielt. Daher ist auch enormer Aufwand notwendig, um die eigenen Systeme zu schützen. Unternehmen beschäftigen Sicherheitsexperten, um dies zu bewerkstelligen, dennoch gelingen solche Angriffe immer wieder.

(D)DoS-Attacke

DoS steht für »Denial of Service«. Ziel ist es, einen Dienst, Server oder ein Netz durch Überlastung am Regelbetrieb zu hindern. Um die Überlastung herbeizuführen, werden übermäßig viele Anfragen erstellt, die der Dienst/Server nicht mehr zeitgerecht abarbeiten kann. Wird beispielsweise eine Internetseite in kurzer Zeit besonders häufig aufgerufen, kann der Webserver die Anfragen nicht verarbeiten, und die Webseite ist nicht mehr erreichbar.

Einfache DoS-Attacken können durch die Sperre der IP oder des Netzes, von der/dem die Attacke ausgeführt wird, abgewehrt werden. Erfolgen die Angriffe aber von unterschiedlichen, ständig wechselnden IPs aus, spricht man von *Distributed Denial of Service*. Hier kann nur noch schwierig bis gar nicht zwischen falscher und richtiger Anfrage unterschieden werden. Solche Angriffe können meist nicht ohne Systemausfall abgewehrt werden.

- Politisch motivierte Hacker(-gruppen) – Auch diese Art von Hackern sollte Ihnen als Privatanwender nicht begegnen. Politisch motivierte Hacker sind meist in Gruppen organisiert. Es kann sich dabei um Hacker handeln, die unabhängig agieren oder im Verborgenen von Regierungen unterstützt werden, aber auch Geheimdienste zählen dazu. Bei den Angriffen geht es darum, wichtige Informationen von anderen Ländern zu bekommen oder die Infrastruktur kollabieren zu lassen. Ziel sind hier Geheimdienste oder Behörden eines Landes. Solche Angriffe finden über einen längeren Zeitraum statt und können in richtigen Cyberschlachten gipfeln. Oft bleibt der Angriff für längere Zeit unbemerkt, und es ist schwierig, das System nach Entdecken zu bereinigen. Da oft wichtige Dienste betroffen sind, kann eine Behörde ihr System nicht komplett abschalten. Nach Attacken von besonders talentierten Hackern kann der Komplettaustausch der Infrastruktur aber unumgänglich sein. DDoS-Attacken sind hier nur das geringste Übel – die Angreifer benutzen hoch spezialisierte Software. Besonders gefährlich sind Angriffe, die in mehreren Phasen stattfinden. Dabei werden nach dem Eindringen in das System Softwarefragmente hinterlassen, die an sich noch keinen Schaden anrichten und nur schwer bis gar nicht erkannt werden. Die Aufgabe der Fragmente ist es, im Zielsystem die eigentliche Schadsoftware zusammenzubauen.

Trotz ganzer Sicherheitsabteilungen und Experten auf dem Gebiet der IT-Security gelingen solche Angriffe sehr häufig. So war die deutsche Bundesregierung in den vergangenen Jahren immer wieder Opfer von Cyberangriffen, und das österreichische Außenministerium lieferte sich Anfang 2020 eine wochenlange Schlacht mit einer politisch motivierten Hackergruppe.

Bot-Netze

Besonders gefährlich sind Angreifer, die mit Bot-Netzen arbeiten. Bot-Netze sind Netzwerke infizierter Rechner, die für Angriffe und andere kriminelle Handlungen verwendet werden. Dabei werden beliebige Rechner unbemerkt mit Schadsoftware infiziert, die die Computer in das Bot-Netz eingliedern. Derjenige, der das Bot-Netz kontrolliert oder zumindest Zugriff darauf hat, hat somit auch Zugriff auf die Computer. Die infizierten Rechner können Server, Firmenrechner, Heimcomputer, NAS-Geräte oder andere Netzwerkgeräte sein. Wird ein Angriff über ein Bot-Netz gefahren, erfolgen die Attacken über unzählige, scheinbar unabhängige Rechner, von überall auf der Welt. Bot-Netze umgehen Geo-Blocking, IP-Sperren und viele andere Sicherheitsmaßnahmen.

10.2 Physische Sicherheit

Bevor wir uns den eigentlichen Sicherheitsmaßnahmen widmen, möchte ich noch auf einen Punkt hinweisen, der oft vernachlässigt wird. Der Angriff muss nicht unbedingt über das Netzwerk erfolgen, auch die NAS-Hardware selbst kann das Ziel sein. Ein QNAP NAS ist nicht sonderlich groß, und wenn es nicht gerade in einem Server-Rack verbaut ist, ist es schnell entwendet. Auch die Festplatten sind trotz Verschlussmechanismen nicht ausreichend im Gehäuse gesichert. Während man sich im betrieblichen Umfeld durch Zutrittskontrollen, versperrte Serverräume oder einfach nur einen absperrbaren Serverschrank absichern kann, fallen solche Maßnahmen in den eigenen vier Wänden deutlich schwieriger oder zumindest kostenintensiver aus. Wer den Platz hat, kann über die Anschaffung eines Wandschranks/Serverschranks nachdenken. Diese lassen sich an der Wand befestigen und versperren. Wie robust und sicher diese Schränke ausfallen, ist dann auch wieder eine Preisfrage.

Ein anderes Problem, das durch physischen Zugriff besteht, ist die Nutzung der Netzwerkschnittstellen. Selbst wenn das NAS nicht aus dem Internet erreichbar ist – wer Zugriff auf eine Netzwerkschnittstelle hat, hat auch Zugriff auf das NAS. Natürlich stellt das Benutzer-Login eine weitere Hürde dar. Zusätzliche Sicherheit schafft hier die Firewall (siehe Abschnitt 10.7 »Firewall«). Ein derartiger Angriff ist im privaten Bereich eher unüblich und mehr im betrieblichen Bereich zu finden.

10.3 Freigabeordner

Bei den Freigabeordnern ist es sehr hilfreich, eine gute Struktur zu finden. Das ist nicht immer leicht, da mit der Zeit neue Ordner und Aufgaben hinzukommen und sich die Anforderungen ändern. Es ist aber wichtig, nicht einen einzelnen Freigabeordner zu verwenden und dort alle Daten abzulegen und den Ordner für alle anderen Anwendungen zu nutzen. Legen Sie für jedes Aufgabengebiet einen eigenen Freigabeordner an, sofern *QTS* dies nicht bereits für Sie macht (/download, /multimedia, /web etc.). Haben Sie nicht vorgesehen, dass zwei oder mehrere Nutzer Daten im selben Ordner ablegen, können Sie für jeden Benutzer einen eigenen Freigabeordner anlegen. Das Teilen und Freigeben von Ordnern und Dateien ist trotzdem noch möglich. Die Vorteile einer ordentlichen Aufteilung:

- Die Struktur ist übersichtlicher.
- Die Rechte sind auf Ebene der Freigabeordner einfacher zu verwalten. Sie können die Zugriffsrechte zwar auch für Verzeichnisse verwalten, beim Verschieben, Löschen und Hinzufügen von Ordnern kann man aber leicht den Überblick verlieren.
- Die Freigabeordner bieten mehr Optionen in der Rechteverwaltung als Verzeichnisse.
- Anwendungen können meist nur für Freigabeordner konfiguriert werden.

Wie schon erwähnt, kann es schwierig sein, von Anfang an die richtige Struktur zu erstellen. Aber Daten können problemlos von einem Freigabeordner in einen anderen geschoben werden. Hier müssen Sie gegebenenfalls Pfade anpassen (z.B. Adressen für Netzlaufwerke).

Diese Maßnahme per se erhöht die Sicherheit nicht, hilft aber bei den weiteren Maßnahmen und beugt Problemen bei der Rechtevergabe vor.

10.4 Benutzerverwaltung

So ein Benutzer, mit dem man alles machen kann, ist schon praktisch. Nur, wenn Sie damit alles machen können, kann auch jemand, der an Ihre Login-Daten gelangt, alles machen. In Kapitel 4 »Die Benutzerverwaltung« habe ich schon darauf hingewiesen, dass es durchaus Sinn macht, mehrere *QTS*-Benutzer anzulegen, auch wenn dahinter ein und dieselbe reale Person steht. Indem Sie für verschiedene Zwecke auch verschiedene Benutzer anlegen und diesen auch nur die für die jeweiligen Zwecke notwendigen Ressourcen freigeben, minimieren Sie die negativen Auswirkungen, sollte jemand an die Login-Daten gelangen. Natürlich ist auch diese Maßnahme keine Garantie, dass andere Ressourcen verschont bleiben, je nach Fähigkeiten und Aufwand, den der Angreifer betreibt.

In der anschließenden Tabelle finden Sie ein Beispiel für ein Benutzerkonzept, bei dem Aufgaben über eigene Benutzer erledigt werden.

Benutzer	Person oder Dienst	Aufgabe
NASAdmin	NAS-Besitzer	Administrator-Konto, wird nur für administrative Aufgaben verwendet
Andreas	NAS-Besitzer	Benutzerkonto für die eigentliche Nutzung der NAS-Dienste und -Anwendungen
Backup	Qsync, NetBak Replicator, SMB	Wird für Backups benutzt, die keinem konkreten Anwender zugewiesen werden können
<Name>	<Name>	Benutzerkonto für die jeweilige Person, um die für sie freigegebenen Dienste und Anwendungen zu nutzen
plex	Plex	Wird für Plex Media Server-Logins innerhalb der Familie genutzt, um Filme vom NAS zu streamen

Tabelle 10.1: Eine kleine Beispielübersicht über Benutzer, die in QTS existieren können

10.5 Passwörter

Das Thema Passwörter ist immer noch das Problem Nummer eins, wenn es um die Sicherheit geht. Auch heute noch werden Passwörter sträflich vernachlässigt. So zählt auch 2019 »123456« zum am häufigsten genutzten Passwort überhaupt. Dabei ist ein sicheres Passwort das A und O, wenn es um den Schutz Ihrer Konten geht. Sie sollten immer sichere Passwörter für Ihr NAS verwenden, gerade dann, wenn mehrere Benutzer auf das NAS Zugriff haben, und erst recht, wenn es über das Internet erreichbar sein soll.

In den letzten Jahren und Jahrzehnten haben Sie sicherlich gelernt, wie solch ein sicheres Passwort auszusehen hat. Und bei jeder Registrierung eines Accounts werden Sie wieder darauf hingewiesen. Ein Passwort soll kein Wort aus einem Wörterbuch sein, am besten gar kein Wort. Es soll Buchstaben und Sonderzeichen, Groß- und Kleinschreibung enthalten und mindestens acht Zeichen lang sein. Ein sicheres Passwort ist also eine willkürliche Kombination aus verschiedenen Zeichen, die Sie auf der Tastatur finden. Merken kann man sich so was kaum, daher beschränken sich die meisten Passwörter auch auf die oft geforderten acht Zeichen. Immerhin muss man sich ja gleich mehrere davon merken, denn ein Passwort sollte nicht für mehrere Logins verwendet werden.

Jetzt kommt die schlechte Nachricht: Dieser Buchstabenbrechreiz, der uns als »sicheres« Passwort verkauft wird, ist alles andere als sicher. Klar, niemand Ihrer Mitmenschen wird Ihr Passwort erraten. Hacker tun das auch nicht, zumindest nicht per Hand. Es gibt diverse Methoden, die angewendet werden, um an Passwörter zu gelangen. Scheitern diese, bleibt immer noch die gute alte Brute-Force-Methode. Dabei werden systematisch alle möglichen Zeichenkombinationen verwendet, bis das richtige Passwort gefunden wurde. Das ach so sichere Zeichensalatpasswort mit acht Zeichen wird dabei innerhalb weniger Sekunden geknackt. Und das, obwohl es sich doch so schwer merken lässt.

Hier ein kleiner Test, wie sicher Passwörter sind. Den Test können Sie übrigens selbst durchführen. Zum Testen eignen sich die Seiten `https://howsecureismypassword.net/` (HSIMP) und `http://www.passfault.com/` (PA). Erstere berechnet die Zeit, die es dauern würde, das Passwort mittels Brute Force zu knacken, Letztere nutzt verschiedene Musteranalysen.

Typ	Passwort	HSIMP	PA
Wort mit 8 Buchstaben	autobahn	5 Sekunden	< 1 Tag
8 zufällige Buchstaben	ehotanfz	5 Sekunden	< 1 Tag
8 Buchstaben und Zahlen	ak7f4o6f	1 Minute	< 1 Tag
2 Wörter	apfel turm	1 Woche	< 1 Tag
5 ungewöhnliche Wörter	du-bi-du-bi-doo	1 Mio. Jahre	< 1 Tag
Passphrase 1 (Kleinbuchstaben und Zahlen)	ich mag 2 apfel mit 1 käse	212 Sextillionen (10^{36}) Jahre	> 2,77 Billionen (10^{12}) Jahre
Passphrase 2 (Klein- und Großbuchstaben, Zahlen)	Ich mag 2 Apfel mit 1 Käse	14 Sextilliarde (10^{39}) Jahre	> 55,5 Billionen (10^{13}) Jahre
Passphrase 3 (Klein- und Großbuchstaben, Zahlen und Sonderzeichen)	!ch mag 2 Apfe1 mit 1 Kä$e?	23 Septillionen (10^{42}) Jahre	> 73,2 Billiarde (10^{16}) Jahre

Tabelle 10.2: Verschiedene Passwörter, und wie lange es dauert, sie zu knacken

Sie sehen also, die Länge macht's. Alles unter zehn Zeichen wird im Handumdrehen geknackt. Es spielt dabei kaum eine Rolle, wie komplex Ihr Passwort ist. So würde zwar die Nutzung von Großbuchstaben, z.B. bei »Autobahn« statt »autobahn«, die Zeit für die Brute-Force-Methode von fünf Sekunden auf 22 Minuten erhöhen, da statt 26 (Alphabet) möglicher Zeichen jetzt 2*26 Zeichen zur Verfügung stehen. Für andere Verfahren macht das aber keinerlei Unterschied.

Generell ist die Länge des Passworts viel ausschlaggebender als die verwendeten Zeichen. Das ist auch schnell erklärt. Die Anzahl möglicher Zeichenkombinationen (mit Wiederholungen) errechnen Sie, indem Sie die Anzahl der zur Verfügung stehenden Zeichen hoch die Anzahl der gewünschten Stellen rechnen. Für die 26 Buchstaben des Alphabets heißt das, 26^8 für eine Zeichenkette mit acht Stellen gebildet aus beliebigen Buchstaben. Das ergibt über 208 Mrd. Möglichkeiten, von aaaaaaaa bis zzzzzzzz. Verkleinern wir die Auswahl für unser Beispiel:

- 26 Zeichen, 3 Stellen, 26^3 = 17.576 Möglichkeiten
- 52 Zeichen, 3 Stellen, 52^3 = 140.608 Möglichkeiten
- 26 Zeichen, 4 Stellen, 26^4 = 456.976 Möglichkeiten

Sie sehen also, die Verdopplung der verfügbaren Zeichen (also Groß- und Kleinbuchstaben) hat nur eine Verachtfachung der Möglichkeiten bewirkt, während eine zusätzliche Stelle mit den ursprünglichen 26 Zeichen 26-mal so viele Möglichkeiten ergibt.

Natürlich könnten wir eine Kette mit mindestens 16 Stellen aus zufälligen Buchstaben als Passwort wählen. Merken wird man sich so etwas eher schwierig. Daher macht es Sinn, Sätze oder Wortketten zu benutzen. Für Brute Force wäre das auch vollkommen in Ordnung; da aber auch Mustererkennung und Wörterbuchsuchen verwendet werden, sollten Sie die Wörter abändern bzw. den Satz mit Zahlen und Satzzeichen würzen.

Erst die Nutzung einer Passphrase (in unserem Beispiel 26 bzw. 27 Zeichen lang) macht das Passwort absolut sicher. Die Nutzung von Zahlen und Sonderzeichen erhöht die Sicherheit der Passphrase zusätzlich, da sich die Anzahl möglicher Zeichen vervielfacht.

Hier noch einmal eine Übersicht, wie Sie zur optimalen Passphrase gelangen.

- Nicht nur gewöhnliche Wörter aus dem Wörterbuch verwenden. Passwort-Cracker arbeiten mit Wörterbüchern, nutzen Sie daher auch unbekannte Wörter, ändern Sie die Wörter durch Schreibfehler, oder ersetzen Sie Buchstaben. Verlassen Sie sich aber nicht nur auf Substitutionen, auch nach solchen suchen die Passwort-Cracker.
- Keine fortlaufenden Reihen verwenden (1234, abcde, 789, hijk). Nach Reihen wird gesucht.
- Keine Wiederholungen oder Muster verwenden (111, xxx, qwertz, asdf). Wiederholungen und Tastaturmuster werden ebenfalls gesucht.
- Nicht dieselbe Phrase für mehrere Logins verwenden. Nutzen Sie stattdessen Abwandlungen: »!ch mag 2 Apfe1 mit 1 Facebook?« und »!ch mag 2 Apfe1 mit 1 Amazon?«. Die Passphrase mag zwar sicher sein, das verhindert aber nicht, dass durch Sicherheitslücken im System das Passwort geleakt wird.
- Nutzen Sie Leerzeichen, indem Sie die »Wörter« der Passphrase durch Leerzeichen trennen, erhöhen Sie die Sicherheit durch Erhöhung der Zeichenanzahl, ohne dass die Phrase schwieriger zu merken ist.

Nutzen Sie also lieber eine Kombination der oben stehenden Regeln, um eine Phrase zu generieren, die Sie sich leicht merken können, die aber dennoch sicher ist. Vergessen Sie aber nicht, dass ein absolut sicheres Passwort nicht bedeutet, dass es nicht andere Möglichkeiten gibt, Zugang zu Ihrem System zu bekommen.

> **Tipp**
>
> Damit Sie sich nicht viele verschiedene Passwörter merken müssen, nutzen Sie sogenannte Passwortsafes. Diese Art von Software nutzt besonders zuverlässige Verschlüsselungstechniken, um Ihre Passwörter sicher aufzubewahren.

> **Wichtig**
>
> Ein absolut sicheres Passwort bedeutet aber nicht, dass Ihr Zugang nicht mehr geknackt werden kann. Es kommt häufig vor, dass Seiten und Dienste Ihr Passwort nicht sorgfältig genug schützen. Hacker können dann an die Passwörter der Benutzer gelangen. Daher ist es auch wichtig, das gleiche Passwort nicht mehrfach zu benutzen.

Passphrasen zu verwenden, ist eine Entscheidung, die bei jedem Benutzer selbst liegt. Sie können Ihre Benutzer aber dazu »ermutigen«, indem Sie in QTS einige Grundregeln für Passwörter festlegen. In der SYSTEMSTEUERUNG unter SYSTEM|SICHERHEIT|PASSWORTRICHTLINIE finden Sie einige Optionen dazu. Die Mehrheit davon legt fest, was im Passwort vorkommen muss und was nicht vorkommen darf. Das bringt noch niemanden dazu, Passphrasen zu verwenden. Erhöhen Sie aber auf jeden Fall die minimale Länge (>10, besser >14). Wer dann noch Buchstabensalat-Passwörter verwendet, ist selber schuld.

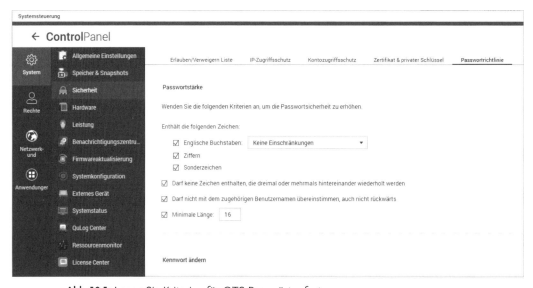

Abb. 10.1: Legen Sie Kriterien für QTS-Passwörter fest.

Sie können auch festlegen, dass Benutzer regelmäßig ihr Passwort wechseln müssen. Das ist zwar ein guter Mechanismus, um zu verhindern, dass geleakte Passwörter weiter verwendet werden (vor allem, wenn Benutzer ein und dasselbe Passwort überall verwenden), kann aber auch negative Folgen haben. Müssen Benutzer Passwörter regelmäßig ändern, verwenden Sie dieselben zwei, drei Passwörter abwechselnd. Selbst bei einer Passworthistorie (welche QTS nicht bietet), wird dann dasselbe Passwort verwendet und nur eine Zahl oder ein Buchstabe geändert.

10.6 Verschlüsselung

Sie schützen Ihre Daten, indem Sie den Zugriff darauf nur bestimmten Benutzern erlauben und diese mit einem sicheren Passwort versehen. Übertragen Sie Ihre Daten, nutzen

Sie eine verschlüsselte Verbindung. Sie erinnern sich sicher an die zahllosen Aufforderungen meinerseits, das Häkchen bei HTTPS bzw. SSL zu setzen. Aber was ist mit den Dateien auf der Festplatte? Was ist, wenn jemand an Ihre Benutzerdaten gelangt oder sich sonst wie Zugang zu Ihrem System verschafft? Oder noch simpler, was ist, wenn jemand Ihre Festplatten in die Hände bekommt? Da wird dann kein Benutzer mehr benötigt.

Die meisten Betriebssysteme ermöglichen es Ihnen, Ihre Festplatten zu verschlüsseln. Selbst wenn jemand Zugriff zu Ihrem Computer hat oder an die Festplatten gelangt, ohne den richtigen Schlüssel können die Daten nicht ausgelesen werden.

Auf Ihrem NAS können Sie funktionsbedingt nicht die kompletten Festplatten verschlüsseln (mit SED-Speicherpools kommen Sie dem aber sehr nahe, siehe Kapitel 2, Abschnitt 2.4.2 »Einen Speicherpool anlegen«), aber *QTS* bietet Ihnen an, die Freigabeordner zu verschlüsseln. Das können Sie schon beim Anlegen eines neuen Freigabeordners tun (siehe Abschnitt 5.1.3 »Freigabeordner erstellen«). Natürlich können Sie die Verschlüsselung auch noch im Nachhinein vornehmen und auch wieder aufheben.

> **Hinweis**
>
> Die Lese- und Schreibgeschwindigkeit in verschlüsselten Ordnern ist niedriger. Aktuelle QNAP-NAS-Modelle verfügen alle über ein Hardware-Verschlüsselungsmodul. Dieses Modul kann nur Daten ver- und entschlüsseln, ist dafür aber extrem schnell und entlastet die CPU. Aber nicht alle älteren Modelle haben dieses Modul, hier wird die Verschlüsselung von der CPU übernommen. Das belegt nicht nur CPU-Kapazität, CPUs erledigen die Verschlüsselung auch langsamer als die Hardwaremodule.

10.6.1 Freigabeordner nachträglich verschlüsseln

1. Öffnen Sie SYSTEMSTEUERUNG|RECHTE|FREIGABEORDNER.
2. Klicken Sie auf ■ des gewünschten Ordners.
3. Aktivieren Sie »Diesen Ordner verschlüsseln«.
4. Geben Sie ein Passwort ein. Aktivieren Sie »Verschlüsselungsschlüssel speichern«, wird der Schlüssel im System hinterlegt und der Freigabeordner beim Hochfahren des NAS automatisch entschlüsselt. Diese Option bringt etwas Bequemlichkeit, sollte das NAS nicht rund um die Uhr laufen. Der Ordner muss dann nicht jedes Mal per Hand entschlüsselt werden. Dadurch wird aber die Sicherheit verringert. Die Daten sind zwar verschlüsselt, sollten die Festplatten ausgebaut (gestohlen) werden. Gelingt einem Eindringling der Zugang zum NAS, sind die Daten aber unverschlüsselt. Dabei spielt es keine Rolle, ob das NAS entwendet wird oder der Eindringling über das Netzwerk kommt.
5. Bestätigen Sie die Änderung und die nachfolgende Hinweismeldung.
6. Der Ordner wird jetzt verschlüsselt. Der Vorgang dauert je nach vorhandenem Datenvolumen einige Zeit (und mit einige Zeit meine ich einen Kaffee oder ein Mittagessen oder mehr).
7. Haben Sie alle Meldungen quittiert, startet die Verschlüsselung. Zusätzlich wird der generierte Schlüssel über den Browser heruntergeladen.

Der Freigabeordner ist nach dem Verschlüsseln *eingebunden*. Das heißt nicht, dass er entschlüsselt ist (das würde zu lange dauern), aber der Schlüssel ist im System des NAS hinterlegt, beim Schreiben bzw. Lesen werden die Dateien dann automatisch ver- bzw. entschlüsselt. Lese- und Schreibvorgänge in verschlüsselten Ordner dauern daher etwas länger als sonst. Wird der Schlüssel verworfen, kann auf den Freigabeordner nicht mehr zugegriffen werden. Verschlüsselte Freigabeordner sind in der File Station durch ein Schlosssymbol gekennzeichnet, geschlossen für gesperrte Ordner, offen für eingebundene Ordner.

Hinweis

Ist der Ordner gesperrt, können Sie nicht auf dessen Eigenschaften und die Rechteverwaltung zugreifen.

10.6.2 Umgang mit verschlüsselten Ordnern

Ist die Verschlüsselung des Ordners abgeschlossen, erhalten Sie unter SYSTEMSTEUERUNG|RECHTE|FREIGABEORDNER ein neues Icon für den verschlüsselten Ordner, die Verschlüsselungsverwaltung. Mit diesem Menü stehen Ihnen verschiedene Optionen zur Verfügung:

- HERUNTERLADEN – In diesem Reiter können Sie den Schlüssel, nach Eingabe des Passworts, herunterladen. Mit der Schlüsseldatei können Sie den Freigabeordner entschlüsseln, ohne das Passwort eingeben zu müssen.

Wichtig

Gehen Sie sorgsam mit den Schlüsseldateien um, speichern Sie sie an einem sicheren Ort. Das Passwort sollten Sie dennoch nicht verlieren, speichern Sie es am besten in einem Passwortsafe.

Sie müssen die Schlüsseldatei übrigens nicht verwenden, Sie können weiterhin auf das Passwort zurückgreifen.

Manche Passwortsafes können auch Dateien speichern. Sie können auch alle Schlüssel auf einem verschlüsselten USB-Stick aufbewahren oder in einem verschlüsselten Archiv (zip, rar, 7z) auf einen Stick speichern.

- SPEICHERN – Hier können Sie festlegen, ob der Freigabeordner beim Start entschlüsselt werden soll oder nicht.
- SPERREN – Ist der Freigabeordner eingebunden, kann hier der Schlüssel verworfen und somit der Ordner gesperrt werden.

Abb. 10.2: Das zusätzliche Icon kennzeichnet verschlüsselte Ordner. Der Ordner »Test« ist derzeit eingebunden.

Wird der Ordner gesperrt, ändert sich das Icon und das Menü. Es heißt jetzt »Freigabeordner freigeben« (🔒) und bietet nur noch die Möglichkeit, den Freigabeordner einzubinden, dabei haben Sie die Wahl, ob Sie das Passwort eingeben möchten oder die Schlüsseldatei hochladen wollen.

Abb. 10.3: Einbinden eines verschlüsselten Ordners

> **Hinweis**
>
> Das Herunterladen der Schlüsseldatei funktioniert in der zur Drucklegung des Buchs aktuellen Version nicht.

10.6.3 Die Verschlüsselung von Freigabeordnern aufheben

Sie können die Verschlüsselung natürlich jederzeit auch wieder aufheben. Auch dieser Vorgang dauert, je nach Datenvolumen, einige Minuten. Der Freigabeordner muss eingebunden sein, damit Sie die Verschlüsselung aufheben können.

1. Öffnen Sie SYSTEMSTEUERUNG|RECHTE|FREIGABEORDNER.
2. Öffnen Sie die Eigenschaften.
3. Setzen Sie das Häkchen bei »Diesen Ordner entschlüsseln«.
4. Geben Sie das Passwort ein, und bestätigen Sie mit OK.
5. Nach Bestätigung der Meldung startet der Entschlüsselungsvorgang. Dieser dauert je nach Hardware und Datenvolumen einige Zeit, aber weniger lange als die Verschlüsselung.

10.7 Firewall

Jegliche Kommunikation mit dem NAS muss durch die Firewall. Diese entscheidet dann, basierend auf den eingestellten Regeln, ob die Kommunikation mit dem NAS stattfinden darf oder nicht.

Das Thema Sicherheit ist, wie viele andere Themen in der IT, begleitet von einer Vielzahl von Ansichten. Das Für und Wider von Sicherheitswerkzeugen und -mechanismen wird immer wieder heiß diskutiert. Gerade der Einsatz einer Firewall ist oft eine Glaubensfrage. Zu jeder Aussage von mir werden Sie Argumente finden, die diese stützen, Sie werden aber noch mehr Argumente finden, die mir widersprechen. Wie schon erwähnt, ist das Kapitel Sicherheit nur als Denkanstoß zu verstehen. Sie sollen hier keine Checkliste mitnehmen, die Sie blind abarbeiten. Sie sollen die Funktion der Werkzeuge verstehen und sie Ihren Bedürfnissen entsprechend einsetzen können. Außerdem sollen Sie sich besser zurechtfinden, wenn Sie sich tiefer in die Materie einlesen.

Aber was ist das Problem mit der Firewall? In erster Linie schützen Sie den Zugriff auf Ihr NAS mit Benutzerkonten und sicheren Passwörtern. In weiterer Folge verwenden Sie mehrere Benutzerkonten und Regeln für jeden Benutzer, auf welche Ordner und Anwendungen er zugreifen darf. Ist Ihr NAS aus dem Internet erreichbar, regeln Sie über die Portfreigabe am Router, welche Anwendungen von außerhalb aufgerufen werden können und welche nicht. Das Benutzer-Login ist ja zusätzlich notwendig. Grundsätzlich sind Sie damit abgesichert, und eine Firewall ist nicht notwendig. Für viele Anwendungsfälle kann das auch ausreichend und eine Firewall wirklich nicht notwendig sein.

Die Firewall arbeitet IP- und Protokoll-basiert, Benutzer tauchen hier also gar nicht auf. Sie gezielt anzusprechen, kann sich daher als schwierig erweisen. Benutzer, die über das Internet zugreifen, haben in den meisten Fällen eine dynamische IP, das heißt, sie bekommen regelmäßig eine andere IP zugewiesen. Regeln wären somit ungültig. Im LAN kann das anders aussehen, vorausgesetzt, Sie verwalten es richtig, und alle Teilnehmer haben feste IP-Adressen – damit lässt sich besser arbeiten. Es ist aber nicht unmöglich, in einem LAN an IP-Adressen zu gelangen, die nicht für einen gedacht sind. Der Einsatz einer Firewall erfordert also ein viel tieferes Verständnis für Netzwerke und deren Funktion und auch ein hohes Maß an Kontrolle über das eigene LAN. Dazu kommt noch, dass die Firewall bei einer Vielzahl an Regeln unübersichtlich wird und sehr schnell Zugriffe gesperrt werden, die eigentlich nicht gesperrt sein sollten.

In vielen Fällen kommen Sie zwar auch ohne Firewall aus, das heißt aber nicht, dass sie nutzlos ist. Nutzen Sie das QNAP NAS in einem Unternehmen oder einem Verein, sollten Sie unbedingt über eine Firewall nachdenken. Die größte Gefahr in einem Unternehmen geht von den eigenen Mitarbeitern aus (auch wenn das meist eher unbeabsichtigt ist). Aber auch im LAN kann die Firewall durchaus wertvoll sein.

Auch wenn Sie den Zugriff auf Ihr NAS über Benutzer- und Anwendungsberechtigungen regeln, kann es sein, dass Sie nicht wollen, dass jeder Teilnehmer im LAN auf Services des NAS zugreifen darf. Mit Zugriff ist hier lediglich das Aufrufen der jeweiligen Services/der Anwendung gemeint. Der tatsächliche Zugriff darauf ist weiterhin nur nach einem Login gestattet. Die Firewall hilft Ihnen, hier zusätzliche Sicherheitsmaßnahmen zu ergreifen. Ein Angreifer kann gar nicht die Barriere der Benutzerberechtigungen attackieren, wenn er nicht bis vor die Tür kommt. Nutzen Sie in Ihrem LAN Subnetze, wie z.B. ein Gäste-WLAN, können Sie dieses über die Firewall komplett ausschließen.

10.7.1 Erlauben/Verweigern-Liste – Firewall Light

QTS hat bereits eine simple »Firewall« eingebaut. Sie finden sie in der SYSTEMSTEUERUNG unter SYSTEM|SICHERHEIT im Reiter ERLAUBEN/VERWEIGERN LISTE. In dieser Liste können Sie den allgemeinen Zugriff auf das NAS auf bestimmte IP-Adressen/Netzwerkdomänen beschränken bzw. diese blockieren.

> **Tipp**
>
> Grundsätzlich sollte man bei Zugriffsbeschränkungen nach dem Whitelisting-Prinzip vorgehen, das heißt, grundsätzlich ist alles verboten/blockiert, und nur die gelisteten Ausnahmen sind erlaubt. Das Whitelisting bietet die größtmögliche Kontrolle und Sicherheit. Dem gegenüber steht das Blacklisting, bei dem grundsätzlich alles erlaubt ist und die gelisteten Ausnahmen blockiert/verboten. Das Problem hierbei ist, dass Sie nicht in allen Situationen absehen können, welche Bedrohungen/Zugriffe es geben kann, um diese zu blockieren. Vergessen Sie etwas, haben Sie eine Sicherheitslücke, die Sie nicht bemerken. Vergessen Sie beim Whitelisting etwas, ist der Zugriff blockiert, und Sie merken das auch und können Korrekturen vornehmen.

Um den Zugriff auf Ihr NAS zu regeln, gehen Sie folgendermaßen vor.

1. Gehen Sie zu SYSTEMSTEUERUNG|SYSTEM|SICHERHEIT|ERLAUBEN/VERWEIGERN LISTE.
2. Aktivieren Sie »Nur aufgelistete Verbindungen zulassen«.
3. Klicken Sie auf HINZUFÜGEN.
4. Legen Sie fest, welchen IP-Adressen der Zugriff gewährt werden soll. Sie haben dabei die Möglichkeit, einzelne IP-Adressen anzugeben, ein bestimmtes Netzwerk festzulegen oder einen Bereich.

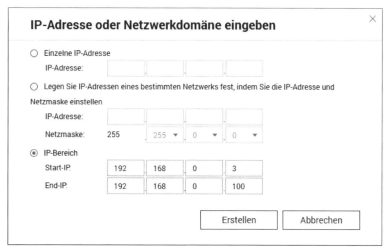

Abb. 10.4: Der Eintrag gilt für alle IP-Adressen von .3 bis .100.

5. Übernehmen Sie die Änderungen.

> **Achtung**
>
> QTS bietet keinerlei Sicherheitsmechanismen oder Warnungen, wenn Sie sich selbst aussperren. Klicken Sie auf ÜBERNEHMEN, ohne dass sich Ihre aktuelle IP-Adresse in der Liste befindet, haben Sie keinen Zugriff mehr auf Ihr NAS.

Kapitel 10
Sicherheit

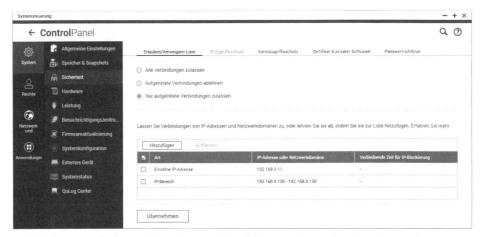

Abb. 10.5: Legen Sie fest, welches Gerät auf das NAS zugreifen darf und welches nicht.

Die Liste bietet nur eine sehr rudimentäre Zugriffskontrolle, da die Regeln für alle Zugriffe auf das NAS gelten. Es gibt keine Möglichkeit, die Regeln auf unterschiedliche Dienste/ Protokolle/Ports zu beziehen. Die Liste funktioniert auch nur dann, wenn Sie in Ihrem Netzwerk statische IP-Adressen zuweisen. Verteilt der Router die Adressen zufällig, kann damit kein Zugriffsschutz umgesetzt werden. Aber auch fixe IP-Adressen sind kein Garant für Sicherheit, da Eindringlinge sich auch gültige IP-Adressen besorgen können.

Für eine flexiblere Lösung sorgt QNAP mit der App *QuFirewall*, diese liegt allerdings erst als Beta-Version vor. Die folgenden Abschnitte befassen sich mit der *QuFirewall*.

10.7.2 Firewall-Regeln

Eine Firewall-Regel hat einen recht simplen Aufbau und sieht grob formuliert so aus:

```
Zugriffsart Wer? Was?
```

Im ersten Teil geht es darum, festzulegen, ob bei Zutreffen der Regel die Verbindung erlaubt oder blockiert wird.

Als Nächstes wählen Sie aus, auf wen diese Regel zutrifft. Dazu stehen Ihnen folgende Möglichkeiten zur Auswahl:

- *Beliebig* – Die Regel gilt für alle Verbindungen.
- eine *konkrete IP-Adresse* – z.B. 10.0.0.11, 89.17.34.60
- ein *IP-Adressen-Bereich* – z.B. 192.168.0.1 bis 192.168.0.10
- ein *ganzes Netz* – z.B. 192.168.0.0/24
- *Region* – Die Regel gilt also für jede IP-Adresse, die dieser Region zugeordnet ist.

> **Hinweis**
>
> Möchten Sie mehrere einzelne IPs ansprechen, die nicht durch einen Bereich abgedeckt werden können (z.B. 10.0.0.1 und 10.0.0.3, aber nicht 10.0.0.2), müssen Sie für jede IP eine eigene Regel erstellen.

Im letzten Schritt geben Sie an, welcher Dienst von der Regel betroffen ist bzw. welche Anwendung Sie schützen möchten. Hier stehen Ihnen Protokolle/Dienste/Anwendungen anhand der Portnummern zur Auswahl. Sie können beliebig viele Portnummern für eine Regel auswählen. Darunter leidet aber auch ein wenig die Übersicht. Es ist dann nicht mehr auf einen Blick erkennbar, was die Regel abdeckt.

10.7.3 Die Firewall aktivieren

Sie finden die *QuFirewall* im App Center im Bereich SICHERHEIT. Installieren Sie die App und öffnen Sie sie im Anschluss.

> **Hinweis**
>
> Die App *QuFirewall* befindet sich in der zur Drucklegung des Buchs aktuellen Version in der Beta-Phase und ist nur auf Englisch verfügbar.

Sie werden durch den Einrichtungsprozess geführt, dabei werden im ersten Schritt Regeln, die Sie unter SYSTEMSTEUERUNG|SYSTEM|SICHERHEIT|ERLAUBEN/VERWEIGERN LISTE angelegt haben migriert. Anschließend legen Sie ein Sicherheitsprofil fest. Zur Auswahl stehen drei Profile, wobei nur eines Ihnen volle Kontrolle über die Firewall gewährt.

- *Basic protection* – Erlaubt den Zugriff auf das NAS aus dem lokalen Netz und von außerhalb aus der Region/dem Land, das Sie im nächsten Schritt auswählen, alle anderen Zugriffe werden verweigert. Der Zugriff bezieht sich auf alle Anwendungen/Dienste/Protokolle des NAS.

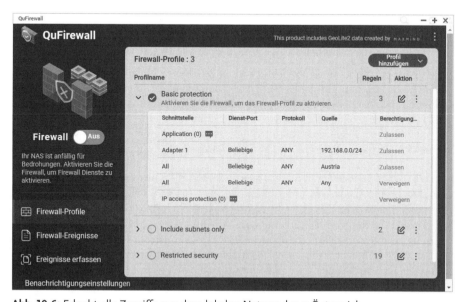

Abb. 10.6: Erlaubt alle Zugriffe aus dem lokalen Netz und aus Österreich

- *Include subnets only* – Im Gegensatz zum oberen Profil ist hier kein Zugriff von außen erlaubt.

- *Restricted security* – Erlaubt den Zugriff auf alle gängigen Anwendungen und Dienste des NAS aus dem lokalen Netz sowie auf einige Anwendungen/Protokolle aus der gewählten Region

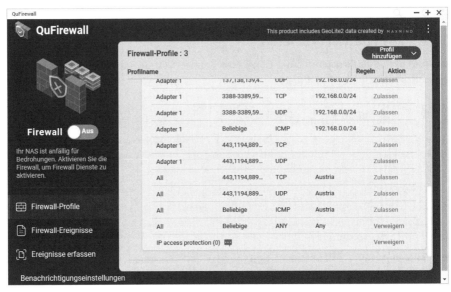

Abb. 10.7: Detailliertere Regeln erlauben den Zugriff nur auf bestimmte Dienste/Ports.

Tipp

Ich empfehle, vorerst irgendein Profil zu wählen und anschließend ein eigenes Profil zu definieren, nur dann können Sie genau festlegen, wer worauf Zugriff hat.

Lassen Sie, gerade wenn es um die Sicherheit geht, keine Einstellungen automatisch vornehmen. Sie können nie sicher sein, was genau passiert. Tätigen Sie alle Einstellungen selbst, dann haben Sie die volle Kontrolle über die Konfiguration Ihres NAS. Wenn Sie die Firewall nutzen, sollten Sie wissen, wie sie funktioniert und was Sie erreichen wollen. Erstellen Sie jede Regel nach Ihren Bedürfnissen. Das gilt nicht nur für die Firewall, sondern auch für andere Bereiche, wie etwa die Portfreigabe im Router.

Regionale Beschränkungen

Mit einer Region sind alle IP-Adressen gemeint, die offiziell diesem Land/der Region zugeordnet werden können. Das ist zwar sehr hilfreich, wenn Sie den externen Zugriff nur aus gewissen Ländern erlauben wollen und als unsicher eingestufte Regionen wie Indien oder China (aus diesen erfolgen sehr viele automatisierte Hackerangriffe) ausschließen wollen. Das hilft aber auch nur bis zu einem gewissen Maß. Durch die Verwendung von VPNs und anderer Technologien kann die Herkunfts-IP verschleiert und regionale Beschränkungen umgangen werden. Wollen Sie einen Dienst (etwa den Webserver) Ihres NAS öffentlich erreichbar machen, helfen regionale Blockaden aber zumindest, automatisierte Attacken und DDoS-Attacken einzugrenzen.

Wählen Sie ein beliebiges Profil und schließen Sie den Einrichtungsdialog ab. Als Nächstes definieren Sie Ihr eigenes Profil mit eigenen Firewall-Regeln. Klicken Sie dazu auf PROFIL HINZUFÜGEN|PROFIL ERSTELLEN. Vergeben Sie einen Profilnamen, und fügen Sie Regeln hinzu (siehe unten), anschließend bestätigen Sie die Eingaben mit einem Klick auf ERSTELLEN.

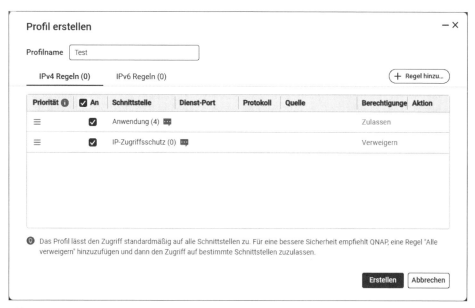

Abb. 10.8: Erstellen Sie beliebige Profile mit eigenen Regeln.

Haben Sie ein Profil konfiguriert, müssen Sie die Firewall auch aktivieren. Klicken Sie dazu auf den Schalter auf der linken Seite.

Abb. 10.9: Nur wenn die Firewall an ist, gilt das ausgewählte Profil.

10.7.4 Eine Regel anlegen

1. Öffnen Sie die *QuFirewall*, und klicken Sie auf das Bearbeiten-Icon neben dem gewünschten Profil. Alternativ können Sie Regeln auch beim Erstellen eines neuen Profils hinzufügen.
2. Klicken Sie auf REGEL HINZUFÜGEN.
3. Wählen Sie, ob die Verbindung bei zutreffender Regel zugelassen oder verweigert werden soll.
4. Wählen Sie die Netzwerkschnittstelle, für die die Regel gilt. Die Regel kann für alle Schnittstellen oder eine spezifische Schnittstelle gelten. Dabei werden nur Schnittstellen aufgelistet, die auch aktiv sind. Die genaue Anzahl und Art der Schnittstellen hängt vom NAS-Modell und der Konfiguration ab. Mögliche Schnittstellen sind eine oder mehrere LAN-Schnittstellen, WLAN. Möchten Sie eine Regel für mehrere Schnittstellen, aber nicht alle, müssen Sie für jede gewünschte Schnittstelle eine eigene Regel anlegen.

    - *Adapter (1-X)* – Regeln betreffen die Verbindung über den Ethernet-Anschluss des NAS. Hat Ihr Gerät mehrere Ethernet-Ports, finden Sie im Drop-down-Menü auch mehrere Einträge, durchnummeriert beginnend bei 1. Die meisten Regeln, die Sie erstellen, werden vermutlich dieser Schnittstelle zuzuordnen sein. Bei Verbindung des NAS mit dem Router werden über diese Schnittstelle sowohl Verbindungen aus dem LAN als auch aus dem Internet (sofern eingerichtet) ausgebaut.
    - *VPN* – Diese Regeln gelten für Verbindungen, die über den VPN-Server (siehe Abschnitt 9.3 »VPN – sicherer Zugriff auf das NAS über das Internet«) erfolgen. Haben Sie den VPN-Server eingerichtet, empfiehlt es sich, auch hier Regeln festzulegen.
    - Je nach installierter Virtualisierungssoftware sind noch weitere Schnittstellen aufgelistet.

5. Als Nächstes wählen Sie die Quelle aus, also für wen die Regel gilt. Sie haben die Auswahl zwischen IP und Region. Bei der Auswahl der Region können Sie über die Checkboxen mehrere Regionen auswählen. Wählen Sie die Option »IP« als Quelle, können Sie wieder eine einzelne IP-Adresse, ein Netzwerk oder einen IP-Bereich festlegen. Auch hier müssen Sie mehrere Regeln anlegen, wenn Sie den gewünschten Quellbereich nicht mit einer Angabe abdecken können.
6. Im nächsten Schritt wird das Ziel ausgewählt. Leider lässt die Funktionalität von *QuFirewall* noch einige Wünsche offen. Zuerst wählen Sie das Protokoll (gemeint ist hier das Transport-Layer-Protokoll, also TCP, UDP oder ICMP). Wählen Sie TCP oder UDP müssen Sie noch einen oder mehrere Ports festlegen. Hier hilft Ihnen zwar ein Klick auf DIENST-PORT-REFERENZ, allerdings ist die Liste mit Vorsicht zu genießen.

> **Achtung**
>
> Einige Anwendungen kommunizieren über TCP, andere über UDP, wieder andere über beide. Berücksichtigen Sie das beim Anlegen der Regeln. Leider gibt die Liste keinen Hinweis darauf, welche Anwendung welches Protokoll verwendet. Hier müssen Sie selbst recherchieren und im Zweifelsfall eine Regel für beide erstellen. Nächster Schwachpunkt der Liste sind benutzerdefinierte Ports. Ändern Sie die Portnummer (siehe Abschnitt 10.9.4 »Standardports ändern«), wird diese Änderung nicht in der Liste wiedergegeben.

7. Klicken Sie auf ÜBERNEHMEN.

Regeln lassen sich nachträglich bearbeiten oder löschen. Sie können Regeln aber auch deaktivieren – entfernen Sie dazu das Häkchen neben der Regel. Dadurch wird die Regel nicht mehr angewandt, bleibt aber in der Liste erhalten.

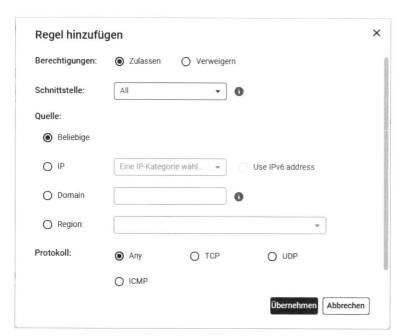

Abb. 10.10: Erstellen einer neuen Firewall-Regel

> **Achtung**
>
> Auch *QuFirewall* besitzt keinen Schutzmechanismus gegenüber dem Selbstaussperren. Achten Sie darauf, dass Sie eine Regel erstellen, die zumindest einem Ihrer Rechner den Zugriff auf *QTS* erlaubt. Standardmäßig ist das der Port 8080 (http) bzw. 443 für (https). Als Protokoll wird TCP verwendet.

10.7.5 Regel-Prioritäten

Bei einem Zugriff werden die Regeln von oben nach unten abgearbeitet. Sobald eine Regel zutrifft, wird sie angewendet, die anderen Regeln werden nicht mehr überprüft. Bedenken Sie dies beim Erstellen und Anordnen der Regeln. Sie können die Reihenfolge jederzeit durch Drag & Drop verändern. Sie sollten also oben die spezifischen Regeln und weiter unten die allgemeinen Regeln anordnen. Sie können daher auch problemlos redundante oder sich widersprechende Regeln erstellen.

> **Tipp**
>
> Je mehr Regeln Sie erstellen und je spezifischer diese ausfallen, desto komplexer wird die Firewall. Üblicherweise werfen Sie nicht gerade täglich einen Blick auf Ihre Firewall-

Regeln, dokumentieren Sie daher am besten, warum Sie welche Regel angelegt haben. Wollen Sie nach Monaten eine Änderung vornehmen, hilft Ihnen die Dokumentation, sollten Sie vergessen haben, was Sie getan haben.

10.8 Zwei-Faktor-Authentifizierung

Bei der Zwei-Faktor-Authentifizierung (2FA) werden zwei Aspekte der Benutzerauthentifizierung kombiniert und somit die Sicherheit gesteigert. Meist handelt es sich dabei um den Aspekt »etwas, das Sie wissen« (z.B. Ihr Passwort) sowie den Aspekt »etwas, das Sie haben« (wie Ihr Smartphone). Weitverbreitet ist die Nutzung sogenannter Tokens, dabei handelt es sich um eine Zahlenkombination, die periodisch neu berechnet wird. Stimmen die Uhrzeit des Systems und die Berechnungsformel überein, kann dasselbe Token auf beliebig vielen Geräten reproduziert werden, ohne dass die Geräte miteinander verbunden sind.

Um sich zu authentifizieren, wird das Token sowohl auf dem Gerät, auf dem Sie sich anmelden möchten, als auch auf dem Smartphone berechnet. Angezeigt bekommen Sie das Token aber nur am Smartphone, dieses Token geben Sie am Zielgerät ein, und stimmen die Tokens überein, ist die Authentifizierung erfolgreich.

> **Hinweis**
>
> Damit Sie die Zwei-Faktor-Authentifizierung nutzen können, benötigen Sie Apps wie den *Google Authenticator* (für Android und iPhone erhältlich).
>
> Sie müssen des Weiteren ein E-Mail-Konto in Ihren Benutzereinstellungen hinterlegt haben (siehe Abschnitt 3.1.6 »QTS personalisieren«).

Zwei-Faktor-Authentifizierung aktivieren

Damit die 2FA funktioniert, muss dem NAS die korrekte Uhrzeit zugewiesen sein. Haben Sie die Uhrzeit manuell unter SYSTREMSTEUERUNG|SYSTEM|ALLGEMEINE EINSTELLUNGEN|UHRZEIT festgelegt, und ist diese nicht exakt, dann wird der Token nicht akzeptiert. Läuft die Uhr einige Sekunden nach, ist der Token erst kurz vor oder sogar erst nach Ablauf des Timers in der App gültig. Geht die Uhr vor, ist der Token, den Sie in der App sehen, bereits ungültig. Nutzen Sie am besten einen freien NTP-Server aus dem Internet, um die Uhrzeit einzustellen.

1. Öffnen Sie *QTS*.
2. Klicken Sie in der Taskleiste auf das Benutzer-Icon bzw. auf den Kontonamen und wählen OPTIONEN.
3. Wechseln Sie in den Reiter BESTÄTIGUNG IN 2 SCHRITTEN.
4. Klicken Sie auf BEGINNEN SIE, um die Einrichtung zu starten.
5. Sie sehen einen QR-Code und einen Sicherheitsschlüssel. Scannen Sie den Code mit der Authentifizierungs-App, oder geben Sie dort den Sicherheitsschlüssel ein.

Abb. 10.11: Scannen Sie den QR-Code mit dem Google Authenticator oder einer ähnlichen App.

6. Klicken Sie dann im Assistenten auf WEITER.
7. Im nächsten Schritt müssen Sie zur Bestätigung den 6-stelligen Code aus der App eingeben. Klicken Sie dann auf BESTÄTIGEN und WEITER.

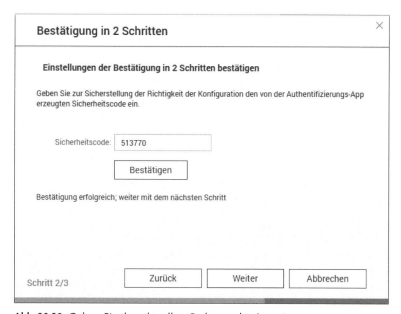

Abb. 10.12: Geben Sie den aktuellen Code aus der App ein.

8. Im letzten Schritt müssen Sie sich für eine zusätzliche Absicherung entscheiden. Diese erlaubt Ihnen, einen Code zu generieren, falls Sie das Smartphone mit der Authentifizierungs-App verlieren. Sie können entweder eine Sicherheitsfrage einstellen oder eine E-Mail hinterlegen. Klicken Sie dann auf BESTÄTIGEN.

Sie werden automatisch aus *QTS* ausgeloggt und müssen sich erneut anmelden, ab jetzt mit Zwei-Faktor-Authentifizierung. Die 2FA gilt nicht nur für den Login in *QTS*, sondern für alle Logins, die Sie mit Ihrem NAS-Konto durchführen (mobile Apps, Desktop-Clients etc.).

Abb. 10.13: Logins Ihres NAS sind jetzt doppelt abgesichert.

10.9 Weitere Sicherheitsmaßnahmen

In diesem Abschnitt finden Sie noch eine Reihe unterschiedlicher Sicherheitsaspekte und Schutzmechanismen.

10.9.1 QTS absichern

In *QTS* finden sich einige Sicherheitseinstellungen, die Sie aktivieren sollten. Sie finden diese in SYSTEMSTEUERUNG|SICHERHEIT.

Schutz vor Brute-Force-Angriffen

In der SYSTEMSTEUERUNG unter SYSTEM|SICHERHEITS|IP-ZUGRIFFSSCHUTZ können Sie eine automatische Blockierung bei fehlgeschlagenen Anmeldeversuchen aktivieren. Sie können angeben, wie viele Login-Versuche in welcher Zeit stattfinden müssen, um eine Blockierung der IP-Adresse auszulösen, und auch, wie lange die Blockierung dauert. Für unterschiedliche Dienste können Sie auch unterschiedliche Angaben machen.

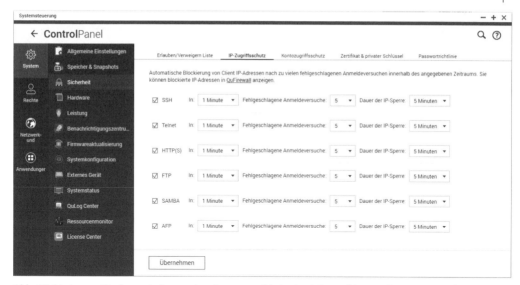

Abb. 10.14: Legen Sie fest, wie lange eine Sperre und bei wie vielen Fehlversuchen in einem bestimmten Zeitraum diese erfolgen soll.

Während die automatische Blockierung Anfragen von IP-Adressen blockiert, können Sie mit dem Kontoschutz Benutzerkonten zum Schutz sperren lassen. Schlägt die Anmeldung mit einem bestimmten Benutzer zu oft fehl, wird das Konto vorübergehend gesperrt, damit es nicht gehackt werden kann. Der Kontoschutz sperrt zwar dann auch den Inhaber des Kontos aus, bei massiven Angriffen, die über verschiedene IPs ausgeführt werden, ist das aber der sichere Weg. Ist der Angriff vorbei, können Sie den Schutz wieder aufgeben.

Das Menü dazu finden Sie im benachbarten Reiter KONTOZUGRIFFSSCHUTZ.

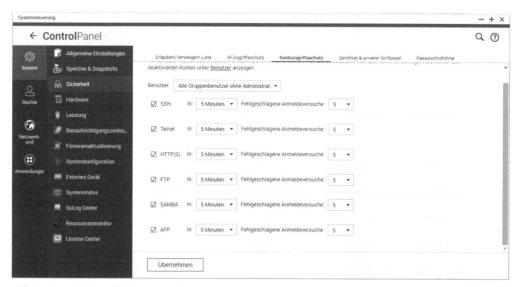

Abb. 10.15: Hier betrifft die Sperre das Konto und nicht die IP-Adresse.

Welche Werte die richtigen sind, ist eher Ermessenssache. Natürlich gilt, je strenger die Regelung, desto besser, sind die Regeln zu streng, können sie bei anderen Anwendern zu Frustration führen (und auch bei Ihnen, da Sie ja die Adressen/Konten wieder freigeben müssen). Denken Sie daran, und legen Sie für unterschiedliche Konten und Dienste unterschiedliche Regeln an.

> **Achtung**
>
> Die Sperren gelten nur für *QTS* und QNAP-Dienste/Anwendungen. Der Webserver und Drittersteller-Anwendungen sind von diesen nicht betroffen und müssen separat abgesichert werden.

Eine Kombination beider Mechanismen sollte unbedingt eingestellt werden. Die Sperren zählen zu den grundlegenden Sicherheitsmechanismen, aber sie sind bei Weitem kein Allheilmittel. Nutzt der Angreifer ein Botnetz, führt er jede einzelne Anfrage über eine andere IP aus und wird so nicht geblockt. Der Kontoschutz sichert zwar gegen den Missbrauch von Kontonamen, es gibt aber genug Angriffe, die nicht auf das Knacken eines Benutzerkontos abzielen.

Einbettung in iFrames deaktivieren

iFrames schienen eine großartige Erfindung zu sein, konnte man den Inhalt einer Webseite in einer anderen Webseite anzeigen, ohne ihn kopieren zu müssen. Die anfängliche Beliebtheit hat sich lange gehalten, ist aber in den letzten beiden Jahrzehnten stark zurückgegangen, als man gesehen hat, dass iFrames ein Sicherheitsrisiko darstellen und, weiter noch, dazu genutzt werden können, Webseiten als etwas auszugeben, was sie nicht sind.

Das Einbetten von Seiten in iFrames lässt sich aber auch einschränken bzw. ganz unterdrücken. Die Option dafür finden Sie in *QTS* in der SYSTEMSTEUERUNG unter SYSTEM|ALLGEMEINE EINSTELLUNGEN|SYSTEMADMINISTRATION. Aktivieren Sie die Option, um das Einbetten zu verhindern. Über ZULÄSSIGE WEBSITES können Sie Ausnahmen festlegen.

Abb. 10.16: Lassen Sie nicht zu, dass andere Ihr QTS in deren Seite einbinden.

10.9.2 https erzwingen

Im vorherigen Kapitel habe ich bereits vorgegriffen und Ihnen schon jede Menge über verschlüsselte Verbindungen (*https*) erzählt und Ihnen erklärt, wie Sie SSL-Zertifikate einrichten und verwalten. Sie sollten ausschließlich verschlüsselte Verbindungen nutzen, auch im lokalen Netz. Unverschlüsselte Verbindungen sind eine der größten Sicherheitsrisiken schlechthin. Es ist ein Leichtes, sich zwischen Sender und Empfänger zu hängen, ohne dass diese es mitbekommen. Der Angreifer kann bei so einer *Man-In-The-Middle*-Attacke (MITM) sämtlichen Inhalt unverschlüsselter Verbindungen mitlesen. Melden Sie sich über eine unverschlüsselte Verbindung an, sind Benutzername und Passwort auslesbar, aber auch sämtliche Daten, die Sie versenden und empfangen.

Damit Sie oder ein anderer Benutzer gar nicht erst die Möglichkeit haben, eine unverschlüsselte Verbindung zu nutzen, gibt es mehrere Mittel:

- http nicht am Router freigeben – Geben Sie den Port 80 (bzw. 8080) nicht auf Ihrem Router frei. http-Anfragen werden dann von diesem gar nicht erst an Ihr NAS weitergeleitet. Dient Ihr NAS als Webserver und soll von beliebigen Besuchern erreicht werden können, kann ein geschlossener Port 80 Personen davon abhalten, Ihre Webseite zu erreichen, in diesem Fall ist es besser, Zugriffe auf Port 80 nicht abzublocken, sondern auf Port 443 umzuleiten.

- Zugriff auf unverschlüsselte Verbindungen in der Firewall nicht erlauben – Erstellen Sie eine Regel in der Firewall, achten Sie darauf, nur den Zugriff auf die verschlüsselten Varianten der Dienste und Anwendungen zu erlauben. Haben Sie sich an meine Orientierungshilfen zum Thema Firewall gehalten, müssen Sie die unverschlüsselten Varianten nicht extra blockieren. Schaden würden solche Regeln aber nicht.

- https erzwingen – Unter SYSTEMSTEUERUNG|SYSTEM|ALLGEMEINE EINSTELLUNGEN|SYSTEMADMINISTRATION setzen Sie das Häkchen bei SICHEREN ANSCHLUSS (HTTPS) AKTIVIEREN sowie NUR EINE SICHERE VERBINDUNG (HTTPS) HERSTELLEN (siehe Abbildung 10.16). Diese Einstellung gilt für *QTS* und alle Anwendungen, die mit *QTS* und dem genutzten Port verbunden sind (*File Station*, *Qsync* etc.). Drittsteller-Apps müssen separat in deren Einstellungen oder über die Firewall gesichert werden.

> **Hinweis**
>
> Sollten Sie noch das QNAP-Zertifikat oder ein selbst signiertes Zertifikat nutzen, zeigt Ihr Browser eventuell eine Fehlermeldung. Mehr zum Thema SSL-Zertifikate erfahren Sie in Abschnitt 9.2.5 »Sicherheit durch SSL-Verschlüsselung«.

10.9.3 Software aktuell halten

Eine weitere, nicht zu unterschätzende Sicherheitsmaßnahme ist das Aktuellhalten der NAS-Software oder eigentlich generell jeder Software, mit der Sie arbeiten. Keine Software ist perfekt, und Bugs oder Sicherheitslücken können dazu führen, dass Fremde sich Zutritt zu Ihren Daten oder Ihrem System verschaffen. Halten Sie Ihre Software (vor allem *QTS* als auch die installierten Apps) stets auf dem neuesten Stand. Leider ist, gerade bei weniger technikaffinen Nutzern, eine gewisse Abneigung gegenüber Software-Updates, weitverbreitet.

QTS aktualisieren

QTS-Updates können ein heikles Thema sein, auf der einen Seite ist es wichtig, das System aktuell zu halten, auf der anderen Seite kann blindes Updaten dazu führen, dass das System nicht mehr so läuft, wie es soll. QNAP ist dafür bekannt, recht häufig Firmware-Updates zu veröffentlichen, dabei schleichen sich mitunter Fehler ein. Weiterhin ist es bei QNAP keine Seltenheit, dass Funktionen bzw. Optionen entfernt oder verschoben werden.

Möchten Sie *QTS* aktualisieren, sollten Sie daran denken, dass das NAS für einige Zeit nicht betriebsbereit ist. Das ist wichtig, falls andere Benutzer auf Ihr NAS zugreifen.

Steht ein neues Update zur Verfügung, werden Sie über die Systembenachrichtigung darauf hingewiesen. Auch ein Pop-up beim Einloggen in *QTS* weist Sie darauf hin.

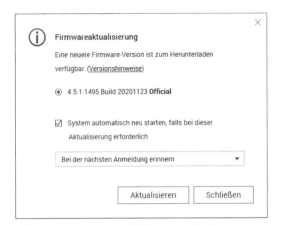

Abb. 10.17: Eine neue QTS-Version steht bereit.

Bevor Sie ein Firmware-Update durchführen, sollten Sie die Systemkonfiguration sichern und gegebenenfalls ein Backup Ihrer Daten anlegen. Beides können Sie in Abschnitt 8.3 »Das NAS selbst sichern« nachlesen.

Um ein Update durchzuführen, gehen Sie wie folgt vor:

1. Haben Sie das Pop-up schon geschlossen, gelangen Sie auch über die aktuellen Benachrichtigungen und einem Klick auf die entsprechende Nachricht in das entsprechende Menü. Alternativ können Sie auch direkt SYSTEMSTEUERUNG|SYSTEM|FIRMWAREAKTUALISIERUNG öffnen.
2. Klicken Sie auf AUF AKTUALISIERUNG PRÜFEN. Ist das Pop-up geöffnet, können Sie direkt auf AKTUALISIEREN klicken.
3. Sie erhalten einen Hinweis über die aktuelle Firmware-Version. Bestätigen Sie die Meldung, und Sie erhalten eine Liste der Neuerungen und Änderungen. Bestätigen Sie auch diese mit FORTFAHREN.
4. Jetzt haben Sie Zeit, sich einen Kaffee oder Snacks zu holen oder womit Sie sonst so die Zeit verbringen, wenn Sie wieder einmal auf die liebe Technik warten. *QTS* wird jetzt gesperrt und beginnt mit dem Download des Firmware-Updates und installiert dieses anschließend. Danach wird das NAS neu gestartet. Möchten Sie die Wartezeit verkürzen, können Sie das, indem Sie die Neustart-Meldung mit OK quittieren.

Abb. 10.18: Die Firmware wird heruntergeladen ...

Abb. 10.19: ... und anschließend gleich installiert.

5. Ist der Vorgang abgeschlossen, können Sie sich wieder in *QTS* anmelden.

Nach dem Update sind oft Updates der installierten Apps notwendig. Sollte Ihr System danach nicht mehr funktionieren, wie gewünscht, prüfen Sie die betroffenen Einstellungen. Hilfe finden Sie eventuell auch in der Community. Bekommen Sie Ihr System gar nicht mehr zum Laufen, haben Sie zwei Optionen: Entweder Sie setzen es komplett neu mit der aktuellsten Version auf, oder Sie laden die letzte funktionierende Version von *QTS* herunter, setzen das NAS mit dieser Version neu auf und spielen dann Ihre Backups mit *Hybrid Backup Sync* wieder auf das NAS.

> **Tipp**
>
> Sie sollen zwar Ihre Software aktuell halten, von automatischen Updates rate ich dennoch ab. Auf produktiv genutzten Systemen können automatische Updates fatale Folgen haben. Im besten Fall haben Benutzer keinen Zugriff auf Dateien und Dienste (mitten während der Benutzung). Im schlechtesten Fall funktioniert nach dem Update nicht mehr alles, und einiges an Nacharbeit ist erforderlich. Bugs oder entfernte Funktionen können auch dazu führen, dass Dateien und Dienste längere Zeit nicht mehr nutzbar sind. In der Community finden sich viele Meldungen dazu, dass QNAP ein Update nicht ausreichend getestet oder eine Funktion entfernt oder verschoben hat. Prüfen Sie also lie-

ber vorher, welche Änderungen das Update bereithält, und führen Sie das Update zu einem geeigneten Zeitpunkt manuell durch.

Nutzen Sie Ihr NAS im professionellen Umfeld, führen Sie Updates immer zuerst auf einem Testgerät durch, und überprüfen Sie anschließend die Funktionsweise. Natürlich können Sie das auch zu Hause so handhaben.

Ältere Firmware-Version installieren (Downgrade)

Möchten Sie eine andere Firmware-Version als die aktuellste installieren, also einen Downgrade vornehmen, können Sie das ebenfalls über das Menü FIRMWAREAKTUALISIERUNG. Laden Sie zuerst eine ältere QTS-Version aus dem Download-Center (https://www.qnap.com/de-de/download) herunter.

Wechseln Sie vom Reiter ECHTZEIT-AKTUALISIERUNG in den Reiter FIRMWAREAKTUALISIERUNG. Klicken Sie anschließend DURCHSUCHEN um die heruntergeladene Firmware-Datei auszuwählen und anschließend auf SYSTEM AKTUALISIEREN, um den Vorgang zu starten. Bestätigen Sie die Meldung, um die Firmware hochzuladen. Ist die Version älter als die aktuelle Version, erhalten Sie einen Warnhinweis. Diesen müssen Sie erst bestätigen, und mit einem Klick auf SYSTEM AKTUALISIEREN startet die eigentliche Installation.

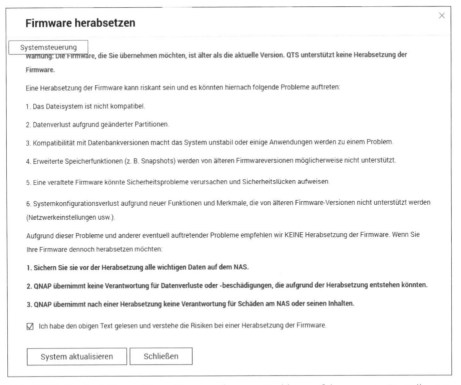

Abb. 10.20: Das Installieren älterer Firmware kann zu Problemen führen, wenn Einstellungen oder Funktionen noch nicht unterstützt werden.

10.9.4 Standardports ändern

Dienste sind immer über einen gewissen Port erreichbar. Bekannte Dienste (https, SSH, FTP etc.) verwenden standardisierte Ports, das heißt, sie verwenden immer dieselbe Portnummer, und es ist öffentlich bekannt, welche Nummer das ist. Es gibt aber auch Portnummern, die nicht reserviert sind, diese können von jedem frei genutzt werden. Damit können auch nicht standardisierte Anwendungen (z.B. QNAP-Software) in Netzwerken kommunizieren.

Ist die verwendete Portnummer bekannt, können gezielt Angriffe auf den entsprechenden Dienst durchgeführt werden. Um sich zu schützen, ist es möglich, die Portnummer zu ändern. Das funktioniert aber nicht unter allen Umständen. Betreiben Sie einen Webserver, der öffentlich erreichbar sein soll, muss dieser *http* auf Port 80 anbieten und *https* auf Port 443, da alle Browser davon ausgehen. Natürlich gäbe es die Möglichkeit, andere Ports zu verwenden und diese Information potenziellen Besuchern auf anderem Weg mitzuteilen, das macht aber nur in speziellen Szenarien Sinn und nicht, wenn Sie Ihren Webauftritt für jedermann zugänglich machen wollen.

Für alle Dienste und Anwendungen, die Sie auf Ihrem NAS für *QTS*-Benutzer bzw. einen bestimmten Kreis an Personen anbieten, gilt aber: Verändern Sie die Standardports, um so für mehr Sicherheit zu sorgen.

> **Wichtig**
>
> Das ist für QNAP-Apps besonders wichtig, da sich diese fast alle den Port mit *QTS* teilen. Möchten Sie den Dienst aus dem Internet erreichen, müssten Sie diesen Port freigeben. Dadurch wäre *QTS* aus dem Internet erreichbar und somit ein großes Sicherheitsrisiko.

Dateidienste wie SMB und NFS nutzen fixe Ports, die für diese Dienste universell gültig sind. Andere Ports können Sie selbst festlegen.

Systemports

Diese Ports gelten für QTS und 99 % aller QNAP-Apps. Die Portnummern können Sie unter SYSTEMSTEUERUNG|SYSTEM|ALLGEMEINE EINSTELLUNGEN|SYSTEMADMINISTRATION ändern. Die entsprechenden Felder heißen »Systemport« und »Portnummer« für den https-Anschluss.

FTPS

Andres als SMB und AFP können bei FTPS die Ports geändert werden. Das Menü dazu finden Sie unter SYSTEMSTEUERUNG|NETZWERK- UND DATEIDIENSTE|FTP, in den Reitern FTP-DIENST sowie ERWEITERT. Mehr zum Thema FTPS sehen Sie in Abschnitt 6.4 »FTP, FTPS und SFTP«.

Webserver

Unter SYSTEMSTEUERUNG|ANWENDUNGEN|WEBSERVER im Reiter WEBSERVER legen Sie den http- und den https-Port für den eingebauten Webserver fest.

WebDAV

Im selben Menü im Reiter WEBDAV können Sie die Ports für den WebDAV-Zugang anpassen. Mehr zum Thema WebDAV lesen Sie in Abschnitt 6.5 »WebDAV«.

VPN

Unterschiedliche VPN-Protokolle haben zwar eigene Standardports, diese können Sie aber nach Bedarf anpassen. Sie finden die Ports in der App QVPN-Service in den Einstellungen der einzelnen VPN-Server. Mehr zum Thema VPN finden Sie in Abschnitt 9.3 »VPN – sicherer Zugriff auf das NAS über das Internet«.

SSH/SFTP

Auch der SSH-Port kann angepasst werden. Die Option finden Sie unter SYSTEMSTEUERUNG|NETZWERK- UND DATEIDIENSTE|TELNET/SSH. Der SSH-Dienst ist besonders kritisch, da er Zugang zum vollständigen Dateisystem bietet. Mehr zum Thema SSH erfahren Sie in Abschnitt 6.4 »FTP, FTPS und SFTP«.

Sonstige

Einige QNAP-Apps und die meisten Dritthersteller-Apps verwenden eigene Ports, die in den jeweiligen Einstellungen angepasst werden können.

10.9.5 Das System sauber halten

Deaktivieren bzw. entfernen Sie alles, was Sie nicht mehr benötigen.

- Deinstallieren Sie Apps, die Sie nicht mehr einsetzen.
- Deaktivieren oder löschen Sie Benutzerkonten, die Sie nicht mehr benötigen bzw. die Ihr NAS nicht mehr nutzen. Das beinhaltet auch den Standard-Administrator (*admin*).
- Deaktivieren Sie den SSH-Zugriff auch dann, wenn Ihr NAS nicht über das Internet erreichbar ist. Wenn Sie Zugriff auf die Kommandozeile benötigen, aktivieren Sie den SSH-Zugriff, erledigen Ihr Vorhaben und deaktivieren den Zugriff wieder.
- Entziehen Sie Benutzern die Rechte, wenn diese Dienste oder Freigabeordner nicht mehr benötigen oder darauf zugreifen sollen.
- Entfernen Sie Portfreigaben in Ihrem Router, wenn diese nicht mehr genutzt werden.
- Legen Sie neue Firewall-Regeln fest, um Zugriffe einzuschränken, oder entfernen Sie Regeln, wenn Dienste nicht mehr benötigt werden.

10.9.6 Sicherheitssoftware nutzen

Malware Remover

Der *Malware Remover* ist von Anfang an installiert. Er durchsucht das System nach Malware und entfernt sie. Die App erfordert kaum Eingriffe Ihrerseits. Sie können Scans manuell starten oder auf die voreingestellten automatischen Scans zurückgreifen. Lediglich eine Anpassung der Ausführungszeit könnte Sinn machen.

Abb. 10.21: Der Malware Remover scannt Ihr NAS nach schädlicher Software.

McAfee Antivirus

McAfee Antivirus können Sie über das App Center installieren. Die App bietet die für einen Virenscanner üblichen Funktionen verschiedener Scans und einer Quarantäne. Sie können die Scans per Hand ausführen oder per Zeitplan. Den Echtzeitscanner können Sie ebenfalls aktivieren, bedenken Sie aber, dass diese einen erheblichen Eingriff in das System darstellen und zu einer spürbaren Leistungsbeeinträchtigung führen. Bedenken Sie, dass Scans je nach Speichervolumen einige Stunden dauern können und auch Systemressourcen belegen.

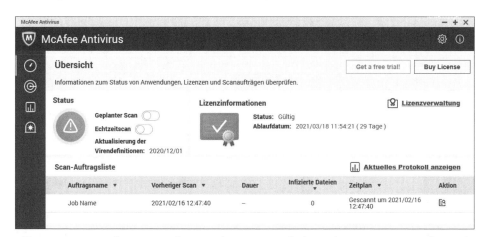

Abb. 10.22: Der McAfee Antivirus bietet mehr Optionen als der Malware Remover, ist aber auch kostenpflichtig.

Halten Sie die Virendefinitionen stets auf dem neuesten Stand.

> **Hinweis**
>
> Für die App *McAfee Antivirus* ist eine Lizenz erforderlich, die Sie über Ihr QNAP-Konto separat erwerben müssen. Eine 30-tägige Testlizenz ist vorhanden.

Den Security Counselor nutzen

Der *Security Counselor* ist ein nützlicher Assistent, der Ihnen hilft, Ihr NAS abzusichern. Natürlich ist er keine ultimative Sicherheitslösung. Der *Security Counselor* prüft verschiedene Parameter basierend auf Ihren Angaben, bei komplexeren Konfigurationen und Aufgabengebieten kann er aber nicht alle Sicherheitslücken und -risiken abdecken. Dennoch sollten Sie den Sicherheitsberater nach der ersten Inbetriebnahme starten und die Sicherheitsprüfung einrichten.

> **Tipp**
>
> Führen Sie die Sicherheitsprüfung zumindest nach Konfigurationsänderungen und Software-Updates durch.

Sicherheitsscan durchführen

Starten Sie den Sicherheitsberater zum ersten Mal, erhalten Sie, wie bei vielen QNAP-Apps, eine kurze Einführung. Danach müssen Sie ein Sicherheitsprofil erstellen, Sie haben die Wahl zwischen »Einfache Sicherheitsrichtlinie« für den privaten Einsatz, »Mittlere Sicherheitsrichtlinie« für die betriebliche Nutzung und »Erweiterte Sicherheitsrichtlinie« für hoch sichere Umgebungen (auch wenn QNAP das so bewirbt, ein NAS, egal welchen Herstellers, eignet sich nur bedingt für den Einsatz in hoch sicheren Umgebungen).

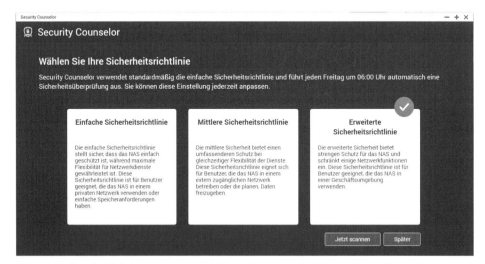

Abb. 10.23: Das Profil legt fest, welche Punkte aus einer vordefinierten Liste überprüft werden.

Die Wahl beeinflusst die Checkliste, die der Sicherheitsberater abarbeitet, natürlich spricht nichts dagegen, auch im privaten Umfeld die höchste Sicherheitsstufe zu verwenden. Nach einem Klick auf JETZT SCANNEN wird der Scan sofort durchgeführt. Dieser dauert nur einige Augenblicke, und Sie sehen dann das Ergebnis.

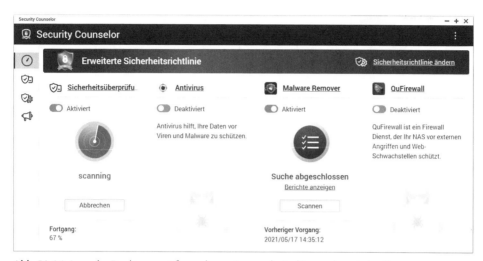

Abb. 10.24: Je mehr Punkte geprüft werden müssen, desto länger dauert der Scan.

> **Tipp**
>
> Verwenden Sie die *QuFirewall* oder den Antivirus, können Sie auch diese in den Sicherheitsbericht mit aufnehmen. Aktivieren Sie dazu den jeweiligen Bereich in der Übersicht.

Sicherheitswarnungen überprüfen

Liegt in einem Teilbereich eine oder mehrere Sicherheitswarnungen vor, wird er rot markiert und eine Risikostufe angezeigt. Klicken Sie auf BERICHTE ANZEIGEN, um Details zu den vorliegenden Warnungen zu erhalten.

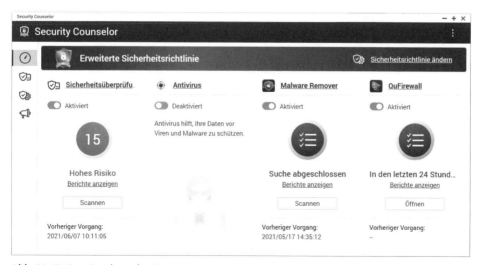

Abb. 10.25: Das Ergebnis des Scans

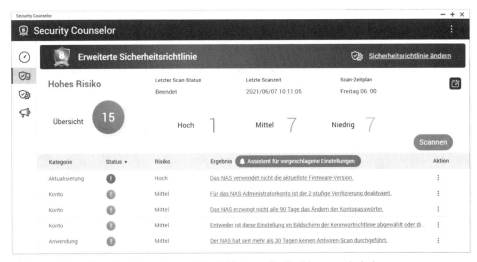

Abb. 10.26: Der Detailbericht mit den Möglichkeiten, die Probleme zu beheben

Im Bericht sehen Sie die einzelnen Punkte aufgelistet, diese sind einer Risikostufe von niedrig bis hoch zugeordnet. Sie haben jetzt mehrere Möglichkeiten, auf die Warnungen zu reagieren. Öffnen Sie das Dreipunkte-Menü neben einer Warnung, können Sie sich mit Beschreibung eine genauere Erläuterung des Problems anzeigen lassen. Mit Ergebnis ignorieren nehmen Sie das Problem zur Kenntnis und akzeptieren den aktuellen Zustand. Das Problem wird zukünftig nicht mehr bei einem Scan berücksichtigt, im Bericht aber weiterhin aufgelistet, dort können Sie es auch wieder in den Bericht aufnehmen.

Klicken Sie auf den blauen Beschreibungstext der Warnung, öffnet sich das entsprechende Menü bzw. die entsprechende App, um die Einstellungen per Hand zu korrigieren.

Zu guter Letzt können Sie alle Probleme über den »Assistenten für vorgeschlagene Einstellungen« beheben. Diesen starten Sie über die gleichnamige Schaltfläche.

Einige Anpassungen kann der Assistent automatisch erledigen, diese sind im Bereich Automatisch aufgelistet und können über den Button Vorschlag anwenden angenommen werden.

Abb. 10.27: Einige Probleme können automatisch behoben werden ...

10.9 Weitere Sicherheitsmaßnahmen

> **Wichtig**
>
> Sehen Sie sich genau an, welche Einstellungen geändert werden. Nehmen Sie einfach alle Änderungen an, können Sie Einstellungen übersehen, die Sie bewusst getroffen haben, um spezielle Funktionen Ihres NAS zu nutzen. Es kann sehr schwierig sein, Fehler zu finden, wenn Sie nicht wissen, was sich in der Konfiguration Ihres NAS geändert hat.

Änderungen, die nicht automatisch durchgeführt werden können, werden im Bereich MANUELL angezeigt. Hier erhalten Sie eine Beschreibung, wie Sie das jeweilige Problem beheben können.

Abb. 10.28: Andere müssen manuell behoben werden.

Haben Sie Änderungen vorgenommen, wird der Scan erneut durchgeführt. Wurden die Probleme behoben, wird der Bericht grün markiert.

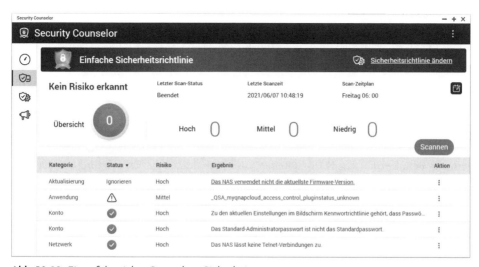

Abb. 10.29: Ein erfolgreicher Scan ohne Sicherheitswarnungen

Sicherheitsberater konfigurieren

Im Bereich SICHERHEITSRICHTLINIE können Sie das gewählte Profil ändern und über die Auswahl von »Benutzerdefinierte Sicherheitsrichtlinie« ein eigenes Profil erstellen. Aus der vorhandenen Checkliste können Sie die gewünschten Überprüfungen aktiveren bzw. deaktivieren.

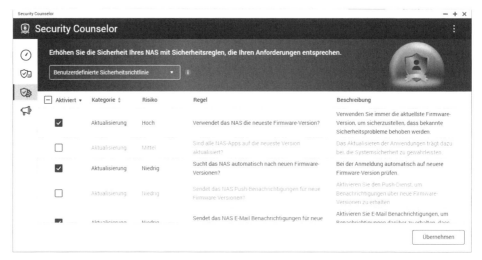

Abb. 10.30: Definieren Sie Ihre eigene Prüfliste.

Sobald Sie den ersten Scan durchgeführt haben, erstellt der *Security Counselor* einen Zeitplan, nach dem er automatisch Scans durchführt. Diesen können Sie anpassen. Gehen Sie dazu im Bereich Sicherheitsüberprüfung (dort, wo Sie den Detailbericht einsehen können) auf ▣. Dort können Sie den Zeitplan entweder deaktivieren oder den Zeitpunkt anpassen.

10.9.7 Aufgabenteilung

Ihr NAS ist sehr vielseitig, Sie können darauf eine Unmenge an Diensten und Anwendungen ausführen – und das teilweise gleichzeitig. Aber nur, weil Sie das können, heißt das nicht, dass Sie das auch tun sollten. Unter gewissen Umständen macht es Sinn, Aufgaben auf weitere Geräte aufzuteilen. Das setzt natürlich das notwendige Budget voraus.

So macht es beispielsweise weniger Sinn, Backups eines NAS auf dem NAS selbst abzulegen, auch wenn ein anderer Speicherpool dafür genutzt wird. Nutzen Sie Ihr NAS gemeinsam mit anderen, ist es für Mitbenutzer ärgerlich, wenn das NAS bzw. Dateien und Dienste nicht verfügbar sind oder sogar Verbindungen abgebrochen werden, weil Sie gerade das NAS umkonfigurieren/neu starten, weil Sie etwas testen wollen oder ein Software-Update Sie dazu zwingt.

Je mehr Benutzer auf Ihr NAS zugreifen, und je wichtiger die Verwendung für diese ist (wichtige persönliche Daten am NAS, Vereins-/Organisationstätigkeiten, geschäftliche Nutzung), desto kritischer können solche Ausfälle sein. Ein (schwächeres) Zweitgerät kann da Abhilfe schaffen.

Auch wenn Sie Dienste Ihres NAS über das Internet erreichen wollen, kann ein zweites bzw. mehrere Geräte sinnvoll sein. Je mehr Sie über das Internet freigeben, und je mehr Personen darauf zugreifen, desto höher ist die Gefahr eines Angriffs. Ich habe Ihnen viele Sicherheitsmaßnahmen vorgestellt, ein QNAP NAS lässt sich aber nicht so umfangreich absichern wie beispielsweise ein Linux-Server (Portbelegung, Firewall etc.). Eine Firewall erhöht zwar die Sicherheit, befindet sie sich aber auf demselben Gerät wie die freigegebenen Dienste und Daten, ist deren Wirkung nur eingeschränkt. Gelingt es dem Angreifer, die Firewall durch eine Sicherheitslücke im System zu umgehen, befindet er sich direkt am Gerät und hat Zugriff darauf. Befinden sich die öffentlich zugänglichen Daten und Dienste auf einem Gerät und die im LAN genutzten auf einem anderen Gerät, minimieren Sie Sicherheitsrisiken und haben weitere Möglichkeiten der Absicherung.

Wollen Sie noch einen Schritt weitergehen, könnten Sie eine Hardware-Firewall (dezidiertes Gerät, professioneller Router, Raspberry Pi, Linux-PC) betreiben. Bedenken Sie aber, dass jede Sicherheitsmaßnahme auch mehr Aufwand bedeutet. Je sicherer eine Methode ist, desto mehr Komfort müssen Sie aufgeben, desto mehr Geld müssen Sie investieren und desto mehr Zeit für Recherche, Konfiguration und Wartung ist notwendig. Absolute Sicherheit gibt es nicht, das habe ich bereits erwähnt. Sehen Sie die hier aufgeführten Punkte also nicht als Muss an. Sehen Sie sie als Denkanstöße. Viele der Ansätze erfordern einiges an Recherche, um sie zu verstehen und noch mehr Recherche, um sie umzusetzen. Um diese Recherche kommen Sie nicht herum. Es kann zwar hilfreich sein, sich Rat zu holen, müssen aber mit einer großen Bandbreite an Antworten rechnen. Sie werden der Meinung beggnen »ein NAS aus dem Internet zu erreichen, sollte man niemals machen«, über »nur mit Hardware-Firewall, VPN und DMZ« bis hin zu »Sichere Passwörter und SSL-Zertifikate reichen aus«.

Es liegt in Ihrem Ermessen, was Sie mit Ihrem NAS machen und welche Maßnahmen Sie umsetzen.

> **Wichtig**
>
> In den vergangenen Jahren haben *QTS* oder QNAP-Apps immer wieder Sicherheitslücken aufgewiesen. QNAP wurde auf diese Lücken hingewiesen, bis zur Behebung dieser hat es aber oft Monate gedauert. Diese Sicherheitslücken werden gezielt für Angriffe genutzt. Erst im Frühjahr 2021 wurden zahlreiche Anwender Opfer von »Qlocker«, einer Ransomware, die gezielt für QNAP entwickelt wurde und eine Sicherheitslücke in der QNAP-Software dazu genutzt hat, um mit 7zip alle Dateien bestimmter Größe zu verschlüsseln und den Besitzer zu erpressen.

Kapitel 11

Den Betrieb anpassen und überwachen

In den letzten Kapiteln haben Sie viel über das QNAP NAS erfahren: wie Sie die Software des NAS bedienen, wie Sie auf dem NAS Dateien ablegen, wie Sie auf das NAS und Ihre Daten zugreifen und wie Sie das Gerät absichern können. Bevor wir uns der Funktionsvielfalt des NAS und der QNAP-App-Welt widmen, geht es in diesem Kapitel darum, wie Sie das NAS systemseitig an Ihre Bedürfnisse anpassen, den Betrieb überwachen und sich über Systemausfälle benachrichtigen lassen.

Zusätzlich finden Sie in diesem Kapitel einige wichtige Themen zusammengefasst, die Sie vor allem in den folgenden Kapiteln benötigen werden.

11.1 System und Betrieb optimieren

Vielleicht haben Sie ja bei unserer Tour durch *QTS* schon die ein oder andere Einstellung gefunden, die Sie aktiviert oder geändert haben, oder Sie haben sich im Laufe der vergangenen Kapitel schon eingehender mit Ihrem NAS befasst. In diesem Abschnitt finden Sie hilfreiche Anpassungen aus allen Bereichen. Es geht aber nicht darum, Ihnen die beste Konfiguration vorzugeben, sondern Ihnen zu zeigen, wo und wie Sie das System Ihrem Geschmack und Ihren Bedürfnissen entsprechend anpassen können. Welche Option und welche Werte Sie sinnvoll finden, müssen Sie letzten Endes selbst entscheiden.

11.1.1 Automatisches Abmelden aus QTS

Wenn Sie in *QTS* angemeldet sind und nebenbei noch andere Dinge erledigen, wie z.B. in diesem Buch lesen, kann es schon mal passieren, dass Sie plötzlich von *QTS* die Aufforderung erhalten, sich erneut anzumelden. Nach einer gewissen Zeit der Inaktivität werden Sie automatisch abgemeldet. Der Standardwert beträgt eine Stunde. Das ist schon eine recht lange Zeit. In Testumgebungen kann sie aber trotzdem zu kurz sein, in Produktivumgebungen bereits zu lang. Anpassen können Sie das Zeitfenster in den Benutzereinstellungen (Benutzer-Icon/-Name in der Taskleiste) unter OPTIONEN|VERSCHIEDENES »Automatisches abmelden nach einer Inaktivitätszeit von«.

> **Wichtig**
>
> Die Einstellung gilt nur für das jeweilige Konto und kann nicht global für alle gesetzt werden.

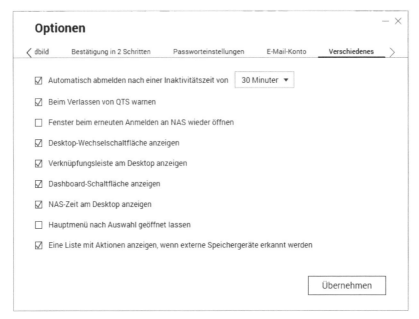

Abb. 11.1: Die automatische Abmeldung versteckt sich in den Benutzereinstellungen und gilt auch nur für den jeweiligen Benutzer.

11.1.2 Energiemanagement

Mit den Energieeinstellungen können Sie das Verhalten Ihres NAS weiter verfeinern. Sie finden das Menü unter SYSTEMSTEUERUNG|SYSTEM|LEISTUNG. So können Sie im Reiter ENERGIEWIEDERHERSTELLUNG festlegen, wie sich das NAS verhalten soll, nachdem die Energieversorgung unterbrochen und wieder hergestellt wurde (z.B. nach einem Stromausfall). Sie haben die Wahl, ob das Gerät den Zustand vor der Unterbrechung wiederherstellen soll(war das Gerät aus, bleibt es aus, war es an, fährt es wieder hoch), das Gerät automatisch hochfahren oder ein- bzw. ausgeschaltet lassen soll.

> **Tipp**
>
> Eine Unterbrechung der Energieversorgung kann zu fehlerhaftem Softwareverhalten oder zu Datenverlust führen. Laufen auf Ihrem NAS kritische Prozesse, oder verwalten Sie kritische Daten damit, sollten Sie über den Einsatz eines USV-Moduls nachdenken. Die unterbrechungsfreie Stromversorgung stellt sicher, dass im Falle eines Stromausfalls genug Strom vorhanden ist, um Prozesse sicher zu beenden und das NAS ordnungsgemäß herunterzufahren.

Soll Ihr NAS nicht im Dauerbetrieb laufen, ist der Energiezeitplan ein sehr wichtiges Feature. Hier können Sie Ihr NAS zeitgesteuert hoch- und runterfahren. So können Sie Ihr Gerät in nutzungsfreien Zeiten (z.B. nachts) ausschalten und vor Nutzungsbeginn wieder hochfahren lassen. Das lässt sich auch gut mit geplanten Aufgaben kombinieren. Ist Ihr NAS beispielsweise nur für Backups zuständig, können Sie es kurz vor dem geplanten

Backup hochfahren lassen, das Backup automatisch durchführen lassen und das NAS wieder herunterfahren lassen. Sie müssen dem NAS nur genügend Zeit zum Hochfahren und Durchführen des Backups geben. Möchten Sie einen Energiezeitplan erstellen, aktivieren Sie diesen unter SYSTEMSTEUERUNG|SYSTEM|LEISTUNG|ENERGIEZEITPLAN. Jetzt können Sie in der Tabelle neue Einträge hinzufügen und dort festlegen, ob das NAS hoch- oder herunterfahren soll, dann legen Sie noch fest, an welchem Tag und zu welcher Zeit das passieren soll.

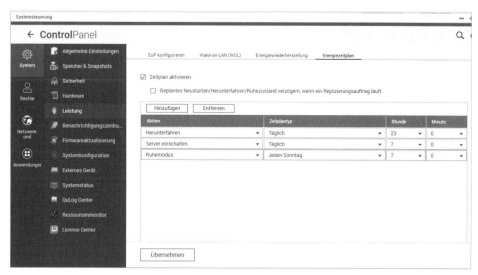

Abb. 11.2: Zeitplan für das Ändern des Betriebsstatus

Ein- und Ausschalten sind aber nicht die einzigen Aktionen, die Sie zeitgesteuert durchführen können. Auch ein Neustart des NAS und das Versetzen in den Ruhemodus können so geregelt werden.

> **Hinweis**
>
> Arbeiten Sie mit Snapshots (siehe Abschnitt 5.4 »Snapshots«), sollten Sie die Option »Geplantes Neustarten/Herunterfahren/Ruhezustand verzögern, wenn ein Replizierungsauftrag läuft« aktiveren. Das verhindert, dass dieser Vorgang angebrochen wird. Das NAS führt die festgelegte Aktion dann durch, wenn der Vorgang abgeschlossen ist.

11.1.3 Hardwarebezogene Einstellungen

In der *Systemsteuerung* finden Sie unter SYSTEM das Menü HARDWARE. Dort finden Sie gesammelt verschiedene Einstellungen rund um Ihr NAS-Gehäuse. So können Sie im Reiter ALLGEMEIN den Festplattenruhezustand aktivieren bzw. deaktivieren. Erfolgt in der hier festgelegten Zeitspanne kein Zugriff auf eine der Festplatten, fährt diese in den Ruhezustand und wird wieder aufgeweckt, sobald ein Zugriff erfolgt. Wird die Festplatte aus dem Ruhezustand geholt, können Zugriffe länger dauern.

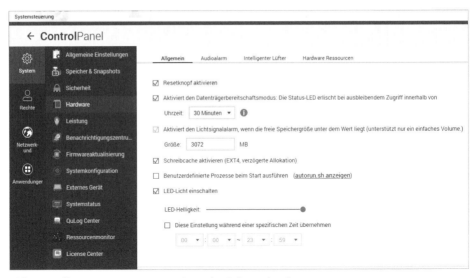

Abb. 11.3: Allgemeine Optionen rund um die Gehäusehardware

Achtung: Wie nützlich die Ruhezustandsfunktion ist, hängt ganz davon ab, was Ihr NAS zu tun hat. Finden regelmäßig Zugriffe statt, kann es sein, dass die Festplatten nie in den Ruhezustand wechseln. Das ist vor allem dann der Fall, wenn Cloud-Anwendungen ständig Daten mit dem NAS abgleichen. Je mehr Anwendungen auf dem NAS laufen, und je eigenständiger diese sind, desto schwieriger ist es, nachzuvollziehen, wann und warum Zugriffe auf die Festplatte(n) stattfinden. Finden Zugriffe selten, aber regelmäßig statt und ist das Zeitfenster für den Ruhezustand schlecht gewählt, kann es vorkommen, dass die Festplatten immer wieder in den Ruhezustand versetzt werden und kurz darauf wieder aufgeweckt werden. Dieser Zustand belastet die Festplatten und verlangsamt die Aufgabenausführung/Zugriffe auf Ihrem NAS.

Ob Sie die Funktion nutzen und welches Zeitfenster Sie wählen, hängt also wieder davon ab, was Sie mit dem NAS machen.

> **Wichtig**
>
> SSD-Festplatten verwalten die Energiezustände selbst, und das in Sekundenbruchteilen. Betreiben Sie Ihr NAS ausschließlich mit SSD-Platten, sollten Sie den Ruhezustand in QTS deaktivieren.

Im selben Reiter finden Sie unter anderen auch Einstellungen für die LED-Anzeigen. Je nach Aufstellort des NAS kann es von Vorteil sein, diese auszuschalten oder die Helligkeit zu variieren.

Gleiches gilt für den Audioalarm, den Sie im gleichnamigen Reiter verwalten können. Fahren Sie Ihr NAS regelmäßig hoch und runter, kann der Signalton lästig werden.

Apropos leise, im Reiter INTELLIGENTER LÜFTER finden Sie den Lüftermodus. Die Einstellungen hier sind mit Vorsicht zu genießen, sie können sich auf die Betriebstemperatur und daher auch auf Stromverbrauch und Lebensdauer Ihres NAS und der Festplatten auswirken.

> **Hinweis**
> Ihr NAS wird nicht abbrennen, erreicht die Betriebstemperatur einen kritischen Wert, fährt das NAS automatisch herunter.

Über das Drop-down-Menü legen Sie einen von zwei Betriebsmodi fest, im manuellen Modus gibt es eine niedrige, mittlere oder hohe Geschwindigkeit zur Auswahl. Diese wird unabhängig von der Temperatur ständig beibehalten. Das kann dazu führen, dass bei niedriger Geschwindigkeit die Betriebstemperatur zu hoch wird oder bei hoher Geschwindigkeit mehr gekühlt wird als notwendig und dadurch ein ständiger Geräuschpegel und Energieverbrauch herrscht.

Im automatischen Modus können Sie entweder das NAS die Geschwindigkeit anhand der Temperatur selbst regeln lassen, oder Sie legen Temperatur-Schwellenwerte für niedrige und hohe Geschwindigkeit selbst fest.

Das tatsächliche Verhalten des Lüfters ist aber modellabhängig – hinter den Profilen steckt eine Konfigurationsdatei, in der angegeben wird, bei welcher Temperatur der Lüfter mit welcher Drehzahl laufen soll. Auch der verbaute Lüfter hat einen Einfluss auf die Lautstärke. Ist Ihnen Ihr NAS immer noch zu laut, ist es möglich, den verbauten Lüfter zu tauschen (suchen Sie dazu eine Anleitung in der Community bzw. im Internet). Qualitativ hochwertige Lüfter mit hohem Durchsatz und geringem Betriebsgeräuschen bekommen Sie beispielsweise von Noctua.

Abb. 11.4: Die Einstellungen haben Einfluss auf das Lüftergeräusch, aber auch auf die Betriebstemperatur.

Egal, ob Sie mit den *QTS*-Einstellungen arbeiten oder zur Bastellösung greifen, es ist immer wichtig, die Temperatur des NAS im Auge zu behalten. Die Systemtemperatur finden Sie im *Kontrollcenter* (siehe Abschnitt 11.2.3 »Die Systemauslastung auf einem Blick«). Die Festplattentemperatur finden Sie in der App bzw. im Menü *Speicher & Snapshots* im Bereich DATENTRÄGER/VJBOD. Eine Systemtemperatur zwischen 30 und 50 °C ist ein guter Richtwert. Natürlich sind auch hier Unterschiede je nach Modell vorhanden. Bei den Festplatten hängen die Normalwerte ebenfalls vom Modell ab, diese müssen Sie selbst in Erfahrung bringen. Größere Festplatten werden natürlich wärmer als kleinere. Für den Fall der Fälle schaltet sich das NAS aber bei Überhitzung selbst ab.

11.2 System und Betrieb überwachen

QTS bietet eine Vielzahl von Funktionen und Anwendungen, die Ihnen helfen, Ihr NAS im Auge zu behalten. Die wichtigsten Boardmittel stelle ich Ihnen in den folgenden Abschnitten vor.

11.2.1 Systembenachrichtigungen aktivieren

Die *QTS*-Benachrichtigungen haben Sie bereits kennengelernt. Sie sind sehr hilfreich, da sie sofort aufzeigen, dass etwas nicht richtig funktioniert oder etwas Unerwartetes passiert ist, aber auch, dass neue Softwareversionen verfügbar sind. Weniger praktisch ist, diese nur über das Icon der Taskleiste angezeigt zu bekommen, auch sich zuerst in *QTS* anmelden zu müssen, um die Benachrichtigungen zu lesen, ist nicht immer praktikabel.

Um diese beiden Umstände zu bessern, lässt sich das *Benachrichtigungszentrum* einrichten. Dieses bietet einen übersichtlicheren und organsierteren Zugang zu Benachrichtigungen, außerdem können Sie Benachrichtigungen über verschiedene Kanäle aussenden. Das *Benachrichtigungszentrum* erreichen Sie über das *QTS*-Hauptmenü oder über einen Hinweis in den Systembenachrichtigungen (Taskleiste).

Abb. 11.5: Eine knappe Übersicht der Benachrichtigungen

11.2 System und Betrieb überwachen

Nach einer kleinen Einführung erhalten Sie einen Hinweis, dass Sie noch keine Benachrichtigungsregeln definiert haben. Der Hinweis wird eventuell mit einer Anzahl an Warnungen und Fehlern unterstrichen, die im letzten Monat aufgetreten sind. Sie können direkt zur Einrichtung einer der beiden Benachrichtigungstypen springen oder den Hinweis mit SPÄTER ERINNERN schließen. Beide EINRICHTUNG STARTEN-Buttons führen Sie im *Benachrichtigungszentrum* in den Bereich »Regeln für Systembenachrichtigungen« (siehe Abschnitt »Regeln definieren« auf Seite 354).

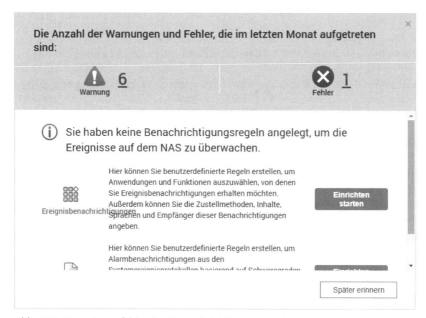

Abb. 11.6: Hinweis zu fehlenden Benachrichtigungsregeln

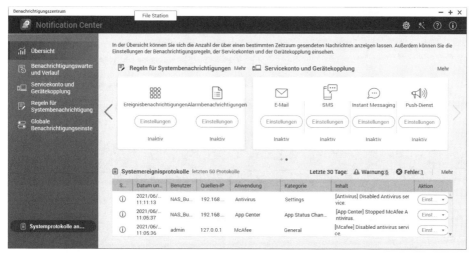

Abb. 11.7: Das unkonfigurierte Benachrichtigungszentrum

Benachrichtigungskanäle konfigurieren

Bevor wir uns den Regeln zuwenden, widmen wir uns zuerst der Einrichtung der Benachrichtigungskanäle. Im Bereich Servicekonto und Gerätekopplung stehen Ihnen vier Methoden zur Verfügung, wie Sie sich oder andere über Benachrichtigungen benachrichtigen können (klingt komisch, ... je nach Alter kennen Sie den Herrn mit Bart noch). Zur Auswahl stehen E-Mail, SMS, Instant Messaging und der Push-Dienst. Wobei Sie je nach Methode mehrere Kanäle hinzufügen können.

E-Mail

Möchten Sie einen E-Mail-Kanal einrichten, benötigen Sie ein externes E-Mail-Konto. Genauer gesagt benötigen Sie dessen SMTP-Dienst. Die hier hinterlegten Kanäle gelten systemweit, eventuell in Ihrem Benutzerkonto hinterlegte E-Mail-Konten (siehe Abschnitt 3.1.6 »QTS personalisieren«) können hier nicht verwendet werden, die Einrichtung erfolgt aber genauso. Sie können aus einer Anzahl an Diensten auswählen oder einen Dienst manuell konfigurieren, sofern Sie dessen Angaben für den SMTP-Server zur Hand haben.

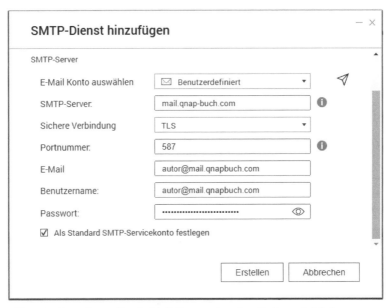

Abb. 11.8: Hinterlegen Sie ein Mail-Konto, über das die Benachrichtigungen versendet werden sollen.

> **Hinweis**
>
> Die E-Mail-Adresse, die zum Versand der Benachrichtigungen benutzt wird, kann zur selben Zeit auch Empfänger der Benachrichtigungen sein.

11.2
System und Betrieb überwachen

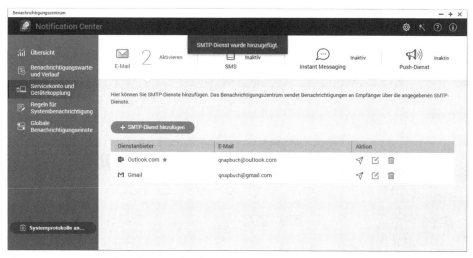

Abb. 11.9: Das Versenden über verschiedene Konten ist problemlos möglich.

SMS

Hierfür benötigen Sie ein Konto bei einem SMS-Benachrichtigungsdienst. Einige Dienste stehen zur Auswahl. Bietet Ihr Dienst die richtige Schnittstelle, können sich auch weitere Dienste hinzufügen.

Instant Messaging

Hier können Sie Instant-Messaging-Apps verwenden, um Benachrichtigungen zu verschicken. Zur Auswahl stehen Skype und der Facebook Messenger.

1. Klicken Sie auf + IM-KONTO HINZUFÜGEN.
2. Wählen Sie die gewünschte App aus.
3. Melden Sie sich beim entsprechenden Konto an.
4. Erlauben Sie QNAP den Zugriff auf den Messenger mit Klick auf LOS GEHT'S.
5. Kehren Sie zum Einrichtungsassistenten in QTS zurück (das Chat-Fenster benötigen Sie noch). Klicken Sie auf WEITER. Ihnen wird ein Code angezeigt, diesen müssen Sie im Chat an den *Qbot* schicken, bevor der Timer ausläuft.

Das Konto ist jetzt verknüpft. Anders als die E-Mail wird das Konto nicht als Versandkanal genutzt, das Konto erhält die Benachrichtigungen über den *Qbot*.

Push-Dienst

Auch hier können Sie Empfänger für Benachrichtigungen hinzufügen. Sie benötigen dazu ein Smartphone mit installierter App *Qmanager*.

1. Öffnen Sie *Qmanager*.
2. Verbinden Sie sich mit Ihrem NAS, verwenden Sie dazu Ihre QNAP ID (siehe Abschnitt 9.1.4 »Zugriff auf das NAS mit den QNAP-Apps und myQNAPcloud«) oder die direkten Verbindungsdaten (siehe Abschnitt 5.3 »Mobiler Zugriff per App«).

Kapitel 11
Den Betrieb anpassen und überwachen

3. Bei erstmaliger Verwendung der App werden Sie gefragt, ob Sie die Push-Benachrichtigungen aktivieren wollen. Alternativ gelangen Sie auch über das App-Menü und den Eintrag BENACHRICHTIGUNGSZENTRUM zur entsprechenden Option.

4. Aktivieren Sie die Push-Benachrichtigung.

In *QTS* im *Benachrichtigungszentrum* finden Sie jetzt unter SERVICEKONTO UND GERÄTEKOPPLUNG|PUSH-DIENST das gekoppelte Mobilgerät. Sie können auch hier mehrere Geräte koppeln.

Abb. 11.10: Über den Push-Dienst erhalten Sie Benachrichtigungen direkt auf Ihr Mobilgerät.

Haben Sie alle gewünschten Kanäle konfiguriert, ist es an der Zeit, die Benachrichtigungsregel anzulegen.

Regeln definieren

Im Bereich REGELN FÜR SYSTEMBENACHRICHTIGUNGEN finden Sie zwei Unterbereiche, einer enthält die Regeln für EREIGNISBENACHRICHTIGUNGEN – diese betreffen Anwendungen und Funktionen –, der andere enthält ALARMBENACHRICHTIGUNGEN vom System. Beide Bereiche sind zu Beginn leer. Um eine neue Regel anzulegen, wählen Sie den gewünschten Bereich aus und klicken auf + REGELN ERSTELLEN. Es startet der Assistent zur Erstellung einer Regel. Die Assistenten unterscheiden sich je nach Bereich etwas.

Regeln für Ereignisbenachrichtigungen

1. Im ersten Schritt erfolgen einige Grundangaben, dazu gehört ein Name für die Regel. Darunter folgt eine Liste mit Anwendungen und Funktionen, die Benachrichtigungen erzeugen. Einige davon haben verschiedene Kategorien für deren Benachrichtigungen. Die Liste hängt davon ab, welche Apps installiert bzw. Funktionen aktiviert sind. Standardmäßig sind alle ausgewählt. Wählen Sie jene Benachrichtigungen aus, für die die Regel gelten soll. Klicken Sie anschließend auf WEITER.

11.2 System und Betrieb überwachen

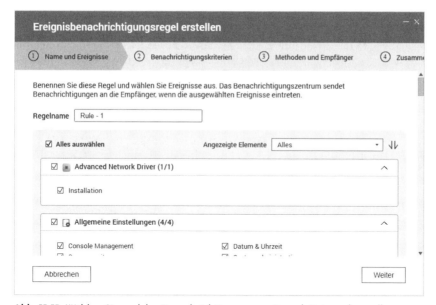

Abb. 11.11: Wählen Sie, welche Benachrichtigungen weitergeleitet werden sollen.

2. Im nächsten Schritt können Sie Kriterien festlegen, die zutreffen müssen, damit die Regel angewendet wird. Zur Auswahl stehen der Schweregrad der Benachrichtigung, ein Schlüsselwortfilter sowie ein Zeitraum, in dem die Benachrichtigungen auftreten müssen. Alle Angaben sind optional, mit der Standardeinstellung werden keine Benachrichtigungen herausgefiltert. Ein Klick auf WEITER bringt Sie zum letzten Schritt.

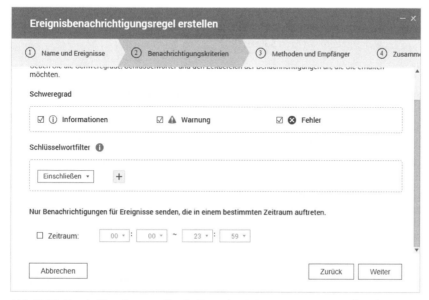

Abb. 11.12: Durch Filter können Sie die Benachrichtigungen weiter einschränken.

3. Im letzten Schritt legen Sie fest, über welchen Kanal die Benachrichtigungen ausgesendet werden und wer der bzw. die Empfänger sind. Wählen Sie eine Methode aus. Bei E-Mail und SMS dienen die hinterlegten Konten als Absender. Sie können dann Empfänger festlegen, entweder durch Eingabe von E-Mail-Adresse bzw. Telefonnummer oder durch Auswahl eines NAS-Benutzers, sofern dieser E-Mail bzw. Telefonnummer in seinem Konto hinterlegt hat. Bei Instant Messaging und Push-Dienst ist Qbot der Absender und der Empfänger die hinterlegten Konten bzw. die gekoppelten Geräte.

Abb. 11.13: Legen Sie fest, über welchen Kanal und an wen die Benachrichtigungen weitergeleitet werden sollen.

4. Klicken Sie auf + KOPPLUNG HINZUFÜGEN, können Sie noch weitere Ausgabekanäle festlegen. Mit einer Regel können Sie also gleich Benachrichtigungen an alle vorhandenen Kanäle versenden.
5. Ein erneuter Klick auf WEITER zeigt Ihnen noch einmal eine Zusammenfassung der Regel, bestätigen Sie diese mit FERTIGSTELLEN.
6. Haben Sie die erste Regel erstellt, können Sie noch die Benachrichtigungssprache festlegen. Regeln können jederzeit deaktiviert werden, ohne sie zu löschen. Auch das nachträgliche Anpassen der Einstellungen ist kein Problem.

11.2 System und Betrieb überwachen

Abb. 11.14: Nach dem Erstellen können Sie alle Regeln bequem verwalten.

Regeln für Alarmbenachrichtigungen

Hier unterscheidet sich der Assistent etwas. Er vermischt Schritt 1 und Schritt 2 aus dem Assistenten für Ereignisbenachrichtigungen (siehe vorherigen Abschnitt). Es gibt keine Liste zur Auswahl an Benachrichtigungen, stattdessen finden Sie direkt die Filterangaben, wobei Schweregrad- und Schlüsselwortfilter vermischt sind. Ihnen stehen nur Warnung und Fehler zur Verfügung und können diese direkt mit Schlüsselwortfiltern versehen.

Abgesehen davon ist der Vorgang identisch mit dem oben beschriebenen.

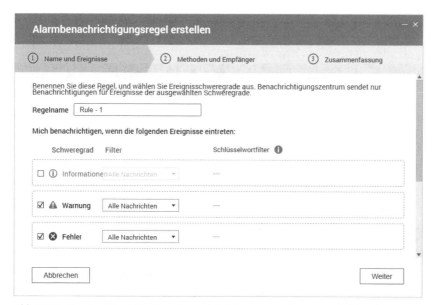

Abb. 11.15: Der Assistent für Alarmbenachrichtigungsregeln unterscheidet sich etwas vom Assistenten für Ereignisbenachrichtigungsregeln.

Kapitel 11
Den Betrieb anpassen und überwachen

Sie können für beide Bereiche beliebige Regeln erstellen und miteinander kombinieren. So können Sie unterschiedliche Benachrichtigungen an unterschiedliche Empfänger weiterleiten.

Benachrichtigungen betrachten und verwalten

Mit den Bereichen ÜBERSICHT, BENACHRICHTIGUNGSWARTESCHLANGE UND VERLAUF sowie SYSTEMPROTOKOLL ANZEIGEN können Sie das *Benachrichtigungszentrum* dafür nutzen, um Benachrichtigungen zu lesen und diverse Statistiken zu den Benachrichtigungen und den Weiterleitungen abzulesen.

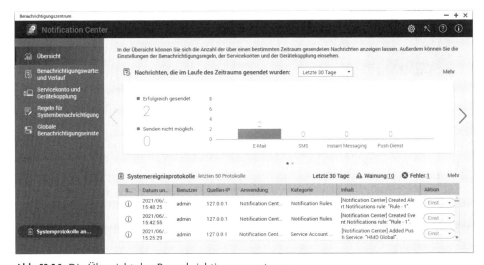

Abb. 11.16: Die Übersicht des Benachrichtigungszentrums

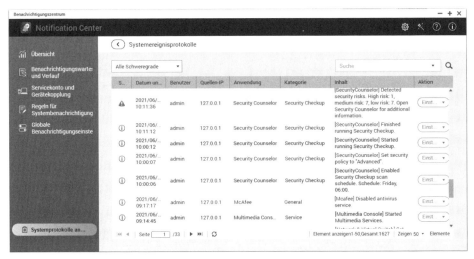

Abb. 11.17: Eine detaillierte Ansicht des kompletten Systemprotokolls

11.2.2 Systemüberwachung mit dem QuLog Center

Ein weiteres Werkzeug, um Ihr System zu überwachen, ist das *QuLog Center*. Ähnlich dem *Benachrichtigungszentrum* zeichnet das *QuLog Center* gewisse Ereignisse auf, aber anstatt sich auf Meldungen der verschiedenen Dienste und Anwendungen zu konzentrieren, liegt der Fokus des *QuLog Centers* auf Zugriffsprotokollen und Benutzerzugriffen. Aber auch Systemereignisse werden protokolliert, was zu einer gewissen Überschneidung mit dem Benachrichtigungszentrum führt. Wie Sie im Folgenden feststellen werden, gibt es auch eine funktionale Überschneidung.

Das *QuLog Center* fungiert als Ergänzung zum *Benachrichtigungszentrum*. Die Aufgabe besteht weniger darin, aufzuzeigen, was passiert ist, sondern wann, wo und durch wen.

Systemereignisse

Die Systemereignisse beinhalten alle Benachrichtigungen, die vom System generiert werden, hier finden Sie Meldungen zum Hoch- und Herunterfahren des NAS, Starten und Beenden von Diensten, Ausführung von Aufgaben und andere Aufgaben, die vom System bzw. von System-Apps durchgeführt werden.

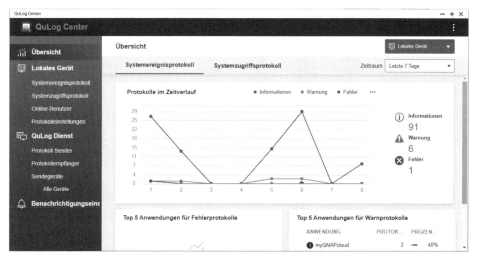

Abb. 11.18: Der zeitliche Verlauf ist ein weiteres Werkzeug, um Fehlerquellen zu identifizieren.

In der Übersicht des *QuLog Center* finden Sie Statistiken zum zeitlichen Verkauf der Systemereignisse und eine Auflistung der Ereignisquellen (Anwendungen). Im Navigationsbereich finden Sie auch einen eigenen Bereich für das Systemereignisprotokoll. Dort finden Sie eine detaillierte Auflistung aller Ereignisse (siehe Abbildung 11.19). Die Ansicht lässt sich mit Filtern (Schweregrad ❶) und Ansichten (Gruppierung ❷, Anzeigestil ❸) anpassen, um die Informationen nach Wunsch darzustellen. Über die Suche (❹) können Sie noch gezielter nach Ereignissen suchen und die Informationen filtern.

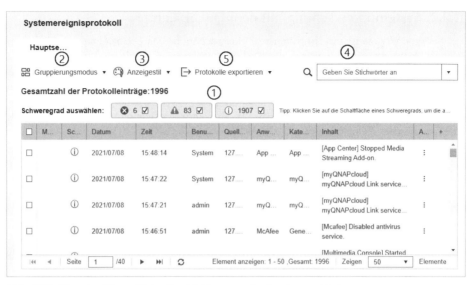

Abb. 11.19: Eine detaillierte Liste aller Meldungen, die durch verschiedene Methoden angepasst werden kann

Abb. 11.20: Durch die Gruppierung nach verschiedenen Kriterien können bestimmte Meldungen einfacher gefunden werden.

Über den Anzeigestil können Sie die visuelle Darstellung der Meldungen bearbeiten, um so die gewünschten Informationen noch schneller identifizieren zu können. Über ANZEIGE-STIL|EINSTELLUNGEN können Sie neue Stile erstellen bzw. vorhandene bearbeiten. Mit einem Klick auf + STIL HINZUFÜGEN legen Sie einen neuen Stil an. Nachdem Sie diesen benannt haben, können Sie über + REGEL HINZUFÜGEN die visuellen Anpassungen vornehmen.

11.2 System und Betrieb überwachen

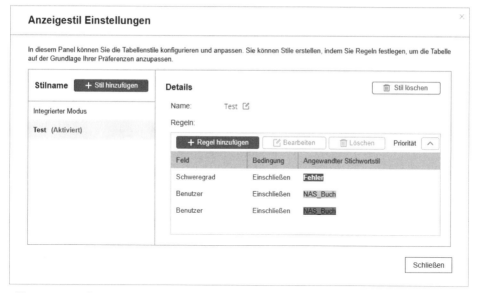

Abb. 11.21: Erstellen Sie einen eigenen Stil, um die visuelle Darstellung des Protokolls anzupassen.

1. Wählen Sie zuerst die gewünschte Spalte aus, für die Sie eine Formatierung erstellen wollen.
2. Als Nächstes definieren Sie ein Schlüsselwort. Das kann je nach Spalte aus einer Vorauswahl erfolgen oder frei definiert werden.
3. Im letzten Schritt legen Sie die Formatierung fest.
4. Klicken Sie auf ÜBERNEHMEN, um die Regel zu speichern.

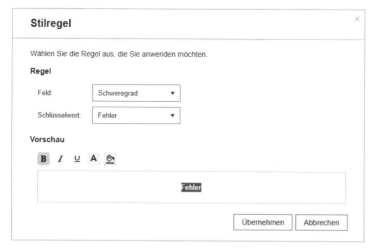

Abb. 11.22: Eine Regel definiert eine Textformatierung für Meldungen, die dem Filter entsprechen.

361

Kapitel 11
Den Betrieb anpassen und überwachen

Durch Kombination beliebiger Regeln erstellen Sie Ihren eigenen visuellen Stil. Die Regeln werden anhand der Reihenfolge in der Liste angewendet. Diese Priorität können Sie anpassen.

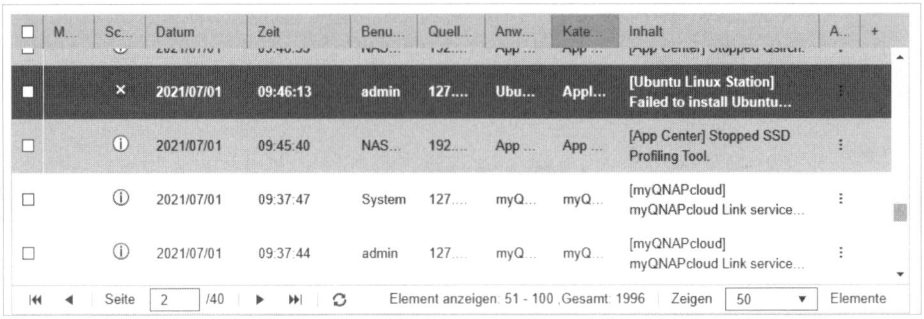

Abb. 11.23: Durch die Kombination mehrerer Regeln entsteht ein eigener visueller Stil.

Sie können das Protokoll auch herunterladen bzw. exportieren (siehe Abbildung 11.19, ❺).

Systemzugriffe

Hier geht es darum, wer von wo auf Ihr NAS bzw. dessen Dienste und Anwendungen zugegriffen hat. In der Übersicht finden Sie für das SYSTEMZUGRIFFSPROTOKOLL einen eigenen Reiter. Die Statistiken ähneln denen der Systemereignisse, allerdings liegt hier der Fokus eben auf dem »Wer« und dem »Wo«. Für einige Diagramme steht eine Version nach IP und eine nach Benutzer zur Verfügung.

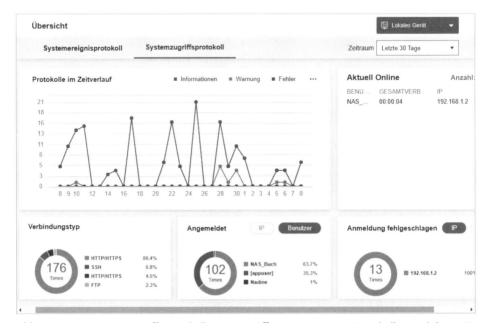

Abb. 11.24: Das Systemzugriffsprotokoll zeigt Zugriffe von Benutzern, Protokollen und deren IP.

Auch das SYSTEMZUGRIFFSPROTOKOLL hat einen eigenen Bereich, den Sie, wie gewohnt, über den Navigationsbereich erreichen. Darstellung und Funktionen decken sich dabei mit dem Bereich SYSTEMEREIGNISPROTOKOLL.

Online-Benutzer

Das *QuLog Center* protokolliert aber nicht nur vergangene Zugriffe, sondern bietet mit ONLINE-BENUTZER eine Liste aller angemeldeten Benutzer, wann sie sich eingeloggt haben, von wo (IP) und über welches Protokoll die Anmeldung erfolgt ist.

Protokolleinstellungen

In den PROTOKOLLEINSTELLUNGEN können Sie festlegen, wo die Protokolle gespeichert werden, wie groß diese werden dürfen und wie lange sie aufbewahrt werden. Auch ein Archivieren und Verschieben bei Erreichen des Limits ist möglich, genauso wie die Löschung aller Protokolle. Für das Zugriffsprotokoll können zusätzlich Verbindungstypen in das Protokoll mit einbezogen bzw. ausgeschlossen werden.

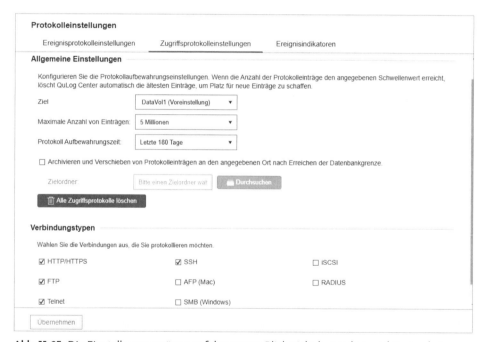

Abb. 11.25: Die Einstellungen mögen auf den ersten Blick nicht besonders wichtig erscheinen, aber bei mehreren Benutzern und einer hohen Zahl an gleichzeitigen Zugriffen kann ein Protokoll schnell groß und unübersichtlich werden.

Benachrichtigungseinstellungen

Auch im *QuLog Center* können Sie sich über Ereignisse benachrichtigen lassen. Und hier kommen wir zur funktionalen Überschneidung mit dem Benachrichtigungszentrum, denn wenn Sie eine neue Benachrichtigungsregel erstellen, öffnet sich das Benachrichtigungszentrum, und Sie erstellen die Regel mit dessen Assistenten (siehe »Regeln definieren« auf Seite 354).

11.2.3 Die Systemauslastung auf einem Blick

Ihr NAS ist bereits nach dem Set-up mit einigen Kontroll- und Überwachungsinstrumenten ausgestattet. Das *Kontrollcenter* ist die erste Anlaufstelle, es bietet einen groben Überblick über den aktuellen Systemzustand. Das *Kontrollcenter* finden Sie in der Taskleiste hinter dem Icon . Sie sehen die wichtigsten Informationen zu Ihrem NAS, dessen Hardwareressourcen und Speicher. Im unteren Bereich finden Sie eine Liste aller angemeldeter Benutzer, geplanter Aufgaben sowie eine Liste der zuletzt veröffentlichten Firmware-Versionen. Auf die Überschrift eines jeden Abschnitts können Sie klicken, um direkt die entsprechende App oder das entsprechende Menü zu öffnen, um detailliertere Informationen zu erhalten. Diese Bereiche stelle ich Ihnen in den folgenden Abschnitten vor.

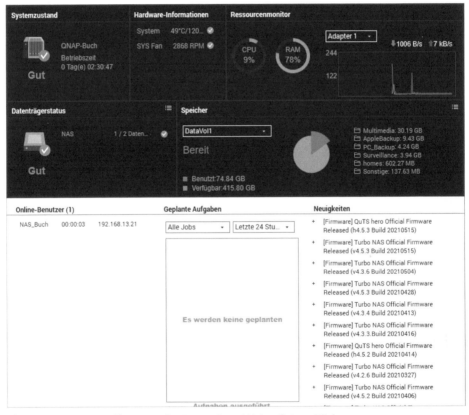

Abb. 11.26: Das Kontrollcenter – der Status Ihres NAS auf einen Blick

Der Systemstatus

Den Systemstatus können Sie über das gleichnamige Menü unter SYSTEMSTEUERUNG|SYSTEM|SYSTEMSTATUS einsehen. Auch einige Verlinkungen im Kontrollcenter führen Sie hierher. Thematisch gegliedert finden Sie hier Informationen zu allgemeinen Hardware- und Leistungsdaten Ihres NAS, Temperaturen, Netzwerkschnittstellen mit IP-Konfiguration und auf dem NAS installierte Dienste und deren Status.

Der Ressourcenmonitor

Läuft Ihr NAS langsamer als erwartet – egal ob direkt nach der Einrichtung, nach dem Installieren einer neuen App oder plötzlich, mitten im Betrieb –, hilft meist ein Blick in den *Ressourcenmonitor*. Es handelt sich dabei um eine System-App, die nicht extra installiert werden muss. Sie finden Sie im *QTS*-Hauptmenü unter »System«.

Übersicht

Im Bereich ÜBERSICHT sehen Sie Statistiken und Graphen zur aktuellen Auslastung der wichtigsten Bereiche: CPU, Arbeitsspeicher, Netzwerk und Prozesse. Die Angaben lassen auf einen Blick die aktuelle Auslastung Ihres NAS erkennen.

Abb. 11.27: Eine Übersicht über alle Systemressourcen und deren Auslastung

> **Achtung**
>
> Während die CPU- und RAM-Graphen eine prozentuale Auslastung darstellen, zeigt der Netzwerkgraph den Durchsatz in absoluten Werten an. Die Skalierung des Graphen ändert sich dynamisch. Nur weil die Kurve hoch ist, heißt es nicht, dass dieser Bereich vollkommen ausgelastet bzw. überlastet ist. Liegt die Netzwerkübertragung im Leerlauf bei 0 oder wenigen KB/s, kann schon eine kleine Übertragung mit einigen Hundert KB/s die Kurve an die Decke schießen lassen. Steigt die Übertragung weiter, ändert sich die Skalierung des Graphen, und die ursprünglich hohe Kurve schrumpft zusammen.
>
> In Abbildung 11.28 links ist die Übertragung einiger Hintergrundaufgaben zu sehen. Nach einiger Zeit wurden einige große Dateien hochgeladen – die ursprüngliche Kurve schrumpft zu einer flachen Linie und ist praktisch nicht mehr erkennbar (Abbildung 11.28, rechts).

Kapitel 11
Den Betrieb anpassen und überwachen

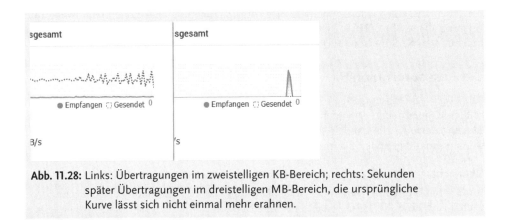

Abb. 11.28: Links: Übertragungen im zweistelligen KB-Bereich; rechts: Sekunden später Übertragungen im dreistelligen MB-Bereich, die ursprüngliche Kurve lässt sich nicht einmal mehr erahnen.

Systemressource

Um einzelne Bereiche näher zu analysieren, können Sie in den Bereich SYSTEMRESSOURCE wechseln. Dort finden Sie Reiter für CPU, ARBEITSSPEICHER und NETZWERK. In jedem davon finden Sie noch einmal die Statistiken und Graphen besser lesbar dargestellt. Zusätzlich werden noch weitere Informationen angezeigt. Hat Ihr NAS mehrere CPUs oder Netzwerkadapter, können Sie die Leistungsdaten für jeden davon einzeln anzeigen lassen.

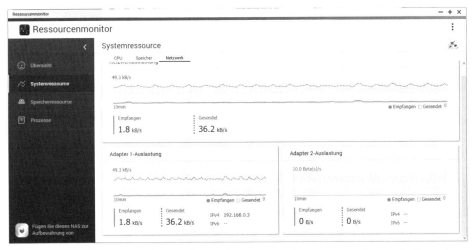

Abb. 11.29: Detaillierte Statistiken zur Systemhardware, auch wenn mehr als nur ein Exemplar davon vorhanden ist

Speicherressource

In diesem Bereich stehen Ihnen ähnliche Graphen wie oben beschrieben zur Verfügung, nur erhalten Sie hier Einblicke in die Auslastung des Festplattenspeichers des NAS. Jeder Reiter stellt die Arbeitslast aus einer anderen Sichtweise dar. Wie die Darstellung genau aussieht, hängt von Ihrer Speicherkonfiguration ab. Also davon, wie viele Festplatten sie verbaut, welche Pools, RAIDs und Volumes Sie angelegt haben.

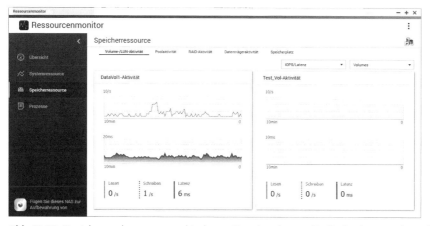

Abb. 11.30: Speicheranalyse aus verschiedenen Standpunkten, z.B. die Auslastung der Volumes ...

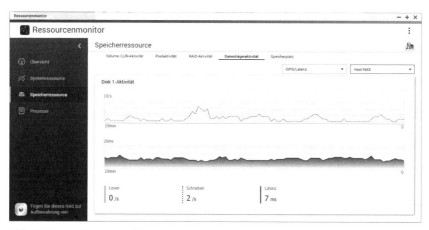

Abb. 11.31: ... oder ganzer Datenträger

Abb. 11.32: Und auch die Speicherbelegung darf nicht fehlen.

Prozesse

Der letzte Bereich liefert eine Aufstellung aller Prozesse auf Ihrem NAS und welche Ressourcen sie belegen. Standardmäßig ist die Option »Nach Applikationen gruppieren« eingeschaltet. Sie sehen in der Liste vorhandene Apps und Anwendungen und darunter deren Prozesse. Deaktivieren Sie die Option, werden nur die Prozesse in der Liste angezeigt. Durch Klicken auf die Spaltennamen können Sie die Sortierung der Liste ändern. Gibt es auf Ihrem NAS Leistungsengpässe, können Sie hier feststellen, welcher Prozess bzw. welche Anwendung diese verursachen.

Auswertung

Anhand der Informationen aus dem *Ressourcenmonitor* können Sie bei Problemen Rückschlüsse auf die Ursache(n) ziehen. Läuft die CPU auf Anschlag, und der Rest ist eher ausgeglichen bis ruhig, könnte Ihr NAS zu schwach sein für die Anzahl der Aufgaben oder gleichzeitige Zugriffe durch Benutzer, die Sie ihm zumuten. Die Statistiken für die CPU zeigen, wie viel Leistung auf die Abarbeitung der Benutzer entfällt und wie viel auf die systemeigenen Prozesse.

Dasselbe gilt für den Arbeitsspeicher. Bei einigen Modellen kann man diesen aufrüsten, ansonsten hilft nur ein zweiter NAS bzw. ein stärkeres Modell, um die Aufgaben aufzuteilen. Arbeitsspeicher, der nicht benötigt wird, wird übrigens vom NAS als Zwischenspeicher benutzt, um so schneller auf häufig gebrauchte Daten zuzugreifen. Im entsprechenden Reiter sehen Sie die genaue Aufteilung.

Auch eine Netzwerküberwachung darf nicht fehlen. Sie sehen einen zeitlichen Verlauf über gesendete und empfangene Daten. Um die Kurve richtig interpretieren zu können, müssen Sie schon wissen, welche realistischen Übertragungsraten Sie erreichen können. Dazu müssen Sie wissen, von wo nach wo die Übertragung stattfindet und wie hoch die Datenübertragung in Ihrem Netzwerk ist, wie schnell die Daten von der Quelle gelesen und wie schnell sie am Ziel geschrieben werden können. Auch das Übertragungsprotokoll hat Einfluss auf die Übertragungsrate. Ein Flaschenhals der Netzwerkschnittstelle ist daher schwieriger zu lösen.

Es gilt herauszufinden, wo genau sich der Flaschenhals befindet. Liegt es an der Schreib-/Lesegeschwindigkeit der Festplatten, dem Übertragungsprotokoll oder der Netzwerkverbindung (Verbindung NAS, Switch, Router, andere Rechner/NAS/Server) oder dem Internet? Hier ist oft langes Testen notwendig, um herauszufinden, wo das Problem liegt.

Hat Ihr NAS einen zweiten Ethernet-Anschluss, können Sie diesen nutzen, um die Durchsatzrate zu erhöhen, dafür ist aber meist eine Umkonfiguration Ihres Heimnetzes und die entsprechende Hardware notwendig (Stichwort Link Aggregation).

Bei externen Zugriffen auf Ihr NAS ist meist die Upload-Geschwindigkeit Ihres Internetanschlusses das Problem. Diese wird auch heute noch von vielen Anbietern sehr knapp dimensioniert.

Auch die Festplatten könnten ein Flaschenhals sein. Hier gibt es mehrere Lösungen: Sie können schnellere Festplatten verwenden (7.200 U/min anstatt 5.600 U/min oder SSDs) oder Sie konfigurieren ein RAID 0 (siehe Kapitel 1, Abschnitt 1.3.4 »Die verschiedenen RAID-Level«), oder aber Sie richten mehrere Speicherpools/RAID-Verbünde ein und teilen die Aufgaben auf diese auf. Auch *Qtier* und SSDs als Cache können den Datendurchsatz erhöhen. In den Einstellungen (Dreipunkte-Menü) können Sie die Dauer der Echtzeitansicht verändern, also das Zeitintervall festlegen, das von der Kurve dargestellt wird.

Speicher & Snapshots

Diese App kennen Sie bereits aus Abschnitt 2.4 »Speicherplatz verwalten«. In der App finden Sie aber nicht nur Werkzeuge, um Ihren Speicherplatz zu organisieren, sondern auch zur Überwachung desselben.

Abb. 11.33: Der NAS-Speicher im Überblick. Ein Klick auf den farbigen Kreis mit der Datenträgernummer zeigt Ihnen den Datenträgerstatus.

So können Sie jederzeit den Status Ihrer Festplatten überprüfen, klicken Sie dazu im *Kontrollcenter* auf DATENTRÄGERSTATUS oder in *Speicher & Snapshots* auf den nummerierten Datenträger in der Übersicht oder auf DATENTRÄGERSTATUS im BEREICH DATENTRÄGER/VJBOD.

Abb. 11.34: Auch in der Detailansicht der Datenträger findet sich ein Button für den Datenträgerstatus.

Kapitel 11
Den Betrieb anpassen und überwachen

Abb. 11.35: Im Datenträgerstatus sehen Sie vor allem Angaben zur »Gesundheit« der Festplatte.

Hier können Sie auch einen Zeitplan für automatisierte SMART-Tests erstellen. Wechseln Sie dazu in die EINSTELLUNGEN, aktivieren Sie den schnellen bzw. den umfassenden Test, und legen Sie den gewünschten Zeitpunkt der Überprüfung fest.

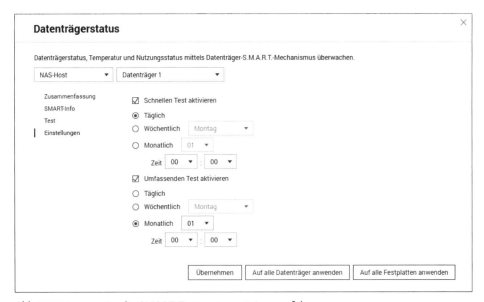

Abb. 11.36: Lassen Sie die SMART-Tests automatisiert ausführen.

Natürlich finden Sie in der App noch weitere wichtige Statistiken und Diagramme zur Speicherplatzbelegung.

11.2.4 Qboost

Ein weiteres vorinstalliertes Tool ist *Qboost*. Ihnen ist sicherlich schon der kleine Androide auf dem *QTS*-Desktop aufgefallen, der in den Farben grün, gelb und rot »leuchtet«.

Abb. 11.37: Qboost wacht über Ihren Arbeits- und Festplattenspeicher.

Der kleine freundliche Helfer, der – wenn auch weniger emotional und aufdringlich – an Microsofts Büroklammer erinnert, zeigt den Systemzustand an. Die farbliche Interpretation ist selbsterklärend.

Abb. 11.38: Qboost meldet einen Speicherengpass.

Klicken Sie auf den Androiden, öffnet sich ein kleines Fenster mit mehr Informationen zu eventuellen Engpässen und der Möglichkeit, einige Optimierungen vorzunehmen. So können Sie über den Button OPTIMIEREN etwas Arbeitsspeicher freischaufeln, indem Sie den Cache bereinigen. Natürlich bringt die Optimierung nichts, wenn Ihr NAS so viele Aufgaben erledigen muss, dass der Arbeitsspeicher einfach nicht ausreicht. Als zweite Option steht Ihnen das BEREINIGEN des Festplattenspeichers über den gleichnamigen Button zur Verfügung. Hier werden nicht mehr benötigte Systemdateien gelöscht. Über das Dreipunkte-Menü können Sie auch das Löschen der Papierkörbe mit einschließen und so noch mehr Speicher zurückgewinnen.

Schließen können Sie das Fenster übrigens wieder mit einem Klick auf ▜.

Kapitel 11
Den Betrieb anpassen und überwachen

Abb. 11.39: Speicher mit Qboost optimieren und bereinigen

11.2.5 Tipps zur Systementlastung

Natürlich sollten Sie auf Ihrem NAS nur so viele Anwendungen bzw. Dienste betreiben, dass Sie – und eventuelle Mitbenutzer – keine Ausfälle oder Zugriffsverzögerungen bemerken. Es gibt aber den ein oder anderen Tipp, wie Sie die Ressourcen Ihres NAS noch etwas effizienter nutzen können:

- Werden Anwendungen nicht mehr genutzt, entfernen Sie sie vom NAS. Erstellen Sie gegebenenfalls ein Backup, um sie später wieder zu nutzen.

- Anwendungen, die Sie nur gelegentlich bis selten nutzen und die nicht dauerhaft laufen müssen, können Sie über das *App Center* stoppen. Die App bleibt auf dem System, wird aber nicht ausgeführt und kann jederzeit wieder gestartet werden und ist sofort einsatzbereit.

- Planen Sie ressourcenintensive Aufgaben so ein, dass sie dann ausgeführt werden, wenn das NAS keine anderen Aufgaben zu erledigen hat, z.B. sollten Sie Backups nicht dann durchführen, wenn abends das NAS genutzt wird, um Filme zu streamen (siehe Abschnitt 8.3.2 »HBS3 Hybrid Backup Sync – die ultimative Backup-Lösung«).

Teil IV

Das NAS als Heimserver

Mit einem reinen Datengrab gewinnt man keinen Blumentopf mehr, selbst wenn das Grab netzwerkfähig ist. Ein modernes NAS muss, zumindest für den Privatanwender, mehr sein als nur ein Ort, an dem man seine Dateien ablegt. Ihr QNAP NAS ist ein kleiner Heimserver, den Sie durch die Installation von Anwendungen zu dem machen, was auch immer Sie wollen.

In diesem Teil des Buches dreht sich alles um die meistgenutzten Anwendungen von QNAP. Egal, ob Sie aus Ihrem NAS einen Multimediaserver machen oder Ihre Produktivität und Kommunikation damit organisieren möchten.

In diesem Teil:

- **Kapitel 12**
  Zugriff auf Multimediadateien mit dem NAS als
  DLNA-Server 375

- **Kapitel 13**
  Bildermanagement mit der Photo Station und
  QuMagie 385

- **Kapitel 14**
  Musikwiedergabe mit der Music Station............. 417

- **Kapitel 15**
  Filme mit dem Plex Media Server streamen.......... 443

- **Kapitel 16**
  Produktivität, Organisation und Kollaboration........ 473

Kapitel 12

Zugriff auf Multimediadateien mit dem NAS als DLNA-Server

Bevor wir uns mit den Multimedia-Apps von QNAP befassen, zeige ich Ihnen, wie Sie schnell und unkompliziert auf Ihre Fotos, Videos und Lieder zugreifen können.

DLNA war eine Herstellervereinigung, die mit einer Zertifizierung für Produkte sicherstellen wollte, dass Geräte unterschiedlicher Hersteller im Heimnetzwerk miteinander kommunizieren können, ohne dass vom Anwender eine Konfiguration vorgenommen werden muss. Geräte, die DLNA-zertifiziert sind, können also miteinander kommunizieren und Daten austauschen. So stellt ein *Digital Media Server* (z.B. Ihr NAS) Mediendaten bereit, und *Digital Media Player* (z.B. DLNA-fähige Fernseher oder Spielekonsolen) können diese Dateien abrufen und wiedergeben.

DLNA hatte zum Ziel, dem Chaos mit Dateiformaten und Übertragungsprotokollen Herr zu werden und eine einheitliche Schnittstelle zu bieten. Trotz der Vorteile ist DLNA aber keinesfalls der Messias des Heimnetzwerks. Dem Vorteil der einfachen und schnellen Verbindung von Multimediageräten folgen auch einige Nachteile:

- DLNA schreibt die Unterstützung gewisser Dateiformate vor, das sind aber nur wenige. Weitere Dateiformate sind zwar nicht ausgeschlossen, ob diese wiedergegeben werden können, hängt aber vom Media Player ab.
- Es ist oft nicht ersichtlich, nach welcher DLNA-Version ein Gerät zertifiziert wurde, und daher ist auch nicht erkenntlich, welche Funktionen und Formate unterstützt werden.
- Viele Funktionen, die man als selbstverständlich annimmt, sind oft nicht oder nur unzureichend umgesetzt. So kann es sein, dass Videos nicht vor- und zurückgespult werden können. Oder sie können gespult werden, das Springen an einen gewissen Punkt im Video ist aber nicht möglich. Auch dort fortzusetzen, wo das Video beendet wurde, klappt bei vielen Geräten nicht.
- DLNA bietet keine Benutzer- oder Rechteverwaltung. Datenquellen, die im DLNA-Server hinzugefügt werden, können von allen DLNA-Playern genutzt werden. Für Ihr NAS bedeutet das, Fotos, Videos und Musik sind einsehbar, auch wenn Sie beispielsweise nur Videos freigeben möchten. Dabei werden auch alle Zugriffsrechte auf die Freigabeordner und Unterordner umgangen. Sie können einzelne Geräte nur über die Firewall Ihres NAS oder den Filter des Medienservers ausschließen.
- Wie die Daten am Wiedergabegerät präsentiert werden, wird von DLNA nicht geregelt. Nicht alle Geräte sortieren die Daten nach Medientyp (Foto, Video, Musik), daher müssen Sie unter Umständen durch mehrere Ordner navigieren, bis Sie zum Ziel kommen.
- DLNA bietet keine Mediathek-Funktionalität. Dateien werden einfach aufgelistet. Sie erhalten keinerlei Informationen zu einzelnen Dateien, und Coverbilder müssen Sie selbst bereitstellen, außerdem werden sie nicht von jedem Gerät unterstützt. Auch die meisten Metadaten werden nicht unterstützt.

Kapitel 12
Zugriff auf Multimediadateien mit dem NAS als DLNA-Server

Das heißt natürlich nicht, dass DLNA völlig unbrauchbar ist und alle von den oben erwähnten Nachteilen auch zutreffen. Was genau funktioniert, hängt von Ihrem Wiedergabegerät ab. Fakt ist aber, dass die aktuellste DLNA-Version 2016 veröffentlicht wurde. Kommt es bei Ihnen zu einer Geräteneuanschaffung, sollten Sie DLNA vielleicht nicht so sehr berücksichtigen und eher eine der Methoden der kommenden Kapitel in Betracht ziehen. Haben Sie DLNA-fähige Geräte, ist es aber definitiv eine Option.

> **Hinweis**
>
> DLNA ist für die Medienwiedergabe im Heimnetzwerk gedacht. Wollen Sie Ihre Medien von unterwegs konsumieren, lesen Sie die nachfolgenden Kapitel.

12.1 Aus dem NAS einen DLNA-Server machen

QNAPs *DLNA-Medienserver* ist an sich sehr schnell eingerichtet, allerdings versteckt sich dieser ein wenig, und es ist nicht sofort ersichtlich, wie man ihn installiert. Auch die offizielle Anleitung von QNAP unterschlägt die wichtigen ersten Schritte bzw. deutet diese nur an. An dieser Stelle finden Sie alle notwendigen Schritte, um den Medienserver einzurichten.

1. Aktivieren Sie den *Multimedia-Dienst*. Öffnen Sie dazu die *Multimedia Console*, zu finden am Desktop, im Hauptmenü oder unter SYSTEMSTEUERUNG|ANWENDUNGEN|MULTIMEDIA CONSOLE. Aktivieren Sie den Dienst über den Schalter in der rechten oberen Ecke.

> **Hinweis**
>
> Den Multimedia-Dienst und die Multimedia Console benötigen Sie auch für die Multimedia-Apps der kommenden Kapitel.

2. Installieren Sie die App *Media Streaming add-on* aus dem App Center.

Abb. 12.1: Das Media Streaming add-on im App Center

12.1
Aus dem NAS einen DLNA-Server machen

3. Öffnen Sie die SYSTEMSTEUERUNG. Im Bereich ANWENDUNGEN wurde ein neuer Menüeintrag hinzugefügt: DLNA MEDIENSERVER. Öffnen Sie diesen.
4. Aktivieren Sie den *DLNA-Medienserver* durch Setzen des Häkchens in der Checkbox.

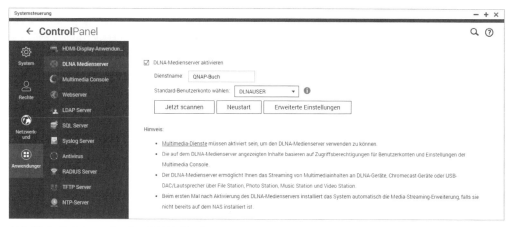

Abb. 12.2: Aktivieren Sie den DLNA-Medienserver ...

5. Klicken Sie direkt auf ERWEITERTE EINSTELLUNGEN. Das nachfolgende Menü ist nur auf Englisch verfügbar.

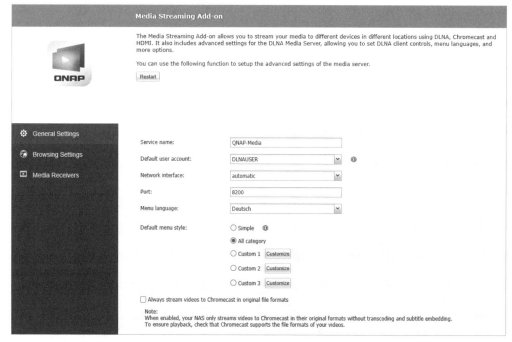

Abb. 12.3: ... und führen Sie alle weiteren Einstellungen im Media Streaming add-on durch.

Kapitel 12
Zugriff auf Multimediadateien mit dem NAS als DLNA-Server

6. Ändern Sie gegebenenfalls den Namen, unter dem das NAS aufscheinen soll.
7. Wählen Sie einen Benutzer, der für das DLNA-Streaming verwendet werden soll. Erinnern Sie sich an Kapitel 4 zurück, ich habe Ihnen nahegelegt, für unterschiedliche Aufgaben eigene Benutzer anzulegen, auch wenn dahinter keine reale Person steht. Verwenden Sie also bitte nicht Ihr Administrator-Konto oder das Konto *admin*. Auch wenn es unter DLNA keine Benutzer und Rechteverwaltung gibt, so erlaubt Ihnen der *DLNA-Medienserver* von QNAP zumindest eine Eingrenzung der Freigabeordner über den hier angegebenen Benutzer. Anhand der Zugriffsrechte des Benutzers werden Freigabeordner nach Multimediadaten (Bilder, Musik, Videos) durchsucht.

Achtung

Auch das home-Verzeichnis des angegebenen Benutzers wird durchsucht und die darin enthaltenen Mediendaten über DLNA freigegeben. Sie sehen also, wie wichtig es ist, einen eigenen Benutzer dafür anzulegen.

8. Sie können den DLNA-Server jetzt weiter anpassen:
   - Haben Sie mehrere Netzwerkschnittstellen aktiv, können Sie bei »Network interface« festlegen, auf welchem davon der DLNA-Dienst verfügbar sein soll.
   - DLNA ist nicht an den QTS-Port gebunden, sondern verfügt über einen eigenen. Sie können die Portnummer selbst festlegen und diese auch in der Firewall verwenden.
   - Legen Sie die Sprache für das DLNA-Menü fest. Die Einstellung betrifft das Menü, das der DLNA-Client anzeigt, wenn Sie auf Ihr NAS zugreifen.
   - Legen Sie die Menüstruktur fest. Diese entscheidet, welche Informationen am DLNA-Client angezeigt werden. Über die Einträge »Custom« können Sie selbst festlegen, welche Informationen angezeigt werden sollen.

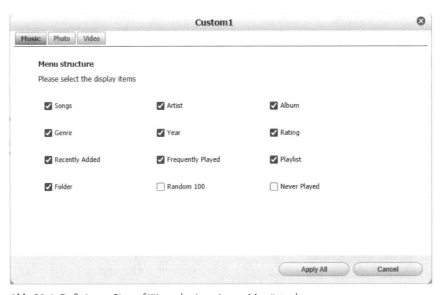

Abb. 12.4: Definieren Sie auf Wunsch eine eigene Menüstruktur.

9. Klicken Sie auf APPLY ALL, ehe Sie in eine andere Einstellungskategorie wechseln.
10. Unter BROWSER SETTINGS können Sie die Anzeige der Medientypen im Browser festlegen.
11. Der Menüpunkt MEDIA RECEIVERS ist besonders wichtig. Hier wird festgelegt, welches Gerät im LAN Zugriff auf den *DLNA-Medienserver* hat. Als Standard ist eingestellt, dass jeder neue DLNA-Client automatisch Zugriff auf die Mediendateien hat. Deaktivieren Sie die Option »Enable sharing for new media receivers automatically«. Danach können nur die Clients Mediendateien wiedergeben, die in der Liste aktiviert sind. Deaktivieren Sie Clients, die gegebenenfalls schon in der Liste aufgeführt sind, denen Sie keinen Zugriff gewähren wollen. Um neue Clients hinzuzufügen, muss der Client aktiv sein. Klicken Sie dann auf SCAN FOR DEVICES, um neue Clients zu erkennen. Sie können jedem Client einen eigenen Menüstil (Menu Style) zuweisen und einen eigenen Benutzer (User Profile).

> **Wichtig**
>
> DLNA funktioniert immer noch ohne Benutzeranmeldung. Aber indem Sie die automatische Aktivierung neuer Clients ausschalten und den Clients Benutzerprofile zuweisen, können Sie zumindest den Zugriff auf Mediendaten einschränken.
>
> Erlaubte Clients können trotzdem noch auf Ihr NAS zugreifen, ohne dass Anmeldedaten notwendig wären. Die Einschränkung über das Nutzerprofil erfolgt nur NAS-intern.

12. Vergessen Sie nicht, Änderungen mit APPLY ALL zu speichern.

Ihr DLNA-Server ist jetzt fertig konfiguriert. Achten Sie auf eine eventuelle Anpassung der NAS-Firewall.

12.2 Medienordner hinzufügen

Der DLNA-Medienserver läuft, aber er muss noch mit Mediendateien versorgt werden. Das übernimmt die *Multimedia Console* und zwar nicht nur für DLNA, sondern auch für *Foto Station*, *Video Station* und *Audio Station*, aber dazu erfahren Sie in den kommenden Kapiteln mehr.

1. Öffnen Sie die *Multimedia Console*.
2. Wechseln Sie in den Bereich INHALTSVERWALTUNG. Dort muss der Reiter DLNA ausgewählt sein, weitere Reiter sehen Sie nur, wenn Sie bereits andere Multimedia-Apps installiert haben.

> **Hinweis**
>
> Durch das Aktivieren des Media-Streamings wird ein neuer Freigabeordner `Multimedia` angelegt. Dieser kann zur Verwaltung von Mediendaten verwendet werden, muss aber nicht. Sie können beispielsweise auch für jeden Medientyp einen eigenen Freigabeordner erstellen.

Kapitel 12
Zugriff auf Multimediadateien mit dem NAS als DLNA-Server

Abb. 12.5: Inhalte für den DLNA-Server verwalten

3. Klicken Sie auf BEARBEITEN.
4. Wählen Sie Ordner aus, die der Medienindizierung hinzugefügt werden sollen. Achten Sie darauf, dass der bzw. die Benutzer, die Sie im DLNA-Medienserver hinterlegt haben, auch zumindest Leserechte für diese Ordner haben. Bestätigen Sie die Auswahl mit ÜBERNHEMEN.

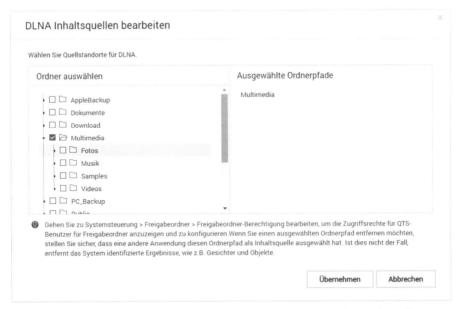

Abb. 12.6: Wählen Sie, welche Ordner nach Medieninhalten durchsucht werden sollen.

5. Das NAS beginnt jetzt, die Ordner nach Mediendateien zu durchsuchen und beginnt mit der Indizierung. Dabei werden die Dateien mit diversen Metadaten in eine Datenbank aufgenommen. Der Vorgang kann je nach Ordnerinhalt und NAS-Leistung einige Zeit in Anspruch nehmen.

Abb. 12.7: Eine Übersicht aller gefundener und indizierter Inhalte

Dateien, die in den eingebundenen Ordner neu hinzugefügt werden, werden automatisch indiziert. Sollten Sie Probleme feststellen, z.B. die Auflistung bereits gelöschter oder das Fehlen hinzugefügter Dateien, können Sie in der *Multimedia Console* im Bereich INDIZIERUNG über NEUINDIZIERUNG den Prozess manuell anstoßen.

12.3 Medien wiedergeben

Wie Sie Medien wiedergeben können, hängt ganz von Ihrem Wiedergabegerät ab. Der Natur von DLNA entsprechend sind aber meist nur wenige Schritte notwendig. Einige Geräte haben das DLNA-Menü bereits integriert, andere benötigen dafür eine App aus dem jeweiligen Store. Werfen Sie einen Blick in die Bedienungsanleitung Ihres Wiedergabegeräts oder suchen Sie online nach einer Schritt-für-Schritt-Anleitung. Ich demonstriere Ihnen den Vorgang mit den Windows-Bordmitteln.

> **Tipp**
>
> Der PC ist nicht unbedingt als DLNA-Media-Player gedacht. Alternativ zum Windows Media Player bietet sich noch der beliebte *VLC Media Player* an. Andere Lösungen funktionieren nur mäßig. Für den PC und die Fülle an Wiedergabesoftware eignet sich die direkte Medienwiedergabe (z.B. über Netzlaufwerke) eher, DLNA richtet sich mehr an SmartTVs, Konsolen und Co.

Kapitel 12
Zugriff auf Multimediadateien mit dem NAS als DLNA-Server

1. Unter Windows ist der *Windows Media Player* DLNA-fähig bzw. die Windows-App *Filme & TV*.
2. Öffnen Sie die App Filme & TV.
3. Gehen Sie zu EIGENE|MEDIENSERVER.

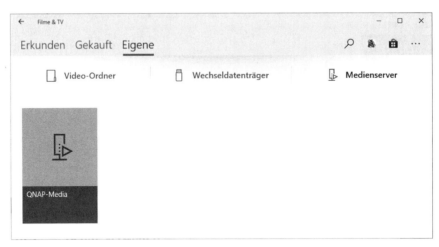

Abb. 12.8: Das NAS scheint als DLNA-Medienserver auf.

4. Nach kurzer Suche scheint Ihr NAS als Medienserver auf.
5. Wählen Sie Ihr NAS aus, werden Ihnen alle indizierten Ordner angezeigt, Sie sehen aber nur den Inhalt, den die Anwendung auch wiedergeben kann. Die App *Filme & TV* zeigt zwar auch die Ordner für Musik und Fotos an, listet dort aber keine Dateien auf, sofern keine Videos vorhanden sind.

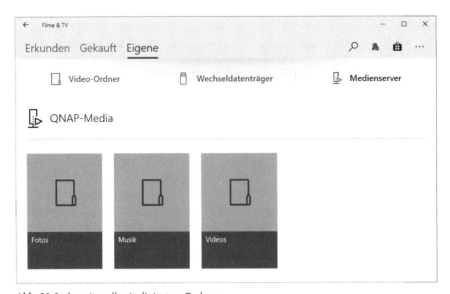

Abb. 12.9: Anzeige aller indizierten Ordner ...

Abb. 12.10: ... auch wenn sie keine für die Anwendung relevanten Dateien beinhalten

6. Starten Sie die Wiedergabe durch Auswahl einer Video-Datei.

Abb. 12.11: Auflistung aller Video-Dateien

Ob Sie die Fotos durchblättern und ein Video oder ein Musikstück vorspulen können, hängt dabei ganz von Ihrem Wiedergabegerät ab. Sollten Sie zwar die Ordner sehen, aber keinen Inhalt, kann dies mehrere Gründe haben:

- Die Indizierung für den Ordner ist noch nicht abgeschlossen.
- Der Ordner enthält keine Daten des passenden Typs (Video, Foto, Musik).
- Für den Ordner ist in der Indizierung der falsche Medientyp angegeben.
- Ihr Wiedergabegerät unterstützt das Format nicht.

12.4 Transcodierung

Sollte der DLNA-Player Formate nicht unterstützen, kann das Problem mit der Transcodierung umgangen werden. Dabei werden Videos in ein anderes Format umgewandelt. Das passiert entweder vor dem Abspielen des Videos oder in Echtzeit während der Wiedergabe. Letzteres erfordert gerade bei Filmen und Serien mit entsprechender Qualität extreme Hardwareressourcen, ansonsten ist keine flüssige Wiedergabe möglich. Grundsätzlich empfiehlt sich, Videos nur im vom Client unterstützen Format wiederzugeben oder auf dem Client Software einzusetzen, die die Wiedergabe unterstützt.

An dieser Stelle würde ich Ihnen erklären, wie Sie die Transcodierung trotzdem verwenden können, allerdings wurde die Funktionalität in den letzten Jahren von QNAP immer weiter reduziert und letztendlich Drittherstellersoftware überlassen, die eine kostenpflichtige Lizenz erfordert.

Die Schuld liegt hier nicht allein bei QNAP, die Wiedergabe von Videoformaten erfordert sogenannte Codecs. Diese müssen in die jeweilige Software integriert werden. Aber auch Wiedergabegeräte und Browser müssen die Wiedergabe unterstützen. Die Codecs erfordern selbst meist Lizenzen, allerdings nicht für den Anwender, sondern für den Softwareentwickler. Dieses Problem betrifft nicht nur QNAP, sondern auch andere Hersteller, die Liste – ohne Drittherstellersoftware – unterstützter Dateiformate ist von Hersteller zu Hersteller unterschiedlich, aber eher kurz.

Aufgrund von Lizenzproblemen und anderer technischer Hürden hat QNAP die Transcodierungsfunktion ausgelagert und die Codecs entfernt. Aufgrund der vielen Einschränkungen benutzen viele Anwender direkt Drittherstellersoftware anstatt der QNAP-Apps.

Möchten Sie auf DLNA nicht verzichten, empfehle ich Ihnen, die Videos vorab auf Ihrem PC in ein unterstütztes Format umzuwandeln und auf Ihr NAS hochzuladen. Das ist lästig, wenn die Quellen, aus denen Sie die Videos beziehen bzw. auf denen Sie die Videos erstellen, kein geeignetes Format bieten und Sie jedes neue Video umwandeln müssen. Noch schlimmer ist es, wenn Sie bereits eine riesige Videosammlung haben. Diese umzuwandeln, ist mühsam und langwierig. Möchten Sie Videos möglichst sorgenfrei streamen, ohne dabei auf Formate achten zu müssen, empfehle ich Ihnen die Verwendung von Plex. Mehr dazu erfahren Sie in Kapitel 15 »Filme mit dem Plex Media Server streamen«.

Kapitel 13

Bildermanagement mit der Photo Station und QuMagie

Was wäre ein Multimedia-Server ohne ordentliche Fotoverwaltung? Die *Photo Station* ist ein umfangreiches Paket zur Verwaltung Ihrer Bilder, egal, ob Sie nur Ihre Schnappschüsse betrachten oder Ihren professionellen Fotoworkflow unterstützen wollen, ob Sie Ihre Bilder herzeigen oder diese online teilen wollen.

Als Alternative zur Photo Station steht *QuMagie* zur Verfügung. Hier liegt der Fokus auf automatisierter Verwaltung.

In diesem Kapitel erfahren Sie, wie Sie beide Anwendungen installieren und nutzen.

13.1 Photo Station installieren und einrichten

Die Installation der *Photo Station* ist so einfach wie die jeder anderen App.

Abb. 13.1: Die Photo Station im App Center

1. Installieren Sie die *Photo Station* über das *App Center*. Die Installation erstellt auch den Freigabeordner `Multimedia`, sofern dieser noch nicht vorhanden ist.

2. Sie können die *Photo Station* jetzt öffnen. Das geht über das QTS-Hauptmenü oder direkt im Browser über `http(s)://<NAS-IP>/photo/`. Öffnen Sie die *Photo Station* über QTS, sind Sie bereits angemeldet. Öffnen Sie sie direkt im Browser, müssen Sie sich zuerst anmelden.

Die *Photo Station* ist jetzt installiert und kann direkt genutzt werden. Starten Sie die *Photo Station*, ist diese vorerst leer. In der Menüleiste finden Sie eine Schaltfläche, um zwischen den beiden Ansichten, der Galerie und der Verwaltung, hin und her zu wechseln. Für sämtliche Funktionen, die in den kommenden Abschnitten beschrieben sind, benötigen Sie nur die Verwaltungsansicht.

Abb. 13.2: Die Photo Station in der Verwaltungsansicht

> **Hinweis**
>
> Vergessen Sie, dass die *Photo Station* eine Galerieansicht hat. Diese zeigt alle Bilder in einem Raster, ohne die Möglichkeit, diese zu sortieren oder zu filtern. Für große Fotosammlungen ist diese Ansicht daher unbrauchbar, auch erstellte Alben finden Sie dort nicht. Zumal die Galerieansicht fehlerhaft ist und trotz hinzugefügter Fotos hin und wieder keine Bilder anzeigt. Der Fehler scheint schon seit einigen Jahren zu bestehen und trotz regelmäßiger Updates der Photo Station immer wieder aufzutauchen.
>
> Die Verwaltungsansicht ist sowieso viel übersichtlicher und bietet mehr Funktionen.

13.1.1 Zugriff auf die Photo Station

Wie schon erwähnt, können Sie die *Photo Station* über DSM öffnen oder über die URL Ihr NAS, gefolgt von `/photo`, aufrufen. Zusätzlich steht für mobile Geräte die App *Qphoto* zur Verfügung.

Die *Photo Station* nutzt, wie alle QNAP-Apps, die Ports, die Sie für QTS festgelegt haben. Bestehende Portfreigaben oder Firewallregeln betreffen also auch die *Photo Station*. Umgekehrt bedeutet das, dass Sie den Zugriff auf die *Photo Station* nicht einschränken können, ohne dass QTS und die anderen Anwendungen davon betroffen sind.

13.1.2 Einstellungen

Die Einstellungen der *Photo Station* erreichen Sie über das Dreipunkte-Menü in der Verwaltungsansicht (im oberen Bereich auf VERWALTUNG klicken). Folgende Einstellungen können Sie vornehmen:

- INHALTSVERWALTUNG – Verwalten Sie die Ordner, die als Inhaltsquelle der *Photo Station* dienen (siehe Abschnitt 13.2 »Bilder zur Photo Station hinzufügen«).
- PERSONEN – Hier sehen Sie, ob die Personenerkennung gerade läuft oder nicht. Die Liste der ignorierten Personen scheint keinerlei Funktion zu haben. Die Personenerkennung ist in Abschnitt 13.3.6 »Personenerkennung« näher beschrieben.
- SICHERUNG/WIEDERHERSTELLUNG – Der Reiter erscheint erst, wenn Sie ein Album erstellt haben. Lesen Sie in Abschnitt 13.3.7 »Alben sichern und wiederherstellen« mehr über diesen Reiter.
- VERSCHIEDENES – Hier können Sie einen Standardordner für Bilderimporte festlegen, angeben, in welcher Ansicht die *Photo Station* starten soll und weitere Anzeigeoptionen aktivieren oder deaktivieren.

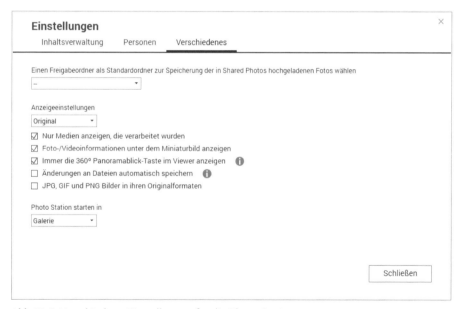

Abb. 13.3: Verschiedene Einstellungen für die Photo Station

> **Hinweis**
>
> Die Einstellungen sind nicht auf Administrator-Konten beschränkt, jeder Benutzer mit Zugriff auf die *Photo Station* hat auch Zugriff auf die Einstellungen.

13.2 Bilder zur Photo Station hinzufügen

Bevor Sie Bilder zur *Photo Station* hinzufügen können, müssen Sie einen bzw. mehrere Quellordner festlegen. Dabei können Sie auch Ordner wählen, in denen bereits Bilder enthalten sind. Diese werden in die *Photo Station* aufgenommen. Öffnen Sie dazu die *Multimedia Console*, wählen Sie im Reiter PHOTO STATION unter »Inhaltsquellen« BEARBEITEN. Wählen Sie dann jene Ordner aus, die von der Photo Station genutzt werden sollen.

Abb. 13.4: Festlegen der Inhaltsquellen in der Multimedia Console

Abb. 13.5: Wählen Sie beliebige Ordner auf dem NAS.

13.2 Bilder zur Photo Station hinzufügen

Sie haben jetzt mehrere Möglichkeiten, Bilder zur *Photo Station* hinzuzufügen:

- Bilder über die *File Station* in einen der überwachten Quellordner hinzufügen (siehe Abschnitt 5.2 »Die File Station«)
- Bilder über *Qsync* synchronisieren (siehe Kapitel 7 »Die Cloud – Daten und Geräte synchronisieren«)
- Bilder über andere Protokolle hochladen (siehe Kapitel 6 »Dateidienste – Vom Computer auf den NAS-Speicher zugreifen«)
- Bilder direkt über die *Photo Station* hochladen
- Bilder über die mobile App *Qphoto* hochladen

Bilder werden nach dem Upload konvertiert und indiziert. Bei der Konvertierung werden Miniaturen der Bilder erstellt, die dann in der *Photo Station* zur verkleinerten Anzeige genutzt werden.

13.2.1 Bilder direkt über die Photo Station hochladen

1. Klicken Sie in der *Photo Station* am oberen Rand auf VERWALTUNG.
2. Klicken Sie in der Werkzeugleiste auf das Upload-Icon.
3. Es öffnet sich ein Upload-Dialog, in dem Sie folgende Angaben machen können/müssen:

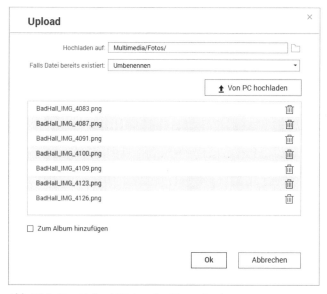

Abb. 13.6: Der Upload-Dialog der Photo Station

- Klicken Sie auf das Ordner-Icon, um auszuwählen, in welchen Ordner die Bilder hochgeladen werden sollen. Es stehen nur Ordner zur Verfügung, die in der *Photo Station* als Inhaltsquelle aktiviert wurden. Innerhalb dieser Ordner können neue Ordner erstellt werden.
- Wählen Sie, was passieren soll, wenn die Datei bereits vorhanden ist.

- Wählen Sie Bilder zum Hochladen aus. Entweder ziehen Sie diese in den vorgesehenen Bereich, oder Sie klicken auf VON PC HOCHLADEN, um sie über den Explorer auszuwählen. Es können nur Bilder hochgeladen werden. Ordnerbäume können Sie so nicht hochladen.
- Mit der Option ZUM ALBUM HINZUFÜGEN können Sie die hochgeladenen Bilder gleich einem Album (siehe Abschnitt 13.3.1 »Alben anlegen und Bilder hinzufügen«) zuordnen.

4. Bestätigen Sie den Dialog und der Upload-Vorgang wird gestartet. Auch die *Photo Station* erledigt dies über die Hintergrundaufgaben, so wie schon die *File Station*.

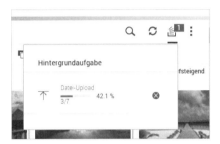

Abb. 13.7: Der Upload erfolgt als Hintergrundaufgabe

5. Ist der Vorgang abgeschlossen, startet die Konvertierung und die Indizierung.

Abb. 13.8: Die Indizierung kann pausiert oder ihr eine andere Priorität zugewiesen werden.

> **Hinweis**
>
> Laden Sie eine größere Menge Daten in einen indizierten Ordner (und lösen dadurch die Indizierung der Daten aus), kann der Vorgang einige Zeit in Anspruch nehmen. Gerade auf schwächeren Modellen kann er mehrere Stunden dauern. In der *Multimedia Console* sehen Sie den Indizierungsvorgang unter INDIZIERUNG. Sie können die Indizierung auch

pausieren lassen, damit Sie ohne Leistungseinbußen weiterarbeiten können. Auch die Priorität kann geändert werden. Bei niedriger Priorität sind mehr Systemressourcen für andere Prozesse übrig, dafür dauert der Vorgang länger, bei normaler Priorität kann Ihr NAS schnell lahmgelegt werden.

Alternativ können Sie Bilder zur Photo Station hinzufügen, indem Sie in der Verwaltungsansicht in den Bereich ORDNER wechseln und dort zu einem Unterordner navigieren. Starten Sie dort den Upload-Dialog, ist der Zielordner schon vorausgefüllt.

13.3 Bilder mit der Photo Station verwalten

Haben Sie die ersten Bilder hochgeladen, wird es Zeit, dass wir uns mit den eigentlichen Funktionen der *Photo Station* befassen.

13.3.1 Alben anlegen und Bilder hinzufügen

Die *Photo Station* listet alle Bilder, die Sie hinzugefügt haben, einfach auf, sowohl in der Galerieansicht als auch in der Verwaltungsansicht im Bereich FREIGEGEBENE FOTOS. Im Bereich ORDNER können Sie durch die hinzugefügten Ordner navigieren und die darin enthaltenen Bilder betrachten. Das reicht aber für viele Anwendungsfälle nicht aus, für diese Ansicht bräuchte es keine *Photo Station*, das kann die *File Station* auch. Meist möchte man seine Bilder thematisch gruppieren – und das ohne den eigentlichen Speicherplatz des Bildes zu verändern oder Bilder doppelt auf der Festplatte abgespeichert zu haben.

Um ein neues Album anzulegen, gehen Sie wie folgt vor:

1. Wechseln Sie in die Verwaltungsansicht.
2. Wechseln Sie in den Bereich ALBEN.
3. Klicken Sie auf das Hinzufügen-Icon und wählen Sie EIN ALBUM ERSTELLEN.

Abb. 13.9: Der Dialog zum Erstellen eines Albums

Kapitel 13
Bildermanagement mit der Photo Station und QuMagie

4. Vergeben Sie einen Namen für das Album, und legen Sie die Berechtigung für das Album fest. Wählen Sie dabei aus, ob nur Sie das Album sehen können oder auch andere NAS-Benutzer oder ob Sie es teilen wollen. Für NAS-Benutzer können Sie festlegen, ob diese das Album nur betrachten oder dieses auch verwalten dürfen. In der Liste finden Sie alle Benutzer, auch jene, die keine Berechtigung für die *Photo Station* haben. Die Einstellungen wirken aber nur bei jenen Benutzern, die die Berechtigung für die *Photo Station* haben. Details zu der Berechtigungsverwaltung der *Photo Station* finden Sie in Abschnitt 13.4 »Berechtigungen der Photo Station«.

Auch der Gültigkeitszeitraum für die Freigabe lässt sich hier festlegen. Bestätigen Sie die Änderungen mit einem Klick auf SPEICHERN.

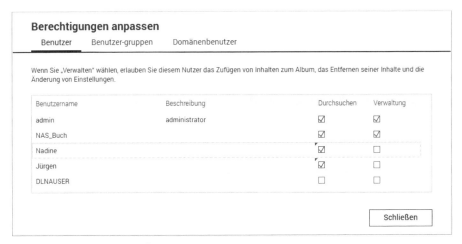

Abb. 13.10: Berechtigungen für NAS-Nutzer anpassen

5. Das neue Album wurde jetzt angelegt, ist aber noch leer. Um Fotos hinzuzufügen, wechseln Sie in den Bereich FREIGEGEBENE FOTOS oder ORDNER und navigieren dort zu den gewünschten Bildern. Markieren Sie diese wie aus dem Explorer gewohnt und öffnen Sie das Kontextmenü mit einem Rechtsklick auf ein markiertes Foto.

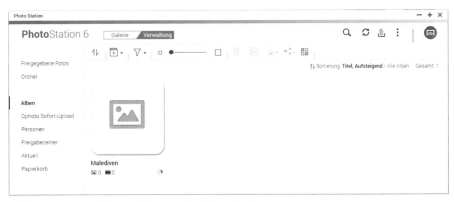

Abb. 13.11: Das noch leere Album in der Photo Station

Wählen Sie dann ZUM ALBUM HINZUFÜGEN.

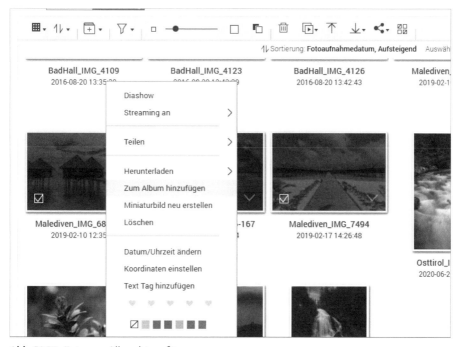

Abb. 13.12: Fotos zu Alben hinzufügen

6. Im nachfolgenden Dialog können Sie aus den bestehenden Alben wählen, oder Sie erstellen ein neues Album (dabei werden die Standardeinstellungen angewandt, diese können Sie später bearbeiten). Mit einem Klick auf SPEICHERN werden die Bilder hinzugefügt.

Abb. 13.13: Das gewünschte Album wählen

Abb. 13.14: Das Album mit hinzugefügten Bildern

Alben erzeugen keine Ordner auf der Festplatte, und hinzugefügte Bilder bleiben an ihrem ursprünglichen Ort. Löschen Sie ein Album, bleiben die Bilder erhalten. Möchten Sie die Albumeinstellungen nachträglich bearbeiten, klicken Sie mit der rechten Maustaste auf das Album und wählen ALBUMEINSTELLUNGEN. Beim Importieren von Fotos können Sie diese gleich einem Album zuweisen.

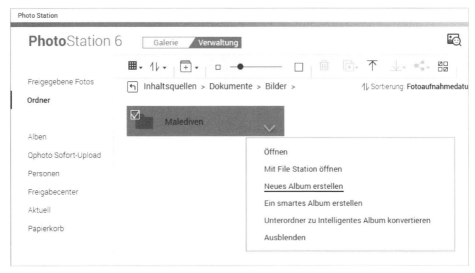

Abb. 13.15: Album basierend auf dem Ordnerinhalt erstellen

Es gibt noch einen weiteren Weg, Alben zu erstellen. Möchten Sie ein Album aus dem Inhalt eines Unterordners erstellen, können Sie das direkt im Bereich ORDNER erledigen. Markieren Sie den gewünschten Unterordner und klicken Sie auf den Pfeil (alternativ öffnen Sie das Kontextmenü). Dort finden Sie den Eintrag NEUES ALBUM ERSTELLEN.

13.3.2 Smart-Alben

Sogenannte Smart-Alben kennen Sie vielleicht aus *Lightroom* oder anderen Bildverwaltungsanwendungen. Hierbei handelt es sich um nichts anderes als Filter, die sich selbst aktualisieren. Sie legen für ein Smart-Album Filterregeln fest, und im Album werden dann alle Bilder angezeigt, auf die diese Filter zutreffen. Der Vorteil von Smart-Alben ist, dass Bilder, die Sie zur *Photo Station* hinzufügen, automatisch in die Smart-Alben aufgenommen werden, wenn die Filterregel zutrifft.

1. Wechseln Sie in die Verwaltungsansicht.
2. Wechseln Sie in den Bereich ALBEN.
3. Klicken Sie auf das Hinzufügen-Icon, und wählen Sie EIN SMARTES ALBUM ERSTELLEN.
4. Vergeben Sie einen Namen, und legen Sie die Berechtigungen fest.
5. Wählen Sie, welche Dateitypen (Foto, Video) im Album aufgenommen werden sollen.
6. Unter »Quellpfad« können Sie über den Button HINZUFÜGEN festlegen, welche der Inhaltsquellen der *Photo Station* für das Smart-Album infrage kommen.
7. Unter »Suchkriterien festlegen« fügen Sie mit HINZUFÜGEN Filterkriterien hinzu, diese bestimmen, welche Fotos bzw. Videos tatsächlich im Album aufgenommen werden. Zur Auswahl stehen verschiedene zeitbezogene Filter sowie Bildeigenschaften bis hin zu Tags, Kameramarke und Personen. Sie können mehrere Filter miteinander kopieren, fügen Sie einfach weitere hinzu.

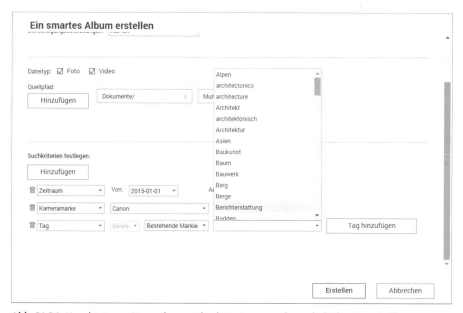

Abb. 13.16: Kombinieren Sie mehrere Filterkriterien, um den Inhalt des Smart-Albums festzulegen.

8. Klicken Sie auf ERSTELLEN, wird das Album angelegt und alle den Filterkriterien entsprechenden Bilder hinzugefügt.

Kapitel 13
Bildermanagement mit der Photo Station und QuMagie

Abb. 13.17: Smart-Alben werden durch ein Icon in der Ecke markiert.

Importieren Sie neue Fotos, werden diese den Smart-Alben automatisch hinzugefügt, wenn sie den Filterkriterien entsprechen. Sie können selbst keine Bilder gezielt in einem Smart-Album hinzufügen oder entfernen, sie können aber die Filtereinstellungen nachträglich verändern (RECHTSKLICK|ALBENEINSTELLUNGEN).

13.3.3 Deckblatt festlegen

Alben zeigen in der *Photo Station* ein Deckblatt. Passt Ihnen die automatische Auswahl nicht, können Sie selbst ein Foto als Deckblatt festlegen. Als Deckblatt kann nur ein Bild gewählt werden, das im Album enthalten ist.

1. Navigieren Sie in das Album.
2. Öffnen Sie das Pfeilmenü/Kontextmenü des gewünschten Bildes.
3. Wählen Sie ALS DECKBLATT FESTLEGEN.

13.3.4 Navigation durch die Photo Station

Durch die *Photo Station* navigieren Sie wie im Explorer. Unter FREIGEGEBENE FOTOS stehen Ihnen alle hinzugefügten Fotos zur Verfügung. Unter ORDNER sehen Sie alle Ordner, die als Inhaltsquelle hinzugefügt wurde, Sie können diese wie in der *File Station* öffnen und die darin enthaltenen Fotos betrachten.

> **Hinweis**
>
> *Qphoto* ist das mobile App-Gegenstück zur *Photo Station*, Ihnen stehen dort dieselben Funktionen zur Verfügung. Wie Sie sich bei einer QNAP-App anmelden, haben Sie bereits in Abschnitt 5.3 »Mobiler Zugriff per App« gelernt, eine separate Beschreibung der App ist daher nicht notwendig.

Unter ALBEN sehen Sie alle Alben und Smart-Alben und können darüber Ihre Fotos betrachten.

Je nachdem, in welchem Bereich Sie sich befinden, haben Sie über die Werkzeugleiste Zugriff auf verschiedene Funktionen der *Photo Station:*

- ↑↓ - Kehrt die Sortierung um
- ⊞ - Erstellen Sie ein neues Album oder Smart-Album.
- ▽ - Filtern Sie den aktuellen Bereich nach verschiedenen Inhalten.
- ▭ ─●─── ▭ Verändert die Darstellungsgröße der Bilder
- ⬚ Wechsel der Hintergrundfarbe zwischen Schwarz und Weiß
- 🗑 Element löschen
- ▷ - Ausgewählte Elemente als Diashow wiedergeben
- ↑ Fotos importieren
- ↓ - Fotos herunterladen
- ⋖ - Fotos teilen
- ⊞ Auswahlmodus wechseln
- ▦ - Anzeigemodus umschalten

Bilder verschieben

Über die *Photo Station* können Sie zwar keine neuen Unterordner erstellen, Sie können Bilder aber sehr wohl verschieben. Über das Kontextmenü steht Ihnen der Eintrag MIT FILE STATION ÖFFNEN zur Verfügung, um den entsprechenden Ort direkt in der *File Station* zu öffnen.

Bilder betrachten

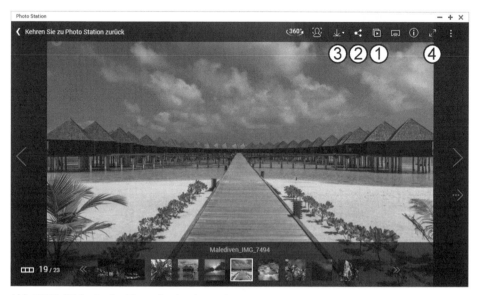

Abb. 13.18: Bilder in der Photo Station betrachten

Kapitel 13
Bildermanagement mit der Photo Station und QuMagie

Bilder zu betrachten, ist einfach. Navigieren Sie einfach zum gewünschten Album, Ordner oder Bild. Den Betrachtungsmodus öffnen Sie über einen Doppelklick auf das Bild oder über das Kontextmenü durch den Eintrag ANSEHEN oder das Augen-Icon. Im Bildbetrachter können Sie Fotos einzeln betrachten und zwischen ihnen hin und her schalten. Auch hier haben Sie Zugriff auf Funktionen wie die Diashow (❶), das Teilen (❷) oder den Download (❸). Über (❹) schalten Sie in den Vollbildmodus, der die Dateieigenschaften des Fotos anzeigt. Über das Dreipunkte-Menü und den Eintrag TEXT TAG HINZUFÜGEN können Sie Tags nicht nur hinzufügen, sondern auch entfernen.

Abb. 13.19: Einblenden der Bildeigenschaften

Abb. 13.20: Bearbeiten der Tags

13.3.5 Freigaben und Teilen

Auch in der Foto Station stehen Ihnen mehrere Methoden zur Verfügung, um Bilder mit anderen zu teilen. Allen voran teilen Sie Bilder mit NAS-Benutzern, indem Sie diesen Rechte auf den entsprechenden Freigabeordnern erteilen. Alben teilen Sie über die Berechtigungseinstellungen in den Albeneinstellungen mit anderen NAS-Nutzern oder mit der Öffentlichkeit. Über die Freigabefunktion können Sie Bilder oder Alben mit der Öffentlichkeit teilen und zusätzlich per E-Mail, in sozialen Netzen (Picasa oder Flickr) oder als Freigabelink teilen. Wie eine Freigabe funktioniert, haben Sie bereits in Abschnitt 5.2.6 »Dateien und Ordner teilen« gelernt.

Alben über Albumeinstellungen teilen

1. Markieren Sie ein Album.
2. Klicken Sie auf den Pfeil in der linken unteren Ecke, oder öffnen Sie das Kontextmenü, wählen Sie ALBUMEINSTELLUNGEN.
3. Wählen Sie unter BERECHTIGUNGSEINSTELLUNGEN, mit wem Sie das Album teilen möchten (siehe Abbildung 13.10).
4. Legen Sie die Einstellungen für die Freigabe fest.
5. Klicken Sie auf SPEICHERN.

Alben/Bilder über die Freigabefunktion freigeben

1. Markieren Sie ein Album/Bild.
2. Klicken Sie auf das Freigabe-Icon.
3. Wählen Sie, wie Sie das Element freigeben möchten.
4. Nehmen Sie die Einstellungen der Freigabe nach Wunsch vor.

Abb. 13.21: Die Freigabeeinstellungen kennen Sie bereits aus anderen Kapiteln.

5. Klicken Sie auf ERSTELLEN.

Freigaben können Sie im Bereich FREIGABECENTER verwalten.

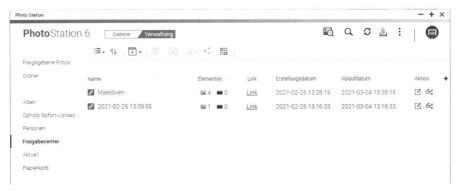

Abb. 13.22: Die Freigabeverwaltung ist ähnlich aufgebaut wie etwa in der File Station.

> **Achtung**
>
> Im Freigabecenter sehen Sie nur Freigaben, die über das Freigabe-Icon erstellt wurden. Geteilte Alben, egal, ob mit der Öffentlichkeit oder anderen NAS-Nutzern, werden dort nicht aufgelistet, diese erkennen Sie in der Albenübersicht an kleinen Icons.

13.3.6 Personenerkennung

Fügen Sie neue Bilder hinzu, startet die *Personenerkennung*, dabei werden die Bilder nach Gesichtern abgesucht. Sie können erkannten Personen einen Namen hinzufügen und so Bilder mit Personen leichter verwalten.

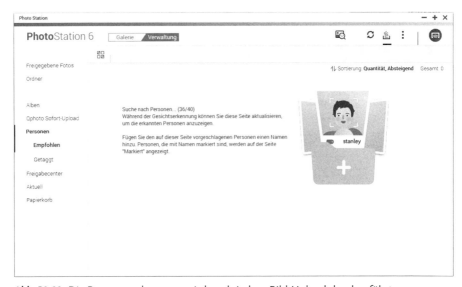

Abb. 13.23: Die Personenerkennung wird nach jedem Bild-Upload durchgeführt.

Die *Personenerkennung* läuft als Hintergrundaufgabe in QTS. Ist die Erkennung abgeschlossen, finden Sie in der Verwaltungsansicht der *Photo Station* unter PERSONEN|EMPFOHLEN neu erkannte Personen. Sie können neue Personen anlegen oder bestehende Personen zuordnen. Alle getaggten Personen finden Sie unter PERSONEN|GETAGGT.

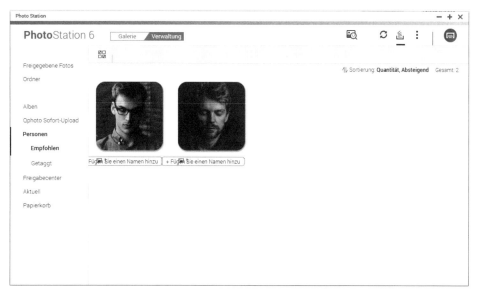

Abb. 13.24: Werden Gesichter auf Bildern erkannt, können Sie die Bilder einer Person zuordnen.

> **Hinweis**
>
> Die Personenerkennung erfordert einiges an Systemressourcen.

Besonders zuverlässig ist die Künstliche Intelligenz (KI) aber nicht. Die Gesichtserkennung scheint keine Treffer zu liefern, wenn das Gesicht nicht frontal abgebildet ist, auch wenn das Gesicht einen großen Ausschnitt des Bildes einnimmt, hat die KI ihre Schwierigkeiten mit der Erkennung. Sie können Bildern, auf denen die KI keine Personen erkannt hat, keine Personen manuell zuordnen.

13.3.7 Alben sichern und wiederherstellen

Um Ihre Bilder zu sichern, verwenden Sie Hybrid Backup Sync 3 (siehe Abschnitt 8.3.2 »HBS3 Hybrid Backup Sync – die ultimative Backup-Lösung«). Ihre Alben müssen Sie aber über die *Photo Station* manuell sichern. Öffnen Sie dazu in der *Photo Station* die Einstellungen und wechseln in den Reiter SICHERUNG/WIEDERHERSTELLUNG. Klicken Sie auf ALBEN SICHERN. Ihr Browser lädt daraufhin eine csv-Datei herunter. Diese enthält alle notwendigen Angaben zu Ihren Alben.

Kapitel 13
Bildermanagement mit der Photo Station und QuMagie

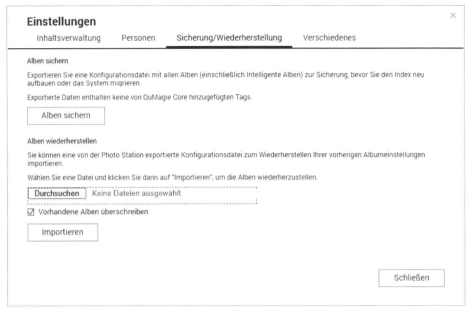

Abb. 13.25: Alben in den Einstellungen sichern und wiederherstellen

Möchten Sie die Alben wiederherstellen, können Sie das über dasselbe Menü erledigen. Klicken Sie dazu auf DURCHSUCHEN, um auf Ihrem Rechner nach einer gesicherten csv-Datei zu suchen. Mit einem Klick auf IMPORTIEREN werden die Alben wiederhergestellt. Sie haben die Wahl, ob Sie bereits bestehende Alben behalten wollen oder diese überschrieben werden sollen. Nutzen Sie dafür die Option »Vorhandene Alben überschreiben«.

> **Wichtig**
>
> Die exportierte csv-Datei enthält nur die Metadaten des Albums, also Name, Einstellungen und welche Bilder sich im Album befinden, die Bilddateien selbst werden nicht gesichert. Achten Sie also darauf, dass Sie auch die Ordner mit den Fotos sichern. Vor dem Wiederherstellen der Alben müssen Sie die Foto-Ordner wiederherstellen. Sollten nicht alle Fotos/Ordner vorhanden sein oder die Ordnerstruktur abweichen, können die Alben nicht vollständig wiederhergestellt werden.

13.4 Berechtigungen der Photo Station

Die Berechtigungen der *Photo Station* fallen auf den ersten Blick nicht gerade offensichtlich aus. Was ein Benutzer darf und sieht, hängt von Einstellungen an drei Stellen ab, diese wirken sich unterschiedlich aufeinander aus.

Anwendungsberechtigung

Diese Berechtigung legt fest, ob ein Benutzer überhaupt Zugriff auf die *Photo Station* erhält oder nicht. Benutzer ohne Zugriff sehen die *Photo Station* nicht auf Ihrem Desktop. Ein Anmeldeversuch unter `https://<NAS-IP>/photo` scheitert. Sie legen diese Berechtigung unter SYSTEMSTEUERUNG|RECHTE|BENUTZER|ANWENDUNGSBERECHTIGUNG BEARBEITEN fest oder wenn Sie ein neues Benutzerkonto anlegen.

Abb. 13.26: Anwendungsberechtigungen per Benutzer

> **Achtung**
>
> Benutzer mit dem Recht, die *Photo Station* zu nutzen; haben Zugriff auf die Galerieansicht und die Verwaltungsansicht. Andere Benutzer haben also prinzipiell die Möglichkeit, selbst Bilder zu importieren bzw. importierte Bilder zu bearbeiten. Was Sie tatsächlich tun können, hängt von den Ordnerberechtigungen ab. Durch die Verwaltungsansicht können Benutzer aber selbst Ordner, für die sie Berechtigungen besitzen, als Inhaltsquelle hinzufügen.

Benutzer, die keine Berechtigung für die *Photo Station* haben, werden in den *Photo Station* z.B. in der Berechtigungsverwaltung für Alben dennoch angezeigt.

Ordnerberechtigungen

Die Ordnerberechtigungen – also die Rechte, die ein Benutzer auf die Ordner hat, die als Inhaltsquellen für die *Photo Station* festgelegt wurden – bestimmen, welche Bilder dieser Benutzer in der *Photo Station* sieht. Ohne Berechtigungen werden Bilder nicht angezeigt.

Mit Leserechten werden die Bilder in der Galerieansicht und in der Verwaltungsansicht angezeigt. Der Benutzer kann die Bilder betrachten und sie in neue Alben hinzufügen bzw. in bestehende Alben, für die er Verwaltungsrechte besitzt. Der Benutzer kann die Bilder aber nicht verschieben oder löschen. Er kann Bilder nicht in Ordner importieren, für die er nur Leserechte hat. Mit Schreibrechten kann der Benutzer die Bilder vollumfänglich verwalten, sie also auch verschieben und entfernen sowie neue Bilder hinzufügen.

> **Hinweis**
>
> Die *Photo Station* berücksichtigt die erweiterten Ordnerberechtigungen.

> **Achtung**
>
> Selbst wenn ein Benutzer keine Zugriffsrechte auf den eingebundenen Ordnern besitzt, er kann immer noch über die Einstellungen selbst Ordner (für die er Zugriffsrechte besitzt) als Inhaltsquelle festlegen und so die *Photo Station* für darin befindliche Bilder nutzen.

Albumberechtigungen

Diese Berechtigungen sind die letzte Ebene der Benutzerrechte der *Photo Station*. Auch wenn dort Benutzer aufgelistet werden, die keine Anwendungsberechtigung für die *Photo Station* haben, so funktioniert diese Ebene nur in Zusammenarbeit mit der Anwendungsberechtigung, das heißt, erteilte Rechte sind wirkungslos, wenn keine Anwendungsberechtigung besteht. Ordnerberechtigungen haben aber keinen Einfluss auf die Albumberechtigung. Ein Benutzer, der ein Album betrachten darf, sieht die Bilder darin, auch wenn er für den eigentlichen Speicherort der Bilder keine Rechte besitzt. Er sieht sie aber auch nur innerhalb des Albums, in der Galerie und in der Verwaltungsansicht unter FREIGEGEBENE FOTOS sowie unter ORDNER bleiben die Bilder verborgen.

Die Anwendungsberechtigung muss vorhanden sein, ansonsten kann ein Benutzer nicht auf die *Photo Station* zugreifen. Tabelle 13.1 verdeutlicht mit einigen Beispielen das Zusammenwirken von Ordner und Albumberechtigungen.

Ordner-berechtigung	Album-berechtigung	Funktion
Keine	Ja	Bilder in Album sichtbar; Bilder in Ansichten nicht sichtbar; Ordner nicht sichtbar
Lesen	Ja	Bilder in Album sichtbar; Bilder in Ansichten sichtbar, Ordner und Bilder sichtbar, Bilder zu Alben hinzufügen möglich
Schreiben	Ja	Bilder in Album, Ansichten und Ordner sichtbar; alle anderen Funktionen verfügbar
Lesen oder schreiben	Nein	Bilder in betroffenem Album nicht sichtbar; weitere Funktionen sind wie oben beschrieben verfügbar
Keine	Nein	Bilder in Album, Ansichten und Ordner nicht sichtbar

Tabelle 13.1: Beispiele für Berechtigungen in der Photo Station

13.5 QuMagie installieren und einrichten

QuMagie ist eine weitere Fotoverwaltung von QNAP. Der Aufbau unterscheidet sich etwas von der *Photo Station*, zusätzlich setzt *QuMagie* verstärkt auf den Einsatz von KI, um Ihre Bilder zu verwalten. *QuMagie* finden Sie, wie alle anderen Apps, im *App Center*, allerdings sind weitere Apps notwendig, um *QuMagie* nutzen zu können.

Abb. 13.27: QuMagie im App Center

1. Installieren Sie zuerst die App *Container Station*.
2. Installieren Sie anschließend die App *QuMagie Core*. Sie enthält die KI-Programme zur Erkennung von Personen und Gegenständen.

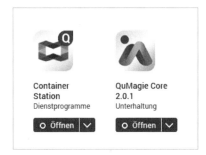

Abb. 13.28: Die beiden zusätzlichen Apps sind Voraussetzung für die Installation von QuMagie.

3. Jetzt können Sie *QuMagie* installieren.

4. Ehe Sie *QuMagie* nutzen können, müssen Sie wieder Inhaltsquellen definieren. Öffnen Sie die *Multimedia Console*. Wechseln Sie in den Bereich INHALTSVERWALTUNG und wählen dort *QuMagie* aus. Über BEARBEITEN können Sie die Ordner wählen, die Sie als Inhaltsquelle nutzen wollen. Es spielt dabei keine Rolle, wenn der Ordner bereits für eine andere App als Inhaltsquelle dient.

5. Sie können *QuMagie* jetzt verwenden.

13.5.1 Zugriff auf QuMagie

.*QuMagie* können Sie (und berechtigte Benutzer) aus QTS heraus öffnen. Alternativ können Sie *QuMagie* direkt über die URL `https://<NAS-IP>/apps/qumagie` aufrufen. Für mobile Geräte steht *QuMagie* als gleichnamige App zur Verfügung.

Auch *QuMagie* verwendet die QTS-Ports und unterliegt damit den bereits mehrfach erwähnten Einschränkungen durch die *QuFirewall* und der Portfreigabe des Routers für externe Zugriffe.

Auch die Berechtigungen für *QuMagie* sind mit denen der *Photo Station* identisch. So können Sie für jeden Benutzer *QuMagie* in den Anwendungsberechtigungen erlauben oder verweigern. Die Ordnerberechtigungen legen dann fest, welche Bilder die einzelnen Benutzer in *QuMagie* sehen und was mit den Bildern gemacht werden kann. Ähnlich die Albumberechtigungen. Diese legen fest, wer das Album sehen kann und wer es bearbeiten darf. Benutzer mit Berechtigungen für ein Album können dieses auch sehen, wenn sie für den/die Bilderordner keine Leseberechtigungen haben.

13.5.2 Einstellungen

Die Einstellungen finden Sie, wie gewohnt, in der rechten oberen Ecke im Dreipunkte-Menü. Dort sehen Sie folgende Optionen:

- INHALTSVERWALTUNG – Verwalten Sie die Inhaltsquellen von *QuMagie*.
- QUMAGIE CORE – Hier sehen Sie den aktuellen Status der KI-Programme zur Gesichtserkennung, Objekterkennung und der Erkennung ähnlicher Fotos. Da diese KI-Programme die Systemressourcen stark beanspruchen, können Sie die einzelnen Programme pausieren, falls Sie diese nicht nutzen möchten oder vorübergehend die Systemressourcen anderwärtig gebraucht werden. Zugriff auf die KI-Programme erhalten Sie auch in der *Multimedia Console* in der Ansicht KI-ENGINE. Hier können Sie die Erkennung auch neu starten, sollte etwas nicht funktioniert haben.
- SICHERUNG/WIEDERHERSTELLUNG – Hier können Sie Ihre Alben sichern und wiederherstellen. Beides funktioniert genauso wie in der *Photo Station* (siehe Abschnitt 13.3.7 »Alben sichern und wiederherstellen«).
- VERSCHIEDENES – Hier können Sie die Standard-Berechtigung festlegen, die auf neue Alben angewandt wird.

13.6 Bilder zu QuMagie hochladen

QuMagie arbeitet mit Inhaltsquellen wie auch die *Photo Station*. Laden Sie Bilder in einen Inhaltsordner, werden diese automatisch zu *QuMagie* hinzugefügt. Mit welcher Methode Sie die Bilder im Ordner abspeichern, ist dabei egal. In diesem Buch haben Sie bereits einige Methoden kennengelernt. Natürlich können Sie auch in *QuMagie* direkt Bilder hochladen. Klicken Sie auf das Upload-Icon. Der Upload-Dialog ist derselbe wie aus der *Photo Station* (siehe Abschnitt 13.2.1 »Bilder direkt über die Photo Station hochladen«).

13.6.1 Automatischer Upload mit QuMagie für mobile Geräte

Haben Sie die mobile App *QuMagie* installiert, können Sie dort ebenfalls Bilder und Videos manuell hochladen, aber auch einen automatischen Upload einrichten. Der automatische Upload ist dabei ähnlich dem, den Sie aus der App *Qfile* kennen (siehe Abschnitt 5.3.1 »Die App Qfile«).

Den automatischen Upload richten Sie mit folgenden Schritten ein:

1. Starten Sie *QuMagie* auf Ihrem mobilen Gerät.
2. Öffnen Sie das App-Menü, und tippen Sie auf EINSTELLUNG.
3. Wählen Sie den Menüpunkt SICHERUNG und tippen Sie auf JETZT EINRICHTEN.

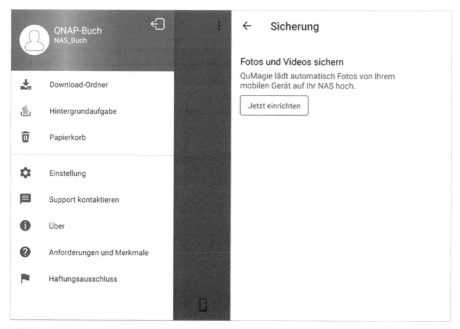

Abb. 13.29: Der Auto-Upload versteckt sich in den Einstellungen.

4. Sie haben die Wahl, ob Sie alle Fotos und Videos des Geräts automatisch hochladen wollen, ob Sie den Auto-Upload auf »Cameraroll«, also mit der eingebauten Kamera aufgenommene Fotos und Videos, beschränken wollen, oder Sie wählen einzelne Ordner selbst aus.
5. Wählen Sie als Sicherungsziel Ihr QNAP NAS.
6. Wählen Sie den vorgegebenen Standardordner, oder geben Sie einen eigenen Ordner an.

Kapitel 13
Bildermanagement mit der Photo Station und QuMagie

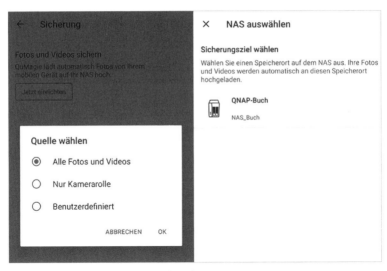

Abb. 13.30: Wählen Sie Quelle und Ziel.

7. Im letzten Schritt legen Sie die Parameter für das automatische Hochladen fest, wie z.B. Dateifilter, Regeln für das Umbenennen der Dateien und wann der Upload stattfinden darf. Tippen Sie dann auf FERTIG.

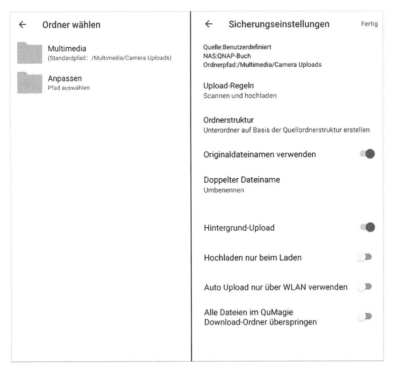

Abb. 13.31: Wählen Sie am Ziel den Ordner aus und legen Sie die Einstellungen für die Uploads fest.

Treffen die Voraussetzungen für einen Upload zu, beginnt *QuMagie* sofort mit dem Upload bestehender Dateien. Werden neue Fotos/Videos in den entsprechenden Ordnern angelegt, werden diese ebenfalls hochgeladen.

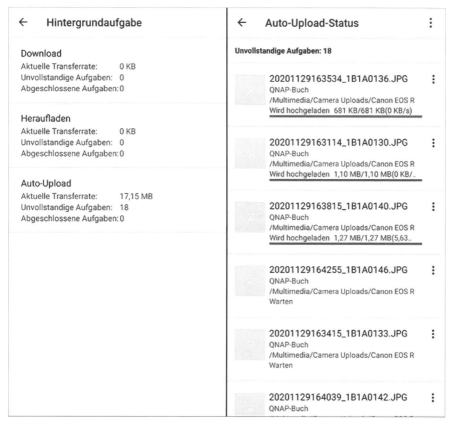

Abb. 13.32: Über das Menü »Hintergrundaufgabe« haben Sie Ihre Uploads stets im Blick.

Den Upload-Status können Sie im Menüpunkt HINTERGRUNDAUFGABE einsehen. Tippen Sie auf den Bereich AUTO-UPLOAD, sehen Sie eine Liste der hochzuladenden Dateien und deren Status. Gibt es Probleme beim Upload, können Sie den Upload hier erneut auslösen.

13.7 Bilder mit QuMagie verwalten

Im Gegensatz zur *Photo Station* bietet *QuMagie* nur eine Ansicht. *QuMagie* startet im Bereich FOTOS. Dort sehen Sie alle hinzugefügten Fotos in einem Zeitstrahl. Dieser ist schon etwas übersichtlicher als die Galerieansicht der *Photo Station* (Abbildung 13.33).

Bevorzugen Sie dennoch die Galerie, können Sie unter ANSEHEN vom Zeitstrahl auf das Raster wechseln sowie die Darstellung der Bildminiaturen und die Sortierung anpassen (Abbildung 13.34). Auch auf das Durchstöbern der Inhaltsordner müssen Sie nicht verzichten. Die Explorer-Ansicht finden Sie im Bereich ORDNER.

Kapitel 13
Bildermanagement mit der Photo Station und QuMagie

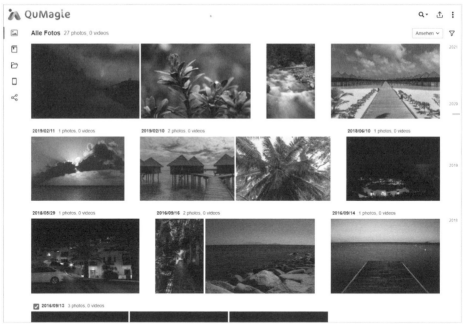

Abb. 13.33: Die Timeline von QuMagie

Abb. 13.34: Einstellungen für die Ansicht von QuMagie

Die Bedienung von *QuMagie*, wie etwa das Betrachten und Löschen von Bildern, funktioniert genauso intuitiv wie in der *Photo Station*, eine Detailbeschreibung der Oberfläche ist daher nicht mehr notwendig. In den folgenden Abschnitten werde ich auf Unterschiede und Besonderheiten aufmerksam machen.

Abb. 13.35: Die Detailansicht der Bilder unterscheidet sich kaum von der Photo Station.

13.7.1 Alben und Smart-Alben anlegen und Bilder hinzufügen

Das Erstellen von Alben funktioniert sehr ähnlich zur *Photo Station* (siehe Abschnitt 13.3.1 »Alben anlegen und Bilder hinzufügen«). Ihnen stehen dieselben Optionen zur Verfügung, die visuelle Darstellung weicht nur etwas vom bekannten Dialog ab. Zusätzlich haben Sie auch die Möglichkeit, sofort bei der Erstellung Fotos aus dem Zeitstrahl auszuwählen, um diese so direkt dem Album hinzuzufügen. Sie gelangen zum Dialog über die Ansicht ALBEN und das Icon NEUES ALBUM.

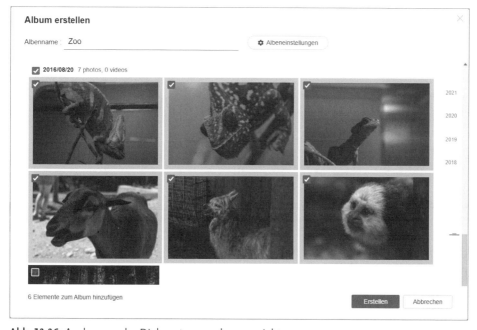

Abb. 13.36: Auch wenn der Dialog etwas anders aussieht ...

Abb. 13.37: ... die Funktionsweise ist die gleiche wie bei der Photo Station.

> **Hinweis**
>
> Alben aus der *Photo Station* werden von *QuMagie* übernommen.

Auch das Anlegen von Smart-Alben erfolgt auf dieselbe Weise wie in Abschnitt 13.3.2 »Smart-Alben« beschrieben. Das Erstellen von Alben direkt über den Unterordner steht Ihnen auch in *QuMagie* zur Verfügung.

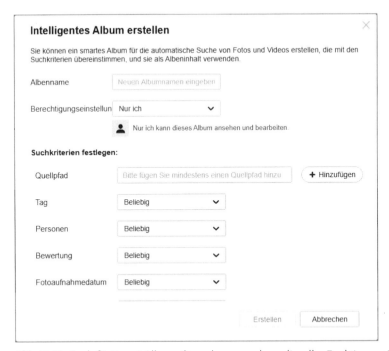

Abb. 13.38: Auch für Smart-Alben gilt: anders aussehen, dieselbe Funktionsweise.

Möchten Sie Bilder zu Alben hinzufügen, markieren Sie diese einfach und klicken auf das Hinzufügen-Icon. Im Anschluss wählen Sie einfach das gewünschte Album.

Zusätzlich zu den Alben, die Sie selbst anlegen, existieren in *QuMagie* einige vordefinierte Alben, diese beinhalten Bilder, deren Inhalte durch die KI erkannt wurden (Personen, Dinge und ähnliche Bilder) sowie bilderbasierend auf gewissen Eigenschaften. So enthält das Album »Suchbegriffe« eine Kategorisierung aller Bilder nach hinzugefügten Tags, und das Album »Orte« kategorisiert Bilder anhand der GPS-Tags (sofern vorhanden).

Abb. 13.39: Das Album Dinge kategorisiert Ihre Bilder anhand der von der KI gefundenen Objekte.

13.7.2 Deckblatt festlegen

Sowohl Alben als auch Ordner zeigen in *QuMagie* ein Deckblatt. Gefällt Ihnen die automatische Auswahl nicht, können Sie selbst ein Foto als Deckblatt festlegen. Als Deckblatt kann nur ein Bild gewählt werden, das im Album oder im Ordner enthalten ist.

1. Navigieren Sie in das Album oder den Ordner.
2. Öffnen Sie das Dreipunkte-Menü des gewünschten Bildes.
3. Wählen Sie ALS DECKBLATT FESTLEGEN.

Abb. 13.40: Legen Sie das Deckblatt des Albums oder des Ordners selbst fest.

13.7.3 Freigeben und teilen

Auch diese Funktionen dürfen in *QuMagie* nicht fehlen.

Ordner können Sie anderen NAS-Nutzern wieder über die Zugriffsberechtigungen zugänglich machen.

Einzelne Fotos können Sie auch hier über das Freigabe-Icon teilen, dies ist dieses Mal aber nur in der Detailansicht verfügbar.

Alben können Sie wieder für die Öffentlichkeit freigeben oder mit anderen NAS-Nutzern bzw. der Öffentlichkeit teilen.

Album teilen

1. Öffnen Sie das Dreipunkte-Menü eines Albums, und wählen Sie ALBUM BEARBEITEN.
2. Wählen Sie unter Berechtigungseinstellungen, mit wem Sie das Album teilen wollen (genauso wie in der *Photo Station*).
3. Legen Sie die Einstellungen nach Wunsch fest.
4. Klicken Sie auf SPEICHERN.

Album freigeben

1. Öffnen Sie das Dreipunkte-Menü eines Albums, und wählen Sie ALBUM FREIGEBEN.
2. Legen Sie Kennwort und Gültigkeitsdauer fest.
3. Klicken Sie auf TEILEN.
4. Wählen Sie, wie sich der Freigabelink aufbaut, und geben Sie *https* als Protokoll an.
5. Klicken Sie auf SCHLIESSEN.

Sie können nach dem Freigeben über ALBUM BEARBEITEN weitere Einstellungen bzw. Berechtigungen festlegen.

Im Bereich TEILEN sehen Sie alle Freigaben und können sie verwalten.

> **Achtung**
>
> Geteilte Alben werden, wie auch in der *Photo Station*, nicht unter »Teilen« angezeigt (als Bezeichnung »Teilen« anstatt »Freigabecenter« zu wählen, war wohl nicht die beste Idee). Im Gegensatz zur *Photo Station* weisen Alben in *QuMagie* auch keine Icons auf, die anzeigen, ob das Album geteilt wurde oder nicht.

13.7.4 Erkennungs-KI

QuMagie kann auf Bildern Gesichter und Objekte sowie ähnliche Bilder erkennen. Die Erkennung wird nach dem Hinzufügen des Bildes durchgeführt. Die Erkennung funktioniert aber nicht immer zuverlässig. Vor allem die Gesichtserkennung scheint keine Treffer zu liefern, wenn das Gesicht nicht frontal abgebildet ist, auch wenn das Gesicht einen großen Ausschnitt des Bildes einnimmt, hat die KI ihre Schwierigkeiten bei der Erkennung. Die Personenerkennung ist dieselbe wie in der *Photo Station* und liefert dieselben Ergebnisse. Auch hier ist eine manuelle Zuweisung nicht möglich.

13.7
Bilder mit QuMagie verwalten

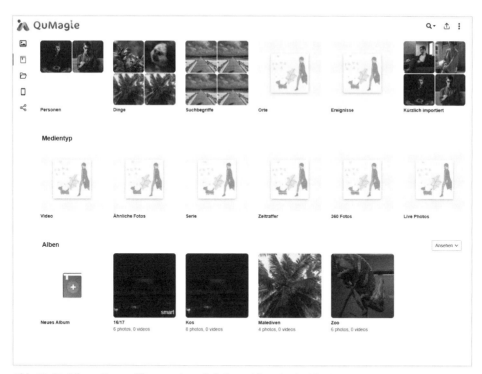

Abb. 13.41: Alben, Smart-Alben und vordefinierte Alben in QuMagie

Die Personen werden in Bereich ALBEN im Album PERSONEN aufgelistet. Wird eine neue Person erkannt, kann mit einem Klick auf WER IST DAS? ein neuer Name angelegt oder ein bestehender zugewiesen werden. Daneben finden Sie auch das Album DINGE, in denen Ihre Bilder nach erkannten Objekten gruppiert werden.

Abb. 13.42: Von der KI erkannte Gesichter bzw. Personen

Sie können die Erkennungs-KIs in den Einstellungen von *QuMagie* pausieren, wenn Sie sie vorübergehend oder dauerhaft nicht benötigen. In der *Multimedia Console* unter KI-ENGINES können Sie die einzelnen Erkennungsprogramme neu starten, dabei werden alle bisherigen Ergebnisse verworfen.

Kapitel 14

Musikwiedergabe mit der Music Station

Nachdem wir uns im letzten Kapitel mit der Verwaltung und dem Betrachten von Bildern auseinandergesetzt haben, dreht sich in diesem Kapitel alles um Musik. Software zur Musikwiedergabe gibt es wie Sand am Meer – was die *Music Station* so interessant macht, ist, dass sie als Streaming-Server genutzt werden kann. Sie können somit Ihre Musiksammlung zentral verwalten und von beinahe jedem beliebigen Gerät im Heimnetzwerk darauf zugreifen. Beim lokalen Netzwerk ist aber nicht Schluss. Geben Sie die *Music Station* im Internet frei, und Sie können auch unterwegs auf Ihre Musiksammlung zugreifen – und das ganz ohne Abokosten, Werbung oder andere Einschränkungen.

14.1 Music Station installieren und einrichten

Die *Music Station* finden Sie, wie auch die anderen QNAP-Apps, im *App Center*. Installieren Sie die App. Konfigurationen müssen Sie bei der Installation noch keine vornehmen. Bei der Installation wird der Freigabeordner /Multimedia mit dem Unterordner /Musik angelegt, sofern dieser noch nicht vorhanden ist.

Abb. 14.1: Die Music Station im App Center

14.1.1 Zugriff auf die Music Station

Die Music Station erreichen Sie über QTS oder unter `https://<NAS-IP-ODER_DOMAIN>/musicstation`.

Sie haben es erraten, auch für die *Music Station* gibt es keine eigene Portnummer. Möchten Sie die *Music Station* im Internet freigeben, geht das nur über den QTS-Port. Dadurch werden alle anderen Anwendungen inklusive QTS ebenfalls freigegeben. QNAP kennt hier nur ein Entweder-oder, das trifft auch auf die Firewall zu.

14.1.2 Einstellungen

Die Einstellungen erreichen Sie, wie gewohnt, über das Dreipunkte-Menü. Auch der Inhalt der Einstellungen wird Ihnen bekannt vorkommen, sollten Sie das vorherige Kapitel gelesen haben.

Im Reiter INHALTSVERWALTUNG finden Sie wieder die Möglichkeit, die Inhaltsquellen der *Music Station* zu verwalten. Der Reiter ZUGRIFFSBERECHTIGUNGEN ist da schon interessanter, dieser spielt in Abschnitt 14.1.3 »Rechteverwaltung« eine große Rolle. Der Reiter ist nur für Administratoren sichtbar. Zuletzt bleibt der Reiter VERSCHIEDENES, hier können Sie lediglich den Standardordner für Lieder-Uploads festlegen, sofern Sie denn mehrere Ordner als Inhaltsquelle angegeben haben.

14.1.3 Rechteverwaltung

Das Grundprinzip des Berechtigungsmanagements ist dasselbe wie bei den anderen QNAP-Apps, im Detail gibt es aber einige Unterschiede. An erster Stelle stehen wieder die Anwendungsberechtigungen der einzelnen Benutzer. Unter SYSTEMSTEUERUNG|RECHTE|BENUTZER|ANWENDUNGSERECHTIGUNGEN BEARBEITEN ist die *Music Station* nach der Installation für jeden Benutzer aktiviert. Entfernen Sie dort die Berechtigung für Benutzer, die nicht auf die *Music Station* zugreifen sollen.

Natürlich spielen auch die Ordnerberechtigungen wieder eine Rolle. Benutzer sehen nur die Ordner (und Lieder in der Musiksammlung), für die Sie zumindest eine Leseberechtigung haben. Das Hochladen von Musik funktioniert nur in Ordnern, für die eine Schreibberechtigung besteht.

Zu guter Letzt gibt es Zugriffsberechtigungen für die einzelnen Aufgabenbereiche der *Music Station*. Diese finden Sie, als Benutzer mit Administratorberechtigung, in den Einstellungen der *Music Station* (Dreipunkte-Menü) im Reiter ZUGRIFFSBERECHTIGUNGEN. Die Berechtigungen betreffen die verschiedenen Wiedergabekanäle der *Music Station* sowie das Bearbeiten der Musikinformationen. Die Berechtigungen sind standardmäßig für alle Benutzer deaktiviert.

> **Wichtig**
>
> Auch für Ihren Administrator-Benutzer sind alle Berechtigungen deaktiviert. Bevor Sie Ihre Musiksammlung bearbeiten können, müssen Sie sich zumindest die Berechtigung »Musikinformationen bearbeiten« zuweisen.

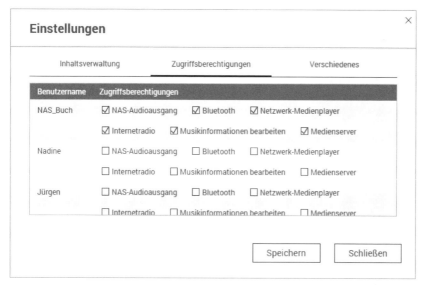

Abb. 14.2: Zugriffsrechte auf einzelne Bereiche der Music Station

14.2 Musik mit der Music Station verwalten

Jetzt, da Sie die *Music Station* aufrufen können und die nötigen Rechte besitzen, ist es an der Zeit, einen genaueren Blick auf QNAPs Musikverwaltung zu werfen. Auf den ersten Blick sieht sie einem typischen Musikverwaltungsprogramm wie dem Windows Media Player oder iTunes ähnlich. Wie schon in der *Photo Station* gibt es zwei Ansichten, SPOTLIGHT bietet einen schnellen, kategorisierten Zugriff auf Ihre Musiksammlung (mehr dazu im Abschnitt 14.2.9 »Die Spotlight-Ansicht«). Die zweite Ansicht VERWALTEN bietet den gewohnten Zugriff auf die komplette Musiksammlung und alle Funktionen, um diese zu erweitern und zu verwalten.

Die Verwaltungsansicht ist recht einfach aufgebaut. Im oberen Bereich des Fensters sehen Sie die typische Titelleiste, die alle QNAP-Apps gemein haben.

Auf der rechten Seite finden Sie den Navigationsbereich. Dort gibt es verschiedene Ansichten Ihrer Musiksammlung. Da wären die Kategorien LIEDER, KÜNSTLER, ALBUM und GENRE, die Ihre Musiksammlung entsprechend der Metadaten (ID3-Tags) anzeigen. Darunter erhalten Sie mit ORDNER Zugriff auf die Ordnerstruktur der Inhaltsquellen, die Wiedergabelisten und weitere Funktionen der *Music Station* (Abbildung 14.3).

Die rechte Seite und auch den größten Bereich nimmt das Inhaltsfenster ein. Dort wird Ihre Musiksammlung angezeigt. Wie sich der Inhalt zusammensetzt, hängt davon ab, welche Ansicht Sie in der Navigationsleiste ausgewählt haben (siehe Abschnitt 14.2.3 »Musik anzeigen, filtern und durchsuchen«).

Abb. 14.3: Der Navigationsbereich bietet schnell Zugriff auf verschiedene Bereiche und Funktionen.

Im unteren Bereich wird der Player angezeigt (siehe Abschnitt 14.2.4 »Musik wiedergeben und steuern«).

Abb. 14.4: Der Player ist intuitiv und bietet die wichtigsten Funktionen, die man von einem Musikplayer erwarten kann.

Die nachfolgenden Abschnitte befassen sich mit der Verwaltungsansicht.

14.2.1 Musik zur Music Station hinzufügen

Bevor wir uns mit den einzelnen Features befassen, sollten Sie zuerst Musik hinzufügen. Das Hinzufügen funktioniert auf gewohnte Weise. Zuerst müssen Sie in den Einstellungen bzw. in der *Multimedia Console* Ordner als Inhaltsquelle hinzufügen.

14.2
Musik mit der Music Station verwalten

Abb. 14.5: Auch für die Music Station können die Inhaltsquellen in der Multimedia Console verwaltet werden.

Jetzt müssen lediglich Ihre Lieder in einem Ordner ablegen, der als Inhaltsquelle dient. Wie Sie das machen, bleibt Ihnen überlassen. Ihnen stehen alle Methoden offen, die Sie in Kapitel 5 »Dateiverwaltung«, Kapitel 6 »Dateidienste – Vom Computer auf den NAS-Speicher zugreifen« und Kapitel 7 »Die Cloud – Daten und Geräte synchronisieren« kennengelernt haben. Aber auch direkt in der *Music Station* lässt sich Musik hochladen. Klicken Sie dazu auf 🔼, und wählen Sie Musik von Ihrem Rechner, um sie hochzuladen. Der Dialog funktioniert gleich wie der, den Sie aus der *Photo Station* und *QuMagie* kennen.

> **Tipp**
>
> Der Upload-Dialog kann nur einzelne Musikdateien hochladen, keine ganzen Ordner. Möchten Sie mehrere Ordner oder eine ganze Ordnerstruktur hochladen, machen Sie das über die Cloud, Netzfreigaben oder andere Dateiprotokolle.

14.2.2 Die private Sammlung

Grundsätzlich stehen die als Inhaltsquelle hinzugefügten Ordner für die Musiksammlung zur Verfügung. Die Ordnerberechtigungen entscheiden, ob ein Benutzer Zugriff auf die Musik hat und ob er weitere Musik hochladen kann. Fügt ein Benutzer neue Ordner als Inhaltsquelle hinzu, sehen das alle Benutzer mit entsprechender Berechtigung. Soll jeder Benutzer seine eigene Musiksammlung verwalten können, kann die private Sammlung aktiviert werden. Dazu muss der Startseiteordner aktiviert sein (siehe Abschnitt 5.1.1 »Privater Speicher – der Startseite-Ordner«). Um die private Sammlung zu aktivieren, gehen Sie folgendermaßen vor:

Kapitel 14
Musikwiedergabe mit der Music Station

1. Öffnen Sie die Einstellungen der *Music Station*.

Abb. 14.6: Die Einstellungen der Music Station

2. Im Reiter Inhaltsverwaltung klicken Sie auf + MUSIKORDNER HINZUFÜGEN.
3. Wählen Sie den Ordner home, und klicken Sie auf OK.

Abb. 14.7: Das eigene home-Verzeichnis dient als Speicher für die private Sammlung.

4. Klicken Sie auf SPEICHERN.

Der Vorgang muss von jedem Benutzer selbst ausgeführt werden.

Im Navigationsbereich erscheint ein neuer Eintrag PRIVATE SAMMLUNG, dahinter verbirgt sich das home-Verzeichnis des Benutzers. Haben Sie *Qsync* aktiviert, wird auch der eigene Qsync-Ordner als Eintrag hinzugefügt. Beide Einträge finden Sie ebenfalls unter ORDNER.

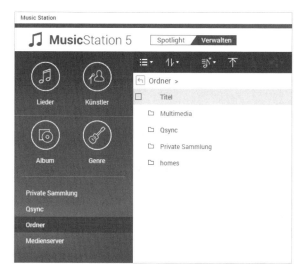

Abb. 14.8: Der Navigationsbereich wird um die private Sammlung erweitert.

> **Hinweis**
>
> Als Administrator sehen Sie unter ORDNER auch das Verzeichnis homes, darin sehen Sie aber nur Ihr eigenes home-Verzeichnis, nicht das der anderen Benutzer, auch dann nicht, wenn diese die private Sammlung aktiviert haben.

Musik, die in die private Sammlung hochgeladen wird, kann nur vom jeweiligen Benutzer verwaltet werden.

14.2.3 Musik anzeigen, filtern und durchsuchen

Sie haben unterschiedliche Möglichkeiten, Ihre Musik in der Verwaltungsansicht anzeigen zu lassen:

- LIEDER – Zeigt alle Lieder in einer Liste an. Die Standard-Sortierung erfolgt dabei in der Reihenfolge Interpret > Album > Titelnummer. Durch Klicken auf die Spaltennamen kann die Sortierung angepasst werden.
- KÜNSTLER – Listet alle Interpreten auf. Klicken Sie einen Interpreten doppelt an, werden alle Alben des Künstlers gezeigt, ein erneuter Doppelklick auf ein Album listet alle Lieder des Albums auf.
- Album – Listet unabhängig vom Interpreten alle Alben alphabetisch auf
- GENRE – Gruppiert alle Lieder nach Genre. Innerhalb eines Genres werden alle Lieder des Genres aufgelistet.
- ORDNER/QSYNC/PRIVATE SAMMLUNG – Zugriff auf die Ordnerstruktur des Dateisystems

Kapitel 14
Musikwiedergabe mit der Music Station

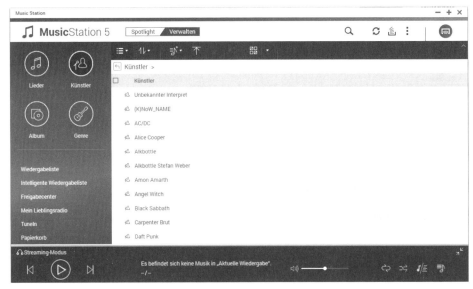

Abb. 14.9: Über die Kategorien ändern Sie die Präsentation Ihrer Musiksammlung und finden so schneller die gesuchte Musik.

Damit die vier Kategorien funktionieren, müssen die Metadaten der Lieder korrekt gesetzt sein (siehe Abschnitt 14.2.5 »Liedinformationen«).

Abb. 14.10: Blenden Sie weitere Spalten ein bzw. aus, um Informationen anzuzeigen oder zu verbergen.

Sie können in beinahe jeder Ansicht eine Sortierung über die Spalten vornehmen. In einigen Ansichten können Sie über das Plus-Icon (Abbildung 14.10, ❶) in der Zeile mit den Spaltennamen Spalten ein- bzw. ausblenden. Sie können die Spalten frei anordnen. Klicken Sie dazu auf eine Spaltenüberschrift, und ziehen Sie sie mit gedrückter Maustaste an die Position, an der Sie sie haben möchten. Auch die Spaltenbreite lässt sich, wie aus anderen Programmen gewohnt, verstellen.

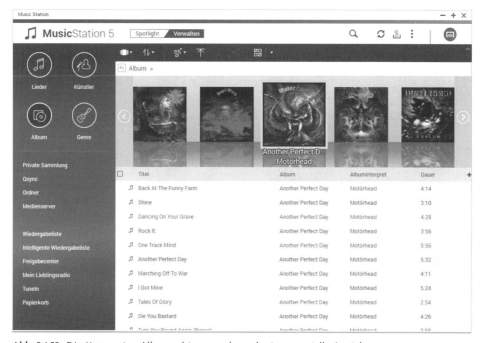

Abb. 14.11: Die Kategorie »Album« bietet auch noch eine spezielle Ansicht.

Am oberen Rand des Inhaltsbereichs sehen Sie immer den Pfad. Durch Klick auf die übergeordneten Elemente können Sie so zurücknavigieren.

Abb. 14.12: Der Pfad zur aktuellen Auswahl

Mit einem Klick auf ▦ können Sie zwischen einer Listen- und einer Symbolansicht wechseln. In der Kategorie ALBUM können Sie zusätzlich die Ansicht NACH ALBUMCOVER wählen. Dabei werden die Albencover in einer Slideransicht dargestellt, darunter wird der jeweilige Inhalt des Albums angezeigt.

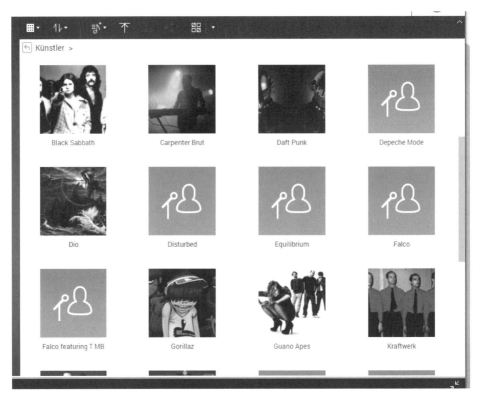

Abb. 14.13: Symbolansicht in der Kategorie »Künstler«

Natürlich können Sie Ihre Sammlung auch durchsuchen, in der Titelleiste finden Sie wie in allen QNAP-Apps das Lupen-Icon. Bei der Suche geben Sie nicht einfach einen Suchbegriff ein, Sie legen fest, wo gesucht werden soll und geben den Suchbegriff passend zu den vier Anzeigekategorien ein. Hier zeigt sich noch einmal, wie wichtig korrekte Metadaten sind.

Abb. 14.14: Durchsuchen Sie Ihre Musiksammlung anhand der Metadaten.

14.2.4 Musik wiedergeben und steuern

Die Wiedergabe können Sie auf unterschiedliche Weisen starten:

- Mit einem Doppelklick auf ein Lied
- Markieren Sie ein Element (egal, ob Lied, Album, Interpret ...), und klicken Sie auf den Play-Button im Player. Es werden alle Lieder innerhalb des ausgewählten Elements wiedergegeben.
- Ein Rechtsklick auf ein Element öffnet das Kontextmenü. Auch dort können Sie WIEDERGABE auswählen. Ein Klick auf das Pfeil-Icon öffnet dasselbe Menü.

Abb. 14.15: Die Wiedergabe über das Kontextmenü starten

Sobald Sie die Wiedergabe starten, wird auf der linken Seite der *Music Station* die aktuelle Wiedergabeliste eingeblendet.

Am unteren Rand der *Music Station* finden Sie die üblichen Steuerelemente (Abbildung 14.16) zum Pausieren/Fortsetzen sowie zum Vor- und Zurückschalten in der Wiedergabeliste ❶. Daneben sehen Sie eine Miniatur des Albumcovers (sofern hinterlegt) sowie Details zu Lied und Abspielzeit ❷, gefolgt von einem Lautstärkeregler ❸. Über ❹ lässt sich die Wiederholung für ein bzw. alle Lieder einschalten, und hinter ❺ verbirgt sich die Shuffle-Funktion. Haben Sie den Liedtext in die Musikdatei eingebettet, können Sie diesen mit ❻ einblenden. ❼ blendet die aktuelle Wiedergabeliste ein bzw. aus. Möchten Sie ungestört weiter in QTS arbeiten, aber trotzdem immer im Auge behalten, was gerade gespielt wird, können Sie mit ❽ in die Miniplayeransicht wechseln.

Abb. 14.16: Steuerelemente der Music Station

Abb. 14.17: Die Music Station in der Miniplayeransicht

Aktuelle Wiedergabe

Starten Sie eine Wiedergabe, wird basierend auf Ihrer Auswahl eine Warteschlange erstellt. So werden z.B. alle Lieder eines Albums wiedergegeben, angefangen beim ausgewählten Lied in die Wiedergabeliste eingereiht. Sie können die Liste aber beeinflussen, ohne die aktuelle Wiedergabe zu unterbrechen.

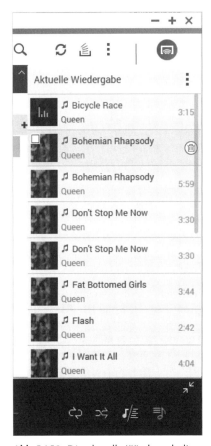

Abb. 14.18: Die aktuelle Wiedergabeliste

Mit dem Papierkorb-Icon können Sie einzelne Lieder aus der Liste löschen. Markieren Sie mehrere Lieder, können Sie diese über den Kontextmenüeintrag AUS DER LISTE ENTFERNEN aus der Liste löschen.

Die Liste kann auch erweitert werden. Öffnen Sie das Kontextmenü auf einem beliebigen Element (Lied, Album, Interpret etc.), und klicken Sie auf ZU AKTUELLER WIEDERGABE HINZUFÜGEN, wird die Auswahl am Ende der Liste angehängt. Durch Drag & Drop können Sie die Lieder in der Liste nach Belieben anordnen. Natürlich können Sie die Wiedergabe eines beliebigen Lieds in der Liste mit einem Doppelklick darauf starten. Über das Dreipunkte-Menü der aktuellen Wiedergabe können Sie auch die komplette Liste leeren, dadurch wird auch die Wiedergabe des aktuellen Lieds gestoppt.

14.2.5 Liedinformationen

In den Liedinformationen, auch Metadaten oder ID3- bzw. MP3-Tags genannt, finden sich alle Angaben zu einem Musikstück. Enthalten sind Titel, Album, Interpret, Dauer und viele weitere Informationen. Diese helfen, die Musiksammlung richtig darzustellen und zu durchsuchen. Sind die Metadaten falsch oder gar nicht hinterlegt, erscheint das Lied nicht, wenn Sie nach Album, Interpret oder sonstigen Informationen filtern. Auch die Suche funktioniert nur mit gesetzten Tags, da Sie nicht nach dem Dateinamen suchen können.

Um die Liedinformationen anzuzeigen, öffnen Sie das Kontextmenü auf einem Lied und wählen INFORMATIONEN. Sie sehen eine Zusammenfassung aller Informationen. Alternativ klicken Sie auf . Im Reiter gekennzeichnet mit können Sie die Informationen ergänzen, löschen oder ändern. Im Reiter gekennzeichnet mit können Sie den Liedtext einfügen. Möchten Sie das Albumcover hinzufügen oder ersetzen, müssen Sie die Informationen des Albums öffnen. Das Cover wird anhand des Albumnamens gesucht. Ein eigenes Cover können Sie ebenfalls hochladen, klicken Sie dazu auf das aktuelle Coverbild. Dasselbe gilt für ein Foto des Interpreten.

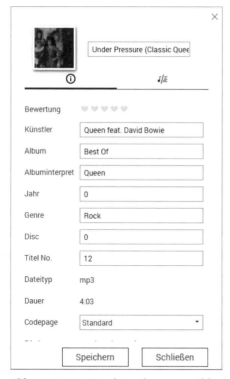

Abb. 14.19: Die Metadaten des ausgewählten Lieds

Sie können auch mehrere Lieder auf einmal bearbeiten. Markieren Sie dazu die gewünschten Lieder, und öffnen Sie das Informationsfenster. Sie können alle Metadaten bearbeiten, die die ausgewählten Lieder gemeinsam haben (das schließt lediglich Titelname und Titelnummer aus).

Kapitel 14
Musikwiedergabe mit der Music Station

Das Herunterladen von Albuminformationen aus dem Internet wird von der *Music Station* nicht unterstützt.

> **Tipp**
>
> Sollten Sie mehrere Lieder/Alben bearbeiten wollen, mit den Möglichkeiten der *Music Station* aber nicht zufrieden sein, nutzen Sie Programme wie *Mp3tag*. Damit lässt sich Ihre Musiksammlung ordnerweise auf Ihrem Rechner bearbeiten. Greifen Sie dabei auf die Audiodaten über ein Netzlaufwerk zu (siehe Kapitel 6 »Dateidienste – Vom Computer auf den NAS-Speicher zugreifen«). Möchten Sie die Informationen und Albumcover automatisiert aus dem Internet herunterladen, binden Sie Ihre Musiksammlung über ein Netzlaufwerk in eine Software ein, die Musikinformationen aus dem Internet abrufen kann (z.B. MusicBee oder iTunes).

14.2.6 Wiedergabelisten

Die *Music Station* unterstützt Wiedergabelisten mit den Formaten m3u, pls und wpl. Natürlich können Sie mit der Music Station auch Wiedergabelisten erstellen. Diese finden Sie im Navigationsbereich unter WIEDERGABELISTE bzw. INTELLIGENTE WIEDERGABELISTE.

Wiedergabeliste erstellen

Zum Erstellen einer Wiedergabeliste gehen Sie folgendermaßen vor:

1. Klicken Sie im Navigationsbereich auf WIEDERGABELISTE.
2. Haben Sie noch keine Wiedergabeliste, können Sie auf das große Plus-Icon klicken, ansonsten klicken Sie auf ![icon] und wählen EINE WIEDERGABELISTE ERSTELLEN.
3. Vergeben Sie einen Namen für die neue Liste.

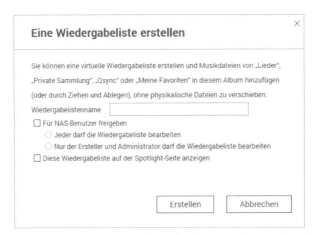

Abb. 14.20: Die Wiedergabeliste ähnelt einem Album in der Photo Station/QuMagie.

4. Sie können die Wiedergabeliste auch mit NAS-Benutzern teilen. Aktivieren Sie dazu die entsprechende Option, und legen Sie fest, wer die Liste bearbeiten darf.

> **Achtung**
> Wiedergabelisten werden mit allen Benutzern geteilt, Sie können einzelne Benutzer nicht auswählen. Die Benutzer sehen aber nur jene Lieder in der Wiedergabeliste, auf die sie auch Zugriff haben.

5. Sie können durch Aktivieren der gleichnamigen Option die Wiedergabeliste in der Spotlight-Ansicht anzeigen lassen (mehr dazu in Abschnitt 14.2.9 »Die Spotlight-Ansicht«).
6. Klicken Sie auf ERSTELLEN.

Die Wiedergabeliste ist jetzt erstellt. Sie finden die Liste im Inhaltsbereich von WIEDERGABELISTE, oder Sie erweitern den Eintrag WIEDERGABELSITE in der Navigationsansicht durch einen Klick auf den kleinen Pfeil und sehen die Liste(n) auch dort.

Abb. 14.21: Über den Navigationsbereich greifen Sie schnell auf Ihre Wiedergabelisten zu.

Über das Kontextmenü können Sie die Liste bearbeiten, umbenennen oder löschen. Auch die Wiedergabe lässt sich so starten. Weiterhin können Sie die Liste öffnen – alternativ funktioniert das auch mit einem Doppelklick – und so den Inhalt der Liste anzeigen.

Lieder zur Wiedergabeliste hinzufügen

Vorerst ist die Wiedergabeliste leer. Um Lieder zur Liste hinzuzufügen, navigieren Sie zu den gewünschten Liedern, klicken Sie mit der rechten Maustaste auf das Element (Lied, Album, Interpret oder Genre), und wählen Sie im Kontextmenü ZU WIEDERGABELISTE HINZUFÜGEN. Wählen Sie jetzt die gewünschte Liste aus, oder erstellen Sie eine neue Liste. Klicken Sie anschließend auf SPEICHERN. Alternativ können Sie auch Musik per Drag & Drop zur Wiedergabeliste hinzufügen.

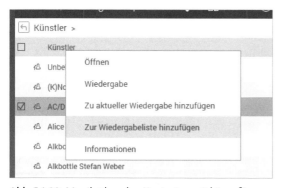

Abb. 14.22: Musik über das Kontextmenü hinzufügen

Möchten Sie Lieder aus der Liste entfernen, öffnen Sie die Liste und markieren Sie die Lieder, die Sie entfernen wollen, über das Kontextmenü gelangen Sie zu dem Eintrag AUS DER LISTE ENTFERNEN.

Intelligente Wiedergabeliste

Aus dem vorherigen Kapitel kennen Sie vielleicht schon die Smart-Alben. Auch in der *Music Station* gibt es dasselbe Konzept, nur eben für Wiedergabelisten. Erstellen Sie eine intelligente Wiedergabeliste über . Durch einen Klick auf EINE INTELLIGENTE WIEDERGABELISTE ERSTELLEN können Sie Filterregel-basierend auf den Metadaten der Lieder festlegen. Nach diesen Filterregeln werden dann alle zutreffenden Lieder automatisch in die Liste aufgenommen. Auch wenn Sie nachträglich Musik in Ihre Sammlung importieren, wird auch diese in intelligenten Wiedergabelisten berücksichtigt.

Abb. 14.23: Erstellen Sie schnell und einfach Wiedergabelisten, die sich automatisch aktualisieren.

Sie können einzelne Lieder nicht zu intelligenten Wiedergabelisten hinzufügen oder entfernen. Sie können aber nachträglich die Filterregeln bearbeiten (KONTEXTMENÜ|INFORMATIONEN).

14.2.7 Lieder teilen

Lieder können nur mit der Öffentlichkeit geteilt werden. Möchten Sie Lieder mit anderen NAS-Nutzern teilen, müssen Sie diesen zumindest eine Leseberechtigung für den Freigabeordner geben und den Zugriff auf die *Music Station* erlauben. Musik aus der privaten Sammlung können Sie zwar mit der Öffentlichkeit, aber nicht mit anderen NAS-Nutzern teilen. Diese Lieder müssten Sie in einen gemeinsam genutzten Freigabeordner verschieben.

Um Musik zu teilen, markieren Sie die gewünschten Lieder und klicken Sie auf . Wählen Sie E-MAIL, wenn Sie den Freigabelink per Mail verschicken, VERÖFFENTLICHEN, wenn Sie den Link in einem sozialen Netzwerk posten, oder LINK-CODE, wenn Sie einfach nur den Link erstellen und über andere Kanäle verteilen wollen. Um einen Freigabelink für einzelne Lieder zu erhalten, klicken Sie mit der rechten Maustaste auf das gewünschte Lied und wählen im Kontextmenü MIT DER ÖFFENTLICHKEIT TEILEN. Im folgenden Pop-up aktivieren Sie die Option, dann können Sie den Link kopieren und verteilen. Zusätzlich können Sie die Option aktivieren, die anderen das Herunterladen der Dateien ermöglicht. Details zum Freigabedialog finden Sie in Abschnitt 5.2.6 »Dateien und Ordner teilen«.

> **Wichtig**
>
> Vergessen Sie nicht, öffentliche Freigaben mit einem Passwort zu sichern und sichere Links zu verwenden (https/SSL).

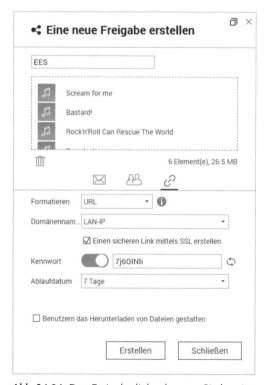

Abb. 14.24: Den Freigabedialog kennen Sie bereits aus anderen Apps.

Sie können auch mehrere Lieder auf einmal teilen sowie Alben, Interpreten oder andere Elemente, die Sie in der *Music Station* auswählen können. Freigegebene Musik können Sie im FREIGABECENTER (zu finden im Navigationsbereich) verwalten.

Abb. 14.25: Das Freigabecenter kennen Sie bereits aus anderen QNAP-Apps.

Abb. 14.26: Der Zugriff auf freigegebene Musik über den öffentlichen Freigabelink

14.2.8 Internetradio

Die *Music Station* bietet auch die Möglichkeit, Musik über Internetradio zu hören. Dabei steht Ihnen über *TuneIn* bereits eine große Auswahl an Internetradiosendern zur Verfügung.

Wählen Sie dazu im Navigationsbereich unter TUNEIN den Eintrag MUSIC. Sie erhalten eine Themenübersicht in Form einer Ordnerliste. In den Ordnern findet sich eine Liste an Radiosendern sowie weiteren Unterkategorien (Abbildung 14.27, 14.28).

Um die Wiedergabe des Radiosenders zu starten, doppelklicken Sie einfach auf den Eintrag. Die Wiedergabe startet, und im Player der *Music Station* sehen Sie den aktuellen Sender sowie das aktuell gespielte Lied. Sie können Radiosender auch zu Ihren Favoriten hinzufügen. Im Kontextmenü finden Sie den Eintrag ZU MEIN LIEBLINGSRADIO HINZUFÜGEN (Abbildung 14.29).

14.2
Musik mit der Music Station verwalten

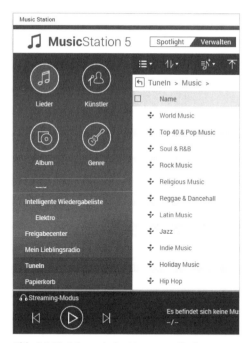

Abb. 14.27: Hinter jeder Kategorie finden Sie eine Vielzahl voreingestellter Internet-Radiosender ...

Abb. 14.28: ... sowie weitere Unterkategorien.

Kapitel 14
Musikwiedergabe mit der Music Station

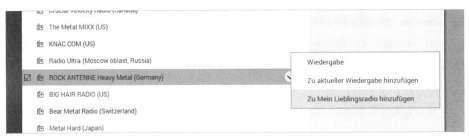

Abb. 14.29: Speichern Sie sich Ihre Lieblingssender, um sie schneller zu finden.

Natürlich können Sie auch weitere Internetradiosender hinzufügen:

1. Gehen Sie im Navigationsbereich auf MEIN LIEBLINGSRADIO.
2. Klicken Sie dazu auf .
3. Vergeben Sie einen Namen und, wenn Sie möchten, eine Beschreibung und fügen Sie die URL des gewünschten Radiosenders ein.

Abb. 14.30: Fügen Sie beliebige Internet-Radiosender hinzu.

> **Hinweis**
> Sie benötigen die Streaming-URL des Senders und nicht die URL des Webauftritts des Senders.

4. Bestätigen Sie mit HINZUFÜGEN.

Der Sender steht jetzt zur Verfügung.

14.2.9 Die Spotlight-Ansicht

Haben Sie Ihre Musiksammlung in der Music Station angelegt, und wollen Sie einfach nur noch Ihre Lieblingslieder und Wiedergabelisten hören, wechseln Sie doch einfach in die Spotlight-Ansicht. Den Button finden Sie in der Menüleiste.

Abb. 14.31: In der Spotlight-Ansicht erhalten Sie schnellen Zugriff auf verschiedene Wiedergabelisten.

Mit Spotlight bekommen Sie einen schnellen und einfachen Zugriff auf Ihre Musiksammlung anhand vorgegebener Filterkriterien wie etwa der meist gespielten Lieder, noch nie gespielter Lieder oder einer zufälligen Wiedergabe.

Sie können Spotlight auch erweitern, indem Sie Ihre Wiedergabelisten in Spotlight anzeigen lassen. Dazu müssen Sie beim Erstellen der Wiedergabeliste die Option »Diese Wiedergabeliste auf der Spotlight-Seite anzeigen« anhaken. Für bestehende Listen finden Sie die Option, wenn Sie im Kontextmenü INFORMATIONEN auswählen. Sie können normale, aber auch intelligente Wiedergabelisten in Spotlight anzeigen lassen.

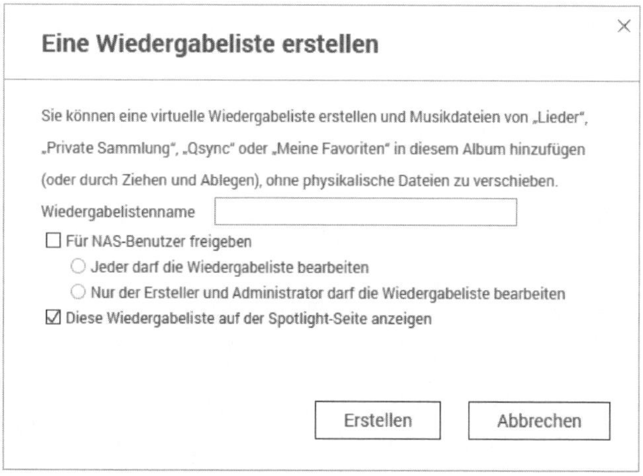

Abb. 14.32: Wiedergabelisten in Spotlight anzeigen

Kapitel 14
Musikwiedergabe mit der Music Station

Spotlight selbst ist sehr einfach und überschaubar gehalten. Die Filter und Listen werden in einem Raster angezeigt. Bewegen Sie den Mauszeiger über einen Eintrag, erscheinen zwei Symbole, die drei Punkte blenden den Inhalt der Liste/des Filters ein, das Play-Icon startet die Wiedergabe.

Abb. 14.33: Die Optionen für Wiedergabelisten und Filter

Abb. 14.34: Sie können sich anzeigen lassen, welche Lieder in einem Element enthalten sind.

Die Steuerung der Wiedergabe erfolgt über die in den vorherigen Abschnitten beschriebenen Player und der aktuellen Wiedergabe.

Abb. 14.35: Die Wiedergabe steuern Sie mit den bereits bekannten Elementen.

438

14.3 Qmusic-App

Die App ist für iOS und Android verfügbar. Installieren Sie die App, und melden Sie sich an.

Sie finden im Menü dieselben Elemente, wie Sie sie aus der Verwaltungsansicht der *Music Station* kennen. Die App hält ansonsten wenige Überraschungen für Sie bereit. Die Funktionen und Ansichten kennen Sie schon aus der *Music Station*, und die Oberfläche und Bedienung gleicht der der anderen QNAP-Apps, die ich Ihnen bereits vorgestellt habe.

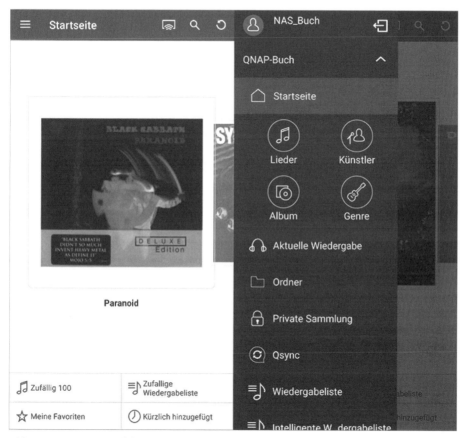

Abb. 14.36: Qmusic und das App-Menü

Auf dem Smartphone können Sie die App, wie die meisten Musik-Apps, auch vom Infobereich und dem Sperrbildschirm aus steuern (siehe Abbildung 14.38 rechts).

Für den Fall, dass Sie keine Internetverbindung haben (z.B. auf einem Flug), können Sie Lieder auch auf Ihr mobiles Gerät herunterladen. Für den Download öffnen Sie in der App das Dreipunkte-Menü neben dem Lied oder dem Album und wählen DOWNLOAD. Heruntergeladene Elemente werden mit einem kleinen Icon markiert (siehe Abbildung 14.37 rechts). Sie finden alle heruntergeladenen Lieder im Menü unter DOWNLOAD-ORDNER.

Kapitel 14
Musikwiedergabe mit der Music Station

Auch hier können Sie die heruntergeladene Musik in verschiedenen Kategorien anzeigen lassen. Über das Dreipunkte-Menü und den Eintrag LÖSCHEN ist es möglich, lokal heruntergeladene Dateien wieder zu entfernen. In der Musiksammlung bleiben die Lieder erhalten.

> **Achtung**
>
> Wenn Sie lokale Dateien löschen wollen, gehen Sie sicher, dass Sie dies im Downloadordner erledigen. Löschen Sie ein Lied in einer der Bibliotheksansichten des NAS, wird das Lied tatsächlich gelöscht.

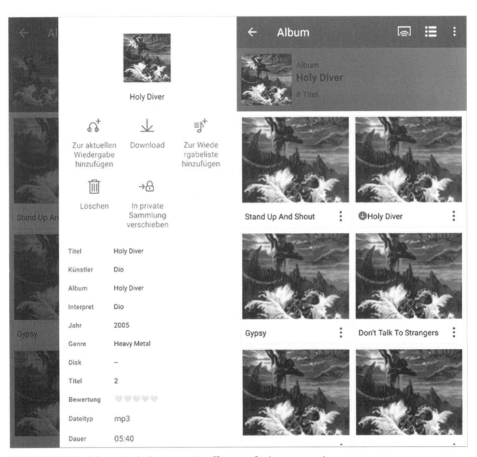

Abb. 14.37: Musik herunterladen, um sie offline verfügbar zu machen

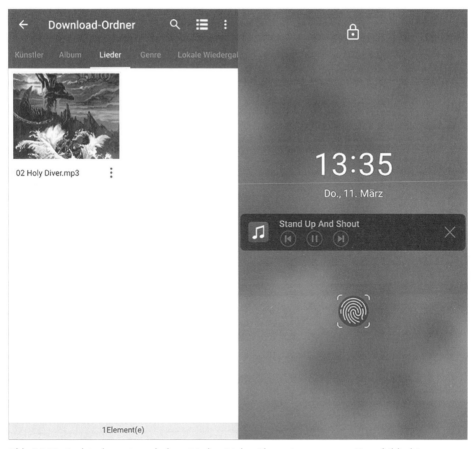

Abb. 14.38: Rechts: heruntergeladene Lieder; Links: Playersteuerung am Sperrbildschirm.

Kapitel 15

Filme mit dem Plex Media Server streamen

Kommen wir zum letzten der Medienpakete. An dieser Stelle hätten Sie wohl die *Video Station* erwartet. Die gibt es tatsächlich, allerdings ist sie nicht wirklich nutzbar. Wie schon in Kapitel 12 erwähnt, gibt es auf dem QNAP NAS einige Probleme mit der Wiedergabe und dem Streaming gewisser Videoformate. Das Medium Film ist eines der komplexesten unter den Medienformaten. Während die Vielzahl der unterschiedlichen Dateiformate schon Schwierigkeiten bereiten kann, sind aber meist die eingesetzten Codecs die wahren Problemkinder. Ohne spezielle Software ist in der Regel auch nicht ersichtlich, welcher Codec bei welcher Datei benutzt wurde. Wie schon zu Beginn des Buchs erwähnt, unterstützen verschiedene Wiedergabegeräte nur bestimmte Dateiformate und Codecs. Während Sie mit selbst gemachtem Videomaterial selten Probleme haben, werden einige Formate digitaler Kinofilme und Serien trotz ihrer weiten Verbreitung nicht unterstützt.

Vor einiger Zeit noch gab es ein Codec-Paket im App Center, um die Funktionalität der *Video Station* zu erweitern. Dieses wurde aber nach einem Software-Update einfach entfernt. Die *Video Station* ist mit ihrem derzeitigen Funktionsumfang nutzlos, da sie selbst Standardformate nicht wiedergeben kann, von gängigen Containerformaten wollen wir erst gar nicht sprechen.

QNAP selbst verweist daher auf eine unbekannte, für QNAP-Geräte exklusive, Drittherstellersoftware. Diese sollte die fehlenden Funktionen der *Video Station* ergänzen. Haken an der Sache ist aber, dass die benötigten Funktionen nicht in der kostenlosen Version der Software enthalten sind, sondern eine Lizenz erfordern. Die Software wird bzw. wurde sowohl auf QNAPs eigenen Produktseiten als auch direkt in *QTS* beworben. Zu diesem Zeitpunkt hat aber schon kaum jemand QNAPs *Video Station* genutzt, sondern überwiegend zuverlässige und bekannte Drittherstellersoftware eingesetzt. QNAP scheint das ebenfalls bemerkt zu haben und bewirbt die neuesten NAS-Modelle nicht mehr mit der unbekannten Multimedia-Lösung, sondern einer weitverbreiteten Software, nämlich *Plex*.

> **Hinweis**
>
> *Plex* bietet den Vorteil, dass wirklich alle gängigen Video- und Audioformate unterstützt werden. Sie müssen sich also keine Sorgen um Kompatibilität oder Konvertierung machen. Zusätzlich bietet *Plex* für alle gängigen Endgeräte eine Client-App. Auch hier müssen Sie sich also nicht auf DLNA und die Streaming-Fähigkeit Ihres Endgeräts verlassen.
>
> Ich werbe hier übrigens nicht für *Plex*, ich setze es selbst seit einiger Zeit ohne Probleme ein, nachdem ich über Jahre verschiedenste Lösungen ausprobiert habe. Da ich Ihnen mit diesem Buch einen Mehrwert bieten möchte, ist mein Entschluss, an dieser Stelle den

Einsatz von *Plex* zu beschreiben, auch schon vor der Änderung von QNAPs Marketing gefallen.

Natürlich ist *Plex* nicht die einzige Lösung. Für QNAP gibt es noch andere Multimedia-Anwendungen, kostenlose wie auch kostenpflichtige. Eventuell haben Sie ja bereits einen Favoriten, und er ist verfügbar. Ihr NAS lässt sich auch hervorragend als Speicher für *Kodi* nutzen. Leider kann ich Ihnen an dieser Stelle keine Anleitung für alle bekannteren Lösungen bieten.

15.1 Exkurs: Medienverwaltung

Bevor wir loslegen, gibt es von mir noch einen kleinen Exkurs zum Thema Medienverwaltung. Zuerst wäre da die Ordnerstruktur. Wie und wo Sie Ihre Filme und Serien ablegen, bleibt grundsätzlich Ihnen überlassen. Einige Dinge gibt es aber zu bedenken. Danach werfen wir noch einen Blick auf die Dateinamen.

15.1.1 Speicherplatz vorbereiten

Plex organisiert Ihre Videos in Mediatheken, also einer Art Sammlung. Eine Mediathek kann dabei Filme, Serien oder einfach nur Videos im Allgemeinen verwalten. Sie wird mit einem Ordner auf Ihrem NAS verknüpft und kann nur einen Medientyp (Filme, Serien bzw. Bilder oder Musik, die sind aber im Zusammenhang mit *Plex* nicht Teil dieses Buchs) richtig verarbeiten. Mehr zu den einzelnen Mediathekentypen und deren Eigenheiten finden Sie in Abschnitt 15.3 »Mediatheken«.

Da Plex nur einen Medientyp verwalten kann, empfehle Ihnen dringend, Filme, Serien und eigene Videos in jeweils eigenen Ordnern abzulegen. Sofern Sie noch keinen eigenen Freigabeordner für Videos haben, erstellen Sie am besten einen. In diesem legen Sie für jeden Videotyp (Film, Serie, eigene Videos) einen eigenen Unterordner an (siehe Abschnitt 5.1.3 »Freigabeordner erstellen«).

Plex verwendet auf QNAP-Geräten leider keinen eigenen Benutzer, stattdessen wird *Plex* mit Administrator-Rechten ausgeführt.

15.1.2 Dateinamen

> **Hinweis**
>
> Der folgende Abschnitt bezieht sich nur auf veröffentlichte Filme und Serien. Möchten Sie nur eigenes Videomaterial mit *Plex* verwalten, können Sie diesen Exkurs überspringen.

In Kapitel 14 habe ich Ihnen erklärt, wie wichtig die Metadaten von Liedern sind, um diese richtig zu erfassen und zu verwalten, und dass der Dateiname eigentlich kaum eine Rolle spielt. Bei Videos ist das ganz anders. Zwar haben diese auch Metadaten, diese sind aber meist nicht hinterlegt. Daher verwenden die meisten Video-Verwaltungsprogramme den Dateinamen, so auch *Plex*. Wollen Sie sich Ihr Leben etwas leichter machen, müssen Sie, sofern die Dateinamen nicht schon passen, etwas Zeit in Ihre Filmsammlung investieren.

Filme

Filmdateien können jeweils in einem eigenen Unterordner abgelegt werden. Das macht dann Sinn, wenn Sie Zusatzmaterial wie etwa Filmposter, Untertiteldateien oder Bonusmaterial haben. Unterordner pro Film sind aber nicht vorgeschrieben, Sie können auch alle Filme in einem Ordner ablegen. Damit Filme richtig verarbeitet werden können, gibt *Plex* folgendes Namensschema vor:

```
Filmname (Erscheinungsjahr).ext
/Filmname (Erscheinungsjahr)/Filmname (Erscheinungsjahr).ext
```

Beispiel:

```
/Filme/
    Avatar (2009).mkv
    Batman Begins (2005)/
        Batman Begins (2005).avi
        Batman Begins (2005).eng.srt
        poster.jpg
```

Das Erscheinungsjahr ist wichtig, da es viele Filme mit dem gleichen Namen gibt bzw. Remakes, Realverfilmungen etc. Das Namensschema für Filme gilt auch für andere Medienserver wie etwa *Kodi*. Weitere Details finden Sie in diesem Artikel von *Plex*: https://support.plex.tv/articles/naming-and-organizing-your-movie-media-files/

Serien

Episoden einer Serie müssen in einem Unterordner pro Serie abgelegt sein. Ein Unterordner pro Staffel ist nicht notwendig, wenn Sie aber welche verwenden, müssen diese »Season XX« heißen. Für Serien ergibt sich also folgendes Namensschema:

```
/Serienname/Serienname SXXEYY Optionaler Text.ext
```

Beispiel:

```
/Serien/
    /The Orville/
        The Orville S01E01.mp4
        The Orville S01E02.mp4
```

Das Erscheinungsjahr ist hier nicht erforderlich, es hilft aber, wenn es mehrere Serien mit dem gleichen Namen gibt. Auch der Episodentitel ist nicht notwendig, dieser wird von *Plex* ergänzt. Sie können aber den Titel oder andere Informationen als optionalen Text anhängen. Auch dieses Format wird von allen gängigen Medienservern akzeptiert. Weitere Details finden Sie in diesem Artikel von *Plex*: https://support.plex.tv/articles/naming-and-organizing-your-tv-show-files/.

Gerade Episoden einer Serie umzubenennen, kann sehr mühsam sein, vor allem, wenn Staffel- und Episodenangabe nicht vorliegen. Speziell bei älteren Serien aus dem Ausland (besonders Animationsserien, die im TV gezeigt wurden) sind die Episoden einfach nur durchnummeriert, Staffeln sind keine angegeben. Das liegt daran, dass oft bereits abgeschlossene Serien als Ganzes oder mehrere Staffeln am Stück gekauft und dann ausgestrahlt wurden. Staffeln hatten da keine Bedeutung, da diese auch nicht am Stück veröffentlicht werden konnten, weil auf VHS-Kassetten nur einige Folgen Platz hatten. Serien wurden in anderen Ländern oft auch anders eingeteilt, Staffeln gekürzt oder erst bei Neuauflagen in Staffeln eingeteilt. Schauen Sie bei Problemen auf TheTVDB.com nach, um herauszufinden, in welche Staffeln und Episoden eine Serie eingeteilt ist.

Auch wenn das Umbenennen einer großen Sammlung sehr mühsam sein kann, der Aufwand rentiert sich. Warum, das erfahren Sie dann in Abschnitt 15.3.2 »Film- und Serieninformationen«. Sie können zwar nachträglich in den Medienservern die Filminformationen korrigieren, der Aufwand pro Film ist aber höher, als ihn umzubenennen. Die Änderungen werden außerdem – je nach Medienserver – in Metadatendateien oder in der Datenbank des Servers gespeichert. Wechseln Sie den Server, oder haben Sie kein Backup, und setzen den Server neu auf, müssen Sie von vorne beginnen.

15.2 Plex Media Server installieren und einrichten

Plex gibt es in zwei Ausführungen, der Server, der die Medieninhalte verwaltet, organisiert und bereitstellt, und der Client, mit dem Sie Ihre Mediathek durchsuchen und Medien wiedergeben können. Sie finden den *Plex Media Server* als App im *App Center*. *Plex* ist bereits im offiziellen QNAP-App-Archiv enthalten, es ist kein zusätzliches App-Archiv notwendig. Installieren Sie den *Plex Media Server* auf Ihrem QNAP NAS, den Installationsvorgang kennen Sie bereits aus vorigen Kapiteln.

Abb. 15.1: Der Plex Media Server ist eine Drittanbieter-App, die offiziell von QNAP angeboten wird.

15.2.1 Media Server einrichten

Öffnen Sie jetzt den *Plex Media Server*. Der Media Server verfügt über ein Webinterface, das im Browser geöffnet wird. *Plex* nutzt den Port 32400. Sie sehen eine Erklärung, wie *Plex*

15.2 Plex Media Server installieren und einrichten

funktioniert. Klicken Sie auf VERSTANDEN!. Sie erhalten einen Hinweis auf den Plex Pass, diesen können Sie mit einem Klick auf das X schließen.

> **Plex Pass**
>
> *Plex* bietet den sogenannten *Plex Pass* an. Diese kostenpflichtige Lizenz enthält einige spezielle Funktionen sowie den Zugang zu einigen TV-Sendern und Filmen (überwiegend englischsprachig). Um Ihre Filme und Serien in einer Mediathek zu verwalten und diese zu streamen, ist der Plex Pass nicht notwendig.

Jetzt können Sie mit der eigentlichen Einrichtung des Media Servers beginnen. Vergeben Sie einen Namen für Ihren Server, und deaktivieren Sie »Erlaube mit Zugriff auf meine Medien von außerhalb meines Heimnetzwerkes«. Klicken Sie dann auf WEITER.

Abb. 15.2: Die Einrichtung des Media Servers kann beginnen.

> **Wichtig**
>
> Deaktivieren Sie unbedingt die Option für den Zugriff von außerhalb. Wie ich schon in Kapitel 9 geschrieben habe, sind automatische Netzwerk- und Routerkonfigurationen mit äußerster Vorsicht zu genießen bzw. eher zu vermeiden. Wenn Sie Ihren *Plex Media Server* über das Internet erreichen möchten, richten Sie die Portweiterleitung im Router manuell ein.

Jetzt ist es an der Zeit, Mediatheken hinzuzufügen. Sie können den Schritt auch überspringen und später Mediatheken hinzufügen bzw. später weitere ergänzen.

Eine Mediathek kann nur einen Medientypen verwalten, und es kann ihr auch nur ein Ordner zugewiesen werden, dafür können Sie beliebig viele Mediatheken anlegen, auch mehrere Mediatheken desselben Typs sind kein Problem.

1. Klicken Sie auf MEDIATHEK HINZUFÜGEN.

Abb. 15.3: Das Hinzufügen von Mediatheken kann auch zu einem späteren Zeitpunkt erfolgen.

2. Im ersten Fenster wählen Sie den Typ der Mediathek aus, das ist wichtig, da je nach Typ die Mediendateien anders analysiert und verarbeitet werden. Daher sollten Sie auch Filme und Serien in getrennten Ordnern ablegen. Wählen Sie außerdem die gewünschte Standardsprache (diese hat Einfluss darauf, in welcher Sprache die Filminformationen angezeigt werden und welche Standardsprache für Untertitel verwendet wird). Sie können auch den Namen der Mediathek anpassen. Klicken Sie auf WEITER bzw. auf den Bereich ORDNER HINZUFÜGEN. Sie können jederzeit zwischen den einzelnen Schritten hin und her springen und Änderungen vornehmen (Abbildung 15.4).

3. Klicken Sie auf NACH MEDIENORDNERN DURCHSUCHEN. Es öffnet sich eine für Sie bisher unbekannte Ansicht Ihres NAS, nämlich die komplette Ordnerhierarchie des Systems. In Kapitel 5 habe ich Ihnen erklärt, dass Ihr NAS auf Linux/Unix basiert, *QTS* Ihnen aber nur die Freigabeordner anzeigt. In der Ordnerauswahl von *Plex* finden Sie Ihre Freigabeordner pro Volume in den Ordnern CACHEDEVX_DATA. Wählen Sie also zuerst in der linken Spalte den Ordner für das Volume, und in der rechten Spalte navigieren Sie über den Freigabeordner bis hin zum gewünschten Unterordner. Ein Klick auf den Ordner-

namen navigiert eine Ebene tiefer. Achten Sie darauf, den Unterordner passend zum Mediathekentyp auszuwählen. Der Unterordner muss im Pfad enthalten sein (siehe Abbildung 15.5). Klicken Sie anschließend auf HINZUFÜGEN.

Abb. 15.4: Der Typ entscheidet, wie Mediendateien verarbeitet und dargestellt werden.

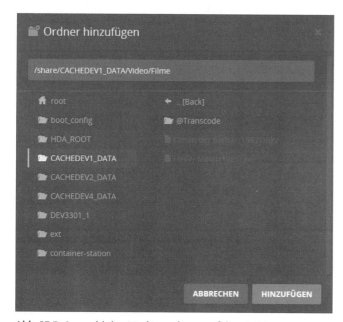

Abb. 15.5: Auswahl des Medienordners auf dem NAS

Kapitel 15
Filme mit dem Plex Media Server streamen

4. Sie können jetzt noch erweiterte Einstellungen für die Mediathek vornehmen, indem Sie in den Bereich ERWEITERT wechseln. Diese können auch nachträglich geändert werden.
5. Klicken Sie auf MEDIATHEK HINZUFÜGEN.

Sie können jetzt noch weitere Mediatheken hinzufügen. Klicken Sie anschließend auf WEITER. *Plex* schlägt Ihnen vor, die *Plex* Apps gleich herunterzuladen. Das können Sie aber auch noch später nachholen, klicken Sie auf FERTIG.

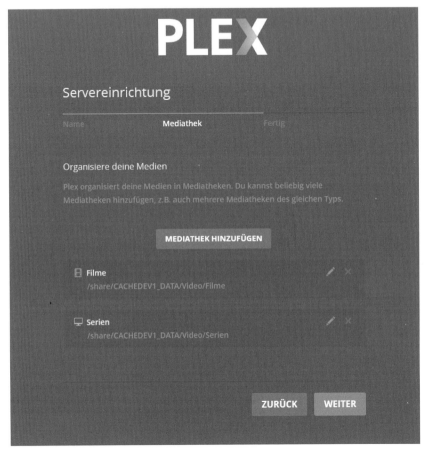

Abb. 15.6: Fügen Sie alle gewünschten Mediatheken hinzu, ehe Sie den Einrichtungsvorgang abschließen.

15.2.2 Media Server anpassen

Lassen Sie sich nicht verwirren, *Plex* startet in der Übersicht und zeigt die angebotenen TV-Sender und Filme, auf die Sie aber ohne Plex Pass keinen Zugriff haben. Als Nächstes sind noch einige Schritte notwendig, ehe Sie *Plex* richtig nutzen können.

15.2
Plex Media Server installieren und einrichten

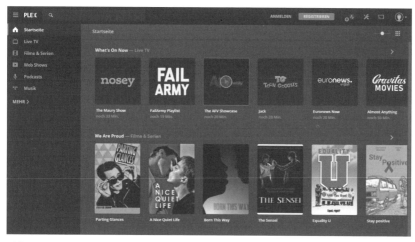

Abb. 15.7: Die Starseite von Plex nach dem ersten Aufruf

Konto anlegen

Sie könnten zwar das Webinterface benutzen, um Videos anzusehen, möchten Sie die *Plex* Clients und andere Funktionen nutzen, müssen Sie ein kostenloses Konto für *Plex* anlegen. Klicken Sie in der Titelleiste auf REGISTRIEREN. Sie können sich mit einem *Google*-, *Facebook*- oder *Apple*-Konto anmelden oder mit einer E-Mail-Adresse registrieren. Haben Sie die Registrierung abgeschlossen, müssen Sie den *Plex Media Server* erneut aufrufen, sind dort aber schon angemeldet.

Abb. 15.8: Die Registrierung ist zwar nicht zwingend erforderlich, für einige Funktionen aber notwendig.

Haben Sie bereits ein *Plex* Konto, können Sie sich auch gleich direkt anmelden.

> **Hinweis**
>
> Währenddessen ist *Plex* im Hintergrund bereits damit beschäftigt, die Mediatheken aufzubauen, indem die Videos der verknüpften Ordner analysiert werden. Der Vorgang kann je nach Filmsammlung und NAS-Leistung einige Zeit in Anspruch nehmen. Zeit, sich weiter mit *Plex* zu beschäftigen.

Abb. 15.9: Plex ist damit beschäftigt, Mediendaten zu analysieren und Informationen abzurufen.

Ansicht anpassen

Der Aufbau von *Plex* ist nicht sonderlich neu. In der Titelleiste haben Sie neben der Suche Zugriff auf Konto und Einstellungen, und im Navigationsbereich finden Sie diverse Mediatheken. Derzeit fehlen dort aber noch Ihre Mediatheken. Um diese im Navigationsbereich anzuzeigen, klicken Sie auf MEHR >. Jetzt sehen Sie neben den Angeboten von *Plex* auch Ihren eigenen Server und die zugehörigen Mediatheken.

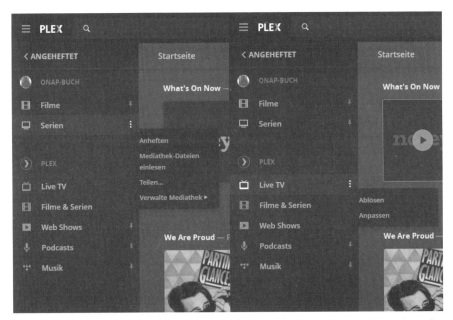

Abb. 15.10: Durch Anheften und Ablösen gestalten Sie sich den Navigationsbereich nach Wunsch.

Bewegen Sie jetzt den Mauszeiger über die Mediathek. Das Dreipunkte-Icon wird eingeblendet. Klicken Sie darauf, und wählen Sie ANHEFTEN. Die Mediathek wird jetzt mit einem Pin-Icon gekennzeichnet. Wenn Sie das Angebot von *Plex* nicht nutzen können oder wollen, können Sie diese Mediatheken auch aus dem Navigationsbereich entfernen. Wählen Sie dazu im jeweiligen Dreipunkte-Menü ABLÖSEN.

Klicken Sie dann auf ANGEHEFTET, um zur Standard-Ansicht zurückzukehren. Dort steht Ihnen über das Dreipunkte-Menü auch der Eintrag UMSORTIEREN zur Verfügung, mit dem Sie die Mediatheken untereinander anordnen können.

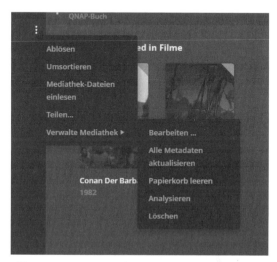

Abb. 15.11: Das Dreipunkte-Menü der Mediathek auf der Startseite. Hier können Sie durch Umsortieren auch die Reihenfolge ändern.

Jetzt haben wir eine Grundlage geschaffen, auf der wir weiteraufbauen können. Es wird Zeit, dass wir uns genauer mit Mediatheken befassen.

Abb. 15.12: Der neu gestaltete Navigationsbereich

Kapitel 15
Filme mit dem Plex Media Server streamen

15.3 Mediatheken

Mediatheken sind weit mehr als nur einfache Auflistungen von Filmen und Serien. Mediatheken rufen Medieninformationen wie Inhaltsangaben, Schauspieler, Cover und mehr ab und verwalten alle Informationen in einer Datenbank. Über diese Datenbank können Sie Ihre Sammlung sortieren, filtern und verwalten. Je nach ausgewähltem Mediathekentyp gibt es den ein oder anderen Unterschied.

15.3.1 Aufbau der Mediathek

Die Mediatheken in Plex bestehen grundsätzlich aus zwei Reitern: EMPFEHLUNGEN und MEDIATHEK. Unter EMPFEHLUNGEN finden Sie eine automatisch generierte Auswahl an Filmen bzw. Episoden.

Unter MEDIATHEK sehen Sie Ihre eigentliche Filmsammlung.

Sowohl Film- als auch Serien-Mediatheken sehen auf den ersten Blick gleich aus. Standardmäßig werden alle Einträge als »Posterwand« angezeigt (Abbildung 15.13). Die Größe der Poster können Sie mit ❶ ändern. Diese Ansicht lässt sich mit einem Klick auf ❷ ändern. Die angezeigten Filme können Sie auch filtern und sortieren. Unter ❸ stehen Ihnen Filter anhand von Eigenschaften und Metadaten zur Verfügung. Die Auswahl der Sortierung finden Sie unter ❹, auch hier steht eine Liste an Eigenschaften zur Auswahl. Mit ❺ haben Sie zwar Zugriff auf die Ordnerstruktur der Mediathek, aufgelistet werden aber dennoch nur erkannte Filmdateien. In der Serienbibliothek können Sie zusätzlich in eine Staffel- und eine Folgenansicht umschalten.

Abb. 15.13: Eine Film-Mediathek in der Posteransicht

> **Tipp: Mediathek-Dateien manuell einlesen**
>
> Grundsätzlich werden in der Mediathek alle Mediendateien aus dem Ordner aufgelistet, sofern das Format passt. *Plex* überwacht den Ordner und fügt neue Dateien automatisch

hinzu. Sollte es einmal vorkommen, dass Dateien nicht vorhanden sind, können Sie das Einlesen manuell starten. Gehen Sie dazu auf das Dreipunkte-Menü der jeweiligen Mediathek und wählen Sie MEDIATHEK-DATEIEN EINLESEN.

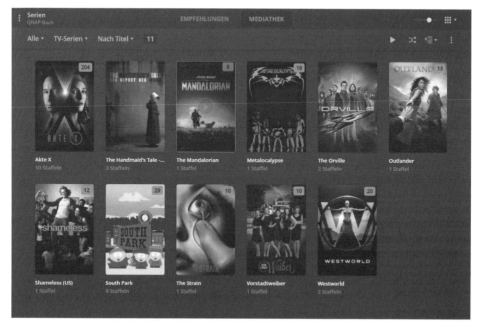

Abb. 15.14: Eine Serienmediathek in der Posteransicht

Die Detailansicht

Klicken Sie auf einen Eintrag, gelangen Sie in die Detailansicht. Die Detailansicht bietet neben einer Inhaltsbeschreibung viele weitere Informationen, sowohl zum Film als auch zur Datei. Sie finden hier auch eine Darstellerliste, wobei ein Klick auf einen Darsteller die Mediathek nach weiteren Werken mit diesem sucht (Abbildung 15.15).

Darunter finden Sie auch noch eine Auswahl an Kritiken und ähnlicher Filme. Haben Sie in der Mediathek mehrere Werke eines Schauspielers oder Regisseurs, werden auch diese aufgelistet (Abbildung 15.16).

Und hier finden Sie auch die wichtigen Unterschiede zwischen Film- und Serienmediathek. Während die Basis dieselbe ist, finden Sie in der Detailansicht die Staffeln aufgelistet (Abbildung 15.17).

Ein Klick darauf liefert eine Übersicht der Folgen. Auch diese besitzen eine Detailansicht, bei der Sie wie bei den Filmen eine Episodenbeschreibung und Informationen zur Datei erhalten. Zusätzlich finden Sie hier noch eine Liste von Musiktiteln, die in der Episode vorkommen. Diese werden über den Streaming-Dienst *Tidal* zur Verfügung gestellt. *Tidal* ist in *Plex* integriert, benötigt aber ein separates Abo. Ohne Abo können Sie die Lieder aber Probe hören (Abbildung 15.18).

Kapitel 15
Filme mit dem Plex Media Server streamen

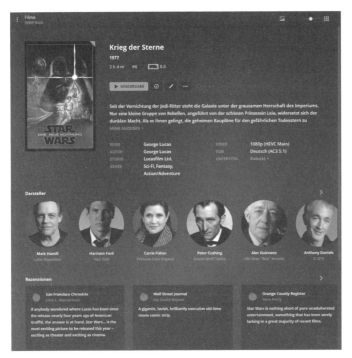

Abb. 15.15: Ein Film in der Detailansicht

Abb. 15.16: Plex listet Ihre Filme nicht einfach nur auf, sondern vernetzt sie miteinander.

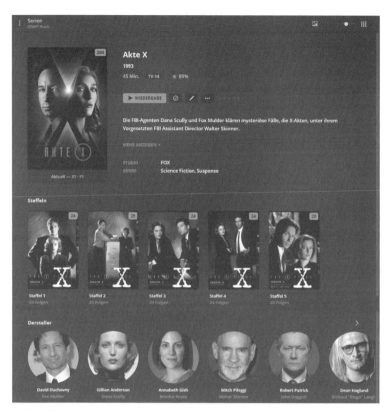

Abb. 15.17: Eine Serie in der Detailansicht

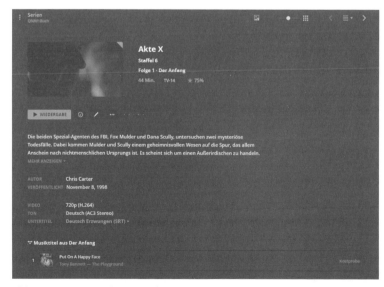

Abb. 15.18: Die Detailansicht einer einzelnen Episode

Wiedergabe und Player

Nachdem Sie nun durch die Mediathek navigieren können, fehlt noch das Wichtigste, und zwar das Starten des Films bzw. der Episode. Das erreichen Sie auf mehreren Wegen. Bewegen Sie den Mauszeiger über das Poster, egal, ob in der Übersicht oder der Detailansicht, erscheint ein Play-Icon. Ein Klick darauf startet den Film. Alternativ finden Sie in der Detailansicht auch einen WIEDERGABE-Button. *Plex* merkt sich übrigens, wo Sie die Wiedergabe unterbrochen haben und lässt Sie diese fortsetzen oder neu starten.

Abb. 15.19: Bewegt man den Mauszeiger über das Poster, offenbaren sich weitere Icons.

Der Player selbst ist leicht verständlich und bietet die üblichen Elemente wie das Pausieren, genauso wie das Vor- und Zurückspulen. X bietet einen Zugriff auf die Kapitel des Videos, einige Wiedergabeoptionen sowie die Tonsteuerung. Je nachdem, wie Sie auf die Mediathek zugreifen, also entweder über das Webinterface oder über eine der *Plex* Apps (siehe Abschnitt 15.5 »Der Plex Client«), können sich einige Abweichungen in der Player-Steuerung bzw. in den verfügbaren Optionen ergeben.

15.3.2 Film- und Serieninformationen

Grundsätzlich sucht *Plex* anhand des Filmtitels aus dem Dateinamen in einer Internetdatenbank nach den zugehörigen Informationen wie Inhaltsangabe, Schauspieler, Regisseur, Filmplakat etc.

Informationen suchen

Ist die Datei nicht richtig benannt, kann es auch einmal vorkommen, dass ein Film falsch oder gar nicht zugeordnet werden kann. Das erkennen Sie daran, dass der Film in der Mediathek anstatt mit dem Filmposter mit einem leeren Icon oder einem Thumbnail aus dem Video angezeigt wird (Abbildung 15.20). Das Problem kann auf mehrere Arten gelöst werden.

Sie können die Zuordnung einzelner Filme korrigieren. Öffnen Sie das Dreipunkte-Menü des Films. Wurde der Film falsch zugeordnet, also werden Informationen gezeigt, die nicht zum eigentlichen Film passen, wählen Sie ZUORDNUNG KORRIGIEREN. Sie erhalten eine Liste möglicher Filme. Wählen Sie den richtigen Eintrag aus.

Abb. 15.20: Plex hat zwar erkannt, dass die drei Episoden zur ersten Staffel einer Serie gehören, aber es konnten keine Informationen aus dem Internet abgerufen werden.

Ist der Eintrag nicht vorhanden, stehen Ihnen zwei Optionen zur Verfügung: Entweder versuchen Sie es mit der automatischen Zuordnung, oder Sie passen die Suche an.

Ein Klick auf die gleichnamige Option öffnet eine Auswahl an Datenbanken, die durchsucht werden können. Finden Sie so nicht den gewünschten Eintrag, klicken Sie auf SUCHOPTIONEN. Dort können Sie Titel und Jahr angeben sowie Datenbank und Sprache auswählen und danach suchen. Der von *Plex* erkannte Titel ist dabei schon ausgefüllt.

Kann der Film nicht gefunden werden, versuchen Sie, den Titel anzupassen. Klicken Sie auf SUCHEN, und warten Sie, bis die Ergebnisse angezeigt werden. Wählen Sie den richtigen Eintrag aus. Konnte der nicht gefunden werden, passen Sie die Suche an.

Abb. 15.21: Mehrere Ergebnisse für eine Suche nach »Conan«.

> **Tipp**
>
> Besonders schwierig sind Filme mit Untertiteln im Sinne von einem zweiten Titel, vor allem, wenn der Untertitel nicht im Original vorkommt. So hat der Film *Alien* aus dem Jahr 1979 in der deutschen Veröffentlichung den Untertitel »Das unheimliche Wesen aus einer fremden Welt«. Aber auch Filme, die in der deutschen Version einen anderen Namen haben oder die während der Vermarktung umbenannt wurden, können Probleme verursachen. Hier kann es helfen, nur nach einem Teil des Titels oder nach dem Originaltitel zu suchen. So heißt der erste (von der Veröffentlichung her gesehen) *Star Wars*-Film zwar schon einige Jahre offiziell »Star Wars: Episode IV – Eine neue Hoffnung«, der Filmeintrag in den Datenbanken lautet aber weiterhin »Krieg der Sterne«.
>
> Auch das Veröffentlichungsjahr kann Probleme verursachen. Filme, die weltweit nicht im selben Jahr veröffentlicht wurden, werden in den Datenbanken oft mit unterschiedlichem Datum geführt. Bei der Suche können Sie das Jahr weglassen. Gibt es denselben Filmtitel mehrmals, werden normalerweise alle Treffer in der Suche angezeigt, und Sie können den richtigen wählen.

Hat die Zuordnung generell nicht bzw. bei sehr vielen Dateien nicht funktioniert, weil Sie etwa die Dateien erst nach Hinzufügen der Mediathek umbenannt haben oder weil der Prozess unterbrochen wurde, können Sie die Metadaten für eine gesamte Mediathek neu abrufen. Wählen Sie dazu im Dreipunkte-Menü VERWALTE MEDIATHEK|ALLE METADATEN AKTUALISIEREN. Bestätigen Sie das Pop-up, und die Metadaten werden erneut aus dem Internet abgerufen. Ausgenommen sind Felder, die Sie gesperrt haben (siehe unten). Je nach Anzahl der Filme dauert der Vorgang einige Zeit.

Die Zuordnung von Serien funktioniert fast genauso. Hier können Sie ebenfalls die ganze Bibliothek neu zuordnen oder die Zuordnung einzelner Serien aufheben bzw. neu zuordnen. Auch hier können Sie nach der Serie suchen, lediglich die Suchdatenbanken sind hier andere.

Bei Serien ist die richtige Nummerierung für Staffeln und Folgen besonders wichtig, da die Zuordnung nur auf Serienebene geändert werden kann. Sind einzelne Folgen innerhalb einer Serie falsch zugeordnet, passt die Nummerierung der Dateinamen nicht.

Informationen bearbeiten

Kann eine Serie oder ein Film gar nicht zugeordnet werden, haben Sie die Möglichkeit, die Metadaten per Hand zu bearbeiten. Aber auch, wenn die Zuordnung geklappt hat, können Sie so Informationen nach eigenen Wünschen anpassen. Bewegen Sie dazu den Mauszeiger über den jeweiligen Eintrag in der Mediathek und klicken Sie dann auf das eingeblendete Bearbeiten-Icon (siehe Abbildung 15.19) oder auf das Bearbeiten-Icon in der Detailansicht (siehe Abbildung 15.15).

Es öffnet sich ein Fenster mit den Film- bzw. Serieninformationen, aufgeteilt auf mehrere Bereiche. So finden Sie in den Bereichen ALLGEMEIN und TAGS alle Metadaten zum Video. Diese sind entweder bereits ausgefüllt, wenn eine Zuordnung (egal, ob richtig oder falsch) erfolgt ist oder leer ist. Sie können die Angaben ganz einfach bearbeiten bzw. löschen oder ergänzen. Hilfreich ist hier die Sperrfunktion. Ist ein Feld gesperrt, wird dessen Information nicht geändert, wenn Sie die Zuordnung ändern oder die Metadaten erneut abrufen.

Felder, die Sie per Hand ändern, werden automatisch gesperrt. Klicken Sie auf das Schloss-Icon, um Felder wieder zu entsperren bzw. nicht gesperrte Felder zu sperren.

Im Bereich *Plakat* können Sie ein Bild auswählen, mit dem der Film bzw. die Serie in der Mediathek angezeigt wird. Dabei können Sie (bei einer Zuordnung aus einer Auswahl an Filmplakaten wählen, oder Sie verwenden ein eigenes Bild, indem Sie eines von Ihrem Rechner hochladen (WÄHLE EIN BILD), eines in das Fenster hineinziehen (DRAG & DROP, vorausgewählt), oder Sie geben einen Link zum Bild an (URL EINGEBEN). Den HINTERGRUND können Sie übrigens ignorieren. Dieser wird von *Plex* nicht mehr angezeigt. Selbiges gilt für das BANNER bei Serien.

Sortierreihenfolge ändern

Üblicherweise sind Filme und Serien innerhalb der Mediathek nach Titel sortiert (sofern Sie keine andere Sortierung auswählen). Bei Filmreihen, die keine Nummerierung im Titel haben, kann es daher vorkommen, dass die Filme falsch sortiert werden. Oder Sie bevorzugen Ihre ganz eigene Reihung der Titel (bei den *Star Wars*-Filmen soll die Frage nach der richtigen Reihenfolge ja Potenzial für einen Glaubenskrieg haben). Für solche Fälle gibt es den »Sortier-Titel«. Sie finden ihn in den Informationen im Bereich ALLGEMEIN. Der »Sortier-Titel« wird nur für die Sortierung nach Titel in der Mediathek verwendet, er wird nirgends angezeigt. Sie können hier also eigene Benennungen oder Nummerierungen eingeben, ohne den angezeigten Titel zu beeinflussen.

Filme mit mehreren Fassungen und Bonusmaterial

Etwas Trickserei ist notwendig, wenn Sie Filme in mehreren Fassungen in Ihrer Mediathek verwalten wollen. Egal, wie Sie die Filmdateien benennen. Plex erkennt darin ein und denselben Film und wird beide Dateien in einem Eintrag zusammenfassen.

Sie können zwar über den Eintrag auf die einzelnen Dateien zugreifen, erhalten aber keinerlei Information darüber, welche Datei was beinhaltet bzw. welchen Dateinamen diese hat.

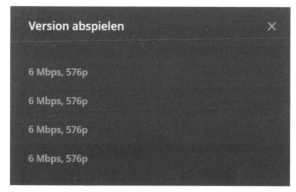

Abb. 15.22: Sie haben zwar Zugriff aus alle Dateien, die angebotenen Informationen helfen aber nur wenig weiter.

Um das Problem zu beheben, gehen Sie folgendermaßen vor:

1. Suchen Sie den Eintrag in der Mediathek.
2. Öffnen Sie das Dreipunkte-Menü des Eintrags und wählen AUFTEILEN.

Abb. 15.23: Im Dreipunkte-Menü (hier etwas geschnitten) finden Sie Funktionen wie: Version abspielen ..., Aufteilen und die Medieninfo.

3. Es liegt jetzt für jede Datei ein Eintrag vor. Öffnen Sie das Dreipunkte-Menü eines Eintrags und wählen Sie Medieninfo. In den Informationen können Sie den Dateinamen einsehen und so feststellen, um welche Fassung es sich handelt. Schließen Sie das Infofenster.

Abb. 15.24: Ein Eintrag für jede Datei. Der Film besteht aus mehreren Kurzgeschichten, die in der Kinofassung zu einem Film zusammengeschnitten wurden, im Director's Cut aber in den ursprünglichen Einzelgeschichten vorliegen. Für diese existieren jedoch keine Einträge in den Filmdatenbanken.

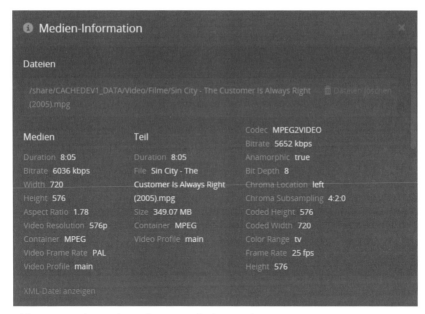

Abb. 15.25: In der Medieninformation finden Sie den Dateinamen.

4. Klicken Sie auf das Bearbeiten-Icon desselben Eintrags, und bearbeiten Sie den Titel nach Wunsch.

Abb. 15.26: Mit einigen kleinen Anpassungen ...

5. Speichern Sie die Änderungen, und wiederholen Sie die Schritte für jeden Eintrag.

Abb. 15.27: ... haben Sie passende Einträge für alle Kurzfilme.

6. Auf Wunsch können Sie alle Fassungen in einer Sammlung zusammenfassen (siehe unten).

Sie können verschiedenen Fassungen auch verschiedene Poster geben und die anderen Informationen per Hand bearbeiten. Möchten Sie zu einem Film Bonusmaterial, wie Dokumentationen, Interviews und Making-ofs, verwalten, können Sie natürlich auch wie oben verfahren, oder Sie greifen auf das Namensschema für Bonusmaterial zurück:

1. Öffnen Sie die Einstellungen des Media Servers.
2. Wählen Sie den Agenten und anschließend den gewünschten Mediathek-Typ.
3. Kontrollieren Sie in allen angebotenen Agenten, ob »Local Media Assets« aktiviert ist und sich an erster Stelle befindet. Passen Sie die Liste der Agenten gegebenenfalls an.

Abb. 15.28: Kontrollieren Sie die richtige Anordnung der Agents.

4. Jetzt müssen Sie das Bonusmaterial auf der Festplatte richtig benennen:
   - Film- und Bonusmaterial müssen sich in einem Unterordner befinden, der Ordner muss mit `<Filmname> (<Erscheinungsjahr>)` benannt werden.
   - Das Bonusmaterial können Sie nach Wunsch benennen, allerdings muss am Ende des Dateinamens `-<Extra_Typ>` angehängt sein. Wobei `-<Extra_Typ>` einem der Folgenden entspricht:
     - `-behindthescenes`
     - `-deleted`
     - `-featurette`
     - `-interview`
     - `-scene`
     - `-short`
     - `-trailer`
     - `-other`

> **Hinweis**
>
> Alternativ können Sie das Bonusmaterial auch in Unterordnern verwalten. Mehr zum Benennungsschema von Bonusmaterial finden Sie hier: https://support.plex.tv/articles/local-files-for-trailers-and-extras/

5. Sollte *Plex* das Bonusmaterial nicht automatisch erkennen, können Sie dieses über das Dreipunkte-Menü der Mediathek mit der Auswahl von MEDIATHEK-DATEIEN EINLESEN erkennen lassen.

Name	Änderungsdatum	Typ	Größe
Black Metal in Norwegen-featurette.mp4	2021/03/25 12:35:27	MP4 Datei	469.8 MB
Interviews-interview.mp4	2021/03/25 12:35:18	MP4 Datei	441.16 MB
Outtakes-deleted.mp4	2021/03/25 12:35:05	MP4 Datei	313.87 MB
Metal - A Headbangers Journey (2005).m...	2021/03/25 12:34:48	MP4 Datei	1.73 GB

Abb. 15.29: Beispiel mit richtig benanntem Bonusmaterial

Das Bonusmaterial wird jetzt in der Detailansicht des Films unterhalb der Rezensionen angezeigt.

Natürlich können Sie auch die verschiedenen Fassungen eines Films als Bonusmaterial behandeln und dementsprechend benennen. Dann haben Sie nur einen Eintrag für die verschiedenen Fassungen.

Abb. 15.30: Das Bonusmaterial in der Detailansicht des Films

15.3.3 Sammlungen

Eine weitere Funktion, um noch mehr Übersicht in Ihre Mediathek zu bekommen, sind Sammlungen. Grundsätzlich können Sie eine Einteilung all Ihrer Filme durch Mediatheken erreichen. So können Sie beispielsweise eine Mediathek für Animationsfilme und eine weitere für Realfilme erstellen. Sammlungen helfen, innerhalb der Mediathek noch mehr Ordnung zu schaffen. Grundsätzlich sind Sammlungen dazu gedacht, Filmreihen zu gruppieren. Da Sie Sammlungen selbst anlegen, können Sie Filme anhand beliebiger Kriterien zusammenfassen. Und weil Filme zu mehreren Sammlungen zugeordnet werden können, können Sie Ihre Mediathek relativ flexibel organisieren.

Sammlungen erstellen und Filme zuweisen

Wollen Sie eine neue Sammlung erstellen, suchen Sie in der Mediathek einen Film, der Teil der Sammlung werden soll. Öffnen Sie die Informationen, und wechseln Sie in den Bereich TAGS. Ganz unten finden Sie das Eingabefeld »Sammlungen«. Geben Sie dort einfach den Namen der Sammlung ein. Existiert die Sammlung noch nicht, klicken Sie auf ADD <EINGEGEBENERNAME>... .

Abb. 15.31: Das Anlegen neuer Sammlungen und das Hinzufügen zu bestehenden Sammlungen erfolgt an derselben Stelle.

Die Sammlung wird erstellt und dem Film gleich zugewiesen. Weitere Filme können Sie auf die gleiche Weise zuordnen. Klicken Sie in das Eingabefeld, listet *Plex* bereits alle vorhandenen Sammlungen auf. Sie müssen nur noch auf den gewünschten Eintrag im Drop-down-Menü klicken, um die Sammlung zuzuweisen. Beginnen Sie zu tippen, filtert *Plex* das Drop-down-Menü passend zur Eingabe.

Abb. 15.32: Wählen Sie eine Sammlung aus dem Drop-down-Menü, oder beginnen Sie zu tippen, um die Auswahl einzugrenzen.

Tipp

Scrollen Sie etwas nach unten, nachdem Sie in das Feld »Sammlungen« geklickt haben. Das Drop-down-Menü wird außerhalb des sichtbaren Bereichs angezeigt. Sobald es erscheint, verlängert sich der scrollbare Bereich des Fensters.

Anzeige von Sammlungen anpassen

Sammlungen haben, ähnlich wie Filme und Serien, Informationen, die Sie bearbeiten können. Die Auswahl an Informationen ist zwar geringer, das Bearbeiten erfolgt aber genauso wie im Abschnitt »Informationen bearbeiten« auf Seite 460 beschrieben. Hier können Sie unter anderem ein Plakat für die Sammlung festlegen. Legen Sie keines fest, wird eine Collage aus vier Plakaten von Filmen der Sammlung verwendet.

Sie können auch anpassen, wie Sammlungen und deren Elemente in der Mediathek angezeigt werden sollen. Zur Auswahl stehen:

- *Sammlungen und ihre Elemente anzeigen* – Hier wird in der Mediathek ein Eintrag für jede Sammlung erstellt. Wählen Sie den Eintrag aus, werden die darin enthaltenen Filme aufgelistet, von dort gelangen Sie zur Detailansicht der einzelnen Filme. Zusätzlich bleiben die Einzeleinträge der Filme in der Mediathek erhalten.

- *Verstecke Elemente, falls in einer Sammlung* – Ist diese Option ausgewählt, werden in der Mediathek nur noch Einträge für die Sammlungen angezeigt. Die einzelnen Filme finden Sie dann ausschließlich innerhalb der Sammlungen.

- *Deaktivert* – Mit dieser Option werden die Sammlungen deaktiviert. Die Sammlungen und die Zuweisungen bleiben erhalten, Sammlungen werden aber nicht mehr in der Mediathek angezeigt. Die einzelnen Filme bleiben natürlich erhalten.

Die Anzeigeoption können Sie für jede Mediathek getrennt festlegen. Sie finden Sie in den erweiterten Einstellungen der Mediathek im Dreipunkte-Menü unter VERWALTE MEDIA-THEK|BEARBEITEN|ERWEITERT am Ende der Einstellungen. Wählen Sie über das Drop-down-Menü die gewünschte Option, und klicken Sie auf ÄNDERUNGEN SPEICHERN.

Kapitel 15
Filme mit dem Plex Media Server streamen

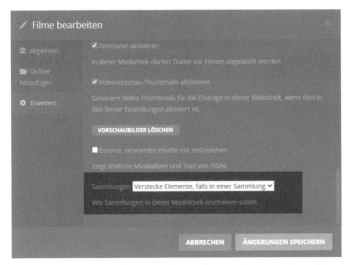

Abb. 15.33: In sehr großen Sammlungen bringt das Verstecken der einzelnen Filme mehr Übersicht.

Sobald Sie eine Sammlung erstellt haben, wird in der Mediathek eine weitere Ansicht SAMMLUNGEN aktiviert. Diese funktioniert wie ein Filter und listet ausschließlich Sammlungen auf, unabhängig davon, welche Anzeigeoption Sie für Sammlungen gewählt haben.

Abb. 15.34: Eine Filmsammlung. Ein Klick auf einzelne Filme bringt Sie zur gewohnten Detailansicht.

15.4 Plex aktualisieren

Aus Kapitel 3 wissen Sie nicht nur, wie Sie Apps auf Ihrem NAS installieren, sondern auch, wie Sie diese aktualisieren. Bei Drittersteller-Apps wie *Plex* sind die Versionen im *App Center* oft schon etwas veraltet. Apps, die im offiziellen App-Archiv enthalten sind, müssen eingereicht und von QNAP überprüft werden. Dieser Prozess dauert meist sehr lange, daher finden oft nur größere Versionssprünge ihren Weg ins *App Center*. *Plex* erhält allerdings sehr viel regelmäßiger Aktualisierungen. Diese neuen Versionen stehen auch für QNAP zur Verfügung, allerdings ist hier etwas Handarbeit Ihrerseits notwendig. Auf neue Versionen werden Sie über das Aktivitäten-Icon in der Titelleiste aufmerksam gemacht. Klicken Sie darauf, finden Sie den Eintrag SERVER SOFTWARE-UPDATE IST VERFÜGBAR.

Abb. 15.35: Sie werden über die regelmäßig erscheinende Versionen informiert.

Ein Klick darauf zeigt Ihnen die installierte und die verfügbare Version. Sie können das Update überspringen, dann verschwindet die Meldung, oder Sie laden gleich die neue Version herunter. Dabei wird sofort die richtige Version des Updates heruntergeladen. Laden Sie das Update direkt von der *Plex* Seite herunter, müssen Sie nicht nur die Version für QNAP wählen, sondern auch die richtige Version für die CPU-Architektur Ihres NAS. Das entfällt, wenn Sie das Update direkt über das Webinterface des Servers herunterladen.

Abb. 15.36: Die Version aus dem App Center ist schon etwas älter.

Ist die Datei fertig heruntergeladen, sind folgende Schritte notwendig:

1. Schließen Sie das *Plex* Webinterface.
2. Loggen Sie sich in *QTS* ein, und öffnen Sie das *App Center*.
3. Stoppen Sie *Plex*, und warten Sie, bis die App gestoppt wurde.
4. Klicken Sie auf ▌.
5. Klicken Sie auf DURCHSUCHEN ..., und wählen Sie die heruntergeladene Datei aus.
6. Klicken Sie auf INSTALLIEREN, und bestätigen Sie die Meldung mit OK.

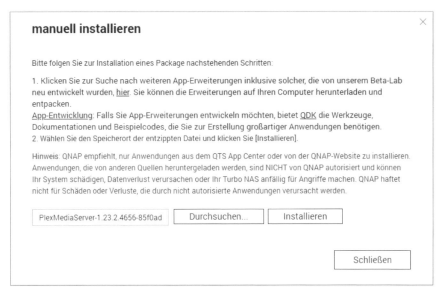

Abb. 15.37: Mithilfe der manuellen Installation lassen sich auch über das App Center installierte Apps aktualisieren.

7. Warten Sie, bis der Installationsvorgang abgeschlossen wurde.
8. *Plex* startet anschließend wieder automatisch.

In der Detailansicht von *Plex* im *App Center* können Sie kontrollieren, ob die richtige Version installiert wurde. Sie können *Plex* jetzt wieder benutzen. Die Mediatheken und alle Einstellungen bleiben erhalten.

Abb. 15.38: Oben steht die ursprünglich, darunter die aktuell installierte Version.

> **Tipp**
>
> Haben Sie *Plex* manuell aktualisiert, sollten Sie das auch beibehalten. Ob Sie Versionen auslassen, bleibt dabei Ihnen überlassen, Sie sollten aber kein Update mehr über das *App Center* installieren, da es zu Fehlern beim Update kommen kann. Aber Sie müssten schon sehr viele Versionen auslassen, ehe das *App Center* ein neues Update anbietet.

15.5 Der Plex Client

Plex Clients gibt es für eine Vielzahl von Geräten und Plattformen. Sie finden den Client für Ihr Gerät im Downloadbereich von *Plex*: `https://www.plex.tv/media-server-downloads/#plex-app` oder im *Plex* Webinterface unter KONTO|PLEX APPS HERUNTERLADEN.

Die Einrichtung des *Plex* Clients läuft relativ unkompliziert. Laden Sie den richtigen Client für Ihr Endgerät herunter, und installieren Sie ihn. Starten Sie den Client, erwartet Sie dieselbe Ansicht wie nach dem ersten Start des Server-Webinterfaces. Sie müssen jetzt den Client mit dem Server verknüpfen. Das geht relativ einfach, denn hier kommt das *Plex* Konto, das ich Ihnen in Abschnitt 15.2.2 »Media Server anpassen« empfohlen habe, anzulegen, ins Spiel. Auf Computern und Mobilgeräten müssen Sie sich ganz einfach mit Ihrem Konto anmelden. In den Apps für Smart-TVs – egal, ob für den TV direkt oder für Lösungen wie *FireTV* oder *AppleTV* – müssen Sie sich nicht mühsam mit einer On-Screen-Tastatur herumquälen, um Ihre Kontodaten einzugeben. Stattdessen erhalten Sie einen vierstelligen Code und die Aufforderung, `https://plex.tv/link` auf einem beliebigen Computer/Mobilgerät zu öffnen. Dort melden Sie sich dann einfach mit Ihrem *Plex* Konto an und geben den vierstelligen Code ein. Viel mehr ist nicht nötig. Sie erhalten jetzt die Möglichkeit, Ihren Startbildschirm zu personalisieren und nur die gewünschten Bibliotheken anzuzeigen.

Die Benutzeroberfläche ist mit der des Servers identisch. Sie werden sich also sofort zurechtfinden, und es bedarf an dieser Stelle keine Erläuterungen meinerseits.

Während der Desktop-Client auch dieselben Funktionen wie der Server aufweist, können bei den Apps für Mobilgeräte und Smart-TVs einige Funktionen fehlen. Das Bearbeiten der Informationen und das Ändern der Zuordnung sind die auffälligsten Beispiele dafür.

> **Tipp**
>
> Da *Plex* keine Software von QNAP ist, sind die Erklärungen zu den Funktionen, der Bedienung und den Einstellungen in diesem Buch eher kurz gehalten. Diese sind aber allesamt gut dokumentiert. Die umfangreiche Artikelsammlung finden Sie unter `https://support.plex.tv/articles/`. Im Internet finden Sie noch weitere Anleitungen und Erklärungen rund um *Plex*.

Kapitel 16

Produktivität, Organisation und Kollaboration

Nachdem wir uns in den letzten Kapiteln mit den Multimedia-Apps eher der Unterhaltung gewidmet haben, ist es an der Zeit, das QNAP NAS für produktive Zwecke einzusetzen. Dieses Kapitel steht ganz im Zeichen von Produktivität, Organisation und Kollaboration.

16.1 Produktiv mit QNAP und Microsoft Office Online

Ihr NAS lässt sich mit wenigen Schritten in einen Office-Server verwandeln. Dadurch bleiben die Daten stets in Ihrer eigenen Hand, und Sie müssen nicht auf Dienste von Datensammlern wie Google Docs zurückgreifen.

16.1.1 Office-Unterstützung aktivieren

QNAP hat Office Online bereits integriert, allerdings sind nur die Dokumente auf Ihrem NAS gespeichert. Office Online selbst läuft nicht auf Ihrem NAS. Die Office-Integration unterliegt daher einiger Einschränkungen. Damit Sie Office Online nutzen können, muss *myQNAPcloud* und *myQNAPcloud Link* aktiviert sein. Wenn Sie sich an Abschnitt 9.1 »Zugriff über myQNAPcloud« zurückerinnern, ist *myQNAPcloud* die einzige Möglichkeit, QNAP-Apps und -Dienste selektiv über das Internet freizugeben, allerdings hat dieser Dienst auch seine Nachteile.

Möchten Sie Office Online nutzen, muss Ihr NAS Zugriff auf das Internet haben und *myQNAPcloud* eingerichtet sein. Das ist ein Nachteil, wenn Sie Ihr NAS nur im LAN nutzen. Stellen Sie in *QTS* in der App *myQNAPcloud* unter ZUGRIFFSKONTROLLE die Gerätezugriffskontrolle auf »Privat«. Ihr NAS ist dann immer noch im Internet unter Ihrer QNAP ID erreichbar, aber zumindest nur mit Ihrer ID und keiner anderen.

myQNAPcloud Link ist nur für die Kommunikation zwischen NAS und Office Online erforderlich. Um Dokumente mit Office Online im LAN zu bearbeiten, reicht ein Zugriff auf die *File Station*, der Zugriff auf *myQNAPcloud* ist nicht notwendig. Verwenden Sie *myQNAPcloud Link* bereits, achten Sie auf eventuelle Zugriffsberechtigungen.

Hier noch einmal die Schritte kurz zusammengefasst.

1. Richten Sie sich eine QNAP ID ein, sofern Sie noch keine haben.
2. Installieren Sie *myQNAPcloud*.
3. Starten Sie *myQNAPcloud*, und installieren Sie *myQNAPcloud Link*.
4. Stellen Sie unter ZUGRIFFSKONTROLLE die Gerätezugriffskontrolle auf »Privat«, wenn Sie Office Online nur im LAN bzw. alleine nutzen möchten. Ansonsten verwenden Sie die Einstellung »Angepasst«.

Kapitel 16
Produktivität, Organisation und Kollaboration

Details zu *myQNAPcloud*, *myQNAPcloud Link*, der Zugriffskontrolle und der QNAP ID erfahren Sie in Abschnitt 9.1 »Zugriff über myQNAPcloud«.

> **Hinweis**
>
> Office Online ist für den privaten Gebrauch kostenlos. Für die gewerbliche Nutzung benötigen Sie Office 365.

16.1.2 Arbeiten mit Office Online

Wie bereits erwähnt, ist Office Online in *QTS* integriert. Sie können Office-Dokumente auf Ihrem NAS direkt über die *File Station* öffnen oder einfach neue Dokumente erstellen.

> **Hinweis**
>
> Unterstützt werden die Anwendungen *Word*, *Excel* und *Power Point*.

Um ein neues Dokument anzulegen, öffnen Sie die *File Station* und navigieren in den Ordner, in dem Sie das Dokument erstellen wollen. Klicken Sie mit der rechten Maustaste in das Inhaltsfenster, um das Kontextmenü zu öffnen und klicken Sie auf NEU. Wählen Sie dann das gewünschte Dokument, das Sie erstellen wollen. Benennen Sie die Datei, und klicken Sie auf OK.

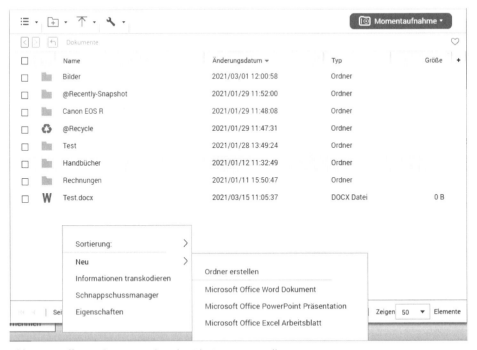

Abb. 16.1: Office-Dokumente über die File Station erstellen.

16.1
Produktiv mit QNAP und Microsoft Office Online

Um ein bestehendes Dokument zu bearbeiten, wählen Sie das Dokument in der File Station aus, und öffnen Sie darauf das Kontextmenü (alternativ klicken Sie auf) und wählen MIT OFFICE ONLINE BEARBEITEN.

In beiden Fällen öffnet sich der Office-Online-Server auf myqnapcloud.com in einem neuen Browser-Tab. Es dauert einen kurzen Moment, ehe das Dokument angezeigt wird und Sie es bearbeiten können.

Dokumente können auch gleichzeitig von mehreren Personen bearbeitet werden. Das Dokument muss dazu einfach von anderen NAS-Nutzern geöffnet werden. *Office Online* zeigt, welche Benutzer derzeit noch an dem Dokument arbeiten.

Im Kreis ist der Anfangsbuchstabe des Benutzernamens zu sehen, außerdem ist dem Kreis eine Farbe zugeordnet. Bewegen Sie den Mauszeiger über den Kreis, wird der ganze Benutzername eingeblendet. Zusätzlich sehen Sie die Cursorposition der anderen Benutzer im Dokument. Die Farbe des Cursors entspricht der Kreisfarbe des zugehörigen Benutzers. Änderungen werden mehr oder weniger in Echtzeit an alle anderen Benutzer übertragen.

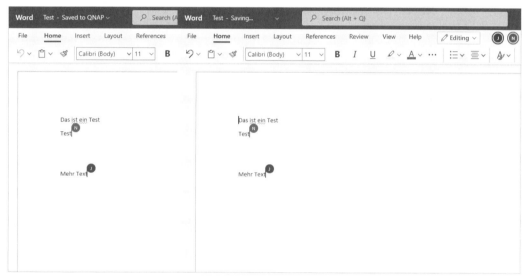

Abb. 16.2: Gemeinsam gleichzeitig an Dokumenten arbeiten

Alternative zu Office Online

Möchten Sie *Office Online* bzw. *myQNAPcloud* nicht benutzen, besteht immer noch die Möglichkeit, Office-Dokumente lokal zu bearbeiten und mit dem NAS zu synchronisieren. Hierzu muss Ihr NAS nicht aus dem Internet erreichbar sein, Sie verlieren dafür aber die Möglichkeit, gleichzeitig in Echtzeit am Dokument zu arbeiten. Es können zwar mehrere Benutzer gleichzeitig das Dokument bearbeiten, jeder sieht aber nur seine eigenen Änderungen. Dabei wird es zu Dateikonflikten kommen, die manuell gelöst werden müssen (Änderungen zusammenführen).

16.2 Das NAS als zentraler Kalender

Auf den eigenen Kalender von allen Geräten aus zuzugreifen, ist schon lange keine Besonderheit mehr. Wechselt man die Plattform, ist oft ein Migrieren des Kalenders notwendig. QNAP bietet keinen eigenen Kalender, wollen Sie jedoch von Kalenderanbietern unabhängig sein oder die Kontrolle über Ihre Daten nicht aus der Hand geben, können Sie dieses Problem nicht mit QNAP direkt lösen.

Ganz ohne Kalender kommen QNAP-Geräte dann aber auch nicht daher. QNAPs *QcalAgent* bietet die Lösung für ein anderes Problem, nämlich die zentrale Verwaltung verschiedener Kalender, denn oft ist es gar nicht möglich, eine einzige Kalenderplattform zu nutzen. Wer im Beruf, im Studium, privat und bei anderen Tätigkeiten (z.B. Verein) dieselbe Kalenderplattform einsetzt, hat entweder riesiges Glück oder ist für die Wahl der Plattform in einem oder mehreren dieser Bereiche verantwortlich. Meist hat man dieses Glück nicht, eventuell kann der *QcalAgent* Abhilfe schaffen, denn Sie können Ihre Kalender mit dem *QcalAgent* verknüpfen und zentral verwalten. Zusätzlich ist der *QcalAgent* mit QNAPs Kontaktverwaltung *Qcontanctz* und dem Mailprogramm *QmailAgent* verbunden.

Konkret heißt das, Sie können *QcalAgent* mit Konten von Google, Outlook und Yahoo verknüpfen. Apple möchte nicht, dass Sie etwas außerhalb des eigenen Ökosystems verwenden, der Applekalender wird vom *QcalAgent* nicht unterstützt. Sollten Sie nicht unterstütze Kalender oder noch gar keine Kalenderplattform nutzen, können Sie sich bei einer der unterstützen Plattformen ein Konto anlegen und dieses in *QcalAgent* einbinden. Somit können Sie Ihren Kalender dennoch über Ihr NAS verwalten, mit mehreren Geräten synchronisieren und die anderen Vorteile von *QcalAgent* (*Qcontactz*, *QmailAgent*) nutzen. Ihren bestehenden, nicht unterstützen Kalender können Sie dann exportieren und im neuen Kalender importieren.

> **Achtung**
>
> Der *QcalAgent* wirbt zwar damit, CalDAV zu unterstützen, das hat schon in der Releaseversion nicht funktioniert und wurde in einer früheren Version wieder entfernt. Texte in der Schnelleinführung, der App-Beschreibung oder der offiziellen Homepage enthalten teilweise immer noch Hinweise auf eine CalDAV-Unterstützung.

> **CalDAV**
>
> CalDAV ist ein standardisiertes Netzwerkprotokoll, um auf Kalenderdaten zuzugreifen. Es baut auf WebDAV auf.

16.2.1 QcalAgent installieren und einrichten

Die App *QcalAgent* finden Sie wie gewohnt im App Center. *QcalAgent* benötigt zusätzlich die App *Container Station*.

Sie erreichen den Kalender über QTS oder `https://<NAS-IP-ODER-NAME>/qcalendar`.

Abb. 16.3: Der QcalAgent im App Center

Kalender verknüpfen

Der *QcalAgent* ist zu Beginn natürlich leer, Sie müssen zuerst einen Kalender hinzufügen. Klicken Sie dazu auf den Button + ADD CALENDAR und wählen Sie den gewünschten Anbieter. Es öffnet sich ein Pop-up, indem Sie sich mit Ihrem Konto beim jeweiligen Anbieter anmelden und den Zugriff gestatten müssen. Danach können Sie weitere Konten verknüpfen oder fortfahren.

Abb. 16.4: Der QcalAgent beim ersten Start

Kapitel 16
Produktivität, Organisation und Kollaboration

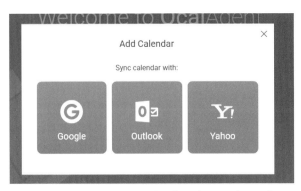

Abb. 16.5: Wählen Sie einen Kalenderanbieter, ohne geht's nicht.

> **Hinweis**
>
> Sie können auch mehrere Konten desselben Anbieters verknüpfen.

Konten können auch nachträglich hinzugefügt werden (wie im Folgenden beschrieben).

Einstellungen

Für den *QcalAgent* ist Englisch voreingestellt. Um die Sprache umzustellen, öffnen Sie das Dreipunkte-Menü und bewegen die Maus über LANGUAGE, wählen Sie dann die gewünschte Sprache aus.

> **Hinweis**
>
> In der zur Drucklegung des Buchs aktuellen Version wird die Sprachauswahl nicht dauerhaft gespeichert. Nach dem Neustart des NAS ist wieder Englisch ausgewählt.

Zu allen weiteren Einstellungen gelangen Sie mit einem Klick auf ⚙. Im Reiter ALLGEMEINE EINSTELLIGEN finden Sie Optionen zu Datum, Uhrzeit und anderen Kalendereinstellungen (Abbildung 16.6).

> **Hinweis**
>
> Die Option »Häufigkeit der Kalenderaktualisierung« betrifft nur das Übertragen von Kalendern und Terminen aus dem Konto in den *QcalAgent*. Termine, die im *QcalAgent* angelegt werden, werden sofort an das Konto übermittelt.

Unter KALENDER KONTO finden Sie alle verknüpften Kalenderkonten und können hier weitere hinzufügen bzw. bestehende entfernen. Über den Schalter können Sie verknüpfte Konten auch deaktivieren, ohne sie endgültig zu entfernen (Abbildung 16.7).

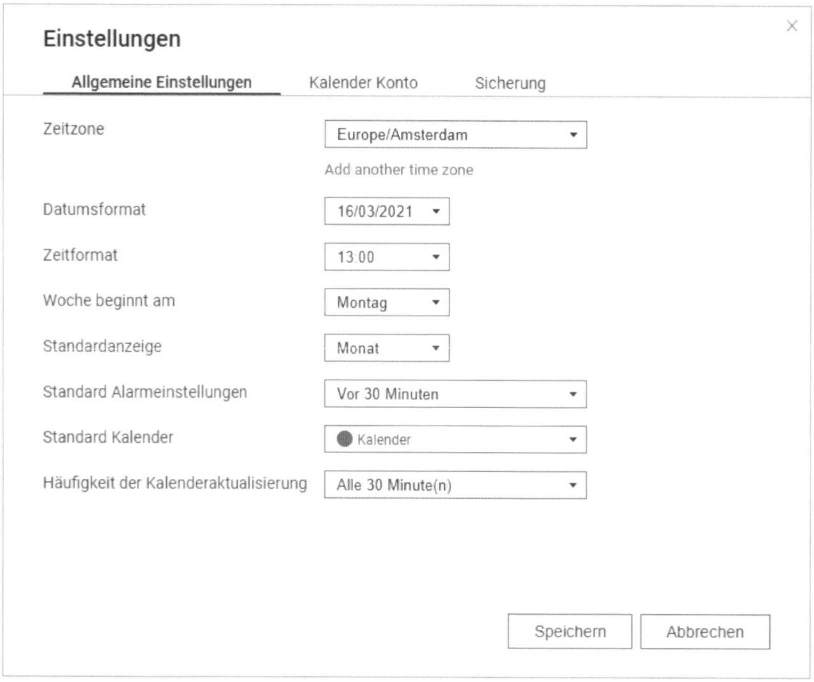

16.2 Das NAS als zentraler Kalender

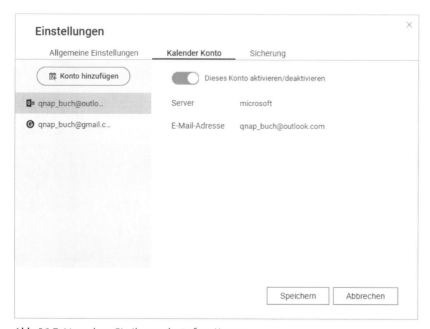

Abb. 16.6: Hier können Sie vor allem Zeitformat und Kalenderdarstellung anpassen.

Abb. 16.7: Verwalten Sie Ihre verknüpften Konten.

> **Wichtig**
>
> Es muss mindestens ein Konto aktiv sein. Sind alle Konten deaktiviert, sind keine Termine mehr in der Kalenderansicht zu sehen, es können auch keine neuen Termine mehr erstellt werden.

Im letzten Reiter SICHERUNG können Sie den kompletten Kalender sichern bzw. wiederherstellen. Das Sichern können Sie manuell auslösen (JETZT SICHERN), oder Sie richten eine periodische, automatische Sicherung ein (GEPLANTE AUFGABE ERSTELLEN). Die Sicherung erfolgt als ics-Datei, diese können Sie auch auf einem anderen NAS importieren.

16.2.2 Arbeiten mit dem QcalAgent

Der *QcalAgent* ist leicht zu bedienen, er ähnelt im Aufbau den meisten anderen Kalender-Clients und -Webinterfaces.

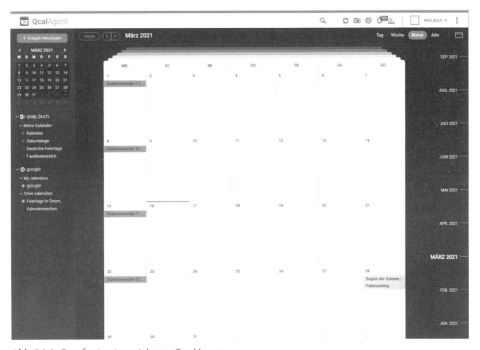

Abb. 16.8: Der fertig eingerichtete QcalAgent

Benachrichtigungen

Die Benachrichtigungen kennen Sie bereits aus *QTS*. Hier erhalten Sie allerdings nur für den Kalender relevante Benachrichtigungen wie etwa Synchronisierungsvorgänge zwischen dem *QcalAgent* und den Kalenderkonten oder wenn es Verbindungsprobleme mit den Konten gibt.

16.2
Das NAS als zentraler Kalender

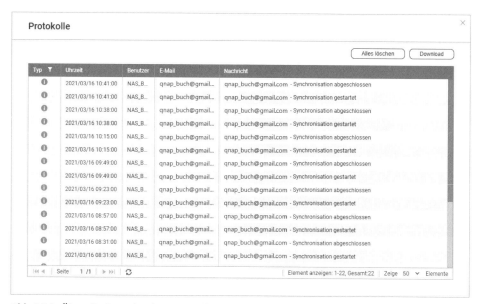

Abb. 16.9: Über die Benachrichtigungen kommt man zum Kalenderprotokoll.

Anzeige und Navigation

Der *QcalAgent* ist einfach aufgebaut und ähnelt den üblichen Kalenderanwendungen. In der Kopfzeile können Sie auf der rechten Seite den Anzeigezeitraum (Tag, Woche, Monat oder Jahr) festlegen sowie den Zeitstrahl ein- bzw. ausblenden. Auf der linken Seite sehen Sie den aktuellen Zeitabschnitt, mit den Pfeil-Icons können Sie zwischen den Zeitabschnitten hin und her schalten. Der Button HEUTE bringt Sie direkt zu dem Zeitabschnitt, in dem der heutige Tag enthalten ist bzw. direkt zum heutigen Tag, sofern die Tagesansicht ausgewählt ist. Ist der Zeitstrahl eingeblendet, können Sie diesen ebenfalls nutzen, um durch den Kalender zu blättern.

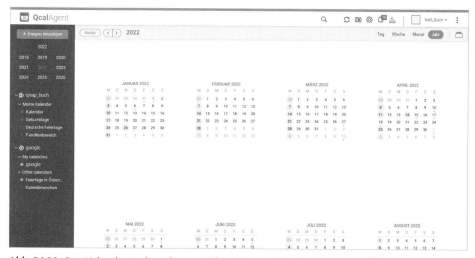

Abb. 16.10: Der Kalender in der Jahresansicht mit ausgeblendetem Zeitstrahl

Im Navigationsbereich sehen Sie eine Miniaturansicht des Monatskalenders bzw. Jahreskalenders, wobei der ausgewählte Zeitabschnitt hervorgehoben ist. Auch hier können Sie mit den Pfeilen den Zeitabschnitt wechseln oder durch einen Klick in die Miniaturansicht direkt zum gewünschten Zeitraum springen.

Abb. 16.11: Der Minikalender zur schnellen Navigation

Unter der Miniaturansicht sind die verknüpften Konten und die darin enthaltenen Kalender aufgelistet. Die einzelnen Knoten können über das Pfeil-Icon auf und zugeklappt werden. Sie können einzelne Kalender ausblenden, indem Sie auf den farbigen Kreis neben dem Kalender klicken. Bewegen Sie den Mauszeiger über einen Kalender, wird ein weiterer Pfeil eingeblendet. Ein Klick darauf öffnet ein Menü mit diversen Aktionen für den jeweiligen Kalender.

Abb. 16.12: Das Kalendermenü bietet diverse Optionen für den jeweiligen Kalender.

> **Wichtig**
>
> Mit dem *QcalAgent* können Sie nur bestehende Kalender verwalten. Einem Konto können keine weiteren Kalender hinzugefügt werden. Wollen Sie weitere Kalender anlegen, müssen Sie das über das Webinterface des jeweiligen Kontos erledigen.

Termine erstellen und bearbeiten

Termine können auf verschiedene Weise erstellt werden:

- Klicken Sie im Kalender im Anzeigezeitraum Tag, Woche oder Monat auf den gewünschten Zeitslot. Es öffnet sich ein Pop-up, in dem Sie eine Bezeichnung eingeben und den Kalender wählen können. Datum und Uhrzeit sind vorausgefüllt, basierend auf dem Zeitslot, den Sie angeklickt haben. Ein Klick auf ERSTELLEN legt der Termin an. Mit einem Klick auf DETAILS BEARBEITEN können Sie weitere Parameter für den Termin festlegen (siehe unten).
- Klicken Sie über der Miniaturansicht auf + EREIGNIS HINZUFÜGEN.
- Öffnen Sie das Kalendermenü (kleiner Pfeil neben dem Kalender im Navigationsbereich), und wählen Sie EREIGNIS IN DIESEM KALENDER ERSTELLEN.

Bearbeiten Sie die Details über die erste Methode, oder verwenden Sie eine der anderen Methoden, um einen Termin anzulegen, öffnet sich das Fenster »Ereignis erstellen«. Hier legen Sie die Parameter für den Termin fest. So können Sie das Datum und den genauen Zeitpunkt/die Dauer festlegen, einen Standort eintragen, den Termin wiederholen lassen, eine Benachrichtigung erstellen und sogar Dateien anhängen (von NAS oder Rechner).

Möchten Sie den Termin an andere Teilnehmer verschicken, tragen Sie deren Mail-Adresse im Feld »Gäste« ein. Den Termin speichern Sie mit einem Klick auf den gleichnamigen Button.

> **Achtung**
>
> Das »Gäste«-Feld funktioniert in der zur Drucklegung des Buchs aktuellen Version nicht. Eingetragene E-Mail-Adressen werden nicht gespeichert, es werden auch keine E-Mails mit dem Termin an die Empfänger verschickt. Haben Sie *Qcontactz* installiert (siehe Abschnitt 16.3 »Das NAS als Kontaktverwaltung«), sollten Ihre dort gespeicherten Kontakte durch Tippen im Feld durchsucht werden können. Auch diese Funktion ist fehlerhaft.

Um einen Termin zu bearbeiten, klicken Sie zuerst auf den Termin und dann auf BEARBEITEN. Der Kalender, in dem der Termin gespeichert ist, kann nicht geändert werden. Wollen Sie Termine von einem Kalender in den anderen übernehmen, müssen Sie per Hand einen neuen Termin anlegen oder den Quellkalender exportieren und im Zielkalender importieren.

> **Tipp**
>
> Beim Export wird immer der komplette Kalender exportiert. Wollen Sie also nicht gerade einmalig den Kalender migrieren, ist es besser und schneller, Termine per Hand zu übertragen.

Kalender mit Endgeräten synchronisieren

Sie können den QcalAgent nicht direkt mit Ihren Endgeräten synchronisieren, dafür müssen Sie das bzw. die gewünschten Kalenderkonten mit Ihrem Endgerät verknüpfen.

Kalender exportieren und importieren

Um einen Kalender zu exportieren, öffnen Sie das Kalendermenü. Es stehen zwei Varianten zur Auswahl. KALENDER EXPORTIEREN (.ICS) lädt die ics-Datei über den Browser herunter, KALENDER AUF NAS EXPORTIEREN (.ICS) lässt Sie einen Ordner auf dem NAS wählen, auf dem die Datei gespeichert wird. Für den Import stehen Ihnen dieselben beiden Varianten zur Verfügung.

Kalender freigeben

Der *QcalAgent* stellt jedem Kalender zwar eine Teilen-Funktion zur Verfügung, diese funktioniert aber in der zur Drucklegung des Buchs aktuellen Version nicht. Da der *QcalAgent* alleine nicht lauffähig ist, sondern nur importierte Kalender verwalten kann, ist es ohnehin besser, die Originalkalender zu teilen. Hier sind dann auch keine NAS-Benutzer erforderlich.

16.2.3 Alternativen

Die Entfernung der CalDAV-Unterstützung hat dem *QcalAgent* seine Existenzberechtigung beinahe gänzlich genommen. Der *QcalAgent* funktioniert nicht eigenständig, benötigt also ein Kalenderkonto, dabei sind Sie stark eingeschränkt, was die Anbieter angeht, weitere Kalender können ohne CalDAV nicht eingebunden werden. Gleichzeitig können Sie den *QcalAgent* nicht selbst per CalDAV auf anderen Geräten einbinden. Eine automatische Synchronisierung zwischen den eingebundenen Kalenderkonten ist ebenfalls nicht möglich. Sie können den *QcalAgent* nur nutzen, um alle Kalenderkonten auf einem Blick zu haben und Termine in den verschiedenen Kalendern anzulegen bzw. diese manuell abzugleichen, das können Sie aber auch auf dem Mobilgerät erledigen. Mit der Import/Export-Funktion können Sie bestehende Kalenderkonten zumindest migrieren. Das bringt aber nur dann etwas, wenn Sie nicht weiterhin mit verschiedenen Kalenderanbietern arbeiten müssen. Der *QcalAgent* bietet aber zumindest die Sicherung Ihrer Termine auf dem NAS inklusive aller Änderungen. Kurz gesagt, der *QcalAgent* kann nicht viel, vor allem nicht das, was man erwarten würde, und das, was er kann, macht er nicht gut.

Möchten Sie eine vollständige und ordentliche Kalenderlösung, ohne auf andere Anbieter angewiesen zu sein, können Sie auf Ihrem NAS Dritthersteller-Software installieren wie etwa der CalDAV-Server *Baikal* oder die Cloudlösung *Nextcloud*, die auch eine Kalender- und Kontaktverwaltung bietet (CalDAV/CardDAV inklusive).

16.3 Das NAS als Kontaktverwaltung

Wer seine Termine verwaltet und auf alle Geräte synchronisiert, der möchte auch seine Kontakte synchron halten. Das lässt sich zwar mit Apple und Google über deren Cloud lösen, funktioniert aber nur innerhalb der eigenen Umgebung gut. Außerdem möchte nicht jeder seine Kontakte der Cloud anvertrauen. Auch hierfür gibt es eine Lösung von QNAP.

16.3.1 Qcontactz installieren und einrichten

Die App finden Sie, wie gewohnt, im App Center. Auch *Qcontactz* läuft als Container in der Container Station. Installieren Sie diese vorher, sofern sie noch nicht auf Ihrem NAS läuft.

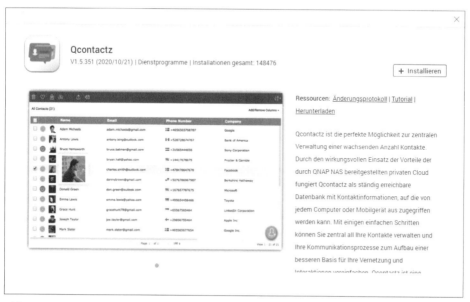

Abb. 16.13: Qcontactz im App Center

Sie erreichen die Kontaktverwaltung über QTS oder `https://<NAS-IP-ODER-NAME>/qcontactz`.

Kontakte importieren

Sie starten mit einem leeren Adressbuch, aber keine Sorge, Sie müssen nicht all Ihre Kontakte per Hand eingeben. *Qcontactz* unterstützt den Import direkt aus Ihrem Google- oder Microsoft-Konto oder den Import über eine csv- oder vCARD-Datei. Mehr noch, *Qcontactz* importiert nicht nur Ihre Kontakte aus den oben erwähnten Konten, die Konten werden verknüpft und Änderungen an den Kontakten in den Konten werden regelmäßig in *Qcontactz* importiert.

Wählen Sie eine der Optionen, und melden Sie sich mit Ihrem Konto an, um den Import zu starten. Alternativ wählen Sie eine csv- oder vCARD-Datei wahlweise von Ihrem Rechner oder dem NAS. Beim Import der Datei folgen danach noch weitere Schritte. So können Sie im ersten Schritt das Datenfeldmapping, also das Zuordnen der Spalte der Quelltabelle einer Spalte in der Zieltabelle, anpassen. Je nachdem, von wo die Daten stammen, werden unterschiedliche Datenfelder und Feldnamen verwendet. Über das Drop-down »Choose Mapping« können Sie aus einigen Vorgaben wählen, die aber auch nicht immer ganz zuverlässig sind, Sie sollten also auf alle Fälle die Tabelle selbst kontrollieren.

Abb. 16.14: Wählen Sie aus, welche Kontakte Sie importieren möchten.

In der ersten Zeile der Tabelle finden Sie für jede Spalte ein Drop-down-Menü. Diese beinhalten die Datenfelder, die *Qcontactz* für Kontakte unterstützt. In der zweiten Zeile der Tabelle finden Sie die Feldnamen aus der Importdatei. Kontrollieren Sie, ob die Felder richtig zugeordnet sind. Konnte *Qcontactz* ein Feld nicht zuordnen, ist im Drop-down »In Kommentar speichern ausgewählt«. Klicken Sie auf das Drop-down, und wählen Sie gegebenenfalls eine passendere Zuordnung.

Im Beispiel aus Abbildung 16.15 konnte das importierte Feld »Given Name« zwar korrekt dem Feld »Vorname« zugeordnet werden, bei »Family Name« hat das aber nicht funktioniert. Im Drop-down darüber findet sich aber recht schnell der Eintrag »Nachname« (siehe Abbildung 16.16).

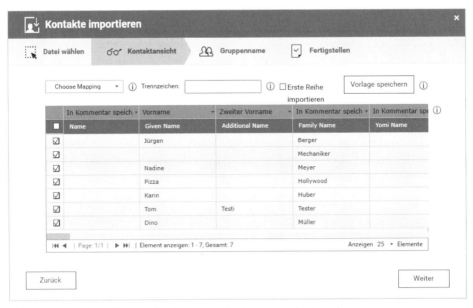

Abb. 16.15: Manchmal können Spalten nur teilweise zugeordnet werden.

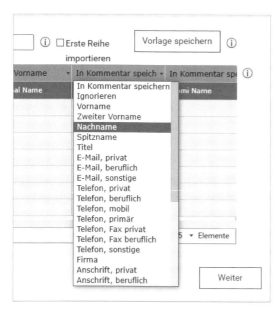

Abb. 16.16: Falsche Zuordnungen können Sie selbst korrigieren.

Es lassen sich allerdings nicht immer alle Datenfelder zuordnen, je nachdem, woher die Daten stammen, kann die Quelle mehr Felder anbieten. So ist in manchen Kontaktverwaltungen die Adresse in Straße, Ort, Postleitzahl etc. aufgeteilt, während *Qcontactz* nur ein Feld für die komplette Anschrift kennt. Für andere Felder findet sich gar kein Äquivalent. In diesem Fall behalten Sie die Zuordnung auf »In Kommentar speichern«, so behalten Sie die Daten und können diese anschließend manuell bearbeiten (z.B. die einzelnen Elemente der Adresse zusammenführen).

> **Tipp**
>
> Sie müssen nicht alle Felder zuordnen, kontrollieren Sie die Tabelle, ob ein Feld überhaupt Daten enthält.

Haben Sie die Zuordnung erledigt, gelangen Sie mit einem Klick auf WEITER zum nächsten Schritt. Dort können Sie einen Gruppennamen vergeben. Alle importierten Kontakte (egal, ob über Datei oder Konto) werden in einer eigenen Gruppe abgelegt. Dadurch werden beispielsweise private und geschäftliche Kontakte nicht vermischt. Sie können später Gruppen zusammenführen oder die Kontakte in weiteren Gruppen organisieren. Im letzten Schritt haben Sie die Wahl, ob Sie die Kontakte direkt speichern wollen oder ob Sie die Kontakte vorher noch einmal durchsehen wollen. Klicken Sie dann auf JETZT IMPORTIEREN. Haben Sie die zweite Option gewählt, erhalten Sie nach dem Import eine Benachrichtigung »Kontaktansicht ist bereit für <Dateiname>«. Klicken Sie auf das Augen-Icon (siehe Abbildung 16.17, ❶) um die Kontaktansicht zu öffnen, Sie sehen jetzt, wie die Kontakte in *Qcontactz* mit der angegebenen Zuordnung aussehen würden. Sie können jetzt die Kontakte tatsächlich importieren oder den Import verwerfen.

Abb. 16.17: Der Import über die Durchsicht ist bei sehr großen Datenmengen hilfreich, da er im Hintergrund stattfindet.

Importmanager

Möchten Sie später weitere Kontakte importieren, öffnen Sie MEHR|IMPORTMANAGER. Dort sehen Sie ein Protokoll all Ihrer Imports. Über KONTAKTE IMPORTIEREN können Sie weitere Kontakte aus den erwähnten Quellen importieren.

Wie bereits erwähnt, bleibt Ihr Google- bzw. Microsoft-Konto verknüpft, und Änderungen werden regelmäßig in *Qcontactz* importiert. Wollen Sie diese Verknüpfung aufheben, klicken Sie auf Konten verwalten und dort auf das Mülleimer-Icon neben dem entsprechenden Konto. Die Verknüpfung wird dann aufgehoben, die daraus importierten Kontakte bleiben aber in *Qcontactz*.

> **Hinweis**
>
> Nach dem Importieren kann eine Nachbearbeitung der Daten notwendig sein. Wie erwähnt, gibt es nur ein Feld für die Anschrift, wurde die Adresse zuvor auf einzelne Felder aufgeteilt, müssen Sie diese hier zusammenfassen. *Qcontactz* mag auch keine Leerzeichen zwischen Vorwahl und Rufnummer oder sonst wo in der Telefonnummer. Details zu den Leerzeichen finden Sie in Abschnitt 16.3.2 unter »Kontakte anzeigen, anlegen und bearbeiten«.

16.3.2 Kontakte verwalten

Qcontactz bietet mehrere Kategorien bzw. Ansichten für Ihre Kontakte, dadurch behalten Sie bei besonders vielen Kontakten bzw. Kontakten aus verschiedenen Quellen stets den Überblick. Im Navigationsbereich finden Sie folgende Kategorien/Ansichten:

- *Alle Kontakte* – Wie der Name schon sagt, sehen Sie hier eine Liste aller Kontakte.
- *Häufig verwendet* – Hier werden automatisch Kontakte hinzugefügt, die Sie öfter nutzen. Was genau als Nutzung zählt, ist nicht dokumentiert.
- *Favoriten* – Sie können auch selbst wichtige bzw. häufig genutzte Kontakte favorisieren und in dieser Kategorie anzeigen lassen. (Details dazu im Abschnitt »Favoriten«)
- *Privat* – *Qcontactz* lässt Sie Kontakte verschlüsseln. Verschlüsselte Kontakte werden in dieser Kategorie aufgelistet. (Details dazu in Abschnitt 16.3.2 unter »Kontakte verschlüsseln«)
- *Gruppen* – Dieser Eintrag ist nur ein Sammelpunkt für alle Gruppen. (Details dazu in Abschnitt 16.3.2 unter »Gruppen«)

16.3 Das NAS als Kontaktverwaltung

Abb. 16.18: Die Kontaktetabelle in Qcontactz

Abb. 16.19: Die Menüleiste von Qcontactz

Kontakte anzeigen, anlegen und bearbeiten

Kontakte werden in einer Tabelle angezeigt. Die Spalten sind vorkonfiguriert. Einzig in der Ansicht »Alle Kontakte« lassen sich die angezeigten Spalten über SPALTEN HINZUFÜGEN/ENTFERNEN bearbeiten. Allerdings werden schon alle verfügbaren Spalten angezeigt. Weitere Informationen sehen Sie nur in der Detailansicht des Kontakts. Diese öffnen Sie, wenn Sie auf den Namen des Kontakts klicken. In der Detailansicht werden Felder nur dann angezeigt, wenn Sie Informationen enthalten. Haben Sie beispielsweise zu einem Kontakt keine Adresse gespeichert, wird das Adressfeld auch nicht angezeigt.

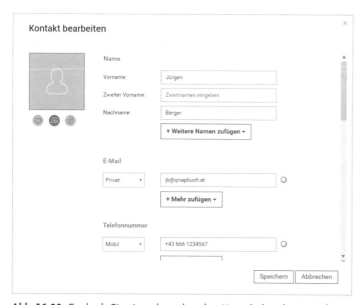

Abb. 16.20: Egal, ob Sie einen bestehenden Kontakt bearbeiten oder einen neuen anlegen, der Dialog ist derselbe.

Kapitel 16
Produktivität, Organisation und Kollaboration

Möchten Sie einen neuen Kontakt anlegen, klicken Sie im Navigationsbereich auf den Button KONTAKT ZU ... Es öffnet sich ein Dialog, in dem Sie alle Daten zu einem Kontakt hinterlegen können. Klicken Sie auf das Avatar (graues Bild mit Benutzersymbol), können Sie ein Foto für den Kontakt auswählen bzw. hochladen. Gleich darunter finden Sie drei Icons, das erste fügt den Kontakt gleich zu den Favoriten hinzu, das zweite öffnet die Gruppenauswahl, und das dritte lässt Sie den Kontakt sofort verschlüsseln.

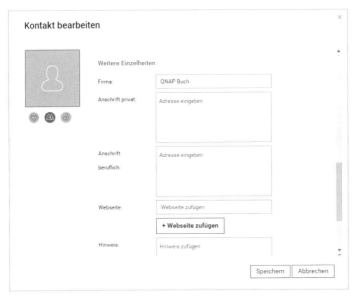

Abb. 16.21: Im Dialog lassen sich umfangreiche Angaben zum Kontakt machen.

In einigen Bereichen finden Sie einen Button + MEHR HINZUFÜGEN (oder eine Abwandlung davon), über diesen Button können Sie weitere Felder einblenden und so weitere Telefonnummern, E-Mail-Adressen oder andere Daten hinzufügen. Verwenden Sie in der Vorwahl anstatt der »0« den jeweiligen Ländercode (+43 für Österreich, +49 für Deutschland usw.), zeigt *Qcontactz* die entsprechende Länderflagge an.

> **Hinweis**
>
> Sie können in die Felder für Telefonnummern zwar Leerzeichen eingeben, *Qcontactz* stört sich aber daran. In der Übersicht werden Leerzeichen als %20 angezeigt. In der Detailansicht werden sie zwar angezeigt, allerdings kann die Vorwahl nicht zugeordnet werden. Lassen Sie die Leerzeichen weg, klappt es sowohl mit der Darstellung als auch mit der Länderzuordnung.

☐	Nadine Meyer	n_meyer@qnapbuch.at	+43 666%201234567
☐	Pizza Hollywood		+436661234567
☐	Tom Tester	test@qnapbuch.at	+496661234567

Abb. 16.22: Zugeordnete Nummern und Nummern mit Leerzeichen

Einige Felder (z.B. Telefonnummern, E-Mail) sind vorgegeben und limitiert, andere Felder (Ereignisse und Webseite) erlauben das Hinzufügen beliebiger Felder, die sich teilweise auch umbenennen lassen. Über + NEUES FELD HINZUFÜGEN können Sie auch eigene Felder anlegen. Zusätzliche Felder lassen sich mit einem Klick auf das Papierkorb-Icon auch wieder löschen. Haben Sie mehrere Telefonnummern bzw. Mail-Adressen hinterlegt, können Sie jeweils eine davon als primäre festlegen. *Qcontactz* bietet sogar die Möglichkeit, Dateien anzuhängen, diese können vom NAS oder vom lokalen Rechner ausgewählt werden.

Haben Sie alle Angaben gemacht, klicken Sie auf SPEICHERN.

Kontakte bearbeiten Sie über den gleichen Dialog. Sie können ihn öffnen, indem Sie in der Detailansicht auf 🖉 klicken. In der Übersicht finden Sie in der letzten Spalte »Actions« dasselbe Icon (siehe Abbildung 16.23, ❸), dieses öffnet aber ebenfalls zuerst die Detailansicht.

Möchten Sie einen Kontakt nur einer anderen Gruppe zuweisen, können Sie das auch direkt in der Übersicht erledigen. Markieren Sie dazu den Kontakt durch einen Klick auf die Checkbox, und klicken Sie dann auf das Gruppen-Icon in der Menüleiste (👥). Dort finden Sie auch das Icon zum Löschen des Kontakts (🗑). Sie können auch mehrere Kontakte markieren und die Aktionen für diese ausführen.

Abb. 16.23: Die Spalte »Actions«, ganz am Ende der Tabelle, bietet für jeden Kontakt zusätzliche Optionen.

Hinweis

Sie können in *Qcontactz* direkt E-Mails an Ihre Kontakte versenden. Dazu benötigen Sie aber den *QmailAgent*. Wie Sie diesen einrichten und in Verbindung mit *Qcontactz* nutzen, lesen Sie in Abschnitt 16.5 »E-Mail-Verwaltung mit dem QmailAgent«.

Gruppen

Um eine bessere Übersicht in Ihre Kontakte zu bekommen, können Sie diese Gruppen zuordnen. Importieren Sie Kontakte, werden diese in einer eigenen Gruppe abgelegt. Sie können diese Kontakte aber anderen Gruppen zuweisen, neue Gruppen erstellen und bestehende Gruppen löschen.

Die Gruppen finden Sie als eigenen Punkt im Navigationsbereich. Klicken Sie darauf, wird der Eintrag erweitert und zeigt alle Gruppen sowie NEUE GRUPPE ERSTELLEN. Der Name ist hier Programm, es erscheint ein Eingabefeld, in den Sie den Namen eintragen und mit einem Klick auf das Häkchen bestätigen.

Hinweis

Das Löschen einer Gruppe löscht nicht die darin enthaltenen Kontakte.

Abb. 16.24: »Gruppen« im Navigationsbereich

Öffnen Sie eine Gruppe, haben Sie im Hauptfenster neben dem Gruppennamen die Möglichkeit, die Gruppe umzubenennen oder zu löschen.

Kontakte können Sie auf mehrere Arten einer Gruppe hinzufügen:

- Beim Erstellen eines neuen Kontakts über
- In der Detailansicht eines Kontakts über
- Für markierte (angehakte) Kontakte in der Übersicht durch einen Klick auf das Gruppen-Icon in der Menüleiste (siehe Abbildung 16.25)

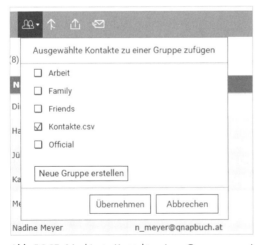

Abb. 16.25: Markierte Kontakte einer Gruppe zuweisen

Favoriten

Besonders wichtige Kontakte können Sie zu den Favoriten hinzufügen. Zu den Favoriten gelangen Sie im Navigationsbereich. Hinzufügen können Sie Kontakte über das Herz-Icon in der Spalte »Actions« (siehe Abbildung 16.23, ❶), während des Erstellens oder in der

Detailansicht. Auch in der Menüleiste findet sich das Icon (♥) zum Hinzufügen der markierten Kontakte.

Kontakte verschlüsseln

Sie haben die Möglichkeit, wichtige Kontakte zu verschlüsseln. Kontakte werden in einer Datenbank auf dem NAS gespeichert. Verschafft sich jemand Unbefugtes Zugang zu Ihrem NAS, wäre es ihm möglich, die Kontaktdatenbank auszulesen. Durch das verschlüsseln der Kontakte wird dies verhindert. Sie müssen dann jedes Mal, wenn Sie auf die Kontakte zugreifen möchten, das hinterlegte Passwort eingeben.

Zum Erstellen des Passworts klicken Sie im Navigationsbereich auf PRIVAT. Im nachfolgenden Dialog legen Sie dann das Passwort und eine Sicherheitsfrage fest.

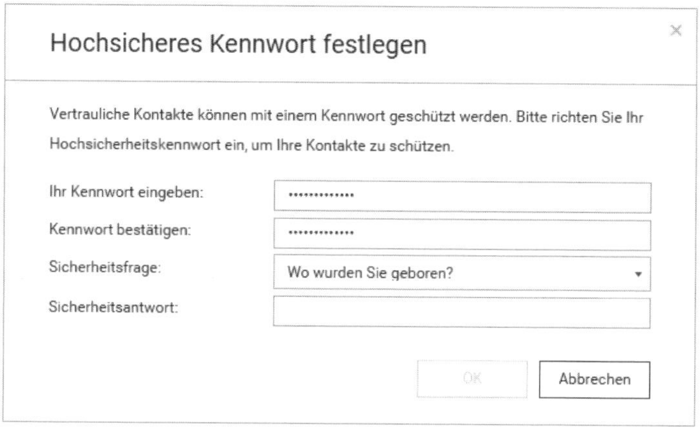

Abb. 16.26: Festlegen des Verschlüsselungspassworts sowie einer Sicherheitsfrage

> **Wichtig**
>
> Verwenden Sie steht sichere Passphrasen, siehe Abschnitt 10.5 »Passwörter«

Sie können Kontakte jetzt verschlüsseln. Entweder über das Schloss-Icon in der Spalte »Actions« (siehe Abbildung 16.23, ❷) oder in der Detailansicht bzw. beim Erstellen. Alternativ können Sie auch markierte Kontakte über dasselbe Icon in der Menüleiste (🔒) verschlüsseln. Verschlüsselte Kontakte verschwinden aus der jeweiligen Ansicht bzw. der Gruppe und sind nur noch unter Privat nach der Eingabe des Passworts sichtbar.

Um einen Kontakt wieder zu entschlüsseln, klicken Sie erneut auf Schloss-Icon.

Duplikate

Qcontactz erkennt doppelte Einträge, etwa, wenn Sie denselben Kontakt aus verschiedenen Quellen importieren. Diese Duplikate können Sie zusammenführen, wenn z.B. beide Einträge Daten enthalten, die der jeweils andere Kontakt nicht enthält, oder Sie löschen ein Duplikat. Öffnen Sie dazu im Navigationsbereich MEHR|DUPLIKATE-MANAGER. Sie sehen eine Liste aller Duplikate. Durch einen Klick auf den Pfeil am Ende des Eintrags werden die einzelnen Einträge angezeigt. Sie können diese bearbeiten oder löschen. Oder durch einen Klick auf ZUSAMMENFÜGEN miteinander verbinden. Alle Zusammenfügungen werden im Zusammenfügen-Verlauf protokolliert.

Sie können auch selbst 2 Duplikate markieren und über die Menüleiste (🔗) zusammenfügen.

> **Tipp**
>
> Nach dem Zusammenfügen sollte eine manuelle Kontrolle des Kontakts erfolgen. Hatten beide Duplikate beispielsweise eine private Telefonnummer, hat der zusammengefügte Kontakt beide Telefonnummern, beide als »Privat« gekennzeichnet, obwohl das Feld eigentlich nur einmal existiert? *Qcontactz* hat damit zwar keine Probleme, exportieren Sie die Kontakte aber und möchten sie in eine andere Plattform importieren, können dort Fehler entstehen.

Snapshots

So wie der *QcalAgent* unterstützt auch *Qcontactz* die Sicherung Ihrer Kontakte über Snapshots. Über MEHR|SNAPSHOT-MANAGER können Sie ein Snapshot des aktuelle Zustands Ihrer Kontakte anlegen bzw. einen erstellten Snapshot wiederherstellen. Anders als im *QcalAgent* können Sie das Erstellen der Snapshots aber nicht automatisieren.

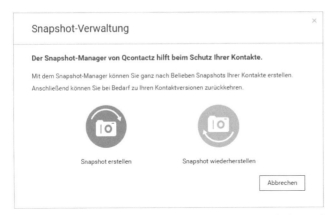

Abb. 16.27: Snapshots Ihrer Kontakte anlegen und wiederherstellen

Abb. 16.28: Erstellte Snapshots werden mit einem Zeitstempel versehen, Sie können Snapshots wiederherstellen oder einzeln löschen.

Kontakte exportieren

Auch *Qcontanctz* fehlt die CardDAV-Unterstützung. Wollen Sie Ihre Kontakte an anderer Stelle nutzen, können Sie sie aus *Qcontactz* exportieren. Das erledigen Sie entweder in der Übersicht mit dem entsprechenden Icon in der Menüleiste (🔼) für markierte Kontakte, oder Sie öffnen im Navigationsbereich MEHR|EXPORTMANAGER. Im nachfolgenden Dialog können Sie Kontakte anhand der Kategorien auswählen und das Exportformat festlegen.

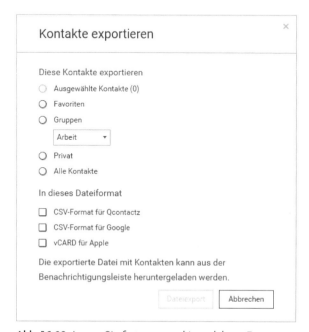

Abb. 16.29: Legen Sie fest, was und in welchem Format exportiert werden soll.

Klicken Sie auf DATEIEXPORT, beginnt *Qcontactz* mit dem Erstellen der Datei. Ist der Vorgang abgeschlossen, erhalten Sie eine Benachrichtigung. Durch einen Klick auf das Download-Icon (siehe Abbildung 16.30 ❶) können Sie die Datei dann über den Browser herunterladen. Alternativ können Sie *Qcontactz* als mobile App auf Ihrem Smartphone nutzen.

Abb. 16.30: Die Export-Datei wurde erstellt und muss nun manuell heruntergeladen werden.

Qcontactz App

Die *Qcontactz*-App für mobile Geräte finden Sie im jeweiligen App-Store. Starten Sie die App, melden Sie sich, wie von den anderen Apps bekannt, bei Ihrem NAS an. Sie haben dann Zugriff auf die Kontaktverwaltung. Die mobile App ist fast identisch aufgebaut wie die Browser-Version. Sie können Ihre Kontakte jetzt auf Ihrem Mobilgerät nutzen und direkt aus *Qcontactz* eine Kommunikation starten, sei es durch einen Anruf, eine SMS oder eine E-Mail (Letzteres öffnet den Teilen-Dialog des Mobilgeräts, wo Sie die Mail-App auswählen können).

> **Achtung**
>
> *Qcontactz* wird nicht als Konto in Ihr Mobilgerät integriert, vielmehr ersetzt es das Adressbuch Ihres Geräts. Die Kontakte scheinen also nicht in der Kontakte-App Ihres Geräts auf. Sie müssen *Qcontactz* öffnen, um Ihre Kontakte zu nutzen. Die Kontakte werden auch nicht lokal gespeichert, haben Sie keine Verbindung zu Ihrem NAS, können Sie auch die Kontakte nicht aufrufen.
>
> Die Kontakte werden auch nicht in Apps wie Messenger-Apps, Mail-Apps oder dem Telefonbuch angezeigt. Sie müssen immer den Umweg über *Qcontactz* nehmen.

Kontakte teilen

Ein Teilen/Freigeben der Kontakte ist nicht möglich, zumindest nicht in der Form, wie Sie es aus anderen Anwendungen Ihres NAS kennen. Während die Browser-Version gar keine Möglichkeit zum Teilen bietet, haben Sie in der mobilen App (siehe oben) ein Freigabe-Icon. Es öffnet den Teilen-Dialog Ihres Mobilgeräts und erlaubt Ihnen das Verschicken der Kontaktdaten über diverse Apps. Ein Teilen mit anderen NAS-Nutzen ist nicht direkt möglich.

16.4 Organisiert mit Notizen

Es gibt ja Menschen, die merken sich jede Kleinigkeit und schreiben ihr Leben lang keine Merkzettel. Bei anderen ist der Arbeitsplatz mit Post-its zugepflastert.

Natürlich gibt es auch Menschen dazwischen. Wer aber gerne digitale Notizen schreibt, um sich wichtige Dinge nicht merken zu müssen bzw. sie nicht gleich wieder zu vergessen, der kann das auch mit seinem QNAP NAS effizienter gestalten. Darüber hinaus liegen die Daten am NAS und bleiben somit immer unter Kontrolle. Selbst wenn Sie Ihre Notizen lieber per Hand schreiben, könnte Ihr NAS Sie vielleicht noch umstimmen.

16.4.1 Note Station 3 installieren und einrichten

> **Hinweis**
>
> Die Note Station 3 erfordert mindestens 2 GB Arbeitsspeicher.

Die App, die Ihre Notizen digitalisiert und von überall abrufbar macht, heißt *Note Station 3*. Sie finden sie wie üblich im App Center, und die Installation ist nach wenigen Klicks erledigt. Auch hier benötigen Sie wieder die *Container Station*. Eine weitere Konfiguration ist nicht notwendig. Wie auch bei den anderen Apps, die in der *Container Station* laufen, finden Sie die *Note Station 3* nicht in den Anwendungsberechtigungen der Benutzerverwaltung. Die *Note Station 3* ist somit für jeden NAS-Benutzer zugänglich, natürlich sind die Notizen nur für den jeweiligen Nutzer zugänglich, sofern diese nicht geteilt werden.

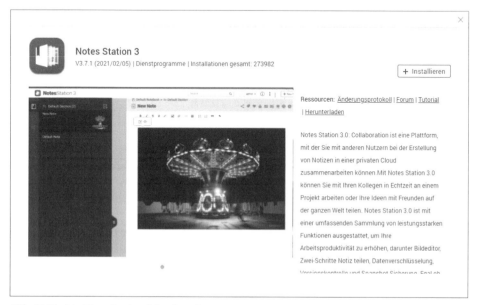

Abb. 16.31: Die Note Station 3 im App Center

Sie erreichen die *Note Station 3* über QTS oder `https://<NAS-IP-ODER-NAME>/ns/`. Über Einstellungen verfügt die *Note Station 3* keine, allerdings hat auch hier die automatische Spracherkennung Schwierigkeiten, und die Chance ist hoch, dass sie auf Englisch startet. Die Sprache können Sie wieder über das Dreipunkte-Menü umstellen. Ansonsten können Sie direkt loslegen.

16.4.2 Arbeiten mit der Note Station 3

Der Aufbau der *Note Station 3* ähnelt denen der anderen Apps, die Sie bisher kennengelernt haben. Links finden Sie den Navigationsbereich, der diesmal zwei Ebenen aufweist, und auf der rechten Seite sehen Sie den Inhalt.

Notizbücher und Abschnitte

In der *Note Station 3* werden Notizen in Notizbüchern organisiert. Diese können noch weiter in Abschnitte unterteilt werden. Somit können Sie Notizen ganz nach Belieben nach verschiedenen Themen einteilen und behalten so stets den Überblick. Die Notizbücher finden Sie im Navigationsbereich, diese Ansicht ist standardmäßig geöffnet. Bei Ihrem ersten

Besuch ist bereits ein Notizbuch (»Default Notebook«) mit einem Abschnitt (»Default Section«) eingerichtet.

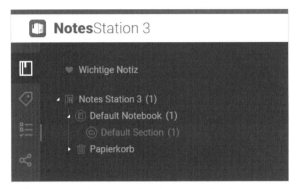

Abb. 16.32: Das bereits vorhandene Notizbuch

> **Hinweis**
>
> Im vorgegebenen Abschnitt befindet sich auch bereits eine leere Notiz mit dem Namen »Default Note«.

Diese können Sie natürlich umbenennen, bewegen Sie dazu den Mauszeiger über das Notizbuch bzw. den Abschnitt in der Baumstruktur im Navigationsbereich. Klicken Sie anschließend auf den Pfeil, der erscheint. Im Pfeilmenü finden Sie den Eintrag UMBENENNEN. Löschen können Sie das vorgegebene Notizbuch und den vorgegebenen Abschnitt nicht.

Um ein neues Notizbuch anzulegen, öffnen Sie das Pfeilmenü auf dem Wurzelelement »Note Station 3«. NOTIZBUCH ZUFÜGEN ist dort der einzige Eintrag. Vergeben Sie einen Namen für das Notizbuch, und drücken Sie ⏎. Im Notizbuch befindet sich automatisch ein Abschnitt (»New Section«).

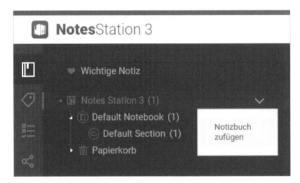

Abb. 16.33: Neue Notizbücher hinzufügen

Um einen neuen Abschnitt anzulegen, gehen Sie genauso vor, nur dass Sie das Pfeilmenü auf dem jeweiligen Notizbuch öffnen und ABSCHNITT ZUFÜGEN wählen. Über das Pfeilmenü können Sie Notizbücher und Abschnitte wieder löschen oder auch verschieben.

Abb. 16.34: Verschieben Sie einen Abschnitt einfach in ein anderes Notizbuch.

Klicken Sie auf einen Abschnitt, wechselt die Ansicht von der Baumstruktur in eine Auflistung aller Notizen, im gewählten Abschnitt über den Pfeil gelangen Sie wieder zurück.

Notizen

Erstellen Sie einen neuen Abschnitt, wird automatisch eine leere Notiz (»New Note«) angelegt. Sie selbst erstellen neue Notizen entweder über das Pfeilmenü eines Abschnitts und den Eintrag NOTIZ ZUFÜGEN, über den Button + NEUE NOTIZ oder über das Icon in der Abschnittsansicht.

> **Achtung**
>
> Befinden Sie sich in der Abschnittsansicht, wird eine neue Notiz über den Button + NEUE NOTIZ in diesem Abschnitt angelegt. Befinden Sie sich in der Baumstruktur, legt der Button die neue Notiz in »Default Section« an, egal, was markiert wurde. Das passiert auch dann, wenn Sie das vorgegebene Notizbuch oder den Abschnitt umbenannt haben.

Nachdem die Notiz angelegt wurde, ist der Titel »New Note« im Hauptfenster markiert, tippen Sie, um einen Titel festzulegen. Sie können den Titel auch nachträglich ändern, indem Sie darauf klicken. Um Text zu schreiben, klicken Sie in den weißen Bereich im Hauptfenster. Zum Formatieren des Texts steht Ihnen ein einfacher Texteditor zur Verfügung (siehe Abbildung 16.35, ❶), der alle wichtigen Funktionen wie etwa das Einfügen von Listen, Tabellen, aber auch Bildern, Dateien und YouTube-Videos bereithält.

Der erstellte Text wird am linken Rand mit dem Benutzerkonto des Erstellers markiert. So ist bei geteilten Notizen ersichtlich, wer den Text bearbeitet hat.

Kapitel 16
Produktivität, Organisation und Kollaboration

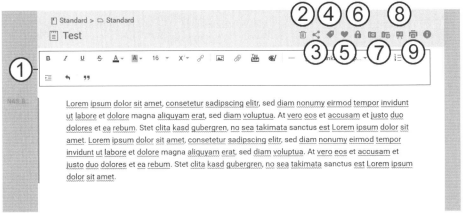

Abb. 16.35: Der Notiz-Editor

In der Titelleiste der Notiz finden Sie noch weitere Optionen, so können Sie die Notiz hier löschen ❷ oder als Favorit markieren ❺, diese werden in der Baumstruktur unter dem Punkt WICHTIGE NOTIZ aufgelistet. Sie können Notizen auch verschlüsseln ❻. Dadurch wird die Notiz nicht mehr im Klartext auf Ihrem NAS abgelegt. Auch in der Note Station 3 finden Sie die Snapshot-Unterstützung. Snapshot müssen Sie allerdings manuell erstellen und können über den Snapshot-Browser die einzelnen Versionen abrufen ❼. Sie können Notizen auch dazu nutzen, um eine kleine Präsentation zu erstellen, durch Umschalten in die Vollbildansicht ❽ werden die Notizen bildschirmfüllend angezeigt und können über ←/→ oder Klick auf die Pfeil-Icons weitergeschaltet werden. Auch das Drucken ❾ ist möglich.

> **Hinweis**
>
> In älteren Handbuchversionen/Hilfeseiten der Note Station finden Sie noch die Möglichkeit, Termine in Notizen einzufügen, diese Funktion ist nicht mehr verfügbar.

> **Achtung**
>
> QNAP bietet das Chrome-Plug-in *Note Station 3 Clipper* an. Damit soll der Inhalt von Webseiten in Notizen umgewandelt werden können. Ich rate von der Nutzung des Plug-ins ab. Der Login erfolgt über eine ungesicherte (http-)Verbindung und überträgt Benutzername und Passwort in Klartext. Dazu verweist das Plug-in auf eine Domain, die nicht in Besitz von QNAP ist. In der zur Drucklegung des Buchs aktuellen Version ist die Anmeldung gar nicht möglich.

Tags

Ist Ihnen die Organisation Ihrer Notizen über Notizbücher und Abschnitte nicht genug, können Sie den Notizen auch Tags (Schlagworte) zuweisen.

Zu Beginn sind keine Tags vorhanden. Neue Tags legen Sie direkt im Notiz-Editor an. Klicken Sie dazu auf das Tag-Icon (siehe Abbildung 16.35, ❸). Geben Sie die gewünschten Tags in das Textfeld ein.

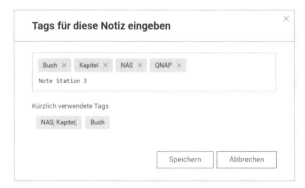

Abb. 16.36: Hinzufügen von Tags

> **Hinweis**
>
> Es mag zwar so aussehen, als könne man durch das Trennen mit einem Semikolon (;) mehrere Tags auf einmal hinzufügen. Öffnet man den Tag-Editor nach dem Speichern aber erneut, wird die komplette Eingabe als ein Tag angezeigt.

Bestätigen Sie die Eingabe mit ⏎. Aus der Liste der kürzlich verwendeten Tags können Sie Tags durch Anklicken auch schnell zuweisen. Klicken Sie anschließend auf SPEICHERN.

Um Tags zu verwalten bzw. Notizen mit bestimmten Tags zu suchen, wechseln Sie im Navigationsbereich auf Tag (siehe Abbildung 16.37). Sie sehen eine Liste aller Tags und können diese über das Pfeilmenü umbenennen oder löschen. Klicken Sie ein Tag an, werden alle Notizen aufgelistet, denen dieses Tag zugewiesen wurde.

Abb. 16.37: Tags verwalten und Notizen nach Tags filtern

Beim Zuweisen von Tags muss das Tag immer per Hand eingegeben werden, es gibt keine Auto-Vervollständigung und keine Auswahl außer der zuletzt verwendeten Tags. Haben Sie eine Notiz ausgewählt und wechseln dann in den Bereich Tag, ohne einen konkreten Tag anzuklicken, sehen Sie die Liste aller Tags, das hilft Ihnen etwas beim Zuweisen der Tags, etwa das Erstellen gleicher Tags in ähnlicher Schreibweise.

Aufgaben

Note Station 3 besitzt auch eine To-do-Liste. Sie können hier Aufgaben anlegen und diese nach Erledigung abhaken.

Eigentlich handelt es sich nicht um eine einzelne To-do-Liste, sondern Sie können beliebig viele Listen anlegen. Wechseln Sie in den Bereich AUFGABEN, und klicken Sie auf + NEUE AUFGABEN. Im nachfolgenden Dialog können Sie jetzt mehrere Aufgaben anlegen. Geben Sie dazu einen Namen ein, und klicken Sie auf das Haken-Icon. Auf diese Weise können Sie gleich eine ganze Liste erstellen. Darunter wählen Sie das Notizbuch und den Abschnitt aus, unter dem die Liste erstellt werden soll. Somit können Sie Ihre Aufgaben in gleicher Weise organisieren wie auch Ihre Notizen. Im Textfeld »Hinweis« legen Sie den Namen für die To-do-Liste fest. Klicken Sie anschließend aus ABSENDEN.

Abb. 16.38: Der Dialog für neue Aufgaben

Sie sehen die neue Aufgabenliste sortiert nach Notizbuch, Abschnitt und Hinweis. Speichern Sie Aufgaben, wird im ausgewählten Abschnitt eine neue Notiz angelegt, die Notiz hat den Namen, den Sie unter »Hinweis« eingegeben haben und enthält die einzelnen Aufgaben.

Eine To-do-Liste entspricht also einer Notiz. Löschen Sie die Notiz, ist auch die Aufgabenliste weg. Sie können über den Bereich AUFGABEN übrigens To-do-Listen nachträglich nicht bearbeiten. Fügen Sie über den Dialog neue Aufgaben zu und wählen Notizbuch, Abschnitt und Hinweistext einer bestehenden Liste, wird einfach eine neue Notiz mit demselben Namen angelegt. Anders dagegen in der Notiz, dort können Sie der Liste weitere Einträge hinzufügen (durch Drücken von ↵ an einer beliebigen Stelle in der Liste). Diese werden dann auch im Bereich AUFGABEN angezeigt.

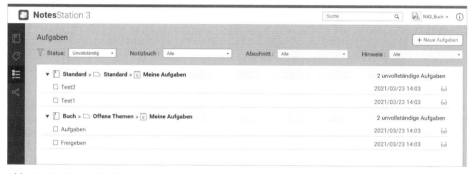

Abb. 16.39: Die To-do-Listen in der Note Station 3

Durch Klicken auf das Brillen-Icon gelangen Sie übrigens direkt zur entsprechenden Notiz. Erledigte Aufgaben können Sie durch einen Klick auf das leere Kästchen abhaken. Zur einfacheren Übersicht können Sie die angezeigten Aufgaben auch mit diversen Suchfiltern einschränken. Ist eine Liste komplett abgearbeitet, müssen Sie die entsprechende Notiz löschen, wenn Sie die Liste nicht mehr sehen wollen. Sie können zwar im Filter nur erledigte Aufgaben anzeigen lassen, der Filter wirkt aber nur auf Ebene der Aufgaben. Es ist (ohne Löschen der Notiz) nicht möglich, eine abgeschlossene Liste auszublenden, aber abgeschlossene Aufgaben einer nicht abgeschlossenen Liste eingeblendet lassen.

Freigeben

Auch die Freigabe treffen wir in der *Note Station 3* wieder. Um eine Notiz freizugeben, klicken Sie einfach auf das Freigabesymbol (). In das Textfeld geben Sie nur den Namen des NAS-Benutzers ein, mit dem Sie die Notiz teilen wollen. Beginnen Sie mit dem Tippen, wird Ihnen bereits eine passende Vorauswahl gezeigt. Klicken Sie auf den Benutzernamen, um ihn hinzuzufügen. Sie können gleich mehrere Benutzer zur Freigabe hinzufügen. Über das Drop-down-Menü wählen Sie, ob der Benutzer die Notiz bearbeiten oder nur lesen darf.

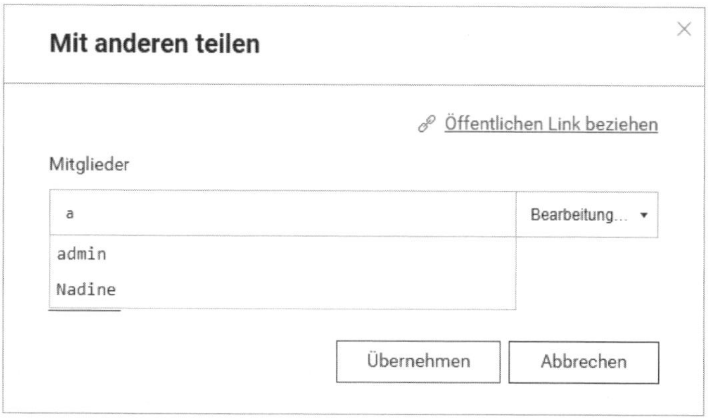

Abb. 16.40: Teilen Sie Notizen mit anderen NAS-Benutzern.

Ein Klick auf ÜBERNEHMEN gibt die Notiz frei. Möchten Sie die Berechtigungen der Benutzer bearbeiten, klicken Sie erneut auf das Freigabe-Icon und dann auf ERWEITERT. In der eingeblendeten Liste können Sie die Berechtigungen der einzelnen Benutzer bearbeiten.

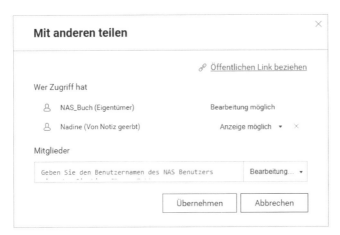

Abb. 16.41: Legen Sie fest, welche Berechtigungen die Benutzer für die geteilte Notiz erhalten.

Auch die öffentliche Freigabe ist möglich, klicken Sie dazu im Freigabedialog auf ÖFFENTLICHEN LINK BEZIEHEN. Über das Drop-down »Mit anderen teilen« legen Sie die Berechtigung fest. Klicken Sie auf den Link selbst, können Sie zwischen LAN-IP, WAN-IP oder Domain wechseln. Vergessen Sie nicht, die öffentliche Freigabe mit einem Kennwort zu schützen.

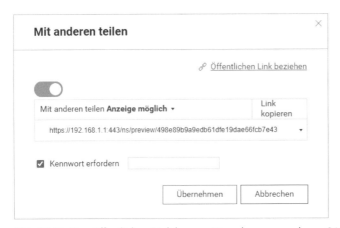

Abb. 16.42: Den öffentlichen Link kennen Sie schon aus anderen QNAP-Apps.

Natürlich können Sie alle Freigaben auch wieder zentral verwalten. Wechseln Sie dazu in den Bereich FREIGEBEN im Navigationsbereich. Hier werden Freigaben aufgeteilt nach mit Ihnen, von Ihnen oder öffentlichen Freigaben aufgelistet. Sie können hier die Freigabe löschen oder um Benutzer erweitern sowie alle anderen oben erwähnten Einstellungen vornehmen.

Abb. 16.43: Verwalten der Freigaben in der Note Station 3

Mit Ihnen geteilte Notizen sehen Sie auch in der Baumstruktur Ihrer Notizbücher. Freigaben sind mit einem eigenen Icon gekennzeichnet.

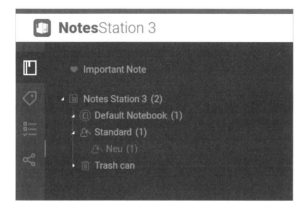

Abb. 16.44: Eine Notiz, die mit Ihnen geteilt wurde

Werden geteilte Notizen von mehreren Benutzern bearbeitet, werden die entsprechenden Abschnitte der Notiz am linken Rand mit dem bearbeitenden Benutzer gekennzeichnet.

Abb. 16.45: Notizen gemeinsam bearbeiten

Qnotes3

Auch für Smartphones gibt es eine App, die Ihnen Zugriff auf die *Note Station 3* bietet. Viel muss ich Ihnen an dieser Stelle nicht zur App erzählen. Die Anmeldung und grundsätzliche Bedienung erfolgt wie bei allen anderen QNAP-Mobile-Apps, und vom Funktionsumfang orientiert sich die App an der *Note Station 3*. Sie finden dieselben Bereiche und Ansichten. Die App verfügt diesmal über keine Extrafunktionen wie etwa Offline-Bearbeitung. Auch bei der Bearbeitung von Notizen stehen Ihnen im Editor weitestgehend dieselben Funktionen zur Verfügung. Lediglich eine kleine Einschränkung müssen Sie hinnehmen: Möchten Sie eine Aufgabe direkt in der Notiz als erledigt markieren, müssen Sie zuerst in den Bearbeitungsmodus wechseln. Im Lesemodus lässt sich die Aufgabe nicht abhaken.

16.5 E-Mail-Verwaltung mit dem QmailAgent

Nachdem Sie in diesem Kapitel bereits gelernt haben, wie Sie Ihre Kontakte und Kalender mit Ihrem QNAP NAS verwalten, ist es nun an der Zeit, dass wir uns den E-Mails widmen. Ähnlich wie beim Thema Kalender ist QNAPs E-Mail-Lösung kein eigener Mail-Server, sondern eine zentrale Verwaltungsapplikation. Anders als bei *QcalAgent* sind Sie diesmal aber nicht auf die vorgegebenen Konten beschränkt, sondern können jedes beliebige IMAP-Konto einbinden. Die dafür benötigte App heißt *QmailAgent*.

> **Hinweis**
>
> Möchten Sie einen eigenen Mail-Server mit eigener E-Mail-Adresse, können Sie das natürlich auch mit Ihrem QNAP NAS umsetzen. Über die Virtualisierungsfunktion Ihres NAS können Sie ein Betriebssystem Ihrer Wahl bereitstellen und dort einen beliebigen Mail-Server aufsetzen. Da die dafür notwendigen Schritte aber von der jeweiligen Software und vom Betriebssystem und nicht vom NAS oder QNAP-Software abhängig sind, kann ich Ihnen die Einrichtung eines eigenständigen Mail-Servers nicht im Rahmen dieses Buchs präsentieren.

16.5.1 QmailAgent installieren und einrichten

Den *QmailAgent* finden Sie wie gewohnt im App Center. Ebenso vertraut ist Ihnen die Installation, die nach nur wenigen Klicks abgeschlossen ist. Auch die Einrichtung ist nicht sonderlich komplex, und der ein oder andere Schritt wird Ihnen aus dem Buch oder von anderen Anwendungen her vertraut sein. Öffnen Sie nach der Installation den *QmailAgent*, um mit der Einrichtung loslegen zu können.

Klicken Sie sich durch die Einführung, bis Sie zur Auswahl des E-Mail-Anbieters kommen. Wählen Sie hier Ihren gewünschten Anbieter aus. Ist dieser nicht in der Liste, können Sie ihn über OTHER bzw. »IMAP« hinzufügen, sofern der Anbieter Zugriff auf Ihre Mails per IMAP-Protokoll erlaubt und Sie die IMAP-Server-Daten in Erfahrung bringen können.

16.5
E-Mail-Verwaltung mit dem QmailAgent

Abb. 16.46: Auswahl der angebotenen Mail-Anbieter bzw. der manuellen Konfiguration (Other/IMAP)

Der nächste Schritt unterscheidet sich, je nachdem, ob Sie einen vorgegebenen Anbieter gewählt haben oder nicht.

Für einen vorgegebenen Anbieter gehen Sie wie folgt vor:

1. Geben Sie einfach die notwendigen Angaben an. Der Anzeigename dient nur zur Benennung des Kontos, er wird nicht als Absendername in der E-Mail eingetragen. Die E-Mail-Adresse, die Sie hier angeben, muss dieselbe Adresse sein, mit der Sie sich im nächsten Schritt anmelden.

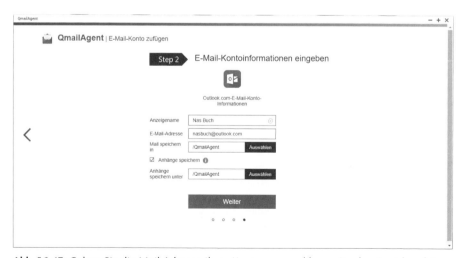

Abb. 16.47: Geben Sie die Mail-Adresse Ihres Kontos an, und legen Sie den Speicherplatz fest.

507

Der *QmailAgent* legt bei der Installation einen eigenen Freigabeordner an, dieser wird standardmäßig als Speicherort für die Sicherung der E-Mails genutzt. Ein Unterordner für das Konto wird automatisch angelegt. Natürlich können Sie weitere Unterordner anlegen oder einen anderen (Freigabe-)Ordner auswählen. Klicken Sie auf WEITER.

2. Im nächsten Schritt müssen Sie den Kontozugang autorisieren. Klicken Sie dazu auf OAUTH2. In Ihrem Browser geht jetzt ein neuer Tab auf, in dem Sie sich bei dem ausgewählten Anbieter mit Ihrem Konto authentifizieren müssen. Nachdem Sie sich angemeldet haben, müssen Sie dem *QmailAgent* den Zugriff auf Ihr E-Mail-Konto erlauben. Haben Sie den Zugriff erteilt, schließt sich der Tab wieder, und Sie können in *QmailAgent* auf HINZUFÜGEN klicken.

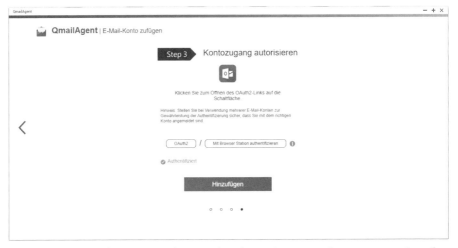

Abb. 16.48: Authentifizieren Sie sich gegenüber dem Anbieter, um das Konto zu verknüpfen.

Für eine manuelle Angabe der Kontodaten sind folgende Schritte notwendig:

1. Die persönlichen Informationen und die Angaben zum Speicherort auf der linken Seite sind identisch mit dem oben beschriebenen Vorgang.
2. Zusätzlich müssen Sie die Serverinformationen angeben. Diese erhalten Sie normalerweise von Ihrem Anbieter, bei bekannteren Anbietern lassen sich diese auch über Suchmaschinen auffinden, oder Sie haben die Informationen bereits, wenn Sie einen eigenen Server betreiben. Geben Sie die korrekten Daten ein. Achten Sie vor allem auf die Auswahl der Verschlüsselung und der Ports. Klicken Sie anschließend auf HINZUFÜGEN.

Sie erhalten eine neuerliche Einführung für den *QmailAgent*, anschließend werden Sie gefragt, ob Sie die Push-Benachrichtigungen für Ihren Browser aktivieren möchten. Erlauben Sie das, kann *QmailAgent* Benachrichtigungen an den Browser weiterleiten. Browser-Benachrichtigungen werden Ihnen im Betriebssystem angezeigt auch wenn die Quellseite oder der Browser selbst nicht das aktive Fenster sind.

16.5 E-Mail-Verwaltung mit dem QmailAgent

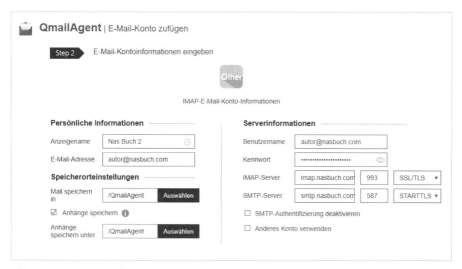

Abb. 16.49: Die Serverdaten müssen Sie manuell eingeben.

Im Hintergrund beginnt der *QmailAgent*, alle E-Mails des Kontos abzurufen und archiviert sie auf Ihrem NAS. Bei diesem Vorgang kann es zu Zeitüberschreitungen kommen. Warten Sie einfach eine Weile, und öffnen Sie den *QmailAgent* anschließend neu. Verwenden Sie den *QmailAgent* am besten erst, wenn der Einlesevorgang abgeschlossen ist, da die Zeitüberschreitung Ihre Tätigkeiten behindern oder unterbrechen kann. Den Fortschritt können Sie über die Hintergrundaufgaben des *QmailAgent* überprüfen.

Ist der Vorgang abgeschlossen, können Sie weitere E-Mail-Konten hinzufügen.

Klicken Sie dazu auf das Icon mit dem Anzeigenamen des Kontos (siehe Abbildung 16.50) und anschließend auf ❶.

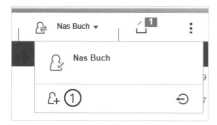

Abb. 16.50: Verwalten Sie beliebig viele E-Mail-Konten mit QmailAgent.

> **Tipp**
>
> Sie können den QmailAgent auch direkt im Browser aufrufen mit:
> `https://<DomainOderIP>/qmail`

16.5.2 Den QmailAgent nutzen

Eine detaillierte Beschreibung der Benutzeroberfläche und der Funktionen ist an dieser Stelle nicht erforderlich. Der *QmailAgent* ähnelt den meisten E-Mail-Programmen. Vielmehr möchte ich Sie an dieser Stelle auf ausgewählte Themen hinweisen.

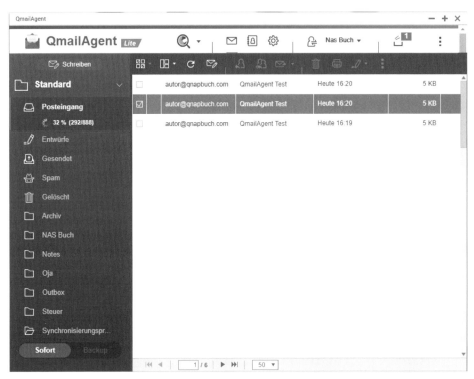

Abb. 16.51: Die Benutzeroberfläche ähnelt der der meisten Mail-Programme.

Konten wechseln

Das Konto wechseln Sie über das bereits erwähnte Icon (siehe Abbildung 16.50). Alle verknüpften Konten werden dort aufgelistet und können ausgewählt werden.

E-Mail-Synchronisierung

Die verknüpften E-Mail-Konten werden regelmäßig synchronisiert, der Vorgang dauert natürlich nicht mehr so lange wie das initiale Abrufen der E-Mails. Somit werden Änderungen, wie etwa neue E-Mails, relativ zeitnah (innerhalb weniger Minuten) erfasst. Wollen Sie *QmailAgent* nur zu Sicherungszwecken verwenden, können Sie das Aktualisierungsintervall unter EINSTELLUNGEN|BENUTZEROBERFLÄCHE erhöhen bzw. die Aktualisierung ganz ausstellen.

Einstellungen

Die Einstellungen erreichen Sie über ⚙. Im Navigationsbereich finden Sie neben den eigentlichen Einstellungen noch weitere Bereiche: Ordner, Identitäten und Schnellantworten. Mehr dazu in den folgenden Abschnitten.

Der Bereich EINSTELLUNGEN ist in weitere Abschnitte eingeteilt:

- *Benutzeroberfläche* – Hier finden Sie Optionen zur Darstellung von Zeit und Datum sowie die Darstellung von E-Mails in den einzelnen Listen.
- *Mailbox-Ansicht* – In dieser Ansicht sehen Sie nur wenige Optionen, interessant ist hier die Auswahl, wie mit Empfangsbestätigungen umgegangen werden soll.
- *Nachrichtendarstellung* – Hier finden Sie unter anderem Optionen, wie mit HTML in E-Mails umgegangen werden soll und ob eingebettete Bilder automatisch heruntergeladen werden sollen.
- *Nachrichtenerstellung* – Dieser Bereich ist schon etwas umfangreicher. Hier finden Sie zusätzlich Optionen zum Format neuer Nachrichten, Signaturen und der Rechtschreibprüfung.
- *Spezialordner* – Bei den meisten E-Mail-Konten können Sie selbst Ordner anlegen. Einige Ordner sind aber schon vorhanden und können nicht gelöscht werden. Dazu zählen Ordner wie Entwürfe, Spamverdacht, der Papierkorb etc. Diese Ordner werden in E-Mail-Programmen meist mit übersetztem Namen bzw. im Namensschema des Programms angezeigt. So auch in *QmailAgent*. In diesem Bereich finden Sie die Option, diese Spezialordner mit deren echten Namen anzeigen zu lassen.
- *Sicherheitseinstellungen* – Aktivieren Sie hier die Kennwortabfrage bei Anmeldung (das Kennwort für das Konto wird nicht mehr gespeichert und muss jedes Mal selbst eingegeben werden). Auch die Mailverschlüsselung lässt sich hier aktivieren.
- *Freigabelink* – In diesem Bereich finden Sie alle Optionen zur Freigabelinkerstellung mit *myQNAPcloud Link*. Mehr dazu erfahren Sie im Abschnitt »E-Mails schreiben und Dateien anhängen«, Seite 514.
- *Benachrichtigungseinstellungen* – Hier verwalten Sie die Benachrichtigungen bezüglich neuer E-Mails und Fehlermeldungen. Die Benachrichtigungen können an *QTS* und/oder, wie eingangs erwähnt, als Push-Nachricht an den Browser geschickt werden.

> **Hinweis**
>
> Die Einstellungen gelten nur für das ausgewählte Mail-Konto. Änderungen müssen für jedes Konto separat vorgenommen werden.

Ordner

In diesem Bereich sehen Sie eine Liste aller Ordner des aktiven Mail-Kontos. Wählen Sie einen Ordner aus, erhalten Sie weitere Informationen zu diesem, wie etwa die Anzahl der enthaltenen Nachrichten und der Größe. Sie können über den Button ORDNERAKTIONEN den ausgewählten Ordner leeren und löschen, sofern es sich nicht um einen vorgegebenen Ordner handelt. Selbst angelegte Ordner (egal, ob in *QmailAgent* oder in einem anderen Programm) können Sie umbenennen und über das Drop-down »Eltern« auch verschieben. Natürlich können Sie über den gleichnamigen Button auch neue Ordner erstellen.

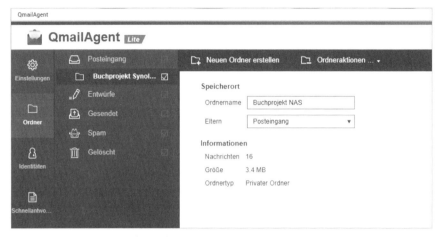

Abb. 16.52: Verwalten Sie die Ordner Ihres E-Mail-Kontos.

Über die Checkboxen in der Ordnerliste können Sie selbst erstellte Ordner auch abbestellen, das bedeutet, dass der Ordner nicht mehr synchronisiert wird.

Identitäten

Mit Identitäten können Sie nicht nur den Absendernamen festlegen, sondern auch auf Alias-Adressen des Kontos zurückgreifen. Um ein Alias zu nutzen, geben Sie die Alias-E-Mail in das Feld »E-Mail« ein. Speichern Sie den Eintrag mit einem Klick auf SPEICHERN. IDENTITÄT HINZUFÜGEN legt einen neuen Eintrag an. Wählen Sie einen Eintrag aus der Liste, können Sie ihn bearbeiten oder mit LÖSCHEN wieder entfernen. Die zur Verfügung stehenden Felder können je nach Mail-Anbieter abweichen.

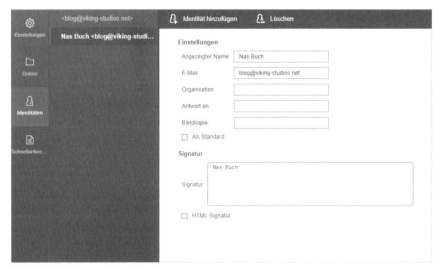

Abb. 16.53: Legen Sie Identitäten mit verschiedenen Absendernamen, Alias-Adressen und Signaturen an.

Verfassen Sie eine E-Mail, können Sie die Identität über das »Von«-Drop-down auswählen.

Abb. 16.54: Wählen Sie beim Verfassen einer E-Mail, mit welcher Identität diese gesendet werden soll.

Schnellantworten

Hier können Sie vorgefertigte Antworttexte erstellen. Diese stehen Ihnen beim Beantworten von E-Mails zur Auswahl. Geben Sie einfach einen Namen (unter dem die Antwort in der Auswahlliste aufscheint) und einen Antworttext ein und klicken Sie auf SPEICHERN. Mit ANTWORT HINZUFÜGEN erstellen Sie einen neuen Eintrag. Zum Bearbeiten wählen Sie den gewünschten Eintrag einfach aus, ändern den Text und klicken anschließend wieder auf SPEICHERN.

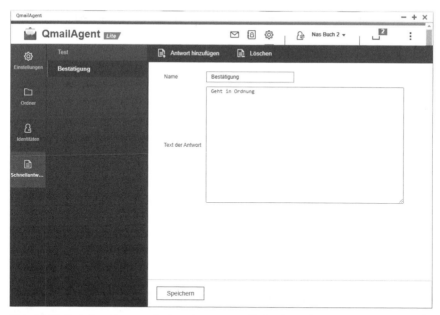

Abb. 16.55: Erstellen Sie vorgefertigte Antworten, die Sie beim Beantworten von E-Mails auswählen können.

Um eine Schnellantwort zu verwenden, antworten Sie auf eine E-Mail ( ) und wählen Sie unter   die gewünschte Schnellantwort.

E-Mails schreiben und Dateien anhängen

Natürlich können Sie über den *QmailAgent* auch E-Mails schreiben. Gesendete E-Mails scheinen dabei nicht nur im Postausgang des *QmailAgent* auf, sondern auch im Postausgang des verknüpften Kontos.

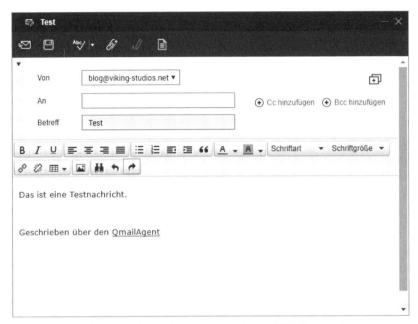

Abb. 16.56: Mit dem QmailAgent können Sie nicht nur E-Mails schreiben, sondern auch umfangreich formatieren.

Eine Besonderheit des *QmailAgent* ist der Umgang mit größeren Dateianhängen. Überschreitet die Datei eine gewisse Größe, wird automatisch ein Freigabelink erstellt und dieser in die Mail integriert. Dabei ist es egal, ob Sie die Datei von Ihrem NAS wählen oder von Ihrem Rechner. Im zweiten Fall wird die Datei automatisch auf das NAS hochgeladen. Sie können somit auch problemlos größere Dateien »verschicken«. Für diese Funktion muss *myQNALcloud Link* eingerichtet sein, mehr dazu erfahren Sie in Abschnitt 9.1 »Zugriff über myQNAPcloud«.

MyQNAPPcloud Link stellt sicher, dass Freigabelinks auch über das Internet erreichbar sind, auch wenn Sie keine externe Freigabe für Ihr NAS eingerichtet haben.

Freigabelink konfigurieren

Die Einstellungen für den Freigabelink finden Sie unter EINSTELLUNGEN|FREIGABELINK. Dort können Sie eine Dateigröße festlegen, ab der Freigabelinks erzeugt werden sollen. Unter »Freigabelinkoptionen« legen Sie fest, wie die Freigabe erfolgen soll. Sie können Dateien über Ihr NAS freigeben, oder Sie verknüpfen ein Google-Konto und nutzen Google Drive für die Freigabe. Sie können eine der Methoden fix vorgeben oder jedes Mal nach der Methode fragen lassen.

> **Achtung**
>
> Für die Freigabe über das NAS können Sie eine Domain/IP wählen, die für den Freigabelink verwendet werden soll. Haben Sie einen externen Zugriff auf Ihr NAS eingerichtet (siehe Abschnitt 9.2 »Externen Zugriff einrichten«), müssen Sie nicht zwangsweise über *myQNALcloud Link* auf Freigabe zugreifen. *MyQNAPcloud Link* muss aber dennoch aktiviert sein. Durch Auswahl der lokalen IP-Adresse des NAS können Sie Freigaben auch auf das lokale Netz beschränken.

Wenn Sie sich für die Nachfrageoption entscheiden, können Sie beim Anhängen einer Datei auch noch die Domain/IP für den Freigabelink ändern. Entscheiden Sie sich dafür, immer die NAS-Freigabe zu verwenden, wird der Link automatisch mit der hier ausgewählten Domain erzeugt.

> **Wichtig**
>
> Freigaben über *myQNAPcloud Link* erfordern keine QNAP ID oder ein Passwort. Der Freigabelink öffnet die Datei mit einer myqnapcloud.com-Adresse, die nicht im Zusammenhang mit Ihrer QNAP ID oder Ihrem NAS steht. Die Datei kann heruntergeladen werden, aber es ist kein Zugriff auf andere Freigaben oder Funktionen von *myQNAPcloud* möglich.

Die Option »Freigabelinkpfad« betrifft nur Anhänge, die Sie von Ihrem Rechner auswählen. Bevor diese freigegeben werden können, werden diese automatisch auf das NAS hochgeladen und im angegebenen Ordner abgelegt.

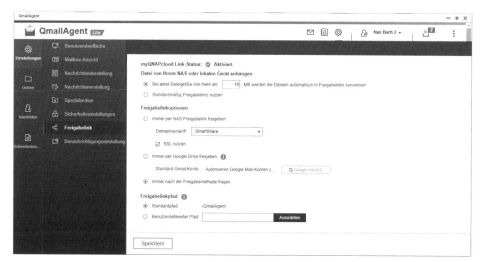

Abb. 16.57: Der Freigabelink kann über diverse Optionen angepasst werden, leider fehlt hier die Möglichkeit, eine Gültigkeitsdauer sowie ein Passwort festzulegen.

Kapitel 16
Produktivität, Organisation und Kollaboration

Dateianhänge

Verfassen Sie eine Mail, können Sie wie gewohnt Dateien anhängen. Hier müssen Sie trotz der definierten Freigabegrenze auch für kleinere Dateien einen Freigabelink erzeugen. Ist die Datei größer als die Grenze, wird der Link automatisch erzeugt. Je nach gewählter Einstellung wählen Sie im nächsten Schritt die Freigabemethode, oder der Link wird automatisch erzeugt.

Abb. 16.58: Wählen Sie einfach eine Datei, die auf Ihrem NAS gespeichert ist.

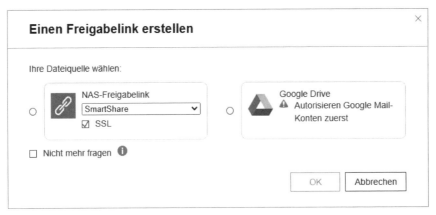

Abb. 16.59: Haben Sie die Methode nicht fix vorgegeben, können Sie noch Anpassungen am Link vornehmen.

Der Empfänger kann den Link öffnen und die Datei herunterladen. Achten Sie dabei auf eventuelle Beschränkungen der gewählten Domain/IP.

16.5 E-Mail-Verwaltung mit dem QmailAgent

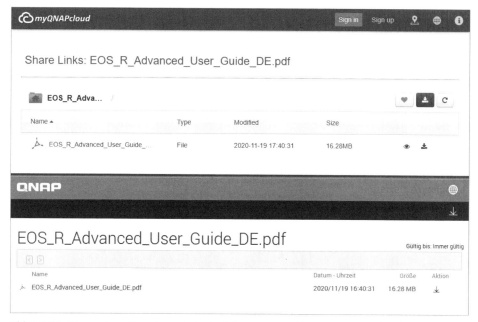

Abb. 16.60: Oben: ein aufgerufener Freigabelink über SmartShare/myQNAPcloud. Unten: ein Freigabelink, der mit einer Domain/IP erstellt wurde.

Freigabelinks verwalten

Freigabelinks, die der *QmailAgent* erstellt, haben keine Dauer und sind nicht Passwort-geschützt. Das können Sie durch Bearbeiten des Freigabelinks allerdings ändern. Der *QmailAgent* selbst bietet zwar keinen Zugriff auf alle Freigabelinks, haben Sie aber Kapitel 5 aufmerksam gelesen, können Sie eventuell bereits erahnen, wo Sie eine Übersicht der Freigabelinks finden.

In der *File Station* finden Sie im Navigationsbereich den Punkt »Freigabelinkverwaltung« (siehe Abschnitt 5.2.6 »Dateien und Ordner teilen«). Hier werden auch Freigabelinks vom *QmailAgent* aufgelistet. Diese können Sie nicht nur löschen, sondern auch bearbeiten:

1. Markieren Sie den gewünschten Link.
2. Klicken Sie auf .
3. Wechseln Sie in den Reiter NUR LINK ÄNDERN.
4. Aktivieren Sie ein Ablaufdatum und/oder ein Kennwort.
5. Klicken Sie auf SPEICHERN.

> **Hinweis**
>
> Der Freigabelink scheint in der *File Station* auf, sobald der Link in die Mail eingefügt wurde und fertig geladen hat, also das Lade-Icon verschwunden ist und die Linkfarbe zu Blau gewechselt hat. Sie müssen mit der Erstellung von Gültigkeitsdauer und Passwort also nicht bis nach dem Versenden der E-Mail warten.

Kapitel 16
Produktivität, Organisation und Kollaboration

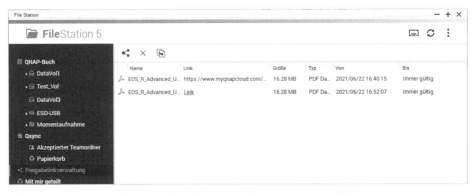

Abb. 16.61: Die Freigabelinkverwaltung kennen Sie bereits aus Kapitel 5.

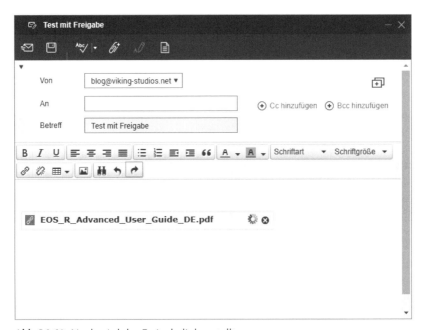

Abb. 16.62: Noch wird der Freigabelink erstellt.

Das Adressbuch

Haben Sie *Qcontactz* nicht installiert, wird das Adressbuch aus den gesendeten und empfangenen E-Mails generiert. Verwenden Sie aber *Qcontactz*, um Ihre Kontakte zu verwalten, arbeiten die beiden Apps zusammen.

Ein Klick auf 📇 öffnet *Qcontactz*. Wählen Sie dort einen Kontakt aus, und klicken Sie auf ✉, um eine E-Mail an den Kontakt zu verfassen. Alternativ können Sie in der Liste direkt auf die E-Mail-Adresse klicken.

Der Umweg über *Qcontactz* ist aber nicht zwingend erforderlich. Verfassen Sie eine E-Mail, reicht es aus, im »An«-Feld zu tippen zu beginnen, der *QmailAgent* durchsucht Ihre Kontakte in *Qcontactz* und zeigt mögliche Treffer.

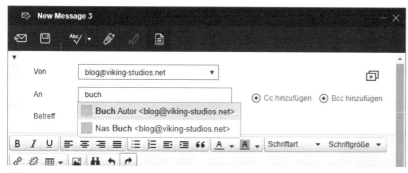

Abb. 16.63: Suchen Sie nach Kontakten in Ihrem Adressbuch.

Damit endet die Zusammenarbeit zwischen den beiden Apps aber noch nicht. Sie können neue Kontakte direkt aus einer E-Mail in Ihr *Qcontactz*-Adressbuch übernehmen. Öffnen Sie dazu einfach die E-Mail, und klicken Sie neben der E-Mail-Adresse auf ⏣. Der Kontakt wird direkt zu *Qcontactz* hinzugefügt, wo Sie ihn bearbeiten und weitere Details ergänzen können.

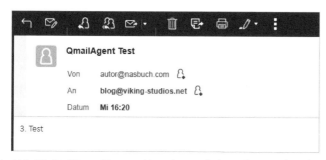

Abb. 16.64: Fügen Sie neue Kontakte einfach zu Ihrem Adressbuch hinzu.

E-Mail-Backups

Der *QmailAgent* ist aber nicht nur ein einfaches E-Mail-Programm. Es übernimmt auch die Archivierung und Sicherung aller E-Mails und Anhänge der verbundenen Konten. E-Mails können problemlos gelöscht (und aus dem Papierkorb entfernt) werden, um etwa Speicherplatz im Mail-Konto freizugeben. Jede E-Mail wird automatisch gesichert und bleibt erhalten, auch wenn sie gelöscht wurde. Das Backup selbst wird nicht mit Ihrem Mail-Konto synchronisiert und ist nur über den *QmailAgent* abrufbar.

Um auf das Backup Ihrer E-Mails zuzugreifen, wechseln Sie in die Backup-Ansicht über den Button (siehe Abbildung 16.65, ❶) in der Navigationsleiste. Die Benutzeroberfläche bleibt unverändert, allerdings werden in allen Ordnern alle gesicherten E-Mails aufgelistet. Sie können *QmailAgent* wie gewohnt verwenden und E-Mails lesen oder darauf antworten.

Kapitel 16
Produktivität, Organisation und Kollaboration

Möchten Sie eine E-Mail wiederherstellen, wählen Sie die Mail aus und klicken darauf. Über den Button im Navigationsbereich gelangen Sie wieder zur aktuellen Version Ihres Kontos zurück.

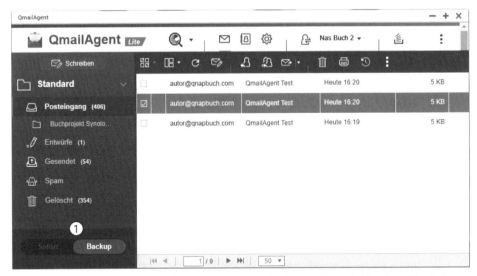

Abb. 16.65: Die Oberfläche hat sich kaum geändert, allerdings haben Sie hier Zugriff auf alle Mails des Kontos, die je vom QmailAgent verarbeitet wurden.

Teil V

QNAP NAS für Fortgeschrittene

Sie haben eine Menge Apps kennengelernt und Ihr QNAP NAS mit den unterschiedlichsten Funktionen erweitert, aber die Installation und Konfiguration war meist mit wenigen Klicks erledigt, und auch die Verwaltung war dank einfacher grafischer Menüs ein Kinderspiel.

Im letzten Teil dieses Buches verlassen wir die vorgefertigten Wege und befassen uns mit weiteren Anwendungen für Ihr NAS, die mehr Aufwand erfordern, ehe Sie einsatzfähig sind.

Ab hier gibt es von mir nicht immer umfassende Beschreibungen von Menüs und Einstellungen oder Leitfäden, die Sie mühelos ans Ziel bringen. Die letzten Kapitel kratzen nur an der Oberfläche komplexer und weitläufiger Themen. Nutzen Sie sie als Ausgangspunkt für Ihre weiterführenden Recherchen, dem Ausprobieren neuer Themen, dem Scheitern, Lernen und Weitermachen.

In diesem Teil:

- **Kapitel 17**
  Das NAS als Chat-Server mit Mattermost 523

- **Kapitel 18**
  Videoüberwachung mit der Surveillance Station 539

- **Kapitel 19**
  Virtualisierung auf dem QNAP NAS 577

- **Kapitel 20**
  Weitere Themen rund um Ihr QNAP NAS 591

Kapitel 17

Das NAS als Chat-Server mit Mattermost

Für ein effizientes Zusammenarbeiten mit anderen Menschen reicht die Kommunikation via E-Mail oft nicht aus. Oft sind schnellere, flexiblere Kommunikationsmittel erforderlich. Ein Chat bietet sowohl die Möglichkeit einer schnellen Echtzeitkommunikation als auch die Persistenz einer schriftlichen Nachricht.

Im privaten Leben kommt man an den bekannten Messengern kaum vorbei – hier wird die Wahl der App dadurch bestimmt, wo mehr der eigenen Kontakte anzutreffen sind. Da auch unter technisch weniger versierten Nutzern immer bekannter wird, wie unsicher *WhatsApp* ist, finden sich mehr und mehr andere Messenger auf den Geräten. In der Berufswelt wird der Einfachheit und des Preises wegen ebenfalls auf bekannte Anbieter gesetzt. Da das aber aus Sicherheitsgründen nicht immer möglich und alles andere als sinnvoll ist, sind oft spezielle Lösungen für das Firmenumfeld nötig.

QNAP bietet zwar keine eigene Chat-Software an, hat aber die Drittherstellersoftware *Mattermost* in das App Center aufgenommen. Sie verwandeln damit Ihr NAS-Gerät in einen Chat-Server. Im privaten Bereich steht und fällt der Einsatz mit der Bereitschaft der Teilnehmer. Aber gerade im Bereich von Vereinen, Organisationen und kleinen Unternehmen ist der Chat eine durchaus praktische Ergänzung der QNAP-Umgebung.

> **Achtung**
>
> Das Einrichten von Drittherstellersoftware ist nicht immer so einfach wie bei den QNAP-Apps. Dieser Abschnitt nötigt Ihnen schon etwas mehr ab als nur ein paar Klicks in den Einstellungen. Mitunter ist es notwendig, dass Sie an der ein oder anderen Stelle in der Dokumentation der Software nachlesen oder selbst im Internet recherchieren.

> **Hinweis**
>
> *Mattermost* bietet eine kostenlose und zwei kostenpflichtige Lizenzen an. Die Lizenzen müssen direkt beim Hersteller erworben werden, sie sind nicht über den QNAP-Store erhältlich. Die nachfolgenden Abschnitte beschreiben *Mattermost* mit der kostenlosen Lizenz.

17.1 Installation und Einrichtung des Chat-Servers

Installieren Sie die App *Mattermost* aus dem App Center. Auch wenn es sich um eine Drittsteller-App handelt, ist kein weiteres App-Archiv notwendig. *Mattermost* gehört zu den offiziellen Drittersteller-Apps für QNAP. Nach der Installation erfolgt die Konfiguration.

> **Hinweis**
>
> *Mattermost* ist standardmäßig auf Englisch eingestellt. Sie können die Sprache zwar auswählen, die tatsächliche Umstellung der Sprache ist aber erst nach Abschluss der Einrichtung möglich. Um Ihnen den Vorgang zu erleichtern, finden Sie in den Texten zur Einrichtung die englischen Bezeichnungen, die Screenshots zeigen bereits das Interface auf Deutsch. Möchten Sie Einstellungen nach dem Umstellen der Sprache ändern, finden Sie diese so leichter wieder.

Anders als bei den QNAP-Apps reicht hier das NAS-Benutzerkonto nicht aus. Öffnen Sie *Mattermost* über *QTS*, müssen Sie ein *Mattermost*-Konto anlegen oder sich mit einem bestehenden Konto anmelden.

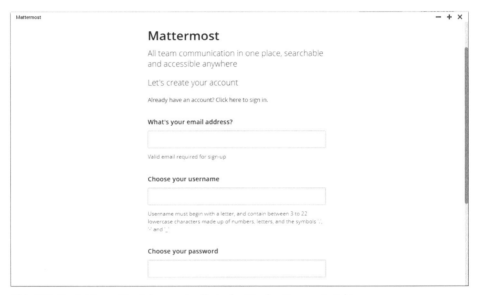

Abb. 17.1: Registrieren Sie sich zuerst selbst, ehe Sie den Server einrichten.

17.1.1 Grundeinstellungen

Nachdem Sie sich mit Ihrem *Mattermost*-Konto angemeldet haben, stehen Ihnen zwei Optionen zur Verfügung. Zum einen ist da CREATE A NEW TEAM/EIN NEUES TEAM ERSTELLEN, damit beschäftigen wir uns in Abschnitt 17.1.3 »Erstes Team erstellen«. Die andere Option führt Sie in die Systemkonsole (GO TO SYSTEM CONSOLE/GEHEN SIE ZUR SYSTEMKONSOLE) – wählen Sie diese Option zuerst.

17.1 Installation und Einrichtung des Chat-Servers

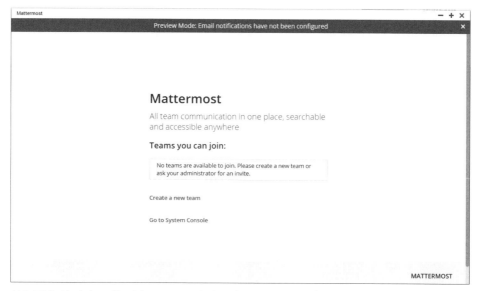

Abb. 17.2: Nachdem Sie sich registriert haben, können Sie mit der Einrichtung loslegen.

Mattermost weist Sie gleich auf die wichtigste Einstellung per Benachrichtigung hin: »Please configure Site URL in the System Settings«. Sie müssen für *Mattermost* eine URL festlegen, damit sich die Clients mit dem Chat-Server verbinden können.

> **Wichtig**
>
> *Mattermost* ist keine QNAP-App, Sie können *myQNAPcloud Link* nicht dazu verwenden, die Clients mit dem Server zu verbinden.
>
> Möchten Sie *Mattermost* außerhalb Ihres LANs verwenden, müssen Sie eine Portweiterleitung und eine DynDSN-Domain einrichten. Mehr dazu erfahren Sie in Abschnitt 9.2 »Externen Zugriff einrichten«.

Klicken Sie direkt auf SYSTEM CONSOLE/SYSTEMKONSOLE in der Benachrichtigung oder gehen Sie im Navigationsbereich zu CONFIGURATION/KONFIGURATION (unter »SETTINGS«/»EINSTELLUNGEN«). Tragen Sie unter »Site URL«/»Seiten-URL« die gewünschte URL ein, dabei haben Sie mehrere Optionen:

- *Lokale IP oder Name Ihres NAS* – Sie können nur im LAN Verbindung mit dem Chat-Server aufnehmen. Beispiel: `https://192.168.0.1:8065`, `https://MeinQNAPNAS:8065`
- *Ihre externe* **statische** *IP* – Sofern Sie im Besitz einer statischen IP sind, können Sie auch diese als Site-URL verwenden. Sie können dann auch aus dem Internet auf den Chat-Server zugreifen.
- *DDNS-Domain oder eigene Domain* – Haben Sie keine statische IP, benötigen Sie DDNS, unabhängig davon können Sie auch eine eigene Domain einrichten. Der Chat-Server ist aus dem Internet erreichbar. Beispiel: `https://chat.meinQNAP.net:8065`

> **Wichtig**
>
> Vergessen Sie nicht, die Portnummer in der Site-URL anzugeben.

> **Hinweis**
>
> Da *Mattermost* keine QNAP-App ist, läuft es nicht über die *QTS*-Systemports. Sie können also die Portnummer frei anpassen, diesen Port (und somit nur *Mattermost*) vom Router weiterleiten lassen und auch in der Firewall Regeln exklusiv für *Mattermost* erstellen.

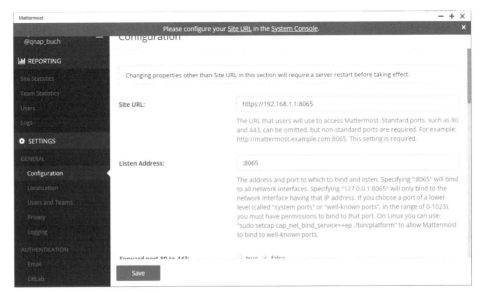

Abb. 17.3: Legen Sie fest, wie Ihr Server erreicht werden kann.

17.1.2 E-Mail-Benachrichtigungen aktivieren

Der Chat-Server ist nach der Installation in einem Vorführmodus. Damit Sie den Server tatsächlich nutzen und vor allem Benutzer hinzufügen können, müssen Sie die E-Mail-Benachrichtigungen aktivieren. Wechseln Sie dazu in der Systemkonsole in den Bereich EMAIL (unter »NOTIFICATIONS«/»BENACHRICHTIGUNGEN«). Setzen Sie dort »Enable Email Notifications«/»Aktiviere E-Mail-Benachrichtigungen« auf TRUE/WAHR (Abbildung 17.4).

Weiter unten legen Sie dann bei »Notification Display Name«/»Benachrichtigungs-Anzeigename« einen Namen fest, der für Mails vom Chat-Server benutzt werden soll. Unter »Notification From Address«/»Benachrichtigungs-Absendeadresse« müssen Sie eine E-Mail-Adresse hinterlegen, die für das Versenden von Benachrichtigungen verwendet werden soll. Sie können dafür jeden beliebigen Mail-Anbieter verwenden. Dafür müssen Sie noch folgende Felder ausfüllen: »SMTP Server«, »SMTP Server Port«, »Enable SMTP Authentication«/»SMTP-Authentifizierung aktivieren«, »SMTP Server Username«/»SMTP-Server-Benutzername«, »SMTP Server Password«/»SMTP-Server-Passwort« und »Connection Security«/»Verbindungssicherheit« (Abbildung 17.5).

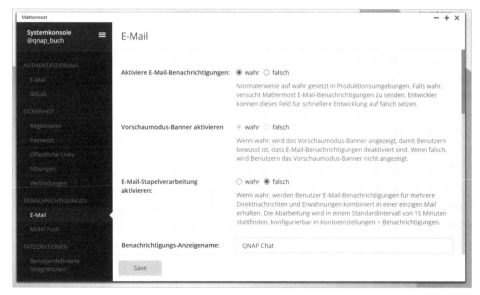

Abb. 17.4: Aktivieren Sie die E-Mail-Benachrichtigungen ...

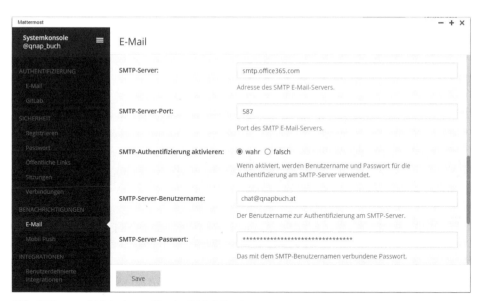

Abb. 17.5: ... und hinterlegen Sie ein E-Mail-Konto.

Die Werte entnehmen Sie der Einrichtungsanleitung des jeweiligen Anbieters. Am schnellsten finden Sie diese, indem Sie nach dem Namen Ihres Mail-Anbieters und »smtp server« suchen. Klicken Sie auf TEST CONNECTION/VERBINDUNG TESTEN, um zu sehen, ob die Einstellungen korrekt sind. War der Test erfolgreich, klicken Sie auf SAVE.

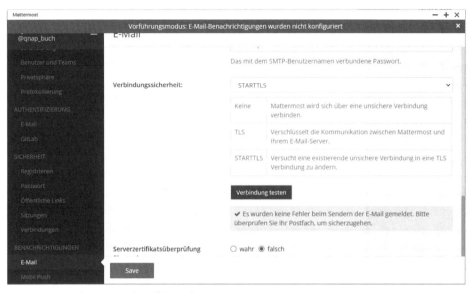

Abb. 17.6: War der Test nicht erfolgreich, kontrollieren Sie die Kontoangaben.

Sie sollten daraufhin eine Bestätigungsmail erhalten. Die E-Mail wird an die Mail-Adresse Ihres *Mattermost*-Kontos geschickt, der Absender entspricht Ihren Angaben für die E-Mail-Benachrichtigungen.

17.1.3 Erstes Team erstellen

Mattermost ist kein einfacher Messenger, wo nur die direkte Kommunikation mit Benutzern bzw. die Kommunikation mit Gruppen möglich ist. *Mattermost* ist eine umfangreiche Kommunikationssoftware, ähnlich wie Microsoft Teams. Benutzer werden in sogenannten *Teams* organisiert. Mitglieder des Teams können nicht nur direkt miteinander kommunizieren, das Team stellt eine gemeinsame Kommunikationsplattform dar. Sie könnten Ihr NAS also als Chat-Server für verschiedene Bereiche einsetzen, das heißt privat, geschäftlich oder projektbezogen.

Jedes Team stellt eine geschlossene Umgebung dar, Informationen, die über das Team bereitgestellt werden, sind nur den Mitgliedern zugänglich. Natürlich können Sie auch nur ein einzelnes Team erstellen und dort alle vorgesehenen Benutzer hinzufügen. Zumindest ein Team ist aber erforderlich, um *Mattermost* nutzen zu können.

Klicken Sie auf die drei Balken, links oben neben »System Console«/»Systemkonsole« (siehe Abbildung 17.7) und wählen Sie TEAM SELECTION/TEAMAUSWAHL. Sie sind zurück im Fenster aus Abbildung 17.2. Klicken Sie auf CREATE A NEW TEAM/NEUES TEAM ERSTELLEN. Legen Sie einen Namen für das Team fest und klicken Sie auf NEXT. Im nächsten Schritt können Sie die Team-URL anpassen. Sie setzt sich aus der Site-URL und einem Zusatz zusammen. Als Zusatz wird automatisch der Teamname gewählt, Sie können den Zusatz aber anpassen. Klicken Sie dann auf FINISH.

17.1
Installation und Einrichtung des Chat-Servers

Abb. 17.7: Links: das Balkenmenü der Systemkonsole. Rechts: das Balkenmenü in der Teamansicht.

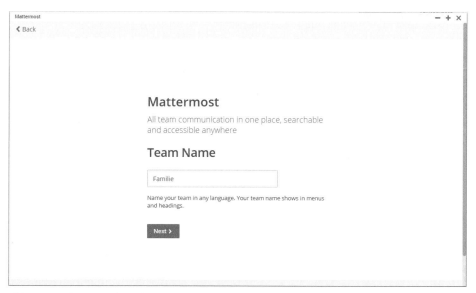

Abb. 17.8: Jedes Team braucht einen Namen …

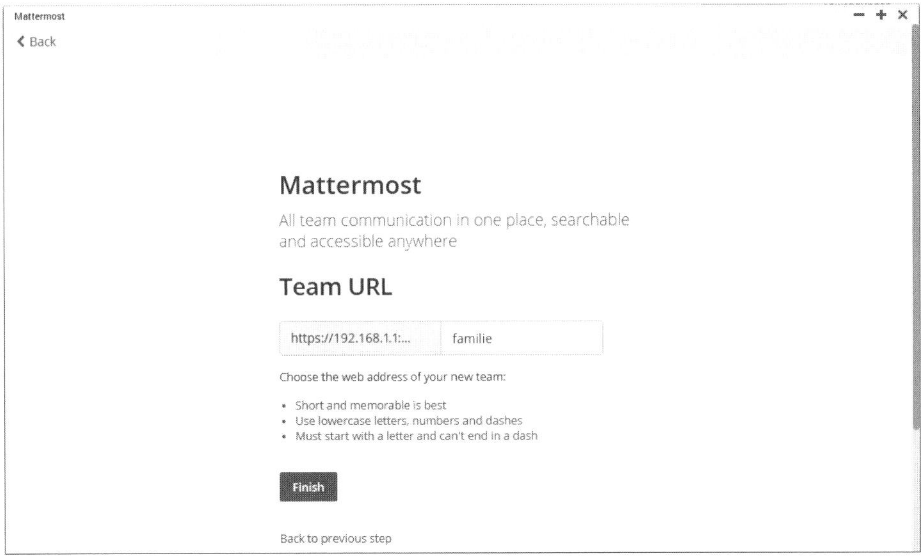

Abb. 17.9: ... dieser findet sich in der URL wieder, diese kann aber angepasst werden.

Sie werden direkt in die Teamansicht gebracht. Möchten Sie zurück in die Systemkonsole, klicken Sie auf die 3 Balken und wählen SYSTEMKONSOLE. Im Menü finden Sie auch CREATE A NEW TEAM/NEUES TEAM ANLEGEN, um so ein weiteres Team anzulegen. Sobald Sie Mitglied mehrerer Teams sind, werden diese auf der linken Seite angezeigt, über das +-Icon können Sie weitere Teams anlegen.

Sind Sie in der Systemkonsole, finden Sie im Menü Einträge (SWITCH TO <TEAM-NAME>/ WECHSEL ZU <TEAM-NAME>), durch die Sie wieder zurück in die Teamansicht gelangen.

Sie haben jetzt die Grundkonfiguration abgeschlossen. Im nächsten Abschnitt erkläre ich Ihnen, wie Sie weitere Benutzer hinzufügen, und anschließend beschäftigen wir uns mit der Benutzeroberfläche der Teamansicht.

> **Hinweis**
>
> *Mattermost* bietet umfangreiche Konfigurations- und Integrationsmöglichkeiten. Da *Mattermost* nicht von QNAP stammt, können im Rahmen dieses Buchs nur die wichtigsten Einstellungen besprochen werden. Für weitere Informationen finden Sie im Balkenmenü der Systemkonsole das Administratorhandbuch. Im Internet gibt es noch weitere Anleitungen und Hilfestellungen zu *Mattermost*.

17.1.4 Sprache

Jetzt können Sie endlich die Sprache anpassen. Um auf Deutsch (oder eine beliebige andere Sprache) umzuschalten, gehen Sie unter »SETTINGS«/»EINSTELLUNGEN« auf LOCALIZATION/LOKALISIERUNG. Unter »Default Server Language«/»Standardsprache Server« wählen Sie die Sprache für den Server, also für Systemmeldungen und Protokolle. Die Sprache, die Sie unter »Default Client Language«/»Standardsprache Client« festlegen, ist die Sprache, die für neue Benutzer voreingestellt ist. Unter »Available Languages«/»Verfügbare Sprachen« können Sie die Sprachen festlegen, die Benutzer in ihren Einstellungen auswählen können. Ohne eine Angabe sind alle verfügbaren Sprachen erlaubt. Legen Sie manuell Sprachen fest, sind nur die angegebenen erlaubt.

Achtung

Schränken Sie die »Available Languages«/»Verfügbare Sprachen« auf eine einzelne Sprache (außer Englisch) ein, haben zwar alle neuen Benutzer diese Sprache voreingestellt, Sie selbst können die Sprache aber nicht auf diese umstellen. Bei einer einzelnen verfügbaren Sprache wird in den Kontoeinstellungen die Sprachauswahl nicht angezeigt. Legen Sie also mindestens zwei verfügbare Sprachen fest, oder stellen Sie die Beschränkung erst ein, nachdem Sie die Sprache für Ihr Konto geändert haben.

Wichtig

Legen Sie selbst die Sprachauswahl unter »Available Languages«/»Verfügbare Sprachen« fest, muss die »Default Client Language«/»Standardsprache Client« enthalten sein, sonst lassen sich die Einstellungen nicht speichern.

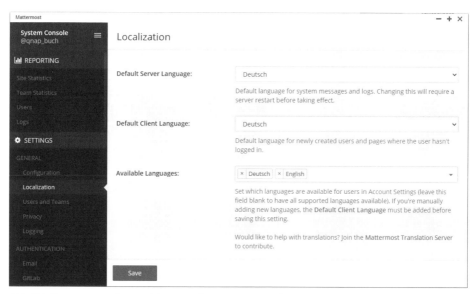

Abb. 17.10: Legen Sie fest, welche Sprachen genutzt werden.

Die Systemkonsole bleibt vorerst auf Englisch. Um die gewünschte Sprache einzustellen, wechseln Sie in die Teamansicht, öffnen dort das Balkenmenü (siehe Abbildung 17.7) und wählen ACCOUNT SETTINGS|DISPLAY|LANGUAGE / KONTOEINSTELLUNGEN|ANZEIGE|SPRACHE. Die von Ihnen festgelegte Standardsprache ist bereits eingestellt. Sie müssen nur noch auf SAVE klicken.

17.2 Den Chat-Server verwenden

Der Chat-Server läuft und wurde eingerichtet, aber was bringt ein Chat-Server, wenn niemand da ist, um ihn zu nutzen? In diesem Abschnitt erfahren Sie, wie Sie Benutzer einladen, diese in Teams organisieren und wie Benutzer über den Chat-Client eine Verbindung zum Server aufbauen.

17.2.1 Benutzer einladen

Da *Mattermost* keine QNAP-Anwendung ist, können QNAP-Benutzer nicht zum Anmelden verwendet werden. Auch das Registrieren ist ohne Weiteres nicht möglich. Damit andere Personen Ihren Chat-Server nutzen können, müssen Sie diese einladen. Einladungen gelten immer für ein konkretes Team und nicht für den Chat-Server allgemein, daher habe ich Ihnen weiter oben bereits erklärt, wie Sie das erste Team anlegen.

E-Mail-Einladung

Die erste Variante, Mitglieder in ein Team einzuladen, ist die E-Mail-Einladung:

1. Wechseln Sie in das entsprechende Team, und öffnen Sie das Balken-Menü.
2. Wählen Sie E-Mail-Einladung.
3. Im Dialog können Sie jetzt Einladungen per E-Mail verschicken. Geben Sie dazu die Empfängeradresse und optional den Empfängernamen ein. Durch einen Klick auf Hinzufügen können Sie weitere Empfänger einfügen.
4. Klicken Sie auf Einladung senden.

Abb. 17.11: Schicken Sie Personen Einladungen per E-Mail.

Die eingeladene Person bekommt dann eine E-Mail. Ein Klick auf den Button Team beitreten führt dann zu Ihrem Chat-Server. Der Eingeladene muss jetzt ein neues Konto erstellen, sofern er noch kein Konto auf Ihrem Server hat (durch eine Einladung in ein anderes Team). Ist das Konto erstellt, wird der neue Benutzer zum Team hinzugefügt.

17.2
Den Chat-Server verwenden

Abb. 17.12: Die E-Mail mit der Einladung

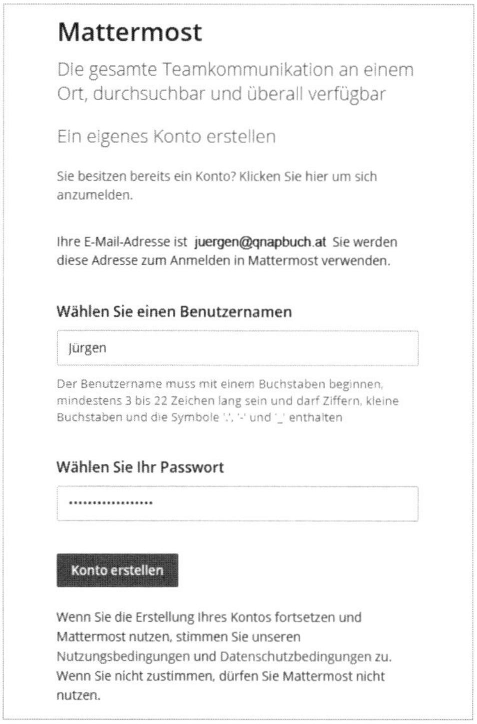

Mattermost

Die gesamte Teamkommunikation an einem Ort, durchsuchbar und überall verfügbar

Ein eigenes Konto erstellen

Sie besitzen bereits ein Konto? Klicken Sie hier um sich anzumelden.

Ihre E-Mail-Adresse ist juergen@qnapbuch.at Sie werden diese Adresse zum Anmelden in Mattermost verwenden.

Wählen Sie einen Benutzernamen

Jürgen

Der Benutzername muss mit einem Buchstaben beginnen, mindestens 3 bis 22 Zeichen lang sein und darf Ziffern, kleine Buchstaben und die Symbole '.', '-' und '_' enthalten

Wählen Sie Ihr Passwort

....

Konto erstellen

Wenn Sie die Erstellung Ihres Kontos fortsetzen und Mattermost nutzen, stimmen Sie unseren Nutzungsbedingungen und Datenschutzbedingungen zu. Wenn Sie nicht zustimmen, dürfen Sie Mattermost nicht nutzen.

Abb. 17.13: Beitritt zum Team.

533

Team-Einladungslink

Je nach Einsatzgebiet des Chat-Servers kann es mühsam sein, jeden Benutzer einzeln hinzuzufügen. Alternativ können Sie einen Einladungslink zur Verfügung stellen, der an eine unbegrenzte Zahl an Benutzern bzw. auf verschiedene Kanäle verteilt werden kann.

> **Vorsicht**
>
> Jeder, der den Link erhält, kann sich auf Ihrem Chat-Server registrieren. Verwenden Sie diese Methode nur für Teams, die nicht absolut vertraulich sind. Benutzer müssen zwar trotzdem ein Konto registrieren, aber grundsätzlich ist das Team durch den Einladungslink öffentlich zugänglich.

Um den Link zu erhalten, öffnen Sie das Balkenmenü und klicken auf TEAM-EINLADUNGSLINK. Sie können den Link jetzt kopieren und verteilen.

Abb. 17.14: Den Link kann jeden nutzen, Sie haben keine Kontrolle darüber, wer sich registriert.

Mitglieder hinzufügen

Hat eine Person bereits ein Konto auf Ihrem Server, können Sie das Konto der Person einfach einem anderen Team zuweisen, ohne eine erneute Einladung zu verschicken. Klicken Sie dazu im Balkenmenü auf MITGLIED ZUM TEAM ..., im Dialog können Sie jetzt bestehende Konten auswählen und durch einen Klick auf HINZUFÜGEN dem aktuell ausgewählten Team hinzufügen.

Abb. 17.15: Hinzufügen bereits registrierter Benutzer zu Teams

17.2.2 Clients nutzen

Sie als Administrator kennen *Mattermost* als Anwendung in QTS. Andere NAS-Benutzer haben übrigens keinen Zugriff darauf. Eingeladene Benutzer landen nach Erstellen des Kontos direkt im Webclient. Dieser kann jederzeit über die von Ihnen konfigurierte Server-URL und die Portnummer aufgerufen werden. Der Webclient bietet allerdings nur nicht administrativen Zugriff auf *Mattermost*, egal, ob Sie sich als Server-Administrator anmelden oder als Benutzer mit diversen Berechtigungen.

Im Webinterface fehlen unter anderem:

- Zugriff auf die Systemkonsole
- Anlegen neuer Teams
- Anlegen neuer Kanäle (privat und öffentlich)
- Teameinstellungen

Möchten Sie, oder Benutzer mit entsprechenden Privilegien, diese Funktionen nutzen, müssen Sie sich über die Client-Anwendung einloggen. Clients gibt es für alle gängigen Plattformen (Desktop und Mobil). Im Balkenmenü findet jeder Benutzer den Punk APP HERUNTERLADEN. Dieser führt zur Download-Seite der Clients. Laden Sie den gewünschten Client herunter und installieren Sie ihn. Starten Sie den Client, gelangen Sie gleich in die Einstellungen, um einen Server hinzuzufügen. Vergeben Sie einen Namen für den Server, tragen Sie dessen URL und Portnummer ein und klicken Sie auf ADD. Im Client können übrigens mehrere Server hinzugefügt werden.

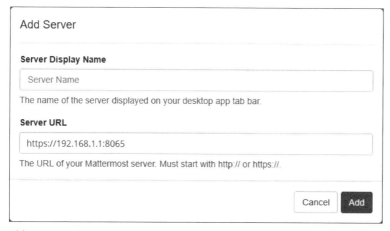

Abb. 17.16: Geben Sie die URL Ihres Chat-Servers ein, vergessen Sie nicht auf den Port.

Schließen Sie danach die Einstellungen, gelangen Sie zum Login-Bildschirm. Hier können Sie E-Mail bzw. Benutzername und Passwort Ihres Server-Kontos eingeben und sich anmelden. Die Desktop-Clients sind genauso aufgebaut wie der Webclient bzw. die *Mattermost*-App in QTS, die mobilen Clients haben den gleichen Aufbau und die gleichen Funktionen, das Benutzerinterface ist aber an die Mobilgeräte angepasst.

17.2.3 Benutzerprivilegien

Ihr Benutzer ist der Server-Administrator, Sie dürfen grundsätzlich alles. Eingeladene Benutzer sind nur normale Mitglieder, sie dürfen im öffentlichen Bereich des Teams schreiben und lesen und anderen Teammitgliedern Direktnachrichten schicken. Das muss aber nicht so bleiben, für Benutzer gibt es verschiedene Berechtigungen und Rollen, die ich Ihnen hier kurz vorstelle:

- *Direktnachrichten einschränken* – In der Standard-Konfiguration darf jeder Benutzer Direktnachrichten an alle Benutzer des Servers schicken. Sie können dies aber einschränken, indem Sie Benutzern nur die Direktnachrichten mit Teammitgliedern erlauben. Das macht vor allem dann Sinn, wenn auf dem Chat-Server verschiedene Personenkreise vorhanden sind, und Sie diese getrennt halten wollen (z.B. privat, Verein, beruflich). Öffnen Sie dazu die Systemkonsole, und wechseln Sie in den Bereich BENUTZER UND TEAMS (unter »ALLGEMEIN«). Mit der Option »Erlaube Benutzern einen Direktnachrichtenkanal zu öffnen mit« können Sie die Einschränkung einstellen.

- *Teams erstellen* – In der Standardeinstellung kann jeder Benutzer neue Teams erstellen und wird dadurch auch zum Teamadministrator (siehe unten). Sie können das Erstellen neuer Teams auf Systemadministratoren beschränken. Öffnen Sie die Systemkonsole, und wechseln Sie in den Bereich BENUTZER UND TEAMS (unter Allgemein). Setzen Sie dort »Aktiviere Team Erstellung« auf FALSCH.

- *Teamadministrator* – Der Teamadministrator hat Zugriff auf die TEAMEINSTELLUNGEN (im Balkenmenü) und kann die Einstellungen (wie etwa Name und Beschreibung) verändern. Außerdem dürfen Teamadministratoren die Mitglieder verwalten, also sie entfernen oder deren Rolle ändern.

> **Hinweis**
>
> Alle Mitglieder dürfen Einladungen zu Teams verschicken, unabhängig davon, welche Rolle/Berechtigungen sie haben. In der kostenlosen Version kann das Einladen von Mitgliedern nur global für alle Rollen (auch Systemadministratoren) deaktiviert werden.

Dürfen Benutzer selbst Teams erstellen, sind diese automatisch Teamadministrator des erstellten Teams. Als Systemadministrator können Sie auch einzelne Benutzer zu Teamadministratoren ernennen. Gehen Sie dazu in der Systemkonsole in den Bereich BENUTZER (unter »Reporting«) und klicken beim gewünschten Benutzer auf MITGLIED| TEAMS VERWALTEN. Klicken Sie dann neben der gewünschten Gruppe auf TEAMMITGLIED|ZU TEAMADMINISTRATOR MACHEN.

Alternativ geht das auch direkt im Team über den Eintrag MITGLIEDER VERWALTEN im Balkenmenü.

- *Systemadministrator* – Der bzw. die Systemadministratoren haben Zugriff auf die Systemkonsole und somit alle Berechtigungen. Sie können andere Benutzer zu Systemadministratoren ernennen, öffnen Sie dazu SYSTEMKONSOLE|BENUTZER|MITGLIED(beim jeweiligen Benutzer)|ROLLEN VERWALTEN und klicken dort zuerst auf SYSTEMADMINISTRATOR und anschließend auf SPEICHERN.

> **Wichtig**
>
> Erweitertes Privilegienmanagement ist nur in den Enterprise-Versionen vorhanden.

17.2.4 Kanäle und Direktnachrichten

Innerhalb eines Teams gibt es diverse Möglichkeiten der Kommunikation. Zum einen gibt es Nachrichtenkanäle. Diese sind in öffentliche und private Kanäle eingeteilt. Jedes Team hat die beiden öffentlichen Kanäle »Off-Topic« und »Town Square«. Weitere Kanäle können Mitglieder über das +-Icon bzw. MEHR ... erstellen. Dabei werden Name (der in die Kanal-URL einfließt), Zweck und Überschrift festgelegt werden. Der Name wird in der Kanalübersicht und als Titel des Kanals angezeigt, die Überschrift ist eher ein Infotext, der unterhalb des Titels angezeigt wird, Sie können darin Links erstellen. Der Zweck wird nach Erstellen des Kanals im Chat-Fenster ausgegeben und ist über die Kanalinformation einsehbar (Klick auf den Pfeil neben dem Kanaltitel und Eintrag INFO ANZEIGEN wählen).

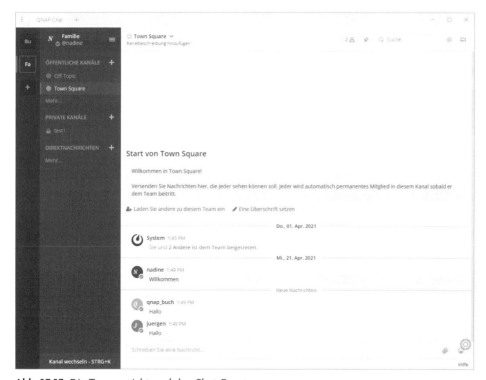

Abb. 17.17: Die Teamansicht und das Chat-Fenster.

Öffentliche Kanäle sind von allen Teammitgliedern (egal, ob bestehende oder neu eingeladene) einsehbar. Wird ein privater Kanal erstellt, ist dieser vorerst nur für den Ersteller sichtbar. Mitglieder können über (2👤)|MITGLIEDER VERWALTEN|FÜGE NEUE MITGLIEDER HINZU hinzugefügt werden.

Der letzte Kommunikationskanal sind die Direktnachrichten. Diese können an einzelne Benutzer, aber auch an mehrere Benutzer (Gruppenchats) gesandt werden. Wird eine Direktnachricht an einen oder mehrere Benutzer verschickt, wird ein neuer Chat erstellt, der Nachrichtenverlauf bleibt also erhalten. Sie können diese Chats auch benennen. Direktnachrichten sind auf maximal acht (der Ersteller + sieben weitere Personen) Mitglieder begrenzt. Ist der Chat erstellt, können keine weiteren Mitglieder hinzugefügt oder entfernt werden.

> **Tipp**
>
> Sie können auch Direktnachrichten an sich selbst schicken. Starten Sie eine neue Direktunterhaltung, können Sie Ihr eigenes Konto auswählen. Die Nachrichten, die Sie sich schreiben, sind dann überall, wo Sie Zugriff auf den Chat-Server haben, verfügbar. Sie können so einfach und schnell Texte, Links und Dateien zwischen Ihren Geräten hin und her schicken.

Das Schreiben von Nachrichten ist in Kanälen sowie in Direktnachrichten identisch. Generell gibt es zwischen den einzelnen Kommunikationsformen kaum Unterschiede. Diese dienen eher der Strukturierung der Kommunikation in größeren Personengruppen. So haben Kanäle meist ein bestimmtes Thema, um Informationen schneller und einfacher zu finden.

In den kostenpflichtigen Versionen von *Mattermost* stehen zusätzliche Rollen zur Verfügung, und für die einzelnen Kommunikationsformen können unterschiedliche Privilegien festgelegt werden.

Kapitel 18

Videoüberwachung mit der Surveillance Station

Haben Sie schon einmal an Videoüberwachung gedacht? Egal, ob am Arbeitsplatz, im eigenen Zuhause oder im Garten – mit Netzwerkkameras lassen sich diese Bereiche recht einfach überwachen, und sie bieten auch für relativ wenig Geld zufriedenstellende Qualität. Was das Ganze mit einem NAS zu tun hat? Ihr QNAP NAS übernimmt hier gleich mehrere Aufgaben.

Das Bildmaterial muss irgendwo gespeichert werden. Es gibt zwar Kameras mit SD-Karten-Slot, SD-Karten sind aber schnell voll, und gerade bei mehreren Kameras sind Speicherkarten eher unpraktisch. Diese müssen auch eingesammelt werden, um das Videomaterial zu sichten oder zu archivieren. Besser ist da ein zentraler Netzwerkspeicher.

Überwachungskameras müssen aber auch eingerichtet, gesteuert und verwaltet werden, außerdem möchten Sie ja auch sehen, was die Kamera so sieht, egal, ob aufgezeichnetes Material oder Live-Bild. Das bieten zwar meist auch die Herstelleranwendungen und -Apps, je nach Preissparte und Hersteller ist die Software aber nicht immer besonders gut, und auch die Sicherheit lässt meist zu wünschen übrig.

QNAP bietet mit der *Surveillance Station* eine umfangreiche Verwaltungssoftware, mit der Sie je nach Kamera-Funktionen sogar aus der Ferne Zoom und Ausrichtung festlegen können. Wichtiger noch ist das Auslösen bestimmter Aktionen bei gewissen Ereignissen, das beherrscht die *Surveillance Station* ebenfalls.

18.1 Die richtige Kamera finden

Obwohl die *Surveillance Station* viele verschiedene Kameras unterstützt, ist es gar nicht so einfach, die richtige zu finden. Primär entscheidet das Einsatzgebiet, welche Kameras infrage kommen, und danach stellt sich auch die Frage des Preises.

18.1.1 Anforderungen

Grundsätzlich müssen Sie zwischen dem Einsatz im Indoorbereich und im Outdoorbereich unterscheiden. Outdoorkameras müssen stabiler und wetterfest sein. Sie können zwar auch im Innenbereich eingesetzt werden, entscheidet man sich aber für eine reine Indoorkamera, lässt sich Geld sparen. Sie sollten aber nicht nur auf Bezeichnungen achten, sondern auch auf die Bauform. Grundsätzlich gibt es zwei Formen, die *Dome*-Kameras und die *Bullet*-Kameras. Dome-Kameras sitzen unter einer Glaskuppel und können sehr flexibel ausgerichtet werden. Bullet-Kameras sind länglich und größer, können dafür aber mehr Technik beinhalten, dadurch sind meistens die Nachtsicht und der Zoom besser als bei Dome-Kameras.

> **Hinweis**
>
> Es gibt Dome-Kameras, die als Outdoor-geeignet ausgewiesen sind, die Erfahrung hat aber gezeigt, dass sie für den Außeneinsatz eher ungeeignet sind. Auf der Außenseite der Kuppel können sich leicht Wassertropfen oder Schmutz sammeln, und noch schlimmer, die Innenseite der Kuppel beschlägt sehr leicht durch kondensierte Feuchtigkeit. Im besten Fall leidet die Bildqualität, im schlechtesten Fall sehen Sie gar nichts mehr. Bullet-Kameras haben dieses Problem nicht.

Bullet-Kameras sind sichtbarer und können daher abschreckend wirken. Dome-Kameras sind weniger sichtbar bzw. auffällig. Zusätzlich sind sie durch die kompakte Bauform und die schützende Kuppel stabiler und können schwerer beschädigt werden. Einige sind so gefertigt, dass sie Beschädigungen bis zu einem gewissen Grad widerstehen, dabei handelt es sich um Vandalismus-sichere Kameras.

Anschließend noch einige weitere Faktoren, die Sie bedenken sollten.

Lichtstärke

Die meisten Kameras sind mit Infrarot-LEDs ausgestattet, um auch im Dunkeln Aufnahmen zu ermöglichen. Hier stellt sich die Frage: Wie dunkel kann es am Platzierungsort werden, und wie groß ist der Ort? Nehmen Sie im Innenbereich auf kürzere Distanz auf, muss die Kamera nicht so leistungsfähig sein, als wenn Sie außen eine freie Fläche (z.B. den Garten) überwachen und noch in mehreren Metern Entfernung etwas erkennen wollen.

Blickwinkel und Zoom

Möchten Sie nur eine Tür überwachen, ein ganzes Zimmer oder den Garten? Bei großen Arealen sind meist mehrere Kameras notwendig. Hier hilft ein großer Blickwinkel, die Anzahl der Kameras zu minimieren. Der Zoom kann ebenfalls ausschlaggebend sein. Je größer der Zoom, desto weiter weg kann die Kamera positioniert werden. Kameras weiter weg zu positionieren kann bei der Strom- und Netzwerkversorgung eine entscheidende Rolle spielen.

Steuerbarkeit (PTZ)

PTZ steht für Pan-Tilt-Zoom, also schwenken, kippen und zoomen. Fast jede Kamera kann nach der Montage manuell gedreht und geschwenkt werden, um so den Bildbereich feiner zu bestimmen. Bei einigen Kameras können diese Einstellungen aber auch elektronisch gesteuert werden. Der Zoom kann bei den meisten Kameras über die Software gesteuert werden. Diese Steuerung funktioniert aber nicht nur in der Herstellersoftware, sondern auch in der Surveillance Station.

Netzwerkanschluss

Es gibt Kameras, die per LAN-Kabel ins Netzwerk integriert werden, und es gibt WLAN-Kameras. Diese bieten den Vorteil, dass sie nur mit Strom versorgt werden und sich in Reichweite eines WLAN befinden müssen.

> **Achtung**
>
> WLAN hört sich im ersten Moment praktisch an, dabei gibt es aber einige Punkte zu bedenken.
>
> WLAN ist nicht besonders stabil – die Bandbreite schwankt ständig, und Verbindungsabbrüche sind auch nicht selten. Für Kameras wird eine stabile Verbindung empfohlen, denn eine Kamera bringt wenig, wenn sie im entscheidenden Moment keine Bilder oder Bilder in schlechter Qualität liefert.
>
> WLAN-Kameras sind außerdem nicht besonders sicher. Unbefugte können sich leicht Zutritt verschaffen und bekommen so Einblicke in die Bereiche, die Sie eigentlich schützen wollen.
>
> Kameras mit Akkus sind für die Dauerüberwachung ungeeignet, WLAN-Kameras müssen also immer noch mit Strom versorgt werden. Während man im eigenen Haus oder der Firma auch nachträglich an unterschiedlichen Stellen eine Stromversorgung herstellen kann, ist das in Mietobjekten schwieriger, das schränkt Sie bei der Positionierung der Kamera ein. Möchten Sie mehrere Kameras aufstellen, kostet das wertvolle Steckdosen, bzw. es müssen umständlich Verlängerungskabel verlegt werden. Ich empfehle kabelgebundenes Netzwerk und die Beachtung des nächsten Punkts.

Stromversorgung

Diese stellt neben der Netzwerkversorgung ein weiteres Problem dar. Hier gibt es aber Abhilfe, die aus zwei Problemen nur noch eines macht. Das Zauberwort heißt *PoE* (*Power over Ethernet*). Kameras bzw. Geräte allgemein, die PoE unterstützen, lassen sich über ein Ethernet-Kabel mit Strom versorgen. Welches Kabel Sie verwenden, ist dabei egal, allerdings benötigen Sie auch auf der anderen Seite des Kabels ein Gerät, das die Spannung in das Netzwerkkabel einspeist. Das funktioniert entweder über PoE-Switches oder sogenannte PoE-Injektoren. Bedenken Sie aber, dass diese Geräte ebenfalls mit Strom versorgt werden müssen.

Grundsätzlich sind PoE-Switches die bessere Wahl. Sie belegen eine Steckdose, bieten aber mehrere PoE-fähige Ports (achten Sie auf die Leistung der PoE-Ports und die der zu versorgenden Geräte). Injektoren haben im Normalfall nur einen Eingangs- und einen Ausgangsport, können also nur ein Gerät versorgen und benötigen eine Steckdose.

Der Injektor macht dort Sinn, wo bereits ein physisches Netzwerk besteht und die PoE-Endgeräte weit auseinanderliegen (z.B. große Außenbereiche oder Firmenareale). Bedenken Sie aber, dass auch Injektoren mit Strom versorgt werden müssen. Grundsätzlich sind Switches die bessere Wahl, sie benötigen nur einen Stromanschluss und können gleich mehrere PoE-Geräte versorgen.

Bei einer PoE-Kamera sparen Sie also noch keine Steckdose ein, sind aber flexibler mit der Positionierung – so können Sie die Kamera auch dort aufstellen, wo kein Strom zur Verfügung steht, sofern Sie dorthin ein LAN-Kabel verlegen können. Für jede weitere Kamera profitieren Sie zusätzlich, wenn Sie einen PoE-Switch einsetzen.

18.1.2 Kompatibilität

Es ist schon schwer genug, die richtige Kamera zu finden, aber die Anforderungen alleine genügen nicht, immerhin muss die Kamera auch kompatibel sein.

> **Hinweis**
>
> QNAP bietet unter `https://www.qnap.com/en/compatibility-surveillance` eine Datenbank mit kompatiblen Geräten. Hier können Sie sogar nach verschiedenen Funktionen filtern. Es scheint aber so, dass diese Datenbank nicht immer zuverlässig ist. Ich kann Ihnen nicht sagen, wie oft hier Aktualisierungen stattfinden, aber die Liste beinhaltet oft Kameras, die nicht mehr aktuell sind bzw. oft nicht mehr erhältlich sind. Deren Nachfolger finden sich dann oft (noch) nicht in der Liste.
>
> Die Seite bietet die Möglichkeit, Modelle zu melden, die nicht in der Datenbank enthalten sind, sich aber mit der Surveillance Station als kompatibel erwiesen haben.

Ich selbst kann Ihnen an dieser Stelle keine Empfehlung geben, da der Einsatzzweck und die Anforderungen viel zu breit gefächert sind. Hier könnte sich ein Blick in die Community lohnen. Eventuell finden Sie Empfehlungen, oder Sie fragen ganz einfach in einem der Foren nach. Im schlimmsten Fall hilft nur ausprobieren. Bedenken Sie aber, dass bekannte Händler oft nur eine kleine Auswahl an (vor allem günstigen) Kameras bieten. Häufig erhalten Sie das gewünschte Modell nur bei Fachhändlern.

Finden Sie keine Kamera aus der Datenbank, gibt es aber noch eine Notlösung, und die heißt *ONVIF*. Dabei handelt es sich um einen Standard in der Überwachungstechnik. Dieser legt Funktionen und Kommunikationsprotokoll fest. Damit ist sichergestellt, dass Hard- und Software, die diesen Standard unterstützen, auch miteinander kompatibel sind. Die *Surveillance Station* unterstützt ONVIF, Sie können daher ONVIF-Kameras verwenden, auch wenn diese in der Datenbank nicht aufgelistet sind. Es ist dann aber möglich, dass die Kamera Funktionen aufweist, die in der Surveillance Station nicht genutzt werden können.

Finden Sie auch hier keine passende Kamera, hilft nur ausprobieren. Ist ein Hersteller mit allen oder zumindest vielen seiner bisherigen Produkte vertreten, ist die Chance hoch, dass auch neue Produkte unterstützt werden. Hierfür gibt es ein generisches Kamera-Profil in der *Surveillance Station*. Wird die Kamera erkannt, melden Sie das über die Webseite von QNAP, und mit dem nächsten Update wird die Kamera vielleicht schon offiziell unterstützt.

> **Wichtig**
>
> Bevor Sie sich Kameras zulegen und diese aufstellen, informieren Sie sich über die rechtlichen Rahmenbedingungen der Videoüberwachung.

18.2 Lizenzen und Gerätezahl

Damit Sie mit der *Surveillance Station* Kameras verwalten können, sind Lizenzen erforderlich. Genauer ist pro Kamera eine Lizenz notwendig. Die Installation unterscheidet sich etwas von anderen Paketen. Beim Kauf eines QNAP NAS sind bereits zwei Lizenzen enthalten. Lizenzen können Sie im Internet in Paketen von 1, 2 und 4 Stück kaufen.

Die Lizenzen skalieren die Kosten zwischen einfacher Videoüberwachung für den Privatanwender bis hin zum komplexen Überwachungskonzept für Unternehmen.

> **Achtung**
>
> QNAP stellt Lizenzen immer für ein NAS aus. Die enthaltenen Gratislizenzen können nicht übertragen werden, besitzen Sie zwei NAS-Geräte, können Sie nicht die zwei freien Lizenzen auf das andere Gerät übertragen, um so vier Lizenzen zu nutzen. Gekaufte Lizenzen können laut Community übertragen werden, indem Sie sie deaktivieren und sich dann an den QNAP-Support wenden.

Achten Sie auch auf die maximale Anzahl unterstützter Kameras/Geräte. Diese liegt bei den Modellen für den Privatanwender zwischen 8 und 40 Stück, bei den speziellen Videomodellen sogar bei bis zu 80 Stück.

18.3 Die Surveillance Station installieren und einrichten

Die *Surveillance Station* finden Sie im App Center in der Kategorie ÜBERWACHUNG. Installieren Sie die App. Wie gewohnt, wird sie heruntergeladen, und Sie werden gefragt, auf welchem Volume Sie sie speichern wollen.

Die *Surveillance Station* lässt sich direkt über *QTS* öffnen, oder Sie rufen sie direkt im Browser auf. Sie erreichen die *Surveillance Station* unter `https://<NAS-IP-ODER-NAME>/surveillance`, loggen Sie sich mit Ihrem NAS-Benutzer ein.

Beim ersten Aufruf werden Sie durch den Einrichtungsassistenten geführt.

1. Haben Sie FTP nicht aktiviert, werden Sie darauf hingewiesen. Die Aktivierung ist aber nicht zwingend erforderlich. Sie können FTP bei Bedarf auch später aktivieren.
2. Im nächsten Schritt müssen Sie einen Speicherort für die Aufnahmen festlegen. Wählen Sie ein Volume aus und anschließend einen Ordner. Sie haben nur die Möglichkeit, einen Freigabeordner zu wählen. Unterordner sind in der Auswahl nicht verfügbar. Ich empfehle Ihnen, für die *Surveillance Station* einen eigenen Freigabeordner zu nutzen. Sie müssen diesen aber nicht vorab anlegen.

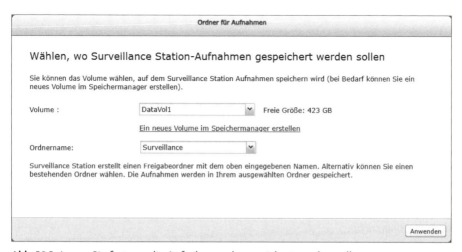

Abb. 18.1: Legen Sie fest, wo die Aufnahmen abgespeichert werden sollen.

Anstatt einen Ordner aus dem Drop-down-Menü zu wählen, können Sie auch einfach einen Ordnernamen eingeben. Die *Surveillance Station* legt diesen Ordner automatisch an, sollte er noch nicht existieren. Klicken Sie anschließend auf ANWENDEN.

> **Wichtig**
>
> Lassen Sie die *Surveillance Station* einen neuen Freigabeordner anlegen, wird auf diesem jedem Benutzer (genauer gesagt der Gruppe *everyone*) Lese- und Schreibrechte gewährt. Diese Rechte müssen Sie gegebenenfalls über die Systemsteuerung nachbearbeiten (siehe Abschnitt 5.1.3 »Freigabeordner erstellen«).

3. Der Vorgang dauert einen Moment, Sie werden im Anschluss zur Übersichtsseite der *Surveillance Station* weitergeleitet.

> **Hinweis**
>
> Alternativ steht Ihnen die *Surveillance Station* als Desktop-Client zur Verfügung. Sie finden ihn im Downloadbereich auf der QNAP-Homepage unter dem Namen *QVR Client*. In späteren Abschnitten werde ich nochmals auf den Client zurückkommen.

18.4 Die grafische Oberfläche

Die *Surveillance Station* ist eine sehr umfangreiche Anwendung. Die Oberfläche ähnelt der anderer QNAP-Apps.

Abb. 18.2: Die Surveillance Station frisch nach der Installation, noch ohne konfigurierte Kameras

Wie gewohnt, besteht die Oberfläche aus einer Menüleiste, einem Navigationsbereich und dem Hauptfenster.

18.4.1 Systemeinstellungen

Die Einstellungen finden Sie diesmal nicht hinter einem Dreipunkte-Menü oder im Benutzerprofil. Sie sind auf zwei Bereiche aufgeteilt: die Kamera-Einstellungen, in denen Sie Optionen finden, die die verknüpften Kameras betreffen, und die Systemeinstellungen. Mehr zu den Kamera-Einstellungen lesen Sie im Abschnitt 18.5 »Die Kamera einrichten«, die Systemeinstellungen lernen Sie an dieser Stelle genauer kennen.

Die Systemeinstellungen selbst können Sie nicht öffnen. Es handelt sich dabei nur um einen Knoten im Navigationsbereich. Darunter finden Sie aber die drei Bereiche ERWEITERTE EINSTELLUNGEN, PRIVILEGIENEINSTELLUNGEN und WIEDERGABEPFAD.

Erweiterte Einstellungen

Hier finden Sie überwiegend spezielle Aufnahmeeinstellungen. So können Sie die »Aufnahmelänge und Aufnahmedauer« festlegen. Hier legen Sie fest, wie lang eine Aufnahme maximal sein darf. Außerdem können Sie bei Speicherknappheit festlegen, ob die ältesten Aufnahmen überschrieben oder die aktuelle Aufnahme beendet werden soll. Außerdem können Sie eine minimale und maximale Aufbewahrungsdauer festlegen. Videoaufnahmen benötigen sehr viel Speicherplatz, je mehr Kameras aufnehmen, desto schneller ist der Speicher voll. Das kann sehr schnell passieren, und es ist nicht immer einfach, den Speicher im Auge zu behalten.

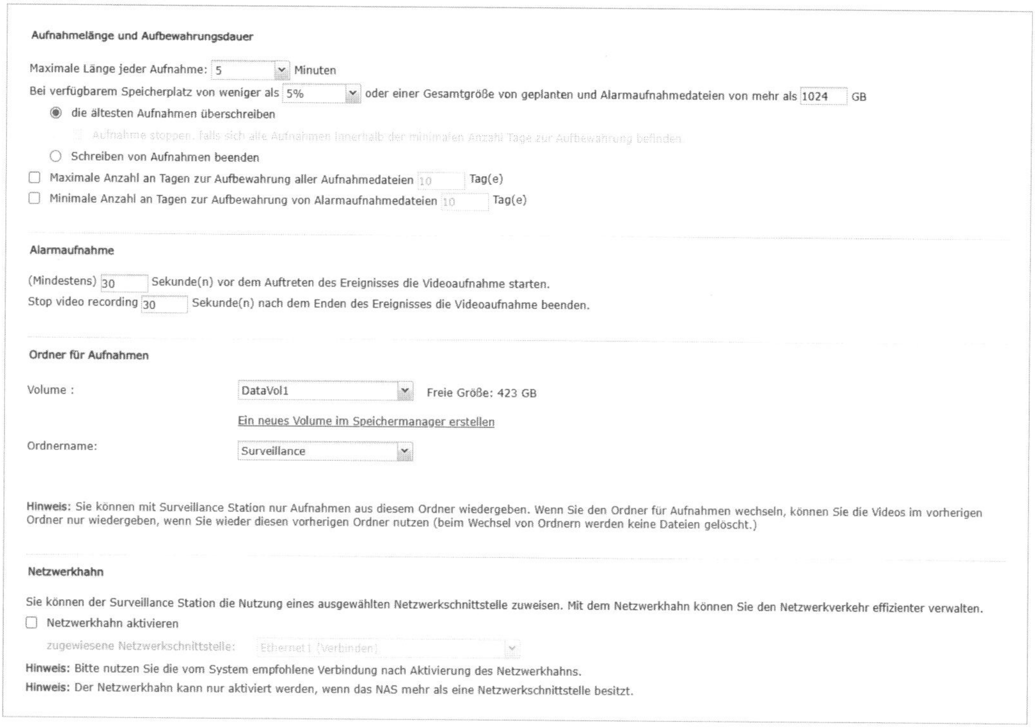

Abb. 18.3: Hier finden Sie generelle Einstellungen für die Surveillance Station. Einige davon können für jede Kamera individuell überschrieben werden.

Diese Einstellungen helfen Ihnen, im Notfall automatische Entscheidungen zu treffen. Bedenken Sie aber gut, welche Optionen Sie wählen. Löschen Sie alte Aufnahmen, können noch nicht gesichtete Ereignisse verloren gehen, beenden Sie die aktuelle Aufnahme, entgeht Ihnen ebenfalls ein möglicherweise wichtiges Ereignis.

Unter »Alarmaufnahme« legen Sie fest, wie viele Sekunden vor und nach einem Ereignis aufgezeichnet werden sollen. Dadurch wird eine längere Aufnahme erstellt. Löst die Ereigniserkennung zu spät aus oder endet sie zu früh, können dadurch wichtige Momente eingefangen werden.

Ereignisgesteuerte Aufnahmen

Eine Aufzeichnung rund um die Uhr benötigt enormen Speicherplatz und ist auch nicht immer notwendig. Um Speicherplatz und Videomaterial zu sparen, gibt es die Möglichkeit, ereignisbasiert Aufnahmen zu erstellen. Die Kamera filmt zwar ständig mit, sofern sie in Betrieb ist, das Videomaterial wird aber nicht dauerhaft gespeichert. Tritt ein Ereignis ein, wird die Aufnahme gespeichert und ein Alarm ausgelöst.

Ein Ereignis kann beispielsweise das Auftreten einer Bewegung im Bild sein. Nicht jede Kamera unterstützt alle Arten von Ereignissen. Mehr dazu im Abschnitt 18.5.3 »Ereigniserkennung«.

Unter »Ordner für Aufnahme« können Sie den Speicherplatz für die Aufzeichnungen ändern. Diesen haben Sie bei der Einrichtung der Surveillance Station festgelegt.

Zu guter Letzt haben Sie noch die Möglichkeit, die Netzwerkschnittstelle festzulegen. Hat Ihr NAS mehr als nur eine Netzwerkschnittstelle, können Sie hier festlegen, welche von der Surveillance Station genutzt werden soll. So können Sie beispielsweise eine Schnittstelle mit Ihrem Router verbinden und für die übrigen Aufgaben Ihres NAS verwenden und mit der zweiten Schnittstelle ein eigenes Netzwerk erstellen, in dem Sie ausschließlich die Überwachungsgeräte vernetzen.

Privilegieneinstellungen

Hier legen Sie die Berechtigungen der einzelnen NAS-Benutzer für die konfigurierten Kameras fest. Für diese Einstellungen müssen Sie zumindest eine Kamera konfiguriert haben (siehe Abschnitt 18.5 »Die Kamera einrichten«).

Benutzername		Aktion
	Lokale Benutzer	
admin		🗑
NAS_Buch		🗑
Nadine		🗑
Jürgen		🗑

Abb. 18.4: Verwalten Sie die Benutzerrechte direkt in der Surveillance Station.

Klicken Sie auf ![icon], erscheint ein Fenster mit allen konfigurierten Kanälen. Sie können für jeden Kanal getrennt folgende Privilegien zuweisen:

- *Überwachung* – Dieses Privileg erlaubt den Zugriff auf die Kamera, sei es, um das Live-Bild zu betrachten oder die Kamera zu konfigurieren.
- *Push-Dienst* – »Überwachung« erforderlich. Erlaubt das Erhalten von Benachrichtigungen via Push-Dienst
- *PTZ-Steuerung* – »Überwachung« erforderlich. Erlaubt die PTZ-Steuerung der Kamera (sofern diese PTZ-Steuerung unterstützt)
- *Audio* – »Überwachung« erforderlich. Erlaubt Zugriff auf die Tonaufnahme der Kamera (sofern diese über ein Mikrofon verfügt)
- *Wiedergabe* – Erlaubt die Wiedergabe der mit dieser Kamera gemachten Aufnahmen

Abb. 18.5: Legen Sie fest, wie viele Funktionen der Surveillance Station ein Benutzer nutzen darf.

Die Privilegien können vergeben werden, unabhängig davon, ob die jeweilige Kamera diese Funktion unterstützt oder nicht.

Wiedergabepfad

Hier können Sie alle Pfade verwalten, unter denen Aufnahmen abgespeichert wurden. Die *Surveillance Station* kann, unabhängig vom aktuellen Speicherziel (ERWEITERTE EINSTELLUNGEN, »Ordner für Aufnahme«), Aufnahmen von verschiedenen Pfaden verwalten. Durch diese Funktion können Sie etwa externe Datenträger als Speicher für Aufnahmen nutzen. Ändern Sie das aktuelle Speicherziel, wird der Pfad automatisch unter Wiedergabepfad eingetragen, Sie können Freigabeordner aber auch manuell hinzufügen.

18.5 Die Kamera einrichten

Bevor Sie die Kamera in die *Surveillance Station* einbinden, sollten Sie über die Herstellersoftware die Kamera-Funktionen prüfen und die Kamera gegebenenfalls vorkonfigurieren. Dazu gehört auch die Anpassung von Benutzername und Passwort. Die Kamera hat herstellereigene Standardwerte, diese sollten Sie unbedingt anpassen. Standard-Login-Daten stellen eine Sicherheitslücke dar. Je nach Hersteller können Sie auch den bzw. die Ports ändern, die die Kamera nutzt.

> **Tipp**
>
> Einige Hersteller bieten selbst Anleitungen für die *Surveillance Station*. Diese Anleitungen können weitere Einstellungen aufzeigen, die für die jeweilige Kamera notwendig sind. Beachten Sie aber, dass diese nicht immer aktuell sind.

18.5.1 Kamera hinzufügen

> **Hinweis**
>
> Die in diesem Abschnitt gezeigten Screenshots und erklärten Optionen können je nach Kamera abweichen. Je nach Funktion der Kamera stehen Ihnen Einstellungen nicht zur Verfügung, oder Sie haben die Möglichkeit, zusätzliche Einstellungen vorzunehmen.

Um eine Kamera hinzuzufügen, gehen Sie folgendermaßen vor:

1. Öffnen Sie den Bereich KAMERAKONFIGURATION und klicken Sie auf HINZUFÜGEN oder auf ⊕ in einem freien Kanal.

Abb. 18.6: Ohne weitere Lizenzen sind 2 Kamerakanäle verfügbar.

2. Es öffnet sich der Einrichtungsassistent. Bevor Sie mit dem nächsten Schritt fortfahren, stellen Sie sicher, dass »Automatisch nach Kamera(s) suchen« aktiviert ist. Klicken Sie dann auf WEITER. Der Assistent sucht jetzt automatisch im Netzwerk nach Kameras. Als Suchtyp ist »UDP/UPnP« vorausgewählt. Ob Ihre Kamera gefunden wird, hängt von deren Eigenschaften ab, aber auch die Netzwerkkonfiguration kann einen Einfluss darauf haben. Sollte keine Kamera gefunden werden, wechseln Sie den Suchtyp auf »ONVIF«, sofern Ihre Kamera ONVIF unterstützt. Wird auch hier keine Kamera gefunden, klicken Sie auf ABBRECHEN. Ansonsten klicken Sie auf die Kamera und bestätigen mit OK.

3. Im nächsten Schritt erfolgt die Kamerakonfiguration. Wurde die Kamera im Netzwerk gefunden, sind hier einige Felder bereits ausgefüllt. Wurde die Kamera nicht gefunden, müssen Sie die Felder selbst ausfüllen. Haben Sie alle Angaben gemacht, klicken Sie auf TEST, um die Verbindung zu überprüfen. Ist der Test erfolgreich, klicken Sie auf WEITER. Ist der Test nicht erfolgreich, gehen Sie die Einstellungen noch einmal durch. Bedenken Sie auch, dass Ihre Netzwerkkonfiguration (z.B. Firewall oder Routereinstellungen) Einfluss auf die Verbindung haben können (Abbildung 18.8).

    - *Kanal* – Der Übertragungskanal für die Kamera. Jede Kamera benötigt einen eigenen Kanal. Die Surveillance Station bietet zwei freie Kanäle, für mehr Kanäle benötigen Sie weitere Lizenzen.

- *Kameramarke* – Wählen Sie hier die Marke Ihrer Kamera. Wird Ihre Kameramarke nicht unterstützt, wählen Sie »ONVIF«, sofern Ihre Kamera ONVIF unterstützt. Ist auch das nicht der Fall, können Sie Ihre Kamera eventuell mit der Auswahl »Generic model« einbinden.
- *Kameramodell* – Wählen Sie Ihr Kameramodell. Findet sich Ihr Modell nicht in der Liste, wählen Sie als Marke »ONVIF« oder »Generic model«.
- *Kameraname* – Geben Sie der Kamera einen Namen. Haben Sie mehr als eine Kamera, verwenden Sie am besten einen sprechenden Namen, über den Sie die Kamera identifizieren können (z.B. Eingangstür, Kellertür, Garten hinten etc.).
- *IP-Adresse* – Konnte die Kamera nicht gefunden werden, müssen Sie die IP-Adresse selbst angeben. Hier ist es wichtig, dass Sie der Kamera im Netzwerk eine statische IP-Adresse zuweisen, da die Kamera sonst nicht mehr gefunden werden kann, wenn sich die Adresse ändert.
- *Anschluss* – Damit ist der Port gemeint, unter dem die Kamera erreicht werden kann. Sie sollten einen sicheren (https) Port verwenden, nur wenn die Kamera über diesen nicht erreichbar ist, müssen Sie auf den http-Port ausweichen.
- *RTSP-Port* – Ist ein Port, der für das Streamen der Aufnahme genutzt wird

> **Hinweis**
>
> Die Ports können meist über die Herstellersoftware der Kamera angepasst werden. Ist das nicht möglich, können Sie die Ports entweder in der Software oder in der Anleitung ablesen. Ich empfehle, sofern möglich, die Portnummern zu ändern und nicht die Standardports zu verwenden.

- *WAN-IP und Ports* – Die Kamera muss sich nicht zwangsweise im LAN befinden. Sie können auch Kameras aus anderen Netzen in die *Surveillance Station* einbinden. Dazu muss die Kamera aber aus dem Internet erreichbar sein. Verwenden Sie in diesem Fall die WAN-Angaben statt der zuvor genannten Eingabefeldern.
- *Benutzername und Passwort* – Netzwerkkameras sollten so gut wie möglich abgesichert sein. Kameras ohne Zugangsdaten sind höchst unsicher. Verwenden Sie niemals die Werkseinstellungen für Benutzer und Passwort. Lässt sich nicht zumindest das Passwort anpassen, ist die Kamera ebenfalls unsicher. Manche Kameras erlauben sogar die Erstellung mehrerer Benutzer mit verschiedenen Berechtigungen.

4. Im nächsten Schritt legen Sie die Videoeinstellungen für die Aufnahme fest. Sie können das Videocodec, die Auflösung, Bitrate und Qualität einstellen. Die tatsächliche Auswahl der einzelnen Optionen hängt von Ihrer Kamera ab (Abbildung 18.7). Details zu den Einstellungen und Optionen finden Sie in Abschnitt 18.5.2 »Kamera-Einstellungen«.

> **Wichtig**
>
> Die Einstellungen haben eine direkte Auswirkung auf die Bildqualität, aber auch auf die Datenmenge, die über das Netzwerk übertragen werden und dann im Falle einer Aufnahme abgespeichert werden muss. Ohne das Kamerabild bzw. eine Aufnahme zu sehen, kann es aber schwierig sein, die optimalen Werte zu finden. Im Zweifelsfall belassen Sie die Vorgaben und nehmen die Anpassung nachträglich vor.

Kapitel 18
Videoüberwachung mit der Surveillance Station

Abb. 18.7: Die gewählte Qualität hat einen enormen Einfluss auf Bandbreite und benötigten Speicherplatz.

Abb. 18.8: Ob die Eingaben korrekt sind, lässt sich mit dem Test herausfinden.

5. Als Nächstes können Sie die planmäßige Aufnahme aktivieren. Details dazu finden Sie ebenfalls in Abschnitt 18.5.2 »Kamera-Einstellungen«.

6. Im eigentlich letzten Schritt sehen Sie eine Zusammenfassung der Einstellungen, die Sie nur noch bestätigen müssen. Danach wird die Kamera eingerichtet. Die Erfolgsmeldung müssen Sie lediglich mit »Fertigstellen« quittieren.

Die Kamera wird im entsprechenden Kanal eingetragen und um einige Aktionen ergänzt.

- Führt zur Einrichtung der virtuellen Kamera. Damit können Sie den Bildausschnitt der Kamera weiter einschränken. Lässt sich per Aufstellort oder Kameratechnik der Bildausschnitt nicht genau genug ausrichten, können Sie diesen mit der virtuellen Kamera genauer festlegen. Sie legen im Kamerabild mit der Maus einfach einen Bereich fest, nur dieser Bereich wird dann von der *Surveillance Station* angezeigt und verarbeitet.
- Lässt Sie die Einstellungen der Kamera bearbeiten
- Entfernt die Kamera wieder
- Führt Sie direkt zur Ereignisverwaltung

Achtung
Änderungen der Einstellungen führen zu einem Neustart der Kamera.

Unter KAMERAÜBERSICHT sehen Sie die hinzugefügte Kamera nun ebenfalls. Sie sehen eine Miniatur der Live-Ansicht, also das Bild, das die Kamera gerade filmt. Auch die wichtigsten Einstellungen werden aufgelistet.

Kanal	Kameraname	IP-Adresse	Status	Aufnahmeeinstellung	Tage mit Aufnahmen	Tage mit Aufnahmedatei...
Kanal1	Eingangstür	192.168.31.13	Angeschlossen	Videokomprimierung: H.264 Auflösung: 2560x1440 Bildrate: 15 / 22 Bitrate: 1.8 Mbps Qualität: 4096K bps Aufnahmestatus: Aufnahme	Normal: 0 Tag(e) aufbewahren Alarm: 0 Tag(e) aufbewahren	--

Abb. 18.9: Der Kamerastatus und die wichtigsten Einstellungen auf einem Blick

Konstante Netzwerkübertragung

IP-Kameras filmen in der Regel ständig, auch dann, wenn keine Aufnahme erfolgt. Das Bildmaterial muss zwischengespeichert werden, um, im Falle einer Ereigniserkennung, auch die eingestellte Vorlaufzeit aufzeichnen zu können. Außerdem muss das Bildmaterial analysiert werden, um ein Ereignis erkennen zu können.

Selbst wenn der Aufnahmemodus auf inaktiv gestellt ist, wird dennoch das Bild der Kamera gestreamt. Das heißt, es findet auch eine Datenübertragung über das Netzwerk statt.

Speicherbedarf reduzieren

Möchten Sie fortlaufend aufnehmen, egal, ob rund um die Uhr oder nur zu gewissen Zeiten, müssen Sie ausreichend Speicherplatz bereithalten. Der Speicherbedarf hängt dabei von der gewählten Videoqualität ab. Sie können auch eine ereignisgesteuerte Aufnahme konfigurieren. Videomaterial wird dabei nur dann gespeichert, wenn ein gewisses Ereignis eintritt. Lesen Sie dazu Abschnitt 18.5.3 »Ereigniserkennung«.

18.5.2 Kamera-Einstellungen

Welche Einstellungen und Auswahlmöglichkeiten vorhanden sind, hängt vom vorhandenen Kameramodell ab. Ich werde daher nur auf die wichtigsten Einstellungen eingehen. Dazu kommt, dass die Einstellungen in den Menüs thematisch etwas durchmischt sind. Einige Einstellungen werden in anderen Abschnitten beschrieben.

Um hinzugefügte Kameras im Nachhinein zu bearbeiten, wechseln Sie in den Bereich KAMERAKONFIGURATION und klicken auf das Bearbeiten-Icon.

Das Einstellungsfenster ähnelt dem Einrichtungsassistenten. Über die drei Reiter KAMERAKONFIGURATION, VIDEOEINSTELLUNGEN und ZEITPLANEINSTELLUNGEN gelangen Sie in die jeweiligen Menüs.

Kamerakonfiguration

Hier finden Sie die Verbindungsdaten für die verknüpfte Kamera. Diese sollten Sie nachträglich kaum bis gar nicht ändern müssen. Sie können die Kamera umbenennen, wenn Sie sie an einem anderen Ort anbringen oder die Verbindungsdaten anpassen, falls Sie Ihre Netzwerkkonfiguration geändert haben.

Videoeinstellungen

Die Videoeinstellungen sind da schon eher anfällig für nachträgliche Änderungen. Bei der Einrichtung der Kamera müssen Sie die Einstellungen – die überwiegend auf die Aufnahmequalität abzielen – bereits festlegen und das, ohne das Kamerabild überhaupt gesehen zu haben. Eine nachträgliche Anpassung kann daher erforderlich sein.

Videokomprimierung

Hier ist das Videocodec gemeint, das zur Verarbeitung der Rohdaten genutzt wird. Die Verarbeitung findet in der Kamera statt, daher ist die Auswahl auch vom verwendeten Modell abhängig. Der Codec hat Einfluss auf die Qualität, aber auch auf die Dateigröße. Haben Sie hier mehrere Codecs zur Auswahl, hilft eine Internetsuche, um die Unterschiede herauszufinden. Im Zweifelsfall machen Sie einfach Testaufnahmen mit allen verfügbaren Codecs und vergleichen diese. Sie sollten jenen Codec wählen, der eine ausreichende Qualität bei möglichst geringem Datenvolumen bereitstellt. Mehr dazu später.

Auflösung

Die Auflösung hat einen enormen Einfluss auf Bildqualität und Datenvolumen. Auch hier sind die Werte abhängig vom Kameramodell. Es ist nicht immer notwendig, den höchsten Wert zu verwenden. Wichtig ist, dass auf dem Bild das zu erkennen ist, was Sie mit der Kamera erkennen wollen. Filmt die Kamera ein großes Außenareal, und Sie wollen noch in weit entfernte Objekte bzw. Bewegungen erkennen können, dann benötigen Sie eine höhere Auflösung als wenn die Kamera nur die nähere Umgebung filmt. Filmt die Kamera einen Eingangsbereich aus direkter Nähe, können Sie die Auflösung reduzieren. Dass jemand durch eine Tür tritt, die einen Großteil des Bilds ausmacht, erkennen Sie auch bei niedriger Auflösung. Wollen Sie Gesichter erkennen, ist wieder eine etwas höhere Auflösung notwendig, natürlich spielt hier aber auch die Distanz zur Kamera eine Rolle.

> **Tipp**
>
> Seit dem Beginn der digitalen Bildaufnahme, aber vor allem mit dem Erscheinen der Smartphones hat sich der Glaube verbreitet, die Auflösung, also die Anzahl der Pixel, wäre das ultimative Merkmal für Bildqualität. Das ist aber schlichtweg falsch.
>
> Die Bildqualität hängt in erster Linie vom Sensor ab, der das einfallende Licht in ein digitales Signal umwandelt. Grundsätzlich hat die Sensorgröße einen direkten Einfluss auf die Bildqualität, je größer der Sensor, desto besser das Bild. Wie groß das Pixelraster, also die Auflösung ist, ist dann eher nebensächlich. 4K bzw. 8K sind daher nicht unbedingt Qualitätskriterien, denn ein unscharfes Bild bleibt unscharf, egal, ob man damit 1920 x 1080 Pixel füllt oder das 4-Fache bzw. 8-Ffache davon.

Bildrate

Die Bildrate gibt an, aus wie vielen Bildern pro Sekunde die Videoaufnahme besteht. Grundsätzlich gilt, je höher die Bildrate, desto flüssiger das Video. Ob das menschliche Auge jetzt mehr wahrnimmt als 30 Bilder pro Sekunde und ob 120 Bilder pro Sekunde überhaupt notwendig sind, darüber brauchen Sie sich an dieser Stelle nicht den Kopf zu zerbrechen, da die Surveillance Station bei 20 Bildern pro Sekunde Schluss macht.

Die Bildrate hat auch einen Einfluss auf die Transferrate des Videosignals, das heißt aber nicht, dass eine doppelte Bildrate unweigerlich eine doppelte Transferrate bedeutet, denn hier kommt der Videocodec ins Spiel. Dieser komprimiert das Videosignal. Allerdings werden je nach Codec nicht nur die einzelnen Bilder komprimiert, sondern auch aufeinanderfolgende Bilder miteinander verglichen. Ändert sich im Bild im Vergleich zum Vorgänger nichts bzw. nur wenig, dann muss auch nicht das komplette Bild übertragen werden.

Um eine geeignete Bildrate für Ihre Kamera zu finden, muss wieder der Einsatzzweck herangezogen werden. Soll die Kamera dauerhaft aufnehmen oder das Live-Bild betrachtet werden, ist eine höhere Bildrate ratsam, eine zu geringe Bildrate zwischen 15 und 20 Bildern lässt die Aufnahme bereits ruckelig wirken. Werte darunter sind nur noch als Einzelbilder wahrnehmbar.

Soll die Kamera nur Ereignisse, z.B. Bewegungen, erkennen, dann reichen je nach Entfernung bereits niedrige Bildraten. Selbst bei 2 Bildern pro Sekunde erkennt man noch, dass sich jemand durch das Bild bewegt (etwa den Garten durchquert oder durch die Tür tritt. Kleine bzw. sehr schnelle Bewegungen können aber schwierig auszumachen sein.

Qualität

Hinter dieser Einstellung verbirgt sich die Bitrate. Diese gibt an, wie viel Datenvolumen pro Sekunde übertragen wird. Je niedriger der Wert, desto stärker wird das Videosignal komprimiert. Die Bitrate muss unter Berücksichtigung der vorherigen Werte gewählt werden. Es hilft eben nur wenig, eine hohe Auflösung und Bildrate einzustellen, wenn dann die Bitrate zu niedrig ist, um die Bildqualität auch zu übertragen. Andererseits ist eine hohe Bitrate nicht notwendig, wenn sie nur niedrigauflösende »Einzelbilder« übertragen.

Die richtigen Werte zu wählen, ist keine einfache Sache. Grundsätzlich sollten Sie auf den Aufnahmen das erkennen, was Sie erkennen möchten, aber dabei ein möglichst kleines Datenvolumen anstreben. Wird die Kamera nur zur Live-Ansicht genutzt und keine Aufnahmen damit erstellt, ist es egal, wie groß diese ausfallen würde. Auch die Anzahl der Kameras ist wichtig. Je mehr Kameras Sie betreiben, desto wichtiger ist eine Optimierung des Datentransfers. Da die Kameras ständig das Videosignal streamen, können mehrere Kameras schnell das Netzwerk auslasten.

Mit dem Button VORSCHAU können Sie ein Vergleichsfenster öffnen und verschiedene Einstellungen miteinander vergleichen. Da hier aber nur Momentaufnahmen angezeigt werden, kann hier – abgesehen von der Auflösung – nur wenig beurteilt werden. Ein besseres Urteil erlauben Ihnen tatsächliche Aufnahmen bzw. das Live-Bild mit den entsprechenden Einstellungen.

Zum Testen bzw. Einrichten kann es zwar hilfreich sein, die Kamera in unmittelbarer Nähe zu haben (am Schreibtisch oder zumindest im Zimmer), sofern es die Technik zulässt. Zur finalen Beurteilung der Aufnahme sollte sich die Kamera aber dann am tatsächlichen Bestimmungsort befinden. Es hilft recht wenig, wenn die Kamera gute Aufnahmen von Ihnen im gut ausgeleuchteten Büro macht, Sie mit der Kamera aber nachts Ihren Garten überwachen wollen. Hier kann auch weitere Hilfe in Form einer zweiten Person oder eines sich bewegenden Gegenstandes notwendig sein, denn die Aufnahme lässt sich schwer beurteilen, wenn sich im Bild nichts bzw. niemand bewegt.

Weitere Optionen

In den VIDEOEINSTELLUNGEN finden Sie abgesehen von der Bildqualität noch weitere Optionen. Sie können mit »Manuelle Aufnahme aktivieren« angeben, ob auf der Kamera eine manuelle Aufnahme über die Surveillance Station gestartet werden kann. Auch die minimale Aufbewahrungszeit für Aufnahmen dieser Kamera können Sie hier festlegen. Diese Einstellung gilt nur für diese Kamera und überschreibt die globale Einstellung, die Sie unter ERWEITERTE EINSTELLUNGEN festlegen können. Mit »Auto. Schnappschuss aktivieren« können Sie die automatische Erstellung von Schnappschüssen konfigurieren. Sie haben die Möglichkeit, die Schnappschüsse per Zeitplan (mit bis zu 15 Einträgen) erstellen zu lassen, oder Sie geben eine Anzahl stündlicher Schnappschüsse ein.

Mit *Schnappschüssen* ist hier eine Momentaufnahme des Kamerabilds gemeint und nicht die ebenfalls Schnappschüsse bzw. Snapshots genannte Sicherung.

Zeitplaneinstellungen

Zeitpläne kennen Sie bereits aus anderen Apps. Über die Zeittabelle und die beiden Buttons AKTIV und INAKTIV können Sie festlegen, zu welchen Zeiten die Kamera aufnimmt und zu welchen Zeiten die Kamera inaktiv ist. Bewegen Sie den Mauszeiger über ein Feld in der Tabelle, öffnet sich eine Detailansicht, um die Aufnahmemodi in 5-Minuten-Schritten festzulegen. Die Kamera nimmt zu den festgelegten Zeiten auf und beendet die Aufnahme auch wieder (sofern nicht 24/7 aufgenommen wird). Ist die Kamera inaktiv, kann aber weiterhin auf das Live-Bild zugegriffen werden sowie eine manuelle Aufnahme gestartet werden (sofern diese Option aktiviert ist).

Haben Sie die planmäßige Aufnahme deaktiviert, gelten dieselben Bedingungen wie für den Status »Inaktiv«.

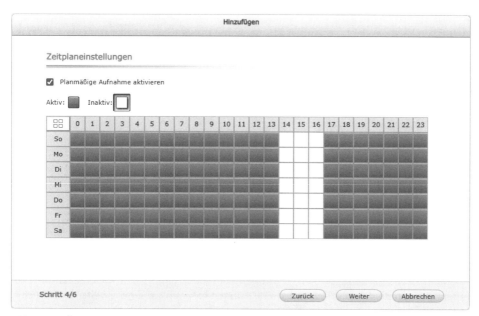

Abb. 18.10: Über den Zeitplan legen Sie fest, wann die Kamera aufnehmen soll und wann nicht.

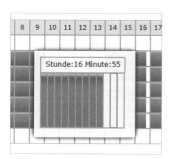

Abb. 18.11: Die Zeitslots können im 5-Minuten-Intervall festgelegt werden.

18.5.3 Ereigniserkennung

Eine kontinuierliche Aufnahme kann den Festplattenspeicher schnell schrumpfen lassen, gerade bei hoher Videoqualität und mehreren Kameras kommen in kurzer Zeit mehrere GB an Bildmaterial zusammen. Eine durchgehende Aufnahme ist aber in vielen Fällen auch gar nicht notwendig. Es reicht oft aus, nur dann aufzunehmen, wenn ein spezielles Ereignis auftritt. Prominentestes Beispiel eines solchen Ereignisses ist die Bewegung. Erst wenn eine Bewegung eintritt, wird aufgezeichnet.

Die *Surveillance Station* unterstützt folgende weitere Ereignisse:

- Audio – Ereignisauslösung durch Erkennen einer Audioquelle. Dazu muss die Kamera ein Mikrofon besitzen und Audioerkennung anbieten.
- Manipulation – Ereignisauslösung bei Erkennen von Manipulation an der Kamera. Muss von der Kamera unterstützt werden

- PIR (Passives Infrarot) – Während die herkömmliche Bewegungserkennung durch Bildabgleich geschieht, erlauben PIR-Sensoren die Bewegungserkennung von Wärmequellen. Kameras mit PIR-Sensoren sind vor allem im Außenbereich sinnvoll, wo unerwartete, aber uninteressante Bewegungen die Bewegungserkennung auslösen können – und das sind eine ganze Menge: Schnee/Regen, durch Wind bewegte Gegenstände/Pflanzen oder einfach nur Wolken, die die Sonne verdecken (die geänderte Lichtsituation kann die Bewegungserkennung auslösen). PIR-Sensoren haben dafür aber nur eine bestimmte Reichweite.

> **Hinweis**
>
> Welche Ereignisse Ihnen letztendlich zur Verfügung stehen, hängt von der verwendeten Kamera ab und davon, ob diese mit der *Surveillance Station* kompatibel ist.

Die Alarmaufnahme bzw. ereignisgesteuerte Aufnahme konfigurieren Sie in der *Surveillance Station* unter EREIGNISVERWALTUNG. Es steht ein TRADITIONELLER MODUS und ein ERWEITERTER MODUS zur Verfügung. Der traditionelle Modus bietet nur die Möglichkeit, die Alarmaufnahme zu konfigurieren, der erweiterte Modus bietet noch weitere Aktionen als nur die Aufnahme. Die nachfolgenden Erklärungen basieren auf dem erweiterten Modus.

Im erweiterten Modus werden zwei Spalten angezeigt. In der linken sehen Sie alle Ereignistypen, die zur Verfügung stehen. So sehen Sie unter »Kamera-Ereignis« alle verbundenen Kameras aufgelistet und die Ereignistypen, die diese Kameras unterstützen. Unter »Systemereignis« finden Sie Störungen wie AUFNAHMEFEHLER und FESTPLATTENFEHLER.

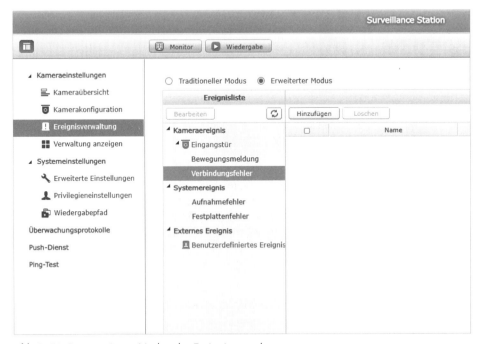

Abb. 18.12: Der erweiterte Modus der Ereignisverwaltung

Die rechte Spalte zeigt alle Aktionen eines Ereignisses an, die konfiguriert wurden. Zu Beginn ist die Spalte leer.

Alarmaufnahme konfigurieren

Auch wenn die Bewegungserkennung der am häufigsten unterstützte und genutzte Alarm ist, kann die Aufnahme bei jedem Alarm gestartet werden. Dabei ist egal, ob der Alarm von der Kamera selbst, einer anderen Kamera oder vom System kommt.

1. Wählen Sie das gewünschte Ereignis in der linken Spalte aus.
2. Klicken Sie in der rechten Spalte auf HINZUFÜGEN.
3. Die Aufnahmeaktion ist vorausgewählt. Handelt es sich um ein Ereignis einer Kamera, ist auch diese bereits ausgewählt und kann nicht abgewählt werden. Wählen Sie die Kamera(s) aus, die aufnehmen soll(en).

Abb. 18.13: Wählen Sie, welche Kameras aufnehmen sollen und wie lange die Aufnahme dauern soll.

4. Als Nächstes müssen Sie die Aufnahmedauer festlegen. Die möglichen Optionen hängen dabei von der Dauer des Ereignisses ab.

Ereignisse mit und ohne Dauer

Grundsätzlich gibt es Ereignisse mit Dauer, wie etwa die Bewegungsmeldung, und welche ohne Dauer, wie etwa Fehlermeldungen. Mit »ohne Dauer« ist hier gemeint, dass ein Ereignis nur einmal gemeldet wird. Tritt beispielsweise bei einer Kamera ein Verbindungsfehler auf, dann wird der Fehler einmal gemeldet. Die Verbindung mag zwar einen längeren Zeitraum getrennt sein, aber der Fehler an sich wird nur ein einziges Mal gemeldet. Bei Ereignissen wie der Bewegungsmeldung wird der Beginn des Ereignisses und das Ende des Ereignisses gemeldet.

Kapitel 18
Videoüberwachung mit der Surveillance Station

Bei Ereignissen ohne Dauer müssen Sie die Länge der Aufnahme in Sekunden festlegen. Bei Ereignissen ohne Dauer können Sie das ebenfalls tun, oder Sie aktivieren die Option »Aktion auslösen, wenn das Ereignis beginnt; Aktion beenden, wenn das Ereignis endet.«. In diesem Fall dauert die Aufnahme so lange wie das Ereignis. Sobald Sie die Option aktivieren, wird die festgelegte Aufnahmedauer in Sekunden ignoriert.

Zusätzlich zu der hier festgelegten Dauer kommet noch die Zeitspannen davor und danach, die in den ERWEITERTEN EINSTELLUNGEN unter »Alarmaufnahme« konfiguriert wurden.

5. Klicken Sie auf ANWENDEN.

Die Aktion ist jetzt in der Liste gespeichert. Sie können Aktionen über ⬛ bearbeiten oder sie markieren und mit dem Button LÖSCHEN. Bevor Sie die Ereignisverwaltung verlassen oder Aktionen für ein anderes Ereignis erstellen, müssen Sie alle Aktionen anhaken und mit einem Klick auf ANWENDEN bestätigen. Um zu kontrollieren, ob die bewegungsgesteuerte Aufnahme funktioniert, rufen Sie den Monitor (siehe Abschnitt 18.6 »Monitor – die Live-Ansicht«) auf. Achten Sie darauf, ob bei der jeweiligen Kamera das Icon für die Aktionsaufnahme angezeigt wird (siehe Abbildung 18.21).

Zeitplan für Ereigniserkennung

Für einige Ereignisse, wie etwa die Bewegungserkennung, lässt sich ein Zeitplan festlegen. Erkennt die Kamera das Ereignis außerhalb des Zeitplans, wird es nicht von der *Surveillance Station* verarbeitet und löst die damit verbundenen Aktionen nicht aus.

1. Um den Zeitplan festzulegen, markieren Sie das gewünschte Ereignis in der linken Spalte und klicken auf BEARBEITEN.

Abb. 18.14: Das Menü für den Zeitplan ist etwas versteckt.

2. Im neuen Fenster können Sie die Ereignisverarbeitung komplett deaktivieren, oder Sie klicken auf ZEITPLAN FESTLEGEN, um das Ereignis nur zu bestimmten Zeiten verarbeiten zu lassen.
3. Wählen Sie NEU.
4. Geben Sie einen Namen ein.

5. Erstellen Sie den Zeitplan mit der Tabelle. Wie das im Detail funktioniert, können Sie im Abschnitt »Zeitplaneinstellungen«, Seite 554 nachlesen.
6. Ist der Plan fertig, klicken Sie auf ANWENDEN. Der Plan kann ab jetzt unter ZEITPLAN FESTLEGEN aus der Liste gewählt und so bearbeitet werden. Sie können also verschiedene Wochenpläne erstellen und nach Bedarf zuweisen.

Abb. 18.15: Legen Sie fest, wann eine ereignisgesteuerte Aufnahme erfolgen soll und wann nicht.

7. Klicken Sie erneut auf ANWENDEN.

Der Zeitplan für die Ereigniserkennung lässt sich problemlos mit dem Zeitplan für die normale Aufnahme kombinieren. Ist die reguläre Aufnahme inaktiv, wird die Ereigniserkennung bei aktivem Ereignisplan trotzdem ausgelöst. Läuft eine reguläre Aufnahme, werden Ereignisse bei aktivem Plan weiterhin erkannt, die Aufnahme läuft weiter, wird aber als Ereignisaufnahme gekennzeichnet.

Bei Alarm per E-Mail benachrichtigen lassen

Bei einem Ereignis eine Aufnahme zu starten, ist zwar gut, aber selbst wenn man regelmäßig die *Surveillance Station* überprüft, kann das bereits zu spät sein, um zu reagieren. Eine Aufnahme macht auch nicht bei jedem Ereignis Sinn bzw. ist auch nicht immer möglich. Wichtig ist es, dass man beim Eintreten eines Ereignisses benachrichtigt wird. Für jedes Ereignis kann dabei eine individuelle Benachrichtigungsaktion konfiguriert werden.

1. Öffnen Sie die EREIGNISVERWALTUNG.
2. Wechseln Sie in den ERWEITERTEN MODUS.
3. Wählen Sie in der linken Spalte das gewünschte Ereignis, über das Sie benachrichtigt werden wollen.

4. Klicken Sie in der rechten Spalte auf HINZUFÜGEN.
5. Wählen Sie als Aktionstyp »E-Mail«.
6. Sie müssen sowohl die SMTP-Konfiguration eines E-Mail-Kontos zum Versenden der Benachrichtigung als auch eine Empfänger-E-Mail angeben. Beide können identisch sein.
7. Aktivieren Sie die sichere SSL/TLS-Verbindung.
8. Wenn Sie möchten, können Sie eine Momentaufnahme einer oder mehrerer Kameras an die E-Mail anhängen. Das macht vor allem bei Kamera-Ereignissen Sinn. So erhalten Sie beispielsweise bei einer Bewegungsmeldung gleich eine Momentaufnahme der Kamera und können eventuell schon auf den ersten Blick sehen, was zu dem Alarm geführt hat, ohne die Aufnahme in der Surveillance Station zu betrachten.
9. Legen Sie optional ein Zeitintervall für ähnliche Ereignisse fest. Das bedeutet, wird dasselbe Ereignis innerhalb des Intervalls erneut ausgelöst, erhalten Sie keine erneute E-Mail.
10. Aktivieren Sie das Versenden der Test-E-Mail, um die Korrektheit der Eingaben zu überprüfen.
11. Klicken Sie auf ANWENDEN.

Vergessen Sie nicht, vor dem Verlassen der Ereignisverwaltung alle Änderungen mit einem Klick auf ANWENDEN zu bestätigen. Eine E-Mail ist aber nicht die einzige Art, sich benachrichtigen zu lassen. Es stehen noch andere Aktionen zur Verfügung, die zur Benachrichtigung genutzt werden können (siehe folgenden Abschnitt).

Weitere Aktionen

Neben dem Starten von Aufnahmen und dem Verschicken von E-Mails stehen Ihnen folgende weitere Aktionen zur Verfügung, die Sie bei Ereignissen auslösen können:

- *Benutzerdefinierte Aktion* – Damit lassen sich andere Netzwerkgeräte ansteuern.
- *Summer* – Die Aktion aktiviert den Summer (den Signalton) des NAS.
- *Kamerasteuerung* – Mit dieser Aktion lassen sich PTZ-fähige Kameras in eine bestimmte Position steuern.
- *SMS* – Sie können sich bei Ereignissen auch per SMS benachrichtigen lassen. Dazu ist ein SMS-Dienstanbieter notwendig.
- *Kamera Alarmausgabe* – Manche Kameras haben eine Alarmausgabe (Licht und oder Ton), die Sie mit dieser Aktion aktivieren können.
- *Signal Tower* – Signaltürme sind Elemente mit verschiedenfarbigen LEDs und einem Summer. Mit dieser Aktion können Sie solche Signaltürme ansteuern und deren LEDs und Summer steuern.

18.6 Monitor – die Live-Ansicht

Jetzt haben Sie eine Menge über die Konfiguration von Kameras erfahren, nun wird es aber Zeit, auch mal einen Blick auf das zu werfen, was die Kamera so sieht. Mit dem *Monitor* können Sie das Live-Bild aller Kameras betrachten. Sie können dabei aus verschiedenen Layouts wählen und sogar selbst Layouts erstellen.

Der Monitor lässt sich zwar aus der Browser-Version der *Surveillance Station* heraus starten, benötigt aber den installierten Desktop-Client. Haben Sie den Client nicht installiert, weist Sie ein Pop-up darauf hin. Ein Downloadlink ist ebenfalls enthalten. Alternativ bekommen Sie den Client über die bereits bekannte Download-Seite von QNAP sowie über den Link DIENSTPROGRAMME in QTS. Der Client hört übrigens auf den Namen *QVR Client*.

Der Button MONITOR in der Menüleiste startet den Client.

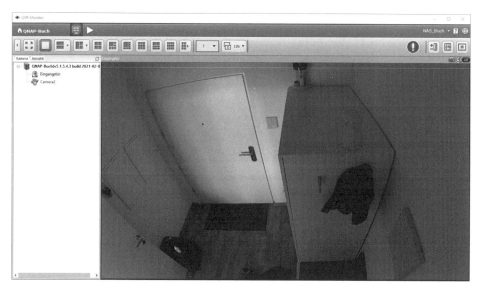

Abb. 18.16: Der QVR Client im Monitormodus

Menüleiste

Die Menüleiste wird von Layout-Buttons dominiert (Abbildung 18.16, ❶). Damit können Sie bei mehreren Kameras die Live-Bilder der Kameras in verschiedenen Rastern anordnen. Aber auch die Einzelbetrachtung und das Umschalten zwischen den Kameras (❷) ist möglich.

Abb. 18.17: Die Menüleiste des QVR Client

Über den sequentiellen Modus (❸) können Sie im ausgewählten Intervall die Kameras durchschalten. Ein Klick auf das Icon pausiert den Modus.

Treten Ereignisse auf, werden Sie im Monitor darauf hingewiesen (❹). Ein Klick auf das Icon öffnet die Ereignisliste, aus der sich die Meldungen auch wieder löschen lassen.

Der QVR Client ist aber nicht nur eine einfache Desktop-Version der *Surveillance Station*. Mit ihm lassen sich auch mehrere Server zentral verwalten. Klicken Sie auf die Serverliste

Kapitel 18
Videoüberwachung mit der Surveillance Station

(❺), können Sie weitere *Surveillance Station*-Instanzen auf anderen QNAP-Geräten verknüpfen. In den Einstellungen (❻) finden Sie einige Optionen für den QVR Client.

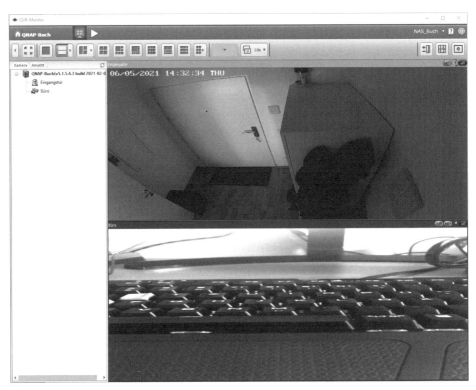

Abb. 18.18: Betrachten Sie mehrere Kameras gleichzeitig.

Navigationsbereich

Im Navigationsbereich sind alle verbunden Kameras aufgelistet. Im Kontextmenü der Kamera finden Sie einige nützliche Funktionen:

- *Konfigurieren* – Öffnet das Einstellungsfenster der Kamera, das Sie schon aus Abschnitt 18.5.2 »Kamera-Einstellungen« kennen.
- *Entfernen* (Bei vorhandener Kamera) – Entfernt die Kamera aus der *Surveillance Station*
- *Hinzufügen* (Bei nicht leerem Kanal) – Ruft den Einrichtungsassistenten auf
- *Mit Kamerastartseite verbinden* – Öffnet das herstellereigene Webinterface, das die meisten IP-Kameras besitzen
- *Deaktivieren/Aktivieren* – Die Kamera lässt sich im *QVR Client* deaktivieren. Damit ist aber nur die Übertragung zum Client gemeint, auf die *Surveillance Station* hat dies keinen Einfluss. Eine »deaktivierte Kamera« sendet Ihr Bildsignal weiterhin an die *Surveillance Station* und verrichtet weiterhin alle konfigurierten Aufgaben.

Hauptfenster

Im Hauptfenster sehen Sie, je nach gewähltem Layout, das Live-Bild einer oder mehrerer Kameras. Bewegen Sie den Mauszeiger in das Bild, werden noch weitere Icons angezeigt.

Abb. 18.19: Eingeblendete Icons im Kamera-Fenster des Monitors

> **Hinweis**
>
> Die *Live-Ansicht* liefert Kamerabilder, auch wenn derzeit keine Aufnahme stattfindet.

❶ *Manuelle Aufnahme* – Startet bzw. stoppt die manuelle Aufnahme. Dafür muss die manuelle Aufnahme in den Kamera-Einstellungen aktiviert sein. In der orangen Leiste mit dem Kameranamen findet sich am Ende auch ein Indikator, der anzeigt, ob die manuelle Aufnahme gerade läuft oder nicht.

❷ *Schnappschuss* – Macht eine Momentaufnahme des Kamerabilds. Den Speicherort für die Schnappschüsse können Sie in den Einstellungen von QVR Client festlegen.

❸ *Digitaler Zoom* – Per Mausrad können Sie den Bildausschnitt vergrößern bzw. verkleinern. Es handelt sich um einen rein digitalen Zoom, der vom QVR Client durchgeführt wird. Diese Funktion hat nichts mit einer möglichen Zoomfunktion der Kamera zu tun. Das Bild wird digital vergrößert, es findet keine Anpassung der Auflösung, des Fokus oder sonstiger Parameter statt.

❹ *Sofortige Wiedergabe* – Ist nur verfügbar, wenn zumindest eine Kamera aufnimmt (egal, ob manuell, geplant oder ausgelöst). Öffnet ein Pop-up mit der letzten Aufnahme. Die Funktion hilft, Ereignisse/Aufnahmen gerade nicht betrachteter Kamerakanäle zu überprüfen, ohne dabei die Live-Ansicht der aktuellen Kamera zu verlassen.

❺ *PTZ-Modus* – Blendet die PTZ-Steuerelemente ein. Welche Elemente angezeigt werden, hängt davon ab, ob und welche Einstellungen der Kamera gesteuert werden können.

❻ *Kamera-Einstellungen* – Öffnet die Einstellungen der Kamera.

❼ *Kamera-Informationen* – Öffnet ein Kontextmenü mit diversen Optionen für die Kamera. Diese decken sich teilweise mit dem Kontextmenü aus dem Navigationsbereich. Zusätzlich finden Sie unter BILDVERARBEITUNG die Möglichkeit, das Bild lokal nachzubearbeiten. Die Modifikationen werden auf das übertragene Bild im Client angewendet, der eigentliche Stream bleibt unbeeinflusst. Da die Modifikationen rein digitaler Natur sind, ist deren Auswirkung begrenzt. Nimmt eine Kamera einen Bereich in Schwarz (also als einheitlicher Fleck ohne Details) auf, dann können durch Anheben der Helligkeit in der Bildverarbeitung auch keine Details sichtbar gemacht werden, der schwarze Bereich wird gleichmäßig grau.

❽ Bietet Zugriff auf Kameralayouts.

Abb. 18.20: Steuern Sie die Kamera direkt über den QVR Client (im Bild nur Zoom und Fokus).

> **Hinweis**
>
> Je nach Kamera-Funktionen können auch weitere Icons vorhanden sein.

Aufnahmemodi und -status

Bei jeder Kamera finden Sie in der orangen Titelzeile einen Hinweis auf die verfügbaren Aufnahmemodi und deren Status. Die Icons werden nur angezeigt, wenn der jeweilige Modus konfiguriert wurde. Ein **A** steht für Alarmaufnahme, also die ereignisgesteuerte Aufnahme, ein **S** zeigt an, dass ein Aufnahmezeitplan erstellt wurde, und ein **M** kennzeichnet den manuellen Modus.

Abb. 18.21: Anzeige der Aufnahmemodi

Ist der Kreis daneben grau, findet derzeit keine Aufnahme für diesen Modus statt, ein roter Kreis zeigt eine laufende Aufnahme an.

Benutzerdefinierte Ansicht

Haben Sie mehrere Kameras eingerichtet, können Sie diese im Monitor über verschiedene Layouts gleichzeitig betrachten. Neben den vorgefertigten Layouts können Sie auch selbst welche anlegen. Wechseln Sie dazu in die Surveillance Station.

1. Öffnen Sie den Bereich VERWALTUNG ANZEIGEN.
2. Klicken Sie auf HINZUFÜGEN.
3. Geben Sie einen Namen und optional eine Beschreibung ein.
4. Unter »Layoutliste« können Sie Grids von 2x2 bis 8x8 auswählen, oder Sie klicken auf LAYOUTVERWALTUNG und definieren ein eigenes Layout (siehe folgenden Abschnitt).
5. Unter »Kamera« werden alle konfigurierten Kameras aufgelistet. Diese können Sie per Drag & Drop einer der Gridzellen zuweisen. Eine Kamera kann nur einmal zugewiesen werden, und durch Doppelklick auf eine belegte Zelle kann diese wieder gelöscht werden.
6. Bestätigen Sie die Konfiguration mit ANWENDEN.

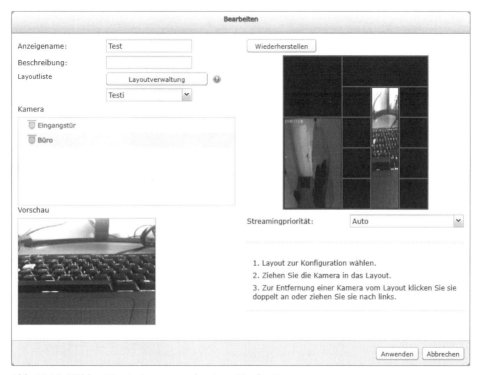

Abb. 18.22: Wählen Sie ein Layout, und weisen Sie die Kameras zu.

Layout definieren

Möchten Sie eine andere Aufteilung, als in den 2x2- bis 8x8-Grids vorgegeben, klicken Sie auf LAYOUTVERWALTUNG.

1. Klicken Sie auf HINZUFÜGEN für einen neuen Eintrag.
2. Vergeben Sie Namen und eventuell Beschreibung.
3. Wählen Sie eine der Vorgaben (2x2 bis 8x8) als Ausgangspunkt.
4. Im schwarzen Grid können Sie jetzt durch Klicken und Ziehen mit der Maustaste einzelne Zellen miteinander verbinden. Verbundene Zellen können nur rechteckig sein

und nur einmal verbunden werden. Eine 1x2-Zelle kann nicht mit einer einzelnen darüberliegenden Zelle zu einem Winkel verbunden werden. Eine 1x2-Zelle kann auch nicht auf eine 2x2-Zelle erweitert werden. Sie können verbundene Zellen aber durch einen Doppelklick wieder trennen. Durch einen Klick auf ZURÜCKSETZEN wird das Ausgangsgrid wiederhergestellt.

5. Sind Sie mit dem Layout zufrieden, klicken Sie auf ANWENDEN.
6. Das neue Layout wird in die Liste hinzugefügt und kann nachträglich bearbeitet werden. Klicken Sie auf ABBRECHEN.

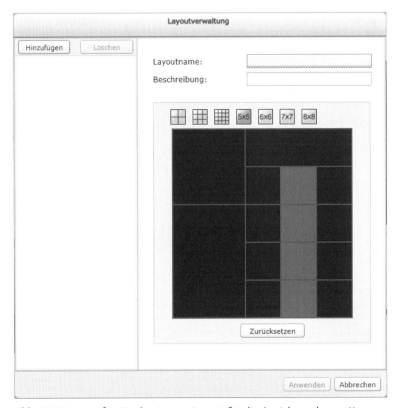

Abb. 18.23: Entwerfen Sie Ihr eigenes Layout für die Ansicht mehrerer Kameras.

Das neue Layout ist jetzt im Drop-down unter »Layoutliste« auswählbar.

Eigene Ansicht anzeigen

Um die benutzerdefinierte Ansicht anzuzeigen, wechseln Sie wieder in den Monitor (*QVR Client*). Im Navigationsbereich wechseln Sie in den Reiter ANSICHT. Dort finden Sie unter »Vordefinierte Ansichten« Ihre selbst erstellten Ansichten. Durch einen Doppelklick auf den gewünschten Eintrag schaltet die Ansicht um.

Sie können zwischen den Ansichten umschalten oder über die Buttons in der Menüleiste wieder zu den Vorgaben zurückschalten.

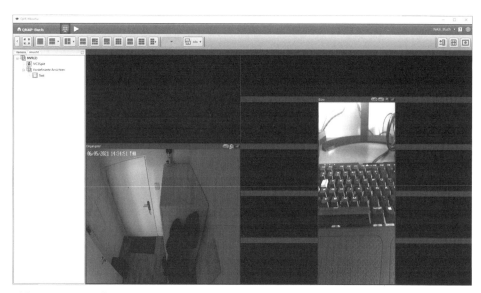

Abb. 18.24: Das selbst erstellte Layout im Monitor

18.7 Aufnahmen betrachten

Nachdem wir im vorherigen Abschnitt das Live-Bild der Kamera betrachtet haben, geht es in diesem Abschnitt um die gespeicherten Aufnahmen der Kameras. Auch zum Betrachten der Aufnahmen ist der *QVC Client* notwendig. In der *Surveillance Station* finden Sie in der Menüleiste den Button WIEDERGABE, der Sie zum QVR Client weiterleitet.

Das Positive: Die Benutzeroberfläche unterschiedet sich kaum vom Monitor. Sie haben in der Menüleiste ebenfalls die Auswahl der verschiedenen Ansichten. Im Navigationsbereich sehen Sie wieder das/die verknüpften NAS und Kameras, und im Hauptfenster erscheint wieder das gewählte Layout. Hier werden Sie wahrscheinlich mit schwarzem Bild und dem Text »keine Aufnahmen« begrüßt.

Großer Unterschied zum Monitor ist die Datums- und Zeitanzeige im unteren Teil des Navigationsbereichs sowie der Zeitstrahl am unteren Rand des Fensters.

Um eine Aufnahme auszuwählen, müssen Sie zuerst den entsprechenden Tag auswählen. Dazu haben Sie zwei Möglichkeiten:

- Sie wählen mit den Vor- und Zurück-Pfeilen neben dem Datum den gewünschten Tag aus.
- Sie klicken auf das Kalender-Icon und geben ein Zeitintervall an, das Sie betrachten möchten. Das Intervall muss kleiner als 24 Stunden sein. Das maximale Intervall (00:00:00 – 23:59:59) ist vorab ausgewählt. Klicken Sie auf die Kalender-Icons in den Eingabefeldern, öffnet sich ein kleiner Kalender. Dort können Sie den gewünschten Tag auswählen. Tage mit Aufnahmen sind durch ein blaues Datum gekennzeichnet. Die Zeit ändern Sie, indem Sie auf die Stunden, Minuten oder Sekunden klicken und über die Pfeiltasten oder per Tastatureingabe die gewünschte Zahl einstellen.

> **Hinweis**
>
> Denken Sie daran, dass das Intervall kleiner als 24 Stunden sein muss. Sie können nicht mehr als zwei aufeinanderfolgende Tage auswählen, tun Sie das, müssen Sie auch die Uhrzeit ändern.
>
> Beispiel: Wählen Sie »Starten ab:« 26.4. und »Nach:« 27.4., Sie müssen jetzt die Uhrzeit anpassen, da die Voreinstellung 00:00:00 und 23:59:59 knapp 48 Stunden ergeben. Eine Fehlermeldung beim Versuch, auf OK zu klicken, weist Sie darauf hin. Ändern Sie Startzeit auf 18:00:00 und 09:00:00, wird die Eingabe akzeptiert.

Der Zeitstrahl am unteren Bildschirmrand zeigt immer das ausgewählte Zeitintervall. Blaue Balken markieren die Zeiträume, in denen geplante bzw. manuelle Aufnahmen vorliegen; rote Balken markieren Alarmaufnahmen.

Abb. 18.25: Verschiedene Farben markieren unterschiedliche Aufnahmearten.

Durch Klicken und Ziehen mit der Maus können Sie die rote Markierung verschieben und so zum gewünschten Zeitpunkt der Aufnahme springen. Klicken Sie auf das rote Play-Icon im Kamerabild, startet die Aufnahme.

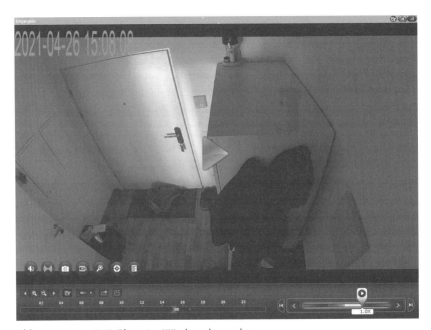

Abb. 18.26: Der QVR Client im Wiedergabemodus

18.7
Aufnahmen betrachten

Abb. 18.27: Die Steuerelemente für die Wiedergabe

Zusätzlich bietet die Benutzeroberfläche noch weitere Aktionen (Abbildung 18.27):

① Neben dem Zeitstrahl finden Sie die Wiedergabesteuerung. Mithilfe dieses Elements können Sie die Wiedergabegeschwindigkeit beeinflussen sowie die Wiedergabe vor- und zurückspulen. Auch das Vor- und Zurückspringen um Einzelbilder ist möglich.

② Zoomen Sie weiter in das ausgewählte Intervall hinein, um noch genauer den gewünschten Zeitpunkt auswählen zu können.

③ Ist diese Option aktiviert, steuern (Start, Stop, Vorspulen etc.) Sie alle Wiedergabefenster (sofern eine Ansicht mit mehr als einem Fenster gewählt wurde und auch Aufnahmen von mehr als einer Kamera vorliegen).

④ Filtert nach geplanten bzw. ereignisgesteuerten Aufnahmen bzw. zeigt beide an.

⑤ Exportieren Sie die Aufnahme als Videodatei, und laden Sie sie auf den Rechner herunter.

Bewegen Sie den Mauszeiger in ein Wiedergabefenster, werden weitere Icons eingeblendet (Abbildung 18.28).

Abb. 18.28: Weitere Funktionen je Kamera. Die Icons erscheinen, wenn Sie die Maus in ein Kamerabild bewegen.

① Aktivieren bzw. Deaktivieren der Audiowiedergabe (wird auch angezeigt, wenn die Kamera keine Audioaufnahme unterstützt)

② Umschalten der Bandbreite. Erlaubt die Wiedergabe der Aufnahme in verminderter Qualität. Das spart Bandbreite zwischen Computer und NAS. Das ist vor allem dann hilfreich, wenn mehrere Kameraaufnahmen gleichzeitig wiedergegeben werden.

③ Schnappschuss der Wiedergabe erstellen

④ IVA-Suche. Durchsuchen Sie einen Aufnahmezeitraum (diesmal auch länger als 24 Stunden) mithilfe der intelligenten Videoanalyse. Dabei können Sie im Zeitraum nach Aufnahmen mit bestimmten Ereignissen suchen, allen voran die Bewegungserkennung, aber auch das Verschwinden oder Auftauchen von Objekten.

⑤ Vergrößern Sie den Bildausschnitt digital.

⑥ Teilen Sie die Aufnahme einer Kamera in mehrere Zeitabschnitte auf, und betrachten Sie diese gleichzeitig.

❼ Zugriff auf Kamera-Informationen und Bildverarbeitung (siehe Abschnitt 18.6 »Hauptfenster«)

Abb. 18.29: Durchsuchen Sie den Zeitraum nach Aufnahmen mit bestimmten Ereignissen.

18.8 Mobile Apps für die Surveillance Station

Auch für die *Surveillance Station* gibt es diesmal nicht nur eine, sondern gleich zwei Apps.

18.8.1 Mobiler Zugriff auf die Surveillance Station mit Vmobile

Diesmal ohne das »Q« am Anfang bietet die App Zugriff auf Ihre Kameras und die Aufnahmen.

Nachdem Sie die App installiert haben, müssen Sie sich wieder mit Ihrem NAS verbinden. Haben Sie das erledigt, können Sie aber, genauso wie im Desktop-Client, weitere NAS-Geräte verknüpfen und somit mehrere Instanzen der *Surveillance Station* innerhalb der App verwalten. Um ein weiteres NAS hinzuzufügen, tippen Sie einfach auf ADD|ADD SERVER.

Alle Kameras auf einem Blick

Im Reiter PROFILE finden Sie ein Eintrag ALL CAMERAS, tippen Sie darauf, erhalten Sie eine Liste aller Kameras aller verknüpfter Server. Tippen Sie auf eine Kamera, gelangen Sie direkt zur Live-Ansicht.

Das Wichtigste auf einen Blick

Mit *Vmobile* können Sie aber nicht nur alle Kameras anzeigen lassen oder die Kameras je Server ansteuern. Sie können sich eigene Profile anlegen und dort einzelne Kameras aller verknüpften Server hinzufügen. Somit haben Sie schnell Zugriff auf die für Sie wichtigsten Kameras. Vor allem, wenn Sie mehrere Kameras zur Überwachung einsetzen, behalten Sie so den Überblick. Um ein neues Profil anzulegen, tippen Sie auf ADD|NEW PROFILE. Geben Sie dem Profil einen Namen, und wählen Sie dann aus der Liste die Server bzw. deren Kameras, die Sie zum Profil hinzufügen möchten.

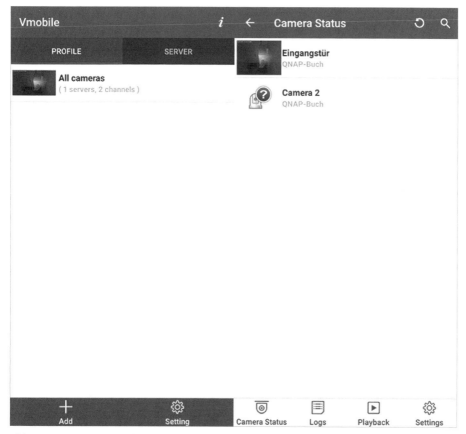

Abb. 18.30: Die App ist sehr übersichtlich und bietet einen schnellen Zugriff auf Kameras und Aufnahmen.

Zugriff auf die Server

Zu guter Letzt können Sie auch auf die Kameras, gruppiert nach Servern, zugreifen. Im Reiter SERVER finden Sie dann alle verknüpften Geräte und gelangen darüber zu den jeweiligen Kameras. Die Bedienung, die Ansicht und die Funktionen sind dieselben, wie oben bereits beschrieben.

Kapitel 18
Videoüberwachung mit der Surveillance Station

Wiedergabe von Aufzeichnungen

Neben der Live-Ansicht bietet *Vmobile* auch den Zugriff auf die aufgezeichneten Aufnahmen. Um diese auf dem Mobilgerät wiederzugeben, tippen Sie auf PLAYBACK. Den Button finden Sie in jeder Kameraliste, egal, ob Sie sich die Kameras über ein Profil oder über den Server anzeigen lassen.

Über die Eingabemaske wählen Sie die gewünschte Kamera aus und geben den angedachten Zeitraum an. Hier erhalten Sie allerdings keinen Hinweis, an welchem Tag bzw. zu welcher Zeit Aufnahmen vorliegen. Anschließend tippen Sie einfach auf PLAY, und die Wiedergabe startet.

> **Tipp**
>
> Sollten Sie anstelle der Aufnahme ein weißes Bild sehen und den Hinweis »This video resolution is not supported«, tippen Sie auf das Icon mit der Aufschrift »HD« im linken unteren Eck. Dadurch wird die Auflösung auf »SD« umgeschaltet, und die Wiedergabe sollte klappen.

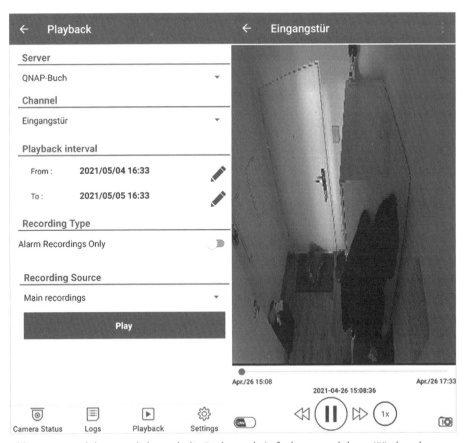

Abb. 18.31: Vmobile ermöglicht auch die Suche nach Aufnahmen und deren Wiedergabe.

18.8.2 Vcam – das Mobilgerät als Überwachungskamera

Auch die zweite angekündigte App möchte ich Ihnen nicht vorenthalten. Mit *Vcam* können Sie Ihr Mobilgerät als Überwachungskamera nutzen und in die *Surveillance Station* einbinden. Laut Infotext soll die App die Einrichtung einer Heimüberwachung ermöglichen, ohne teure Überwachungskameras anschaffen zu müssen. Wie sinnvoll das ist, können Sie selbst beurteilen. Bedenkt man aber die Tatsache, dass man mobile Geräte eher bei sich trägt, anstatt sie an einem festen Ort aufzustellen, und vergleicht man die Preise von Mobilgeräten mit denen von günstigen IP-Kameras, so scheint dieser Weg keine Dauerlösung zu bieten.

Vcam einrichten und bedienen

Nach der Installation starten Sie die App einfach. Nach der Schnelleinführung landen Sie im Einrichtungsassistenten. Geben Sie eine Portnummer sowie einen Benutzernamen und ein Passwort ein. Diese Daten benötigen Sie später in der *Surveillance Station*.

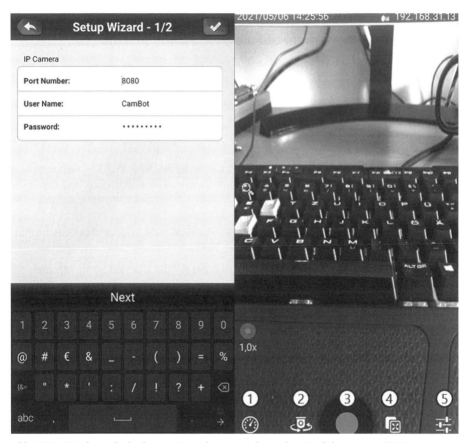

Abb. 18.32: Direkt nach der kurzen Einrichtung wird aus dem Mobilgerät eine IP-Kamera.

Kapitel 18
Videoüberwachung mit der Surveillance Station

Die Benutzeroberfläche ist, wie die App im Allgemeinen, sehr simpel.

❶ Dieser Button führt Sie zu den Einstellungen.

❷ Wechseln Sie zwischen Front- und Back-Kamera des Mobilgeräts.

❸ Aktiviert den Aufnahmemodus.

❹ Auswahl der Auflösung für die Aufnahme

❺ Öffnet diverse Einstellungen der Kamera, wie etwa Fokus, Weißabgleich, Helligkeit etc.

Mehr ist in der App nicht zu erledigen. Alles Weitere passiert in der *Surveillance Station*.

> **Wichtig**
>
> Damit die Aufnahme über Vcam funktioniert, muss die App im Vordergrund laufen und der Bildschirm eingeschaltet sein.
>
> Der Betrieb von Vcam belastet den Akku stark und führt zu einer gewissen Wärmeentwicklung.

Mobilgerät als IP-Kamera zur Surveillance Station hinzufügen

Um das Mobilgerät in der *Surveillance Station* als Kamera einzubinden, gehen Sie folgendermaßen vor:

1. Öffnen Sie auf dem Mobilgerät *Vcam*, und starten Sie den Aufnahmemodus (siehe oben).

2. In der *Surveillance Station* wechseln Sie zu KAMERAKONFIGURATION und fügen eine neue Kamera hinzu.

3. Als Kameramarke wählen Sie »QNAP« und als Modell »QNAP VCAM«. Geben Sie die IP-Adresse Ihres Mobilgeräts ein, und geben Sie Anschluss (Portnummer) sowie die Login-Daten ein, die Sie bei der Einrichtung der App gewählt haben (siehe Abbildung 18.33).

4. Klicken Sie auf TEST, anschließend führen Sie die restlichen Schritte des Einrichtungsassistenten nach Wunsch durch.

Die *Surveillance Station* bietet ein solides Grundgerüst für die Überwachung. Möchten Sie aber noch komplexere Konzepte umsetzen, bietet QNAP die *QVR Pro*-Umgebung. *QVR Pro* ähnelt der *Surveillance Station*, bietet aber noch weitere Funktionen. So kann die App – anders als die *Surveillance Station* – selbst die Bewegungserkennung durchführen. Somit können Sie auch auf Aufnahmen Bewegungen erkennen, wenn die Kamera diese selbst nicht erkennen kann. Auch der zugehörige Desktop-Client *QVR Pro Client* (nicht zu verwechseln mit dem in diesem Kapitel genutzten *QVR Client*) bietet einen größeren Funktionsumfang.

Darüber hinaus finden Sie im *App Center* noch weitere QVR-Apps, um Ihr Überwachungskonzept weiter auszubauen. So finden Sie dort im *QVR Center* eine zentrale Verwaltung mehrerer QNAP-Geräte mit *QVR Pro*, *QVR DoorAccess*, mit der Sie ein überwachtes Zutrittskonzept umsetzen können, sowie einige weitere Apps.

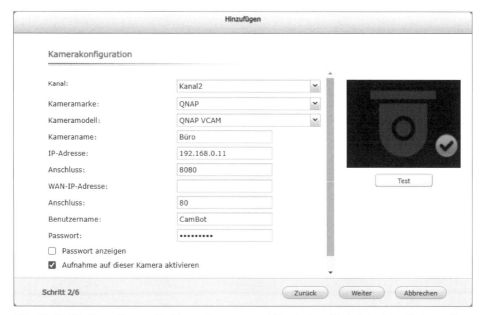

Abb. 18.33: Die Einstellungen für Vcam, Benutzer und Port haben Sie bei der Installation selbst festgelegt.

Hinweis

QVR Pro benötigt mindestens 4 GB Arbeitsspeicher, um überhaupt ausgeführt werden zu können.

Kapitel 19

Virtualisierung auf dem QNAP NAS

Im nachfolgenden Kapitel erhalten Sie weniger Schritt-für-Schritt-Anleitungen als bisher. Das Thema Virtualisierung ist ähnlich zum Thema Sicherheit und anderen weiterführenden Themen sehr umfangreich, und für das Umsetzen von Projekten ist mitunter einiges an Wissen erforderlich. Wissen, das ich Ihnen an dieser Stelle nicht vermitteln kann. Dazu kommt, dass die zur Virtualisierung auf QNAP-Geräten eingesetzten Technologien großteils nicht von QNAP selbst stammen. Diese Drittherstellersoftware ist auch nicht exklusiv für QNAP NAS, sondern es handelt sich um für die Virtualisierung etablierte Lösungen. Dementsprechend gut und umfangreich sind diese dokumentiert bzw. füllt jede von ihnen eigene Bücher. Dennoch ist Virtualisierung ein großes Thema und auch eines der wichtigsten Features von QNAP abseits der NAS-Kernthemen.

Verstehen Sie dieses Kapitel daher eher als Ausblick auf das, was Ihr NAS kann und welche Projekte Sie noch damit umsetzen können.

> **Wichtig**
>
> Nicht jedes Modell von QNAP unterstützt alle Virtualisierungslösungen. Schwächere Modelle ermöglichen gar keine, und selbst wenn Ihr NAS Virtualisierung unterstützt, heißt das nicht, dass Sie damit Virtualisierung tatsächlich produktiv einsetzen können. Die Virtualisierung erfordert einiges an Hardware-Performance, allen voran Arbeitsspeicher, aber auch die CPU-Last darf nicht unterschätzt werden. Einige Modelle eignen sich nur für kleinere Projekte bzw. für den Testbetrieb. Viele QNAP-Modelle weisen zusätzliche RAM-Slots auf, auch wenn sie für Virtualisierung angepriesen werden, ist oft ein RAM-Upgrade nötig, um dies tatsächlich zu bewerkstelligen.

Aber was ist eigentlich Virtualisierung? Bei der Virtualisierung wird Software, sei es ein Betriebssystem oder ein Programm, nicht direkt auf der Hardware installiert, sondern in einer emulierten Umgebung, die von einer Virtualisierungssoftware bereitgestellt wird. Bei der Betriebssystem-Virtualisierung emuliert die Software ein Endgerät, auf dem das Betriebssystem installiert werden kann. Bei der Software-Virtualisierung stellt die Virtualisierungslösung eine Laufzeitumgebung bereit, in der die virtuelle Software installiert und ausgeführt werden kann.

Die Virtualisierung hat mehrere Vorteile. So kann (ausreichend starke) Server-Hardware dazu genutzt werden, verschiedene Server-Umgebungen bereitzustellen. Statt also eine eigene Maschine für jeden Server zu betreiben, laufen mehrere virtuelle Server auf einer Hardware-Plattform. Das spart Kosten, Platz und Energie. Dasselbe gilt für Desktop-Betriebssysteme. Natürlich können Sie auf Ihrem Rechner mehrere Betriebssysteme installieren und beim Booten auswählen. Virtualisieren Sie die Betriebssysteme, können Sie diese aber alle gleichzeitig ausführen und nutzen. Für Software gilt dasselbe, Sie können

Software für unterschiedliche Betriebssysteme und Laufzeitumgebungen (PHP-Webserver, .Net etc.) bereitstellen, ohne die jeweiligen Systeme tatsächlich auf dem Server zu installieren.

Daraus ergeben sich weitere Vorteile. So können Sie kostensparend ganze Netzwerke simulieren, ohne die dafür notwendigen Geräte und Hardware anzuschaffen. Bei der Virtualisierung wird zwischen eigentlicher Plattform und virtueller Maschine bzw. Container eine kontrollierende Schicht geschaffen. Dadurch lassen sich weitere Sicherheits- und Kontrollmechanismen umsetzen. Die virtuellen Maschinen/Container laufen auch in sich geschlossen, sie können zwar miteinander vernetzt werden, sind aber ansonsten unabhängig. Das bedeutet, erfordert ein virtuelles Betriebssystem oder ein virtueller Server einen Neustart, wird nur die virtuelle Maschine bzw. der Container neu gestartet, ohne die anderen virtuellen Betriebssysteme oder Anwendungen zu beeinflussen. Dasselbe gilt im Fehlerfall, fällt eine Maschine oder ein Container aus, laufen alle anderen weiter. Laufen mehrere Anwendungen auf einem Rechner, können diese im Fehlerfall den ganzen Rechner und somit alle anderen Anwendungen lahmlegen. Bei virtuellen Containern ist nur der Container selbst betroffen und kann einfach gestoppt werden.

Virtuellen Maschinen/Containern können auch bestimmte Ressourcen des tatsächlichen Rechners zugewiesen werden, es können dann nur diese Ressourcen (z.B. eine gewisse Menge an Arbeitsspeicher) belegt werden. Somit kann eine Anwendung unter Last anderen Anwendungen keine Ressourcen wegnehmen.

Ein weiterer Vorteil von Virtualisierung ist die Ausführung der virtuellen Maschine bzw. des Containers. So können diese persistierend und nicht persistierend ausgeführt werden. Bei persistierender Ausführung verhält sich das Betriebssystem bzw. die Software wie gewohnt, wird das virtuelle Abbild neu gestartet, bleiben alle Änderungen, die Sie durchgeführt haben, erhalten. Bei einer nicht persistierenden Ausführung wird, ähnlich zu den Snapshots, ein gewisser Systemzustand festgehalten, alle Änderungen, die danach erfolgen, gehen nach einem Neustart verloren. Dadurch entsteht eine Sandbox, in der man Dinge austesten kann, ohne das virtuelle Abbild dauerhaft zu beeinflussen. Einstellungen müssen also nicht mühsam protokolliert und rückgängig gemacht werden, Software muss nicht wieder deinstalliert werden, und es bleiben keine Rückstände an Dateien, Einstellungen oder Registry-Einträgen zurück. Durch die Abkapselung des virtuellen Abbilds können auch sicherheitskritische Vorgänge getestet werden. Fängt sich eine virtuelle Maschine beispielsweise einen Virus ein, wird diese einfach neu gestartet, und das virtuelle Betriebssystem ist wieder wie neu. Der Virus hat das neu gestartete Abbild nie berührt.

Das ist natürlich bei Weitem nicht alles. Wie schon erwähnt, ist Virtualisierung ein sehr umfassendes Thema, und ich kann Ihnen an dieser Stelle nur einen kleinen Einblick gewähren.

19.1 Container Station

Die *Container Station* erlaub es, Anwendungen als virtuelle Abbilder bereitzustellen. Die virtuellen Abbilder werden als sogenannte *Container* bereitgestellt. Ein Container kann gelesen, beschrieben und ausgeführt werden. Der Container enthält die Anwendung und die dafür notwendige Konfiguration.

Container werden aus sogenannten *Images* erstellt. Ein Image ist eine Vorlage zur Erstellung von Containern. Es kann einen einzelnen Container erstellen (z.B. PHP 7.4) oder aber mehrere Container, die eine ganze Anwendung bilden (z.B. PHP 7.4, MariaDB 10 und WordPress). So können Sie alle notwendigen Container einzeln einrichten, um die gewünschte Webanwendung aufzusetzen oder vorgefertigte Pakete verwenden, die alles enthalten, um die jeweilige Anwendung auszuführen.

Die *Container Station* unterstützt die Containerformate *LXC* und *Docker*, beides Drittherstellerformate, die bekannt und weitverbreitet sind, vor allem Docker.

Haben Sie bereits Apps installiert, die in diesem Buch vorgestellt wurden, ist die Chance sehr hoch, dass Sie die *Container Station* ebenfalls schon installiert haben. Einige QNAP-Apps sind als virtuelle Container umgesetzt und werden nicht direkt auf dem NAS installiert und ausgeführt.

> **Hinweis**
>
> QNAP-Apps, die die *Container Station* benötigen, um ausgeführt zu werden, erscheinen aber nicht in der *Container Station*.

Die *Container Station* finden Sie im *App Center*, wenn sie nicht bereits als Abhängigkeit mit einer anderen App mitinstalliert wurde. Sie legt einen eigenen Freigabeordner `Container` an. Diesen sehen Sie in der *File Station*, auf die Unterordner darin können Sie aber nicht zugreifen, da Ihnen selbst als Administrator die Berechtigung fehlt. Beim ersten Start der *Container Station* können Sie den vorgegebenen Ordner auch einfach wechseln.

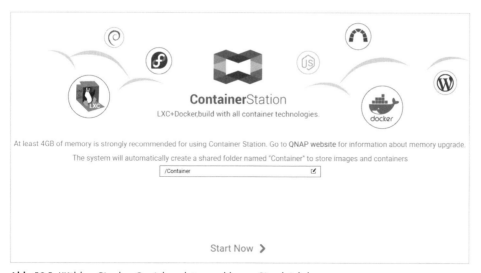

Abb. 19.1: Wählen Sie den Speicherplatz, und legen Sie gleich los.

19.1.1 Einstellungen

In der *Container Station* warten einige Einstellungen auf Sie. So können Sie unter Settings (⚙) über das Benachrichtigungszentrum Regeln für Benachrichtigungen erstellen (siehe Abschnitt 11.2.1 »Systembenachrichtigungen aktivieren«). Alle weiteren Einstellungen befinden sich im Bereich PREFERENCES. Hier finden Sie Netzwerkeinstellungen für LXC und Docker getrennt.

> **Hinweis**
>
> Die Container laufen in einem eigenen virtuellen lokalen Netzwerk, das über eine sogenannte *Bridge* mit Ihrem tatsächlichen LAN verbunden ist. Grundsätzlich können Sie mit den Voreinstellungen arbeiten. Änderungen müssen Sie nur dann vornehmen, wenn Sie eine spezielle Netzwerkkonfiguration wünschen.

Im Reiter REGISTRY können Sie zusätzlich zur offiziellen Docker-Registry weitere Registries hinzufügen. Eine Registry ist, ähnlich zum App-Archiv, eine Sammlung an Docker-Container-Images.

19.1.2 Container erstellen

Um einen Container zu erstellen, müssen Sie nach dem passenden Image suchen. Wechseln Sie dazu in den Bereich CREATE. Sie sehen einige Gruppen mit »empfohlenen« Images. Images sind entweder LXC-Images, Docker-Images oder Apps (mehrere Docker-Container). Manche Anwendungen gibt es sowohl als LXC- als auch als Docker-Container.

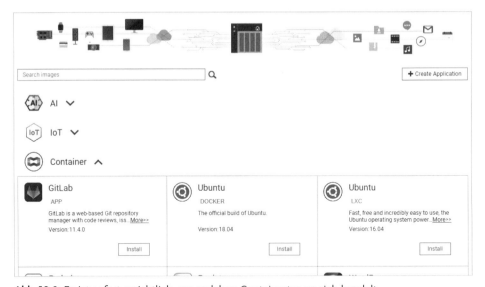

Abb. 19.2: Es ist sofort ersichtlich, um welchen Containertyp es sich handelt.

Über die Suchleiste können Sie alle konfigurierten Registries (siehe Abschnitt 19.1.1 »Einstellungen«) durchsuchen. Geben Sie dazu einen Suchbegriff ein und drücken Sie ⏎. In den Suchergebnissen finden Sie wieder einige vorgegebene Kategorien, gefolgt von den Registries.

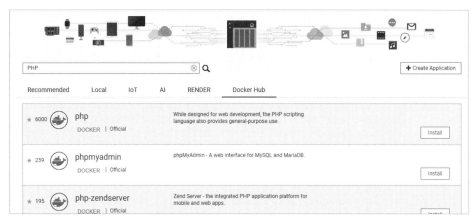

Abb. 19.3: Suchen Sie in den Registries nach Images.

Haben Sie das gewünschte Paket gefunden, klicken Sie einfach auf INSTALL.

Sie können jetzt einige Einstellungen für den Container festlegen, wie etwa die Systemressourcen, die er benutzen darf. Auch den Autostart können Sie hier konfigurieren. Ist dieser aktiv, werden der Container automatisch gestartet, wenn Ihr NAS hochfährt. In den erweiterten Einstellungen können Sie weitere Schnittstellen mit dem Host-System, also Ihrem NAS, definieren. So können Sie unter ENVIRONMENT Umgebungsvariablen definieren, unter NETWORK spezielle Netzwerkeinstellungen konfigurieren oder unter SHARED FOLDER einen Freigabeordner Ihres NAS einbinden.

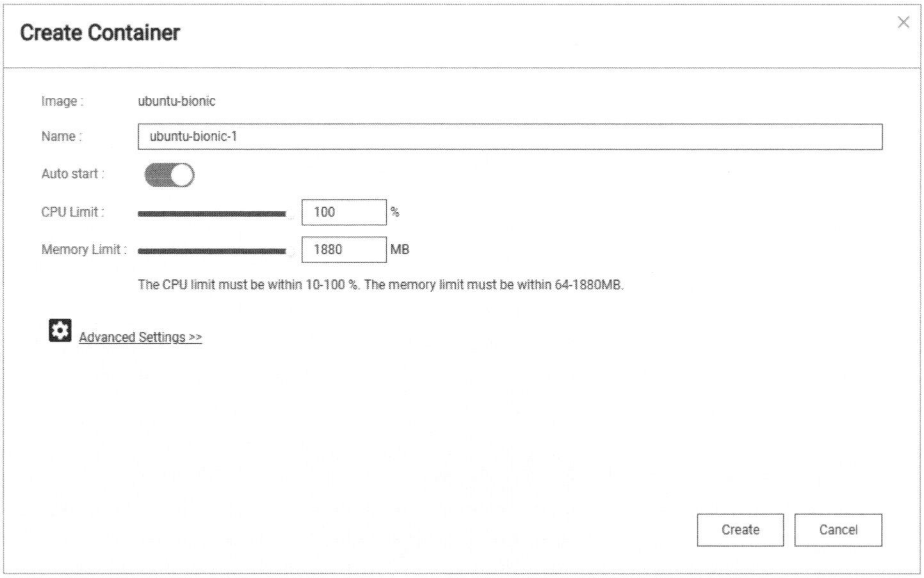

Abb. 19.4: Container benötigen meist nur sehr wenige Einstellungen, da sie schon vorkonfiguriert sind.

> **Hinweis**
>
> Grundsätzlich werden Container innerhalb des Stammverzeichnisses der *Container Station* abgelegt, dort speichert der Container auch Dateien ab, sofern das zu den Aufgaben der Anwendung gehört. Der Container kann aber anders als Ihre NAS-Apps nicht auf andere Ordner zugreifen. Soll die Anwendung dennoch auf andere Speicherorte Zugriff haben, müssen Sie den Speicherort in den Container einbinden.

Welche Einstellungen Sie hier vornehmen müssen, hängt von dem jeweilgen Container und dessen Verwendungszweck ab (soll er mit anderen Systemen kommunizieren können, oder soll er abgeschottet von allem ausgeführt werden?). Die Einstellungen können Sie normalerweise der Dokumentation des jeweiligen Containers entnehmen. Vor allem für Docker gibt es zu den meisten Containern ausführliche Tutorials im Internet.

Haben Sie die Einstellungen vorgenommen, klicken Sie auf CREATE und bestätigen die Zusammenfassung. Das Image wird anschließend heruntergeladen und der Container eingerichtet. Der Vorgang läuft als Hintergrundaufgabe der *Container Station*.

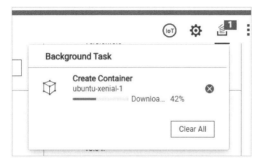

Abb. 19.5: Über die Hintergrundaufgaben können Sie den Vorgang überprüfen.

> **Hinweis**
>
> Nach der Installation wird der Container automatisch gestartet. Wird ein Container als gestartet angezeigt, heißt das aber noch nicht, dass die Anwendung selbst schon bereit ist. Diese fährt nach dem Start des Containers hoch, das kann je nach Anwendung und verfügbarer Systemressourcen einige Zeit dauern. Gerade nach der Installation dauert der Vorgang meist länger, da die Anwendung selbst noch einen Installationsvorgang durchführt. Überprüfen Sie die Ausgabe auf der Kommandozeile der Anwendung (siehe Abschnitt 19.1.4 »Auf Anwendungen zugreifen«), ob der Startvorgang abgeschlossen ist.

19.1.3 Containerverwaltung

In der Übersicht (OVERVIEW) sehen Sie, welche Container vorhanden sind und deren Status. Auch den Ressourcenverbrauch Ihres NAS können Sie hier einsehen. Im unteren Teil des Navigationsbereichs finden Sie den Eintrag CONTAINERS, auch hier sehen Sie eine Auflistung aller Container. Sowohl in der Übersicht als auch in CONTAINERS können Sie die Container steuern. Container werden bei der Einrichtung gestartet, ist der Autostart nicht aktiv, müssen Sie nach einem Neustart des NAS manuell gestartet werden (Abbildung 19.6,

❶). Auch wenn Sie den Container manuell gestoppt (❷) haben, können Sie ihn selbst wieder starten. Gibt es Probleme mit der Anwendung, wollen Sie Änderungen verwerfen oder erfordern Konfigurationsänderungen einen Neustart, finden Sie auch diese Aktion hier (❸). Benötigen Sie einen Container nicht mehr, können Sie ihn auch entfernen (❹). Haben Sie ein App-Image installiert, können nur alle Container gemeinsam gesteuert werden.

Abb. 19.6: In der Übersicht sehen Sie nicht nur alle Container, Sie sehen deren Status und welcher Art die Container sind. Auch steuern lassen sich die Container hier.

Unter IMAGES finden Sie alle Images, die Sie heruntergeladen und aus denen Sie Container erstellt haben. Hier können Sie auch weitere Container erstellen, wenn Sie diese bereits entfernt haben, oder Sie erstellen einfach mehrere Container mit derselben Anwendung, um so mehrere Instanzen parallel zu nutzen.

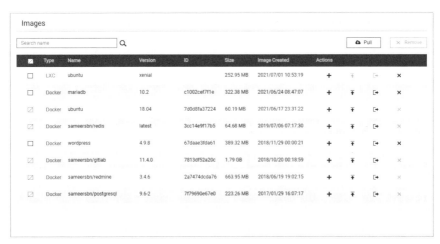

Abb. 19.7: Die gespeicherten Images können aktualisiert werden, außerdem können Sie jederzeit neue Container erstellen, ohne erneut nach der Anwendung suchen und sie herunterladen zu müssen.

Hier können Sie auch über PULL die Images aktualisieren. Aktualisierungen enthalten aber meist nur Bugfixes und »minor Updates«, bei neuen Hauptversionen wird meist ein neues Image erstellt. Somit können auch noch ältere Versionen einer Software genutzt werden.

19.1.4 Auf Anwendungen zugreifen

Wie Sie auf Anwendungen zugreifen, hängt etwas von der Natur der Anwendung ab. Einige besitzen eine Kommandozeile, über die sie gesteuert werden, andere haben ein Webinterface. Die Kommandozeile erreichen Sie über die Detailansicht des Containers. Klicken Sie dazu einfach auf den Namen des Containers. Unter »Console« finden Sie die Kommandozeile. Hier finden Sie auch in Fehlerfällen die Fehlermeldungen der Anwendung. Über den Button TERMINAL können Sie auch einzelne Befehle an die Kommandozeile schicken, ohne diese extra aufzurufen. Sie können mit ↗ die Konsole auch in einem eigenen Browser-Tab öffnen.

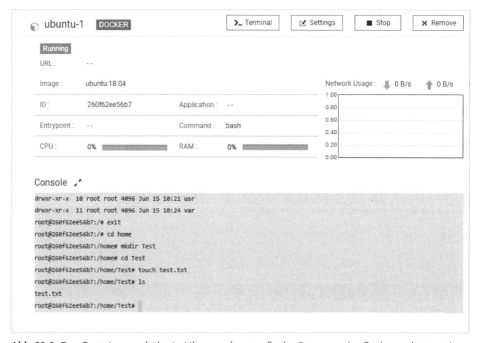

Abb. 19.8: Der Container enthält ein Ubuntu ohne grafische Benutzeroberfläche, es lässt sich nur über die Kommandozeile steuern.

Andere Anwendungen haben ein Webinterface, den Link dazu finden Sie an unterschiedlichen Stellen. Manchmal ist er ebenfalls in der Detailansicht unter »URL« angegeben. Installieren Sie ein App-Image, erhalten Sie während der Installation Informationen darüber, wie Sie die Anwendung aufrufen können und welche Login-Daten voreingestellt sind, oder Sie können die URL der Dokumentation des Containers entnehmen.

Abb. 19.9: Der Installationsdialog verrät, wie Sie anschließend WordPress aufrufen können.

> **Hinweis**
>
> Da die Webanwendungen auf einem virtuellen Webserver laufen und dieser sich in einem eigenen LAN befindet, können Sie diese auch nicht über http/https (Ports 80/443) aufrufen. Die virtuellen Anwendungen haben eigene Ports zugewiesen. Aufrufe werden von Ihrem Router an Ihr NAS weitergeleitet, und das NAS bzw. die *Container Station* leitet die Anfrage über eine NAT-Tabelle über die Bridge an den Container weiter.
>
> Wenn Sie sich an Kapitel 9 zurückerinnern, kann der Router nur anhand der Portnummer erkennen, wohin er eine Anfrage leiten muss. Welche Domain Sie für den Aufruf verwendet haben, ist ihm egal. Möchten Sie Anwendungen anhand der Domain unterscheiden bzw. über einen Port aufrufen, unter dem sie gar nicht läuft, müssen Sie einen Reverse-Proxy einrichten. Dieser leitet Anfragen anhand der verwendeten Domain weiter, auch an andere Ports.

19.2 Virtualization Station

Während die *Container Station* QNAPs Lösung für den Einsatz virtueller Anwendungsumgebungen ist, ist die *Virtualization Station* für die Virtualisierung von Betriebssystemen zuständig. Die *Virtualization Station* ist nur auf einer Handvoll Modellen verfügbar. Genauer gesagt ist die Voraussetzung Intels *Virtualization Technology* (VT-x), also eine Intel-CPU, die ausreichend stark ist und VT-x aufweist. Aber auch hier kann es sein, dass das NAS werksseitig zu wenig RAM besitzt, um die *Virtualization Station* tatsächlich zu nutzen. In diesem Fall müssen Sie den Arbeitsspeicher aufrüsten.

> **Hinweis**
>
> Damit Sie ein Betriebssystem virtualisieren können, benötigen Sie die Installationssoftware als CD-Abbild (ISO) und gegebenenfalls einen Produktschlüssel. Die *Virtualization Station* übernimmt nur die Virtualisierung, stellt aber selbst keine Betriebssysteme bereit. Diese müssen Sie selbst erwerben. Während Linux-Distributionen meist kostenlos erhältlich sind, ist Windows kostenpflichtig. Es besteht aber die Möglichkeit, eine 90-Tage-Test-VM (Virtual Machine) mit Windows 7, 8 oder 10 kostenlos zu testen.

Kapitel 19
Virtualisierung auf dem QNAP NAS

Abb. 19.10: Die Virtualization benötigt zwar nur mindestens 2 GB RAM, das reicht aber kaum aus, um eine VM ordentlich auszufügen.

19.2.1 VM einrichten

Vergewissern Sie sich, dass Sie ein CD-Abbild einer Installations-CD des Betriebssystems Ihrer Wahl haben, und speichern Sie es auf Ihrem NAS. Anschließend können Sie eine VM in der *Virtualization Station* einrichten.

1. Klicken Sie in der ÜBERSICHT auf ERSTELLEN.
2. Füllen Sie die Felder des Assistenten aus. Wichtig ist dabei, das richtige Betriebssystem zu wählen Mit »CPU-Kerne« und »Arbeitsspeicher« können Sie die Ressourcen, die der VM zur Verfügung stehen, limitieren. Bei »CD-Abbild« müssen Sie mit DURCHSUCHEN nach dem Image auf Ihrem NAS suchen.

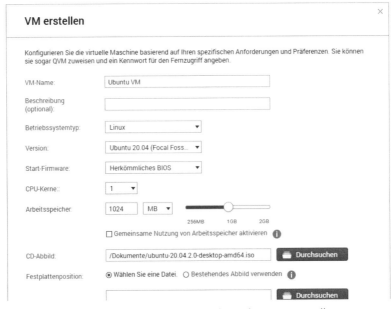

Abb. 19.11: Im Assistenten nehmen Sie nur die wichtigsten Einstellungen vor ...

Die virtuelle Festplatte, also der Speicherplatz, auf dem das Betriebssystem installiert wird und der dann als Festplatte in der VM zur Verfügung steht, wird als Datei auf Ihrem NAS abgelegt. Legen Sie bei »Festplattenposition« einen Speicherplatz für eine neue Datei fest oder wählen Sie eine bereits bestehende Datei. Darunter können Sie ein Limit festlegen, wie viel Speicherplatz der VM zur Verfügung steht.

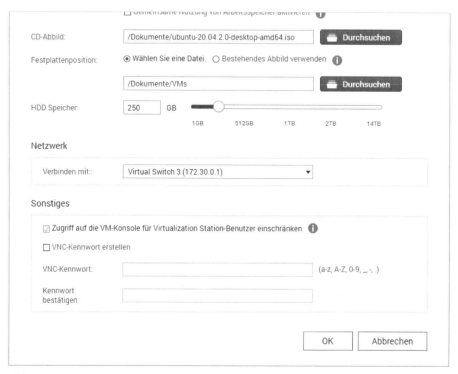

Abb. 19.12: ... die die VM benötig,t um ausgeführt zu werden, weitere Einstellungen können Sie nachträglich vornehmen.

> **Hinweis**
>
> Die VM hat eine eigene virtuelle Festplatte, repräsentiert durch eine Datei auf Ihrem NAS. Die VM hat keinen Zugriff auf die Freigabeordner oder das Dateisystem Ihres NAS. Wenn Sie auf Dateien Ihres NAS zugreifen möchten, müssen Sie Ihre VM so konfigurieren, dass es per Netzwerk mit Ihrem NAS kommunizieren kann, anschließend können Sie Methoden aus diesem Buch (etwa aus Kapitel 6) verwenden, um Daten bereitzustellen oder zu übertragen.

3. Legen Sie alle weiteren Einstellungen nach Bedarf fest und klicken Sie auf OK.
4. Die VM wird jetzt angelegt. Das Betriebssystem ist noch nicht installiert, dazu müssen Sie die VM erst starten.

Kapitel 19
Virtualisierung auf dem QNAP NAS

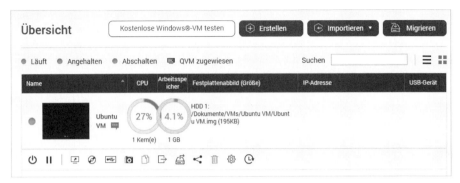

Abb. 19.13: Die VM läuft, jetzt kann auf sie über den Browser zugegriffen werden.

5. Klicken Sie auf die Miniaturansicht, um die VM im Browser anzuzeigen.
6. Im Browserfenster können Sie die VM bedienen und das Betriebssystem wie gewohnt installieren.

19.2.2 Die Virtualization Station nutzen

Die *Virtualization Station* lässt Sie aber nicht nur virtuelle Maschinen erstellen und ausführen, sie ist ein umfangreiches Programm, um mehrere VMs bequem zu verwalten.

VM steuern

Klicken Sie auf eine VM, erscheint eine Werkzeugleiste, mit der Sie die VM steuern können.

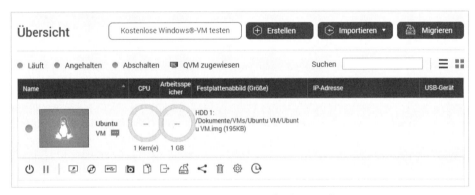

Abb. 19.14: Die Werkzeugleiste bietet viele Funktionen für die jeweilige VM.

- ⏻ Startet bzw. stoppt die VM. Beim Stoppen wird das Betriebssystem heruntergefahren, als würden Sie Ihren Rechner herunterfahren. Sie können das Stoppen auch erzwingen.
- ‖ Pausiert die VM bzw. setzt die Ausführung wieder fort
- ▭ Öffnet den virtuellen Bildschirm der VM im Browser
- ⊘ Lässt Sie CDs/DVDs in Form von Image-Dateien einlegen

- Gestatten Sie der VM Zugriff auf USB-Geräte, die an Ihrem NAS angeschlossen sind.
- Lässt Sie einen Snapshot aufnehmen bzw. aufgenommene Snapshots verwalten
- Klont die VM. Dabei wird eine zweite VM erstellt mit genau denselben Einstellungen und demselben Zustand der geklonten VM.
- Exportiert die VM auf Ihr NAS oder ein NAS, das über das Netzwerk erreichbar ist. Die exportierte VM kann in einer anderen *Virtualization Station* importiert werden.
- Überträgt die VM direkt in die *Virtualization Station* eines anderen NAS, das über das Netzwerk erreichbar ist.
- Erstellt einen Freigabelink, über den andere auf die VM zugreifen können.
- Löscht die VM
- Öffnet die Verwaltungsansicht der VM
- Wechselt in den Bereich Sichern und Wiederherstellen

VM verwalten

In der VM-Liste finden Sie alle VMs, die Sie erstellt haben. Wählen Sie eine davon aus, landen Sie in derselben Ansicht wie mit dem Einstellungen-Icon. Im Reiter Informationen finden Sie alle Angaben und Einstellungen der VM. Hier befindet sich auch noch einmal die Werkzeugleiste. Um Änderungen vorzunehmen, müssen Sie in den Reiter Einstellungen wechseln. Einige Optionen lassen sich nicht ändern, wenn die VM läuft. Sie finden hier noch einige weitere Einstellungen, die beim Anlegen der VM nicht zur Verfügung stehen.

Im Reiter Snapshot finden Sie alle erstellten Snapshots der VM, und im Reiter Protokolle sind alle Meldungen aufgelistet, die die VM generiert hat.

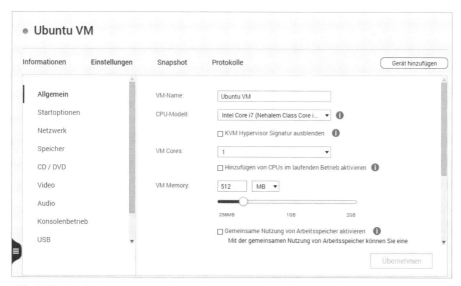

Abb. 19.15: Nach dem Erzeugen der VM kann eine Vielzahl an Einstellungen vorgenommen werden.

Speichern und wiederherstellen

Hier können Sie Backup-Aufgaben für die *Virtualization Station* erstellen. Während Snapshots nur den Zustand der VM speichern, können hier komplette VMs gesichert werden. Die Funktion deckt sich mit der Exportfunktion der einzelnen VMs, nur dass sie hier automatisiert arbeiten und mehrere VMs gleichzeitig sichern können. Wie Sie Sicherungs- und Wiederherstellungsaufgaben anlegen, können Sie in Abschnitt 8.3.2 »HBS3 Hybrid Backup Sync – die ultimative Backup-Lösung« nachlesen.

> **Professionelle Virtualisierung**
>
> Möchten Sie noch einen Schritt weitergehen und noch größere Virtualisierungsprojekte umsetzen, bietet Ihnen QNAP auch die Unterstützung von VMware, Citrix und Microsoft Hyper-V. Allerdings bieten nur gewisse Modelle die Unterstützung einiger bzw. aller dieser Technologien. Diese finden Sie, bis auf einige Ausnahmen, im Enterprise-Sektor.

Kapitel 20

Weitere Themen rund um Ihr QNAP NAS

Es gibt noch unzählige Themengebiete rund um QNAP NAS, doch nicht alle passen in dieses Buch. Andere Themen sind nicht umfangreich genug für ein eigenes Kapitel, aber sehr wichtig, für mehrere Kapitel relevant oder lassen sich schlicht schwer einordnen, sodass sie nicht im Zuge anderer Kapitel abgehandelt werden können. Daher habe ich diese Themen in diesem Kapitel zusammengefasst.

20.1 Zentrales Downloadmanagement mit der Download Station

Downloadmanager sind praktisch. Man fügt den Downloadlink hinzu und der Manager lädt die Datei automatisch herunter. Bricht die Verbindung ab, wird der Download automatisch fortgesetzt, wenn sie wieder da ist. Man kann die Downloads auch selbst pausieren und fortsetzen. Downloadmanager werden aber immer seltener. Viele Funktionen sind schon in den Browsern integriert, und aufgrund der immer besser werdenden Internetleitungen sind Downloads auch nicht mehr so mühsam und langwierig.

Ein Downloadmanager hat aber auch heute noch seine Vorteile. Bei besonders vielen und/ oder großen Downloads ist es ärgerlich, wenn man den Rechner laufen lassen muss. Ist die Verbindung zum Server langsam oder instabil, kann die Angelegenheit mühsam sein. Dazu kann die eigene Bandbreite stark eingeschränkt werden.

Das QNAP NAS bietet einen zentralen Downloadmanager, die *Download Station*. Damit können Sie Ihre Downloads vom NAS erledigen lassen und so Ihren Rechner ausschalten. Dazu lassen sich Downloads auch planen, um die eigene Internetleitung nicht zu belasten, während sie für andere Dinge benötigt wird.

Die *Download Station* kann aber weit mehr, als nur einfache Dateien herunterladen. Sie unterstützt eine Vielzahl von speziellen Downloadformaten und Protokollen. Sie kann auch automatisch mit FTP-Servern und File-Hostern umgehen. Downloads sind meist in ZIP-, RAR- oder andere Archivdateien gepackt. Die *Download Station* kann die Dateien nach dem Download auch automatisch entpacken. Ein weiterer Vorteil: Sie können von überall Downloads hinzufügen und brauchen sich nicht weiter darum zu kümmern.

20.1.1 Die Download Station installieren und einrichten

Die *Download Station* ist eine QNAP-App, die Sie wie gewohnt im *App Center* finden. Möchten Sie die *Download Station* nach der Installation öffnen, enttäuscht Sie eventuell die Meldung »Access denied«. Anders als bei den anderen Apps muss für die *Download Station* erst die Berechtigung erteilt werden, auch als Benutzer der Gruppe *administrators*. Das liegt daran, dass die *Download Station* erst seit Kurzem überhaupt für andere Benutzer als *admin* zugänglich ist.

Öffnen Sie also SYSTEMSTEUERUNG|RECHTE|BENUTZER|ANWENDUNGSBERECHTIGUNGEN BEARBEITEN bei den gewünschten Benutzern und aktivieren dort die *Download Station*. Loggen Sie sich dann aus QTS aus und wieder ein, können Sie die Download Station endlich öffnen. Haben Sie die Nutzungsbedingung akzeptiert, können Sie auch schon mit der kurzen Einrichtung beginnen.

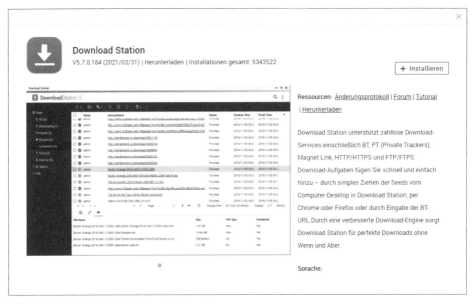

Abb. 20.1: Die Download Station im App Center

Einstellungen in der Download Station

Öffnen Sie die Einstellungen über das Dreipunkte-Menü. Hier erwarten Sie einige Optionen. An dieser Stelle werde ich aber nur einige davon beschreiben. Die meisten Optionen finden Sie dann in den Abschnitten mit den zugehörigen Themen.

Benachrichtigungen konfigurieren

Die erste Konfiguration, die Sie eventuell vornehmen möchten, sind die Benachrichtigungen. Im Bereich BENACHRICHTIGUNG im Reiter GLOBALE können Sie Benachrichtigungsregeln definieren. Damit Sie das tun können, müssen Sie aber das Benachrichtigungszentrum konfiguriert haben (siehe Abschnitt 11.2.1 »Systembenachrichtigungen aktivieren«). Klicken Sie auf BENACHRICHTIGUNGSREGEL KONFIGURIEREN.

Verbindungen, gleichzeitige Downloads und Bandbreite

Sie können festlegen, wie viele Downloads gleichzeitig laufen sollen und wie viel Bandbreite dafür verwendet werden darf. Beachten Sie die eigene Bandbreite – laufen zu viele Downloads gleichzeitig, dauert es länger, bis einzelne Downloads abgeschlossen werden.

Bei zu wenigen gleichzeitigen Downloads wird die Bandbreite nicht optimal ausgenutzt, vor allem dann, wenn die Downloadquelle die Bandbreite begrenzt.

Abb. 20.2: Anzahl der gleichzeitigen Downloads und Bandbreite kann eingeschränkt werden.

Die Optionen dazu finden Sie in den Reitern HTTP, FTP und BT (steht für BitTorrent). Im Bereich VERBINDUNG legen Sie die maximale Anzahl gleichzeitiger Downloads fest.

> **Hinweis**
>
> Unterschiedliche QNAP-Modelle haben ungeachtet der Einstellungen in der *Download Station* eine Obergrenze für gleichzeitige Downloads. Diese können Sie dem Datenblatt Ihres Modells entnehmen.

Im Bereich BANDBREITENBESCHRÄ(nkung) legen Sie die maximale Downloadrate fest. Hier ist das Benutzerinterface wieder etwas missverständlich. Die Überschrift spricht von einer Bandbreitenbeschränkung pro Aufgabe, die Option selbst spricht von einer globalen maximalen Downloadrate.

> **Hinweis**
>
> Geschwindigkeitsbeschränkungen funktionieren nur im Zusammenhang mit dem Download-Zeitplan (siehe Abschnitt 20.1.2 »Einen Zeitplan erstellen«).

Für *BitTorrent* finden Sie die maximale Anzahl gleichzeitiger Downloads ebenfalls im Bereich BANDBREITENBESCHRÄNKUNG.

20.1.2 Dateien downloaden

Downloads können auf verschiedene Weise auftreten. Ein direkter Link zur Datei ist dabei die einfachste. Weiter verbreitet sind aber kleine Dateien, in denen die Downloadinformationen enthalten sind. Diese können sicherer im Internet bereitgestellt werden als direkte Links zu Dateien.

Downloads hinzufügen

Hinzufügen können Sie Downloads als Datei vom lokalen Rechner oder als Link.

Als Datei werden Torrent-Dateien unterstützt, als Links werden die Protokolle http, https, ftp, ftps, qqdl, thunder, flashget und magnet unterstützt.

Um einen neuen Download hinzuzufügen, klicken Sie auf ⊕ neben DOWNLOADAUFGABEN (nur Links) oder in der Menüleiste und wählen URL EINGEBEN oder TORRENT-DATEI.

Fügen Sie Downloads als Link hinzu, kopieren Sie die Downloadadresse in das Textfeld. Sie können dabei mehrere Links hinzufügen. Achten Sie darauf, für jeden Link eine neue Zeile anzufangen. In Klammern wird Ihnen angezeigt, wie viele URLs erkannt wurden. Klicken Sie dann auf WEITER. Im nächsten Schritt legen Sie fest, in welchem Ordner die temporären Downloaddaten gespeichert werden und wohin die fertigen Dateien verschoben werden sollen. Der Eintrag »Download« ist dabei nur ein Dummy-Eintrag. Sie müssen also eine Auswahl treffen. Sie können übrigens nur aus bestehenden Ordnern wählen, neue Ordner können Sie an dieser Stelle nicht anlegen. Sie können auch denselben Ordner für beides verwenden.

Die Auswahl bleibt gespeichert und muss in Zukunft nicht mehr getroffen werden.

Sind für den Download Zugangsdaten erforderlich, können Sie diese ebenfalls angeben. Wählen Sie dazu im Drop-down »Manuell eingeben«. Mehr dazu finden Sie im Abschnitt »File-Hoster«, Seite 598. Klicken Sie dann auf ÜBERNEHMEN. Die Links werden hinzugefügt, und der Download startet sofort.

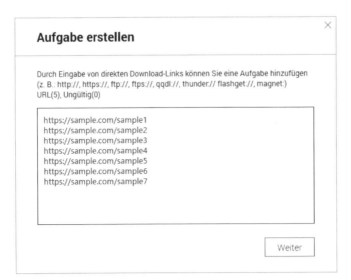

Abb. 20.3: Fügen Sie gleich mehrere Downloadlinks auf einmal hinzu.

Wählen Sie als Download eine Torrent-Datei, öffnet sich der Dateiauswahl-Dialog Ihres Betriebssystems, und Sie können die Torrent-Datei von Ihrem Rechner wählen. Im nächsten Schritt können Sie wieder die Downloadordner wählen bzw. die gespeicherte Auswahl ändern. Klicken Sie auf ÜBERNEHMEN.

Abb. 20.4: Legen Sie Zielordner und eventuelle Login-Daten fest.

Haben Sie »Torrent-Dateien anzeigen« ausgewählt, wird Ihnen eine Übersicht mit allen in der Datei enthaltenen Dateien angezeigt. Sie können einzelne Dateien abwählen bzw. kontrollieren, ob alle gewünschten Dateien vorhanden sind. Sind Sie mit der Auswahl zufrieden, klicken Sie erneut auf Übernehmen.

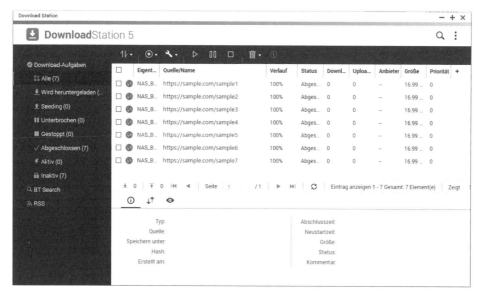

Abb. 20.5: Hinzugefügte Downloads werden gleich gestartet.

Die *Download Station* besitzt keinen *Linkgrabber* (eine Software, die Webseiten nach Dateien bzw. Downloadlinks durchsucht), sondern die URL muss direkt auf die Datei verweisen. Dafür werden verschiedene Protokolle wie etwa FTP und SFTP, unterstützt.

Kapitel 20
Weitere Themen rund um Ihr QNAP NAS

Downloads verwalten

Downloads werden, sofern die maximale Anzahl an Downloads noch nicht erreicht wurde, automatisch gestartet. Im Navigationsbereich können Sie Ihre Downloads nach deren Status filtern. Über die Menüleiste stehen Ihnen verschiedene Werkzeuge und Aktionen zur Verfügung:

Abb. 20.6: Die Icons in der Menüleiste

❶ Bietet eine Auswahl an Optionen, um die Downloads zu sortieren und zu filtern.

❷ Hinzufügen neuer Downloads

❸ Bietet die Optionen, alle Downloads zu starten, zu stoppen, für eine gewisse Zeit zu unterbrechen oder abgeschlossene Downloads aus der Liste zu entfernen bzw. sie zu entfernen und die heruntergeladenen Dateien zu löschen.

❹ Den bzw. die ausgewählten Downloads starten, pausieren oder stoppen.

❺ Den bzw. die ausgewählten Downloads entfernen bzw. entfernen und die Dateien löschen.

❻ Die Informationen ein- bzw. ausblenden.

Markieren Sie einen Download, wird das Infofenster eingeblendet, es zeigt in drei Reitern Informationen zum Download bzw. zur Quelle und zur Übertragung an.

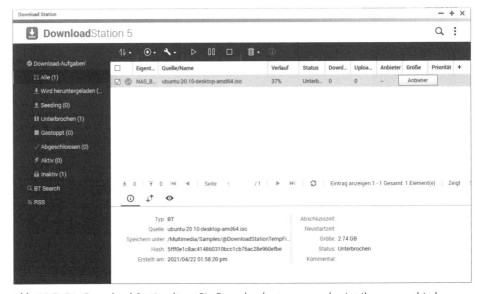

Abb. 20.7: Die Download Station lässt Sie Downloads steuern und zeigt Ihnen verschiedene Detailinformationen.

> **Tipp**
>
> Die Option zum Entfernen der Downloadaufgaben und Löschen der heruntergeladenen Dateien mag auf den ersten Blick seltsam erscheinen. Oft sind Downloads aber in Archivdateien gepackt. Diese werden nach dem Entpacken meist nicht mehr benötigt. Durch die oben genannte Option lassen sich die Archivdateien einfach über die *Download Station* löschen, ohne den Speicher nachträglich über die *File Station* bereinigen zu müssen.

Einen Zeitplan erstellen

Automatisierte Downloads sind toll, aber nicht, wenn sie die ganze Bandbreite belegen, während Sie gerade im Internet surfen, Videos streamen oder die Bandbreite für andere Aktivitäten benötigen. Mit einem Zeitplan können Sie festlegen, wann Downloads durchgeführt werden dürfen und wann nicht.

Öffnen Sie das Dreipunkte-Menü und wählen Sie EINSTELLUNGEN. Der Zeitplan ist gleich der erste Bereich im ersten Reiter. Setzen Sie den Haken bei »Download-Zeitplan aktivieren«.

Sie sehen eine Tabelle mit den Wochentagen und der Tageszeit und darüber drei Buttons: AUSSCHALTEN, FULL-SPEED und BESCHRÄNKT. Der Zeitplan ist als Vorgabe komplett mit der Option »Full-Speed« belegt. Durch Klicken des Buttons wird die jeweilige Option aktiv, klicken Sie anschließend einzelne Kästchen im Zeitplan an, ändert sich deren Farbe passend zur jeweiligen Option. Sie könne die Maustaste auch halten und eine rechteckige Auswahl aufziehen.

Abb. 20.8: Definieren Sie, wann wie schnell heruntergeladen werden soll.

Erstellen Sie einen Zeitplan nach Ihren Bedürfnissen. Sie können festlegen, ob zu einer bestimmten Zeit Downloads in voller Geschwindigkeit (rot), mit eingeschränkter Geschwindigkeit (grün) oder gar nicht (grau) erlaubt sind. Bei der Option »Beschränkt« werden die Bandbreitenlimits angewendet, die Sie in den Einstellungen festgelegt haben. Sind Sie mit dem Zeitplan zufrieden, bestätigen Sie mit ÜBERNEHMEN.

File-Hoster

Die *Download Station* unterstützt File-Hoster zwar nicht direkt, aber es besteht die Möglichkeit, Login-Daten zu hinterlegen. Diese können dann beim Hinzufügen von Downloads ausgewählt werden. Die entsprechende Option finden Sie unter EINSTELLUNGEN|DATEI-HOSTING-KONTO. Klicken Sie auf das +-Icon, um einen neuen Eintrag hinzuzufügen.

Geben Sie einen Namen für den Eintrag an, und fügen Sie anschließend die Login-Daten ein. Setzen Sie den Haken bei »Aktiviert«, wird der Eintrag im Drop-down-Menü beim Hinzufügen von Downloads angezeigt, ist die Option nicht aktiviert, wird der Eintrag gespeichert, steht aber nicht zur Auswahl bereit. Klicken Sie anschließend auf ÜBERNEHMEN. Sie können Einträge über die entsprechenden Icons bearbeiten oder löschen.

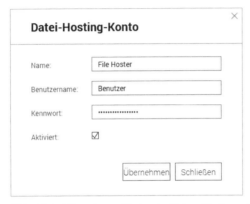

Abb. 20.9: Hinterlegen Sie Login-Daten für Download-Quellen...

Laden Sie Dateien beim entsprechenden Hoster herunter, können Sie Ihre Login-Daten einfach auswählen und müssen diese nicht mehr manuell eingeben.

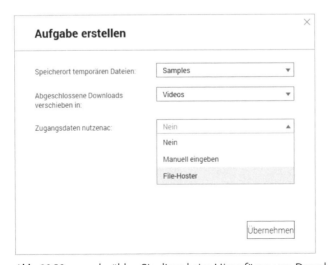

Abb. 20.10: ... und wählen Sie diese beim Hinzufügen von Downloads aus.

BT-Suche und Add-ons

Die *Download Station* hilft nicht nur beim Herunterladen selbst – sie kann auch Dateien finden, wenn auch nur Torrents. Dazu nutzt sie spezielle Suchmaschinen. Genauer gesagt können in der *Download Station* Plugins installiert werden, die die Suchanfragen an verschiedene Suchseiten weiterleiten. Einige Add-ons dieser Suchmaschinen sind bereits integriert.

Unter EINSTELLUNGEN|ADD-ONS können Sie die Suchmodule entfernen/deaktivieren oder neue Suchmodule hinzufügen. Auch das Aktualisieren der Suchmodule kann hier erledigt werden. Add-ons beschränken sich aber nicht nur auf die Suche, es gibt auch Plug-ins für das RSS-Feed-Parsing oder das URL-Parsing. In der Spalte »Funktion« sehen Sie, welches Plug-in welche Funktion unterstützt.

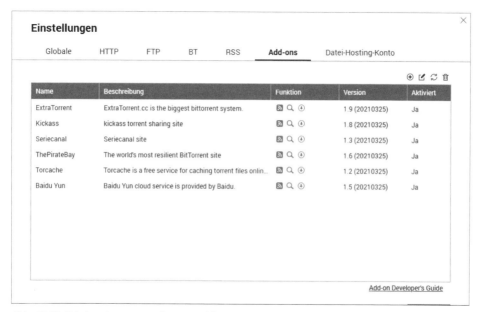

Abb. 20.11: Die bereits vorinstallierten Add-ons

> **Hinweis**
>
> Die bereits vorhandenen Add-ons wurden von QNAP selbst entwickelt. Die Suchseiten selbst stammen nicht von QNAP. Sie können im Internet weitere Add-ons suchen oder selbst eines entwickeln. Hilfe bietet dazu ein Guide von QNAP. Diesen erreichen Sie über den Link ADD-ON DEVELOPER'S GUIDE.

Die Add-ons allein reichen aber noch nicht. Um die Suche tatsächlich nutzen zu können, muss diese erst aktiviert werden. Öffnen Sie dazu die EINSTELLUNGEN|GLOBALE|SUCHE, dort setzen Sie die Haken bei den beiden Checkboxen und klicken auf ÜBERNEHMEN.

Jetzt können Sie die *Download Station* dazu nutzen, um nach Torrents zu suchen. Gehen Sie dazu in den Bereich BT-Search und geben Sie in das Suchfeld Ihre Suchanfrage ein. Das

Suchfeld erreichen Sie über 🔍 rechts oben. Geben Sie einen Suchbegriff ein und drücken Sie ⏎. Im Hauptfenster wird ein neuer Tab erzeugt, in dem nach und nach die Suchergebnisse erscheinen. Markieren Sie die gewünschten Ergebnisse, und klicken Sie auf ⬇ (alternativ Rechtsklick|HERUNTERLADEN), um sie zur Downloadliste hinzuzufügen.

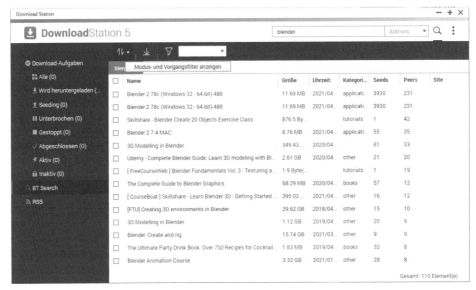

Abb. 20.12: Suche von Torrents direkt über die Download Station.

Sie können die Suche auch auf bestimmte Add-ons beschränken. Klicken Sie dazu im Suchfeld auf ADD-ONS, und entfernen Sie den Haken bei den Add-ons, die Sie für die aktuelle Suche nicht verwenden wollen. Klicken Sie dann auf SUCHE.

20.2 Arbeitsspeicher erweitern

Einige der NAS-Modelle von QNAP weisen leere RAM-Slots auf. Diese Geräte können Sie bei Bedarf mit weiteren RAM-Riegeln versorgen. QNAP stellt dafür eigene RAM-Riegel zur Verfügung. Je nach Modell sind andere Riegel erforderlich. Die Riegel von QNAP sind nicht gerade günstig, verglichen mit gleichwertigen RAM-Riegeln anderer Hersteller. Auch die Größe der Riegel ist beschränkt. Achten Sie vor dem Kauf eines RAM-Riegels auf die Spezifikationen, unterschiedliche Modelle benötigen oft ganz unterschiedliche Riegel (z.B. DDR3 und DDR3L).

> **RAM-Riegel anderer Hersteller**
>
> QNAP empfiehlt zwar, die eigenen Riegel zu verwenden, es ist in der Community aber weitverbreitet, Riegel anderer Hersteller einzubauen. Allerdings kann bei der Verwendung von Riegeln anderer Hersteller der Support seine Hilfe verweigern. Hier ist es eventuell ratsamer, den Riegel vorher auszubauen, ehe dem Support Zugriff auf das NAS gestattet wird.

Möchten Sie einen anderen Riegel kaufen, achten Sie sehr genau auf die Spezifikationen, nicht nur der RAM-Typ, sondern auch Taktfrequenz und Spannung sind ausschlaggebend. Recherchieren Sie am besten vorher im Internet, ob und welche Fremdhersteller-Riegel Ihr konkretes NAS-Modell unterstützt. Durch die Verwendung von Riegeln anderer Hersteller ist es bei einigen NAS-Modellen auch möglich, mehr RAM einzubauen, als laut Datenblatt maximal unterstützt wird.

Der Einbau gestaltet sich je nach NAS-Gehäuse völlig unterschiedlich und schwankt zwischen einfach und einer Menge Bastelarbeit. Eine Anleitung dazu finden Sie im User-Guide, den Sie wiederum im Downloadbereich von QNAP unter Dokumente finden.

Achtung

Der Guide enthält manchmal Anweisungen für mehrere Modelle. Die Bilder und beschriebenen Schritte passen nicht immer hundertprozentig zu Ihrem Gehäuse. Ein gewisses handwerkliches Geschick ist von Vorteil. Gegebenenfalls finden Sie im Internet Anleitungen oder Videos, die genau Ihr Modell beschreiben.

20.2.1 Ist mehr RAM notwendig?

Mehr RAM schadet prinzipiell nie. Ob sich die Investition lohnt und Sie davon profitieren, hängt davon ab, welche Dienste und Anwendungen Sie auf Ihrem NAS betreiben. Setzen Sie auf Ihrem NAS Virtualisierung ein (nur auf besonders leistungsfähigen Modellen verfügbar), kann nie genug RAM vorhanden sein. Auch bei vielen gleichzeitigen Anwendungen oder RAM-lastigen (Web-)Anwendungen kann mehr RAM nicht schaden. Vergessen Sie aber nicht, dass die CPU schnell das ausbremsende Element werden kann. Aber auch, wenn Anwendungen nicht den kompletten RAM belegen, profitiert ein QNAP NAS dennoch von mehr RAM, da nicht benutzter RAM als Zwischenspeicher genutzt wird.

Generell sind QTS und die QNAP-Apps sehr hardwarehungrig und einige Modelle etwas unterdimensioniert für das, wofür sie beworben werden bzw. für die Kategorie, in die sie eingeteilt wurden. Gerade wenn Sie Virtualisierung nutzen wollen, werden Sie um ein RAM-Upgrade nicht herumkommen. Viele Modelle, die Virtualisierung unterstützen, haben werksseitig zu wenig RAM verbaut. So benötigt die *Virtualization Station* zwar nur mindestens 2 GB RAM, den verbraucht sie aber selbst großteils, ohne dass eine VM läuft. Gängige Betriebssysteme können Sie damit nicht virtualisieren.

20.2.2 RAM-Riegel einsetzen

Bevor Sie den RAM-Riegel einsetzen, fahren Sie das NAS herunter, und trennen Sie es vom Strom.

Hinweis

Ich demonstriere Ihnen den Vorgang anhand einer TS-251+ und einem DDR3L-Riegel. Je nach Modell kann der Vorgang stark abweichen.

Bei einigen Modellen ist der RAM-Slot von außen über eine Abdeckung erreichbar. Bei anderen Modellen ist es erforderlich, das Gehäuse zu öffnen. Gehen Sie in allen Fällen mit äußerster Vorsicht vor, um Beschädigungen zu vermeiden. Für solche Vorgänge wird oft ein nicht magnetischer Schraubendreher empfohlen, um Schäden an der Platine zu vermeiden. Der Nachteil dieser Werkzeuge ist, dass Schrauben nicht haften bleiben und ins Gehäuse bzw. auf die Platine fallen und somit ebenfalls Schäden verursachen können.

Müssen Sie das Gehäuse öffnen, müssen Sie einige Schrauben entfernen und anschließend einen Teil des Gehäuses entriegeln und abnehmen. Auf der Unterseite des Gehäuses finden Sie eine Markierung (siehe Abbildung 20.14, Kasten), die Ihnen anzeigt, in welche Richtung der Gehäuseteil verschoben werden muss, um ihn zu entriegeln. Anschließend können Sie eine Gehäusehälfte entfernen.

Abb. 20.13: Entfernen Sie die gekennzeichneten Schrauben, um das Gehäuse öffnen zu können.

Abb. 20.14: Verschieben Sie das Gehäuse gegeneinander. Anhand der Markierung (Kasten) erkennen Sie, in welche Richtung Sie schieben müssen.

Tipp

Die Schrauben haben nicht alle dieselbe Größe und Länge. Legen Sie die Schrauben vorsichtig in einem Muster auf dem Tisch ab, so dass Sie diese problemlos den einzelnen Schritten und Positionen zuordnen können.

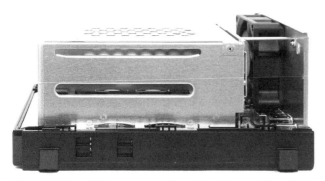

Abb. 20.15: Das Gehäuse ist geöffnet, aber der Festplattenkäfig steht eventuell noch im Weg.

Haben Sie das Gehäuse geöffnet, können Sie bei einigen Modellen bereits den bzw. die RAM-Slots erreichen. Bei kleineren Gehäusen ist es oft erforderlich, den Festplattenkäfig zu entfernen. Entfernen Sie dazu die Schrauben im Inneren des Gehäuses sowie gegebenenfalls an der äußeren Gehäuserückseite. Heben Sie anschließend den Käfig vorsichtig nach oben an. Am Käfig sind auch die SATA-Anschlüsse für die Festplatten montiert, diese sind als Steckkarte mit der Hauptplatine verbunden. Die Steckkarte muss durch das Anheben aus der Platine gezogen werden.

Lokalisieren Sie jetzt den bzw. die freien RAM-Slots. Im Falle der TS-251+ ist die Slot-Position sehr unglücklich, der sehr gut zugängliche, mittige Slot ist nämlich schon werksseitig belegt. Der freie Slot befindet sich unterhalb des Metallrahmens.

Abb. 20.16: Entfernen Sie die Schrauben des Festplattenkäfigs. Achten Sie darauf, die richtigen Schrauben zu entfernen.

Entfernen Sie die vier zusätzlichen Schrauben am Rahmen, ist dieser zwar immer noch mit der Platine verbunden, allerdings lässt sich dann die Platine aus dem zweiten Gehäuseteil entnehmen, und Sie haben etwas mehr Spielraum für Ihre Finger. Den Metallrahmen werden Sie nur los, wenn Sie die komplette Platine zerlegen.

Abb. 20.17: Das NAS ohne Festplattenkäfig. Hier wurde auch noch das restliche Gehäuse entfernt, um den Slot einfacher zu erreichen.

Stecken Sie jetzt den RAM-Riegel in den Slot. DDR3-RAM wird normalerweise senkrecht in den Slot gesteckt. DDR3L-RAM wird im ca. 45°-Winkel in den Slot geschoben (es ist wichtig, dass der Riegel ganz in den Slot geschoben wird) und anschließend in Richtung Platine umgeklappt, bis die Sicherheitsbügel in die Auskerbung schnappen. Schnappen die Bügel nicht ein, ist der Riegel wahrscheinlich nicht ganz in den Slot geschoben worden.

Für die TS-251+ und ähnlich aufgebaute Gehäuse empfiehlt es sich, den Riegel vorsichtig an den Ecken mit 2 Fingern aufzunehmen und über den Slot zu halten, damit Sie ihn mit der anderen Hand über den Auslass im Rahmen greifen können. Alternativ legen Sie ihn **auf** den Steckplatz und greifen anschließend durch den Auslass im Rahmen, und heben Sie den RAM-Riegel an. Halten Sie ihn jetzt in Schräglage (der Winkel ergibt sich automatisch durch die Abmessungen des Rahmens), und stecken Sie ihn in den Slot. Drücken Sie ihn anschließend in Richtung Platine, bis die Bügel einrasten.

Abb. 20.18: Legen Sie den Riegel vorsichtig ab, ehe Sie ihn von der anderen Seite greifen.

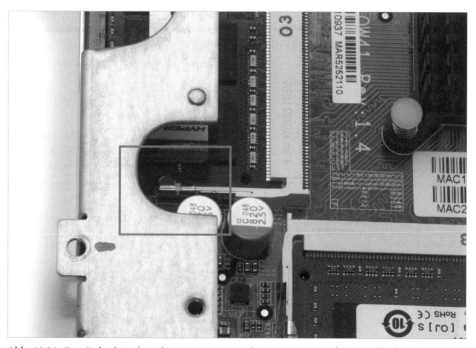

Abb. 20.19: Der Sicherheitsbügel muss einrasten, denn nur so ist sichergestellt, dass der Riegel weit genug im Slot steckt und auch in Position gehalten wird.

Anschließend müssen Sie das NAS wieder zusammensetzen. Gehen Sie dabei in umgekehrter Reihenfolge vor wie beim Öffnen. Achten Sie darauf, die richtigen Schrauben zu verwenden und keine zu vergessen. Bringen Sie den Festplattenkäfig vorsichtig von oben an, indem Sie die Steckkarte mit den SATA-Anschlüssen wieder auf die Platine stecken.

Haben Sie das NAS wieder zusammengebaut, schließen Sie es wieder an und starten es. Nach dem Hochfahren können Sie im Ressourcenmonitor überprüfen, ob das NAS den zusätzlichen Arbeitsspeicher erkannt hat.

20.3 Speicherkonfiguration

20.3.1 Speicherpool zu RAID erweitern

> **Hinweis**
>
> Der hier beschriebene Vorgang steht auf einigen NAS-Modellen nicht zur Verfügung.

Bei Modellen mit mehr als einem Festplatteneinschub ist bei der Speicherkonfiguration nichts in Stein gemeißelt. Wenn Ihr NAS nicht schon voll bestückt ist und Sie nicht alle Platten in einem RAID-Verbund zusammengeschlossen haben, können Sie auch nachträglich einige Änderungen vornehmen. Eventuell beschließen Sie, dass Sie doch nicht so viel Speicherplatz benötigen und auf eine Platte verzichten können, dafür aber für einige Daten/Freigabeordner lieber eine Redundanz einrichten wollen. Oder Sie haben wieder Budget zur Verfügung, um Ihr NAS mit weiteren Platten zu bestücken.

Sie können einen Speicherpool vom Typ »Einzelplatte« ganz einfach auf ein RAID erweitern. Gehen Sie dazu folgendermaßen vor:

1. Sofern noch nicht vorhanden, bestücken Sie Ihr NAS mit einer (oder mehr) zusätzlichen Festplatte.
2. Auf der Festplatte, mit der Sie Ihren Speicherpool erweitern wollen, darf selbst kein Speicherpool sein. War die Festplatte schon vorher im Einsatz, sichern Sie Ihre Daten und löschen den Speicherpool (siehe Abschnitt 2.4.5 »Einen Speicherpool löschen«).
3. Öffnen Sie die Anwendung *Speicher & Snapshots* und wechseln in den Bereich SPEICHER/SNAPSHOTS.
4. Wählen Sie jetzt den Speicherpool aus, den Sie zu einem RAID umwandeln wollen und gehen auf VERWALTEN|VERWALTEN|RAID-GRUPPE MIGRIEREN.

Abb. 20.20: Dieser Speicherpool soll in ein RAID umgewandelt werden.

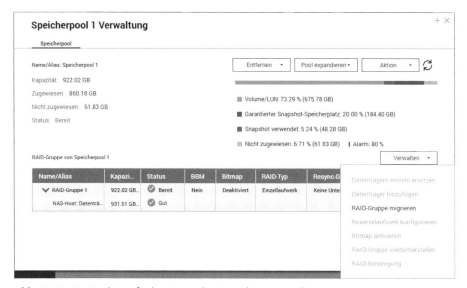

Abb. 20.21: Die Funktion finden Sie in der Verwaltungsansicht.

5. Im nächsten Schritt wählen Sie die Festplatte(n), die Sie in den RAID-Verbund integrieren wollen. Wählen Sie mehr als eine Festplatte, stehen Ihnen auch mehrere RAID-Typen zur Verfügung, aus denen Sie wählen können, ansonsten steht nur RAID 1 zur Verfügung. Bestätigen Sie die Auswahl mit Übernehmen.

Abb. 20.22: Da nur ein weiterer Datenträger zur Verfügung steht, kann auch nur in ein RAID 1 migriert werden.

6. Bestätigen Sie noch die Meldung, dass die Daten auf dem neuen Datenträger gelöscht werden. Der Verwaltungsbereich des Speicherpools zeigt jetzt schon die neue RAID-Gruppe. Sie erhalten eine Warnung, dass das RAID aktualisiert werden muss. Sie sehen auch, welcher Datenträger davon betroffen ist (siehe Abbildung 20.24).

Ihr NAS beginnt jetzt, die Daten entsprechend des RAID-Typs aufzuteilen. Der Vorgang kann je nach Datenvolumen, Festplattenanzahl und NAS-Leistung mehrere Stunden dauern. Bei einem RAID 1 müssen die Daten nur gespiegelt werden. Bei anderen RAID-Typen müssen Paritätsblöcke berechnet und die Daten und Paritätsblöcke auf die unterschiedlichen Platten verteilt werden (siehe Abschnitt 1.3.4 »Die verschiedenen RAID-Level«).

RAID-Resync-Priorität

Sie können die Priorität der RAID-Migration beeinflussen. Gehen Sie dazu in die Einstellungen von *Speicher & Snapshots*, unter SPEICHER können Sie unter »Priorität der RAID-Resync« den Speicherpool auswählen und für diesen eine Priorität festlegen. Neben der Standardpriorität haben Sie die Wahl zwischen »Dienst zuerst« – dabei wird dem NAS für den regulären Betrieb mehr Ressourcen überlassen, die Migration dauert dadurch länger – oder »Resync zuerst« – dabei wird die Migration schneller durchgeführt, allerdings werden andere Aufgaben des NAS vernachlässigt. In der Spalte »Resync-Geschwindigkeit« sehen Sie die aktuelle Datenübertragungsrate und die vermutliche Dauer der Migration.

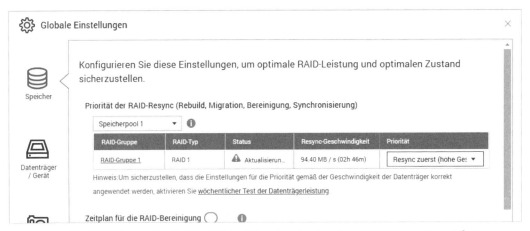

Abb. 20.23: Legen Sie die Priorität der Migration (und anderer RAID-Operationen) fest.

Den Fortschritt der Migration können Sie übrigens an mehreren Stellen einsehen. So wird der Fortschritt in Prozent als Tooltip angezeigt, wenn Sie in den Einstellungen oder in der Speicherpoolverwaltungsansicht den Mauszeiger über »Aktualisierung« bewegen. Die Migration wird auch als Hintergrundaufgabe in *QTS* angezeigt.

Abb. 20.24: Das neue RAID ist angelegt, die Migration dauert einige Zeit.

Abb. 20.25: Der Vorgang ist auch als Hintergrundaufgabe einsehbar.

Ein erfolgreicher Abschluss wird mittels Audiosignal verkündet und ist auch in *Speicher & Snapshots* ersichtlich.

Abb. 20.26: Das RAID wurde erfolgreich erstellt.

20.3.2 RAID reparieren

Eine oder auch mehrere Festplatten können irgendwann ihren Dienst versagen. Gerade wenn Festplatten im Dauereinsatz sind, erreichen sie irgendwann das Ende ihrer Lebenszeit. Haben Sie ein RAID konfiguriert, haben Sie eventuell (sofern nicht zu viele Platten auf einmal ausfallen) Glück gehabt. Ihr NAS wird Sie mit einem Warnton und eventuell einer Benachrichtigung (siehe Abschnitt 11.2.1 »Systembenachrichtigungen aktivieren« auf ein defektes RAID hinweisen. Um das RAID zu reparieren, gehen Sie ähnlich vor wie unter Abschnitt 20.3.1 »Speicherpool zu RAID erweitern« angegeben.

Abb. 20.27: Auch das Kontrollcenter weist Sie auf das Problem mit dem Speicherpool hin.

1. Öffnen Sie *Speicher & Snapshots* und ermitteln Sie den defekten Datenträger. Ein Pop-up weist Sie noch einmal darauf hin, was passiert ist und wie die nächsten Schritte aussehen. Schließen Sie es mit ABBRECHEN. Markieren Sie unter SPEICHER/SNAPSHOTS den defekten Speicherpool und klicken auf VERWALTEN. In der Tabelle zur RAID-Gruppe können Sie ablesen, welcher Datenträger defekt ist.

Abb. 20.28: Hier ist Datenträger 2 die Fehlerquelle, er wird nicht mehr erkannt.

2. Fahren Sie Ihr NAS herunter, und ersetzen Sie den defekten Datenträger. Je nach RAID-Level und belegtem Speicherplatz muss der Datenträger eine gewisse Mindestkapazität aufweisen.

> **Wichtig**
>
> QNAP unterstützt das Auflösen einer RAID-Konfiguration nicht. Sie müssen das RAID reparieren. Ein beschädigtes RAID kann zwar weiter genutzt werden, auf Dauer wird davon aber abgeraten.

3. Fahren Sie Ihr NAS wieder hoch.
4. Wenn Sie den Datenträger ersetzt haben, also denselben Einschub verwenden, sollte QTS automatisch mit der Reparatur des RAIDs beginnen. Sollte das nicht der Fall sein oder Sie einen anderen Datenträger verwenden wollen, öffnen Sie erneut *Speicher & Snapshots*. Dort erscheint wieder das Pop-up, bestätigen Sie dieses mit REBUILD, um den Reparaturvorgang manuell zu starten.

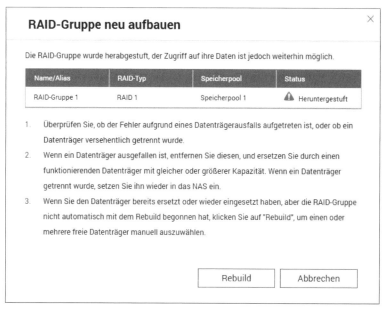

Abb. 20.29: Der manuelle Start ist nur notwendig, wenn Sie einen Datenträger in einem anderen Einschub verwenden möchten.

> **Tipp**
>
> Haben Sie mehrere Festplatten in der gleichen Ausführung gekauft und in Betrieb genommen, ist die Chance sehr hoch, dass nach dem Ausfall der ersten Platte(n) weitere Platten ausfallen. Haben Sie wichtige Daten oder kritische Prozesse auf Ihrem NAS laufen, sollten Sie immer genügend Ersatzplatten auf Lager haben.

Sie können die Geschwindigkeit bzw. Dauer des Rebuild über die Priorität steuern (siehe »RAID-Resync-Priorität«, Seite 608). Eine erfolgreiche Reparatur wird wieder per Audiosignal verkündet und ist auch in QTS ersichtlich (siehe Abbildung 20.26).

Kapitel 20
Weitere Themen rund um Ihr QNAP NAS

Sie sind jetzt am Ende dieses Buches angelangt. Auf den vergangenen Seiten haben Sie viel über Ihr QNAP NAS erfahren. Von den Grundlagen bis hin zu den Funktionen und Anwendungen habe ich versucht, Ihnen nicht nur eine Erklärung und einfache Einrichtungsanleitungen zu liefern, sondern Ihnen ein Verständnis für die Themen, deren Möglichkeiten und Probleme zu vermitteln. In den letzten Kapiteln habe ich Ihnen gezeigt, welches Potenzial in Ihrem NAS steckt, aber das war längst nicht alles. Es gibt noch so viele Bereiche, in denen Sie Ihr NAS einsetzen können, so viele Anwendungen, die sich darauf installieren lassen. Dank des Wissens, das Sie erworben haben, sollten Sie in der Lage sein, gegebenenfalls auf eigene Faust zu recherchieren und das umzusetzen, was Sie nicht in diesem Buch finden konnten. Sie können auch gerne auf meinem Blog `https://blog.viking-studios.net` vorbeischauen. Dort finden Sie das ein oder andere zusätzliche Thema.

An dieser Stelle möchte ich mich bei Ihnen dafür bedanken, dass Sie sich für dieses Buch entschieden haben und ich Sie auf diese Weise bei Ihren Projekten mit Ihrem QNAP NAS begleiten durfte.

Stichwortverzeichnis

3-2-1-Regel 230, 248
@Recently-Snapshots 139
@Recycle 139

A
ABE 133
ABSE 133
admin *siehe* Benutzer, admin
Administrator 112
administrator *siehe* Benutzergruppe, administrators
Adressbuch 518
Adresse des NAS 174
AES-Ni-Modul 25
AFP 177
Album
    Berechtigung 404, 406, 414
    erstellen 391, 411
    Filterregel 395
    sichern 401, 406
    teilen 399, 414
Allgemeine Einstellung 87
Alphabet 312
    Zeichen 312
Amazon 250
AMD 23
Android 439
Anmeldebildschirm 82
Anmeldedaten stehlen 113
Anwendung 372
    Anforderung 23
    aufrufen 386, 406
    Kosten 26
Anwendung *siehe* App
Anwendungsberechtigung *siehe* Berechtigung, Anwendung
App 91, 92, 439, 506, 570
    Abhängigkeit 94
    aktualisieren 96, 469
    automatisch aktualisieren 97
    installieren 92
    manuell installieren 93
    migrieren 95
    öffnen 95
    stoppen 95
    verwalten 94

App Center 91
    Ansicht 91
App Store 91
App-Archiv 97
    Benutzerdaten 98
    hinzufügen 97
Apple 439, 451
Arbeitsspeicher 22, 366, 368, 600, 601
    DDR3 600, 604
    DDR3L 600, 601, 604
    RAM-Riegel 600
    Steckplatz 602
Audioalarm 348
Audiocodec 443
Aufbewahrungsrichtlinie *siehe* Rotation
Aufgabe *siehe* Note Station, Aufgabe
Aufnahme 567
    Dauer 545, 557
    Länge 545
    Wiedergabe 568, 572
Aufstellort 45, 46
Ausfallsicherheit 33
Auslastung *siehe* Leistung
Ausschalten
    automatisch 346
automatisch hochladen *siehe* Upload, automatisch
Automatisches Abmelden 345
Auto-Upload *siehe* Upload, automatisch
Avatar 81

B
Backup 34, 229, 248, 519, 590
    außer Haus 230
    Backup-Images 248
    einrichten 235
    Kopie 230
    Medium 230
    prüfen 232
    Sicherungsziel 233
    Strategie 229
    wiederherstellen 241, 245, 249, 262
Bandbreite 592
Benachrichtigung 79, 350, 363, 480, 511, 526, 559, 592
    Filter 355
    per E-Mail 114
    Quelle 354
    Regel 354

Stichwortverzeichnis

Benachrichtigungszentrum 88
Benutzer 89, 111, 123, 311, 363
    admin 53, 111, 118, 119, 128
    anlegen 113
    bearbeiten 118
    Berechtigung 115
    deaktivieren 118
    Kontingent 119
    löschen 119
    mehrere erstellen 114
    Sicherheit 112
    Standard-Benutzer 111
Benutzereinstellung 76
Benutzergruppe 89, 115, 119, 123
    administrator 115, 119
    bearbeiten 122
    erstellen 120
    everyone 115, 120
    löschen 123
    Mitglied 122
    Standardgruppe 119
Benutzerkonto *siehe* Benutzer
Berechtigung 111, 115, 116, 121, 123, 152, 196, 300, 402, 418, 546, 592
    Anwendung 117, 119, 403, 406
    Datei und Ordner 115, 152, 403, 406
    Dienst 173, 177, 182, 184, 188, 189
    Erweitertes Zugriffsrecht 152
    Freigabeordner 115, 121, 123, 128, 131
Betrieb 345
Betriebslautstärke 47
Betriebssystem 29
Bewegungserkennung 539
Bild 375, 385
    hinzufügen 389, 407
    teilen 399, 414
    verwalten 391, 409
    wiedergeben 381, 409
Bildindex
    erweitert 103
Bitrot 229
Blacklisting 319
Bridge 580
Brute Force 328
Btrfs 72

C

Cache 78, 368
CalDAV 476, 484
CardDAV 484
CAT 5 46
CAT 7 46
CD-Abbild 585
Chat 523, 537
    Benutzer einladen 532
    Benutzer hinzufügen 534
    Benutzerprivileg 536

    Direktnachricht 538
    Gruppenchat 538
    Kanal 537
    Systemadministrator 536
    Team 528
    Team erstellen 536
    Teamadministrator 536
    Zugriff 525
Chat-Client 535
Chat-Server 523
    Einstellung 524
    E-Mail-Benachrichtigung 526
    Sprache 530
Citrix 590
Cloud 193, 231
    Client einrichten 201
    Gerät synchronisieren 197
Cloud Viewer 104
Cloud-Dienst 250
Codec 24, 549, 552, 553
Container 578
    erstellen 580
    Konsole 584
    Ordner einbinden 581
    Start 582
    steuern 583
    Suche 580
    Webinterface 584
    Zugriff 584
Container Station 405, 578
    Netzwerk 579
    Speicherort 579
CPU *siehe* Prozessor
CryptoLocker 34, 227, 230, 308

D

Datei
    herunterladen 141
    hochladen 140
    in Papierkorb verschieben 155
    kopieren 142
    teilen 146
    umbenennen 142
    verschieben 142
    wiederherstellen 156
    zusammenführen 215
Dateidienst 55, 90, 171
Dateieigenschaft 144
Dateifreigabe *siehe* Freigabe
Dateisystem 72
Dateisystemoption 69
Dateiversionsverlauf 132, 168, 225, 242
    wiederherstellen 245
Dateiverwaltung 127
Daten sichern 232
Datenerfassung 59
Datenrettung 230

Stichwortverzeichnis

Datenschutz 193
Datenträger 62
Datenverlust 229
Datenzuwachsrate 32
Datum 54
Dauerbetrieb 29
DDNS 279, 280
    Anbieter 284
    DDNS-Client 284
    DDNS-Domain 281, 289
    DDNS-Service von QNAP 283
    Funktionsweise 281
    myQNAPcloud 282
    Router 284
DDoS *siehe* DoS
dd-wrt 287, 291
Defekte Festplatte 45
Deny 116, 123
Desktop 79, 145
    Symbol hinzufügen 78
DHCP 55
Dienst 368
DLNA 375, 443
    Benutzer 378
    Client 381
    Darstellung 375, 378
    Einschränkung 375
    erlaubte Clients 379
    Ordner hinzufügen 379
    Ordner ohne Inhalt 383
    Port 378
    Server 376
    Sicherheit 375
    Sortierung 375
DLNA-Medienserver *siehe* DLNA
DNS 281, 289, 290, 299
    A 290
    CNAME 289
    dnsmasq 290
    lokal 292
Docker 579
Dokument *siehe* Office Online
Domain 180, 189, 280, 289, 292
DoS 309
Downgrade 334
Download 141, 591, 593
    automatisieren 597
    hinzufügen 594
    suchen 599
Download Station 591
    Add-on 599
    Einstellung 592
    installieren 591
Downloadmanager *siehe* Download Station
DS note 506
dynamic DNS *siehe* DDNS

E

economy 21
Eigenschaft 144
E-Mail 506, 514
    abrufen 509
    Anhang 514
    Backup 519
    Empfangsbestätigung 511
    Freigabelink 514
    Identität 512
    Kontakt 518
    Konto verknüpfen 81, 507
    Ordner 511
    Schnellantwort 513
    Verschlüsselung 511
Energie 346
    sparen 346
Ereignisdauer 557
erweiterter Bildindex 103
Erweiterungseinheit *siehe* Gehäuse, Erweiterung
everyone *siehe* Benutzergruppen, everyone
Excel 474
exFAT 27
Explorer 138
ext4 72
externer Datenträger *siehe* externes Gerät
Externer Zugriff *siehe* Zugriff, Internet
externes Gerät 76, 78, 88, 250, 254
    auswerfen 78

F

Facebook 451
Farbindex *siehe* erweiterter Bildindex
Festplatte 29
    2,5 Zoll 30
    3,5 Zoll 30
    Anzahl 20
    Defekt 610
    Drehzahl 30
    energiesparend 30
    Exos 31
    Fehlerkorrektur 29
    geräuscharm 29
    Geschwindigkeit 30
    Hersteller 31
    IronWolf 31
    Käfig 603
    Kapazität 31
    Kompatibilität prüfen 31
    professionell 29
    Ruhezustand 348
    tauschen 45
    WD Red 31
Festplatteneinschub 20, 23, 42
File Station 138
    Ansicht anpassen 145
    Suche 145

File-Hoster 598
FileZilla 183
Film 444, 445, 448
Finder 138, 177, 191
Firewall 215, 317
    aktivieren 321
    Priorität 325
    Regel 320
    Regel erstellen 324
Firmware-Aktualisierung *siehe* QTS, aktualisieren
Freigabe 146, 399, 414, 432, 496, 503, 514
    E-Mail 146
    Link 150
    Musik 432
    NAS-Nutzer 148
    soziales Netzwerk 148
    verwalten 151
Freigabelink 150, 151, 514
    verwalten 517
Freigabeordner 71, 89, 127, 195, 310
    ausblenden 174
    bearbeiten 133
    erstellen 130
    löschen 135
    migrieren 136
    Ordnerstruktur 310
    verschlüsseln 315
    Verschlüsselung aufheben 317
    Vorgegebener Ordner 129
FRITZ!Box 291
Fritz!OS 287
FTP 90, 180, 250, 595
FTP-Client 182
FTPS 180, 335
    einrichten 180
    mit NAS verbinden 182
    Stammverzeichnis 181

G

Gehäuse 19, 41, 75, 347, 602
    Erweiterung 20
    lautlos 20
    Neuauflage 21
    Rack 21, 45
Gemeinsames Arbeiten 473, 475
Gerätetyp 20
Geräuschpegel *siehe* Betriebslautstärke
Geschwindigkeit 180, 181
Gigabit Ethernet 21
Google 250, 451, 476
Google Authenticator 326
Google Docs 104
Google Drive 514

H

Hacking 307, 309
Hardware und Leistung 88

Hardware-Verschlüsselung 25, 315
Hauptmenü 78
HBS3 *siehe* Hybrid Backup Sync
HDMI 51, 52
Helpdesk 84
Herunterladen *siehe* Download
Hilfe *siehe* Hilfecenter
Hilfecenter 59, 84
Hintergrundaufgabe 76, 140
Hintergrundbild 81, 82
Hochladen *siehe* Upload
home *siehe* Startseite-Ordner
homes *siehe* Startseite-Ordner
Hosts-Datei 291, 293
Hot Spare 63
HotSwap 45
HTTPS 293, 297, 315, 331
https 58
Hybrid Backup Sync 249
    Sicherungsauftrag ausführen 260
    Sicherungsauftrag neu verknüpfen 264
    Sicherungsauftrag verwalten 261
    Synchronisierung 264
    wiederherstellen 262
Hybrid Backup Sync, Sicherungsauftrag erstellen 253

I

Image (CD) *siehe* CD-Abbild
Image (Container) 578, 580, 583
IMAP 506
Inbetriebnahme 48
Indizierung 101
    Datei ausschließen 103
    Ordner ausschließen 103
Indizierungsdatenbank *siehe* Indizierung
install.qnap.com 49, 52
Installation
    Fehler beheben 56
Installationsassistent 50
Intel 23
Intelligente Installationsanleitung *siehe* QTS, Installation
Intelligente Löschung *siehe* Qsync, Datei löschen
Internet
    Zugriff 473
Internet Service Provider *siehe* ISP
Internetradio 434
    Favorit 434
    hinzufügen 436
Intervallsicherung 232, 237, 256
IP-Adresse 50, 318
    dynamisch 280
    extern 280
    global 280
    lokal 288, 291, 292
    statisch 281, 288
ISP 280

K

Kalender 476
  Alternative 484
  Benachrichtigung 480
  Darstellung 481
  Einstellung 478
  exportieren 484
  importieren 484
  Miniaturansicht 482
  Sprache 478
  synchronisieren 484
  Termin 483
  verknüpfen 477
  Zeitstrahl 481
  Zugriff 476
Kamera 547
  Auflösung 552
  Aufstellort 554
  Bildrate 553
  Bitrate 553
  Blickwinkel 540
  Bullet 539
  Dome 539
  einrichten 547
  Einstellung 552, 562
  hinzufügen 548
  Kompatibilität 541
  Lichtstärke 540
  Live-Bild 560
  mobiler Zugriff 570
  Modell wählen 539
  Netzwerkanschluss 540
  PIR 556
  PTZ 540, 547, 563
  Qualität beurteilen 554
  Stromversorgung 541
  Videokomprimierung 552
  virtuelle 551
  WLAN 540
  Zoom 540
KI 400, 405, 406, 414
  Gesichtserkennung 406, 414
  Objekterkennung 406, 414
  Personenerkennung 400, 406, 414
Kodi 444
Kollaboration *siehe* Gemeinsames Arbeiten
Kommunikation 523
Kompatibilität 23, 541
Komprimierung 266
Konflikt *siehe* Qsync, Konflikt
Kontakt 484
  anlegen 489
  bearbeiten 491
  exportieren 495
  Feld zuordnen 486
  importieren 485
  Ländervorwahl 490
  teilen 496

Telefonnummer 490
verschlüsseln 493
verwalten 488
Kontingent 89, 117, 119, 121
Kontrollcenter 76, 364

L

L2TP/IPsec 298
LAN
  absichern 307
LAN-Kabel 46
  Abschirmung 46
Lautstärke
  Festplatte und Lüfter 47
Leistung 365, 372
Lesen/Schreiben *siehe* Read/Write
Limitierung
  umgehen 26
Link Aggregation 368
Linkgrabber 595
Lizenz 26, 59, 88, 542
  Surveillance Station 27
Lüfter 349
Lüftermodus 348
LXC 579

M

Mail *siehe* E-Mail
Man-In-The-Middle-Attacke 331
MariaDB 579
Mattermost *siehe* Chat
McAfee Antivirus 337
Media Streaming add-on 376
Medienindizierung 379
Merge-Tool 215
Metadaten 429, 444, 446, 460
Microsoft 250
Microsoft Hyper-V 590
Microsoft Office Online *siehe* Office Online
Miniaturbild erstellen 213
Modell
  ältere 28
  für Ambitionierte 28
  für Einsteiger 28
  für Unternehmen 28
  für Videoüberwachung 22, 28
  für Virtualisierung 22, 28
  Kompatibilität 23
  Limitierung 26
  mehrere verwenden 27
  Vergleichsfunktion 27
Momentaufnahme *siehe* Snapshot
Monitor 51
Mp3tag 430
Multimedia 375
Multimedia Console 376, 388, 390, 406, 416
Multimedia-Dienst 376

Stichwortverzeichnis

Music Station 417, 419
    aktuelle Wiedergabe 428
    Berechtigung 418
    installieren 417
    Internetradio 434
    Lied zur Wiedergabeliste hinzufügen 431
    Liedinformation 429
    Musik hinzufügen 420
    teilen 432
    Wiedergabe 427
    Wiedergabeliste 430
Musik 375, 417
    filtern 423
    hinzufügen 420
    offline verfügbar machen 439
    verwalten 419
    wiedergeben 381, 427
My DDNS 279, 282
myQNAPcloud 52, 158, 271, 278, 473
    Anzeigename 274
    Benutzer einladen 276
    Dienst 277
    Einschränkung 271
myQNAPcloud Link 275, 473

N

Namensauflösung *siehe* DNS
NAS
    ausblenden 178
    finden 48, 49, 50
    Name 53
    registrieren 272
    verbergen 174
NAS-Festplatte 29
NAT 286
    Loopback 290
    NAT-Tabelle 287
NetBak Replicator 233
    automatische Sicherung 235
    planmäßige Sicherung 237
    Sofortsicherung 238
Netzlaufwerk 132, 175, 227
Netzwerk 48
    Fehler finden 51
Netzwerkanschluss 540
Netzwerkkonfiguration 51
Netzwerklaufwerk *siehe* Netzlaufwerk
Netzwerkpapierkorb *siehe* Papierkorb
Netzwerkschnittstelle 45, 299, 310, 378
Netzwerkumgebung 174
Netzwerkzugang 89
Neuigkeit 59
Nextcloud 228
Note Station 497
    Abschnitt 497
    Aufgabe 502
    Freigabe 503
    Notiz 499
    Notizbuch 497
    Tag 500
Notiz *siehe* Note Station
nslookup 290
NTP-Server 326

O

Objektindex *siehe* erweiterter Bildindex
Office 473
Office 365 474
Office Online 104, 473
    Dokument bearbeiten 475
    Dokument erstellen 474
    gemeinsam bearbeiten 475
ONVIF 542, 548, 549
OpenVPN *siehe* VPN, OpenVPN
OpenWrt 287, 291
oplock 132
Optimieren 345
Ordner
    erstellen 139
    herunterladen 141
    hochladen 141
    in Papierkorb verschieben 155
    kopieren 142
    teilen 146
    umbenennen 142
    verschieben 142
    wiederherstellen 156
Ordnerberechtigung *siehe* Berechtigung, Datei und Ordner
Ordnerpfad 130
Ordnerverschlüsselung *siehe* Verschlüsselung, Freigabeordner
Organisation 473
Outlook 476
Overhead 228
Over-Provisioning 65

P

Papierkorb 90, 154, 211
    durchsuchen 104, 156
    leeren 157
Paritätsblock 37
Partition 48
Passphrase 313
    Kriterium 313
    Sicherheit 314
Passwort 111, 114, 311
    ändern 81
    Änderung verbieten 118
    Kriterium 312
    Sicherheit 312, 314
Passwortsafe 313
Personalisieren 80
Photo Station 385, 391
    Album 391
    aufrufen 386

Backup 401
Berechtigung 402
Bild hinzufügen 389
Deckblatt 396
Einstellung 387
Inhaltsquelle 388
Installation 385
navigieren 396
Smart-Album 395
teilen 399
Zugriff 386
PHP 579
Plex 443
    aktualisieren 469
    Ansicht 452, 454, 467
    Client 451, 458, 471
    Client verbinden 471
    Information 458
    Konto 451
    Mediathek 444, 448, 454
    Namensschema 444
    Ordner 448
    Player 458
    Plex Pass 447
    Sammlung 466
    Server installieren 446
    Sortierreihenfolge 461
    Zuordnung 458
PoE 541
Port 280, 286, 318, 585
    benutzerdefiniert 158, 181, 184, 188, 288, 526
    Standardport 335
    Systemport 286
Portforwarding 287
Portfreigabe 286, 300, 322
Portweiterleitung *siehe* Portfreigabe
Power Point 474
Powerline-Adapter 46
PPTP 298
Produktivität 473
Protokoll 359, 363
Prozess 368
Prozessor 22, 366, 368
Prozessor-Architektur 23
    ARM-Architektur 23
    x86-Architektur 23
PTZ *siehe* Kamera, PTZ
PuTTY 183

Q

QBelt *siehe* VPN, QBelt
Qboost 371
QcalAgent *siehe* Kalender
Qcontactz 476, 485
    App 496
    Duplikate 493
    exportieren 495
    Favorit 492

    Gruppe 491
    importieren 485
    Importmanager 488
    Snapshot 494
    teilen 496
    Verschlüsselung 493
    Zugriff 485
Qfile 158, 216, 219
Qfinder Pro 49, 50
QmailAgent 476, 506
    Adressbuch 518
    einrichten 506
    Einstellung 511
    Identität 512
    installieren 506
    Konto verknüpfen 507, 509
    Konto wechseln 510
    Schnellantwort 513
    Speicherort 507
Qmusic 439
QNAP ID 273
QNAPClub 97
Qnote3 506
QOS *siehe* QTS
Qsirch 27, 101, 145
Qsync 194, 227, 264
    Benutzer 196
    Browser 207
    Datei importieren 218
    Datei löschen 209
    Desktop-Client 201
    extern löschen 220
    Freigabeordner 195
    Gerät blockieren 221
    Gerät entfernen 220
    Geräte 220
    Konflikt 198, 213
    Kontingent 206
    Offline-Funktion 218
    Präferenzeinstellung 198
    Protokoll 211
    Qsync Central 194
    Qsync Pro 216, 219
    Team-Ordner 213
    teilen 208
    Versionierung 225
    Verwaltungsmodus 197
Qtier 63, 130, 135, 368
QTS 29, 57, 75, 83
    absichern 328
    aktualisieren 88
    aufrufen 59
    Fußzeile 79
    Installation 48, 52
    Installation via Smartphone 49
    Installationsfehler 56
    personalisieren 80
    QTS-Benutzeroberfläche 75

QTS-Suche 100
QuDedup 257
QuLog Center 79, 88, 359
    Anzeigestil 360
QuMagie 405, 407
    Album 411
    aufrufen 406
    Backup 406
    Berechtigung 406
    Deckblatt 413
    Inhaltsquelle 406
    Installation 405
    navigieren 409
    Smart-Album 412
    teilen 414
    Zugriff 406
QuMagie Core 405
QVPN Client 301
QVR Center 574
QVR Client *siehe* Surveillance Station, Desktop-Client
QVR Pro 574
QVR Pro Client 574
QVR Pro Door Access 574

R

Rack *siehe* Gehäuse, Rack
RAID 33, 63, 248, 606
    auflösen 65, 611
    Defekt 610
    echtes 34
    Einzellaufwerk 64
    erweitern 65, 606
    JBOD 34
    konfigurieren 62
    Level 33, 34
    migrieren 606
    RAID 0 35
    RAID 01 39
    RAID 1 35
    RAID 10 38
    RAID 5 37
    RAID 6 38
    reparieren 610
    Resync-Priorität 608, 611
    unechtes 34
RAID-Controller 33
RAID-Rechner 39
RAM *siehe* Arbeitsspeicher
Read only 116, 123
Read/Write 116, 123
Rechte *siehe* Berechtigung
redundant power 21
Redundanz 33
Registry 580
Ressourcenmonitor 76, 88, 91, 365
Reverse Proxy 585
Rotation 166, 167, 240, 256
Router 46, 291
Rsync 250, 267
RTRR 267
Ruhezustand 347, 348

S

Schadsoftware 308
Schnappschuss *siehe* Snapshot
Schnappschussmanager 164, 168
Schnellstart 49
Schreibgeschützt *siehe* Read only
Seagate 31
Security Counselor 338
    konfigurieren 342
    scannen 338
    Warnung 339
SED *siehe* Self-Encrypting Drive
Self-Encrypting Drive 64
Serie 444, 445, 448
Service-Port 287
SFTP 183, 336, 595
    einrichten 184
    mit NAS verbinden 185
Sicherheit 87, 307
    Bedrohung 307
    Benutzer 112
    DLNA 375
    physisch 310
Sicherungsauftrag *siehe* Hybrid Backup Sync, Sicherungsauftrag
Sicherungsziel 239, 244, 246, 250, 254
Signalton 348
SMB 171, 174, 246, 250
    Verschlüsselung 132
SMB3 *siehe* SMB
Snapshot 72, 135, 163
    Anzahl 166
    erstellen 164
    klonen 170
    wiederherstellen 168
    Zeitplan 165
Snapshot-Freigabeordner 135
Speicher 366, 369
    konfigurieren 62
    verwalten 60
Speicher & Snapshot 87
Speicherpool 60, 62
    anlegen 62
    löschen 73
Sprache 53
Spyware 308
SSD-Cache 70
SSH 90, 183, 187, 336
SSL 58, 180, 280, 293, 331
SSL-Zertifikat *siehe* Zertifikat
Startseite-Ordner 128, 139, 186, 195, 202

Staubfilter 46
Steckdosenleiste 47
Storage & Snapshot 60
Stripping 35
Stromversorgung
    unterbrechungsfrei 346
Suchbegriff 108
Suche 100, 101
    Filter 105, 106
Support 15
Support *siehe* Helpdesk
Surveillance Station 27, 539
    Alarmaufnahme 557
    Ansicht 564
    Apps 570
    Audio 555
    Aufnahme 567
    Aufnahme wiedergeben 568
    Aufnahmezeitplan 554, 558
    Aufnahmezeitraum 567
    Benachrichtigung 559
    Berechtigung 546
    Bewegungserkennung 557
    Desktop-Client 544
    Digitaler Zoom 563
    Ereignisaktion 560
    Ereigniserkennung 555
    Ereignisverwaltung 556
    Freigabeordner 544
    installieren 543
    IVA-Suche 569
    Kamera 539, 547
    Kamerakonfiguration 552
    Live-Ansicht 560
    Manipulation 555
    manuelle Aufnahme 554, 563
    Monitor 560
    PIR 556
    Schnappschuss 554, 560, 563
    Systemeinstellung 545
    Vcam hinzufügen 574
    Videoeinstellung 552
    Wiedergabe steuern 569
Synchronisierung 193, 202, 216, 237, 264
    anhalten 207
    Dateigröße 204
    Dauer 204
    einrichten 197, 265
    einschränken 198
    erzwingen 207
    fortsetzen 207
    Problem 215
    Protokoll *siehe* Qsync, Protokoll
    Status 206
Systembenachrichtigung 76, 79, 350
    E-Mail 352
    Instant Messaging 353

Push 353
SMS 353
Systemereignis 359
Systemkonfiguration 88, 248
    sichern 248
    wiederherstellen 249
Systemstatus 88, 365
Systemsteuerung 85
    Anwendung 86
    Benutzer 114
    Benutzergruppe 120
    Freigabeordner 130
    Netzwerk- und Dateiservice 86
    Netzwerkpapierkorb 154
    Rechte 86, 89
    System 86, 87
Systemtemperatur 349
Systemzugriff 362

T

Taskleiste 76
Team-Ordner *siehe* Qsync, Team-Ordner
TeamSpeak 23
Teilen *siehe* Freigabe
Telnet 90
Temperatur 47, 349
Textindex *siehe* erweiterter Bildindex
TheTVDB 446
Thunderbolt 21
Tidal 455
Time Machine 133, 242, 246, 267
To-do *siehe* Note Station, Aufgabe
Torrent 594
Toshiba 31
tracert 290
Transcodierung 24, 384
Trojaner 308
TS-230 27
TS-251+ 27, 601
TS-451D2-2G 22
TS-451D2-4G 22
TuneIn 434
TurboStation 20, 45, 75, 113
TVS-473e 27

U

Überspannungsschutz 47
Überwachung 539
Unix 90
Update 331
    App *siehe* App, aktualisieren
    Firmware *siehe* QTS, aktualisieren
    QTS 332
Upload 140, 141, 150, 180, 389, 407
    automatisch 161, 407
Uploadfreigabe 150
USB-One-Touch-Kopie 267

V

Vergleichsfunktion 27
Verknüpfung 145
Verschlüsselter Ordner 315
    einbinden 316
Verschlüsselung 25, 64, 132, 231, 259, 314
    aufheben 317
    Freigabeordner 132
    Übertragung 308, 331
    Verschlüsselungscontainer 231
Versionierung 32, 163, 225, 256
    wiederherstellen 226
versperren 310
Video 375, 443
    Information 458
    Information bearbeiten 460
    Information suchen 459
    Poster 454, 461
    steuern 458
    Videomaterial auf der Festplatte organisieren 444
    wiedergeben 381, 458
Videocodec *siehe* Codec
Videoüberwachung *siehe* Überwachung
Virenscanner 337
Virtualisierung 20, 577, 601
    Betriebssystem 577
    Software 577
Virtualization Station 585
Virtualization Technology 585
Virtuelle Maschine *siehe* VM
VM 578, 585
    Backup 590
    einrichten 586
    Einstellung 589
    Festplatte 587
    Snapshot 589
    steuern 588
Vmobile 570
    Auflösung 572
    Aufnahme wiedergeben 572
    Profile 571
VMware 590
Volume 60, 62, 92
    anlegen 67
    Größe 68
    klonen 170
    löschen 72
    Obergrenze 68
    Statisches Volume 67
    System-Volume 70
    Thick Volume 67, 135
    Thin Volume 67, 135
    wiederherstellen 170

Vorherige Windows-Version *siehe* Dateiversionsverlauf
Vorschau 104
VPN 297, 324, 336
    Berechtigung 300
    OpenVPN 298, 303, 304
    Problem 292
    QBelt 298, 301
    Split-Tunneling 293
    VPN-Client 301, 304
    VPN-Server 298

W

Webanwendung 48
WebDAV 187, 189, 250, 253, 336
    Berechtigung 188
    WebDAV-Server 187
Western Digital 31
WhatsApp 523
Whitelisting 319
Wiederherstellungsauftrag *siehe* Hybrid Backup Sync, wiederherstellen
Windows Media Player 382
Windows-Arbeitsgruppe 171
Windows-Explorer 171, 176, 190
WinSCP 183, 190
WLAN 45
Word 474
WordPress 579

Y

Yahoo 476

Z

Zeit 54
Zeitplan 256, 346, 597
Zertifikat 58, 180, 189
    erneuern 296
    ersetzen 294
    erstellen 294
    Let's Encrypt 294
Zugriff 112, 362
    Internet 271, 280, 297, 303
    Smartphone 157, 278
Zugriffsverweigerung *siehe* Deny
Zusammenbau 41
Zwei-Faktor-Authentifizierung 326
    Token 326

Andreas Hofmann

Private Cloud und Home Server mit Synology NAS
Das umfassende Praxis-Handbuch

Von den ersten Schritten bis zum fortgeschrittenen Einsatz: Datenverwaltung, Multimedia und Sicherheit

- Musik, Fotos, Videos und Dokumente zentral speichern und mit anderen teilen
- Benutzer verwalten, Backups erstellen und Daten vor unerlaubten Zugriffen schützen
- Fortgeschrittene Themen wie Konfiguration von Firewall und VPN, Einrichtung eines Webservers und Einsatz von Nextcloud
- Zahlreiche Schritt-für-Schritt-Anleitungen und Praxis-Tipps

Mit diesem Buch lernen Sie umfassend alles, was Sie brauchen, um Ihr Synology NAS an Ihre persönlichen Bedürfnisse anzupassen und das Potenzial Ihres Geräts voll auszuschöpfen. Dabei gibt der Autor Ihnen zahlreiche praktische Tipps an die Hand. So können Sie all Ihre Dateien wie Musik, Videos und Fotos zentral sichern und effektiv verwalten.

Andreas Hofmann stellt die verschiedenen NAS-Modelle vor, so dass Sie wissen, welches für Sie am besten geeignet ist. In leicht nachvollziehbaren Schritten erläutert er detailliert, wie Sie Ihr NAS in Betrieb nehmen und mit dem DiskStation Manager (DSM) konfigurieren.

Anhand einfacher Schritt-für-Schritt-Anleitungen zeigt er Ihnen, wie Sie Ihr NAS als Private Cloud und Home Server optimal einrichten: Dateien sichern, verwalten und mit anderen teilen, Benutzer verwalten, Fernzugriff einrichten, automatische Backups erstellen sowie Office-Dokumente und Multimedia-Dateien freigeben und mit dem SmartTV und anderen Geräten wiedergeben.

Für alle, die noch tiefer in die Welt von Synology NAS eintauchen möchten, geht der Autor auf weiterführende Themen wie Datensicherheit und die Überwachung und Optimierung des Betriebs ein und zeigt Ihnen die Konfiguration abseits der grafischen Benutzeroberfläche für die Einrichtung eines eigenen Webservers und der beliebten Cloud-Lösung Nextcloud.

ISBN 978-3-7475-0149-8

Probekapitel und Infos erhalten Sie unter:
www.mitp.de/0149

Eric Amberg
Daniel Schmid

Hacking
Der umfassende Praxis-Guide

Inkl. Prüfungsvorbereitung zum CEHv10

Methoden und Tools der Hacker, Cyberkriminellen und Penetration Tester

Mit zahlreichen Schritt-für-Schritt-Anleitungen und Praxis-Workshops

Inklusive Vorbereitung auf den Certified Ethical Hacker (CEHv10) mit Beispielfragen zum Lernen

Dies ist ein praxisorientierter Leitfaden für angehende Hacker, Penetration Tester, IT-Systembeauftragte, Sicherheitsspezialisten und interessierte Poweruser. Mithilfe vieler Workshops, Schritt-für-Schritt-Anleitungen sowie Tipps und Tricks lernen Sie unter anderem die Werkzeuge und Mittel der Hacker und Penetration Tester sowie die Vorgehensweise eines professionellen Hacking-Angriffs kennen. Der Fokus liegt auf der Perspektive des Angreifers und auf den Angriffstechniken, die jeder Penetration Tester kennen muss.

Dabei erläutern die Autoren für alle Angriffe auch effektive Gegenmaßnahmen. So gibt dieses Buch Ihnen zugleich auch schrittweise alle Mittel und Informationen an die Hand, um Ihre Systeme auf Herz und Nieren zu prüfen, Schwachstellen zu erkennen und sich vor Angriffen effektiv zu schützen.

Das Buch umfasst nahezu alle relevanten Hacking-Themen und besteht aus sechs Teilen zu den Themen: Arbeitsumgebung, Informationsbeschaffung, Systeme angreifen, Netzwerk- und sonstige Angriffe, Web Hacking sowie Angriffe auf WLAN und Next-Gen-Technologien.

Jedes Thema wird systematisch erläutert. Dabei werden sowohl die Hintergründe und die zugrundeliegenden Technologien als auch praktische Beispiele in konkreten Szenarien besprochen. So haben Sie die Möglichkeit, die Angriffstechniken selbst zu erleben und zu üben. Das Buch ist als Lehrbuch konzipiert, eignet sich aber auch als Nachschlagewerk.

Sowohl der Inhalt als auch die Methodik orientieren sich an der Zertifizierung zum Certified Ethical Hacker (CEHv10) des EC Council. Testfragen am Ende jedes Kapitels helfen dabei, das eigene Wissen zu überprüfen und für die CEH-Prüfung zu trainieren. Damit eignet sich das Buch hervorragend als ergänzendes Material zur Prüfungsvorbereitung.

ISBN 978-3-95845-218-3

Probekapitel und Infos erhalten Sie unter:
www.mitp.de/218